U0506243

聖武親征錄

成吉思汗戰紀

〔法〕伯希和　韩百诗／注

尹磊／译　　魏曙光／校

上海古籍出版社

图书在版编目（CIP）数据

圣武亲征录：成吉思汗战纪 /（法）伯希和，韩百诗注；尹磊译. —上海：上海古籍出版社，2022.8（2024.6 重印）
ISBN 978-7-5732-0369-4

Ⅰ.①圣… Ⅱ.①伯… ②韩… ③尹… Ⅲ.①中国历史-古代史-史料-元代②成吉思汗（1162—1227）-生平事迹 Ⅳ.①K247.06②K827=47

中国版本图书馆CIP数据核字（2022）第122996号

圣武亲征录——成吉思汗战纪

［法］伯希和　韩百诗　注

尹　磊　译　魏曙光　校

上海古籍出版社出版发行

（上海市闵行区号景路 159 弄 1-5 号 A 座 5F　邮政编码 201101）

（1）网址：www. guji. com. cn

（2）E-mail: guji1 @ guji. com. cn

（3）易文网网址：www. ewen. co

浙江临安曙光印务有限公司印刷

开本 890 × 1240　1/32　印张 15.125　插页 2　字数 407,000
2022 年 8 月第 1 版　2024 年 6 月第 3 次印刷
ISBN 978-7-5732-0369-4

K·3213　定价：76.00 元

如有质量问题，请与承印公司联系

目 录

序

去年我知道尹磊兄把伯希和（Paul Pelliot）、韩百诗（Louis Hambis）译注的《圣武亲征录》翻译出来，心想他一定有一些译后的感言，于是为《汉学研究通讯》向他约稿，结果不出所料，他果然很快把《伯希和、韩百诗〈圣武亲征录译注〉译者的话》一文寄来，同时表示请我给这个译本写一篇序。我没加思索地就答应下来，这是一种礼尚往来，况且我和他只见过一面，不好拒绝。过后一想，我哪里有资格写这样一篇序呢？一来我不做蒙元史，没有读过《圣武亲征录》这本书，二来伯希和、韩百诗的书我过去也没有读过，对这本书的价值并不十分清楚。可是君子一言既出，驷马难追，答应的事只好硬着头皮来做，这样倒是让我对这本译注先睹为快。

现在想想自己贸然应允，可能下意识里有几个因素在起作用。一是我的恩师张广达先生在中西交通史、隋唐史之外，兼治蒙元史，但我还没有机会和他学习这个方面的知识他就远走他乡，只是读过他给《素馨集——纪念邵循正先生学术论文集》撰写的有关蒙元时期的大汗斡耳朵的论文。二是我上学时常常到家住中央民族学院（今称民族大学）家属院的张先生家里去，他还特别带我到住在同一楼栋里的贾敬颜先生家里去拜访过，依稀记得贾先生对《圣武亲征录》有所贡献。三是我留校后的一段时间里，余大钧先生被张广达先生"挖到"北大来，据说亦邻真教授气得很长时间不理他。余先生不善交往，在北京没有什么朋友，所以吃过晚饭，常常到我的筒子楼宿舍里来聊天，其实就

1

是他说我听，其间也有《圣武亲征录》这本书，但讲了什么，我现在是记不住了。还有就是1985年我从荷兰莱顿大学汉学院副本书中，购买过这本《圣武亲征录》，而且是著名汉学家戴闻达（J. J. L. Duyvendak）的藏书，但我一直没有阅读过，连毛边本都没拆开就送给一位治蒙元史的年轻人了。可能骨子里有这样的一些"历史记忆"，加上我近年来在和一些年轻的朋友们一起读《马可·波罗行记》，对于伯希和、韩百诗在《行记》方面的贡献十分钦服，因此也就答应下来。

有关这部译注的成书过程，韩百诗的《导论》已经叙述的十分详细，而此后有关《圣武亲征录》的研究和这本法文译注的引用情况，尹磊也在《译者的话》中做了详细的说明。我这里也没必要再像钟焓《一入考据深似海——伯希和及其内亚史研究概观》一文那样赞叹译注表现出的伯希和的渊博知识，这是他在北大上本科时和我经常议论的话题；也不必要重复艾骛德（Christopher P. Atwood）关于伯希和采录与《圣武亲征录》有关的《說郛》时的优劣，2008年我在巴黎参加"伯希和：从历史到传奇"（le Paul Pelliot, de l'histoire à la légende）国际学术研讨会时，酒会上我和艾骛德被安排坐在对面，一直听他在讲伯希和与《圣武亲征录》的话题。我这里只想特别强调一点的是：

没有韩百诗，就没有伯希和。

我们知道，伯希和是个杂家，兴趣广泛而不专一，有感而发而不讲求文章著述，所以生前发表的大量学术成果，大多是论文、书评，专著极少。这与他的老师沙畹或同时代的东方学家相比，他更像是一位语文学家，而不是历史学者，没有自己成系统的著作。但伯希和身后留下了大量的手稿，其中也有不少杂乱无章。幸运的是，伯希和有一位杰出的学生韩百诗，他在学术上也能够撑得起伯希和构筑的广阔学术天地，本身的学养极为深厚，可以独自做出相当厚重的学术研究成果。但是，韩百诗在他的老师1945年故去之后，就把大量的精力放在整理先师的著作上来。

伯希和的遗稿主要被编辑为《伯希和遗著》（*Ouvres posthumes de Paul Pelliot*）和《伯希和考古丛刊》（*Mission Paul Pelliot*）两种丛书，其

中韩百诗编辑的有：纳入前者的《蒙古秘史译本》(*Histoire secrète des Mongols*)、《金帐汗国史注》(*Notes sur l'historire de la Horde d'or*)，两书均在1949年出版；《圣武亲征录译注》，1951年出版；《西藏古代史》(*Histoire ancienne du Tibet*)，1961年出版。纳入后者的《图木舒克遗址：图版编》(*Toumchouq. Planches*)，1961年出版；《图木舒克遗址：文字编》(*Toumchouq. Texte*)，1964年；《都勒都尔·阿护尔与苏巴什遗址：图版编》(*Douldour-âqour et Soubachi. Planches*)，1967年；《集美博物馆所藏敦煌绢幡绘画：图版编》(*Bannieres et peintures de Touen-houang conservées au Musée Guimet. Planches*)，1976年；《库车遗址寺院建筑：都勒都尔·阿护尔和苏巴什遗址（解说编）》，(*Koutcha, Temples construits: Douldour-aqour et Soubachi. Texte*)，1982年。此外，还有不能不提到的伯希和《马可·波罗注》(*Notes on Marco Polo*)，也是由韩百诗整理，分三卷在1959-1973年间出版；他还把穆阿德(A. C. Moule)和伯希和英译的《马可·波罗寰宇记》译成法语出版(*Marco Polo. Le devisement du monde*, 1955)，这也是对其业师伟大功绩的弘扬。可以看出，在韩百诗1978年去世之前，他整理出版了大量伯希和的著作，以至于他留下的自己的著作却只有几种。

学术是一种接力赛，从伯希和到韩百诗，伯希和之学得以传承。现在，这部《圣武亲征录译注》得以转译成中文，尹磊成为接力的队员。我很早就从新疆社会科学院的殷晴老师那里听到尹磊的名字，那时他在新疆大学读书，跟从殷老师治于阗史。殷老师极力推荐他来考我的研究生，但他后来进入南京大学，跟随华涛先生治中亚史。后来有机会赴法国学习，跟从魏义天(Étienne de la Vaissière)治粟特学。这两位都是我的好友，学问堪称一流。尹磊在他们的训导下，颇有成就。如今他以业余时间翻译伯希和、韩百诗这部极其细致的译著，于蒙元史及中西交通史均有贡献。我亦借其余勇，奋笔做序，以成就此番美事。

荣新江

2021年1月27日于三升斋

中译本说明

一、原文说明：

1. 伯希和、韩百诗的《亲征录》原文录文，只有句，没有读，和现代汉语中的标点习惯不同，应出版社要求，为使读者便于理解，译者根据法译文的文义，进行了现代标点；对于原文录文有明显错误的，如脱漏、颠倒（如第14节中莫那察山误为莫察那山）则以校改符号（ ）标识。

2. 法译者在译文中插入的汉字，有多处与汉文录文不相对应，为了保持本书原貌，一律未作统一，但明显可以判断为录入错误者，则径行改正；注释标号脱落之处，则根据后面注释的文义，进行了补充完善。

二、翻译原则：

1. 对原文录文的法文翻译，按理无需再重新汉译，但因为伯、韩二氏对译文的理解往往有和我们通常理解不一致的地方，为了体现原著者在研究中考虑的脉络，因此仍然译出。

2. 历史上的人名、地名汉文史料中没有转写的，一律不译出，因为蒙元史研究中自来的很多错误，都是由这类未经研究，即按所谓的"对音"复原的人名、地名所造成的。

3. 部落名、人名有多种汉译的，尽量统一，并在不损害其含义的前提下，取其最为人所知的名称。

4. 历史上的著名人物，其原名转写有歧异之处，在不涉及语音考证的场合，尽量统一，并加括号注出其原文中的转写，如莎儿合黑塔泥（Sorquqtani）和莎儿合黑塔泥别吉（Sōrqōqtanī-bēgī）之例。

三、原文引文：

本书中经常引用的"库伦抄本"，或"库伦抄本的复本"，即1926年札木养公发现的罗卜藏丹津所著之《蒙古黄金史》（兹从札奇斯钦先生的译名），伯希和使用的这个本子正是札木养公赠送给他的抄本。而写作《黄金史》（1）的是1858年由俄国喀山大学教授贡布耶夫转写并翻译为俄文的《黄金史》，与前书并非同一种著作。

四、勘误：

原书中第484—485页附有勘误表，在译本中已将勘误的内容完全吸收，故从而省略。

五、其他：

1. 正文中提到的"本书某某页"，意指原书页码，见页边。

2. 正文［］为原文所有，表示修正和可以替换的内容，正文（）亦为原文所有，表示补充说明的部分。

3. 译者注为本书译者所加，补注为校者魏曙光所加。

法文本前言

《圣武亲征录》与《蒙古秘史》一同构成了有关蒙古人历史最为重要的史料来源，特别是有关成吉思汗的史事。

现在呈现在面前的这一学术成果署的是伯希和和我两个人的名字，这里有几点还需加以说明。早在1931年，我的"大师"就让我根据王国维所校《圣武亲征录》的本子——这也是当时最好的一个本子——来对全文进行翻译，并且通过参校《蒙古秘史》和我们当时所掌握的几种穆斯林史料，来重构《亲征录》里提到的蒙古人的名字，以及进行注释，当然穆斯林史料中最主要的一种就是拉施都丁的 Jāmi al-Tawarikh 也就是《史集》了。译注的初稿完成于1935年，然而伯希和带着他那惯有的严谨作风，向我指出译文的不足之处，以及在重构蒙古人名中的错误。我便按照他的指导进行修订，直到1938年才觉得可以重新呈上了。然而此时战争爆发，接着法国被占领，一直到1941年我们才有机会重新谈论此事。到那时，我才非常惊讶地了解到，鉴于重新修订文本的重要性，他已经决定利用在陶宗仪的《说郛》里所发现的一个本子中的异文，对我的翻译进行重新修正，而这个本子是王国维此前未曾使用过的；并且也对我的注解予以改造，以使其变成了我们现在所见的这个样子。也就是说，这项工作已经发生了脱胎换骨的变化，而我，岂能不怀着极大的感激之情，看到我的名字在本书中竟然被置于我的这位声名卓著的大师之侧，而这部作品再一次证明了他的知识是何等的渊博。

1

遗憾的是,伯希和的逝世让接下来的工作戛然而止,而他当时只完成了全书三分之一的注释,所以有些后来仓促加上去的注解就出自我的手笔。我不想让伯希和精心准备的这部杰出的注释本延迟太久出版;并且我希望在接下来的几年之内,让伯希和未能完成的《亲征录》剩余的译文部分,再加上那些能与他此前所做注释相称的剩余部分的注解,也能问世①。读者千万别期待后出的部分,能像这里呈现的第一编一样,让人广受教益;我将竭尽自己所知所能,尽管除了我的大师平日耳提面命的那些,其他方面都还是那么的薄弱。希望本书能够促进研究者们在蒙古人的历史和阿尔泰语诸民族的历史这片广阔的沃土上持续耕耘。

韩百诗

北平,1948年5月15日

---

① 译者注:然而这一部分迄今未能问世。

古今版本对照表①

A=袁昶本

B=保定府本②

C=知服斋丛书

D=那珂通世遗书

E=王国维《蒙古史料校注》本

F=商务印书馆《说郛》本（2）

G=王国维遗书（初版）本

H=丁谦"浙江图书馆丛书"本

（各版章节对照表，从略）

---

① 《说郛》（2）中相关的文本部分见于该书第55卷，丁谦据此的校注本见于"浙江图书馆丛书"的第二集第6卷，本表中的最后一栏指的就是这个版本。

② 译者注：即莲池书局本。

导　论

　　《圣武亲征录》①,在有关蒙古历史的汉文史料中相当重要,特别是涉及成吉思汗及其子窝阔台两朝的史事,这部书为我们提供了准确的信息。同时,这一文献在汉语文学中也独树一帜,因为其中包含了被《元史》卷1所采用的原始资料,而这些信息仅见于一部现已佚失的蒙古文编年史的汉译本中,而这部已佚的蒙古文献年史其中大部分则被翻译成了波斯语,编入拉施都丁的《史集》之中。

文献来源与成书时间

　　关于文献是何时撰成的这点,很难给出一个确切的时间,至于甄别其史料来源,就更不容易了。《四库全书总目提要》在叙及《圣武亲征录》(52,7b)时提到:"世祖(=忽必烈)中统四年,参知政事修国史王鹗上奏,请求四处寻访有关太祖(=成吉思汗)的历史文献,并将之置于史馆之中②。这部作品很可能就是当时人编辑并呈给皇帝的。"③从这一信息中我们或可得出这样的结论,即《圣武亲征录》成书于13世纪的下半叶。

---

① 关于"皇元"一词乃是错误地加到真正的书名之上,见王国维在其校注本开头的讨论。
② 转引自《元史》卷5,14a。
③ 译者注:原文为:"元世祖中统四年,参知政事修国史王鹗,请延访太祖事迹,付史馆。此卷疑即当时人所撰上者。"

　　在巴拉第的译本中，他支持钱大昕的意见，也就是假设《圣武亲征录》是在14世纪上半叶编撰成书的；布莱资须纳德[①]未经任何讨论，就接受了巴拉第的主张。只有王国维（《观堂集林》）（卷16，12a—13b）认识到《四库全书总目提要》中有关说明的准确性，并出于下文中所提到的理由，而予以支持。伯希和则完全赞同其观点[②]，补充道："我们曾经还想将其与《圣武开天记》勘同，此书由察罕于14世纪初从蒙古文译为汉文，但我现在赞同王国维的观点并排除这种可能性。"

　　因此《四库全书总目提要》的说明应该是准确的，并且我们大体上也能采信其内容；其中只有《亲征录》的撰成年代需要稍微往后推一些，其理由有二：其一是基于原文中插入的一条注释；其二则是根据文中对于黑水城（Kharakhoto）名称的转写，在蒙元时代其以西夏名称亦即纳（*Idzina~*Idzinai，马可·波罗的Etsina）而为人所知。

　　正如王国维和伯希和先后指出的，原文中插入的一条原注（1928年，43a）云："当今（＝是书撰成之时）驸马、丞相爱不花就是一个白达达（＝汪古部）。"[③]爱不花见于《元史》（卷118，13a）中其祖父阿剌兀思剔吉忽里的传记中，亦见于《元文类》（卷23，11a、12b）其子"乔治"王子（译者注：即阔里吉思）的墓志铭中（译者注：即阎复《驸马高唐忠献王碑》），又见于《马尔·雅巴拉哈三世传》（沙波编校，第19页[④]）。据汉文史料，爱不花的活跃年代约在忽必烈统治时期，最短介于1270年到1280年，最长则介于1260年到1290年之间。

　　另外我们还可能进一步确定原文撰成的年月。事实上，《圣武亲征录》第34节注释5（王国维校本，42b）提到了西夏王国一个城市的名字：亦即纳（*Idzina）。此城市名在《元史》中数度出现，特别是在本纪

① 《中世纪研究》，I，第194页。
② "王国维著作集（*L'edition collective des oeuvres de Wang Kouo-wei*）"，《通报》，XXVI〔1928—1929〕，第170页。
③ 今爱不花驸马丞相白达达是也（译者注：原书汉文录文误为"令爱不花驸马祖自达达是"）。
④ 节录自《拉丁东方杂志（*Revue de l'Orient latin*）》，I，II期，巴黎，1895年；关于爱不花，参阅笔者的论文"《元史》卷108（*Le Chapitre CVIII du Yuan che*）"。

中出现过两处,一处是在卷6,12a至元四年(1267年)的记载中以上述形态出现,第二处则是在卷13,18b至元二十二年(1285年)以亦集乃(*Idzinai)的转写出现。很可能第一种转写在1285年之后就不再使用了,由此我们可以认为《圣武亲征录》的编撰者对这种转写的使用,是与蒙元宫廷的各机构所采用的转写系统相一致的。有理由认为,以亦集乃(*Idzinai)的形式呈现的黑水城名字的转写,仅在1285年之后使用;因此,这本书撰成的年代必在1285年之前。

虽然证据显得有些单薄,但已足以表明采用这一转写系统,标志着《圣武亲征录》的撰成年代不会晚于1285年,并且与爱不花有关的注释也表明年代方面差不多。因此与《四库全书总目提要》的撰写者的意见相同,接下来我们可以认为,本书应撰成于13世纪下半叶,并且撰写工作的完成不会晚于1285年。

尽管这两处证据可以使我们大体上确定本书翻译的年代,然而它们却不能告诉我们这部书所根据的原文是什么。我们唯一能推测的,就是在蒙古人中存在着一部用蒙古文撰写的有关蒙古人历史、成吉思汗及其第一位继承者的功绩的编年史。这部编年史是全文翻译过来,还仅只是一个节译本?以我们目前掌握的情况而言,尚无从予以断言。

文 本 流 变

我们仅知道一部于13世纪撰成的蒙古文编年史——《元朝秘史》;其代表的是一种相异的传承。这份资料不能看作是一部历史著作,而更可谓之为历史文本汇编。此外,从我们读到的世系以及有文字记载前的史诗片段来看,这也是一部一致性甚少的汇编。

而我们所研究的这部书则并未表现出类似的特征,相反乃是以一种朴实的风格叙述了一系列重要事件;其蒙古文原文的表达形式,可能与我们手头现存的那些后来的各种蒙古编年史相同,只要我们把一些史诗片段加到里面,就与在那些编年史中嵌入的同样了。这就让我

们进而追问,究竟是蒙古文原文本来就不包括那些史诗片段呢,还是汉
文本的译者进行了省略,或是将其转变为一种不加夸饰的叙述风格了
呢? 某些章节,如著名的"成吉思汗对其敌手的责备"以及接下来讲述
的那些重要事件均表明了这一点。叙述口吻总体而言是冷峻枯燥的,
就好像大多数汉文编年史一样;对于征服汉地有关的史事的叙述尤为
如此:列举城市名称,三言两语陈述事实,等等。作品以与《元史》本
纪同样的风格结束,并且似乎同样经过了删减。

　　当把《圣武亲征录》与拉施都丁的波斯文编纂进行系统比较之后,
将有可能对原文进行重构,或能够得出原文的本来面目。遗憾的是我
们现在仅有唯一的一个校勘本,也就是贝勒津根据五个抄本出版的那
部①,不但错误百出而且有大量歧异之处。苏联学者根据大量抄本,正
在出版一个新的校勘本,然而他们已经出版的部分没有与我们目前研
究的这一时期有关的。因此要得出结论还为时过早。通过研究贝勒津
的校勘本,其相关部分与我们所研究的文本大体上是能够对应的。然
而有个问题值得引起注意,就是波斯文本中保留了一部分不见于《圣
武亲征录》,却见诸《元史》的编年史叙事。

　　事实上,《元史》本纪的第一卷叙述了一段不见于我们所研究的文
本的开头部分,然而却与拉施都丁的著作相对应。我们发现,在这两种
史料中,有关莫挐伦也就是海都的祖母、成吉思汗的六世祖的故事相
互关联②。两种文献叙述的关联性,不禁使我们认为是使用了相同的资
料,即《圣武亲征录》和拉施都丁都大量采用以作为其史料来源的蒙古
文编年史。

　　在这样的情况下,我们可以推测拉施都丁多多少少是直接使用了

---

① 拉施都丁:《成吉思汗即位以前的历史》(Trudy V.O.I.R.A.O., XIII, 1868年),以及拉施都丁:《成
吉思汗即位以后的历史》(同上,XV, 1888年)以及《编年史:拉施都丁所撰写的蒙古史。导论:
突厥及蒙古诸部》[同上,V, 1858年(译文),1861年(译文)]。
② 参阅《元史卷107(Le Chapitre CVII du Yuan che)》,表2,第18页,刊《通报》,1945年,vol.XXXVIII
增刊。

蒙古文编年史,不仅是在与成吉思汗有关的历史中,而且也用于撰写成吉思汗先世的历史;这部编年史就是《阿勒坛·迭卜帖儿》,即"金册",也就是那些记载了皇室家族历史的官方文书;这部编年史也被用于编纂《圣武亲征录》,然而由于我们所不了解的原因,其开头部分不见了。现仅知道《元史》的编者把这部分编入书中,概括为数行文字,以给出到海都为止的成吉思汗祖先的情况。从而我们可暂以如下形式来呈现出文本的流变关系:

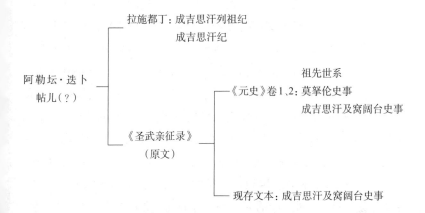

对此我们还需要相对谨慎,因为《圣武亲征录》还保存着一些不见于《元史》的信息,可能是来自外族史料,反之亦然。

现 存 文 本

王国维编校的文本当然具有很多优点;可惜的是王国维既不懂蒙古文也不懂波斯文;他不但不知那些通过拉施都丁的文本所能发现的阙文舛误之处;甚至也不知道还有《说郛》本(3)的存在,因而未能利用这个本子来改进其编校本。

而且,当用古老的蒙古编年史的波斯文版本进行对照之时,我们得

XVI

以逐步深入《元史》的文本，其中有时整段的篇幅，都包含有《圣武亲征录》原文的异文；并且同样我们要考虑到《元史类编》所引用的一个现已不存的稿本，而这个本子有时甚为优长。

在这样的情况下，要求我们着手开展可谓精思细研的工作。我的大师每每对我们所进行的研究中的细节进行讨论，从而以某种方式来对这一文本进行完善；有时修正甚至根据其推测以己意而为之。

就像我们在上文已经提到过的，拉施都丁把作为《圣武亲征录》基本史源的编年史蒙古文文本翻译为波斯语，这就表明了其重要性所在。它使得我们对汉文文本的理解更加准确，并常常得以修正之。如第6节中有处语义不明的地方："长母之子。"最初我们很难理解这个短语，将之翻译为"高贵母亲的儿子"。贝勒津（译文Ⅱ，97）翻译为"那些比妇女们更高贵的儿子们"；洪钧（1A，25）很有见地地判断这一翻译是不正确的，而倾向于哀德蛮翻译的（《铁木真（Temudschin）》，第264页）"贵夫人们的儿子们"。波斯文本（Ⅱ，158）很清楚地写道，"贵夫人们的儿子们"，也就是说"老王公的妻子们所生之子"，在文中正应当这样理解（参见本书第146页，注释9）①。在同一段中稍微往后一些，在"族人"——即同部族的人——二字前面，文本中有一个"少"字，王国维像何秋涛一样，直接删去了这个字。李文田（那珂，11）则猜测原本应该是"少寺"二字，丁谦（5b）则认为原文应该是"少焉"，也就是"过了一会儿"的意思。王国维的修正无疑是错误的，我们也不能同意李文田和丁谦的意见，因为拉施都丁在这一段中明确记有"过了一会儿"（参见本书第147页，注释14）。我们研究的文本第7段中写道："初，上尝为塔儿忽台所执……"然而之前并没有提到过这件事。相反拉施都丁和《秘史》中均有叙及。很显然，拉施都丁书中保留了蒙古文原本叙述的整个事件，而《亲征录》却避而不谈。这是因为对成吉思汗

---

① 译者注：这一解释太过迂曲复杂，"长母"即嫡母，父之正室，这点从《亲征录》第8节中提到的"次母"一词可以明显地看出来；伯希和、韩百诗的解释之所以迂曲复杂，在于他们错误地把"长母之子"的"长"读成了长短的"长"。

形象不利的事件,在《亲征录》中被删除了;其原因也许是这样的回忆会招致当时正在宝位上的忽必烈的不满,或者只是有关官员或是译者看到居然记载了王朝的建立者的艰难遭遇的情节,而感到震惊。另一处略有不同的例子见于第13节(参见本书①第263页,注释6):文中提到"成吉思汗追击薛彻和大丑⋯⋯在帖列徒隘口攻击他们,消灭了他们(⋯⋯薛彻大丑,追至帖列徒之隘,灭之)"。这段文字中最后两个字"灭之",并非表明他们被成吉思汗所杀。拉施都丁书则使我们得以重构这个词的蒙古语原文(文本,II,179;译文 II,110,277),因为书中记载:"让他们 muγutγamïšī,捉住了他们。"这里原则上与蒙古语的副动词 muqutqa-"使其疲惫"、"精疲力竭"相对应,从而在蒙古文原文中应理解为"当我们使之精疲力竭之时,终于抓住了他们",并没有记载他们最终的命运如何。在原文中有部分章节大量出现类似这样的记载,并且仍然未经校勘,最典型的就是成吉思汗责备王汗的例子,《亲征录》的文本残缺不全,而拉施都丁书则保留了全貌。

　　相反,也存在拉施都丁书和我们研究的这部著作不一致的地方。如在16、17和18节(参见第382页及以下)中,就出现了明显的歧异之处。《亲征录》记载了成吉思汗对蔑儿乞部首领脱脱的一次远征,当时后者驻兵统烈泽上;拉施都丁没有提到此事,却在文中插入了一段有关博尔术的逸事,然后也没有接着再开始按照蒙古文编年史的叙事进行叙述。同样在17和18节当中:17节里提到的完全不见于波斯文本;丁谦(《亲征录》,12b)认为拉施都丁对此存疑才删掉了此段文字,并且认为这是一段衍文。当然,只有在《元史》中才遵循着我们研究的这部著作,保留了"忽兰盏侧"这座山的名字,而《秘史》则记载这一事件发生于不鲁吉崖。至于18节也有部分与拉施都丁的叙述有所不同,但却另有原因,那就是波斯文的作者篡改了文本,以使之符合他在部族志中的错误。在部族志中,泰亦赤乌部的忽敦忽儿章被当作两个人,记

XⅧ

―――――――――

① 译者注:《导论》中的"本书"指法文原本。下同。

为脱脱的弟弟（见本书第391页，注释5）。在另一段如第9节（参见本书第203页，注释7）中，列举了从塔塔儿部首领蔑兀真笑里徒那里抢来的东西，拉施都丁书的记载也与我们的文本，以及《秘史》的汉译文次序相反。更加不同的是在第15节（参见本书第325页，注释12），在拉施都丁书中给出的是tuq一词，而在我们的文本中则译为"旗帜"；因此可见拉施都丁书里的这个词反映了蒙古文原书的样貌，而汉文本则采用使用近似词汇的做法。

波斯文与汉文本并非总能对应，而且也不能完全仰赖拉施都丁书。通过上文所举的例子可以看出，在很多地方波斯文本可谓是逐字逐句地遵循着蒙古文编年史，并且比我们所研究的这个本子更加忠实于原文。为求更加准确，我们还要使用《元史》中的平行文本，其中有些地方展现了《亲征录》中叙事的全貌。但同时在研究中亦须审慎，因为有些地方表明我们的抄本不能用《元史》中那些错误的异文来进行订正。

我们研究的文本第一节写道："长而神异"——在其成长中，他具有奇异之处，严格而言应翻译为"[新生儿]高大并具有奇异之处"，伯希和便是这么认为的（参见本书第11页，注释7），因为这句话是接在有关成吉思汗诞生时有关情况的叙述之后，而这句话后面跟着又提到，"以获帖木真故命为上名"，这就表明了整段文字都是对新生儿的描述。《元史》中像这样的文字常常是从《亲征录》里照搬过来的，记载道："手握凝血如赤石。烈祖（＝其父）异之，因以所获铁木真名之，志武功也。"可见，这里所出现的"异"这个词是一种完全不同的用法；稍微有点可以肯定的是，无论是完全一致，还是基本上接近，《元史》里的这段都是来源于我们所研究的这部书。我们也可以理解，成吉思汗之父认为新生儿手里握着的血块，预示着其与众不同的天命，并以其所俘获的塔塔儿部首领的名字来给他命名。再往后一点，《亲征录》的第10节（参见本书第214页和221页注释4）这里有一处明显的阙文，以致文义不连贯；王国维和那珂通世都注意到这点：即《元史》中有一段可以填补这处阙文，丁谦（7b）在其校勘本中就增补了这一段。我们所研究的文本由此明晰，因为如果没有加上这一段的话，对于文中所提到的情况：乃蛮人劫掠了成吉思汗的臣民，在这一事件发生后，成吉思汗却对月儿斤部大发雷霆，并作为报复对他们发动惩罚性的战争。很明显，文本的不连贯是因为缺少《元史》中可用来补充的那段阙文所造成的；如果和拉施都丁书以及《秘史》一样，而不是在提到乃蛮人时出现一处错误的话，那么这段的意思就会更明白，遗憾的是这处错误又传到了《元史》之中，其原因可能是由于最初的译者失之轻率，除非在蒙古文原文中也是如此，这后一种猜测显然不太可能。另一些段落表明了《元史》对于确定我们的文本而言何其重要，第20节在通行各本中均作"由绿怜河"，《元史》则作"自由绿怜河"。何秋涛注意到"绿怜"之前脱一"怯"字（即克鲁伦河），然而这里的脱字想必发生在很早之时，因为在《元史》中就已经是这样了，王国维采纳了这一修正。那珂通世支持李文田的意见，认为"由"字乃"曲"之误，从而得出了克鲁伦河名转写的一个颇为特殊的形式，并在其校本中把这个名称加到采自《元史》的"自"字之后。而《说郛》本即作"怯绿怜"，由此证明何秋涛的订正是正确的。"由"字也应该保留下来，解作"从……"之意，《元史》中有的"自"则应解作"亲自"之意：即王汗"本人"率领其部众。相关的探讨可参见本书第417—418页，注释1。《亲征录》中的大量段落都完整地移用于《元史》。我将在对《元史》第1、2两卷的校勘中显示，其编纂有多得益于《亲征录》的原始文本。

　　如果说，《元史》直接借用了我们所研究的著作这一特征，可以通过第8节（参见本书第187页，注释15）、第15节（参见本书第340页，注释28）和第19节（参见本书第392—393页）得以证实，那么也能发现《元史》与《亲征录》故意有所区别之处。有时可见，后来编成的《元史》中改变传承叙事的一些片段（参见本书326—327页），比如札木合对王汗所说的那些，可以表明我们的文本似乎是依照蒙古文原本的；有时又可见这两种文本所拥有的不同传承，如第15节（参见本书第379页，注释33）中，《元史》提到了王汗手下的一名叫不鲁忽觯（*Burqudai）的将领，被乃蛮人捉住了，而《亲征录》则提到了是迪吉火力和亦秃儿干两个人。此外,这样的传承也不能完全确信,比如拉施都丁就有点搞错了,他提到这两个人都被杀了,但在接下来王汗被成吉思汗击败的时候,我们又看到了这个亦秃儿干,他被成吉思汗的弟弟合撒儿一刀砍死。也有《亲征录》里提到的名字在《元史》中没有提到的例子,参见第20节,本书第421页,注释9,纳邻脱邻的名字就不见于《元史》。另有一些情况,则是出于维护尊严的需要,故意与我们所研究的这部文本之传承相区别,比如在第9节(参见本书第203页,注释8)就完全没有提到金朝曾经授予成吉思汗一个称号,仅表示部落首领之意,这一忽略很可能是故意的。《元史》的编者随意修改文本,为的是不把这样一个下等的称号加诸帝国的建立者,而《秘史》第134节和我们研究的著作则保留了这一称号的原始形式,并没有因为类似的成见而表示难堪,而是如实记载下来。还有一个原因则可能是传承相异,比如《元史》卷1,就完全没有提到第15节(参见本书第297页,注释1)的内容;同样,关于我将进行校勘的《元史》卷1的最后一部分里成吉思汗进行的最后一次战争,也是如此。

尽管拉施都丁书和《元史》使我们得以填补这部著作中的诸多缺陷,然而在其众多版本中,只有一个本子最适于我们进行改进,《说郛》本(3)为我们提供了这一可能性。众所周知,我们所用的文本,是羽田亨在对袁昶刊行的版本进行校对后,于1920年11月借给伯希和的,修正和补充之处用红笔记在书上,下文中我们将会提到这一抄本的饶有兴味之处。对于《亲征录》而言,我们发现只有《说郛》本(3)得以使我们重构其最初的形态。比如在第6节中,王国维采用了"上时亦猎围陈隅相属"。正如伯希和所指出的,通常读作chen的这个"陈"字,在这里应该读作zhen,是"阵"的通假字,这表明了《说郛》本(3)中的异文应该是最初的版本,当我们研读《说郛》本时,它也是诸本中唯一把上面一句里记作"偶",而非王国维所采用的"隅"的本子,这一异文无疑更优,因为《元史》中也是如此。完整的讨论见本书第143页,注释4。同样有关"阵"的例子还可以参见下面第15节中,本书第322页,注释9。在第10节中，王国维根据《说郛》本，在其校勘中采用了"掠"这一异文；然而其他稿本均作"掳"，《说郛》本（3）也是如此，据文义当然以此为优。第12节（参见本书第232页，注释2）提供了一个类似的例子：《亲征录》记载，王汗父亲名字的汉文转写是"忽儿札胡思"（Ourjaqus），《元史》所记与此相同，而《说郛》本（3）则把名字中的第四个字写作"忽"，而不是"胡"，很可能最初的文本就是这样的，因为在我们的这部书中，很少用"胡"这个字来进行转写。而通行各本之所以采用"胡"字，无疑是受到了《元史》编纂者所采用的转写的影响。在第15节末尾，《亲征录》的稿本给出了"存抚"二字，王国维在他的校勘本中于此失校，而《说郛》本（3）中则写作"存恤"，加在"加意"两字之后，明显文意更优，因此译文应为"太子切切加意存恤"。第17节，《说郛》本（3）同样使我们得以重构文本的最初形态，王国维根据他那时所掌握的本子，认为是"河"；那珂本（2）则注意到这一异文无疑是错误的，应该修正为"川"，《说郛》本（3）中所记的正是后者，因此整体应该是"萨里川"，而非"萨里河"。同样的异文还有在第4节中的那处（参见本书第26页，注释2）。

XXII

　　除了《说郛》本（3）提供的资料外，《元史类编》中也有对《亲征录》的引用，其来源是一个现已佚失的本子。因此在第15节中，这个本子的引义包含"来归"一词，而我们所掌握的任何抄本都没有这个词，这表明其来源应是原始文本的某一部分，而此点早已为伯希和所指出（参见本书第381页，注释39）。

　　虽然中国学者对文本进行了修订，但有些章节仍然舛误不少。伯希和在我们目前出版的这部著作中指出了两处，现在我们有可能对此进行订正。如在第6节中，文本里有两个字"上曰"，后面跟着"命给助"，"曰"在这里没有任何意义，因此在法译文中就删除了。也许此处有脱文，也许仅是衍字。根据伯希和的意见，"曰"应当写作"固"，此处《亲征录》的原文，我们通过《元史》读到"固邀同宿"这个句子（参见本书第144—145页，注释5）。在第15节的一段中（参见本书第293、

295、328页），王国维编校本中采用了"终"字。根据拉施都丁和《元史》提到的，在冬天鸟类飞到温暖的国家过冬，"终"没有这样的意义，而应该修正为"冬"，这样就与原文和译文都对得上了。

然而原文中还有很多疑误之处。如第5节中，就有好些是由于译者的误译所造成的，有些可以予以改正（参见本书第55—57页，注释12）；而且原文中除了译者的误译，还有一些则属篡改：有一位鲜明昆那颜率领火力台人协助成吉思汗，构成其对抗札木合的大军中的一部分，有关这些名称以及原文的解释，参见本书第61—62页。在第6节中，原文也有不确定之处："我们自己承担，离开我们的父母，追随你向我们所呼求的公义（我担当弃亲从义而招之）。"我们仅能如此翻译，这既不顺畅，也没法与波斯文版本相对应，而波斯文版本这里显然是遵循蒙古文原文的，参见本书第146页，注释10。

我们研究的文本仍有大幅修正的余地，然而鉴于不少篇幅舛误丛生，而其译文也不能确定，因此可以说相当困难。在利用了我们所讨论的全部文献之后，应当能够廓清中国学者所未能解答的一些问题。

《说郛》的版本

《圣武亲征录》文本的流传与陶宗仪的《说郛》密切相关①。这里暂无暇叙及《说郛》文本的流传情况——那已由伯希和进行了研究。王国维所使用的《说郛》文本是基于以下三种版本：其一据称印刷于1488—1505年间；另一种的年代则是1573—1619年；第三种则属汪轫②（18世

---

① 关于《说郛》，参见伯希和，"说郛考（*Quelques remarques sur le Chouo fou*）"，《通报》［XXIII］，1924年，第163—220页，景培元（S. King P'ei-yuan），"说郛诸版本之比较研究（*Etude comparative des diverses editions du Chouo fou*）"（《中国文书集成·专著之第一种》（Scripta Sinica, Monographie, I)），北平，1946年。

有关陶宗仪生平的最新详细研究以及更多细节，是通过吴晓玲先生在其《辍耕录引得》的"导论"所获知的（引用第13种，巴黎大学北京汉学研究所，1950年），第III—IV。

② 译者注：疑应作"汪宪"。

纪下半叶)所有。之后商务印书馆在上海刊行的《说郛》,源自几种古本和万历本。然而商务版的水平不能满足我们对于这一文本的期待,而且在有些地方还把问题更加复杂化了。遗憾的是王国维并不知道天壤间另有一个抄本被赫赫有名的傅增湘收藏着,此人于1919年曾任中国教育总长。羽田亨对他的这个本子进行了校勘,并于1920年告知了伯希和。可惜的是,当我居留北平之际,未能检视这一抄本。虽然我从事这一研究,但并没有人告诉我有关的情况,傅增湘在我到达北平后不久就逝世了。由于北平图书馆馆长王重民先生的关心,我得以有机会检视当时新从天津购得的一个古版本,遗憾的是关于《亲征录》,并没有什么新的收获。总之,根据羽田先生,我们研究的文本为傅增湘藏本的第55卷。而现在的这个版本则与之没什么关系,而且零散不全,它发现于内阁(Nei-ko),并被国立北平图书馆收藏,因为该馆当时还没有这部书。

《说郛》本(3)引起了我们的特别关注,它对我们订正文本的作用也证明了这一点。我对羽田先生的那个袁昶版的抄本做了一些核对。所核的仅是与目前出版的这本书有关的部分;接下来出版剩余部分的时候,再核对其他那些据《说郛》本(3)进行订正之处。

文 本 刊 布

可以想见在元代,《圣武亲征录》与现已佚失的《圣武开天记》或《太宗平金始末》是相同的,如同《秘史》一样藏于内府,任何汉人都不得阅览,根据《元史》卷181《虞集传》所载:"请以国书《脱卜赤颜》(Tobčiyan=Mongɣol-un ni'uča tobčiyan, 蒙古秘史)增修太祖以来事迹,承旨塔失海牙曰:'《脱卜赤颜》非可令外人(=即汉人)传者。'"这也就是为什么在元代汉人无从知晓这部编年史,直到明朝,接触这本书才成为可能。也正是在这一时代,《秘史》才被转写为汉文并进行逐字翻译;同样也是在这个时期,陶宗仪得以将《圣武亲征录》收入《说郛》之中,从而构成了这部文献的最初版本。

　　《亲征录》随着《说郛》而迭经变迁，因为我们不知道有任何独立的版本存在。但也有必要考虑其存在的可能性，比如《元史类编》中的引用就与《说郛》中保存的文本没有关联。直到19世纪中国学者才开始对这部著作产生兴趣。在《蒙古游牧记》的作者张穆（1805—1849年）的协助下，何秋涛（1824—1862年）完成了本书的第一个版本，然而长期未能付梓。其稿本先后由李文田（1834—1895年）、文廷式（1856—1904年）、沈曾植等人复校，并于1894年由袁昶（1846—1900年）刊行。直到近年来才趋于完善并广为流布。何秋涛本人完成的版本后在日本刊行，然而我并未见到这个本子（参见丁谦的"前言"）。不久，与袁昶版本大致相同的一个本子于1897年在保定府的莲池书局刊行。袁昶版后来又收入《知服斋丛书》三编，但未经任何修订。此后，丁谦刊行了我们研究的这部文本的一个版本，并加以大量注释①。这部作品显然非常出色。另一方面，日本学者也对《亲征录》感兴趣。1900年5月，两湖书院的一位教师陈毅，如约将《亲征录》一部寄给了那珂通世。史学会计划刊行一个复刻本，那珂本人则计划出版一部附有注释的刊本，这项工作大约花了两年时间。同时，内藤湖南从文廷式处收到了《秘史》的文本，那珂致力于研究这一文本，并以《成吉思汗实录》的书名将其出版。在研究后面这本书的时候，他意识到其有关《亲征录》的工作成果需要重加修订。因此他放弃立即出版此书，而他于1908年的逝世使史学会的计划中止。直到1915年才在东京出版了他的著作，收入《那珂通世遗书》之中。大学者王国维一度对蒙古史事很感兴趣，对我们这部文本进行了研究，其最初的版本刊行于《蒙古史料校注》中。他虽受益于前人的成果，但未能利用商务印书馆重版的《说郛》本，而这个版本的《亲征录》较他本"为优"，其中有些异文是诸本中最好的。后来，王国维版本的《亲征录》收录于《海宁王忠悫公遗书》第三集，第29册《圣武亲征录校注》，其序言则收录于第一集中

---

① 关于丁谦的著作，参见"浙江图书馆丛书"第二集，其中收录了氏著《元圣武亲征录地理考证》。

的《观堂集林》卷16,第12页①。王国维校注的第三个版本见于其遗作集的新版中,但并没有什么新东西。

翻　译

虽然存在着众多版本,但自从修道院长巴拉第之后便再没有任何译本。此公于中国文学方面学养甚深,尤其精于那些与中亚有关的材料,因此立即就认识到了这部文献的价值所在。可惜他的译文根据的是何秋涛稿本的一个抄本,因此尽管他在有关蒙古史的问题方面学问精深,也无法做到尽善尽美。他的译文出版于1872年的《东方文集》第一分卷,而全帙出齐的年份是1877年。

在缺乏译本的情况下,伯希和于1931年委托我对这部文献进行翻译,其中所有已取得的进展,特别是本书中所见的那些对文本改进之处,都是在他的指导下进行的。他于1941年决定对我的工作进行补充完善,这些我已经在前面解释过了。

在此,本人所呈现的并非有关这一文本的研究成果;因为它们还包括所发现的改动之处、明显的错误、原始文本中确实没有出现的那些词汇的用法以及与其用法不一致的地方等。我希望所有这些,将来都能呈现在有关这份文献后一部分的著述之中。　　　　　　　XXⅦ

后面还有一份关于某些文献的缩略语表,以及引用文献的参考书目。书后还将在现在出版的这部分基础上,加上逐段的不同版本对照表,以及伯希和根据羽田先生所有的袁昶本之抄本编制的各种不同写法的对照表,这些是他根据对《说郛》本(3)的对勘而标注出来的。

---

① 参见伯希和"王国维著作集(*L'Edition collective des oeuvres de Wang Kouo-wei*)",《通报》,XXⅥ [1929],第169—172页。

缩 略 语 表

巴托尔德-《突厥斯坦》(2)=《蒙古入侵时期的突厥斯坦》

那珂(1)=那珂通世《成吉思汗实录》

那珂(2)=《校正增注元亲征录》

裕尔-东域(2)=《东域纪程录丛》,1913-16编

拉施都丁：I,译文 =　　　　Trudy V.O.I.R.A.O., V　, 1858.

——：　　 I,文本 = 　　—— 　　　　, VII , 1861.

——：　　 II,　　 = 　　—— 　　　　, XIII, 1868

——：　　 III　　 = 　　—— 　　　　, XV , 1888.

屠寄=《蒙兀儿史记》

柯劭忞=《新元史》

1. 烈祖神元皇帝讳也速该。初,征塔塔儿部,获其部长帖木真斡
怯、忽鲁不花辈。还,驻军跌里温盘陀山。时我太祖圣武皇帝始生,右
手握凝血,长而神异,以获铁木真,故命为上名。

1. 元的先祖皇帝,烈祖("显赫的祖先")其个人的名称是也速该
(Yäügäi)[1]。最初他与塔塔儿(Tatar)部落作战[2],捉住了其部落的
首领,他们的名字是帖木真斡怯(Tämüjin-Ökä)[3]和忽鲁不花(Quru-
buqa)[4]。回来后,他把军队驻扎在跌里温盘陀山(Däli'ün-bolto[q])[5];
那时我们神圣威武的皇帝太祖("伟大的祖先")[6]诞生了。他的右手
握着血块。在其成长中(?),他具有奇异之处[7]。因为抓住了帖木真,
便以此来给皇帝命名[8]。

注释

[1] 在下文中(第8节和第12节)转写作叶速该,而在第22节中,
对火鲁剌思部的也速该使用的也是与第1节这里相同的转写形式。《秘
史》中大体上使用的是也速该把阿秃儿(Yäsügäi-ba'atur),有时则是简
短的"也速该",或(第67节)也速该乞颜。在《秘史》第177节中,成
吉思汗称他的父亲为也速该汗。萨囊彻辰①[施密特(Schmidt),60,62
及其他各处]记为亦速该把阿秃儿(Yisügäi-ba'atur)。拉施都丁总是
写作ﯾﯿﺴﻮﻛﺎﯼ ﺑﻬﺎﺩﺭYäsūgāī-bahādur(亦作 Yisügäi-,或 Yesügäi-?)。我们手
头的库伦抄本(对页13b)写作 Yisügäi。汉文转写中也并非绝对倾向于
在这里初次出现的"也速该",因为总体上汉语语音中无法区分 *Isügäi
和 Yäsügäi,为了显示出 Yisügäi 里打头的 y-,就必须以元音音色的变
化为代价。除非是事实上用中世蒙古文字书写的文献,或是用八思巴
文书写的文献,否则这个问题很难得以解决。总之,也速该一名是来
自 *yäsün*,"(数字)九",这个词的字首也存在难以确定是 yä-还是 yi-的

---

① 补注:应为"萨冈彻辰",见乌兰《〈蒙古源流〉研究》,辽宁民族出版社,2000年,第10页。

问题；同样，后缀作 -gän，作 -gäi，还是作 -gä 的问题也是如此。也速干（yäsügän）也是成吉思汗一个妻子的名字。"神元"是1266年（参见《元史》1，2a；74，1b）后人追谥的尊号。在其生前，也速该从未有过"汗"的称号。

[2] Tatar 一名初次出现是在731—732年间的突厥文的阙特勤碑中；而在汉文中，是在842年的一封书信里，以"达怛"（Dᶜât-tât）的名称出现的，关于这一转写和其他一些更晚的例子，参见《亚洲学报》，1920，I，143。在唐代，称之为"九姓鞑靼"及"三十姓鞑靼"（参见《亚洲学报》，1920，I，147—148）。对其迁徙的情况，我们缺乏信息，迦尔迪齐（Gardîzī，1050年左右）指出，Tatar 是 Kimäk（基马克，在额尔齐斯河以西，参见米诺尔斯基《世界境域志》，304）七部之一。拉施都丁（译文 I，49—51）很有意思地指出，根据习惯，这个部落的名称在远东和西方都被滥用，成为对一切蒙古人，甚至包括一部分说突厥语人群的泛称。辽、金时期，常常称之为阻卜和阻鞨，其语源我们尚不得而知（参见《通报》，1928年，第125页）。屠寄（20，6a）所云，阻卜是蒙古语 jäbä 的转写，而后者是一种箭的名称，因塔塔儿人善射故此得名，看来没有说服力。

《辍耕录》的部族名单——其中很多名称都重复了——提到了（1，15a，15b，16a）塔塔儿、塔塔儿歹和塔塔歹（Tata[r]dai=Tatartai，从塔塔儿一名而来的族名）。另外又有（1，16a）一个所谓的"塔一儿"，我认为"一"应该是表示前一字重复的记号之误，因此这个词也是塔塔儿。我们也发现（部分保存了下来？）在蒙元时代的发音推测为是 *Dadar 的达达儿（《元史》，131，3a）、塔塔带（133，4b）、塔塔里带（132，6b；135，3a）。卷100 8a 提到了一个塔塔里千户。木华黎的一个侄孙叫作塔塔儿台（Tatartai，119，6b）。卷197 1b 所谓的"塔塔思歹"的"思"，显然要么是"儿"字之误，或者更可能是"里"字之误，因此指的是又一个塔塔里歹（=Tatartai）。

真正的塔塔儿人说蒙古语。在蒙古时代，塔塔儿人大部分居于呼伦（Külün 或 Kölän）湖和贝尔（Büyür 或 Büir）湖之间的地区。

《秘史》当中提到了一定数量的塔塔儿部落;(1)(第53节)阿亦里兀惕(Ayiri'ut)和(2)备鲁兀惕(Buiru'ut)塔塔儿,其居住于兀儿失温河(Urši'un>当代的乌尔逊河(Uršūn))地区。这条河连接了呼伦湖和贝尔湖。(3)察阿安(Ča'a'an=Čaγa'an,Čaγān"白色的")塔塔儿。(4)阿勒赤(Alči)塔塔儿。(5)都塔兀惕(Duta'ut)塔塔儿。(6)阿鲁孩(Aluqai)塔塔儿(均见于第153节,但我们手头的库伦本[对页76a]两次写作Aruqai,这一异文应是更准确的)。

拉施都丁也列举了六个塔塔儿部落(文本,1,64;译文,I,51),但其名称与我们前面所列举的部分不能对应。贝勒津释读的六部落名称如下[①]:(1)Tutukulyut;(2)Anči[②];(3)白达达(Čagan);(4)Kyuin;(5)Nereit[③];(6)Bargui[④]。

关于《秘史》第53节中提到的塔塔儿部落,我将之数成是两个部落,不过在文本中他们叫作"Ayiri'ut Buiru'ut Tatar",我们也可以读作"Ayiri'ut Büirü'üt Tatar",因此很自然地可以被视为是一个部落,因为正是在这些塔塔儿人举办的宴会上,也速该被下了毒。我倾向读作"Büirü'üt",因为拉施都丁在别处(译文,I,96—97,参阅本书后面第12节)提到,在1140年左右,有一个塔塔儿部的首领,其名称的最后部分使用了突厥语称号不亦鲁黑(buïruq>,蒙语 buiruq),[⑤]而备鲁兀惕塔塔儿这一复数很有可能最初指的是"不亦鲁黑塔塔儿人"。如我们经常所见,部落之得名往往来自其首领的称号(不亦鲁黑在突厥语国家中同样成为了一个部族的名称,参见阿布尔哈齐书,戴美桑译本,191)。另一方面,我不能得出将阿亦里兀惕(Ayiri'ut)断为备鲁兀惕(Buiru'ut) 4

---

① 补注:塔塔儿六部落的名称,《史集·部族志》苏联集校本作:(1) تاتار الجی (3) تاتار (2) توتوقلیوت تاتار
برقوی تاتار (6) ترات تاتار (5) کویین تاتار (4)
② 译者注:《史集·成吉思纪》余大钧汉译本作阿勒赤(aljī)(商务印书馆,1992年,第167页)。
③ 译者注:《史集·成吉思汗纪》汉译本作帖烈惕(t(a)rāt),同上。
④ 译者注:《史集·成吉思汗纪》汉译本作不鲁恢(barqūī),同上。
⑤ 补注:不亦鲁黑,《史集·成吉思汗纪》伊斯坦布尔抄本、塔什干抄本作 بویروق(Būrūq)。即突厥官号"梅禄",来自突厥语动词 buyïr-,意为"大臣"(耿世民《古代突厥文碑铭研究》,中央民族大学出版社,2005年,第138页)。

修饰语的合理解释。当然这也是一个复数。可以推测其单数形式为
*Ayïrïq（>*Ayiriq），然而其词源和意义并不清楚。因此我认为阿亦里
兀惕和备鲁兀惕是两个并列的部落名，就好像豁里秃马惕这两个部落
名并置的情况一样（《秘史》，8、9、240 节），豁里是一个部落，秃马惕是
一个部落，而并不表明其应当被理解成"二十种秃马惕"。

　　《秘史》中的察阿安塔塔儿自然就是拉施都丁的 Čagan (جغان) 塔塔
儿，我们研究的著作第 23 节及《元史》，1，9a 的察罕塔塔儿，即"白达
达"。然而关于此有一个令人困扰之处。因为 13 世纪初的汉文著作
中通常称那些真正的蒙古部人，也就是成吉思汗的部族，为黑鞑，以区
别于"白鞑"或"白达达"，也就是汪古部人（参见下文第 36 节）。然而
《秘史》和拉施都丁书中的 Čagan Tatar 却与汪古部没有任何关系。此
外，相信我们已经注意到，在拉施都丁书中有关汪古部的概述，和有关
塔塔儿部的概述根本都不在同一个部分之中，而且在塔塔儿部里有关
Čagan Tatar 的片段（译文 I，64）提到的那些人物，也都不见于与汪古部
有关的文献之中。察罕塔塔儿这一名称在 16 世纪初到 1590 年都还一
直存在，参见萨囊彻辰（施密特，205）；《明史》，233，7b 的《李成梁传》；
《蒙古源流笺证》，6，16b；以及符拉基米尔佐夫《蒙古社会制度史》的
130 页。

　　《秘史》中的阿勒赤塔塔儿，自然就是贝勒津错误的 (انجى) "Anči" 塔
塔儿人。事实上，拉施都丁的抄本经常写作 (الجى) "Ālči"，我们在哀德蛮
的《铁木真》，第 179 页中已经获见 Alči 一词。多桑书 I，64，也有这个记
为 -l- 的词。然而浊化为"Iltchi"。同样，所有在贝勒津书里叫作"Anči"
和"Ančidai"的人，都应该是按赤 (Alči) 和按赤台 (Alčidai，从 Alči 而来
的部族名)。贝勒津就搞错了《元史》卷 1 中提到的按赤，事实上，这个
转写是从我们本书第 23 节原样照搬的；然而，在蒙古时期"按"这个字
更经常用来转写 al- 而不是 -an。在这点上，贝勒津（译文，I，236—237）基
于对"Anči"和"Angi"误读的词源学解释，就毫无价值了。他认为 Alči
（他考虑到这一形式，但是又予以排除）就是突厥语的 alči，"得到……的

人"，就其地望贝尔湖地区来看也是不太可能的，而我对其语源并不知晓。有一份与1140年左右这个年代相关的文献，其中有Alčidai（而非"Eljitaï"）作为族名的用法，表明Alči一词至少在那个时候就已经存在了（参阅译文，I, 68）。在乌兹别克人当中也有一个Alčin部落，此外Alčin还是柯尔克孜小帐的主要部落（参见霍沃斯，II, 6, 12）①。

至于都塔兀惕一名，如果《秘史》的转写者转写无误的话，应是 *duta'un*，"不完全，不足够"的常规复数形式，在《秘史》中以 *duta'u* 的形式出现于多处（第203、219、279、280节，参见鲍培《穆卡迪玛特·阿勒－阿达布蒙古语词典》，147）。

阿鲁孩（Aluqai或Aruqai）的含义，我也并不知晓。将Aruqai和 *aruuqan* "舒适的"进行比较，不失为一种可能性。一个叫作阿鲁罕（?*Aluqan或*Aruqan）的人见于《金史》（参见《三史同名录》，8, 7b）。

下面我们再来讨论拉施都丁书里的六个名称中剩下的部分。贝勒津读作"Tutukulyut"，在多桑书中作"Toutoucalioutes"（I, 64; II, 280）；在哀德蛮书中作"Tutukeliut"（《概况》，41；亦见《铁木真》，179）。抄本中的最初形态是توتوقليوت，我认为应转写为Tūtūqlī'ūt，即*Tutuqlïq的复数形式，意为"tutuq的百姓"，与下面这个例子同样，现代的翁牛特部（Ongni'ut），更早一些的形式是Ongli'ut，也就是Ongliq即"王（Ong<汉语"王"）的百姓"的复数。汉语里的官名"都督"（*tuo-tuok），自从唐代以来，就以tutuq的形式存在于东亚各语言中。不同的材料证明，在蒙古时代还保持着这个古老的发音，而当时汉语里这个词的发音已经变成tou-tou了（参见马迦特：《库蛮考》，94）。由于有我们手头的库伦本［对页76a］中"Duta'it（或Tuta'it）"的支持，因此将《秘史》中的都塔兀惕（Duta'ut）视为*Tutu'ut，即"都督的百姓"的一种不够完善的形式，应该不是没有可能性的；同理，Buiru'ut也就是"不亦鲁黑的百姓"之意。看起来Tutuqli'ut这个名称也存在于汉文文献之中。《元史》

① 译者注：按霍沃斯书中之Kirghiz实际是指哈萨克人，所谓柯尔克孜小帐即小玉兹。

（123，1a）里就有一位蒙古脱脱里台氏的布智儿（Bujir，《秘史》202节中亦有此名）；还有一个被称为是按摊脱脱里氏的阔阔不花（Kökö-Buqa，同上书，123，1b）。脱脱里台肯定是族名，也许就代表了*Totoqlitai；按摊脱脱里可能是*Altan-Totoqliq。我现在手头虽然没有，但可以确定曾经好几次在蒙元时代的转写中，发现来自tutuq的totoq这一发音，特别是年代为1362年的宗王忻都的汉蒙双语碑文（尚未发表，第14行）。那珂（1）321—322页，和屠寄（40，2b；57，1a）都认为布智儿和阔阔不花是塔塔儿人，这是因为他们都把脱脱里台简单视为塔塔儿的另一种转写，然而这是不可能的。我们难以想象从重构为Totoqliq的"脱脱里"这个词里面找到的"塔塔儿"，与拉施都丁的Tutuqli'ut会是同一个名称。这样的对等太规律了。如果不考虑说它是另外一个部族名的话，我们就只能认为它是蔑儿乞部的一个部落名，在拉施都丁书中写作توداقلین Tōdāqlīn（译文，I，71，106；III，6；名称形式是确定的）。其第二个音节中的-t-、-d-，以及-a-、-o-间的互转都很常见，因此理论上而言，脱脱里和脱脱里台表示的是Todaqlin和从Todaqlin而来的族名。为了完全确定这一点，还要另外明确布智儿和阔阔不花所从出的部族，然而就此而言并无可能。在前面第一个例子里，部族名之前尚有"蒙古"二字，常见于《元史》中，作为各种部族名的前缀，如八剌忽（Baryut）氏（122，5b）、兀良罕（Uryangqan）氏（122，4a）、弘吉剌（Qongqirat）氏（132，1b）、达达儿（Tatar）氏（131，3a）、怯烈（Kerait）氏（124，4b）。因此它既可以放在蔑儿乞部之前，也可以放在塔塔儿部之前。而另一个例子里的"按摊"（Altan）二字，也仍然无法解释。至于所提到的两个人，布智儿非常有名，首先是因为他本人的传记内容。他的名字还以"卜只儿"的形式，出现在《元史》的其他三个传记中（122，6a；125，4a；134，1b）。而且还以"不只儿"的形式在卷3《本纪》中提及：1251年，他当时任燕京的大断事官（yäkä-jaryuči）①。这就是那个在成吉思汗

————————

① 译者注：关于不只儿事迹，亦见《元史》卷4《世祖纪》及卷136《孟速思传》。

家族的最初几位统治者在位期间扮演重要角色的不只儿,毫无疑问,他就是贝勒津书中接连以بوجر Bujar(译文,I, 193)和"Bujar-noyon"(译文,III, 139,读作 Bujir-noyan)之名出现的那位。只是在这两段中,拉施都丁说这个不只儿是兀鲁兀惕部人 Kähätäi 的兄弟;Kähätäi,即《秘史》中的客台(Kätäi)、《元史》中的怯台(亦读作 Kätäi?),并且拉施都丁经常把此人与其父主儿扯歹(jürčädäi)搞混淆。但是,除了拉施都丁之外,没有任何材料记载说主儿扯歹或是怯台一个叫作不只儿的兄弟,我们也不知道在兀鲁兀惕部中还有一个"脱脱里台"部落。阔阔不花很可能就是《秘史》第202节中的阔阔(参见那珂(1),322);这个阔阔与《元史》,134, 4a 中有传的阔阔不是同一人,因为后者可以确定是蔑儿乞部人,《元史》中的阔阔在忽必烈在位时,以39岁逝世,则其出生应是在成吉思汗统治的末年,也就不可能在《秘史》202节里被提到。另一方面,我在拉施都丁书里没找到有任何地方提到阔阔或阔阔不花(阔阔不花还出现在《马政记》,广仓学窘丛书,5a,1238年的纪事中,参见《元史》,99, 2b)。然而在本书第38节中,明确地提到了蔑儿乞的脱脱里(Todaqlin)部落,而且拉施都丁则在相应的段落中称之为 Todaqliq 部(译文,III, 6),在汉文文本中此名转写作"脱脱里",这与上文所引《元史》中有关的段落中是一致的。因此我认为布智儿和阔阔不花并非塔塔儿的 Tutuqli'ut 人,而是蔑儿乞的 Todaqlin 人。尽管如此,其汉文转写表明所谓的"Todaqlin"就是 *Totoqliq=*Tutuqliq,这与在塔塔儿人中的情况是一样的,乃是蔑儿乞人中的"都督的百姓"一族。在这样的情况下,有关这一部落名称的孤例,不足以使我们确定其所指的到底是塔塔儿人还是蔑儿乞人。同样的问题在有关某个孛速儿(*Borsuq)的情况中也多少反映出来,此人在《元史》,135, 4b 有传,并提到他是脱脱忒氏,我们显然可以猜想这个名称中脱落了一个"里"字,而"脱脱里忒"代表了单数 *Totoqlin=Todaqlin 的复数 *Totoqlit 这一形式,然而这样的订正未免太过武断,并且我对单数形式 Todaqlin 也不太确定。对我而言最简单的处理是重构为 *Totōt,而对这

个 *Totōt<*Toto'ut=*Tutu'ut，我倾向于在塔塔儿人中间寻找这个名称，并认为它就是《秘史》153节的都塔兀惕（Duta'ut）的一种转写形式，更有可能的一种读法是Tota'ut=*Toto'ut，Tutu'ut。

　　贝勒津读作"Kyuin"的塔塔儿部族，即多桑书（I, 64）之"Coutin"，哀德蛮书之"Guisin"（《概况》，41；《铁木真》，第179页），更早一些的是冯·哈梅尔（转引自哀德蛮）的Kouis。对于这一名称的解读仍然是不确定的。在译文，I, 3中贝勒津采用了同样的形式كوىين Küyin，作为一条河的名字，而我却不惮认为那应该读作كوىتن Kūītän，Kǖyitän。这里也可以考虑采用同样的方法，因此也就成了Kǖyitän Tatar，也就是说"阔亦田（关于Kǖyitän>Kūītän，参见下文第24节）的塔塔儿人"。我们手头的库伦抄本（对页16b）也显示出有利于这一处理方式的倾向，在提到《秘史》58节里的阔湍巴剌合（Kötön-Baraqa）时，这个版本作Kǖyitän-Barqa-ba'atur。在使用汉文回译拉施都丁的部族志时，柯劭忞（28, 39a）提到了"古亦辛（Güyisin）"塔塔儿，这无疑使我们回想起哀德蛮的"Guisin"，然而屠寄（153, 39a）则指出应是"贵田"（Güitän或Küitän）塔塔儿，也就是说他也选择了我本来就倾向的那种形式①。使我感到疑惑的是，在谈到属于这个部族的人的时候，拉施都丁提到了一个名字大概是كوىتى Küitäī的人，此人通常应该是出身Küi部落，而非Küitän部。同样，在《秘史》第58节之后，我们手头的库伦抄本插入了Küitäi-Säčän（或Kütäi-Säčän）的一段话。然而，当把Küyitän河的名字放到一边，我们就可以从这个困难中解脱出来了，因为这个名字很恰当地表示了蒙古语中的Köyitän>Köitän，"寒冷的"，并且可以看到这个塔塔儿部落名的一个形容词形式（族名？），其单数的名称是Küitäi，而事实上常用的复数形式则是Küitän。

　　贝勒津的نرانت "Nereit"，冯·哈梅尔作"Terab"，多桑作"Térate"（I, 64），哀德蛮作"Nezait"（《概况》，41；《铁木真》，179）。各抄本尤其

———————

① 译者注：这里伯希和是错把屠寄原文中的"贵由"的"由"字看成了"田"。

倾向于"Närāīt"或"Tarāt"、"Tärāt"①。试图扭曲这一形式来得到《秘史》中阿亦里兀惕,可谓是让人失望的解决方案。与《辽史》,30,2b中的敌剌进行对比,或许不失为一种可能。

برقوى"Barqui",冯·哈梅尔作"Berkoi",多桑作"Tercouï"(I,64),哀德蛮作"Jerkui"或"Jerckui"(《概况》,41;《铁木真》,179)。我则试图读作نروقى*Narūqaī,并与《秘史》中的阿鲁孩(Aluqai)或Aruqai勘同。*Narūqaī和Aruqai表明,在蒙古文书体中,字母n的那一点不标出来,这也被各抄本以及古代碑铭所证实。在这个例子中,幸运的是拉施都丁给出了正确的译文。因为从《秘史》的其他例子看,抄写者对传承缺乏了解,不晓得还有一个打头的n-(比如第259节中,把你沙不儿写成了伊谢不儿(Išäpur),参见《通报》1930,23)。

在对塔塔儿部进行这一快速回顾之时,我没有提到《秘史》53节中的塔塔儿主因亦儿坚(Tatar juyin irgän),"塔塔儿的juyin百姓",因为它并不真正涉及部落名称;关于这个依然悬而未解的问题,参见《通报》,1929,128—129;海尼士文,载《泰东》,IX,520;海尼士《字典》,95。我也不拟谈论柏朗嘉宾的"水达达",关于此亦可参见《通报》,1931,118;1932,469。

[3]《元史》卷1只记为Tämüjin,并把第一个字写作"铁"。这一正字法见于《说郛》本(3)1a,可以视为是我们所研究的文本最初的写法。《秘史》第59节转写作"帖木真兀格(Tämüjin-Ükä)",蒙古文书写中无法对这两种发音进行区别。同样,拉施都丁书(文本,II,103,141;译文,II,64,86,87)里的تموجين اوكه Tämūjīn-Ükä(或Tämūjīn-Ökä)的情况也是如此。铁木真的意思是"铁匠",对应于古典蒙古语的tämürčin,后者来自tämür"铁"。这一词源也涉及我们手头的库伦本(对页17a)增加的那部分,其中提到当幼小的铁木真出生时,人们把他放到一个"铁摇篮"里。对于-r-的脱落,参照与古典蒙古语ügärči相对的,中世蒙古语的hügäči,"放牛人"。对于"铁木真"的含

9

---

① 补注:《史集·部族志》伦敦抄本作"نرانت",塔什干抄本作"ترات"。

义，我已经在《马可·波罗注》的"成吉思汗"一条中进行了详尽的讨论，此书目前正在印刷中。我试图以同样的方式，来对人名帖木迭儿（Tämüdär）（参见《三史同名录》35，5a）、女子名帖木仑（Tämülün）和帖木该（Tämügä）（参见下文第8、27节）[①]进行解释。我们手头的库伦本里，总写成Tömöjin、Tömölün等，这是鄂尔多斯方言里的一种形式。关于Ö-kä或-Ügä，贝勒津（译文，II，209）解释说是来自蒙古语的*ügä*，"说话"，我认为是不可接受的。它可能是借自突厥语里以ügä（或ögä？）的形式出现的词，意思是"智慧"，并且成为了一种称号（参见《亚洲学报》，1913，I，181，184；布罗克曼，《喀什噶里》，131）；而这个突厥语称号本身可能是起源于我认为是说蒙古语的柔然人。鲍培先生转写为ōkä的اوكه一词（《蒙古语词典》，275），在突厥语中用来对应كيرتك Kērtäk，其含义我不太清楚。我有个不太可信的判断，即其词源到目前为止都仍然存疑的"窝阔台"（Ögödä、Ögädäi、Öködäi）一词，或许就是这里讨论的这个词的一个属格形容词形式。可能成吉思汗是以帖木真斡却名字的第一个部分命名的，而用其后一部分为他的儿子命名。我认为，斡可真公主（*Ököjin《元史》，109，1b）的名字，就代表了"窝阔台"（Ögädäi、Öködäi）这一名称的阴性形式。很可能这个同样的"名字"，还以斡可（*Ökö）的形式出现在《元史》，119，3b的传记中，此人的本名是石焕中（参见《元史本证》，48，2a）。

[4]《秘史》（第59节）称之为豁里不花（Qori-Buqa，这一形式通过我手头的库伦本对页16a、17a也得以印证）。拉施都丁（文本，II，103，141；译文，II，64，86）给出了与我们研究的文本同样的قورو بوقا Qūrū-Būqā的形式。"不花"的意思是"公牛"。Quri-或Quru-的含义则不太清楚。很自然，元音交替是因为通常在拼写蒙古文字母时把结尾的-i和-u搞混了的缘故。而关于这种元音交替，正好也有另一个例子，那

[①] 译者注：查文中并无提到此二名，第8节中有"忽儿真"、"火里真"，第27节有"火阿真"，均与此处所记之人名不合，想来应该是在原本预备的注释中提到的。

就是有关忽里（qori）或忽鲁（quru）这个称号，参见下文第9节中有关察兀忽鲁的讨论。

［5］《秘史》（第59、97、211节）写作迭里温孛勒答黑（Däli'ün-Boldaq），拉施都丁（文本，II，141；译文，II，87）作دلون بولداق Dēlūn-Bōldāq。"盘"这个字在中古汉语里作"*b'uân"，在蒙元时代大体上发 *p'wan 的音。并且在这一时期 -wa- 是用来记写 -o- 的音。另一方面，与此同时，在转写中没有在《秘史》中的那样明确，-n 既可用于 -n，亦可用于 -l，因此 *p'wan 就发成了 pol-，而在13—14世纪的蒙古文字中，只有 b，没有 p。我们也可以假设这里的"盘"实际上是"皻"pan，便与 bol- 非常对应了。但是，这就必须假设在第10节里对朵栾盘陀山（Dolōn-boldaq）的转写也是犯了同样的错误。屠寄，1，17b 里说，同样的转写亦见于《元史》的本纪之中，张尔田也持此说（《蒙古源流笺证》，3，11a），然而我并有找到。可能屠寄是把《元史》和后来的《通鉴纲目》搞混了，而张尔田继踵其误。选择——或篡改——为"盘"而非"皻"的理由，是因为盘陀二字在汉语中是有准确含义的。Boldaq 这个词，意思是"孤立的山丘"，在现代蒙古语中作 boldoq，当第一个音节中包含有唇元音时，经常发生这样的交替现象（参照 Onan 和 Onon，Qobaq 和 Qoboq，artaq 和 o[r]to[q]）。接下来第二个音节的唇元音化几乎成为规律（参照 noyan>noyon，Soqaq>Soγoq 等）。我们的文本中对 -boltoq 的转写表明，蒙元时代，在 boldaq 之外还存在 boldoq 这样的形式。-boltoq 中的 -t- 更不容易解释，蒙古文书写中对 t 和 d 不加区别，但是翻译者应该是知道 boldaq 或 boldoq 这个词的。我们可以猜想，盘陀一词在汉语之中，要么存在着一种方言形式，要么就是一种语义上的虚假含义，对我而言，第一种假设应更具可能性。关于 boldaq 用 -t- 而非 -d- 来转写的另外一个例子，见下文第28节中。施密特（第71页）把萨囊彻辰书中的这个词转写为"Deligün Buldagha"，然而其满文译本（第38页）中作 Deligun-bultagan，被汉译本忠实地予以复原（3，11a）。跌里温盘陀的意思是"脾脏形状的山"。屠寄，1，17b 误认为是 Täri'ün "头"，丁谦，1b 则解

11

作 dörbän "四"。跌里温盘陀山位于斡难河边，一个现在叫作 Yäkä-Aral "大岛" 的地方附近，参见《马可·波罗注》的 "成吉思汗" 条。

［6］"圣武" 这一尊号是1266年加给成吉思汗的，参见《元史》，1，9b；74，1b。

［7］我们看到这里的描述是讲成吉思汗出生的时候，而不是在他长大之后。严格而言，"长而神异" 可以翻译为 "［新生儿］高大并具有奇异之处"，但我更愿意相信这里对原文有所篡改。中国学者的注释和那珂本（2）都没有指出这个问题。而《元史》总体是遵循《亲征录》这里的记载，称："手握凝血如赤石。烈祖（＝也速该）异之，因以所获铁木真名之，志武功也。" 也就是说，也速该认为婴儿手里握着的血块，预示着其武勇的命运，因此以其所俘获的敌酋之名来给他命名。整段话结构紧密，我认为没有经过篡改之前的《亲征录》文本，应该与之非常接近。此外，参见拉施都丁，译文，II，87和阿布尔哈齐书，戴美桑译本，73的平行文本。关于此的深入探讨，我已尝试揭诸《马可·波罗注》的 "成吉思汗" 条的有关研究中，新生婴儿手上握着的这个血块，是一种民间传说的主题，对此我们在之前的印度佛教故事和伊朗的传说中均有发现，事实上，它是宣告一位冷酷无情的征服者的诞生。

［8］当提到成吉思汗，汉文文本中总是追溯以 "上" 来称呼，并且以代词 "我" 来称呼属于成吉思汗的那一群蒙古人。在文本中，有时以第三人称来称呼的时候，也用 "太子" 来指成吉思汗，意思是 "储君"。但这可能是汉文对蒙古语中 taišï 一词的回译，而这个词本来是蒙古人借用的，并不一定总是指 "储君"（参见《通报》，1930，44—45，及下文第8节）。

2. 初，族人泰赤乌部居别林，旧无怨与我。后因其主阿丹可汗二子塔儿忽台、忽邻拔都有憾，遂绝。

2. 起初，［我们］父系亲源的泰赤乌（Taiči'u[t]）[1]部落居住在另外一片森林中[2]，自古以来就和我们没有纷争。后来，因为其首领阿丹可汗（Adal-qahan）[3]的两个儿子塔儿忽台（Tarqutai）[4]和忽邻拔都（Quril-Bādu[r]）[5]有所不满，他们就［与我们］断绝了关系。

注释

[1]《秘史》（第47、57、72节）写作"泰亦赤兀惕"（Tayiči'ut），我们也发现有一处（《秘史》第148节）提到了其族名泰亦赤乌台（Tayiči'utai），两处（第120、124节）作泰亦赤兀歹（Tayiči'utai），第144节的Tayiji是错误的。我们所知有تايجيوت，贝勒津转写为Taïǰiyut。然而拉施都丁几乎总是不能分别-ǰ-和-č-，并且全部统一成了-ǰ-，实际上应该读作تايجيوت Taïčiūt。在施密特校勘的萨囊彻辰书中（66—67）转写为"Taidschigod"（Taïǰigod），然而在蒙古文书写中，（词中的）-č-和-ǰ-也一样很难分别，满语译文（第36页）作Daicigot，汉译文踳之（3，8b），实际上应该读作Taičigot=Taičigut（蒙古文字中t-和d-没有区别）。在蒙元时代，我们另外还见有"大丑兀秃"（"大"读若"太"，*Taičiuwut或作为族名的*Taičiuwutu），见《元史》，107，2b（再往前是见于《辍耕录》，1，1b）和"大畴"（"大"读若"太"，*Taičiu[t]），见《元史》，121，6a。大畴的正确写法见于姚燧所撰的碑文之中，《元史》的文本就是从那里而来的，这篇碑文见于《元文类》，5，6b①。《元史类编》，37，1b错误地认为这个大畴（Taičiu[t]）是《元史》中伪误的"人丑"（人丑）=T'ai-tch'ou，Taiču的另一种转写形式，关于这最后一点，参见下文第8节。事实上，太赤温（《元史》，135，6a，同样，在四部丛刊本虞集《道园学古录》，16，10a里两度出现的那个召赤温，也必须读作太赤温）、和大赤兀里（《元史》，119，8a，读作太赤兀里），在《元史》所从出的阎复所撰的碑文中②，给出了正确的形式，见于《元文类》，23，3a的转写特别值得

13

---

① 译者注：即《忙兀公神道碑》。
② 译者注：即《太师广平贞宪王碑》。

注意,因为这两处示我们以这一部落的单数形式。可是,第一个例子里的转写也可以表示是 *Taiči'un 而非 *Taiči'ul, 而只有这个 *Taiči'ul 才可能与第二个例子中的相符。因此,在中世蒙古语中的真正形态大约是 *Tayiči'ul, 复数为 Tayiči'ut。这一词汇的来源无从确定,贝勒津所采纳的认为其派生自 taiji "尊贵的"这个观点(译文, I, 293)行不通,因为 taiji(<汉文的"太子")是一个较晚的形式。在蒙元时期,我们仅见有 taiši; 但从本质上而言这个意见可能也不无道理,参见下文第7节。忽必烈在位初期的诸王"太丑台"(《元史》, 120, 4a)可能就是一个 Taičiutai 的例子,也就是说这个名字是来自泰亦赤兀的族名。

14

在拉施都丁书中有关吉利吉思人的概述中(多桑, I, 103; 贝勒津, I, 130),将泰亦赤兀人置于色楞格河,吉利吉思人所居之东。如果这里的"泰亦赤兀"不是被篡改或发生了笔误的话(其名称看来由于后面 I, 89 而得以确认),这里指的只能是贝加尔湖东南的色楞格河下游地区。在格鲁塞《草原帝国》,第 281 页的地图中,他把泰亦赤兀部放在贝加尔湖东北方,这对我而言是不可接受的。

泰亦赤兀人之一部至今仍存在于科布多地区的额鲁特(Ölöt)人当中(参见格鲁木·格勒济玛罗(Grumm-Gržimaïlo),《西蒙古》, III, 254—255)。

[2] 各著名的旧本给出的是"部长别林","部落的首领,别林(Bälim, *Bärim)"。那珂书(2)中把这个"别林"视为是俺巴孩(Ambaqai)的一个有所歪曲的转写形式,而屠寄, 1, 10a 则认为是《秘史》(47、52节)里提到的想昆必勒格(Sänggün-Bilgä)的"必勒格"这部分的转写,王国维采信了屠寄的假说。这两种提法从语音上来说都是不能接受的。而且王国维还摒弃了《说郛》本所提供给他的新异文"部居别林"。而在《亲征录》中有好几处都有类似的用法,如"别居萨里川""他另外居住在萨里(Sāri)河谷"。我认为此处应予采用这一异文,并翻译为"他们居住在另外一片森林中"。

[3] 拉施都丁很多次提到了这个汗 ادال خان Ādāl-ḫān(译文, I, 185;

II，21，25，46，90)；在有个段落(I，185；文本，I，246)中，出现于 همبقاى قاآن
Hambaqāī-qāān 的"世系"(نسل)里(《秘史》中的俺巴孩合罕，开头的 h-
出现于《元史》卷 1"咸补海罕"*Hambaqai-qan 这样的转写中。-u- 则
出现于《元史》122，5b 同音的唵木海 *Ambuqai 一名中)，拉施都丁据
此指出(文本，II，145；译文，II，90)，他是"合不勒罕的孙子"，这可能
是一处笔误，应该指的是俺巴孩罕(贝勒津，译文，II，90 和 234，据我看
来他是错误地理解了拉施都丁所说的，塔儿忽台希邻秃是合不勒罕的
孙子。或者就是在此拉施都丁是遵循了一种被汉文史料所证实的传
承，而与他在部族志所述中相反？)。俺巴孩罕有数子，除了合答安太
石(Qada'an-taiši)之外，其余儿子的名字均不为人所知。在 II，21 这段
中，拉施都丁称阿丹汗应该是他们其中某一位之子，因此也就是俺巴孩
罕的孙子。然而此外还有多桑书(I，39)和贝勒津的表(译文，I，325)，
把阿丹汗作为合丹太石(Qadān-taiši)之子(格鲁塞《蒙古帝国史》，56、
423 页亦同)；这当然是一个与所有文献中所示的资料相悖的错误，也
与 p.XXVIII 的图表相悖。Adal 这个名字的来源仍然未知，但他肯定没
有可汗的头衔，而只不过是汗，但就算这一点也不能确定，到底是 ḫān
("Khan")还是 qan。甚至连成吉思汗都没有采用可汗的称号，在蒙古
历史上窝阔台之前也没有任何人使用过。我们当然可以从实际的情况
考虑，《亲征录》的蒙古文原本，在其撰成的时候，只提到了"Adal-qan"，
然而汉文译者效仿至少在忽必烈时期已经完全确定的做法，把可汗这
一头衔追加给 12 世纪上半期的所有蒙古政权的统治者，当然也包括
成吉思汗本人，乃至克烈部、乃蛮部的王公们，这也就是为什么不合逻
辑地把克烈部的王汗称为汪可汗的原因所在了。我的转写作 qahan 而
不是 *qaqan，因为《秘史》只在 qahan 和 qa'an 之间摇摆，但从没使用过
qaqan。可汗的"汗"不可能只是一个 'an，而肯定是 han 或者 qan。

　　[4]这一人名的完整形式是塔儿忽台希怜[应改为"邻"]秃，
参见下文第 18 节，即《秘史》中的塔儿忽台乞邻勒秃黑(Tarqutai-
Kiriltuq)(第 72 节[此处的"白"应该是"台"字的误写]，79、81、141、

15

149、219［此处为-Kirultuq］、220节）。就本段而言，各本中实际上并非写作"忽"而是"不"，那珂（2）第2页称"不"是"兀"之误。据我看来，王国维很有见地地将此处改为"忽"字，这点通过后面另外两处提到此人时的写法得以证实（见下文第7和第18节）。如果这里的异文是"不"，也就拟构出了*Tarbutai这一形式，这使我们除了将其与《元史》卷1的内容进行对照之外，没有任何其他意见。Tarqutai肯定是正确的形式，但我们不知道在这两种文本中同样的错误是如何产生的，要么这在《亲征录》的版本中就已如此，其时间远早于《元史》中相应部分的编撰；要么就是《亲征录》在《元史》采用了这一错误的译文之后，又进行了修订。同样的问题也出现在另外一处中。拉施都丁（文本 I，225，229，246，247，261；译文，I，168，172，185，186，196；文本，II，31，38，73，74，145，162，191，193；译文，II，21，25，45，46，90，100，118，120）写作 تارقوتای قیریلتوق Tarqūtāī-Qïrïltūq，贝勒津一直采用的"Targutaï-Kharaltuk"这一转写是不准确的。在对《秘史》和拉施都丁书勘同之前，我们必须接受希邻秃的希（ḫi）将用来重构*Hiriltu[q]，是一种差不多的可能性。对于qï(>ki-)，我们期望得出"黑"（或"乞"）。与我们研究的本书一致，拉施都丁在多处提到，塔儿忽台希邻秃是阿丹汗的儿子。塔儿忽台高大肥壮（参见贝勒津，译文，I，172），贝勒津（译文，I，289）认为塔儿忽台是一个源自形容词 tarqun（taryun）"肥胖的"的一个形容词。从形容词派生出形容词的例子，在蒙古语中似不多见。而且，在塔儿忽台诞生被命以此名的时候，人们也不能预料到他将来是个胖子。我认为，塔儿忽台应该是来自《秘史》（第120、213节）中的塔儿忽惕（Tarqut）部落、拉施都丁的（译文，I，8，78）ترغوت Taryūt的一个族名，贝勒津误释其为"Torgut"。一个去到伊利汗国的塔儿忽惕人被拉施都丁叫作 تارقودای Tārqūdāi（译文，I，78）。在叙述 Tümänä-ḫan（即《秘史》的屯必乃薛禅（Tumbinai-Säčän））的后代时，常常与汉文史料相左的拉施都丁书，提到了另外一个Tarqutai（译文，II，29，31，32）；第三个Tarqutai（"Tarqudai"）见于《马政记》，3b，1238年条下。此人或

16

可与那个出身于西夏,于1261年被杀的塔儿忽台(参见《元史》,134,10a)勘同。拉施都丁(译文,I,185;II,25,118)很有道理地提出,塔儿忽台是一个人的本名,希邻秃则是一个绰号,加上这个绰号的目的是与另外一个塔儿忽台区别开来。根据拉施都丁,希邻秃的意思是"心怀嫉妒的人"(حسود ḥasūd)。仅在第一段中,拉施都丁提到"吝啬和嫉妒",بخيل و حسود, ba ḫīl ū ḥasūd)。我不知道在蒙古语中的对应词是什么,也无法将其与突厥语对应起来。此外,阿布尔哈齐对"希邻秃"意思的解释也不是很清楚,戴美桑的理解也就当然是不正确的。至于屠寄,1,10a里提出的"黑英枪(Qara-tuq)"只是臆测。

[5]下文中以忽邻(Quril)的形式也提到了这个人,没有加上绰号(第18节)。他就是拉施都丁书(文本,I,247;译文,I,186;文本,II,32,37,75,145;译文,II,21,24,46,90)中的قوريل بهادر Qūrīl-bahādur,在另外两段中(文本II,191,193;译文,II,118,120),他被直接称作忽邻。根据拉施都丁——他似乎很有道理——此人不是阿丹汗的儿子,而是其侄子,也就是俺巴孩罕的一个不知其名的儿子之子。另一位忽邻勒见于《秘史》第202节(亦见那珂(1),326页)。忽邻似乎是一个从quri-"使……聚集"而来的动名词,本质上等同于qurilta(西文文献中伪误的-qurultai),"议会""大会"。在《亲征录》中,更频繁的是在《元史》中,蒙古语ba'atur>bātur(>波斯语bahādur)都转写作拔都(bādu[r]),而在《秘史》中保存了它的正确形式ba'atur,复数ba'atut。忽邻这个名字,也被用作札忽儿臣(Čayurčin)的一个儿子的名字,此子娶了蒙哥皇帝的女儿伯雅伦(Bayalun)公主(《元史》,109,1b)。他的名字在伯劳舍《蒙古史》,II,267中被曲解为مریک Märik,应读作قوريل Qurīl(伯劳舍的注释表明他对汉语文献一无所知,"子"的意思是儿子,而非王子)。

17

3. 烈祖蚤世。时上冲幼,部众多归泰赤乌。上闻近侍脱端火儿真亦将叛,自泣留之。脱端曰:"今清潭已涸,坚石已碎,留复何为?"遂去。上母月伦太后麾旗将兵,躬追叛者,〔六〕〔大〕半还。夙将察剌海背中枪,创甚,上亲视劳慰。察剌海曰:"自先君登遐,部人多叛,臣不胜忿,远追苦战,以至然也。"上感泣而出。

3. 烈祖去世得早[1]而此时陛下还非常年幼[2],部落中的大多数人都去加入了泰赤乌部(Taiči'u[t])。陛下听说他的近侍[3]脱端火儿真(Tödön-qorjin)[4]也要反叛,流着眼泪挽留他。脱端说:"现在清澈的池塘已经干涸了,坚硬的石头也碎了,留下来有什么用呢?"便离去了。

陛下的母亲,太后[5]月伦(Ūlün)[6]举起旗帜[7],带头追赶那些叛乱的人,大部分人都归来了。老将察剌海(Čaraqai)[8]背上中了一枪,伤得很重。陛下亲自去看望慰问他,察剌海说:"自从[9]已故的主君登遐,部落的大部分人都叛变了,您的臣仆无法抑制自己的愤怒,追赶[背叛者们]到远处,艰苦的作战,于是变成了这样。"陛下感动了,眼泪流了下来。

注释

[1] 那珂(2),2,句读错误;丁谦,1a,则是正确的。《亲征录》没有提到12世纪中间三十多年蒙古人国家的君主们。也没有提到也速该是怎么死的,那珂(2),2—3,很有道理地认为,这一故意的省略是为了美化也速该的形象。

[2] 根据《秘史》,他当时虚岁9岁(8周岁)。根据拉施都丁书,他13岁(12周岁)。有关成吉思汗的生卒年月,参见我未刊的《马可·波罗注》中"成吉思汗"一条。目前,至少对于其出生日期,可见《亚洲学报》,1939年1—3月号,第133—134页。

[3] "近侍",在汉文中指的是统治者的贴身侍者,这里的汉译文使我们无法确定是蒙古文原文里的什么词,因此可能有些失之偏颇。

[4] 这个名字也传到了《元史》卷1中。那珂(2),3将其作为是脱端和火儿真两个人,这显然是错误的。拉施都丁(文本,II,

146；译文，II，91）把这个名字记为① تودان قهورچى，哀德蛮（《铁木真》，
259，576），将其转写为"Tudan-Ckahurdschi"，贝勒津则作"Tudann-
Kaurči"。在《秘史》中对应的段落中（第72节），所记的脱朵延吉儿
帖（Tödö'än-Girtä）是有问题的。脱端（Tödön，拉施都丁书作Tödän）
是一个很常见的蒙古人名字。《秘史》中提到了一个脱朵延斡惕赤
斤（Tödö'än-otčigin），简称做脱朵延，是合不勒合罕最小的儿子（第
48、51节）。在《辍耕录》1，2a和《元史》，107，2a中作"掇端斡赤斤"
（*Dödön-o[t]čigin），拉施都丁书作 تودان اوتجيكين Tödän-ōtčigīn（译文，
II，34，35）。当我们研究的文本第5节提到成吉思汗十三翼中的一翼，
是由忽兰和脱端率领之时，这个脱端肯定就是脱朵延斡惕赤斤。也
有可能，《秘史》第146节中的泰亦赤兀惕氏脱朵格（Tödögä），也就是
在第219节中被称为脱迭格（Tödägä）之人，正是Tödö'än>Tödön的另
一形式。Tödägä[n]也能更好地解释拉施都丁的Tödän这一形式。那
珂（1），49（以及那珂（2），3）都错误地认为我们研究的文本里提到了
一个脱端和一个火儿真，并认为脱端就是我们这里的脱朵延斡惕赤
斤。拉施都丁称此人是aqāī hamah，贝勒津译为"诸子中最年长者"，
这里很难认为拉施都丁指的正是那个突厥—蒙古语中的aqa，*aya*；看
起来可能他指的不是真正的"长兄"，而指的是就我们的脱端而言，考
虑到他的年纪，还可能考虑到他的出生情况，要比另一个脱端要早的
意思。《秘史》（第51节）称合答安（Qada'an-《元史》187，2a的Qadān-
bādur）是合不勒合罕之子，没有留下后代。然而拉施都丁却提到了合
丹太师（Qadān-taiši）——俺巴孩汗的儿子——有一子，贝勒津（文本，
I，246；译文，I，185）将其名字读作 بودا Buda，这个"Buda"没有对中国
学者造成困扰（如参见屠寄，1，10b）。实际上，应当读作 تودا Tōdā，拉
施都丁所记的与他有关的一些细节，基本上都能与《秘史》146和219

19

———————

① 补注：《史集·成吉思汗纪》伊斯坦布尔抄本、塔什干抄本作"تودين قورجى"。

节提到的脱朵格和脱迭格对应。在拉施都丁的《成吉思汗纪》[①]中（译文，II，34），他与《元史》卷107的表相一致，把合丹把阿秃儿（Qadān-bahādur）和秃丹斡惕赤斤（Tödān- otčigin=Tödŏn- otčigin）列为合不勒合罕的儿子。然而我们就此产生了疑问，即与拉施都丁在《部族志》里提到的相反，他在此没有遵循与之一致的传承，而是和《元史》相同，没有提到俺巴孩汗。而且接下来，他提到的《部族志》里作为俺巴孩汗之子和Tŏdā之父的合丹太师，事实上也不能比定为《成吉思汗纪》里合不勒合罕之子合丹把阿秃儿或秃丹斡惕赤斤。在这样的情况下，Tŏdā，即Tŏdā- otčigin，应该就可以比定为那个拉施都丁指出的作为"长兄"之人。然而这一方案面临若干困难之处，而且对于在《秘史》这部书中而言——它并不像拉施都丁书那样是两个独立的部分拼凑而成的——先后把这个人叫作脱朵延吉儿帖、脱朵延斡惕赤斤和脱朵格（脱迭格），这一点理解起来也很困难。另一个难解之处是脱朵延或者脱端的修饰语，一方面是写作"吉儿帖"，另一方面是写作"火儿真"；而脱朵延斡惕赤斤则除了本身这一形式外，即除了其"最小的儿子"的身份以及"脱朵延"这个词之外，没有任何理由与前面那两个进行比定。火儿真这个修饰语，很自然地被中国学者（如屠寄，2，1b）作为"火儿臣，qorčin，qorči '箭筒士'"的另外一种形式，这一称号非常有名，并且确实是作为王公的近侍，事实上我认为《亲征录》的汉文译者也清楚这点。然而拉施都丁的قهورچی并不能如此解释，因为qor"箭筒"并非缩小形式。贝勒津和哀德蛮均读作Qahurči，然而第一个元音在波斯文当中是没有写出来的，我认为应当转写作quhurči "*quhur的演奏者"，而*quhur来自qu'ur>qūr"琴"的quɣur的一个很正常的转写形式，蒙古文里的这个词与突厥语的qobuz相对应。（有关这一主题参见《通报》，1914，258，以及下文第8节）。《亲征录》的蒙古语原文很可能是写成quɣurčin或quɣurjin，而译者出于同样的原因即脱端是"近

---

① 译者注：这里对应的是《史集》汉译本之"成吉思汗列祖纪"。

侍"，因此都改成了"火儿真"。而拉施都丁可能是由于信息提供者的错误（aqa可能是信息提供者随口加上的；这一用法不见于形成于窝阔台统治之前的像《秘史》这样的原始文献的语言之中），夸大了这个Tōdān-Quhurči的地位。"吉儿帖"这个修饰词还无法予以确切解释。那珂（2），3转录了李文田的假设，为了使这两个修饰词更接近，想把"吉"修改成"古"，然而就是这个古儿帖*gürtä也没法还原成qorčin或quyurjin。事实上，"吉儿帖"作为同样的修饰词，也出现在《辍耕录》，1，1b和《元史》，107，1b里叫作葛忽剌急哩怛（亦见屠寄，1，12a；148，3a；在那珂（2），25中作"急里担"这一形式的人名末尾，据我所见任何史料中都是不存在的）一名的后半部分。自从在蒙古语里面丢掉-i-前面的q-并代之以k-的时候起，在书写中就无从区分girtä（kirtä）和*girta（kirta）了。如果我们读作*girta（=*kirta），这个词就很难解释了。如读作girtä（=kirtä）的话，那么可能指的是kkirtäi或kirtäi"肮脏的"（来自kkir或kir"脏东西"）。脱端有可能因为其演奏的技艺而被称为"琴的演奏者"；也有可能因为不修边幅而被称为"肮脏的"。葛忽剌（*Qaqula，然而这个名字不无可疑）同样可能是"肮脏的"。唯独可能的是这个修饰语应该不会用来称呼秃丹斡惕赤斤。关于另一个*Girtäi，参见《元史》，100，2a的吉儿觯和《马政记》，4b的吉里觯。

［5］太后这个头衔是后来对成吉思汗母亲的追尊，而追溯引用到文献中的。在《元史》卷1这一段的平行文本中作"宣懿（宽广并令人羡慕的）太后"。尽管如此，1266年11月16日加给她的追尊的称号是"宣懿皇后"（参《元史》，74，2a；6，3b；106，3b）。在这里使用的语言不具有正式性，《元史》卷1中读到的那个也是如此。

［6］《秘史》（第93、98、99等节）称她为诃额仑（Hö'älün）（第55、71节）；然后是诃额仑兀真（Hö'älün-vujin）"诃额仑夫人"（第56、59、60、70、72、74节）；最后是"诃额仑额客"（Hö'älün-äkä）"母亲诃额仑"（第61、93、98、99等节）。这一有h-的形式既不见于《元史》卷1和106，3b——其使用了与我们这里相同的月伦一转写；也不见于

21

拉施都丁书，后者先后给出了 فوجين اولون Ōlūn-fūjīn（译文，I, 153；II, 54, 64）的形式，后又给出了 ايكه اولون Ōlūn-ēkä（译文，158；II, 54, 70）等；贝勒津一直采用的 اولون Ōlūn 的形式大概是对的，但他使用的本子中也有一些异文，倾向于读作 اولون Ōālūn。额客（Ekä, äkä）在蒙古语中的意思当然是"母亲"，阿布尔哈齐书解释为"大"（戴美桑译本，77），应该是和 yäkä 一词弄混了。施密特（第61页）转写的萨囊彻辰书给出的 Ögelen Eke 这一形式，解释为（第375页）"云之母"，为哀德蛮（《铁木真》，567）和多桑，I, 35 所重复；满语版本（第34页）浊化为"Ugelen"，汉文版作（3, 6a—b）"乌格楞"（Ugeleng）。但实际上，中世纪蒙古语里用来指"云"的词汇是 ä'ülän，而古典蒙古语写作 ägülän，Ögelen 或 Ugelen 都是无法如此还原的。诃额仑一词真正的构成方式，当然是来自 *hö'ä，再加上表示阴性的 -lün。在蒙古文书写中存在的"诃额仑（Hö'älün）"和"月伦（Ülün）"之间的分歧，表明在蒙元时代，这个名字的含义就已经不能理解了①。我也无法说出 *hö'ä 或 *ü'ä 的意思是什么。这可能与在1326年纪事中转写为"月也伦"（《元史》，30, 2b）的蒙古语 Ü'älün>Üyälün 是同一个名字。

诃额仑是斡勒忽纳兀惕（Olqunūt）人，也速该从她的丈夫——一个蔑儿乞人那里把她抢夺过来。何秋涛怀疑诃额仑之所以在《元史》中无传，是因为她是被抢而不是通过正常的婚姻而来的。李文田和那珂（2），3，也持此说。而这一论断我认为不具什么价值。我更愿意认为，这是因为《元史》的编撰者因为没有能参考《秘史》，从而没有足够的材料来写出一篇诃额仑的传记。拉施都丁的信息，被阿布尔哈齐（译文第77页）加以扩充，据其所记，也速该死后，成吉思汗让他妈妈月伦额客嫁给了一个晃豁坛部人蒙力克·额赤格（Mönglik-äčigä），这并不见于那位波斯史家有关成吉思汗的历史记载之中；而只见于有关

---

① 补注：诃额仑，蒙古语为 hö'elün，罗依果认为 hö'e 来自突厥语"ögä"，意为"贤明的"（《蒙古秘史》罗依果译注本，莱顿，2004年，第307页），该词与"帖木真兀格"中的"兀格"同义。

晃豁坛部落的记载中（在Ⅲ，135，137中反复提到）。这完全有悖于历史事实。即便诃额仑有个情人，我们也并不知晓，所有的记载均表明她一直孀居并保持独立。这段故事的产生很可能是因为蒙力克名字后面跟着的额赤格（意为"父亲"）这一修饰词，就像诃额仑名字后面跟着"母亲"一样。

[7] 文本中的"麾旗"意为"用旗帜发出信号"。《秘史》（第73节）对应的段落作 tuqla-"使用秃黑（tuq）"，而我们研究的文本的蒙古文原文也肯定是 tuq，突厥语作 tuγ（>藏语 thug，罗佛的《借词》中没有注意到，见《通报》，1917，403—552）。实际上即汉文中的"纛"，这是一种由一条或多条牦牛尾巴（也辅之以马尾）系在长杆顶上所构成的军旗。那珂（2），3 提出将之对应为"旗"是不准确的，此处应该是 tuq。事实上，在14世纪末的《华夷译语》中，就没有出现 tuq 这个词，"旗"是写作 orangqqa（古典蒙古语的 orongqa>俄语的 khorugv'），这也是蒙古语中真正用来指"旗"的词。在《秘史》中，经常用牦纛"牦牛尾的纛"来指称 tuq。另外，第106节中的旁注作"英头"，而汉文本第73节作"拿了英枪"（在海涅士的《蒙古秘史词典》第153页里遗漏了这两个词）。这里的旁注"莫头"，仅为海涅士先生所引用，我认为这明显是"英头"的误写①。虽然我不知道英头指的是什么，但看起来是英枪的一种俗体。至于英枪，其字面意思是"带英的枪"。在《诗经》中，见有"二矛重英"的句子，注释称，"英"是"枪上所附的一种羽毛装饰"。译者因此把 tuq 长杆顶上系着的牦牛尾，类比为中国古代枪上的羽毛装饰，这是一种可能性。事实上，虽然也许我们在别处还遇见"英枪"这种写法，但我认为它可能是同音的"缨枪"（"有流苏坠子的枪"）的一种古老误写。这种"流苏坠子"或"絮状物"在蒙古语里叫作 jalaya。《四体合璧文鉴》（9，17a）用"纛缨"（"tuq 的絮状物"）来翻译 jalaya；用"牦"，来翻译"tuq 的絮状物"。

23

---

① 译者注：伯希和、韩百诗此处显然没有考虑到"莫头"与"髦头"近音致误的可能性。

[8] 这就是《秘史》(第68、72、73节)的"察刺合·额不干"(Čaraqa-äbügän),晃豁坛部人,蒙力克·额赤格的父亲。拉施都丁在《部族志》中称其为چراغه ابوكان或چرغه ابوكان Čaryā-äbūgä(参见哀德蛮《概况》,103;《铁木真》,205;贝勒津,文本,I,216;译文,I,16,285[其中的Jirgala-Ebugen是一种错误的异文])①,在《成吉思汗纪》中چرقه ابوكان读作Čaraqa-äbūgä(文本,II,147;译文,II,91)。词尾的-a,-an和-ai的交替在蒙古语中很常见。我们文本中的察刺海,很明显就是察刺合。至于意为"老人"的"额不干",在我们文本中的"夙将"这个词中也有反映("夙将"这一文义优长的异文,仅见于《说郛》本中)。同样的,《秘史》(第47节)中提到,在成吉思汗的时代前,海都的次子名叫察刺孩邻忽(Čaraqai-lingqu),而在下文29节中叫察刺合令忽(Čaraqa-lingqu),在拉施都丁书(译文,I,140,183,187,188;II,13,19—24,41,43,95,140;贝勒津的转写并不准确)中作جراقه لينكقوم Čaraqai-līngqūn,在《辍耕录》,1,1b和《元史》,107,2b中作察刺罕宁昆(Čaraqa-Ningqun,关于ninggun,这两个文本中,事实上给出的是"宁兒",然而我与屠寄,1,9b的意见相同,此处的"兒"应是"昆"之误。)宁昆(Lingqu>Ningqun)实际上是对汉文中"令公"的称呼,通过契丹语为媒介(以《辽史》,46,2a的"令稳(*lingun)"为代表)传到了蒙古人中。鉴于Čaraqa第二个元音因为在蒙古语中非重音,从而具有不稳定性(参见Hambuqai和Ambaqai,Abaγa和abuγa),因此Čaraqa(=Čaraγa)很可能是蒙古语的čaruγa "线"、"条"。

[9] 自先君登遐。王国维删去了在通行各本中的"自"字,因为它不见于《说郛》的两个经典的本子中,然而在《说郛》本(3)中有此字,文意也更为优长,故应从之。

---

① 补注:《史集·部族志》集校本作"چرغه ابوكان",伊斯坦布尔抄本作"چرغ-ه ابوكان",巴黎抄本作"جرغله ابوكان"。

4. 时上麾下搠只塔儿马剌别居萨里川。札答兰氏札木合部人秃台察儿居玉律哥泉，举众来萨里河（川），掠搠只牧马，搠只麾左右匿马群中，射杀之。札木合以是为隙，遂与泰赤乌、亦乞剌思、兀鲁吾、那也勤、八鲁剌思、霸邻诸部合谋，以众三万来战。

4. 这时候，陛下手下有一个叫搠只塔儿马剌（Čöji-Tarmala）[1]的人，分开居住在萨里（Sāri）[2]河谷。札答兰（Ĵadaran）[3]部的札木合（Ĵamuqa）[4]手下有个叫作秃台察儿（*Tū-Taičar）[5]的人居住在玉律哥（Ülügä）[6]泉。他带人来萨里河谷，抢劫搠只放牧的马匹。搠只带他的随从去隐藏在马群中，发箭射死了他［秃台察儿］。由于这个缘故，札木合与我们变得不和睦了。接着，便与泰赤乌部、亦乞剌思部（*Ikiras）[7]、兀鲁吾部（Uru'u[t]）[8]、那也勤部（*Nöyäkin）[9]、八鲁剌思部（Brulas）[10]、霸邻部（Bārin）[11]以及其他部落结盟，以一支三万人的军队向［我们］发动攻击。

25

注释

［1］《元史》卷1直接或间接地根据《亲征录》，记作搠只，但没有"塔儿马剌"这部分。《秘史》第128节记作拙赤答儿马剌（Ĵöči-Darmala），在201节中则作搠只答儿马剌（Čöji-Darmala）（这是我们在《秘史》中发现的唯一一处作Čöji而非Ĵöči的地方）。拉施都丁作 جوجی ترمله Ĵöčī-［或Čöjī-］Tarmala（文本，I，44，272；译文，I，34，35，204；文本，II，148；译文，II，92）根据拉施都丁的各抄本，我们无从分别č和ĵ。这个名字的后半部分，Tarmala或Darmala无法解释（贝勒津在译文，I，228中猜想为满语的terei-amala "在此之后"之说，不可采信），合阿台答儿麻剌（Qa'atai-Darmala，《秘史》第102、105、111、112节）一名中也有这个部分。在《秘史》的两段和合阿台答儿麻剌一名中反复出现的转写形式，不得不使我们觉得"塔"（=ta）应该是"答"（=da）之误。然而蒙古文书写中t和d不分，因此对有关传承缺乏了解

的转写者，就偶然发成了这样的音。《亲征录》最早的记载以及与之相同的拉施都丁书都倾向于 Tarmala。Jöči 和 Čöji 发音的问题，将在下文第26节注释1和注释46中有关成吉思汗长子的部分进行讨论。拉施都丁书中的信息，使我们相信搠只答儿马剌是在莫拏伦（Monolun 或 Nomolun）和海都事件后成为（狭义上的）蒙古人奴隶的札剌亦儿人的后代，而这些为奴的札剌亦儿人还保持着部落组织。拉施都丁（译文，I，34—35）列举了搠只答儿马剌的五个儿子，也提到了他的兄弟 Jöči-[或 Čöji-]Čaurqai①，这就是将在下文第7节中进行讨论的搠只钞鲁罕。这里讲述的作为一种无端挑衅的盗马的故事，亦见于拉施都丁书，以及《秘史》的128节。然而事实上，我们恐怕也不能说成吉思汗手下的这些人就是清白的。在他向札木合说的话中（《秘史》第201节）明确提到了给察儿和拙赤答儿马剌"互相抢夺"马匹（*ärtä Čöji-Darmala Taičar qoyar-un adu'u-ban dä'ärmädülčäksän-ü tula*）；很有可能这才是事情的真相。

[2] 王国维所知的抄本中，此处和下面同段中均作"河"，亦见于《元史》的相应段落中。在下文中，我们看到是作"川"，而《说郛》本（3）各处均作"川"。这个词的蒙古语是 Sa'ari-kä'är，kä'är 绝不能解作"河"，而"川"的翻译是正确的（参见有名的"折连川"＝Järän-Kä'är 的例子），至少也应该是《秘史》所翻译的"草原"（野，野甸，旷野，野外，参见海涅士：《蒙古秘史词典》，97）。我认为《亲征录》本来各处均作"川"，而《元史》的编纂者则随意地改成了"河"，而后来《亲征录》的抄写者又据此来进行订正。《元史类编》，1，1b 中引用的段落表明，其作者掌握着一部抄本，其中也是作"川"而不是作"河"。"萨里川"在《秘史》（第128、161、177、193、197、250节）中叫作撒阿里野"Sa'ari-kä'är"。拉施都丁（文本，II，148，186，190；译文，II，92，

---

① 译者注：《史集》汉译本中将此人名译为"拙赤—扎兀儿罕"，不确。参见余大钧、周建奇译《史集》（第一卷第一分册），商务印书馆，1992年，第150页。

115, 118）写作 سارى كهر Sārī-kähär（文本，II，148 中 的 Sāri-kähäri
是错误的）。海涅士先生提出假设，认为 Sa'ari-kä'är 的意思是"给牲
畜挤奶的地方"（《词典》，130）；这当然是错的；同样，贝勒津，II，238
的"蜿蜒的草原"、霍沃斯，I，47 和伯劳舍，II，290 的"黄色的草原"也
都不对。"萨里"这个词（突厥语的 saγrï"皮革"、"皮"，参见布罗克
曼《喀什噶里》，169），《秘史》中作为"臀部"的意思使用，即使在提
到人物的时候也是如此（第140节）；但这个词的原意是指"驴子的屁
股"，特别是"马屁股"和"驴子（或马）屁股上的皮"；这与法语里面
的"chagrin（有纹的皮）"是一样的。巴鲁克（Baruch）先生（见格鲁塞
《蒙古帝国史》，444）译为"驴皮般的草原"，我则认为差不多应该理解
为是"丘陵起伏的原野"，字面上翻译就是"像好多屁股一样的原野"。
人们经常觉得有好几处萨里川，而我本人也认为存在着这样的可能
性（《通报》，1934，165）。格鲁塞先生（《蒙古帝国史》，80，102，161，
169）认为至少有三处萨里川，而且其中有一处的名字不太一样，然而
"Saqari-kéger"是不存在的。格鲁塞采用多桑（I，41）的假设，把萨里
川放在鄂嫩河和音果达河的源头处，大约太不可靠。在《马可·波罗
注》"成吉思汗"一条中，我对各文本进行了批判讨论。我的结论是，
"萨里川"应该只有一处，此名用于指位于克鲁伦河最大的河湾以南靠
西边的河谷，在那里有两个湖泊，自蒙元时代起就一直叫作哈老徒湖①
（Qala'utu-nōr）（鹅湖）和军脑儿②（Gün-nōr）（深湖）。萨里川位于土拉
河与克鲁伦河之间这一点，已经被宋君荣（Gaubil）在《成吉思汗史》
第 7 页中指出了。在《元史》卷 1 的末了，称成吉思汗逝世于萨里川哈
老徒之行宫，这是错误的，因为他实际上是在甘肃去世的，只是去世后
遗体被送到了其位于萨里川哈老徒（Qala'utu）的斡耳朵（行宫）。格
鲁塞先生（161）根据施密特（87）提到的那条所谓的 Sakirun 河，根本

27

---

① 译者注：清人名噶老台泊。
② 译者注：一称君脑儿，清人称滚泊。见《圣武亲征录（新校本）》第 10 页。

不存在。误解的原因是施密特把它当成是来自saki-"防卫"的口语形式sakirun的一个专名了,参见满文本(44)和汉文本,3,21b。

[3]同样的正字法见于《元史》卷1和《秘史》(第40、104—108节及各处)中。拉施都丁书在《部族志》和《成吉思汗纪》中也多次提到他,总写作جاموقه Jāmūqa 或 جاموقه ساخان Jāmūqa-Sāčǎn "智者札木合"。据《秘史》(第40节)这位札答阑部或札只剌惕部的首领是合剌合答安的儿子,合剌合答安的父亲是不里不勒赤鲁,不里不勒赤鲁的父亲是土古兀歹,土古兀歹的父亲就是其部落由之得名的札只剌歹(Ĵajiradai 或 Ĵadaradai)。札只剌歹是被孛端察儿捉住时已怀有身孕的妇人之子,这一世系过短并且肯定有缺漏或不经之处(参见那珂(2),4)。札木合是成吉思汗小时候的伙伴,后来则成为他最坚定的敌人。屠寄书中有一篇札木合的传记(20,2b—23b;亦参见153,4a—b)。有关札木合事迹的记忆被抹去了,但他的名字仍继续存在着,萨囊彻辰所记的札木合(施密特,89;满文版,44)的事迹显然与其所为相矛盾。关于札木合的事迹,亦参见格鲁塞《蒙古帝国史》,430—434中的记载。札木合一名的语源无从考证(但可参见下文第10节),贝勒津有关此点的叙述(译文,II,237),是受到被乾隆"改革"过而为比丘林司祭(P. Hyacinthe)所采用的正字法的误导,因此并无价值。畏答儿(Quyildar)最小的儿子叫作蘸木曷(参见《元文类》,59,6b;《元史》,121,6b;屠寄书,152,6b),应该就是一个Ĵamuqa。

[4]关于札木合的部落,《秘史》(第40、122、129、196、223节)所采用的札答阑,是与我们所研究的文本相同的,然而在第40节中,在提到部落由之得名的祖先时,也可能是札只剌歹(Ĵajiradai)而非Ĵadaradai(不过汉文译本中两次写成"札只剌歹"),在第141节为了指明札木合的种族,采用了"札只剌歹"。在第40节中,是用来指部落由之得名的祖先札只剌歹——他由一个兀良合惕部的妇人所生,因为他是外族(jat)所生的。对于后者,汉文译本的旁注作"世人";海涅士先生翻译为"人"(《词典》,第87页),"时人",并且假设jat是

未见于别处的 *jan 一词的复数形式。汉文译者可能是将之视为一个别处所无的蒙古语词汇,而将之与女真语中的 jata("普通人")对应。然而我认为更有可能的是,jat 是众所周知的突厥语中 yat "外族人"一词的蒙古语形式(参见布罗克曼《喀什噶里》,82)。札答兰(Jadaran)因此就是 jat "外族"再加上 aran "人",其复数形式是 Jadarat(参见符拉基米尔佐夫《蒙古社会制度史》,52)。然而 aran 一词的中古形式是 haran,复数是 harat。不管怎样,《秘史》所给出的这个词的词源当然有些不太可靠。拉施都丁把札木合的百姓们称作 جاجيرات Jajīrāt,他是把这个词跟另一个完全不同的部落 جوريات 照烈部(Jūrīāt)——也就是 Jäüriyät 或 Jäürāt(贝勒津,译文,I, 200—1;关于 Jäürāt,参见下文第 6 节)搞混了。Jadaran(单数)和 Jadarat(复数)这两种形式可能是一种具有元音 -ï- 的过渡形式所导致的,这个形式自然就成了 Jajirat(参见下文第 19 节中有关 Qataqïn 和 Qači'un 的一个类似的例子)。另外, -d- 和 -j- 之间也会发生互转,因此中世蒙古语的 qada'ar "马笼头"就变成了古典蒙古语的 qaja'ar。《元史》,118, 3b 所记札木哈的族名为"札赤剌歹(Jačiradai)",可能是札只剌歹(Jajiradai)之误。《辍耕录》,1, 15a 里提到的"扎剌只剌"这个部落的名字,可能是"扎只剌(Jajira[t])"之误。事实上,它是前者的颚音化形式。其实,在《辽史》,48, 22a 的部族表中出现的茶札剌(*Čajira[t])应该可以认出这个 Jajīrāt。它也以茶赤剌(**Čačira[t])的形式出现在 1125 年耶律大石西奔所召集起来的部落的名称中(《辽史》,30, 2b;布莱资须纳德《中世纪研究》,I, 213;屠寄,20, 2b),在西辽立国之初,提到茶赤剌部有个首领[秃鲁(*türü)]拥有契丹语的名字(《辽史》,30, 3a;屠寄,20, 2b)。正如贝勒津所认为的(译文,I, 300)札只剌部以 Vačirat 的形式出现在萨囊彻辰书中(这就是施密特,88 的蒙古文版中出现的形式,他在 89 的转写作 Vajirat,是不准确的),并且在满文版(44)和汉文版(3, 22b—23a;注释者完全忽视了这一段当中被分割得如此难解的名字)中成了 Vačirun,结尾的 -un 是错的,这大概是因为满文版本

29

的译者所用的本子这里缺了一勾的缘故。至于 Vajirat，我们的解释如下：在最初，用回鹘字母书写的蒙古文中，不仅仅只存在有时读作 y-，有时读作 j- 的 yi，而且还很少使用与 y-(j-) 很相似的回鹘文字母 v-，而萨囊彻辰书中就把这点搞错了。很容易把 Jajirat 当成 Vajirat，反之亦然；比如，在萨囊彻辰书中，就把孛儿帖旭真（Börtä-vujin<汉语"夫人"，参见施密特，77；而满文版，40，作 Burde-fujin）误为 Börtä-Jüšin（或 Börtä- Yüšin）。

　　[5]《元史》记作秃台察儿。在《秘史》（第128、129及210节）中只有给察儿（Taičar），在第128和129节中，给察儿被称为是札木合之"弟（dä'ü）"，然而，在被认为是札木合即将被成吉思汗处死前说的那番非常自负的言语中（同上，201节），他提到自己没有"兄弟"（dä'ünär ügï'ü）。贝勒津在其文本（I, 272; II, 148）中，录作 نكوجر，他转写为 Nekujer（译文，I, 204），然后是 Takujar（译文，II, 92），但所有的抄本中均作 تكودجر或تكودجر，[①]因此我们应该转写为 *Tägūdäčär 或 *Tügūdäčär，据说此人是札木合的一个亲戚（خوشی）。总之，这里不同于《秘史》中所给出的给察儿这样一个简单的形式，而是前半部分可以与《亲征录》的秃台察儿的"秃"对应的一种形式。《亲征录》和《秘史》的转写表明，无论只是给察儿，还是附有前缀的秃台察儿，都没有发生颚音化；相反，拉施都丁加上 -k- 或 -g- 的转写，强调了颚音化。而且还必须补充，如果 Taičar 是单独的名字，或者加上后半部分构成一个双名，蒙古文的正字法也没有办法确定到底是 Taičar 还是 Täičar 甚至是 *Täičär、*Daičär、*Däičär。我们知道在蒙古语中有一个最后音节 -čar (-čär) 用以指专名。比如在常见的 Ta'ačar>*Tāčar（总是被贝勒津很不当地浊化为 Tagajar 或 Tugajar）之中。我不无怀疑地在我们所研究的文献此处提出 *Tä'ü-Taičar>*Tü-Taičar，在这个例子中，本书可能是错把这个名字读成一个单一的部分——但实际上这个名字应

---

① 补注：《史集·成吉思汗纪》伊斯坦布尔抄本、塔什干抄本作"تكودجر"。

是由两部分所组成的，而且未能注出第二部分里第一个音节的元音；至于有关 -t- 和 -d- 之间的不一致，则是蒙古文书写所造成的，因为这一系统无法对以上两个字母进行区分。但我不排除后一种解决方案，即《秘史》（第128节）提到，"J̌amuqa-yin dä'ü Taičai"（给察儿，札木合的弟弟），这里在 Taičai 前面的 dä'ü "弟弟"，在蒙古文书写当中实际上是拉施都丁所记的名字里的前半部分 تكو 的笔误而造成的，这看起来并非没有可能。这个名字的前半部分可能是基于 *Tägüdäčär 的 tägü-，也可能是基于秃台察儿的"秃"。但是，如果是笔误的话，循着这种意见，就必须承认这样的错误在拉施都丁和《亲征录》所从出的蒙古文原文中就已经发生了。至于在《秘史》的128、129节中提到给察儿是札木合的"弟弟"，然而在第201节中札木合又说他没有"弟弟"的问题，我们不能忘记，在后一段中札木合所说的是严格意义上的"兄弟"，而在另外两处他可能是根据蒙古人的习惯，把远房表弟也称为弟弟，甚至波及于那些实际上没有亲缘关系，但因为喜爱而被给予了"弟弟"之名的人。给察儿这个名字无从解释（贝勒津，译文，II，238 不可信从）。《元史语解》（10，1b）试图在《元史》卷3中找出这个所谓的"秃台察儿"一名，在该书中写作"秃塔察儿"，然而这是对人名进行错误分割的结果，在这卷里实际上只提到了宗王塔察儿。

[6] 同样的转写亦见于《元史》卷1。《秘史》（第128节）写作 Olägäi-Bulaq（斡列该泉），正与拉施都丁（文本，II，148；译义，II，92）的 اولاكاى بولاق Ōlāgāī-Būlāq（或 Ūlāgāī-Būlāq）相应，这非常可能就是正确的形式。我们文本中的玉律哥（Ülügä）的第二个元音所发生的唇音化，在蒙古语中很常见，特别是在第一个元音是唇元音的情况下尤其如此。Bulaq 在突厥语和蒙古语中都是"泉"的意思（哀德蛮，《铁木真》，557，提出的异议是徒劳的），我确定其意义并非一个借词。多桑（I，41）释为"红泉"，被贝勒津（译文，II，238）视作当然，然而其实是因为同 hula'an>ulān "红色的"弄混了。如果这个短语的真正形式就是像 Olägäi-Bulaq 这样，其含义大概就只能是"发源之泉"或"［其形］肇

始之泉"(亦见格鲁塞《蒙古帝国史》, 439)。多桑(I, 41)在音果达河上游的一条小支流"Oulengui"河, 找到Olägäi-Bulaq的名字, 并且这一猜想也被哀德蛮(《铁木真》, 577)和霍沃斯(I, 51)所采信, 但贝勒津(译文, II, 239)已经注意到这个位置太靠北了。因为正如我们所研究的文献所暗示, 并且为拉施都丁明确指出的, 玉律哥泉靠近萨里川。因此, 这个"发源之泉"也同样应从土拉河和克鲁伦河之间求之, 大概是在萨里川的北边。

[7]《秘史》(第120、129、141、202节)始终给出的都是颚音化的亦乞列思(Ikiräs), 我们的文本此处以及第5、22和56节中作"亦乞剌思", 但在第31节中作亦乞列(Ikiräs)。还须补充的是, 有时在汉文转写中, 会在"剌"和"列"之间产生字形混淆, 然而就算对第31节而言, 一个Ikiras的原型形式也不能被排除。拉施都丁书的各本中假定最常见的形式是ايكراس, 较罕见的形式是ايكيراس, 这两个词的正字法, 可能代表的是没有什么区别的Īkirās或Ĩkirās, 对这两个发音的蒙古文书写也没有更多区别。此外, 如果拉施都丁想要记录下来的是Ikirās, 那么我们就差不多可以期待其使用的是蒙古语中一个古老的q-放在-i的前面, 转写作ايقراس *Ĩqïras的形式。这差不多就是我们经常在《元史》中看到的颚化形式亦乞列思(参见《元史本证》, 50, 3b)。在《辍耕录》1, 15—16中, 很多形式都有两种写法, 其中有一个Ikirädäi(亦乞列歹)部落(亦乞剌思的族名), 还另外有一个永吉列思。关于后者, 那珂(2), 5, 认为近似于哀德蛮《铁木真》, 168, 198, 201的"Angirās"。但Angirās实际上是一种不佳的译文, 是由于音点错置所导致的。《辍耕录》的"永"肯定是"亦"之误。此外, 我们在《元史》中还遇到过亦乞里思"*Ikiris"(106, 1b)这样的转写; 以及族名亦乞里带 *Ikiridai(或 *Ikiridäi, 8, 4a); 其他的例子还有《三史同名录》, 32, 7b和《元史本证》, 38, 10a—b。这个名称似乎是蒙古语ikärä或ikirä"孪生的"(参见满语中同样含义的ikiri, 和突厥语的iki"二")复数形式。亦乞列思部是弘吉剌部的一个分支, 拉施都丁

将其得名归因于一位叫作Ikiras或Ikiräs的同名祖先（译文，I，152），
《元史》，120，3—4也同样提到了这一点，称其名叫"亦乞列思"。现
今在布里亚特人当中还存在着一个亦乞列思部落（参见波塔宁：《西
北蒙古志》，IV，669）。

[8]兀鲁吾（Uru'u[t]）这一形式在下文的第27节又出现了，但在
第56节中是兀鲁（Urū[t]）。《秘史》（第46、130、170等处）均作"兀鲁
兀惕"，并且有一处作为表示族名的兀鲁兀歹（Uru'udai）。《辍耕录》，
1，15a提到了兀鲁兀部（Uru'u[t]）。Uru'u[t]和Urū[t]这两种形式在
《元史》中经常以兀鲁、兀鲁兀、兀鲁吾、吾鲁兀的形式出现，我们还见
到有表示族名的兀鲁带（Urūdai）。《元史》20，2a的兀鲁兀敦，是一个
错误的保存在汉文转写中的属格形式（关于所有《元史》中的这些转
写，见《元史本证》，50，3b）。这个名称是uruq（<突厥语的uruγ，"种
子"和"同种"、"世代"）的复数形式。贝勒津，译文，I，186，189中
所谓的首领اودوت"Odot"是这个部落所得名的祖先اوروت Ūrūt的一种
错误的异文（又可参见译文，II，96，262），《秘史》第46节作兀鲁兀歹
（Uru'udai），《元史》120，3b—4a作兀鲁兀台（Uru'utai）。施密特萨囊
彻辰书的索引中，在四个章节中统一作为"Oraghod"出现的这个词，
实际上应该分别读作"Oraghod"或"Oroghod"（155，169，175，263）；
满文本（68，73，75，106）和汉文本（5，14a；21b，26a；8，1b）分别作
Urhat，Orogot，Oragot和Urugut，各处之Uruγut=Uru'ut。关于施密特，
175那段，中国注释者在5，26a中称《世系谱》（未刊本）用吴鲁式来
称"Urūt"。在16到17世纪的汉文文献与文书中，我们获见有以兀鲁
（参见1547年的《边政考》，总图，1，3a以及榆林图，2，7a）、五路和兀
鲁特（《蒙古源流笺证》，6，5a—b）这样的转写来称Urūt的。在鄂尔多
斯，田清波神父搜集了像Gi't'at ụrụt和moṅɢol ụrụt这样的部族名称，
其意分别是"汉人（Khitan）Urūt"和"蒙古Urūt"（田清波，《鄂尔多斯
志》）。田清波神父由于被施密特书，155页的"Oraghod"所误导，把
在第一段中明确提到的蒙古Urūt给遗漏了，而《蒙古源流》的汉译者

则明确地翻译为"蒙古一派的urḫat[读作Uru'ut]"①。

[9]我们在这里所见的是一个颚化的形式。《秘史》(第46、120、166节)仅见"那牙勤"和用作族名的Noyagidai(那牙吉歹),拉施都丁(译文,I,10,186,189;II,29,32,92)均采用نوياقين Nōyāqin(在译文I中错误地读成了Nutakin)。这个名称的词源是noyan"贵族"。《秘史》中所指出的形式(第46节)确认了这个名称不是颚音化的,但《亲征录》所采取的形式却表明,译文所根据的蒙古文本中的-qï-和-ki-已经混同为-ki-了。那牙勤即《辍耕录》1,15b之那颜吉歹(Noyangidai)和那颜乞台(Noyankitai)。亦参见屠寄,152,10a。我们在《元史》,131,7a中发现一个转写,作那亦勤(*Noyikin)。那牙勤之名在《辍耕录》1,1b和《元史》,107,1b中讹误成了看起来令人无法理解的"那合合儿"。

[10]《秘史》(第46、120节)亦称之为巴鲁剌思(Barulas),但是也使用单数形式巴鲁剌(Barula)和表示族名的巴鲁剌歹(Barulaai,第46节)。也就是在第46节中,提到了也客把鲁剌(大把鲁剌)、兀出干把鲁剌(小把鲁剌)。"大八鲁剌斯"和"小八鲁剌斯"亦见于《辍耕录》1,1b的世系表中(这里有个错误,就是至少是在某些版本中,把"大"写成了"六")。

Barulas之名在《辍耕录》,1,15a中被错读成了"八鲁剌忽"(应修正为"八鲁剌思")。关于仅见其名的巴鲁剌斯们,参见屠寄,152,10—11。人们将小八鲁剌斯的哈剌察儿(Qaračar)与虚构的跛者帖木儿的族源联系在了一起。拉施都丁(译文,I,10,132,199;II,29,93)写作برولاس Barūlās(贝勒津误读为"Berulas"),但是没有提到"大八鲁剌斯"和"小八鲁剌斯"的区分。在与我们所研究的文本相应的段落中(文本,II,149;译文,II,92),拉施都丁提到了火鲁剌思部落,而

---

① 译者注:《蒙古源流》的汉文本此处"蒙古派乌尔哈特之巴图鲁锡",意思是"蒙古"派出了乌尔哈特部的巴图鲁锡,但伯希和、韩百诗此处竟把"派"理解为了"支派"(branche)。补注:乌兰译作:"却说蒙古[方面]派出了兀鲁氏把都儿·小失的。"(乌兰《蒙古源流研究》,第272页)

非八鲁剌思。据此,那珂(2),5,建议应将《亲征录》中的八鲁剌思部修正为火鲁剌思。但更有可能 قورلاس Qōrulās 仅是 برولاس Barūlās 之形误。此外,这一错误的产生应追溯到拉施都丁本人所作的附注中,因为他补充说,火鲁剌思属于迭儿列勤蒙古,而事实上是火鲁剌思而非八鲁剌斯被作为是尼伦蒙古部落之一①。总之,屠寄,2,10a这里错误地叙述了拉施都丁的豁鲁剌斯和《亲征录》的八鲁剌思。《秘史》第46节想从蒙古语的 baruq "猛烈的"一词中得出巴鲁剌思(单数是巴鲁剌)的起源,这只不过是一种流行的说法,其语源我们并不知晓。我更加不相信阿布尔哈齐所说的,认为巴鲁剌思是"诸首领之长"的意思(戴美桑译本,第69页)。

[11]《秘史》中均作"巴阿邻(Ba'arin)"(第41、120、207、216节),指族名时作"巴阿里歹(Ba'aridai)"(第197节);并区分为篾年巴阿邻(Mänän- Ba'arin),和你出古惕巴阿邻(Ničügüt- Ba'arin),并且还有一处提到了"一万"巴阿邻(Tümän- Ba'arin,第207节)。拉施都丁均写作 بارين Bārīn(特别参见译文,1, 195—197)。除了在《秘史》中,这个名字总是写作与出现在汉文文献中的霸邻(Bārīn)相关的形式,自从蒙元时代迄今均是如此。在《元史》卷1中有"把怜(应修正为"把邻")";同上引15, 5b有"八邻";同上引127, 1a有"八邻";在《辍耕录》,1, 16a中,这一同样的形式形误为"入邻"。至于用作族名的 Bāritai 或 Baharitai(=Ba'aritai),参见伯劳舍《蒙占史》,II, 215, 571及附录,33,他们就是《元史》,17, 2a 及29, 7b 中的诸王八里带和八里台。吉贝尔(Gibert,《东北史地词典》,101)称 Bārin 之始起自晚明之时,显然是错的。霸邻部在元代的世系,可参见屠寄,152, 1—2。至于"霸邻"一词的语源,亦无解。

---

① 译者注:此处伯希和、韩百诗应是根据贝勒津的版本而致误,根据苏联科学院东方研究所译本,豁罗剌思(qūrulās)部为迭儿列勤蒙古的分支,八鲁剌思为尼伦部,分别见《史集》汉译本第249、310页。

5. 上时驻军答兰版朱思之野。亦乞剌部人捏群之子孛徒，先在麾下，至是，自曲邻居山遣卜栾台、慕哥二人，逾阿剌乌、秃剌乌二山来告变。上集诸部戒严，凡十有三翼：月伦太后暨上诸昆弟为一翼；三哈初来之子奔塔出拔都、秃不哥逸敦、木忽儿好兰统阿答儿斤、察忽兰统火鲁剌诸部，及鲜明昆那颜之子迭良统火力台、不答合辈为一翼；札剌儿及阿哈部为一翼[①]；答里台、火察儿二人，及朵忽阑、捏古思、火鲁罕、撒合夷、嫩真诸部为一翼；忽都图忙纳儿之子蒙哥怯只儿哥为一翼；忽都剌可汗之子撷只可汗为一翼；按擅为一翼；忽兰、脱端二人为一翼；洪吉牙部塔降吉拔都统雪干、札剌吾思为一翼；建都赤纳、玉烈贞赤纳二部为一翼。军成，大战于答兰版朱思之野，札木合败走。彼军初越二山，半途，为七十二灶，烹狼为食。

5. 这时期，陛下驻军于答兰版朱思（Dalan Balǰus）草原[1]。捏群（Näkün）[2]之子，亦乞剌部人名叫孛徒（Botu）[3]的，之前在陛下的手下。此时，从曲邻居（Kürälgü）[4]山派来卜栾台（Buroltai）[5]和慕哥（Mü[l]gä）[6]这两个人。他们翻越了阿剌乌秃剌乌（Ala'u[t]-Tura'u[t]）[7]这两座山，来提醒发生了叛乱。陛下召集诸部，投入战场；总共分十三支部队[8]。

月伦太后和陛下的诸[9]弟组建一支部队。

三哈初来（Sam-Qačulai）[10]的儿子，叫作奔塔出拔都（Bultaču-bādu[r]）[11]［率领？］秃不哥（列）逸敦（*Tübū[t] Gä[rä]yit）[12]；木忽儿好兰（Muqur-Qauran）[13]率领阿答儿斤（Adargin）[14]；察忽兰（Čaquran）[15]［率领］[16]火鲁剌（Qorula[s]）[17][②]和其他部落[18]；还

36

---

① 译者注：伯希和、韩百诗所使用的本子，"札剌儿及阿哈部为一翼"以下脱失了两翼的记载，贾敬颜先生根据国家图书馆藏郑杰注本进行了补充，内容为"兀忽出之子忽都、阿而党吉为一翼；蒙哥哥吉颜之子长寿及瓮古儿拜要乌部为一翼"。伯希和有关阙文部分的推测，见本节注释第32。
② 译者注：原书本段此处往后到注释第32所有标示注释的记号都错了一位，以致译文中的注释标注和注释无法对照，今据注释的标号全部进行了订正。

36

有鲜明昆那颜(Surqdu-noyan?)的儿子迭良(Däräng)[19]率领火力台 (Qoritai)[20]和不答合(Budaqa[t])[21]组建一支部队。

札剌儿(J̌alār)[22]和阿哈[23]部落组建一支部队。

答里台(Dāritai)[24]和火察儿(Qočar)[25]二人,与朵忽阑 (Doqulan)[26]、捏古思(Nägüs)[27]、火鲁罕(Qoruqan)[28]、撒哈夷 (Saqayi[t])[29]、嫩真(Nünǰin)[30]组建另一支部队①。

忽都徒忙纳儿(Qudu[q]tu-Mangnar)[31]之子蒙哥怯只儿哥 (?Mönggä[dü] Kä[yän])[32]组建一支部队。

忽都剌可汗(Qudula-qahan)[32]②之子搠只可汗(Čöji-qahan)[33]组建一支部队。

按擅(Altan)[34]组建一支部队。

忽兰(Qulan)[35]和脱端(Tödön)[36]两人组建一支部队。

洪吉牙(Qonggiya[t])[38]部落的塔吉拔都(*Tagi-bādu[r]),率领雪干(Sügän)[39]、札剌吾思(*J̌ala'us?)[40]组建一支部队。

建都赤纳(Gändü-Čina)和玉烈贞赤纳(Ülä[k]jin- Čina)[41]③两个部落组成了一支军队。

部队集结之后,在答兰版朱思草原展开大战。札木合战败逃跑,他的部队首先翻越了两座山[42],在半路上他们做了72个炉灶,用来煮狼吃[43]④。

37

注释

[1]《元史》卷1的转写相同,并且也提到这里是"草原(野)",另外名字中写的是"阑"而不是"兰"。《秘史》(第129、201和218节;证

---

① 译者注:很明显这里的译文中遗漏了对"诸部"二字的翻译。
② 译者注:此处在注释标号中重复出现了"注释第32",为使研究者易于查对原文,并使后面的标号能够一一对应,对两个"注释(32)"未作修改。
③ 译者注:此处及以下原文编号均有误,现根据后文注释对应的内容径行改正,不一一注出。
④ 译者注:法译者在译文中插入的汉字,有多处与前面的汉文录对不相对应,为了保持本书原貌,一律未作统一,下同;但注释标号脱落的几处,根据后文注释的文义,进行了补充完善。

以我手头抄本的50a)给出了"答阑巴勒主惕",作为一个地名,但并未解释其具体属性。至于拉施都丁书,贝勒津有时辨认为طالان بالجوش,有时又辨认为طالان بالجوس,[①]但均转写为 Talan-Baljiuš(文本,I,3;译文,I,3,219;文本II,150,155;译文II,93,95,243);但也不能排除抄本中仅有后一种正字法是正确的,并且应该转写为 Ṭālan-Bāljūs。对于拉施都丁而言,这是一个"地方"موضع mävẓạ。关于这个地名的前半部分,那珂(2),5和屠寄,II,12a一开始是采信哀德蛮实际上照搬自克拉普罗特(Klaproth)的意见(《铁木真》,577),把dalan解释为"原野",贝勒津(译文,I,219)也表达了同样的意见。但这实际上是因为跟tala"原野"这个词弄混了的缘故。正如格鲁塞(《蒙古帝国史》,第81页)所指出的,在蒙古语里,dalan的意思是"七十"。拉施都丁书中的ṭālān并不能视为一种反例,因为他经常用t-来译写蒙古文中打头的d-。至于Baljut和Baljus的交替,是因为这是两种复数形式,用来标识数词后跟着的名词复数,这样的用法常见于中世蒙古语中,但在古典蒙古语中被舍弃了。但Baljus这一形式指向一个单数 *Balju,而Baljut则指向一个单数 *Baljun。蒙古语词汇结尾的-n的不稳定性,使得这两种形式都能说得通。而在《秘史》24节里提到的巴勒谆阿剌勒(Baljun-aral)"巴勒谆岛",里面的 *Balju 或 *Baljun 这一名词,作为普通的名称,到目前为止尚未在文献中得到证实,后来也再没有使用过(满语里的Baljun,"幽灵"、"怪兽"不在此例,并且由于某些错误,使屠寄,2,12a和152,14b中说Baljuna的意思是"前面",并与我们所研究的文本第19节中的虎图(Qutu)泽相对,这应该是对蒙古语中qoitu"后面"一词的错误理解所致)。但是贝勒津(译文,I,219)已经提出了一种倾向于比定为蒙古语的balčïq(突厥语的balčïq, palčaq等等)"泥浆"、"沼泽"的意见,而格鲁塞先生也接受了这一观点(《蒙古帝国史》,81,142,但"balčian"肯定是对balčiq之误)。因此,答兰版朱思的意思就是"七十沼泽"。虽

38

---

① 补注:《史集·成吉思汗纪》伊斯坦布尔抄本、塔什干抄本作"طالان بالجوس"。

然并不确定，但这一解决方案看起来是很有可能的，并且这点在某种程度上，由于有关一处其水中满是淤泥的名叫 Balǰuna 的湖泊、河或小溪的记载而得到了支持。这条河在下文第 31 和 33 节中也提到了，是在东蒙古与东北交界的地方。我们可以猜想 Balǰuna 是一种与 balčiq 有关的方言形式，与之相类似的是满语中与蒙古语的 aimaq 相对的 aiman "部落"。但是这种解决方案，只有在我们仅有的这个 Balǰuna，在面对我们所假定的巴勒谆阿刺勒和答兰版朱思的地望均不能符合的情况下，才能得以接受。如果 Balǰun 是 balčiq 的一种同源对偶词的话，那么这个地方就必须于蒙古地境中求之。那珂（2），5，追随洪钧（1A，24）称，在《秘史》201 节中对答兰版朱思之战进行了回顾，但这里的写法是"巴勒渚纳"（Balǰuna）。这种说法是不确切的。蒙古文本从语音角度而言当然应该转写为"答阑巴勒主惕"，而且那珂在他自己的翻译中给出的正是这个形式（那珂（1），313）。但是洪钧并没有利用蒙古文本，并且旧汉文译本中第 201 节的译文确实作"巴勒渚纳"。若认为这个古老版本的作者确实有意识地认识到"巴勒渚纳"和"巴勒主惕"这两个名称是相同的，并且是因为粗心才写成了"巴勒渚纳"，这大概不太可能；另外，这众所周知的名称在该书往前一点的部分里的两个段落中也出现过（第 182、183 节）。那珂不加检核地盲从洪钧，这从他用"第九卷"来指《秘史》的 201 节亦可得以证实，因为在他本人的译文中，这里实际上是在第八卷。屠寄（2，12a；23，7b）其书中所采用的"答阑巴渤渚纳（Dalan-Balǰuna）"这一形式，无疑是完全错误的，因为相较"答阑巴勒主惕"而言，屠寄书的这个形式于史无载。多桑（I，45）以及追随他的霍沃斯（I，52）也很不合理地用"Balǰuna 河畔的平原（ṭala）"来取代 Dalan-Balǰut 或 Dalan-Balǰus。

为了尝试弄清楚这些名称和其所在的地望，把这三个都带有 *balǰun 一词的名称汇集在一起进行研究将不无裨益，而且他们每一处都有一个很大的不同：1. Balǰun-aral；2. Dalan-Balǰus；3. Balǰuna 湖或 Balǰuna 河。我没有对贝勒津，译文，III，128 的"遥远的 Balǰiyun

39

Khuljur"予以讨论，这是因为文本，III，190还不太确定，大概需要另外进行解释。

    1. Baljun-aral——在《秘史》(第24)节中关于蒙古人起源的记录中，说到孛端察儿被他的哥哥们鄙视，于是离开，前往"巴勒谆阿剌勒"。海涅士先生读作"Balčun-ara[l]"(《词典》，173)，但是这与他自己在其书，186所指出的，用来转写谆（现代读作tchouen或tch'ouen)的jun的音值是不相符的。aral中的-l在《秘史》的文本中虽然没有(Baljun-ara gürcü)，然而肯定应该将其复原（亦见那珂(1)，14)，并且这也由我手头的库伦本（对页，9a)而得以证实，在该本中写作Bälčir-aral-a kürčü（因为抄写者不认得baljun这个词，就把它改写成了Bälčir"汇流之处"，更古一点的解释是"山出口处的谷地"，参见下文第15节）。这一抄本很规律地在词尾加上了表示与格-位置格的-a，但《秘史》当中通常地名的使用是不加词尾的；-l应该是用一个小号字体的"勒"来表示的，但这个小号字体经常被搞错。而且将其在《秘史》中简单地重构为Baljun-aral gurčǚ是很可采信的。在《元史》卷1的平行段落中，称孛端叉儿来到了八里屯阿懒，看起来我们似乎可以读作*Baltun-aral，那珂(1)，14中就是如此。但是，"屯"这个词在《秘史》中是用来转写tun，俗亦讹音"chouen（纯）"，我们已经见到关于Baljuna这种给出了-jun的情况，这里也是一样的，因此只需要接受"纯"这一俗音而不是"屯"就可以了，而这个发音在13—14世纪的中国北方是非常通行的。《秘史》对"巴勒谆阿剌勒"的旁注是"水名"，对专名的旁注表明，《秘史》的转写通常是很随意的。那珂已经注意到这只可能指的是一处地名，事实上巴勒谆阿剌勒的意思是"巴勒谆岛"。关于其位置，我们有一个很准确的指向：孛端叉儿沿着斡难河向下(Onan-mürän huru'u)来到了巴勒谆岛，这个岛可能是一个真正的岛，也可能是因为支流汇合入主河道而形成的半岛，然而无论如何当沿鄂嫩河求之。

    2. Dalan-Baljus(或Dalan-Baljut)，"七十Balju(Baljun)"——贝勒津（译文，II，第243页）认为Dalan-Baljus应是在不儿罕合勒敦附近（鄂

嫩河和克鲁伦河的源头），因为这两个名字在拉施都丁所记的名称表（译文，I, 3）中是靠在一起的。但是，仅从一个表中得来的信息是完全不能确定的，因为此表中不儿罕合勒敦后面跟着就是一个Kökä-nawur（>Kökö-nōr），贝勒津——当然也可能是错误的——将之比对为Külän湖（现在的呼伦湖）。我们可以推断这个地名应是在鄂嫩河和克鲁伦河流域。然而我们所知的，仅此而已。

多桑（I, 45）把Dalan-Balǰus释为"Balǰuna原野（tala）"，并且补充说Balǰus是汇入音果达河的一条小河。而接下来，对事实上文本中真正提到的Balǰuna，他则称（1, 72）在鄂嫩河以北的高原上有个小湖叫Balǰina（原文如此），乃小河Tura所从出，此河北流汇入音果达河。布莱资须纳德（《中世纪研究》，I, 269）也提到了小河Tura所从出的Balǰina湖。霍沃斯重复了多桑"Balǰuna原野"的错误，并且照抄（I, 52, 59）他有关Balǰuna河为音果达河支流的注释；而对于小河Tura所从出的Balǰina湖（他心照不宣地改成了Balǰuna），却没有注意到是与前面的注释自相矛盾（那珂（2），5，可能引用的是源自霍沃斯的二手资料，给出了在霍沃斯本人原书中都没有的一些细节）。格鲁塞（《蒙古帝国史》，81, 135, 142—144）也把Dalan-Balǰus和Balǰuna湖（或河）给搞混了，我将在有关Balǰuna湖的部分讨论这些假说。沃尔夫（《蒙古人的历史》，第38和43页）可能是唯一区分出这两个名称的欧洲学者。他在克鲁伦河附近找到了Dalan-Balǰus，而Balǰuna泉（"Balǰuna-bulaq"）则发源于布里亚特地区的"Balǰina Amul"湖，此湖也就是小河Tura所从出的湖。那珂（2），5指出，在东经111.30度有一条自西北来汇入鄂嫩河的Balǰi河，而在数百里以下，又有一条来自西北的Tala-Balǰi河汇入鄂嫩河。因此他认为Dalan-Balǰus之野，要么是在Balǰi河沿岸地区，要么就在Tala-Balǰi沿岸。从严格意义上讲，Balǰi河有可能为上文所讨论的Balǰun-aral提供了一个解决方案，此地位于Balǰi河和鄂嫩河汇流所形成的三角区，但我不相信Dalan-Balǰus是在那里，至少在我看来这是由于提到了后者的文献所导致的。

41

事实上这些文献是怎么说的呢？根据《亲征录》，成吉思汗在答兰版朱思草原的时候，捏群的儿子孛徒，从曲邻居山派来两个使者，翻越了阿刺乌和秃刺乌两座山，来提醒有关札木合进军的消息，然后在答兰版朱思原野开战，札木合战败逃跑，翻过了两座山（即阿刺乌和秃刺乌山）。在《秘史》（第129节）中，成吉思汗是在古连勒古（Gürälgü），当两个亦乞列思部（孛徒的部落）的信使来通知，札木合翻越了阿刺乌和秃刺乌两座山，进军与成吉思汗作战，双方交战于答阑巴勒主惕，成吉思汗被击败，并退到斡难河的哲列捏（Järänä）隘路（qabčiqai）。出于某种原因，札木合退兵了。根据拉施都丁，各部落——其中也包括亦乞刺思部，在一个叫古列勒兀（Kürälgü，贝勒津的"Kulyu"是错误的异文）的地方与札木合结盟。亦乞刺思部有个捏群，其子孛徒跟随成吉思汗，派人来通知成吉思汗有危险发生，当时他正在 Dalan-Baljus。两个信使悄悄地从叫作阿刺乌和秃刺乌的两个山丘（بشته）中间的一条路抵达。札木合把阿刺乌和秃刺乌山丘甩在身后，到了 Dalan-Baljus，双方开战，虽然成吉思汗处于劣势，但他最终取得了胜利。阿刺乌和秃刺乌山不知其处，哲列捏隘路也同样如此。但古连勒古为我们提供了一个坐标。《秘史》中的明确指出（第89、94、122、129、141节），使我们不能怀疑成吉思汗当时就是在古连勒古，并且进而确定他扎营的地点是在桑沽儿河畔的合剌只鲁格（Qara-Jirügän 或 Qara-Jürügän）小山的阔阔海子（Kökö-na'ur）（"青海子"），此地就"在"（dotora）不儿罕合勒敦"前面"（也就是南边）的古连勒古。桑沽儿河的名称并未改变，它就是现在的僧库尔河，向左汇入克鲁伦河，自北向南流去。阔阔海子应该是位于其源头的地方。根据《秘史》撰写者的旁注，古连勒古是山名，似乎它就是把克鲁伦河和桑沽儿河与鄂嫩河右岸最初的那些支流分开的那座山。那珂（1），66，很有道理地将其比对为 Barqa-ling（ling="山岭"、"山口"），也就是唐维尔（d'Anville）东部内亚（Tartarie）地图第 VII 页的"Parka-Tabahan"（=Barqa-Dabaɣan>Barqa-Dabān），其地位于 Barqa 河的南部和西南部，而 Barqa 河则向右汇入鄂嫩河上游。札木合主营所在的豁儿豁纳黑主不儿（Qorqonaq-J̌ubur）尚未能确定是何处，但一定是在鄂嫩河流域（《秘史》第57节）。当成吉思汗同札木合在豁儿豁纳黑主不儿分开以后，他先在乞沐儿合（Kimurqa）河的阿亦勒合剌合纳（Ayil-Qaraqana）待了一段时间，"乞沐儿合"以这一确定的形式是可以辨认出来的，它以"Kimourka"之名见于唐维尔东部内亚地图的第 VII 页，是鄂嫩河右边的一条支流，在桑沽儿河的东北方向。札木合就是自鄂嫩河发起攻击，而成吉思汗则是在克鲁伦河流域靠近桑沽儿河源头的地方扎营。因为成吉思汗在受攻击时处于劣势，并且是承受攻击的一方，所以 Dalan-Baljus 应该离他的驻营地不远，大概就在克鲁伦河流域，桑沽儿河的上游。阿剌乌和秃剌乌山丘可能是古连勒古的两处山口，拉施都丁特别指出，札木合把它们甩在"后面"。根据我们分析的文献，也可以明白他是在翻越两山口后再往北行。为了调和《秘史》《亲征录》和拉施都丁书的有关记载，我们可以认为，与其说古连勒古是在某个具体的地点，倒不如说这是一处山区的名字，桑沽儿河上游也包括在古连勒古"里面"，因此可以认为成吉思汗就是在古连勒古。可是，敌人已经推进到古连勒古山地，而在阔阔海子营地的成吉思汗竟然都还一无所知，直到派到古连勒古报信的人，翻过了两座山及其南部的山梁到来了之后才知道。我们更不清楚的是成吉思汗本人为什么退往鄂嫩河，而不是沿着桑沽儿河去往克鲁伦河的方向。遗憾的是我们所掌握的信息十分简略，以致无法全部进行解释。总之，我认为不可以采信那珂的意见，在鄂嫩河左岸的支流中去寻找 Dalan-Baljus。

3. Baljuna 湖或 Baljuna 河。——第一个问题就是有关它名字的。当然，我要把洪钧通过正字法重构得来的不合逻辑的"Banjur"排除在外（关于此参看《通报》，1929，376—378）。Baljuna 这一形式不见于汉文史料中，而仅见于《秘史》（第182节［"Baljuna-na'ur"和没有修饰语的"巴勒渚纳"］，第183节［没有修饰语的"巴勒渚纳"］，第208节两作"Baljuna-na'ur"），但是在拉施都丁书中可见（抄本游移于بالجيونه

Bālǰīūna 和 بالجونه Bālǰūna 之间①，而贝勒津则都转写为 Bālǰiūna，但是我们可以肯定 Bālǰūna 这一形式是最好的），并且在志费尼（I, 25）和瓦萨夫（参见多桑，I, 72）的书中也有这个同样的 Bālǰūna。

《亲征录》在第 31 节提到班朱泥河，在第 33 节提到班朱河；在《元史》卷 1 与我们这里第 31 节平行的段落中采用了班朱尼河。这最后一种正字法也见于《元史》里的好几篇传记中（120, 3a, 4b; 121, 1a; 122, 8a; 123, 2b［两个人的传记］）。124, 4b 的班术居河肯定是班术尼河之误。事实上，根据速不台的传记之一（121, 1a），班朱尼河的正字法用的是"尼"字，但在另一篇中（122, 4b）则是与《亲征录》同样写作"泥"的班朱泥河。看起来我们可以很容易地把这个名字重构为"*Balǰuni河"，并且认为《亲征录》里 33 节脱落了一个"ni"字（此节仅见于《说郛》各本中）。但《元史》中的其他几篇传记则给出了以下几种不同形式：班术河（128, 7a），班木河（应修正为班术河，149, 9b），班真河（132, 3a），班真海子（"班真湖"，120, 4a）；办屯河（150, 4a；关于这里的发音应该是"纯"而非"屯"，见上文有关 Balǰun-aral 的讨论中）。这些不同的形式分别对应 Balǰu（或 Balǰu[t]），Balǰin，Balǰun。Balǰuna 应该是一个次要的形式，应该就是同一篇中的 Balǰun，就如同 Qara'una 就是合剌温（qara'un）一样（参见本人《马可·波罗注》的 Caraunas 词条）。Balǰu 则是具有结尾不发音的鼻音的形式；或者表示的是 Balǰu[t], Balǰun 的常规复数形式（《秘史》中的 Balǰuna-da［与格-位置格］和 Balǰuna-na'ur 不允许我们得出还有一个与格-位置格的 Balǰun-a，这个与格词尾是错误地保留下来的，就像在其他各例中同样）。只有 *Balǰuni 的解释仍欠妥当。班朱泥河的特征就在于水中满是污泥，而成吉思汗及其同伴不得不喝了下去。《元史》中，在其正字法作"尼"的班朱尼河之名后面，加上了不见于《亲征录》中的四个字，"河水方浑"。瓦萨夫也认为 Balǰuna 的意思是"满是污泥的"。如果我们仅仅掌握《亲征录》里

44

---

① 补注：《史集·成吉思汗纪》伊斯坦布尔抄本、塔什干抄本作"بالجيونه"。

分别写作"班朱泥河"和"班朱河"的这两段,那么我们肯定会翻译为"Balǰu 污泥河"和"Balǰu 河"。但是《元史》中还有五处提到班朱尼河是写作"尼",只有一处是写作"泥"。虽然看来《元史》的编纂者显然相信这是指一条叫作"班朱尼"的河,但是我们知道得很清楚,在某些地方多多少少修改了其所使用的史源中转写的这个字(例如在121,6取材于《元文类》,59,6—7中所保留的姚燧的文章,编成的畏答儿[Quyildar]的传记便是如此)。接受用"尼"字"班朱尼河"的话,这条河最明显的特征就显现不出来了,这也就是为什么要加上"河水方浑"的原因。然后,元史的编纂者要把这个使用了"尼"的正字法在其他的例子中也统一起来,但由于编纂过程中一贯的草率,以至于不能完全做到整齐划一。还漏掉了一处写作"泥"的"班朱泥河"的记载没改,还有一些从 Balǰu、Balǰin,Balǰun 转写过来的形式也没改。不带教条地来看这点的话,我相信应是"Balǰu 污泥河",而非"Balǰuni 河"。很幸运,这就是《亲征录》中正确的翻译,也即《元史》的史源。那些与成吉思汗同饮这条泥河之水的人,在多桑书(I,72)中被以一个很有法国味儿的修饰语"班朱尼党人"(Baldjouniens)标识了出来,但是这个借自拉施都丁的蒙古语词汇是 بالجونتو,是从河名而来的以 -tu 表示的从属形容词。尽管拉施都丁用 Balǰuna 来作为地名,但这个词正如贝勒津给出的那样,是转写成了 Bālǰūntū(文本,II,215;译文,II,133);因为如果是 *Balǰunatu 的话,Balǰuna 一词中结尾的 -a 很难被省略。拉施都丁本人也间接证实了 Balǰun 这一形式的准确性。事实上,还应该加上《元史》中的两篇传记(129,4b 和 131,7b),其中用一个简单的汉文名称"黑河"来指 Balǰuna 河;同样的表达亦见于张士观所作的一篇碑文中(《元文类》,25,5b),以及同书接下来的另一篇文献中。那珂(1),246,认为这里并非涉及一个真正的专名,而是暗指 Balǰuna 充满泥浆的水。但如果这样的话,应更可能是用"泥"或"浑"字,而非"黑"字。事实上,这可能是 Balǰuna 地区的一条以 *Qara-usu "黑水"之名而著称的河。

上文的讨论仅涉及其名称,我仅是概括性地提到了"河"或"江",

45

以便叙述,因为纯粹的汉文文本几乎总是记作"河",但这样的提法是否正确,并不能确定。志费尼和瓦萨夫称Baljuna是一眼"泉"(čäšmä,志费尼,I, 25和瓦萨夫,参见多桑,I, 72);拉施都丁则说这是一处"地点"(mäwẓaʿī),在那有一些泉(čäšmä)提供少量的水(译文,II, 133)。在《秘史》两次单独提到"巴勒渚纳"时,转写者附注"水名";对于在文本中写作"Baljuna-na'ur"的三段,同一转写者对"巴勒渚纳"附注为"海子名",即"湖名"。而可以肯定的是,《秘史》的蒙古文编撰者认为Baljuna是一处湖名,我们在《元史》中的一篇传记里亦可见到一种例外的"Baljin湖"的形式。汉文里"河"这个字,通常用来指的是水量非常小的川流。在我们现在所讨论的此例中,是处于或多或少沼泽遍布的地区,这里有若干眼水量微弱的泉水,乃是很多小湖泊的源头,他们汇入一道或多道水流之中。我们只能确定到这样的程度了。

因此我将Baljuna或Baljun湖(或"河")比定为一。就像我在有关Dalan-Baljus的讨论中所指出的,多桑将其与Baljuna混淆并为其他人所效法。这种倾向的始作俑者就是多桑,他将Baljuna比对为一个叫作Baljuna或Baljina的小湖,它是作为音果达河支流的Tura河所从出的(目前的状况不允许我们在新出准确的高比例地图上确定这些名称,以及Baljuna湖和Tura湖的真实关系[①])。沃尔夫(43)根据里特尔(《亚洲》,II, 272, 279)的研究,确信Baljuna-bulaq("Baljuna泉",阿布尔哈齐所用的名称,见戴美桑译本,83, 84)即布里亚特地区的Baljuna-Amul湖,此湖为Tura河所从出。在湖的东边"有大量述德人(Tchoudes)的古坟,表明这个其东部、南部为森林和群山所包围的偏僻的地区,一直以来都是风水宝地",沃尔夫仅据此就推断,这就意味着成吉思汗也是在此处选择其陵墓。洪钧(1A, 44)认为这指的就是Tura河所从出的Baljuna湖,并且补充道,根据俄国旅行者所云,此处茂林密布,是度夏和躲避敌人的佳处;当地人还说,成吉思汗就曾经在这里躲藏。那珂通世

---

① 译者注:因当时处于二战中,法国被德国占领。

照搬了洪钧的论据,首先用在对其名称的讨论中(那珂(1),241),然后又用在对其源头定名的讨论中(那珂(2),55)。格鲁塞先生(《蒙古帝国史》,143)称,自从多桑开始,学者们就在Aga河(Chilka河左侧的支流)流域那些死水池塘中寻找Baljuna,然而就像在《秘史》第182节中提到额儿古涅河(Ärgünä-müran)即额尔古纳(Argoun)河的同处提到了Baljuna河,因此这条河只能再往更东的Timoškino地方求之,或者最远就是与额尔古纳河相邻的Čindačinskaya池塘。

事实上,我认为只要搞清楚当时的历史地理环境,再比照一下地图,就明白从前将其与Tura河所从出的Baljuna或Baljina小湖进行比定的说法是站不住脚的。成吉思汗与王汗在合剌合勒只惕额列惕(Qalaqaljit-älät,拉施都丁的Qalāljit-älät)[1]作战,此地不知其确切的地点,但拉施都丁(文本,II,215;译文,II,133)提到其位于 بحدود ولايت ختای bä-ḥudūd-i vilāyät-i-Hitāi "在乞台的边境地区",也就是说在金国的边境上,即蒙古东南部。在成吉思汗经过苦战取得惨胜之后,可能又经历了一场失败,因此肯定不能从那里去音果达河流域,而是去了朝向贝尔湖和呼伦湖的克鲁伦河下游地区。此外,在这个地区找到的地名都能与下面的记载相合。《秘史》里提到了额尔古涅河这点,给我们带来了一致的结论。182节称:"成吉思汗离开,扎营于(字面作"下")巴勒渚纳湖。在其驻营期间……有一个撒儿塔兀勒人(穆斯林)阿三(哈桑)从汪古部的阿剌忽失的吉惕忽里(Alaquš-digit-quri)那里,骑着白骆驼,赶着一千只公羊,顺着额儿古涅河(额尔古纳河)而下,来买貂鼠和松鼠。当他来到巴勒渚纳[-海子]让[他的公羊]喝水的时候,遇见了[成吉思汗]。"汪古部的位置在黄河河曲的东北角,且正如王国维(39,a—b)所指出的,很显然如果有人从汪古部到额尔古纳河来的话,是不需要经过音果达河的。在原文提到"顺着额儿古涅河而下"之处,缩略的汉文译本可能迷惑了王国维,使他认为这里的文本有错简或阙

47

失。然而蒙古文本使我们得以提出一个简易的解释,哈桑是在前往顺额尔古纳河而下的途中,但还没有到这条河,如果他已经在沿着额尔古纳河而下的话,就不会在一个满是泥浆的池塘来饮他的羊。这同时也就排除了格鲁塞先生有关 Timoškino 和 Čindačinskaya 的猜想,因为它们都在额尔古纳河左岸。哈桑所走的正常路线,应是经过克鲁伦河流入的呼伦湖之西。在此,我们也不能忽视速不台传记(《元史》,122,4a)里——传中班朱泥河用的是"泥"字——所记的一段:"班朱泥河("Balju 污泥河"),今龙居河也。""龙居",作为克鲁伦河中世纪时期的名字而为众所知(参见《通报》,1934,166—167)。很明显,这里的注解并非完全准确,此处应不是所谓的克鲁伦河;但是也没办法不在克鲁伦河流域和靠近这条河的地方寻找 Baljuna 的位置。此外,上文展开的这些讨论,也使得我们在克鲁伦河下游来寻求其地。

格鲁塞先生在提出其地是在外贝加尔地区时,显然是考虑到了这样一种定位的可能性。因为在两处(第81和第135页),他都提醒我们注意地图上一处叫"Baldjoutaï"的山脉,位于克鲁伦河下游的北岸。可惜的是,这个名字不可采信。格鲁塞先生在一份德语地图上找到了写作"Baljutai"的这处地名,但在这份地图上,-j- 是发德语里面 -y- 的音,而不是发 -j-。此处就是《蒙古游牧记》(9,10b)里的巴留台,波波夫的 Baliutai(《蒙古游牧记》,395),武昌地图[①](北5,中v⁰)的巴柳台山。但是这个名称也是不完整的,应该读作 Baliurtai,由同一份武昌地图(北6,中v⁰)里的巴柳尔台,以及唐维尔东部内亚地图第 V 页的 Palurteij Alin(alin 是满语"山"的意思)可证。另一种看起来很吸引人的解决方案,是王国维总结出的。根据屠寄(2,12a),黑龙江省"新图"中,在呼伦湖东南,有一个叫作"巴渤渚纳乌苏鄂模"(Baljuna-usu-omo)的小湖,usu 在蒙古语里的意思是"河",omo 则是满语"湖"的意思。其地理位置也非常完美。但是另外我们也不能忘了,屠寄的比定常常都

①译者注:此即民国时期武昌亚新地学社出版的《中华民国分省新图》。

是失之偏颇的。这种满语与蒙古语连用的形式通常均见于康熙、乾隆时期，但在我们所研究的时代无疑是非常奇怪的。而"巴泐渚纳"这样的转写也很危险地指向了在《秘史》中所使用的那种形式，因此肯定是照抄来的。很遗憾我手头并没有《黑龙江省新图》。在1932—1933年出版的《黑龙江志稿》(1, 25b)中，再次以"巴泐渚鄂模 (Balju-omo)"这一简略形式，以及 3, 35b 的"巴泐渚纳鄂模 (Baljuna-omo)"，把 Baljuna-usu-omo 比定为 Baljuna。然而此书的这部分大量剿袭《新元史》、简称为"蒙史"的《蒙兀儿史记》以及《黑龙江舆地图说》之说，这最后一部著作是摘录屠寄有关黑龙江的地图所撰成的，但是未曾刊行。《黑龙江志稿》的编撰者指出 (60, 6a)，他仅知道有一份佚名的抄本，其中包含"图说"的部分，但并没有地图（屠寄逝世于1899年[1]，遗有未完成的作品）。根据为《黑龙江志稿》所采用的屠寄的观点，成吉思汗在这个地区建立了称作"兴都"的第一个都城，而其地仍然可见的城墙不能使我得出任何结论，成吉思汗无论在这里还是任何其他地方，都没有建立为城墙所环绕的都城[2]。我也不能接受《黑龙江志稿》里把Dalan-Baljus 放在巴泐渚鄂模以南的平原之地所体现出的优长之处。"巴泐渚鄂模"或"巴泐渚纳鄂模"，不见于《黑龙江志稿》的胪滨府图中（图本附于该书之末）。

我的结论是，包含了同一个仍不能确定其意的蒙古语词汇的Baljun-aral, Dalan-Baljus（或 Dalan-Baljut）和 Baljuna（或 Balju, Baljun）这三个地名，分别指的是三处不同的地点。

［2］他就是拉施都丁书（文本，II, 127, 135, 150；译文，II, 78, 82, 93，贝勒津转写作"Nigun"）里亦乞剌思部的 نکون Näkün（可能作 نیکون Nekün）。贝勒津文本，I, 207；译文，I, 155 所谓的 توکوز Täküz 应该也是 نکون Näkün。Näkün 一词已不存于现代蒙语中。在《秘史》第200节中

---

① 补注：屠寄卒于1921年。
② 译者注：伯希和此处显然未能参考他就在稍前一些的部分中引用的《元史·雪不台传》里的有关记载："太祖初建兴都于班朱泥河，今龙居河也。"

有这个词，翻译为"家人"，意即"随从"。在鲍培先生研究的Leyde阿拉伯语–蒙古语词典中（《蒙古语词典》，1928，72），有نكون بول Näkün-bōl这个词，在阿拉伯语里的意思是"女奴隶"（bōl，蒙语写作bo'ol，总的来说意思是指"奴隶"），鲍培先生正确地联想到了满语中的nehu"女奴隶"。蒙古人通常用母亲分娩以后看见的第一个人或者第一样东西来给自己的孩子命名，这就是为什么有不少蒙古人都叫作Bo'ol（奴隶）的原因，比如木华黎的一个儿子，还有也速该的兄弟叫作捏昆太石的（亦见《通报》，1930，45；下文第8节）。有一个叫作捏坤的宗王于1288年发动叛乱（参见《元史》，15，5b）。这个词亦见于《秘史》（第188节）和我们所研究的文献（下文第34节）的河名捏坤河（Näkü-usun）当中。

[3]亦见于下文的第31节和56节。《秘史》（第120和第202节）中叫作不图。我们也可以读作Bötü或Bütü，但是这个名字在我手头的库伦抄本，45a，中并没有发生颚音化。拉施都丁书的文本在译文，II，93中建议为是بوتون Botun，但是在所有其他的地方（译文，I，152；II，78，82，142），波斯史家给出的都是更为准确的بوتو Bōtū或Bōtū-kūrägän بوتو كوركان "Botu驸马"。这也就是多桑，I，419中"Tégoun"之子，伪误的"-Toucou"，以及伯劳舍《蒙古史》，II，87，264中伪误的بوقو-"Buqu"。我们也在拉施都丁书文本，I，207，译文，I，155发现了所谓的توكوز Täküz（读作نكون Nekün）之子برتو كوركان Bärtü-kūrägän（读作Bōtū-kūrägän），在提到他是成吉思汗的舅舅这里，应该是有些错误的。他先是娶了成吉思汗的妹妹帖木仑（Tämuülün），又娶了成吉思汗的女儿火真别姬（Qočin-bäki）（也就是我们所研究文献下文第26节中的火阿真伯姬（Qo'ajin-bägi），和《秘史》第165节中的豁真别吉（Qojin-bäki））。拉施都丁提到（译文，I，152；伯劳舍《蒙古史》，II，264—267）他的孙女忽都台（Qutuqtai）嫁给了蒙哥，这当然是弄错了。蒙哥的妻子忽都台皇后是弘吉剌部人，德薛禅的曾孙女（参见《元史》，106，1a；114，1b）。李徒就是《蒙鞑备录》（王国维编校本，5b）里的"豹突驸马"，《黑鞑事

50

略》(同编者编校本,19b,但是脱落了"驸"字)里的"拔都(读作Botu)驸马"。关于《元史》,109,1a;118,3b—4b里的Botu(这里他的名字写作孛秃;但是《元史》卷1中提到的名字与我们研究的文本里的相同)。张士观为孛徒的玄孙所写的碑文(《元文类》,25,6a—7a);那珂(1),327—328;那珂(2),6—7;屠寄,23,7—10。对于Batu这个名字,我尚未有确定的解释。关于他是在什么时候和什么情况下加入到成吉思汗的阵营并通知有关札木合到来的情况,在不同史料中存在分歧,因此需要一篇专门的文章进行讨论,在这里对此就不予探讨了(参见那珂(2),5—6;屠寄,2,10和27,7b;王国维,4b—5a)。

[4]我对文本进行了订正。所有的文本给出的都是"鄰"字,可以恢复为"-ril-";但是在蒙元时代的转写中,"隣"、"鄰"、"憐"是经常混淆的。在这个地名当中,肯定应该重构为"憐"字。曲邻居(Kürälgü)此名亦见于《秘史》(第89、94、122、129、141节)。在拉施都丁书(文本,II,150;译文,II,93)中,贝勒津辨识的كولو "Kulyu"应该读作كورلكو Kürälgü①。我在之前讨论Dalan-Baljus的注释中已经指出,古连勒古只能是隔开桑沽儿河源头和鄂嫩河上游支流的群山。在《秘史》(第195节)中,我们遇到了gürälgü mangqus这个词组,mangqus在古典蒙古语中是用来指魔鬼的名字或佛教传说中吃人的罗刹鬼;可能是由于误会,也可能是以上原因,转写者在《秘史》(第78、195节)中对mangqus加以旁注曰"蟒",启发我们可能存在着与这一汉字的相近关系,因此古连勒古也就是蟒蛇的名字。我不认为除此之外还有哪处见过这个名字(亦见海涅士,《词典》,107;格鲁塞《蒙古帝国》,428)。巴鲁克先生把Ara'ut修正为ara'u,以及他有关的翻译(见格鲁塞《蒙古帝国》,438—439)均不可从。

[5]《元史》(118,3b)把这个信使的名字转写为波栾歹(Boroldai)。这就是《秘史》(第129节)中的孛罗勒歹。那珂(2),5,

51

---

① 补注:《史集·成吉思汗纪》伊斯坦布尔抄本、塔什干抄本作"كورلو",巴黎抄本作"كورلود"。

称拉施都丁不知道这个波栾歹，但这仅仅是因为由哀德蛮（《铁木真》，261）所引用的拉施都丁书的一处错误的异文所导致的。哀德蛮说，有两个叫作Mülkä和Tutaq的巴鲁剌思人来提醒成吉思汗，贝勒津也给出了同样的信息（文本，II, 150；译文，II, 93；亦参见格鲁塞《蒙古帝国史》，第80页）。但很明确برولاس巴鲁剌思是برولداى孛罗勒歹（Borōldāi）之误。这一错误导致了把Mülkä-Tutaq这个名字拆开变成了两个人。不过这样的编撰情况表明错误的原因可能要追溯到拉施都丁书撰写时的记录。Boroldai或Boroltai这个名字亦见于别处：在有关蒙古人起源的世系中，《秘史》（第3节）提到了某个孛罗勒歹速牙勒必（Boroldai-Suyalbi）。博尔术那颜的一个儿子或侄子叫作孛栾台（见下文第15节）；参见《三史同名录》，27, 5—6中的其他例子。在施普勒的《金帐汗国史》第34页的"Burundai"中也能比对为是Boroldai。Boroldai是borol"灰色的"的一个衍生形式。我们知道在古典蒙古语中有一种燕子或云雀类的鸟的名称就是这样，这个词以前可能就是专门指这种鸟的。卡尔梅克语的borldā"灰白"，是灰白色的马和小鸟的名称，特别是云雀，同样也被借作为一种专名（参见兰司铁，《卡尔梅克语词典》，52）。贝勒津的（译文，II, 243）的"Bololdai"是一种错误的异文。

[6]《秘史》（第129节）中叫作木勒客脱塔黑（Mülkä-Tutaq，海涅士《词典》，180，保留了叶德辉编校本里Mütkä这一异文，但是其他版本中的异文以及商务版均作Mülkä，这不仅与拉施都丁相一致，也肯定是正确的异文；亦见格鲁塞《蒙古帝国史》，80, 439）。拉施都丁把他拆开分成了分别叫作مولقه Mülkä和توتاو Tutaq的两个人，并随着这样的伪误，删掉了第一个报信人孛罗勒歹的名字，换成了巴鲁剌思这一部落名。不过，我们不太清楚Mülkä是怎样以一种未颚音化的形式传到拉施都丁书中的（哀德蛮和贝勒津的转写在这点上均发生了误解）。存在着-l-的这一形式还因孛秃的传记（《元史》，118, 3b）而得以证明，其中称第二个信使的名字为磨里秃秃，应读作磨里［阔］秃秃，Mölkä-

tutuq（> Mölkä-totaq）。Mülkä一词无解。Totaq当然是一个修饰语。*Totoq*是"大鸨"的蒙古语名称。这一解释在格鲁塞《蒙古帝国史》第439页中被其直接用于*totag*一词，我不确定这是否合适。

[7] 在《秘史》（第129节）的对应段落中，写作"阿剌屼屼惕土儿合屼惕岭"（Ala'u'ut-Turqa'ud-iyar，工具格），这使得我们可以拟构出作为主格的Ala'u'ut-Turqa'ut，并把Ala'u'ut-Turqa'ut作为一座山的名字，而不是《亲征录》中特别指出的"二山"。关于阿剌屼屼惕（Ala'u'ut），其中有一个字错误地重复了，事实上，较古的汉文版本也不支持这样的形式，而只给出了"阿剌兀惕"，因此就应读作Ala'ut-Turqa'ut。其史源与《亲征录》非常接近的拉施都丁书，也是把它看成是一个名字，写作 الاوت تور اوت Ālāūt-Tūrāūt[①]（文本 II，150；译文，II，93）。尽管如此，拉施都丁解释说这是分据一处隘口两边的两座山丘的名字，而这与"二"山的提法相印证（亦见那珂（2），6；屠寄，2，10a）。札木合的军队在撤退时翻越的，也是这"二山"。据我的看法，Ala'ut-Turqa'ut是Alaq-Turqaq（=Alaq-Turγaq）的复数，逐字理解的话就是"色彩斑驳的哨兵"，这两座山丘就好像守卫在隘口的两个哨兵一样。关于传到了中世蒙古语中的突厥语Turqaq一词，参见《通报》，1930，29—30。我手头的库伦抄本（对页49b）作Alaqqut-Turqaγut，虽然在正字法方面有歧异，也同样可以解作是Ala'ut-Turqa'ut。海涅士先生（《字典》，183）把Turqa'ut错当成了一个部落名。一个在语音上相同的地名"阿剌脱忽剌兀"见于《元史》卷3，此地是举行了拔都也出席了的临时会议之处，在此地他首先推举蒙哥作为窝阔台的继承者，但这个地方肯定更往西，可以确定是另一处地名（？*Ala-toγraq，参见伯希和《蒙古与教廷》，199）。

[8] 翼是"军队的一部"，其字面上的意思是"翅膀"，即《秘史》（第129、205节）中蒙古文的gürä'än，和拉施都丁书（文本，II，151；译

---

53 文，II，94）中的كوران kürän①，蒙古语里写作küriyän>kürän，"圆形的围场"、"营地"（关于这个蒙古语词汇，以及其在各种语言中被借用的情况，参见《通报》，1930，290）。拉施都丁把它比作一个"圈子"，并描述其圆形的布局，首领的营帐则位于其正中，这是游牧人进行围猎的古老习俗（虽然也有哀德蛮《铁木真》，577—582之说；亦参见符拉基米尔佐夫《蒙古社会制度史》，37）。据《秘史》，札木合纠集了来自"十三个"部落（qarin；这里＝部落）的30 000人，显然这"十三个"部落是与成吉思汗用来对抗他们的"十三"翼相应的。但是拉施都丁的记载表明，成吉思汗的十三翼在数量上远不能与札木合的30 000骑相抗。哀德蛮提出成吉思汗一方的人数是13 000人（《铁木真》，第262页），在他之前则是多桑持此说（I，45），均不见于拉施都丁书，我仅在阿布尔哈齐书（戴美桑译文，79；文本，73，另一处作on ming，即"一万"）中发现了这样的记载，这应该是与十三kürän搞混淆所导致的。无论真实的数字是多少，看起来其兵力悬殊，因此，成吉思汗才像《秘史》所承认的那样，遭遇了失败。

[9]《说郛》本写作"诸昆弟"，"诸"字应添加到王国维校勘本中。

[10]《秘史》没有给出这十三翼的名单，而拉施都丁书中则给出了，虽然也存在着一些分歧之处。大部分人的名字均可以在《秘史》中的其他各处见到。三哈初来（Sam-Qačulai）就是《秘史》（第48节）的掇薛出列（Säm-Säčülä），在该节中他被记载是屯必乃薛禅（Tumbinai-Säčän）之子，合不勒合罕之弟。在拉施都丁书所记的世系中（文本，II，45，48，51；译文，II，29，30，32）把此人记为Tümänä-ḫan（即《秘史》中的屯必乃薛禅）的第四子，而合不勒罕则是第六子，那么也就是说合不勒罕才是弟弟，但是抄本中三哈初来的名字作سم قاچیون Sam-Qačīūn②，并为贝勒津所采用。而在记载我们目前所讨论的事件的段落里则相

---

① 补注：《史集·成吉思汗纪》伊斯坦布尔抄本、塔什干抄本作"كوران"。
② 补注：《史集·成吉思汗纪》伊斯坦布尔抄本、塔什干抄本作"سم قاجولی"。

反（文本，II，151；译文，II，94），此人均被记录为是合不勒罕的哥哥，但贝勒津在这里仍保留其名以 Sam-Qačiun 的形式，则是搞错了，因为这处在所有那些抄本中均作 سم قاچولی Sam-Qāčūlai[①]，也就是在我们所研究的这部著作中所采用的同样的形式。此处不拟讨论混淆了蔑年土敦（Mänän-tudun）和屯必乃（或 Tümänä）后代的那些世系问题。在世系中作为阿答儿斤氏（Hadargin）祖先的三哈初来，实际上应该是合赤温（Qači'un）——《秘史》（第48节）中蔑年土敦之子，阿答儿乞歹（Adarkidai）的父亲；也就是葛赤浑——《元史》，107，2a 中屯必乃之子、合不勒罕的哥哥，阿答里急（Adargin）的祖先。因此可见，有关世系的文本是没有错的。但是拉施都丁书里记载目前事件的一段，所追随的却是另一个不同的传承，也就是《秘史》和《亲征录》相关记载的史源，称合不勒罕的兄弟叫作三哈初来。他很可能实际上是哥哥，但《秘史》说是弟弟，其原因很简单，就是合不勒罕当时是统治者。至于"捬薛出列"和"三哈初来"之间的分歧，则纯粹应归因于字形的规则，是蒙古文书写中打头的 s- 和 q- 的相似所导致的。《亲征录》和拉施都丁书都倾向于"三哈初来"的写法。而我手头的库伦抄本（13a）则作 Qam-Qačula。显然应以 Sam-Qačulai 为正；《秘史》的转写者使用的一个抄本因字形相近，错误地把 Sam-Qačulai 译写为 Säm-Säčülä。与之相同的现象，反过来把 s- 看成了 q-，也导致出现了库伦抄本中的 Qam-Qačula。Säm 在蒙古语中是"沉默寡言的"的意思，我们在《秘史》（第2节）的捬锁赤（Säm-Soči）一名的前半部分中也发现了这个名字。哈初来（Qačula）可能是 Qubilai 这一形式的派生词，然而我们不知其意。

[11] 这就是《秘史》中的不勒帖出把阿秃儿（Bültäčü-ba'atur）（第48节；我手头的库伦抄本对页第13a作 Bultaču-ba'adur），也说他是捬薛出列（应修正为"三哈初来"）的儿子。在拉施都丁的世系（文本，

54

---

① 补注：俄译本将 سم（Sm）当作数量词，译为"第三代"，将 قاجیون（Qājīūn）中的 "چ" 加上音点变为 قاچیون（Qāchīūn），汉译本据译为"合赤温"。

55

II, 45, 49, 51; 译文, II, 29, 31, 32) 中, 阿答儿斤部的祖先 Sam-Qačiun 乃كان مركان ادار Ādār-Märgān (可能就是阿答儿斤部所得名的祖先) 之父, Ādār-Märgān 乃تاوقون Tāūqūn (可能是贝勒津所采用的ناوقون Nāūqūn) 之父, Tāūqūn 乃هوقو Hōqū 之父, Hoqo 有个长子是成吉思汗诸子的伙伴。这个长子的名字, 在各抄本中发生了误改, 贝勒津重构为بوراجو的形式, 并读作 Buraǰu。在目前所讨论的这段里, 也提到了从三哈初来的世系 (nasl) 而出的这个人, 贝勒津坚持他在世系中所采用的 Buraǰu 这一形式, 但他所用的抄本此处均作بولتاجو بهادر Būltāčū-bahādur, 我相信在世系中, 同样也应该重构为 Bultaču。总之, 拉施都丁在目前所讨论的这段里遵循的是与《亲征录》同样的史源, 因此, 如果可以说得更概括一点的话, 可以认为奔塔出 (Bultaču) 出自三哈初来的 "家系", 而并非像《亲征录》所说的是他的 "儿子", 这仅仅是因为最远的后代是出现在世系的最前面所导致的。无疑, 根据这些系谱可见奔塔出是三哈初来的玄孙, 并且所有中间的世代均是有名有姓的。但有一点肯定搞错了, 就是有关拉施都丁书称奔塔出是成吉思汗诸子的玩伴, 根据目前所讨论的文本, 我们可以发现在成吉思汗活动年代比较早的时候, 奔塔出就已经是他部落的首领, 并率领其部队。成吉思汗是合不勒罕的曾孙, 如果奔塔出是合不勒罕的兄弟三哈初来的儿子的话, 也就是成吉思汗的叔伯祖父, 并且这位叔伯祖父还能继续指挥他手下的人作战。结合《亲征录》和《秘史》, 我们不禁猜想, 在我们所研究的文本中, "子" 或应是 "后" 之误。但是我对于拉施都丁提出的介于三哈初来 (与 "合赤温" 搞混了) 和奔塔出之间的世代之名单, 也不能提出任何有价值的解释。那珂 (2) 7, 屠寄, 2, 10b 和王国维的论证, 都是由于贝勒津的 Sam-Qačiun 和 Buraǰu, 以及《秘史》的 Säm-Säčülä 的错误形式而致误; 而且前两位致误的原因, 还在于他们掌握的抄本省略了 Sam-Qačulai 前面的那个 Sam-。Bultaču 而非 Bültäčü 这一形式, 亦由我手头的库伦抄本 (13a) 而得以确认。Bultaču 似乎是意为 "弄脏"、也解作 "出去"、"避免" 的 bulta- 的一个副动词形式。

［12］我猜在这个名字的前面，脱落了一个"统"字，但是其说参见下文。正如屠寄（2，10b）和王国维所猜测的，我们这里是 Tübägän-Käräyit 一名的一个被错改的形式。结尾的"敦"（-dün）几乎可以肯定是一个蒙古语的属格形式（Gä[rä]yid-ün），由于翻译者的错误而保留了下来，这在《秘史》的汉译本当中也有类似的例子（第8、9节的豁里秃马敦（Qori-Tumad-un））。我们可以有不同的方式对此名进行补充完善。我倾向于这个名字是拉施都丁（参见下文第11节）所转写的 Tübäwüt（=Tubä'üt）所构成的，该名称通常缩合为 Tübüt，这个名字的另一部分则可以复原为浊辅音开头"克烈部"（Garäyit）一词，正如《秘史》中（第134、142节）两段中所示的例外的情况。我们发现在本书11节中有来自秃别干（Tübägän）的土伯夷（Tübäyi[t]）这一名称，以及在注释中指出的 Tübä'än 和土别燕（Tübäyän）的形式。此外，《元史》（120，5a）还给出了一个有关联的形式"秃伯（*Tübäi 或 *Tübä）"，《辍耕录》1，15a 提到了一个叫作"秃别歹"的蒙古部落，这个名字应是代表了从 Tübä< Tübägän 而来的秃别歹（Tübädai）这一族名。还有四个同名者分别以脱别台、脱别歹和脱字台的形式见于《元史》（《三史同名录》，30，3a—b），我认为他们的蒙古语形式分别是 Töbätai、Tübötäi 和 Töbädai。

我们可能会对屯必乃的后裔带领一支克烈部人而感到惊讶，但是在拉施都丁书中，也给出了同样的信息，虽然其所记的形式略有不同。在该书的对应片段中（文本，II，151；译文，II，94），提到了三哈初来家系的"*Bultaču-bahadur，合不勒罕的哥哥……部人（gawn），其部乃克烈部的一支。""部人"的名称在所有的抄本中均没有提到，哀德蛮（《铁木真》，261）仅提到"出自克烈部其中一支的 Tuliadschu Behader（读作 Bultaču-bahadur）"。在贝勒津的译文中，他采用了"Jïrqïn"一词，但在第244页的注释中对其原因未加任何说明。但这个随意的重构仅是由于想把克烈部中的某一支的名字放在这里所造成的，我们这里讨论的文本中空缺的那个名字肯定是 Tübäwüt。拉施都丁的文本使我们产生了另一种推测。在《亲征录》里我们发现有一个蒙古语的属格形式，它不仅仅是错误地保留在了汉文本中，而且如果原文可以读作"Bultaču-bahadur率领 Tübägän- Käräyit"的话，那么它就还以一种很不应该的理由存在于蒙古文的原文中。我对于蒙古文原文的怀疑，也因拉施都丁的版本而得以证实，在其书中作 Tübä'üt- Käräyid-ün Bultaču-ba'atur，"Tübä'üt- Käräyit 的 Bultaču-ba'atur"。在各种猜测中，只有屯必乃的这个后裔成为了一个克烈人这点是可以确定的。可能克烈部落联盟中比较晚近的时候加入的某些组成部分，从名称上狭义来讲实际就是蒙古人。问题是，要知道克烈人中英勇的 Jïrqīn 或 Jïrgīn 部，是完全不同于蒙古人中勇敢的只儿斤（Jïrgin）或要儿斤（Yörgïn）部的。

屠寄，57，2b（及别处）把按扎儿（参见《元史》，122，3b 中他的传记）出身的那个部落的名字改成了秃别干（Tübägän），而原文总写作"拓跋，有时作拓拔"（如《元史》，119，2b 之例）。最初由钱大昕提出的假设（亦参《元史新编》，61，47a）同样也为柯劭忞，28，11a 所接受。他的假设是有可能的，但无从证实。根据其氏族"拓跋"之名，按扎儿和他的妻子如丹 [1] 应该都是出自西夏。

［13］此名不见于《秘史》。拉施都丁（文本，I，266；译文，I，200；文本 II，152，207；译文，II，94，129）称作 موقور قوران Mūqūr-Qōrān。正确的读法应是 Mūqūr-Qaūrān，Mūqūr-Qā'ūrān。受到本段的启发，从蒙古文的写法看，这是来自下文第 25 节中的木忽儿哈檀（Muqur-Qatan）的一个讹误的形式。木忽儿哈檀（Muqur-Qatan）是成吉思汗时代阿答儿斤氏的首领。洪钧企图把 Muqur-Qatan 分成两个人，并为那珂（2），8 所采用的观点，是不能成立的。Muqur（>满语的 muhuri）的意思是"弄钝"，"没有角的"（参见《秘史》第 121、214 节的 muqular），并转指"蠢笨的"。拉施都丁说，Qōran 的意思是"像锉刀一样的爱吵架的人"，这就表明应该读作 qauran<qa'uran，来自 qu'urai>qōrai "锉刀"的一个

---

① 译者注：据《元史》卷 122《按札儿传》，应为"奴丹"。

变体。我们碰到的这个词，写作قوراى qōrai，在突厥语中译为ägäk"锉刀"，见鲍培《穆卡迪玛特·阿勒–阿达布蒙古语词典》，313（贝勒津，译文，I，300，错误地认为是kirü'a"锯子"）。在"木忽儿好兰"这个名字的后面，王国维的校勘本中径直省略了一个见于各本中的"等"字，这可能是一处疏忽，否则他不可能对此不置一言。

［14］《秘史》中作阿答儿斤（Adargin，第46节）和阿答儿乞（Adarkin，第207节），并且作族名为阿答儿斤歹（Adargidai，第260节）或阿答儿乞歹（Adarkidai，第207节）。除了作为阿答儿斤部的同名祖先Ādār-Märgān的例子之外，拉施都丁（文本，I，12，266；译文，I，10，200；文本，II，45，51，152，208；译文，II，29，32，94，129）均写作هدركين Hadargīn（或Hadarkīn），但是具有打头的-h-的古老发音，在汉文转写中无从确定。《辍耕录》，1，15b作阿大里吉歹（Adargidai）、阿塔里吉歹（Atargidai）或阿塔力吉歹（Atargidai，可能这后两处的"塔"-ta-，都是-da-之误）。《元史》，107，2a和《辍耕录》，1，1b写作"阿答里急"，Adargi[t]。《秘史》（第46节）对这个名字解释道，"兄弟俩"就是adaruqči（收录于海涅士《字典》，2中的adaluqči是一种错误的异文；我手头的库伦抄本另作aduruqči），转写者在adaluqči旁注"间谍"。我认为由此可以得出一种无根据的假设，即这个词是与突厥语的adruq"另外的"、"分开的"有关。Adaluqči有可能表明这些人是分散着的，这也是一种通俗的词源学解释。我们所见的拉施都丁有关世系的文本中，把Sam-Qačulai（讹作Sam-Qačiun）及其后代与阿答儿斤联系了起来。在这样的情况下，考虑到我对文本内容所作的订正，以及王国维所忽略的"统"字，我认为应该把这段的开头翻译如下："奔塔出拔都，带着秃不哥（列）逸敦和木忽儿好兰，率领阿答儿斤部落……"在提到木忽儿好兰后，拉施都丁补充道بوكوراى Būgūrāī（？此名存疑），在呼罗珊，就是他的后代，这自然是波斯史家专门做出的补充。在部族志中，拉施都丁说Būgūrāī是木忽儿好兰的孙子。在孛秃传记（《元史》，118，3b）的一串其名不解的名称中，那珂（2），8，13随意的点断出"兀塔儿哈泥"，并

58

将之比对为"阿答儿斤",我不认为是正确的。

[15] 贝勒津总把这个名字读作 جاورقه Čaruqa（文本，I，207；译文，I，155；文本，II，152；译文，II，94），但是肯定应该读作 جاورقه Cāūrqa=Čā'ūrqa。《亲征录》的译者用 -q- 来译写 -'-（蒙古文书写中的 -γ- 和 -q-）。至于拉施都丁书中结尾的 -rqa，在我们的文本中作 -ran，其分歧既不能归因为汉文，也不可归因为波斯文，而是蒙古文原文添了或缺了一小勾所造成。Čaurqa 的可能性比较大。很可能这个名字的变体体现在第 7 节中的搠只钞鲁罕（Čöji-Čaurqan）、第 33 节中的察鲁浑（Čaurqan）和《秘史》（第 120、124、127 节）中的察兀儿罕（Ča'urqan），以及同书（第 202、243 节）的察兀儿孩（Ča'urqai）之中。我不认为这个名字应该解释成 ča'urγa "锁"，因为这个词在蒙元时代的发音是 čo'orqa（参见《秘史》第 124 节；《华夷译语》，1，11a）。可能这里是涉及 ča'ur "突袭"、"劫掠"的一个指小形式［参见突厥语的 čapaul］[1]，而 ča'ur 这个词在中世纪时经常被用为专名（我不赞同拉施都丁给出的"好动的"解释［贝勒津，译文，I，205］。ča'ur- 也有"刺穿"的意思，参见鲍培《蒙古语词典》，131，137；关于这个词和有关的人名，见《秘史》第 254、255 节；第 165、168 节的察兀儿别吉；在《元史》卷 123 有传的抄儿（Čaur），同卷另传的召烈（Jäürät）部人抄兀儿（Čawur）；亦可参见《三史同名录》，17，1b 所记载的《元史》里的 7 个抄儿赤（Čaurči）)。在《秘史》中提到了火鲁剌思部首领们的名字，但均是另有其人。屠寄，2，10b 显然是搞错了，他认为察忽兰（很可能读作 Ča'urqa）可能就是《秘史》（第 120 节）的薛赤兀儿（Säči'ür），而后者很可能可比定为是同书的薛潮兀儿（Säčäwür，第 202 节）。但是从语音上来看这两个名字完全没有关系。我也不认为他与第 141 节的绰纳黑（Čonaq）及察合安（Čaqa'an）（或绰纳黑察合安（Čonaq Čaqa'an））有关。

---

① 补注：孙伯君、聂鸿音认为该名来自契丹语 čayüri，意为"战斗、打"（孙伯君、聂鸿音《契丹语研究》，中国社会科学出版社，2008年，第55—56页）。

[16]"统"这个字是王国维在洪钧的意见(1A,22)的启发下所补的,我认为是有道理的。

[17]《秘史》在第120和141节中写作"豁罗剌思(Qorolas)",但在第182节写作豁鲁剌思(Qorulas)。拉施都丁的قورلاس可读作Qōrolās或Qōrulās,或者至少是Qōrlās。在《辍耕录》1,15a有郭儿剌思;《元史》卷三,1a有火鲁剌Qorula[s];可能在《辍耕录》1,16b中两处出现的火里剌?Qorla[s]或Qorila[s]也是。火鲁剌思部同弘吉剌部和亦乞剌思部的关系密切(参见贝勒津,译文,I,154—156)。我们发现,在与札木合联盟的部落中,拉施都丁提到了火鲁剌思,而我们研究的本书则提到了八鲁剌思,那珂认为拉施都丁是有道理的;而屠寄则同时记载了八鲁剌思和火鲁剌思。这也被那珂(2),7所采用,他并确定有部分火鲁剌思人投向札木合,而另有部分火鲁剌思人则投向成吉思汗。但是从文字的角度而言,在第一个例子中拉施都丁的火鲁剌思部是错误的,应该是《亲征录》所引用的巴鲁剌思,并且我们也不拟将此再增加为火鲁剌思部落的一个分支。至于火鲁剌斯部的起源,拉施都丁(译文,I,147—154)有一段非常令人惊奇的记载:从一个金壶里生出了三个儿子,其中第三个儿子叫作Tosbodai(?);Tosbodai的次子是Qongliut(?);Qongliut生了Misär-Ülük(?),他有一个儿子叫Qorulas,这就是火鲁剌思部的同名祖先(但贝勒津的校勘本看来是借用了伯劳舍《蒙古史》,II,58里的一个不规则的形式قورلات Qōrulāt或Qorlat)。另一方面,拉施都丁在多处提到(如译文,I,137;II,5)الان قوا Ālān-Qōā(《秘史》的"阿阑豁阿";贝勒津所转写的Alun-Goa,是基于当代的蒙古传承中的alung-γoa和alun-γoa,犯了混淆时代的错误)是火鲁剌思部人。在《秘史》(第8、9节)提到,阿阑豁阿是豁里秃马惕部的豁里剌儿台蔑而干(Qorilartai-Märgän)和巴儿忽真豁阿的女儿;豁里剌儿台蔑而干由于其狩猎的区域变成了禁忌(qorilaldu-;qoriq指的是"禁地"),就采用了豁里剌儿(Qorilar)这个氏族(oboq)的名字。洪钧认为豁里剌儿是*Qorilas之误,这一意见并为那珂(2),8所遵循。我们认为这里显

60

然表现了一种广泛流传的传说和流行的词源解释；我们也可以看出，在拉施都丁收集的阿阑豁阿是火鲁剌思部人的传说以及《秘史》称其为豁里剌儿台蔑而干的女儿之间，存在着联系。豁里剌儿台蔑而干其名是Qorilar这一族姓所从出，据说他采用豁里剌儿这一名称，是因为其狩猎之地被划为禁地（qoriq）。但是在汉文文本中并没有错，豁里剌儿不应读作*Qorilas，而我手头的库伦抄本（6b）也写作Qorilar。火鲁剌思之名仍然存留于现代的郭尔罗斯部之中，也可能存在于乌兹别克人中，作"Kuralas"氏（霍沃斯，II, 11）。

[18]"诸部"一词令人感到意外，因为这里只提到了火鲁剌思部（《说郛》本也给出的是"诸部"，让人觉得在《亲征录》的原始文本中就是如此；王国维对此未加评注）。如果我们把王国维加上的第二个字"统"删除，就成了"……木忽儿好兰和其他人，率领阿答儿斤、察忽兰和火鲁剌'诸部'"，《说郛》本因而就是正确的。然而这当然是荒谬的，因为察忽兰（应修正为Ča'urqa）是一个人名，指的是火鲁剌思部的首领；但是我们已经看到，《亲征录》的译者，在秃不哥（列）逸敦（*Tübū[t] Gä[rä]yit）的例子中，没有能够辨认出蒙古语的属格成分，因此也有可能在"察忽兰"这个地方，是用人名来当作部落名。

[19]此处的文本除了译者弄错的可能性之外，显然也有脱误。拉施都丁（文本，II, 152；译文，II, 94）在提到火鲁剌思之后就做了停顿，将以上的部分作为一"翼"，很可能是有道理的。根据他的记载，其第四翼是由"سورقدو نویان Sūrqadū-nōyān[①]之子，[也就是]درنکی Därängī和他的兄弟 قوریدای Qōrīdāī……及 بودات Būdāt部落"所构成的。显然这些就是与出现在我们研究的文本中同样的名字。我若能确定第一个名字，就会在注释以外的地方更正了。"鲜明昆"肯定是错的，通过删除插进来的"明"字，我们可以得出文本中的转写是用来指sänggün、sänggüm，但是没有任何证据表明这里提到的此人，可以简称

---

① 补注：《史集·成吉思汗纪》伊斯坦布尔抄本、塔什干抄本作"سوقدو نویان"。

作 *Sänggün-noyan；另外，*Sänggün 也与拉施都丁的 Surqadu 不合。屠寄，2, 10b 的假设——认为那是苏儿嘎图（Süyikätü），此人是晃豁坛部人，而非博歹阿特（Būdāt）部人，已被王国维很有道理地摒弃了。事实上，我认为"鲜"可能是"苏"字之误。至于那珂（2），6 则认为"明"可能是"儿"-r- 之误，尽管在字形上这两个字并不相似。名字最后的 -du 通常转写为"都"，而这个"都"字在《亲征录》的各本中经常会写错，但是误写成的字是"相"，而不是"昆"。我认为在汉文中应读作"苏儿昆"*Surqun，而在拉施都丁书中则应读作 سورقون Surqun 或 Sorqun。但是这样的解决方案是很难确定的。事实上，这个名字在拉施都丁的各抄本中有很多变体，早在哀德蛮的解读（《铁木真》，261）中，就已经开始把它们都归并为 Sorqadu。另一方面，在经常有悖常理的合不勒罕的兄弟们及其世系的表单中，其兄弟中的 Būdāt 据说后代中有个孙子叫 تارقوتای（或 ترقوتی）Tarqūtai，其子即 Qoridai（参见文本，II, 46, 49, 52；译文，II, 29, 31, 32）。也就是说，Tarqūtai 扮演的是我们这里鲜明昆的角色。我们可以考虑用各种不同的方法来把这两个名字比定为一，但是均不能令人信服。尽管如此，看起来这个名字像是一个以 -tu (-du) 或 -tai (-dai) 结尾的族名或附属形容词。事实上，将之修正为 *Surqun 还遭遇了最后这一点困难：也就是在《亲征录》的转写习惯中，"昆"是用来译写 -gün，而不是 -qun 的。尽管如此，我相信这个名字的歧异之处，是由于波斯文和汉文中的错误的异文所造成的，而并非出自蒙古文书写中搞错了。我们文本中的迭良即 Däräng，与拉施都丁书中的 Därängi 相对应，洪钧（1A, 22）和追随他的那珂（2），8 对后者的转译均不正确，王国维，6a 中采用了拉施都丁书而来的一个"Därinči"的形式。至于这整个句子，我认为"统"这个字应该放到"火力台"后面，并理解为"鲜明昆那颜（?Sorqadu-noyan）之子，即迭良和火力台，率领不答合……"但是这里还存在着《亲征录》的汉译者所造成的错误，因为在"不答合"后面，没有表示部族的"部"，而是一个表示复数的"辈"，这就使得其实际上是说"率领火力台和不答合"。

62

[20] 据前面的注释可见，火力台即是قوریدای Qōrīdāī，Därängī 的兄弟，而并非一个部落名。在拉施都丁对不答惕（Būdāt）部落的简述中（文本 I，275；译文，I，207），他提到成吉思汗时代的部落首领是اوردای，字面上看就是"Urdai"，但是肯定应该读作قوریدای Qōrīdāī。在另外两个片段中稳定地保有"q-"的形式，使我们无法假设为或用 h-、或直接元音打头来转写的 *Horidai 这个名字。火力台这个名字在其他地方也很常见，《秘史》（第 141 节）和拉施都丁书（译文，II，124，125）提到了一个火鲁剌思部的火力台（亦见下文第 22 节）；波斯史家还提到了一个塔塔儿部人名叫 Qoridai（译文，I，66，67），以及一位"Guritaï"غوریتای کورکان 驸马，此人可能就是 Γōrītāī-kūrägän（=Qoritai-kürägän；译文，I，167；也就是哈梅尔《伊利汗国史》，I，406 中伪误的 -"Ghurantai Gurgan"）；Qoridai 无疑是一个出自 Qori 的族名或附属形容词，Qori 一词本身就经常用来做人名（参见 Qori-Buqa，Qori-Šilämün 等等），还有一个阴性形式火里真（Qorijin，参见下文第 8 节）。至于 Qori，很难认为这是从具有一个不发音的 -n 的 qorin "二十"这一形式而来，但至少 qorin 一词本身是变为了叫作"二十"的部落名，就好像朵儿边部（Dörbän 或 Dörbät）是"四"同样。拉施都丁书在多个不同的地方（译文，I，8，85，92，130，141）提到了قوری Qōrī，特别是在居住于巴儿忽真脱窟木（Baryujin-tögüm，贝加尔以东）的族群的名单中，也就是 Baryut、Qori、توآلاس Tö'äläs（相对于贝勒津的تولاس Tulas 而言，这是一个更好的异文，它就是《秘史》第 207 和 239 节中提到的脱额列思（Tö'äläs）或脱斡劣思（Tö'öläs））和秃马惕（Tumat 或 Tümät，但是古代的汉文转写均倾向于 Tumat）。在另一个片段中，文本接连提到了 Qori、Baryut 和秃马惕。在这样的情况下，很可能《秘史》第 8、9、240 节中提到的豁里秃马惕，并不是指"二十种秃马惕"（如我在《亚洲学报》，1920，I，175 中所采纳的），而是豁里部和与之有关的秃马惕部两个名称的并列。氏名豁里剌儿，和阿阑豁阿的父亲、豁里秃马惕部的首领所用的族名豁里剌儿台，正如我们在上文中所见，不能修正为火鲁剌思，而肯定是和 Qori（加

63

lar构成突厥语的复数形式？）这个名字具有某种关联。同样，大汗蒙
哥所娶的火里差（*Qoriča），是火鲁刺部人（《元史》卷3，1a；106，1a；
她似乎没有被拉施都丁所注意到；参见伯劳舍，II，267）。同样，我也并
不能说Qori一名最初的意思是"二十"，此名现今还存在于布里亚特人
的分支部落Hori当中。巴托尔德（《十二讲》，115）认为马迦特（《库蛮
种族考》，各处）的قون Qūn或Comans，从来就不存在，而应该差不多读
成قورى Fūrī，解作büri"狼"。米诺尔斯基（《世界境域志》，84，97，229，
283—284）也对Qūn的存在表示质疑，但并不倾向于发*Fūrī的音，而
认为应作Qūrī，并由此与拉施都丁书的Quri或Qori勘同。最近（《金石
和美文学院纪要》，1937，320—321），米诺尔斯基先生带来的在《动物
之自然属性（Ṭabāʾiʿ al-hayawān）》一书中的发现，使我们承认Qun和
Quri这两者均是存在的。此外，巴托尔德（《黠戛斯》，23；我转引自米
诺尔斯基的《世界境域志》，第284页，因为手头并无此书）猜测拉施都
丁书中的Quri或Qori，就是鄂尔浑突厥碑铭中的Qurïqan（汉文"骨利
干"；参见沙畹《西突厥史料》，341）。关于此，《元史》(63,17a)称，其
部落在元代叫作昂可刺，因为生活在昂可刺河（Angqara，也就是我们
所知的安加拉河）边故此得名，他们就是唐代的骨利干。考其地望，我
们实际上可以将骨利干（发Qorïqan的音？）与Qori勘同，-qan则是一
个不见于原名中的后缀，就像赤老温（Čila'un）在拉施都丁书中被叫作
Čila'uqan一样（参见下文第7节），或者如波斯文或汉文中均应作Čālun
的一个女性的名字，拉施都丁则给出了جالوقون Čālūqān的形式（伯劳舍，
II，562）。巴托尔德和米诺尔斯基（《世界境域志》，第284页）都提到
了一个缩略的形式——"骨利"，说《元史》用来指唐代的骨利干，但这
其实是源自肖特（Schott）的《论化外之吉尔吉斯人》的一个旧有的错
误。《元史》，63，17a明白写有"骨利干"这个完整的名称，但是最后一
个字由于正字法的错误写成了"斡"。至于把唐代的骨利干和元代的
Qoruqan或Qoryan勘同的可能性，参见下文。

[21]这就是《秘史》（第46节）的不答阿惕（Buda'at），拉施都丁

64

书的بودات Būdāt。那珂（2），8称不答合中的"合"应是"台"之误，因此得到了*Budātai一族名，但这是一种错误的推测。不答阿惕在蒙古文中写作Budaγat，而仅据其书写形式，我们也可以读作Budaqat，而这就是汉译者之所据，对于他而言这么读没有任何问题。否则的话，就应该直接写成不答（Budā[t]）。王国维校勘本未加任何说明，给出了"不答安"，这是随意从《秘史》中借用的一种形式，应予以摒弃。拉施都丁在他的世系中，提到了屯必乃罕（Tumina-ḫan或Tumbina-ḫan；参见下文第29节；贝勒津的"Tumena"是一种错误的异文）的诸子，其中合不勒罕是第六子，此处说到（文本，II，45—46；译文，II，29）第五子就是不答惕（Būdāt）部的祖先。贝勒津把这个第五子的名字读作بات كلكى，并转写为Bat-Kulge，并用蒙古语的külgä或külgän"驮兽"、"运输工具"来解释"Kulge"（II，179）。我不知道应读作"Bat"（由于Budāt的缘故）还是بات Yāt，但是其修饰语应读作Kälägäi，这个蒙古语词是"结巴的人"的意思，引申为"愚笨的"（参见鲍培《蒙古语词典》，214，收录了Kelägäi，在蒙古语和突厥语中均作"结巴的人"；同样，在贝勒津，文本，I，211（12）中的كلكى Kilungī"患斜视的人"，应读作كلكى Kälägäi，译文，I，165（20）亦须据此订正；又参见戴美桑《鞑靼世系史》，56）。在《秘史》中，称不答阿惕得名的原因是他们争抢食物（buda'an；字面的意思是"粥"），这是一种简单的通行词源，他们是蔑年土敦的七个儿子中老五的后代。根据《辍耕录》，1，1b和《元史》，107，2a，搏歹阿替（*Bodayat）是哈剌剌[《元史》作喇]歹（Qaraldai）的后代，但此人是屯必乃六子中的第四子，而合不勒罕是最小的儿子。

[22] 这就是强大而著名的札剌亦儿部，《秘史》中的J̌alayir，拉施都丁的جلاير J̌alāīr（译文，I，32—44）。这也是下文第56节中的札剌儿（J̌alār）部，并没有必要修改为札剌亦儿（J̌alā[yi]r）部。在《元史》卷1根据一种未知史料所讲述的莫拏伦的史事中，有多处提到了押剌伊儿（Yalayir，y-和ĵ在蒙古文里的标记相同；在平行文本中，拉施都丁正确地指出是札剌亦儿部），在《元史》中也有几次提到了扎剌伊儿

（J̌alayir，如卷3，1254年纪事；13，3a；132，3b），但是这个名字更常见的是以札剌儿（J̌alār<J̌alayir）的形式出现，就像在我们所研究的本书中一样（参见《元史本证》，50，3b）。在我们研究的本书中，契丹首领的名字叫作札剌儿（下文第50和56节），虽然与拉施都丁书不同，但此名或可重构为J̌alār，此人是根据部落名J̌alayir> J̌alār而命名的。关于《元史》中同名的札剌儿（J̌alār）或札剌儿台（J̌alārtai），参见《三史同名录》，28，1a。拉施都丁书提到（伯劳舍，II，126）有个术赤系的宗王名叫扎剌亦儿台（J̌alairtai），但在瓦萨夫书中作扎剌儿台（J̌alārtai，哈梅尔，135；亦参见《伊利汗国史》，II，421）。

　　似乎这个名称还以J̌alār的形式存在于满洲八旗的名称中（《元史语解》，3，4b，4a）。现代嫩江以西的扎赉特（J̌alait），其名称应该就是来自J̌alair<J̌alayir的一个常规复数形式。然而不能往太靠后的时代来寻求此名，也不能把它同成吉思汗的弟弟合不秃·合撒儿，也就是拙赤·合撒儿关联起来（参见波波夫《蒙古游牧记》，7；霍沃斯，I，444；《大清一统志》，405，第4段，1a，吉贝尔，《东北史地词典》，851）。现今在鄂尔多斯人中还存在着一支Džalār氏族（参见田清波《鄂尔多斯志》，39）。在乌兹别克、吉尔吉斯和波斯，也有很多重要的J̌alair氏族（参见霍沃斯，II，12；阿里斯托夫，《注释》）。关于这个名字的来源，我不得其解。

　　在《元史》，124，5b中提到了察哈札剌儿（Čaqa[t] J̌alār）氏。这个氏族的名称被贝勒津读成了جايت J̌ait（译文，I，33，39），但实际上应该读作جات Čāt<Ča'āt。Čaqa[t]即Čaɣā[t]，这个词最初的意思是指"白色的们"。我不认为它与Čaqar（现代的Caḥar）的复数形式有关。这一名称的比定，由于同一个人在《元史》中提到是察哈札剌儿氏，在拉施都丁书中说是Čāt-J̌alair而得以证实。可能这就是萨囊彻辰书提到的部族名Čaɣat（施密特，209；满文本，87的"Čahat"，汉文本，6，19b），以及明代的aïmaq Čaḥan（参见波波夫《蒙古游牧记》，328）。现今在鄂尔多斯人中还存在着一个氏族名叫作Tšaqānūt，其意思是"白色的们"（参见

田清波《鄂尔多斯志》，25，36）。

[23] 对于此名我们无从联想。拉施都丁书（文本，II，152—153；译文，II，94）把第五和第六翼汇集成一组，根据贝勒津的译文："Surkhatu-Yurki 的孩子们，[即] Seci-biki 和其堂兄弟 Taiju，以及札剌亦儿诸部。"贝勒津的"Surkhatu-Yurki"应该是受到了巴拉第翻译的《秘史》（汉文节略本）的启发。然而，就像我在《通报》1930，200和1932，53所指出的，拉施都丁书各抄本均使我们推测其名的前半部分是 سورقوقتو Sörqūqtū（严格的写法是 سورقوقغتو Sörqaqtū），就在我们所研究文本的这一段中，并且在另一处提到了此人的名字就是 سورقوقاتو Sörqāqtū（文本，II，54；译文，II，33），此即《秘史》（第122和139节）中提到的莎儿合秃主儿乞（Sorqatu-Jürki）。在《秘史》第139节中提到，他是合不勒汗的长子斡勤巴儿合黑（Ökin-Barqaq）的儿子，也是主儿勤部（Jürkin）的名字所从出的祖先。但《秘史》在49节中，又把他叫作忽秃黑秃禹儿乞（Qutuqtu-Yürki），称其为禹儿乞氏的祖先。我在1930年度的《通报》中指出，汉译者在这里使用的是一个错误的文本，这个本子此处的 s- 误写成了 q-，并且还说我手头的库伦抄本此处作 Jorqatu-Yürkä。对于这最后一种形式的新篡误且置不论，它无疑使 Sorqatu 和 Jorqatu 两者更接近，并与 Qutuqtu 的形式更加区隔。（在库伦本中，其名称保留在与第122节相对应的片段中[我手头抄本的对页第46a]，在与《秘史》第139节相对应的片段中写作 Sorqatu-Jürbi[我手头抄本的对页第56b]）。格鲁塞《蒙古帝国史》第74页所指出的"So'orqatou-djuski"这一形式，号称是借自《秘史》第122节，但实际上哪儿都不曾出现过。很可能——但并非确定——与其认为 Qutuqtu 是 Sorqatu 之误，倒不如说是 *Sorquqtu 之误。我也曾经指出，拖雷信仰基督教的配偶的名字——"Seroctan（更可能是 Soroctan）"的正确形式"莎儿合黑塔泥（Sorquqtani）"，就是这里讨论的名字的阴性形式。根据拉施都丁的说法，这个名字的意思是"身上有'胎记'的人"，是 *sorqaq（soryaq）或 *Sorquq（soryuq）一词的附属形容词形式，但此说仅见于此处。而另

67

外两个名字则经常被引用,他们就是我们研究的文本和《秘史》中的薛彻别乞和大丑①。在关于这两个堂兄弟是一父所生的说法上显然是存在矛盾之处的。可能拉施都丁所使用的文本这里原来说的是"儿子",要么就是因为在其著作中别的地方是这么说的,所以他自己加上了堂兄弟的身份。把薛彻别乞和大丑当作莎儿合秃主儿乞的两个儿子的传承,是从《秘史》(第49节)来的。在第122节中,与另一处而不是我们文本的第5节有关,提到了"主儿勤氏人莎儿合秃主儿乞的儿子薛扯别乞、泰出[组成]的一个圈子"。《辍耕录》(1,1b)和《元史》(107,2a)都说禹儿乞(=主儿勤)是斡勤巴儿合黑的后代,但是没有给出属于这一系的任何一个人的名字。我们也不知道为什么主儿勤部和札剌亦儿部组成了混合的两翼。我们可以假设,组成了一翼的主儿勤部人,在我们所研究的文本当中遗漏了(可能是由于脱文),只留下了由札剌亦儿人所组成的那一翼的记载。理论上讲,阿哈代表的是札剌部的一个分支部落的名字,但是拉施都丁书(译文,I,33)中所提到的十个分支部落的名字,没有一个以其原貌或是经过修正以后可以和"阿哈"对应的。在《秘史》第120节中,有一个经常被提到的札剌亦儿人叫作阿儿孩合撒儿(参见本书第51节),屠寄,2,11a中大胆假设这里的阿哈就是阿[儿孩]合[撒儿]名字的残余部分,此外在文本中还有颠倒,因此在其著作中他如此写道:"阿儿孩合撒儿将札剌亦儿人为第六翼。"② 找考虑是否能够以其他的途径来找到解决的方法。我们现在研究的这一文本中提到了两个部落"扎剌儿"和"阿哈",这两个名字中间是用"及"字隔开。但是,在这样的情况下,在阿哈之后,理应有表示复数的"诸部",就像在其他的例子中所具有的那样,而不是单单一个"部"字,至少可以假设"诸"这个字是脱漏了。所以这里提到的仅是一个部落。而且至少在此书中另有一处的"及"就是搞错了(下

68

① 译者注:即《蒙古秘史》之泰出。
② 译者注:据屠寄原书,"第六翼"应为"第五翼",伯希和、韩百诗误。

文第20节；王国维编校本，33a)，正确的应是与之同音的"吉"。但是这里如果作"吉阿哈"也不能产生任何联想；此外，通行的习惯是用一个复合名称中的第一部分，来作为分支部落的名称。我考虑是否有可能是汉译者的又一个错误，即在蒙古文文本只不过是简单地提到了扎剌儿部的"首领"aqa（字面意义是"兄长"）在《秘史》(第270节)中对aqa的使用，就有这样的意思，但这种用法实际上是出现在稍晚的窝阔台时期；但在第125节中，也见有名源动词aqala-"率领"、"领导"。

[24]答里台是成吉思汗年龄最小的叔叔，斡惕赤斤这一修饰语经常加在他的名字后面（参见下文第23、26、32节)。《秘史》在第50、54、56、122节中提到了"答里台斡惕赤斤"，第142和153节中提到了简短的"答里台"，在第154和242节中提到了答阿里台（Da'aritai)。拉施都丁书作 داریتای اوتجکین Dārītāī-Ōtčigīn。《辍耕录》，1，2a的世系表和《元史》，107，2a、2b以及95，1a记录了一种缩略形式——答里真（Dāri[tai-ot]ǰin)。《秘史》两个段落中答阿里台（Da'aritai)的汉文转写表明应读作答里台（Dāritai)，这个词是 da'ari "伤口"、"溃疡"一词的形容词形式。库伦抄本中没有与第154和242节相应的部分，此外是像《秘史》中通常所记得那样写作答里台，而且这一传承直到萨囊彻辰书中都是如此。贝勒津（译文，II，94)中提出的词源学是错误的。答里台经常与成吉思汗相争，并最终与阿勒坦和忽察儿一同被处死（贝勒津，译文，II，50)。但是他的家族因其子大[应为"太"]纳耶耶（Taina[l]-Yäyä)而存续下来。贝勒津，译文，II，50中伪误的Tainal-Bie应读作 تاینال ییه Tāīnāl- Yäyä（参见《元史》，107，2b)。

[25]《秘史》中有一处（第122节)称其作忽察儿别乞（Qučar-bäki)，在其他各处则简称为忽察儿（第123、127、142节及其他各处)，但没有指出他的亲属关系。在拉施都丁书提到第九翼时，根据这位波斯史家（文本，II，153；译文，II，95)，首先包括了"答里台斡惕赤斤，成吉思汗的叔父；他的堂兄弟火察儿 قوجر Qōčar（贝勒津的转写"Khujir"

69

是不准确的），捏昆太石之子……" 是不准确的。捏昆太石是把儿坛把
阿秃儿的次子，答里台斡惕赤斤则是其四子；因此捏昆太石之子火察
儿，就是答里台斡惕赤斤的侄子①。从拉施都丁书，译文，II，48和50中
亦清楚可知。忽察儿别乞的形式参见下文第32节，也见于拉施都丁书
中（译文，I，107；II，143，309）。萨囊彻辰书（施密特，87）提到一位斡
勒忽讷（Olqonot<Olquno'ut）部的火察儿，是与乃蛮部作战时成吉思汗
手下的将领之一；满文译本（第44页）作 Hôjir-dasi，应重构为 Qočar-
daši，似乎可见至少还保存着对火察儿别乞一名的略有歪曲的记忆。
贝勒津，II，192将之读作 Khujir，并解释为 "qujir，地上的盐" 其词源学
显然是错误的，但我们对于究竟是忽察儿还是火察儿游移不定。可能
它是突厥语的 qočungar，qočɣar "公羊" 的一种蒙古语化的形式，但是也
有纯粹的蒙古人的名字是以 -čar 结尾的。

［26］拉施都丁（文本，II，154；译文，II，95）也说这一翼是由 دوقلات
Dōqulāt（或 Dōqolāt）部所组成的，朵忽阑是朵豁剌惕的单数形式。《秘
史》（第46节）提到了他们部落的同名祖先朵豁剌歹（Doqoladai），他是
纳臣把阿秃儿的儿子。在《部族志》中，拉施都丁（译文，I，10，207）提
到了朵豁剌惕部出自屯必乃汗的第八子 Bodančar，在成吉思汗纪中（译
文，II，30），又新提出这个第八子的名字是 Bodančar-Doqulan，是朵豁剌
惕部的同名祖先，然而这一传承不见于汉文史料。由于未能区分1和
r，那珂（2），9错误地把《秘史》（第213节）中的脱忽剌儿惕（Toqura'ut）
也混了进来，但脱忽剌兀惕是札剌儿部的一个分支（参见贝勒津，
译文，I，33，41），完全不能视为朵豁剌惕。这个名称的起源可能与
doɣula-，doɣola- "蹒跚的" 有关；现代用来指 "瘸的" 词汇是 doɣolang，
但阿布尔哈齐（戴美桑译本，69）提到，Bodančar-Doqulan 如此得名是因
为他是个瘸子，而事实上 doqulan 作为蒙古语中指 "瘸的" 的词，也收录

---

① 译者注：伯希和此处似乎理解有误，拉施都丁所记 "他的堂兄弟" 中的 "他"，显然是指成吉思汗，因
此并非不准确。

70　在鲍培先生研究的三语字典之中(143)。因此,朵豁剌惕的意思就是"瘸子们"。其名还保存在现代吉尔吉斯的Dulat(?<Dūlat)部落和喀什地区的"Dughlat部"中(参见《拉施德史》)。

　　[27]同样也是在第九翼中,拉施都丁(文本,II,154;译文,II,95)实际上提到了نكوز Nägüz(贝勒津的转写"Nukuz"是不准确的),参见阿里斯托夫《注释》,421的"Nökguz"。在《秘史》中(第218节)提到,察罕豁阿(Čaqān-Qo'a)之子纳邻脱斡邻勒是属于捏古思部的;其父的名字在第202节中转写作察合安豁阿(Čaqa'an-Qo'a);但在第120节中作察合安兀哇(Čaqa'an—Uwa),第129节中作察合安兀阿(Čaqa'an U'a),在这两个段落中,他被称为是捏兀歹(Nä'üdäi),这也就是从捏古思部派生的族名。《元史》,197,5b中提到有个人出自担[应作"捏"]古思氏,还有另外一个叫作捏古思的人,以及其他那些被指为捏兀歹或捏兀台的人,参见屠寄,152,14。到1289年时,捏古思仍然构成一个重要的部族(参见《元史》,131,7a)。同样的族名在《辍耕录》,1,15b中亦作"担[应为"捏"]古歹"(Nägüdäi)。据拉施都丁称(译文,I,138—139,188;II,21—22),Näküz之名有两种用法,一是指赤那思(Činos)的同义词;二是指——或者差不多是指另外一个不同的蒙古部落。由于在下文中赤那思出现在了另一翼中,所以我们文本中的Nägüz或Näküz一名应该取第二种用法的意思。尽管如此,我们将在下面的注释中看到,捏兀歹人察合安兀阿的不幸遭遇,与赤那思存在着联系,此人可能就是一个赤那思人,或者是与赤那思密切相关。Nägüs大概是*Nägü的复数形式。捏古思之名在蒙古人中广受尊重,因为捏古思人的同名祖先就是因躲避屠杀而逃入额尔古涅昆的两个人之一(贝勒津,I,135)。

　　[28]在《秘史》中无此名。而拉施都丁则在构成第九翼的那些部落当中提到了这个部落。贝勒津(文本,II,154;译文,II,95)辨认为قوقان,转写作Khorkhan,但是所有的抄本均使我们得出قرقان Qoryān(或Qoruyān)。这就是贝勒津,译文,I,92的قورقان Qōruqān(或Qōrqān)。

丁谦（4b）和屠寄（2，11b；152，13—14）把"捏古思火鲁罕"当作一
个名字，并且屠寄还用qoroqan，"河"来解释这个名字的后一部分。
这当然是荒谬的，可能就因为此导致王国维称不知"火鲁罕"作何
解，但事实上那珂（2），9中已给出了很好的解决方案。这个名称的
起源尚不能确定。试图将Qoruqan同鄂尔浑碑铭中的Qurïqan（或
Qorïqan?）建立联系看来也是不太可能的。名称的相似令人困窘，在
贝勒津概述中提到Qoruqan或Qorɣan的地方，肯定应该是Qurïqan
（或Qorïqan）。

［29］他们就是《秘史》第122节的撒合亦惕氏（Saqayit）。拉施都
丁书（文本，II，154；译文，II，95）提到，在组成第九翼的部落中，有سقايت
Saqāīt。在《部族志》中（译文，I，93；亦参见I，8），撒合夷部的简要说
明是在火鲁罕部之后。其名称依然存在于阿尔泰山说突厥语的Saɣaït
部这一名字中。

［30］嫩真部亦见于下文第32节。拉施都丁在他所记载的第九翼
中（文本，II，154；译文，II，95）提到有一个部落，贝勒津释读为هجين一
名的形式，并转写为"Ujin（Uišin?）"；哀德蛮（《铁木真》，262）读作
Bidschin；但多个抄本都作ننجين Nünjin，这当然就是其正确的形式。在
《秘史》第122节中，在撒合亦惕氏之前提到了温真氏（Ünjin），（在我手
头的库伦本46a中，其名讹误为Üjin）。翻译者在夹注中错把温真当成
了一个人名；可能就是因为这点，导致格鲁塞先生在《蒙古帝国史》，
74，中称"撒合亦惕部的温真"。转写的不同或是因为对蒙古原文辨识
时产生的错误——在原文中打头的n-那一点没有标上，或是因为方言
的差异所造成的（参见《通报》，1930，23—24）。

对Nünjin的勘同到目前为止都是纷繁混乱，部分是由于在汉文
中的重新译写所造成的。新转写作"委神"的形式，来自贝勒津
Uišin这一错误的释读。洪钧称此即是《元史》（119，9a）的许兀慎
（Hü'üšin），和《辍耕录》（1，15a，16a）的忽神（Hūšin），丁谦，4b和那珂
（2），9均从其说。据屠寄，2，11b，温真氏是忙忽惕部的一个分支，也就

是嫩真部,也叫作"委神"、"忽神"① 和"许兀慎"。屠寄在28,7b,中补
充道,还有转写作"旭申"和"乌古新"(亦见153,20a—b)。

　　《元史》中提到的许兀慎是作为博尔忽(Borqu[l])——也就是
《秘史》的孛罗忽勒那颜或我们文本的博罗浑那颜(下文第15、38、55
节)所出身部落的名字。《秘史》经常提到孛罗忽勒那颜,但从来没
有提他的出身,而且许兀慎这个部落名也从来没有出现在这部作品
中。在《辍耕录》的氏族表中,很多名称都有两种用法,我们发现有忽
神(Hŭšin)和忽神忙兀歹(Hŭšin-Mang'udai)。显然,这就是屠寄为什
么把忽神和嫩真勘同的原因,因为他说后者就是忙忽惕部的一个分
支。但是把忽神和忙兀歹这两个名字合到一起,简单来说就是因为对
这份错误百出的表单不当地划分所导致的,这里当然应该读成"忽神
部"和"忙兀歹",因此这两个名称之间是没有联系的。我不知道"旭
申"从何而来,可能是来自一种我目前未能掌握的文本,但也可能是对
贝勒津的释读的一种重新译写的形式。拉施都丁书中与之对应的部落
名称也并非没有疑问的:其中有两处写成了اوشين Ūšin(文本,I,111;
译文,I,88;伯劳舍,《蒙古史》,II,569),但是在其他各处(文本,I,11;
译文,I,9;特别是文本I,222—224;译文,I,166—168的长篇概述中)
均作هوشين Hūšin,而这些由于贝勒津那令人讨厌的观点统统被转写成
了Uišin,而其依据是来自萨囊彻辰书(参见贝勒津,译文,I,288)。但
萨囊彻辰书只有两处是作Uišin(施密特,251;满文本,102的Oisin;汉
文本,7,11b的"卫新",Oisin;以及施密特,207;满文本,87;汉文本
6,19a,该处的"Basut Üïšin"据我的观点看来,是Bäsüt和Üïšin这两个
名称的一个发音不佳的组合);此外各处实际上(第87、151、205、259)
均作Ügüšin(=Ü'üšin),在满文本中作Ugusin(第44页);在汉文本中
作"乌古新"(3,21b);这就是屠寄提及的乌古新之所从出。同样也必
须从16世纪和17世纪初的文献中的"偶甚"(*Äüšin)、"兀慎"或"兀

_____

① 译者注:作者此处有误,屠寄的注释中并未提到"忽神"这一异写。

甚"中,辨认出 Ūšin(参见《蒙古源流笺证》,6,5a—b;1547年的《边政考》,总图,1,3a 和榆林图,2,7a)。写作 Üüšin 的 Ūšin 现今仍然是旗的名字,也是鄂尔多斯的一个氏族名(参见田清波,《鄂尔多斯志》,3,18,30)。拉施都丁与萨囊彻辰书相同,都提到该部是产生了孛罗忽勒那颜(在施密特的校勘本中作 Boɣorol,但正确的形式应该是满文本和汉文本中的 Boroɣol)的部落。Hūšin 部的族名可以从贝勒津(译文,I,167)中的 هوشیدای بایقو Hūšidāī Bāīqū 中获见。实际上,在忽必烈的诸妻子中,就有一位是孛罗忽勒那颜的女儿,在贝勒津的著作中她叫作 اوشجی Ušji,也就是爱牙赤(Ayači)的母亲(译文,I,168);她的名字当然应读作 اوشیجین Ūšījīn,是由部落名 Hūšin 而来的一个阴性族名(参见伯劳舍,《蒙古史》,II,353,367)。正如我们所见,该部落名打头的 h- 可以从拉施都丁书、《元史》及《辍耕录》对该部落名的转写而得以证实,在蒙古文书写中不标出该字母导致有时出现 Ūšin 这样一种转写,以及族名 Ūšīdāi 和 Ūšījin。"许兀慎"一名的起源仍未能确定。贝勒津所援引的 ügük "柴捆"(译文,I,288)绝不可从。我认为"许兀慎"与 hü'ü- "发出……臭味"、"变得腐臭"有关(《秘史》第276节的 hü'ü-,鲍培《蒙古语词典》,192 的 hū-;现代作 ü-)。我在本条注释中暂对现今喀喇吉尔吉斯人中的 Sarï-Uïsun 氏族、乌兹别克人中的 Ušun 和 Uišun 氏族等不予讨论。目前,在对包含重要信息的史料之解读方面存在错误(参见霍沃斯,II,13),但我认为它们的名称使我们想起了 Hūšin。

据我的意见来看,这些 Hü'ušin 应该完全与嫩真或温真区别开来。拉施都丁(文本,I,211—222;译文,I,158—166)对有个部落作了长篇的概述,贝勒津一直将其名读作 اوریاوت Uryaut(亦见文本,I,10;译文,9;文本,II,98;译文,II,60;同样见伯劳舍,《蒙古史》,II,575),但实际上应该叫作 اورناوت Ōronāūt(哀德蛮,《铁木真》,168,203,写作 "Urnaut"几近正确)。这就是《秘史》(第47、120节)中的斡罗纳儿(Oronar),该书中也录有其族名 "斡罗纳儿台"(第202节);在《元史》,136,1a中见有斡剌纳儿(Oranar)。事实上,关于拉施都丁书文本 II,98,各抄

本给出的也是 اورنار Ōronār，然而贝勒津就像在别处一样，都转写成了
"Uryaut"。虽然有点令人惊奇，但Orona'ut大概是Oronar的一个复数
形式（我们盼望*Oronat这一形式）。关于斡罗纳（Orona[r]）的谱系，以
及出现过一次的族名斡罗台（Orotai），参见屠寄，152，15—17。它当然
就是鄂尔多斯Ornǔt部名称的起源所自，然而田清波神父未能指出这
一点（《鄂尔多斯志》，第34页）。根据拉施都丁，斡罗纳兀惕（Oronaut）
部有三个主要的分支，晃豁坛部（Qongqotan）、阿鲁剌惕部（Arulat）和
Oronaut-Kälängüt①部。《秘史》间接证实了他所给出的信息，因为据该
书（第47节），斡罗纳儿氏、晃豁坛氏、阿鲁剌惕氏，同时与雪你惕氏、
合卜秃儿合思氏及格泥格思氏，都是海都三个儿子中最小的那个抄
真斡儿帖该的后裔。就如拉施都丁在《部族志》和《成吉思汗纪》中
（文本，I，243，248；译文，I，182，187；文本，II，28，33—36；译文，II，19，
22—24）多处提到，海都的这个第三子叫作 جاوجين Čāūjīn 或 هورکز
Čāūjīn Hūrgüz（变体 هردو Hūrdū）；这个名字肯定有误，而斡儿帖该这
个修饰语在《辍耕录》（1，1b）和《元史》（107，2b）中均得以印证，写作
"獠［应作"獟"］忽真兀秃［应作"儿"］迭葛"（Čaqujin-Ürdägä）。只
是不像在《秘史》中把抄真斡儿帖该作为所列举的诸部之祖先，拉施
都丁书给出了不同的记载，称其为两个部落的祖先；而这两个部落，贝
勒津把它们的名称读作"Arikan"和"Sanjiyut"。其中，拉施都丁还在
一处补充说（译文，II，23）晃豁坛部也是抄真的后代。这两个部落的名
称，亦见于书中其他各处，显然是重构得有些欠妥。所谓的"Arikan"，
除了在与抄真有关的段落中被提到之外，也见于文本，I，11；译文，I，
12的一份名单之中。在译文，I，187有关该部专门的概述里，也说到
该部没有人到伊朗来，但在蒙古地方有很多显贵人物都是出自这个部
落。如果我们把各抄本给出的异文汇集到一起（特别是参见文本，II，

---

① 补注：《史集部族志》苏联集校本作"اورناوت کلکنوت"，汉译本作"斡罗讷兀惕-乞台（台，应为
"里"）克讷惕"。

34，以及译文，II，171 的注释），无疑会发现应当读作هرتكان或هورتكان，即 Hürtägän 或（Hörtägän），也就是说，这是以抄真斡儿帖该作为其同名祖先的一个部落（哀德蛮，《铁木真》，168，219，中将其读作"Ertegan（Hertegan）"，已与正确的形式相差不远）。在它后面与之同源的部落的简述中，各抄本使我们得出差不多就是贝勒津所谓的منكو Mängädü-noyan，实际上应该作هرتكو Hürtägädü-noyan，也就是 Hürtägän 部落得名之由来；如果其中的ر应为و，那么就应该采用مونكدو Möngädü，这就可以比对成是《秘史》第 270 节的蒙格秃。可能 Hürtägän 或 Örtägän 也应该从《元史》，135，6a 中的八鲁剌氏人许儿台（*Hürtäi<*Hürtä'äi）这一名称中求之。

与 Hürtägän 在同一段里的所谓"Sanjiyut"一名，对它的简述部分与前者雷同。将各抄本的异文进行比较，可以清楚地发现此名应该读作شيجيوت Šijīūt（参见《通报》，1930，44），在《秘史》（第 46 节）有以族姓为名的失主兀歹（Šiju'udai），他与朵豁剌歹都是薆年土敦之子纳臣把阿秃儿的侧室[1]所生。但是拉施都丁书中汇集的传承，因《辍耕录》（1，1b）和《元史》（107，2b）而得以证实，这些史料指出，獠忽真兀秃儿迭葛的后代是昔只（《辍耕录》作"即"）兀剌（Siji'ut），此名是 Siji'ut>Šiji'ut 的单数形式。尽管如此，我们不能把 Šiji'ut 和 Salji'ut 混为一谈，而屠寄就弄混了（1，9b，和 152，8—9），他把三个珊竹氏——也就是 Salji'ut 的缩写形式 Saljū[t]——家族归为到了 Šiji'ut 当中。

但是，斡罗纳兀惕部除了三个主要的分支之外，拉施都丁书中还提到了作为 Kälängüt 再分支出去的一个部落，贝勒津将其名读作قرجين "Khorčin"（文本，I，222；译文，I，166）。此名首见于文本，I，11，译文，I，9 的名单之中，该处读作"Khojit"，指向索引中的"Khorčin"。贝勒津显然是受到了现代的科尔沁（Qorčin<Horčin）这一部落名称的影响；就像在拉施都丁书中提到 Tarqut>Taryut 之处，贝勒津因为受到现代的

75

----

① 译者注：据《秘史》，此处应为"正室"，伯希和、韩百诗有误。

土尔扈特（Toryōt<Turqa'ut，Turya'ut）名称的影响而读作Toryōt。但Qorčin的意思是"箭筒士"，在蒙元时代，这是一种执事的名称，只有到后来很晚的时候，因为对这一执事的记忆，才变成了部落的名字。就像现代的土尔扈特部的例子同样，甚至喀喇沁（Ḥaračin<Qaračin）或乌珠穆沁（Üjümčin）也是如此。哀德蛮最开始把本注释中讨论的名称转写为Naubejin（参见贝勒津，I，288），后来又在《铁木真》第168和209页中采用了Nunjin，但在对诸翼描述中保留了Bijin的形式（第262页）。事实上，在部族志和成吉思汗纪中，各抄本均作نونجين和ننجين，均应转写为Nünjin。由此我们可知，我们文本中的嫩真，一作温真，乃是斡罗纳儿部（Oronar或Oronaut）的一个分支。嫩真一名的词源依然未知。屠寄，II，11b中提出的，这一名称来源于嫩江——也就是松花江的支流诺尼江（Nonni，参见吉贝尔《历史地理词典》，第673—674页）的解释，是毫无价值的。

［31］王国维校勘本写作"忽都图忙纳儿"，这是由于《秘史》中所采用的形式而造成的疏忽；我们所研究文本的各抄本均作"徒"（屠寄，2，11a，在王国维之前也犯了同样的错误）。这个名字大概就是《秘史》（第48、50节）中的忽秃黑秃蒙古儿（Qutuqtu-Mönggür），在同书中又叫作忽秃黑秃蒙列儿（Qutuqtu-Mönglär，第140节）；然而我手头的库伦抄本的复本（对页13a，13b和50a）在这三处均作忽秃黑秃蒙古儿。由于在这份抄本中，很多的地方都有误读之处，并且没有经过任何校勘修正，所以必须排除据此将其名称修改为《秘史》第48、50节所采用的那种形式。忽秃黑秃蒙古儿当然就是第140节中所出现的名字的最初异文。另一方面，在第48和140节中，《秘史》提到忽秃黑秃蒙古儿（或忽秃黑秃蒙列儿）是合不勒汗的第三子，拉施都丁书在记载有关合不勒汗的情况时（文本，II，54，57；译文，II，34，35）则称，其第三子的名字是قوتوقتو منككر（或قوتوقتومونكر）Qūtūqtū-Mŏnggür（或-Mŏnggär?）。因此，看来我们必须得出，《秘史》的转写者们所使用的抄本，在第140节中给出的是一种错误的形式这样的结论。尽管如此，他们所采用的忽秃黑

秃蒙列儿这一形式,在某种程度上也因为我们所研究的文本中的忽都徒忙纳儿(Qudu[q]tu-Mangnar)而得以印证。在鼻音后面的 l-、n- 交替,与 manglai>mangnai、*mangluq>mangnuq 等等属于同一类型,蒙古文书写不能使我们辨认出 -Mangnar 的颚音化。事实上,《辍耕录》(1,1b) 和《元史》(107,2a) 都提到合不勒汗第三子的名字是忽都鲁咩聂儿,其中的"鲁"字当然是"?都"或"图"之误,就像在下一行中,错误地用"忽都剌罕"来转写 Qutula-ḫan 一样;而我们应该重构为 Qudu[q]tu-Mänär(或 -Mānär)。*Mänär 可能是来自 *Mänggär,也可能是来自 *Mängnär,而 *Mängnär 从规律上看就是我们所研究文本中的 -Mangnar 的颚音化的读法(在下文第 30 节中,我们发现有一个忙纳儿(Mangnar))。*Mänär 得出了 *Mä'änär,这是与 *Mängnär 很相近的一种形式,在蒙古文书写中仅有一勾位置不同的差别(但亦参见蒙力克·额赤格之名的灭力也赤哥(Mäli[k]-äčigä)这样的形式,下文第 27 节)。在第一个音节中的喉元音和唇元音的交替现象也没有什么好奇怪的;蒙古语的唇元音有好几种音色,以至于八思巴文字中除了 o 和 u 之外还有 ȯ;而这里用来译写 Mangnar 的"忙"字,亦可用于译写 Mongqol(=Moṅγol)的 mong- 和 Mangqut(=Maṅγut)的 mang-,可能事实上这里我应该转写为 Mongnar(参见下文第 30 节)。Mangnar、Mönglär 或 Mönggür 的语源我并不知晓,因为把 -nar 或 -lär 作为一种复数形式未免随意,虽然这点让我们想起了上文中的斡罗纳儿(Oronar)。

77

[32] 这个名称带来了一个非常困难的问题,为了更好地提出这个问题,首先应对拉施都丁书中的平行文本进行研究。拉施都丁(文本,II,153;译文,II,95)称第八翼的构成如下:"مونكدو قيان Mȯngädü-Qiyān 诸子(farzandān),[即] جنكشوت Čangšūt 及其兄弟,乃是成吉思汗的堂兄弟;以及 Bayaut 部落……其首领是 اونككور Ȯnggūr。"在《秘史》中(第 120 节)成吉思汗生平的另一个时期,提到了蒙格秃乞颜的诸子,[即]汪古儿(Ȯnggür)等人与敞失兀惕氏和巴牙兀惕氏,也都来了。另有一段相似的文本,被安排作为成吉思汗本人的口述,见于第

213节（符拉基米尔佐夫，《蒙古社会制度史》，65—66中称借自《秘史》的"Čangšikit"这一形式，事实上既不见于转写的文本，也不见于旧的汉文译本之中）。那珂（2），9，采用了《亲征录》的文本，仅指出忽秃黑秃蒙古儿（亦名忽都徒忙纳儿，Qudu[q]tu-Mangnar）之子在《秘史》（第50、131及他处）中作不里孛阔（Büri-bökö）（我们所研究的文本第8节的播里（Böri），并且考虑是否能与蒙哥怯只儿哥（他把这个名字分成了"蒙哥怯"和"只儿哥"）勘同。不过同时他又提出假设，说蒙哥怯可能是蒙格秃之伪误，称拉施都丁第七翼中的"Otuǰuqu"可以让人联想到忽都徒（Qutuqtu）。那珂未作任何尝试以提出一个解决方案，只表示他怀疑波斯文和汉文文本中有错误。洪钧（1A，23）已经考虑到《秘史》第120节，并且通过对照拉施都丁的记载，推测《秘史》此处并非错误，但他并未提出何以如此，而只是假设在"蒙哥怯"后面是不是有阙文。屠寄则走得更远（2，11a—b）。他同那珂一样，采纳"沃秃助忽都（Oluǰuqu）"大概是忽都徒之说；并且补充谈及今本的颠倒脱误，通过我们文本中的"忽兰脱端二人为一翼"进一步指出，表明其与贝勒津校勘的拉施都丁的文本不相符合，而假设另有错误和阙文。《亲征录》的原始文本据他看来应该是这样的："忽都图蒙列儿（应读作Mungnar）之子播里及忽兰、脱端统怯颜部人为二（应读作"一"）翼。蒙哥都怯颜之子翁哥儿为一翼。"不过他认为，成吉思汗的叔祖父忽兰和脱端大概已经去世，这里代表的是他们的继承者们，也就是说忽兰所代表的是他的儿子也客扯连（Yäkä-Čärän），而脱端因为无后，所以代表的是他的侄子不里（Böri）[①]。Čangšūt一名，贝勒津转写作"jenkšut"，在汉文中被重新转写为"程克索特"。屠寄猜想应该把字序颠倒为"程索克特"，这样就与《秘史》中Čangši'ut的转写接近了。最后他解释道，就算汪古儿不是一个巴牙兀惕部人，也可以说他是这个部落的首领，因为巴牙兀惕氏是马阿里黑巴牙兀歹（Ma'aliq-Baya'udai）的后代，因此世代相承

———————————

① 译者注：屠寄《蒙兀儿史记》中实作"不里孛阔"，伯希和、韩百诗所引有误。

都是乞颜部（关于此名，参见本注下文）的奴仆。王国维书，7a—b中和洪钧、那珂通世一样猜测文本在"蒙哥怯"之后有阙文。但是他重复了屠寄有关颠倒字序为"程索克特"的假说，并且补充了屠寄都没说过的一个意见，即拉施都丁这里是把一个部落名给当成人名了。总之，他指出拉施都丁书中，把汪古儿和蒙格秃乞颜（Mōngädǖ-Qïyān）诸子分开是不对的。

这些假说并非都是可取的。特别是在"程克索特"一名中，不存在任何的字序颠倒；因为这只是对贝勒津所采用的"J̌enkšut"的一种拙劣的汉文再转写，而"J̌enkšut"是他用来转写拉施都丁书中的Čangšūt（<Čangši'ut）的一种不正确的形式。在《亲征录》十分清晰的文本面前，我也看不出有什么足够的理由，否定合不勒汗最后生的两个儿子，也就是成吉思汗的叔祖父忽兰和脱端当时还仍在世，并能够率领其部众。但是前面提到的拉施都丁的错误，以及《亲征录》现存文本的伪误和阙文，有必要进行讨论。

79

先讨论与拉施都丁书有关的部分。在关于第八翼的部分，他首先提到了蒙格秃乞颜（Mōngädǖ-Qïyān）之子Čangšūt。虽然通过着一种具有缺陷的再转写，中国学者仍从这个儿子的名字里面辨识出了敞失兀惕部，王国维称拉施都丁是把部落名当成了人名。这是有可能的，但需要证据，因为这并非不言而喻的：大量的蒙古人都用族群名来作为个人的名字，比如Qïpčaq（>Kibčaq钦察）或Majar（匈牙利人），蒙格秃乞颜的一个儿子也可以被命名为来自部落名的Čangšūt。这点因为其他的例子存在，而看起来没有任何疑问（文本，II，76［亦参见82］；译文，II，47［亦参见52］），拉施都丁提到把儿坛把阿秃儿的长子："长子是蒙格秃乞颜，他有很多儿子，但是他的继承人和继位者是敞失兀惕，在成吉思汗的时代，他拥有蒙格秃乞颜的军队（läškär）、民众（qawm）和部属。在成吉思汗与泰亦赤乌部人作战之时，他追随成吉思汗。在他之后是他的孩子们 نویان کوکی Kōkī-nōyān（可能是《秘史》第202节的苟吉（Gäügi），在这个例子中不能像那珂（1）323假设的那样修正为掌

吉（J̌anggi））和 موکتو بهادر *Mōgätū-bahādur（他可能是《秘史》第202
节中的篾格秃（Mägätü），以及第207节中的蒙格秃（Mönggätü），参见
那珂（1），第323页）；Mōgätū-bahādur 成为千户以及蒙格秃乞颜部落
的首领（亦参见译文，III，137）。后来随着新增和发展，目前他们的这
一支的人数已经超过了一个蒙古（moɣol）万户（tümän）的人数。其民
众中的大多数都在钦察草原的脱脱（Toqta<Toqto'a）那里；他们的首
领（异密）人数众多而显贵；有些人则在合罕处。乞牙惕（Qïyat）的民
众（aqwām）人数众多，但这些乞牙惕人是……的一部分……" 这就是
拉施都丁书中有关敞失兀惕一系的信息，对他而言这些信息是相对容
易搜集的，因为蒙格秃乞颜部落的大多数人都在脱脱——也就是金帐
汗国那里。我们也能对敞失兀惕的部落的名称进行初步考察，虽然此
名不见于汉文史料，但在《秘史》中有两个平行的段落（第120节和213
节），因此如果不是《秘史》的作者错把人名当作部落名的话，这个名称
就并非搞错了；那珂（1），109和屠寄，2，11b在注释中说，人们不知道
这个部落的起源，可是拉施都丁书的另外一段中（刊本，I，12；译文，I，
11）证实了 Čangši'ut（>Čangšūt）的存在，其中提到乞牙惕分成了"一般
乞牙惕"和乞牙惕–孛儿只斤，"一般乞牙惕"中包括禹儿勤（贝勒津错
读成了"Burkin"）、敞失兀惕和 سیار *Sayār。所以其中有敞失兀惕。这
个名称完全不见于突厥语或蒙古语，可能是来自汉文的官号"长史"，
即在类似的诸侯国中具有行政权力的汉人专员（而非像马迦特《库蛮
考》，167相信的那样是"编年史官"；如参见沙畹《西突厥史料》，91）。
到唐代，这个官号传入中亚民族之中。在叶尼塞鲁尼文碑铭中就提到
了一个人，拉德洛夫读作"智慧的 Čangči"或"毗伽 Čangči"（《蒙古利
亚的古代突厥语碑铭》，338，433），而且这个 Čangči 传到了夏德的《后
记》，55之中。然而，根据拉德洛夫（338，372）的解读，铭文实际上就是
"毗伽 Čangči" 这么一种正确的形式。同样也有 čangši 这样的形式见于
回鹘语文书之中。（参见 F.W.K.缪勒，《维尔赫姆·汤姆森纪念文集》，
211，213；马迦特前引同处），也见于黠戛斯人中（《新唐书》，217A，

8a）；在辽代，我们发现了这同样的称号，转写作"敞史"（参见《通报》，1939，6）；更往西提到 Čangči 这一专有名词的情况将在本注释后面的部分进行讨论。此外，我怀疑《元史》，100，2b 中的人名"当失"实际上是"常失"即 Čanši 之误。敞失兀惕最初应该是指"长史的百姓"，正如现今的 Onyut 应该是 Ongniut<Ongli'ut（在施密特编校的萨囊彻辰书第171应该读若此，而非读成其蒙古文本中的"Ökliγut"，这从语音上来说是不可能的；满文译本第74页就正是 Ongligot），也就是"王的百姓"（单数 ongliq 来自 ong<汉语"王"）。因此，蒙格秃乞颜之子敞失兀惕，是以 Čangšüt<Čangši'ut 部之名而命名的。

剩下的就在于，这个蒙格秃乞颜的儿子敞失兀惕——特别是他在给成吉思汗带去部队的情况下被提到——是与巴牙兀惕部的首领汪古儿有关联的；而我们所能找到的提到了敞失兀惕名字的唯一一处汉文记载，与蒙格秃乞颜的儿子汪古儿指挥一支由敞失兀惕人和巴牙兀惕人所组成的部队到来有关。结论表明，这里无论如何总有弄错了的地方。汪古儿则增加了我们的困惑。在《秘史》第120和123节，提到他是蒙格秃乞颜的儿子；但在213节里，又把他称为汪古儿宝儿赤，这后一种叫法再度见于第252节。此外在第124节和第202节中，仅提到汪古儿（Önggür）这样单独的名字。《亲征录》（第51节）与《秘史》第252节相对应的一段中，也提到了雍古儿宝儿赤。不过这个汪古儿在拉施都丁书中可是非常有名，除了关于第八翼的有关篇章中，在有关巴牙兀惕氏的概述中还有很长的一段讲都是与他有关（文本，I，233—234；译文，I，175—176），并且在《成吉思汗纪》中（文本，III，45—46，210；译文，III，27—28，140—141），与《秘史》第252节和《亲征录》第51节所叙述的事件有关的部分中又被重新提到。在拉施都丁将巴牙兀惕氏进行区分的两个主要的分支中（见下文），汪古儿是属于"草原巴牙兀惕"的。他补充道："从前，出自别速惕（Besüt，贝勒津错误地释读为"Isut"）部落的 Küčügür-noyan（《秘史》中第120、124、202节的古出古儿（Küčügür 或 Güčügür），在第223节中叫作 Güčügür-

81

Moči "木匠古出古儿",亦参见贝勒津,译文,I,212,213;III,140—141)曾经是bögäül("司酒"或"司膳[？]",参见《通报》,1930,25—26)和宝儿赤("司膳",字面上解作"厨师",参见《秘史》第124、192、208、213、252和《通报》前引同处),因为他已年老体弱,孛罗忽勒那颜就代替他作为bögäül和宝儿赤;当孛罗忽勒那颜当了万户长并忙于军务之时,这个汪古儿就代替他做了bögäül和宝儿赤。人们也称其为 انكور قيسات Önggür-qīsāt(而非贝勒津所释读的gansat;关于这个主题参见《通报》,1930,25—26)。在乃蛮语中,bögäül被称为qïsat,其意思是qïsmïšï '压碎'(这个以-ī结尾的波斯语名词,是来自从qïs-"压、榨"而来的突厥语分词qïsmïš,亦参见下文第27节)。"因此,这个"草原巴牙兀惕"汪古儿宝儿赤,就是《秘史》中提到的蒙格秃乞颜之子汪古儿宝儿赤。在拉施都丁堪为旁证的文本中,唯一令人生疑的就在于他指出Küčügür-noyan的身份是bögäül和宝儿赤,但在《秘史》(第124节)中只提到古出古儿负责修理马车,然后(第223节)又提到他被任命为千户长,但在别速惕部的概述中(译文,I,212—213),拉施都丁只提到古出古儿是千户长,并负责照管母马(以取马湩)。虽然在这两处史料中均未明言,但很有可能古出古儿在他的后半生担任了bögäül和宝儿赤。在如此情况下,我们产生这样的印象,也就是拉施都丁的记载并无错误,而是《秘史》的作者搞错了,他把蒙格秃乞颜之子、得名于敝失兀惕(Cangšut<Cangši'ut)部落之名的Cangšūt此人的事迹,当成了是与敝失兀惕部落有关的,因此就导致了把汪古儿当成了蒙格秃乞颜之子,并让他来作为敝失兀惕部和巴牙兀惕部的首领。在《秘史》第213节成吉思汗的话——此处存在有非虚构的成分,就像其他各处同样——是杜撰出来的一个虚构的片段。

然而就有关巴牙兀惕部又产生了新的困难之处。在回鹘体蒙古文书写中,它写作Bayaγut,但是发音为Baya'ut、Bayaut以及我们下面将要看到的Bayawut。它是以-t结尾的蒙古语的复数一类,显然与突厥语的baï、蒙古语的bayan "富人"有关。理论上讲,该词中的第二个-a-

不能简单解释为是来自蒙古语的bayan,而是像在lpaγut"英雄"一词
乃是见于突厥语中对应的alp"英雄"(参见布罗克曼,《喀什噶里》第7
页)的例子相同,确切的说与bayaγut(在有份文献中见有双重复数形式
的tegit-lär和bayaγut-lar,参见缪勒《回鹘文献汇刊》,II,36,97;《赞美
诗集》,31;马迦特,171已经进行了这样的比较)同样。我认为,古突
厥语和回鹘语中这类以-t结尾的复数形式,是阿瓦尔人[①]时代的蒙古
语的残留;或者也可能是根据这些古老的残留,在突厥语产生的类似
的构成形式。这点对本处的问题不无帮助,因为我们可以从bayaγut以
及部落名Bayaγut、Baya'ut中看出这样的残留或类似的构成,而这应该
是作为借自突厥语的一种形式,从突厥语又传回到了中世蒙古语中。
为了更为清晰地进行观察,首先要对巴牙兀惕部的历史予以研究。

拉施都丁书(文本,I,233—237;译文,I,175—178)把巴牙兀惕部
分成两大主要的分支,其中第二大分支是生活在草原上的巴牙兀惕,
也就是 کهرون بایاوت Kähär-ūn Bāyūt(=Kä'ä-ün Baya'ut),实际上在蒙古
语中就是指"草原巴牙兀惕"。而根据拉施都丁,第一大分支的命名
是来自蒙古(蒙兀儿斯坦)的一条河,这部分人沿河而居,其名称在各
抄本中写作جدی,有时作جدای。贝勒津把这个名字转写为"Ĵida"(在马
迦特,171变成了"Čida"),在我们的地图中可以看见(I,291)Ĵida河
("Dschida"),是色楞格河下游左边的一条支流。但拉施都丁使用的
结尾的-i,总是代表突厥语和蒙古语中的-i,从来不会表示-a;哀德蛮
(《概况》,155;《铁木真》,第215页)更规范地转写为"Dschadi",而且
事实上完全不能在第一个音节当中提出一个-i-。我对现代的Ĵida河之
名的历史并不了解,但此名的出现要远晚于那些看起来是在成吉思汗
事业之初就归附他的巴牙兀惕人的时代。据我的看法,最有可能的解
释是*Ĵädāī,这可以比定为是《秘史》第243节中的人名"哲歹"的一
种形式,但是我不知道那条与之同名的河是在哪里(屠寄,153,24a—b

83

① 译者注:伯希和此处指柔然。

中的假说，是毫无意义的）。对于这些以河而得名的巴牙兀惕人，贝勒津采用了"J̌ida-巴牙兀惕"的称呼，但此名以这样的顺序出现在两段文字中，抄本的异文使我们不得不怀疑是否应读作 جدا این بایاوت J̌ādā-īn Bāyāūt=J̌ādāi-yin Bayaut "J̌ida 的巴牙兀惕"，即与草原巴牙兀惕（Kāhār-ūn Bayaut）同样具有一个蒙语的所有格。另一处（译文，I, 175）词序是颠倒的，作 بایاوت جدی ，贝勒津转写为"巴牙兀惕-J̌ida"，但实际上这处拉施都丁是用波斯语的构词法来处理该短语，所以应该读成 Bāyāūt-i J̌ādäi "J̌ida 的巴牙兀惕"。汪古儿是草原巴牙兀惕部人。

据拉施都丁记载，在成吉思汗与泰亦赤兀人交战期间，大部分的巴牙兀惕部人都加入到成吉思汗一方，组成了十三翼中的一翼，并且在成吉思汗的命令下，这个部落（也就是归附他的那部分巴牙兀惕人），获得了一个名字，此名贝勒津读作 اورقا کورکان 并转写为"Urga-Kurkan"，但很明显这不是他们真正的名字。在贝勒津使用的部分抄本中，成吉思汗所赐的名字不恰当地被换成了下一行中提到的人名。拉施都丁说在归附的巴牙兀惕人中有一种习惯，就是可以把他们的女儿嫁入汗的家族，并且也可以娶汗族的公主。事实上，这种习惯的存在可以从如下事实中得到证明，蒙哥的妻子之一，也就是昔里吉的母亲就是巴牙兀惕人，名字叫作巴牙兀真（参见，贝勒津，译文，I, 78［该处的"Tayaujin"是一种有缺陷的异文］；伯劳舍，《蒙古史》，II, 269）；还有忽必烈的一位皇后也是巴牙兀惕人，叫作伯要兀真（贝勒津，同上引；伯劳舍，II, 353；《元史》，106, 3a）；以及卜鲁罕皇后，她在忽必烈的继承者铁穆耳在位期间发挥了重要作用，并于铁穆耳的继承者统治时期摄政，也是巴牙兀惕人（参见《元史》，20, 2b; 106, 2b; 114, 2b）；还有元朝最后一个皇帝妥懽帖睦尔的妻子之一也是巴牙兀惕人（同上引，38, 2a, 6a），波斯的伊利汗阿八哈和阿鲁浑的妻子，"大"卜鲁罕也是巴牙兀惕人，正是因为她的遗愿——要求一位同样出自她部落的女子来代替自己，所以才有了三个波罗家族的人把阔阔真（"Cocacin"）从中国护送到波斯的事，被选继卜鲁罕为后的阔阔真也是巴牙兀惕人。与之相应的,是巴牙兀惕人迎娶汗族公主(如参见伯劳舍,《蒙古史》,II,562,563中的两例)。关于此拉施都丁引证说,在成吉思汗征服时期就有一位驸马,贝勒津将其名读作"Urga-Kurkan",我们不知道其妻的名字,在成吉思汗纪的部分也没有提到(译文,II,78,82—83),拉施都丁只提到了几位重要的妻子们所生的女儿。"Urga-Kurkan"一名肯定是读错了。哀德蛮(《概况》,155;《铁木真》,第215页)读作بوقاكوركان,应转写为Būqā-kürägän,"不花驸马",这也就是屠寄,153,24b中所采用的形式。确切而言,有一个不合驸马(Buqa-kürägän)在《秘史》第202节中曾经提到过。那珂(1),325—326,把这最后一个不合,视为札亦儿部人木华黎的弟弟;然而,这就必须无视在有关木华黎和他的兄弟们数量众多的文献记载中,均没有提到过这样婚姻的情况,并且也与元名臣碑传中有关的记载不相吻合,因为其中提到札剌亦儿部和汗室不相婚配。因此我认为实际上这个名字应该读成巴牙兀惕部概述中的不花驸马(Buqa-kürägän),此人应与《秘史》的不合驸马勘同。这位不花驸马有个儿子叫هونكانكوركان(Hūnägän- kürägän(Hünägän>ünägän,意思是"狐狸");屠寄,上引书同处荒谬地写成"汪罕(Ong-khan)")。而这种荒谬从屠寄把这位"驸马Hünägän"当作"驸马"脱里思之父——而此人是铁穆耳皇帝的妻子巴牙兀惕氏卜鲁罕之父——的有关记载中也能看出来。但是,如果我们排除"Urga-Kurkan"或Buqa-kürägän的话,实际上什么名字才是成吉思汗赐给最早归附他的那部分巴牙兀惕人的呢? 哀德蛮(上引同处)读出了一个بككو"Beggu",并传到了屠寄书中,但变成了"别乞(bäki)",后者这个称号bäki或bägi,在本处讨论的这个例子中,是完全不可能的。事实上,贝勒津掌握的其中一个抄本,把所谓的"Urga-Kurkan"当成成吉思汗赐给这个部落的名字;C本和D本作اونكلو,而B本作اتكو。再往后一点,拉施都丁提到有个Jädä-yin Bayaut是成吉思汗的"世仆"之一。我译作"世仆"的这个短语,贝勒津总是读成اونكوبوغولاونكوبغولوغولبغولوانكو,转写为"Ungu-bogol",并解释成unaɣa"奴隶子"和boɣol(>bo'ol)"奴隶"(特别参见译文I,33,

85.

227；II，11 及各处），但在贝勒津书 I，145，276 中有个 اوتالو بوغل，他译作
"普通奴隶（prostoï rab）"，并用蒙古语的 ötälä "普通的"、"一般的"来
进行解释。符拉基米尔佐夫的《蒙古社会制度史》中各处，特别是第
64、68、70 页，采用了 unaɣan boɣol 和 ötälä boɣol 两者；并且第一种形式
还传到了格鲁塞的《蒙古帝国史》第 34 页。我相信实际上这都是同一
个短语，而短语的前半部分既不是 unaɣa 也不是 ötälä。对于 unaɣa，我
们首先注意到这个词不是颚音化的，因此所谓的 "ungu" 就是其本来的
形式；不过，这里有个不同之处在于，拉施都丁对这个词的转写总是包
含了一个喉音字母。另一个反对意见则是，对于该短语的前半部分，
拉施都丁的转写总是以 ü 结尾，而在 unaɣa 和 ötälä 当中，都没有这个 ü。
总之，如果我们对各本的异文进行比较，必然会得出这样的结论，即应
该读作 اوتاكو بوغول 或 اوتكو بغول，也就是 ötāgü-bōɣōl 或 öt ōgü-bōɣōl，ötägü
或 ütögü 的意思是 "旧的"、"老的"（在指人的时候）；古典蒙古语中只
有其复数形式 ötägüs 或 ütögüs，但在《秘史》中有多处可见其单数形式
ötögü（参见海涅士《词典》，129）。Ötägü-boɣol 或 ötögü-boɣol 即 "祖传
奴隶"，也就是数代以来都为之效命的。这里的 "奴隶" 大致相当于仆
人，还保持着他们的行动自由，甚至是本身的部落组织。并且很多都被
晋升至高位。根据拉施都丁（译文，II，11），我读作 Ötägü-boɣol 的这个
短语，到他的时代终于成为了一个蒙古部落的名字，但从前是用来指那
些部落非常分散的人。在其大部分成员均为基督徒的家族中最有名
的绰儿马罕，曾经在拜住、宴只吉带和旭烈兀之前统治波斯（参见伯希
和《蒙古与教廷》，51—52，204 及下文第 68 节），是一个雪你惕人，但在
《秘史》第 260 节中则被称以族名 "斡帖格歹（Ötögädäi）"。对于屠寄，
152，18—19 中假想他是抄真斡儿帖该的后代，我想这里的 Ötögädäi 可
以得出 *Ötögüdäi，代表了从短语 Ötägü-boɣol 而来的一个族名，而这个
短语据拉施都丁称是变成了一个部落名。但也正是这个 Ötägü，产生
了各抄本中成吉思汗给予那些最初归附他的巴牙兀惕人的部落名的形
式，因此这个短语用作为次级的部落名可能比成吉思汗的时代还要早。

86

　　有关一部分巴牙兀惕人作为成吉思汗家族的"世仆"的情况，我认为可以从《秘史》开头的世系传说中表达出来。当朵奔篾儿干打猎的时候，有个身无长物的人走近他，以其子作为交换，要求分享一部分猎物，此人的名字叫马阿里黑·巴牙兀歹（Ma'alïq Baya'udai）；朵奔篾儿干接受并带回了那个小男孩，在朵奔篾儿干死后，此人就成了唯一接近寡居的阿阑豁阿的人。当阿阑豁阿神奇地降生了三个儿子之后，她和已故的朵奔篾儿干之前生的三个儿子①便议论说，这三个同母弟应该是"男人马阿里黑·巴牙兀歹"所出。那珂（1），9与萨囊彻辰书（施密特校勘本，69）相同，把"马阿里黑"作为一个人名（满文版，33和汉文版，3，3b，没有提到"巴牙兀惕"，并且在汉文版中把Mahali变成了"玛哈赉"，称其为阿阑豁阿姐妹的丈夫；关于这个由Baya'ut的一种有错的异文baǰa'ut所导致的错误，参见海涅士《东方语言研讨班通讯》，1904，180）。然而这段记载中的父子同名，就我而言，肯定是因为《秘史》的转写者——并且自符拉基米尔佐夫以来（《蒙古社会制度史》，第56、66、209页［但"Maarikh"肯定是由于疏忽而造成的；因为所有的文献中均作"l"而不是"r"］）都很有道理地把它看成是从马阿里黑巴牙兀惕这一部落名而来的一个族名，而其他的地方均不见此名。拉施都丁书（译文，I，5）收录了一种略有区别的版本。据书中记载，是有一个叫作Qulun-Saqal（?）的朵儿边部人，另一个巴牙兀惕人叫作باياليق Bāyālïq向其卖出他的儿子，以换取一块野味；由于Qulun-Saqal是阿阑豁阿丈夫的亲戚，便又把这个孩子给了他们。马阿里黑和Bayaliq同样，是以 -lïq>-liq结尾的一种形容词形式，但对于*ma'a或*ma'an，我无从提出任何建议；与之相对的Bayaliq，要么本来如此，要么就是受到Baya'ut一名中的baï或bayan这一要素的影响而进行了修正。把Bayaliq和Baya'ut结合起来考虑，使我们回忆起F.W.K.缪勒，《回鹘文献汇刊》，II，36的回鹘文文书中的uluγ bai bayaγutlar "巨富的富翁

87

------

① 译者注：据《秘史》，阿阑豁阿与朵奔篾儿干之前仅生有二子，伯希和、韩百诗所述有误。

们"。可能在这一传说最古老的形式中,见有一个*Bayalïq-Baya'ut部落。Bayaliq又见于更晚的15—16世纪的蒙古传承中,作为部落的名称(参见施密特萨囊彻辰书,187,195;满文译本,79,82,122,以及其理解有误的汉文本,6,3b,8b)。没有任何理由把拉施都丁书中仍然难解的 بایلوک Bäilük(?)部落,比定为Bayaliq,尽管贝勒津是这么做的(译文,I,130,270)。拉施都丁补充道:"巴牙兀惕部(qawm)的大多数人,[那些]是成吉思汗后裔的仆役(bändä),都是从这个儿子(指巴牙兀惕人Bayalïq的儿子)一系传来下的。"对我而言显而易见的是,这个传说是为了解释一部分巴牙兀惕人作为成吉思汗家族的附庸这样一种现实状态。

因此我们便可以把*J̌ädäi河的巴牙兀惕、草原的巴牙兀惕,以及为成吉思汗家族效力的*Ötägü巴牙兀惕区分开来。然而我们还不能终止对巴牙兀惕人的讨论,因为在西边的康里人和钦察人当中也有巴牙兀惕。我们还发现,在更古老的时代,有Bayat部,很明显就是Bayan的"蒙古语"复数形式。Bayat见于乌古斯(Oγuz)部落的名单中,我们在1076年的喀什噶里书中还曾见到(布罗克曼,241),并且传到了拉施都丁书中(译文,I,6,25)。在古兹(Γuz< Oγuz)部落在小亚细亚推进的13世纪初时,我们又发现了这个部落(参见马迦特《库蛮考》,189—190)。这个Bayat部的名称的存在,使我从上面的讨论一直追踪到今日的Baya'ut之名。事实上,现在科布多地区就有一个Bait部(参见如符拉基米尔佐夫《蒙古社会制度史》,51,56)。按照noin<noyon<noyan的类型,Bait可以说是Bayot<Bayat的一个很自然的产物。就此,萨囊彻辰书在叙述一直到16世纪末的有关史事时,还多次提到了Baya'ut的名字(写作Bayaγut,施密特,89,183,251);满文本(如第102页)以及效法前者的汉文本(如7,11b)都记作"Bayagot",然而这是对其书面形式的简单音写;其发音显然是另外一种,大概有点类似于*Bayōt。但在萨囊彻辰书中,我们从来没有遇到过Bait,也没有遇到过Bayat的名称。然而,有一个蒙古部落的名字见于16世纪末到17世纪初的汉文

文献中的各种场合, 其名或作"摆腰"(参见《殊域周咨录》, 22, 12a);
或作"叭要"(参见1547年的《边政考》, 总图, 1, 3a和榆林图, 2, 7a);
或作"巴岳特"(参见《蒙古源流笺证》, 6, 4b—5b), 分别代表Bayau[t]、
Bayaut或Bayōt。据我所见, 这只能视为Baya'ut这一旧名的各种形式。
但是有一种1753年的文献提到了科布多地区的"巴约特"(《蒙古游
牧记》, 13, 9a; 波波夫《蒙古游牧记》, 138), 这当然就是今日科布多的
Bait部的祖先, 其名在蒙古语文献中本来是写作Bayut(Bayot), 参见格
鲁木-格勒济玛罗《西蒙古》, III, 241。我怀疑我们可以假设这个1753
年的Bayot(Bayōt?)遵循的是Bayat>Bayot>Bait, 就像Kiyat>Kiyot, 从
而与Bayōt<Baya'ut区别开来。因此, 对其作为"蒙古语的"复数形式
姑置不论, 可以认为Bayat一名仅见于突厥语而非蒙古语的范畴中;
至于Baya'ut, 可以明确地说就是《秘史》第239节中, 叶尼塞及以西诸
部中的巴亦惕(Bayit)。我不认为《秘史》中的巴亦惕就必然是今日科
布多的Bait部的祖先, 或必然是其名所从出的根源。事实上, 在鄂尔
多斯诸部中有一个Bayanūt部落(bayan "富人"的复数), 和一个Bayūt
(<Baya'ut)部落, 参见田清波《鄂尔多斯志》, 37。我们可以考虑是否
前一个名称最初并不与Bayat的名称相对应。科尔库特(Qorqud)的传
说中提到了一个Bayat, 它就是今日既见于土库曼, 亦见于波斯和外高
加索地区的Bayat人; 然而我并不确定, 阿里斯托夫(《注释》, 第413、
417页)和格鲁木-格勒济玛罗(《西蒙古》, III, 241)把Bayat和Baya'ut
视为同一和同样的名字是否正确的。

如果蒙古语文献看起来偶尔也记录了Bayat, 那往往是关于突厥语
世界中的巴牙兀惕人的。亲身参与了很多重大事件的奈萨维, 在1260
年写成了有关花拉子模苏丹曼古伯惕[1]的历史著作。他提到تركان خاتون
Tärgān-ḫātūn(或Türgān-ḫātūn, 秃儿罕哈敦), 即曼古伯惕的祖父苏丹
帖怯失(1172—1200年在位)精力充沛的妻子, 就是一个بیاووت Bayāwāt

89

---

① 译者注: 即扎兰丁。

人，这些 Bayawut 是 Yämäk 人的一个分支。秃儿罕哈敦的父亲是一位名叫 جنكشى Čangšī 的突厥王公；当帖怯失死时，她招引附近的 Yämäk 部落，使他们与新的君主联合。当内部的纷争导致君主更迭之时，一支约近 7 000 人的骑兵部队发挥了重要作用，"大部分 Bayawut 部人，都在外号叫库特鲁克沙的 Tuši-Bahlawān 的带领下"（乌达《苏丹扎兰丁·曼古伯惕传》，44，72，96）。"钦察部落总是公开表示同情和支持苏丹家族。无论何时，任何一个出生于王室家族的孩子，都是由作为钦察人公主的母亲所生，因此便可以要求并得到援助"（同上文，286）。

这段文献有多处值得注意。秃儿罕哈敦名字中的"Tärgän"通常读作"Turkān"。但是，在保持这样的转写的同时，巴托尔德（突厥斯坦（2），337）已经注意到这其实是一个称号，通常用于花拉子模王室家族中的突厥人公主。实际上，我们在帖怯失的妻子之前和之后都发现过这个称号（参见如可兹维尼的索引，志费尼书，II，300—301）。从这个称号出发，我们便能更好地理解帖怯失的妻子何以被称为 Uluɣ-Tärgän 即"大公主"，而"秃儿罕"并非一个真正的人名（乌达，72）。此外，巴托尔德正确地引用了喀什噶里书（布罗克曼，204），在该书中，"tärkän"是作为君主及其妻子的称号；布罗克曼还提到了相关的 tarhan。Tarqan（<tarhan）或 darqan 也是一个称号，但我看不出有任何理由将其与"tärkän"联系起来。此外，我对于这最后一个短语的转写也不太确定，也可以认为应转写为 tärgän。总之，虽然存在着喀什噶里书抄本中那个非常正确的形式，但也不乏错误的元音化的形式（参见如该书第 251 页用 Ula jondulu? 来指 Ala-Yondlu?）。我也不排除诸如 *türgän 或 *türägän 这样的释读。我们试图用 türägän 或 *törägän 的一个次级形式即 *törägänä，来对到目前为止还隐秘难解的窝阔台妻子也就是贵由之母的"名字"进行解释，在《秘史》（第 198 节）转写作朵列格捏（Dörägänä）。她先是嫁给了一个蔑儿乞人（脱黑脱阿别乞之子忽都），但她自己却是个乃蛮人（参见伯希和《蒙古与教廷》，第 193 页）。《秘史》的转写者所遵循的正是这个名字发音的传承，但是《元史》中的汉

文形式"脱列哥那"对应的却是Törägänä,志费尼和拉施都丁据此得到了Törägenä;另一种我所征引的汉文形式帖列涅,如果是正确的话,对应的是*Tärānä<*Tärä'änä,而且这一名称如果也是相关的,应解作*tärägän。巴托尔德提到了一个例子,即意为"皇后"、"夫人"的تركانه,并且补充说其结尾是一个"代词后缀"。我无从予以确认;然而即便如此,在此例中也不应转写为*türägänä或*törägänä。并且如果喀什噶里书中那个元音化的tärgän是正确的,我们便可以猜想*törägän是tärgän的一种方言形式(乃蛮语?)。Törägänä就是*törägän,正如Qara'una就是qara'un。*tärgän、*türgän这一修饰语,在整个13世纪都仍然使用,特别是用于指公主们,参见例如起儿漫的喀喇契丹朝的建立者八剌黑(Baraq)的四个女儿,均以-Türgän结尾的名字而为人所知(哈梅尔《伊利汗国史》,II,4;亦见II,555—556,以及伯劳舍,II,154;阿布尔哈齐,译文,157)。但是,由于喀什噶里也告诉我们这个称号可用于男人,我也在考虑是否可从《元文类》,23,3b(以及《元史》,119,8b—9a;154,3b等)的"哈丹秃鲁干"这样的名字中辨认出它来。根据拉施都丁书(译文,II,60)这里指的是成吉思汗的弟弟合赤温的玄孙哈丹,看起来到1258年的时候,他不太可能已经成为了拥有分地的宗王。《元史》107,3a的世系表中,哈丹是合赤温的长孙,但和他兄弟们的长幼顺序肯定是搞乱了的(参见屠寄,148,10a—b中的讨论)。屠寄编撰了一篇关于哈丹的简短传记(75,3—8),试图把"秃鲁干"当成是蒙古语的täri'ün,"头",这种解释当然是荒谬的;但它肯定是一个称号。我猜测他的名字应该读作*Qadān-Türügän(或*Qadān-Türgän),并且把Türügän和Türgän看成是Türgän-ḫatun等名中同样的称号,因此该称号中第一个音节里的唇元音是可以确认的。另外有个构造相同的名字,即《元史》,131,7a中的忽都秃儿干,154,3b作古土秃鲁干,166,1b中作古都秃鲁干,此名的前半部分无从确定的(*Qudu=*Qodu或*Qutuq),但后半部分肯定是Türgän。此人是于1286—1287年间发起叛乱的宗王乃颜的主要支持者。拉施都丁也支持有关此名称的解读,因为

91

他提到了(文本, I, 262;译文, I, 197)一个八邻部人名叫منكقل تركان,
贝勒津读作"Mongol-Terken",但是这同一个人两度出现于文本,
III, 202, 203, 译文, II, 136, 在那里是写作منكقل تركان, 因此只能是读作
Mongqol- Tūrgān。实际上,对于秃儿罕哈敦的名称,尽管有喀什噶里
书的tärkän或tärgän,我仍倾向于读作Türgän-ḥatun。

تكش总是转写为takaš或Täkäš, 据我的意见, 应读作Täkiš或
Tägiš。喀什噶里书(布罗克曼, 250)指出了作为男子名的Tägiš(布罗
克曼的转写"Täkiš"在这种方言里据我看来是更不可能的),以及从
täg-"追上"而来的tägiš, 意思是"目标"。其中我还要补充叶尼塞铭
文中给出的一个名字, 读作"Täkäš"(参见拉德洛夫,《蒙古利亚的古
代突厥语碑铭》,436),我想将其视为Täkiš的浊化形式,但并不能读成
Tägiš。

秃儿罕哈敦的Bayawut人父亲,根据乌达的转写作"Djankachi"。
马迦特(第167页)读作Čangšī, 并假设为是来自汉文中的"长史"这一
官衔, 正如我们所见(参见本注上文中)在中亚的各种语言中有大量的
例证。因此我们从这个叫Čangšī的巴牙兀惕王公的例子中, 发现了一
种与我们所研究的文本中敝失兀惕和巴牙兀惕(或是Čangšūt此人与
巴牙兀惕部)的关联的一种对应。我并非怀疑马迦特所采用的转写的
正确性。只是不太明白对于另一个奈萨维称作(译文, 286)سرجنكشى的
钦察人, 马迦特又把他叫作"Ober-Čangši", 我则认为应该是读成波斯
语的"sär-i Čangši(Čangši的首领)"。但是, 在阿拉伯文文本里, 记录
的是突厥人中使用的波斯语术语, 这些术语是借用到突厥语中的, 因此
不会按照波斯语的构词法。因此, 我认为这更可能是一个双重的专名,
就像马迦特没有提到的、见于乌达书第114页的"Bakchân Djenkachi"
同样。在这两个例子中, 其名称的后半部分大概都是Čangši, 但这也
只是一种可能性而已。在这之前, Čangši用作人名的例子还在喀什噶
里书中得以证实, 他将此作为一位于阗国王的名字(参见, 布罗克
曼, 242;布罗克曼转写作Čängši, 根据阿拉伯语的正字法, 这种解读

92

也是同样可能的，就像奈萨维书中的那些也均可作此解，但我则认为不太可行）。此外，这一名称也作为一种外来语专名：哈梅尔（《伊利汗国史》，II，191—193，195，423）称作Ĵinkiš或Ĵinkiši的"驸马"，就差不多肯定是一个Čangši；同样，在斯坦利·莱恩普尔书中（《伊斯兰教诸王朝》，242）被称为"Jingishay"的察合台汗国的君主也是如此。在后一个例子中，第一个音节中的结尾应该是"-a"，这点由1338年致"Chansi"的两封教皇玺书而得以证实（参见裕尔《东域纪程录丛》（2），III，35）。至于这一名称的起源，喀什噶里（布罗克曼，242）认为是Žamšēd、Ĵämšid的一种变形。但是Ĵämšid已经归因于是通常为基督徒所使用的蒙古语名字Yašmut>Yošmut的易位而得来的，所以就不可能是Čangši的起源所自。因此，这个见于于阗和钦察人中的名称，肯定应该比定为是传到中亚的čangši这一称号，也就是马迦特所指出的汉文中的"长史"。像这种我们发现的存在于钦察人、于阗人和波斯的蒙古人中的汉文官号，即使存在其他类似例子，也实为罕见，而且不是所有的例子都能够如此考虑。比如马迦特（第126—127页）就试图在他读作"Tājang Kōh"的تاينكو或تاينكو这一"名"中——他已经正确地看出了这其实是一个称号——找出一个汉语借词，tayang，对应汉文的"太王"（关于这个问题参见下文第26节）。巴托尔德（《突厥斯坦》（2），344及各处）均读作Ṭāyankū，并反驳了马迦特的意见。最近，在《中亚突厥史十二讲》中（第137—138页），他说："麻赫穆德·喀什噶里的著作中提到，[在他的时代喀什噶尔说突厥语的人群中]，也存在着见于喀喇契丹的tayangu一职的汉文官号，与阿拉伯语的ḥājib（"侍臣"）相对应，而tayangu一词是源自突厥语的tayanmaq（täyänmäk，"支持于"、"信赖于"）。"对此我不能理解。从理论上讲，tayangu一词根据其书写形式应读成*täyängü，但是突厥语中只有tayan-，而没有täyän。另一方面，我们知道在古突厥语中有tayanč"值得信赖的人"（参见葛玛丽《古代突厥语语法》，339），在当代的喀山方言里有tayanïč"支持"，在卡兹克（küärik）突厥语中有tayanyï"[旅行者的]棍棒"。Tayanyï从

93

词源上来说是与tayangu对应的。Tayangu或"侍臣",可谓为王公的"支撑者",因此没有任何理由在突厥语词源之外,再寻找所谓的汉语词源。巴托尔德(《突厥斯坦》(2),337;又参见《十二讲》,124)确定存在于喀喇契丹人中的另一个汉文词汇是"驸马"。据他所说,喀喇契丹君主有个女婿的"名字"应读作فوما"Fuma",而不是伊本·阿西尔的قرما*Qurma(?)、*Qïrma或志费尼书校本中的فرما*Furma、*Farma(II,17;亦见马迦特,118,注释6)。这种比对是非常吸引人的。但其中必须注意到,无论论回鹘语还是蒙古语中都没有"f"这个音。在蒙古语中"驸马"是作*wuma,并具有一个不稳定的首字母。似乎契丹语——如果把它看成一种蒙古语方言的话——还有一个"p-"音,也不见于蒙古语中。在契丹语中,"驸马"的形式应该是*puma,我们能够理解这个*puma在没有p音的阿拉伯作家那里又再变成了fuma。然而不太清楚的是,为什么作为使用一种具有p音的语言的波斯语作家志费尼,并且是生活在还可以直接获知有关喀喇契丹的这个契丹语称号的时代,却也使用了"f"。而且,对于这些借自汉语的词汇是有通例的。一般来说,是在同样的称号之间进行借用,但"驸马"肯定不在此例。蒙古语中是说古列干(gürägän=kürägän>kürgän),现在则说塔布囊(tabunang);满语里面则说efu,17世纪传到汉语中写作"额附"。总之,在不同的时代也有一些借词,但因为时代久远并且很笼统,因而不具代表性。比如"墨"在突厥语(mäkkä,bäkä)和蒙古语(bäkä)中,就可以追溯到唐朝。还有从汉语的公主而来的意思同样的qunčui,收录于喀什噶里书中(布罗克曼,164),但早就见于鄂尔浑碑铭以及回鹘人的各种记载当中(参见《通报》,1914,269)。可能更让人感兴趣的是taiši的例子。正如我们在前文中所见,蒙古语中的taiši是来自*taisi,这个词有时是对应于汉语的"太子",有时对应的是"太师"("师"在这里是指导者的意思)。在回鹘文中应该是作taisï(<"太子"),因为在回鹘语中-ï或者-i前面要变成s-,我们也发现了这样的形式(参见葛玛丽《古代突厥语语法》,339;然而不能忘记的是,在鄂尔浑碑铭的书写

94

中，是不区分 s 和 š 的；而且这两个字母在回鹘文中也很难区分）。我们对契丹语知之甚少，以至于对 -i 前面的 s- 是怎么变成后来传到蒙古语里的 š- 的情况无从确认。尽管如此，通常对于喀喇契丹的建立者的称呼"耶律大石"，肯定应该是作"太师"即 taiši，他是一位文人，一位学士（"林牙"），事实上我们并不知道其真名，而且很明显"太师"这样的官号是以非常随意的方式被借用到契丹人当中的。我们或可归因为他出于文人的一种倾向而采用之。这也就是他给拉施都丁的印象（参见译文，I，143），并且"taiši"一词还以"抄写者"、"作者"的意思继续存在于察合台汗国时期和东部突厥语（turkī）中（参见帕维·德·古尔特伊（Pavet de Courteille）和拉德洛夫的字典），这肯定是一种衍生的含义，其根源可追溯到"太师"或"太子"之名。而且奈萨维经常提到有一个阿答毕，乌达转写其名或作"Ighân Thâïsi"或作"Yghân Thâïsi"。这里暂不讨论其名的前半部分（参见 yaγan "大象"，见于喀什噶里书中的 Yaγan-tegin，布罗克曼，244，以及《元史》，133），而 طايسى Ṭaisi，要么本来就是如此，那么便与"太子"对应；要么更有可能的是在此抄本中的这个名字里，发生了音点脱落，从而应该读作 طايشى Ṭaiši= "太师"，这肯定是一个汉语中的官号，可能是在喀喇契丹的时代被引入的。有关 taiši 这个称号的用法，也使得在耶律大石（读作"耶律太师"）死后传到金人那里的情报变得容易解释了，即他的继承人们在西方继续被称之以"大石"（读作太帅，taiši；参见《金史》，121，3a）之名。无论如何，作为平行文献的"Ighân Thâïsi"已足以使我们承认，Čangši 这个名字或者说是称号，也是来自汉语，并与"长史"而非 Jämšid 对应。不过，我还是看不出，巴托尔德所提出并由格鲁塞《蒙古帝国史》，221 所支持的猜想，即认为喀喇契丹在行政方面使用汉语这点有什么合理之处，所谓汉文的喀喇契丹交钞均是伪造的。

95

　　不能因为花剌子模君主手下外号叫库特鲁克沙的 Tuši-Bahlawān 带领一支大部分由 Bayawut 人组成的骑兵部队，就认为他本人也是 Bayawut 人。他的波斯–突厥语外号"库特鲁克沙"，是"有福的王公"

之意,许多突厥人都有这个称号。Bahlawān 自然是奈萨维笔下波斯语的修饰词 pahlawān "英雄"的阿拉伯化形式,此词被完整地引用到突厥语中(在今日的东部突厥语中 pahlawān 的意思是"猎人")。剩下的 Tuši(或"Tüši")也有值得讨论之处。在奈萨维书中别无其他的"Tuši",但是成吉思汗的长子术赤被叫作"Duši-ḫan"(参见431),而志费尼和瓦萨夫则称为"Tuši",柏朗嘉宾作"Tosuccan(=*Tosu-can)"。蒙古语中经常出现的术赤(Jöči)一名,将在下文第26和46节中讨论。但到目前为止我注意到,Tuši(或Tüši)可能就是"术赤"一名在突厥语世界中所采用的形式,并且对应的例子我们仅见用于成吉思汗的这位长子。因此 Tuši-Bahlawān 有一定可能性是与成吉思汗的长子同名,也叫"术赤";也就是说,他有的是一个仅在蒙古人中才有的名字。拉施都丁(译文,III,67)把他叫作 Tüji-Pahlawān,但这个名字并不确定。

奈萨维说,秃儿罕哈敦所出身的 Bayawut 部,是 Yämäk 部落的一个分支。但在他的文本中又暗示,所有那些嫁给花剌子模统治者家族的公主们,都是出自钦察部落。根据术兹扎尼的一种不太可靠的说法,他提到秃儿罕哈敦是钦察人的统治者 Aqrān(读作"Aγrāq"?)或 Qadïr-khan 的女儿(参见马迦特,第171页)。最后,志费尼(II,199)和在他之后的阿布尔哈齐(译文,37)又说秃儿罕哈敦是一个康里(Qanlï=Qanglï)人。在或是因为名字,或是因为称号所导致的人物混淆之外,我们这里所触及的是中亚历史中最大的谜团之一。也就是有关 Yämäk、钦察和康里之间的关系。马迦特和巴托尔德已经进行了详尽的研究,此外还要加上米诺尔斯基的成果(《世界境域志》,304—317)。

钦察(Qïpčaq)一名初见于伊本·胡尔达兹比赫的书中,转写作 Ḫifšaḫ,但说实话,我不相信这本来是一个族群真正的名字。在《通报》,1930,281—282,302中,我试图指出此词的原意是"荒凉的",就好像 qobï(参见蒙古语的 γobi,我们的"戈壁")与 qïpčaq 共同构成了一种复指表达——qïpčaq qobï。Qïpčaq 接下来变成了从黑海以北直到阿

96

尔泰山向西的延伸部分的广阔草原的名字,并且最终成为居于该地区的游牧部落的名称。因此,qïpčaq一名的使用是如此的随意和游移不定,也就不足为奇了。在12—13世纪,穆斯林作家笔下的qïpčaq基本上指的是在西方被称为"库蛮"的一群人,他们占据了大草原的西部,其东部则是康里地区。但是"qïpčaq"和"康里"又经常互相指代。在喀什噶里书中(布罗克曼,247),康里只是qïpčaq部中一个大人物的名字。至Yämäk或Imäk,迦尔迪齐在1050年左右的著作中,将其与鞑靼和钦察并列,作为构成基马克的部落的一支。1076年,喀什噶里(布罗克曼,245)提到Yämäk被花剌子模人归为钦察人中的一个部落,但他们自己则认为他们是独立的(关于在652年的汉文文献中提到的名称是Yämäk的可能性,参见下文第57节)。在秃儿罕哈敦的族属关系来源这个问题上明显的游移不定,并非由信息的歧异所造成,而仅是由于奈萨维和志费尼的信息提供者,对Yämäk、钦察和康里这三个名称的看法不同,特别是奈萨维,他在Bayawut= Baya'ut这点上应该也完全没有混淆。马迦特(第171页)放弃了将Yämäk中的Baya'ut视为蒙古人中的巴牙兀惕之一支的看法;并且补充说,无论如何到13世纪的时候,他们已经完全突厥化了。另一方面,高延(de Groot)对土土哈传记(《元史》,128,6a)的节译版,使马迦特(114页)谈到了钦察人从热河地区向里海的一场迁徙。巴托尔德(《十二讲》,第115页)没有提到巴牙兀惕,他否定了马迦特"凭借对区区几处汉文文献的记载"而得出的,12世纪从远东有一个家族迁来统治了钦察人的结论。然而在汉文史料中的信息之丰富,远超乎马迦特的想象。

97

　我从复述土土哈(1237—1297)传记的最初部分开始(参见《亚洲学报》,1920,I,160以下):"土土哈,其祖先本来是武平之北折连河谷("川")按答罕山的一个部落[的族长]。从曲出开始,这个部落向西北迁移到了玉里伯里山,由于此,便以此[这座山的名字]作为他们[家族(氏)]的名字。[其首领]用钦察(Kimča[q]=Qïpčaq)这个名字来称他的国家。他们的国土距离汉地有30 000里。在夏天,夜间极为短暂,太阳刚落山一会儿就又出来了。曲出生的儿子叫唆末纳,唆末纳生的儿子叫亦纳思,他们相继作为钦察的("国")君主("主")……①年老的亦纳思统治钦察之时,成吉思汗对蔑儿乞人发动战争,(其首领)火都逃往亦纳思处寻求庇护。亦纳思生的儿子叫忽鲁速蛮,忽鲁速蛮的儿子是班都察(*Balduča, *Baltuča),他就是土土哈的父亲。《元史》的整篇传记,都是取材于虞集于1329年所编撰的碑文,这一碑文是为了酬谢土土哈的孙子燕帖木儿的功绩,尊崇土土哈的家族而作的。虞集本人所作的文本,与传记所载有几处重大的差异,保存于他个人的作品集——《道园学古录》之中(四部丛刊本,23,7—15),在蒙元时代,又被收录进了《元文类》(26,4—10)。此外,还应考虑到屠寄,102,1—7中的《土土哈传》。我对于重构土土哈一名没有确定的方案,此名在《元史》,13,2a中亦写作秃秃合。《通报》,1930,24中的Toqtuya只是一种假设,我也不认为这是一种最佳形式。事实上,我们可以假想是 قوقتقا 对此伯劳舍《蒙古史》,II,587采用的是 قوقتاق,但更有可能应该读作 توتقاق Tūtqāq=Tūtγāq(参见布罗克曼,220,喀什噶书中的tutγaq)。对于这种重构的支撑,我们可以引用阎复所作月吕鲁(Arulat)的碑文中的秃土哈(见《元文类》,23,4b),《元史》(119,9a)中其传记所称的脱脱哈,以及在《元史》中又写作"秃秃合"、"脱忒哈"、"秃忒哈"等形式(参见《元史类编》,45,4a)。这最后两种的转写排除了Toqtuya,相对却非常规则地与Tutqaq=Tutγaq对应,这与我们在totoq和tutuq的转写中看到的-u-、-o-交替的发音相同。

为了确定土土哈的祖先出发的地点,最主要在于确定"武平"这个名字的坐标。高延(据马迦特,114)已经提到是在热河地区。武平在元代是一个县,曾经一度被提升为路,其遗址即是现在地图中老哈河下游右边的支流——清河边上的白塔子,大致相当于朝阳和赤峰所在的

① 译者注:此段原文为"土土哈,其先本武平北折连川按答罕山部族,自曲出徙居西北玉里伯里山,因以为氏,号其国曰钦察。其地去中国三万余里,夏夜极短,日暂没即出。曲出生唆末纳,唆末纳生亦纳思,世为钦察国主。"读者可与韩百诗、伯希和之译文进行比较。

区域(参见屠寄,3,26a;102,1a;吉贝尔,《东北史地词典》,706,729;
实话说,这些位置所指并不一致;屠寄根据古舆图,把白塔子置于老哈
河边),此地远在辽河流域的热河东北部。另外高延在提到《元史·地
理志》中有关部分(59,2a)的时候,把武平放到上都"省"(参见下文),
这是完全搞错了,它应位于辽阳行省。

关于按答罕和折连川,很可惜我既未能参考箭内亘的著作,也未能
参考《热河省全图》,幸运的是《钦定热河志》中汇集了很多我所未见
的文本,在当前我所处的不利的环境中,这就是我所能搜集到的了。

高延(马迦特,114)已经征引了《元史》(33,7b—8a)的如下片
段:1329年,九月癸未日(10月22日),"上都西边按塔罕的阔干忽剌
秃之地,其民众由于军事行动的蹂躏以及干旱[向陛下]报告[招致
了]饥荒,故发给他们一个月的口粮"。这里的"塔"可能应该读作
"答",就像在虞集的文章和土土哈传记中同样。高延得出结论称这段
表明其地是在热河地区,然而显然他观察得不够仔细。事实上元代的
"上都"之地已经很明确地辨认出来:就在现在的多伦湖附近,滦河的
上游;距离热河西北较远,距离从武平一例所见的热河东北部地区也
不近。而上都"西"就让这个位置变得更远了。事实上,即使我们差
不多能确定"按塔罕"和"按答罕"是同一个名称的转写,也无法确定
这个名称指的就是同一个地方。在这条关于人们遭受饥荒的文献中,
没有提到"山";缺少一个表示属格的字,同样也不能阻止我们把"按
塔罕阔干忽剌秃"连起来看成一个完整的地名。乾隆的馆臣(《元史
语解》,5,12a)将其重构为"Antaha-Kuken-Quratu"即"客人+床边+
多雨的[1]",前两个是满语词汇,后面跟着一个蒙古语的形容词形式,这
肯定是不成立的;屠寄,102,1a提出的词源学和比对也并不更具有什
么价值。我则猜想为差不多是一个以alda-开头的名称,但也无法提

99

---

[1] 译者注:《元史语解》原文作:"安塔哈,满洲语客也,卷三十三作按塔罕,卷一百二十八作按荅罕,
并改;库堪,满洲语炕沿也,卷三十三作潤干;呼喇图,呼喇,雨也;图,有也,卷三十三作忽剌秃。"
参见四库本《钦定辽金元三史国语解》。

出合适的方案。

关于折连河谷("川")的情况就比较清楚了,至少对这个名称来说是如此。高延没有从这个名称中得出任何结论,是因为他使用的是乾隆"改革"后的正字法形式。至于屠寄,他把"折连"的意思解释为蒙古语的"石头",大概是因为他错误地把"折连"视为čila'un的转写的缘故(在155,24a中,他同样提到"石河"即折连川之今名;这样的比对是没有任何根据的。我所知的唯一一处"石河"见于丘处机的行记,某些中国的注释者[但不包括韦利的《长春真人西游记》,第70页]比定为如今字面意思是"多石头的"Čilautu河[参见《蒙古游牧记》,8,6b—7a;波波夫,《蒙古游牧记》,366—767],但这里所指的是在鄂尔浑地区的一条河流,并不涉及现在所讨论的问题)。其实,正如我很久以前就指出的(《亚洲学报》,1920,I,160),这个名称指的是Jǎrän-kä'är"羚羊草原";我们实际上也知道,"川"在元代固定用来作为kä'är的翻译。我还要补充其汉语名,也就是意思相同的"黄羊川"。在本注释中,我对是从哪里找到这个对应词无可奉告,但在记忆中我不确定似乎还有另一处Jǎrän-kä'är也译作"黄羊川",记录于明朝一条经过甘肃的行程路线中。总之,本人能够以自己的个人经验确认,在中亚,"黄羊"至今还是"羚羊"的汉语简称,它在东部突厥语中叫kiik,在蒙古语中叫järän(满语jeren;察合台语jerän;奥斯曼土耳其语jäirän;阿尔泰突厥语yärän;藏语'jeg-ran;俄语zeren';参见我在《亚洲学报》,1927,I,284—285和《伦敦大学东方学院学报》(BSOS),VI,562中提出的意见;aj.šor čärgän)。在萨囊彻辰书(施密特,164)中提到了jä'ärä,相应的满文本(第72页)则作jeren,汉文本(5,19)作"香獐",这里译者应该是把满语中的jeren"羚羊"和jarin"香獐子"给弄混淆了。但是汉文本的注释者引用了一种尚未刊布的重要著作《蒙古世系谱》,在其中的平行记录中提到了黄羊。无论如何,黄羊川就是Jǎrän-kä'är在汉文中完整的转写形式。这也就是《元史》,15,8b中的折连怯儿(Jǎrän-kär);我怀疑《元史》25,4a中的连怯烈,也是这个名称一种脱误的形式,编纂者大概没有注意到在前面还有作为这个名称一部分的"者"字。同样从《元史》(26, 3a)中获知，延祐五年二月戊午日（1318年5月29日），以者连怯耶儿（Jǎrän-käyär= Jǎrän-kä'är）万户府为右卫率府。事实上，从《元史》86, 6a，我们获知这个万户是组成从属于东宫的"右卫率府"的四个万户之一。不过，在这里讨论的最后一处文本中，正如《元史》99, 3b的平行文本所示，者连怯耶儿的名称脱误成了"速怯那儿"，其中包含三处错误的地方："者"在转写中没有被认出来，因此遭到了遗漏；而"连"和"耶"则分别误写成了字形相近的"速"和"那"。《元史》99, 3b的段落中，提供了更多有关者连怯耶儿万户的信息。其中提到该万户由詹事（储君宫中的主官）秃满迭儿（*Tumandar或*Tümändär）管理，然而我无从将其与文献中别处所见的同名人物进行比定。同样的地名在《元史》中还出现了5处，作为属于皇帝和诸位皇后的放牧母马之地的名字。这些牧地名录中首先提到的是Jǎrän-kä'är，接着是我们一会儿将讨论的玉你伯牙。此处仍然是对这个名称蒙古语形式的完整转写，写作者连怯呆儿（Jǎrän-käyär，亦见于《元文类》，41, 37a；以及《马政记》，1a的一段平行记载中，在该处其名称的字形有讹误，作"者连怯朵儿"）。在一系列十四处放牧中心之中，者连怯呆儿被称为是处于"东路"，因此大概可以与另一处在中亚地区的黄羊川区别开来；在1318年组成了右卫率府的其他几个万户也同样是帝国东北方的万户府，因此可以确定这个折连川（Jǎrän-kä'är）就在《土土哈传》当中"武平北"之处。它应该也是最重要的放牧中心，这倒不仅仅因为在名单中它位列第一，而且也由于在这处所提到的曾经负责或正在负责的人物数量相比他处而言是最多的。无需提到其他的要人，我注意到在这些人中有一个伯要觟（Bayaudai），也就是根据巴牙兀惕的族姓而得名的人。至于折连川的具体地望，我认为应在今日蒙古敖汉旗的牧区求之，其地邻近老哈河，就在赤峰边上。

据《元史》，率领其部众进行迁徙的首领名叫曲出，其名所对应的原形是*Kü[k]ǔ=Kökčü，甚至是*Küčü[k]。但在虞集文本的两个版本

101

中，与《元史》对应的地方均作曲年，*Künän 或 *Künäl，而且有很大可能性这才是正确的形式。在别处所记的蒙古人名字中，也能见到曲年一名（参见，贝勒津，译文，I，36）。

102

唆末纳和亦纳思之名未见于别处。亦纳思或可复原为 *Ïnas；我们知道在钦察人中有一个头衔（有时作人名）ïnal，以及派生出来的inalčïq。参见喀什噶里的 Ïnal Öz（布罗克曼，244）；以及秃儿罕哈敦的堂兄弟只难秃（Ïnalčïq），此人是讹答剌城的长官（参见《通报》，1930，52—54）。Ïnal、ïnanč 和 ïnanču 作为突厥语世界中的称号很常见，就如ïnaɣ（>蒙古语的 inaḥ）同样，这些都来自 ïna-、ïnan- "相信"、"信赖"。但是我们并不知道这些形式中的某一个是怎么得出 *Ïnas 的，至多只能看出一个规则的蒙古语复数形式 ïnal，这倒是略有可能的。有个康里人名叫秃忽鲁（《元史》，134，4b），其祖父是亦纳，这可能就是与土土哈传记中以亦纳思之名出现的形式相同的名字，只不过是以一种不完整的转写形式出现。布莱资须纳德（《中世纪研究》，I，303）在提到这个亦纳的时候，大概联想到了钦察人亦纳思，所以称前者是一位康里"王公"，但"王公"一词并不见于原文之中。屠寄，114，9b 所作土土哈传记中"亦纳，部酋之号也"一句①，也是根据西文译本提到了 ïnal 的某书，而随意妄加的。亦纳可能是 *Ïnal，但也可能是其他的词。屠寄，121，4a 提到的亦纳脱脱此人，在《元史》，138，1—3 他的传记中简单地称为脱脱，这个脱脱是阿沙不花（*Aša-Buqa）的弟弟，《元史》中称后者出自康里的王族（《元史》，136，3a）。在 19 世纪由钱大昕所创制、并由屠寄复制到其书中（155，18—20）的那份非常详尽的世系表，肯定来源于一种我到目前为止都并未获见的重要的碑铭资料，关于此，屠寄书中也没有任何暗示。我不知亦纳和亦纳脱脱是否就径直取自那份资料。亦纳很大可能对应的就是已被我们所拟构出来的 ïnal。但总之这个亦

---

① 译者注：此处令人费解，因为《蒙兀儿史记》中土土哈的传记是在第 102 卷，并且也没有解释亦纳之名有关的内容，姑据文意译出，俟考。

纳脱脱既不能看作是我们这里的亦纳思，也不能看成是土土哈的祖父亦纳。总之，有一点是可以确定的，就是在土土哈传中所示的钦察国主之名，既与我们在穆斯林史料和俄文史料中所见的那些不相对应，也与《元史》其他部分的记载不相对应。就此屠寄已经指出（102，1b）：土土哈的家族并未君临整个钦察，而仅是统治了其中的一个部落，而这个部落很可能实际上是自治的。

尽管虞集在诠释传到《元史》中的那份文本的过程中，对燕帖木儿的家族传承有所夸张，但曲年肯定不是钦察一名的发明者，因为其使用由来已久而且范围相当广泛，不过其后人可能把其命名归到自己的祖先身上，以为荣耀。关于其家族真正的部落名，我们是确可比定的。我在上文中已经提到了，元朝的最后一位皇帝妥懽帖睦尔，就娶了一个巴牙兀惕人，这就是伯牙吾氏，"使用伯牙吾（Baya'u[t]）氏名的人"，在《元史·本纪》中她一直被如此称呼，在至顺四年八月（1333年9月10日—10月9日）立为皇后时是如此；由于宫廷政变在1335年7月20日被囚禁、又在伯颜的授意下于7月22日被暗杀（38，6a）时也是如此。然而在《元史》中她本人的传记里（114，4a—b），这位皇后，按照当时的习惯，采用了一个佛教名称答纳失里（Današiri<梵文 Dānaśrī），并被称为钦察氏，"使用钦察（Qïčaq）氏名的人"，在保存于其传记中的、1334年授予她的册文内容里，也是这样称呼的。因此，这位答纳失里、伯牙吾氏、钦察氏即燕帖木儿的女儿，确切而言也就是掌握大权的土土哈的孙女，而虞集在1329年撰写了后者祖先的颂词。所以曲年后裔的氏族，虽然被给以钦察之名，但实际上应该是出自巴牙兀惕部的一个氏族，这从奈萨维十分肯定地称之为"钦察的巴牙兀惕"，也可以得到非常明确的印证。在我们了解到虞集是在怎样的形势下撰写了这份基础文本的前提下，可以想见燕帖木儿肯定是运用了某种手段，不当地夸大了他祖先的身份地位。

据土土哈的传记，曲出——或者更可能的是曲年（*Künän），向西北迁徙至"玉里伯里山"，并以此名作为其氏族的名称。我已经指出过

(《亚洲学报》，1920，Ⅰ，161）虞集的原文写作"玉黎北里"。《元史》的编纂者所进行的正字法的修正常常是突发奇想，但还不仅于此。虞集文本的开头实际上是如下文这样："钦察之先武平北折连川安塔哈山部族也，后迁西北即玉黎北里之山（在"玉黎北里"和"山"之间还有一个属格标记"之"，这样玉黎北里就应该理解为是指某个地区）居焉。土风①刚悍，其［部落之］人勇而善战，自曲年者乃号其国人②曰钦察，为之主而统之，曲年生唆末纳……"两种文本之间的重要差异在于，后一种没有提到是曲年从热河东北迁来了他的部众，因此，从曲年开始计算的世系要远短于迁移发生的年代，而只表示我们所研究的巴牙兀惕玉黎北里所谓的钦察国家建立的时间。

玉黎北里一名亦见于别处（参见《亚洲学报》，1920，Ⅰ，161）。在元代有很多人都取了"和尚"之名（《三史同名录》，18，9—10，仅在《元史》中就区分出了十三个不同的"和尚"，并且这些人当中，还没有包括那些跟常见的姓氏连在一起作为名字的"和尚"）。其中有一个"和尚"，其传记见于《元史》134，6b—7b（亦参见屠寄，115，3—5），他的氏名就是"玉耳别里伯牙吾台"，这个名称的第二部分当然就是来自巴牙兀惕的族名 Baya'utai。这个和尚的祖父，是哈剌察儿（Qaračar），此人在成吉思汗征伐西域诸国之时，率领族人归附了成吉思汗；和尚的父亲叫忽都思（Qudus=Qutus，是 Qutuz，Qutaz "牦牛"一名蒙古化的形式；参见库图佐夫这一俄国姓氏），他随拖雷进攻金国，后来于1255年阵亡。此外，在《元史》（131，9a—b）中还有忽都（*Qudu=Qodu，或 *Qudu[s]=Qutuz）的儿子拜降，此人约生卒于1250—1320年间，据《元史》称其是北庭人，也就是畏兀地区的别失八里（在乌鲁木齐东北，靠

105

---

① 译者注：伯希和、韩百诗将此处翻译为"气候严酷"，显然理解不正确，"土风"应解释为"当地的风俗"。
② 译者注：伯希和、韩百诗所用的版本，脱漏了一个"人"字，所以他们这里与《元史·土土哈传》同样，把"号其国人曰钦察"翻译为"用钦察这个名字来称他的国家"，故产生了原注释中那些迂曲的解释。

近古城[>Gučen])。但正如屠寄所注意到的(119, 2b; 155, 27a),有
关碑志资料称他是玉吕伯里氏,这当然是正确的,并且看来是与玉里
伯里、玉黎北里、玉耳别里密切相关。我和屠寄一样,认为《元史》的
编纂者大概是把玉吕伯里当成了非常著名的别失八里一名之误,并把
它调换为汉文中所出现的北庭这样的形式。在察哈札剌儿氏忙哥撒
儿(Ča'at Ĵalair Mänggäsär,殁于1253年;《元史》,124, 6a;屠寄,50,
3a;参见贝勒津,译文,I, 39; III, 149)的传记中,忙哥撒儿死后,据称蒙
哥向他的儿子们发表了一篇讲话,在其中蒙哥回忆他本人征服了斡罗
思(Oros,即俄罗斯)、阿速(Asu[t],阿速人或奥塞梯人)、稳儿别里和钦
察的领土。稳儿别里肯定是这里讨论的同一名称的另外一种转写形
式,但是并不能像屠寄(35, 4b 和 50, 3a)所希望的那样,把它后面一个
名称合在一起,组成"稳儿别里钦察",我将在下文中阐明一种我认为
是更好的解决方案。在有关曷思麦里(?Ismaīl,《元史》,120, 7a;屠寄,
29, 8b)的那篇如此引人注目、但其陈述的事实又是如此不足采信的传
记中,提到了其穿越康里国境的一次远征,并称他到达了孛子八里城;
康里的统治者("主")霍脱思罕(*Qotos-ḫan=Qutuz-ḫan)战败了,曷
思麦里推进到钦察。屠寄提出的解决方案非常随意。我们则设想"孛
子八里"为"玉里伯里"之误(参见《亚洲学报》,1920, I, 161—162),
但"城"这个字的使用,表明"八里"很可能是Balïq,"城市",特别是在
于"八里"这个同样的转写形式,也出现在往后几行另一个城市的名字
当中。汪辉祖则引入了被认为是玉里伯里的另一种转写形式——玉里
伯牙。我已经指出过(《亚洲学报》,1920, I, 162)《元史》(100, 1a—2a)
中真正给出的异文均作"玉你伯牙(*Üni-Baya,见于《马政记》,1a 和
《元文类》,41, 37a)",此外,它也是牧放皇家母马的十四处牧地之一,
其地肯定在蒙古利亚东南部,其名、其地望,都完全不能与玉里伯里勘
同(我怀疑这个地方,就是忽必烈于1288年8月13日曾经驻扎过的许
泥百牙之地,参见《元史》,15, 4a)。汪辉祖之子(《元史本证》,19, 12a)
还提出了最后一种假说。在《元史》,143, 6a 中,有一篇泰不华的传记,

106

他是塔不台的儿子，其家族世代居住在白野山。汪辉祖之子认为"野"应是"里"字之误，从而得到了玉里伯里的缩略形式"白里"。这种假说的理由在于，泰不华是伯牙吾台氏（Baya'utai），也就是一个巴牙兀惕人。在土土哈的传记中我们已经获见，玉里伯里是用来指一座山的名字。然而泰不华出生于1304年，除了其父亲曾任宿卫之外，对其祖先的情况可谓一无所知。白野大概就是正确的形式，并且是对某个蒙古名称的转写（但不是屠寄，102，1a；131，1a的"伯颜"山，他从这个名称中得出了巴牙兀惕之名），大概就是用汉语中意为"白色原野"的词汇，来翻译蒙古语的 *Čaɣān-kä'är。这一论据不足的假说，使我们无从得出什么结论。

事实上，在《元史》中还有另一个与巴牙兀惕相关的例子，即便他不是玉里伯里或钦察，但至少是经常同钦察搞混淆的康里人。这就是《元史》，134，9b的康里"氏"斡罗思（Oros），他的曾祖父归降了成吉思汗，并负责管理莎儿合黑塔泥的牧场，其名叫哈失伯要，即巴牙兀[惕]人哈失（Qaši 或 Qaš?）（亦参见布莱资须纳德《中世纪研究》，I，303；屠寄，123，1a），他的家族很有权势，斡罗思之子庆童，在《元史》中有专传（142，2a；参见屠寄，155，21—22），于1368年元朝灭亡时被杀。另一个更为奇特的例子，是有关也速台儿（Yäsüdär）的，他在《元史》中有两篇传记（123，8b；133，7a），一篇是在他自己名下，另一篇则是附于其父的传中，像这种一人两传的情况经常造成一些分歧。布莱资须纳德《中世纪研究》，I，303中，并没有怀疑这两个也速台儿。在附于其父名下的那篇传记中，传记的标题所记其父之名是艾貌，但在《元史》的目录中则作"艾儿"。屠寄在世系表中（155，22；我在他的书中找不到这里提到的也速台儿的传记），提出了关于这一名称的一系列看起来不大可能的修订。我认为"儿"应该是"貌"字的脱误。传记开头的部分是"艾貌拔都康里氏"，就此布莱资须纳德指出（《中世纪研究》，I，303），艾貌出自"拔都康里"部落；相反，屠寄则试图把"拔都"和 bādur=ba'atur 相对应。但是我相信在《元史》中没有这样的例子，即在传记开始的部分提到其氏族之前,就把称号和传主的名字放在一起,至少这个称号不应作为其人名不可分割的部分,正如传记标题中所示的那样。我倾向于认为这里的"拔都"是"*拔[要]都"或"*拔[岳]都=*Bayaudu"的一种舛误,它是巴牙兀歹(Baya'utai, Baya'udai)这一族名的一种罕见形式,并非不可能。写作也速鳟儿之名的第二篇传记,使我们了解到也速鳟儿是一个康里人,爱伯伯牙兀(Ai-Bä[g] Baya'u[t])之子,爱貌则是 Ai-Bäg 的一种不太令人满意的转写形式。因此,就像奈萨维的记载中所示,前面讨论的文献是把巴牙兀惕与钦察联系在一起;这里则是像志费尼所记载的秃儿罕哈敦的例子,把巴牙兀惕与康里进行关联。

然而,与氏名"玉里别里"的不同转写相对应的名称又是什么呢?在1920年(《亚洲杂志》,I, 161),根据与"玉里别里"相近的"玉儿别里"这一形式,我猜想可能是"类似于*Yür-beli"之类,但是我那时候所不知的"稳里别里"①,又使得能够提出 *Ülbäri 或 *Ülbäli 的形式。这两种比定彼此之间很难调和。根据术兹扎尼,他提到拔都征服了"钦察、康里、Yemäk、البرى、罗斯和薛儿客速(撒耳柯思人)和阿速(奥塞梯、阿兰人)"②。一位出身钦察的印度苏丹,在术兹扎尼书中叫作 البرى 的汗和 Yemäk 人的国王(参见马迦特, 171, 172)。马迦特把这个我没有进行转写的名字读作"Ilbäri(Alp-äri)"。我相信这就是与汉文中"玉里别里"等对应的名称,无需进行任何订正,便可转写为 Ülbäri。但是,还有另外一个名字,我不认为可以轻易地予以排除。术兹扎尼书中提到了与巴牙兀惕的秃儿罕哈敦有亲属关系的人的名称,该书的校勘者可兹维尼(II, 35, 109)读作 اولانيان,并且指出其变体形式 اوريانيان 和 اويراتيان,这就是贝勒津所谓的"Urapiyan"和 اوراكيان

108

---

① 译者注:据上文,此处应为"稳儿别里"。

② 补注:《史集·成吉思汗纪》伊斯坦布尔抄本、塔什干抄本作"حركس",应作"جركس",《西域地名》:"一作 Tcherkesses,一作 Cherks,《元秘史》作薛儿客速,又作薛儿格速,《元史·西北地附录》作撒耳柯思,《蒙古游牧记》注作色克尔克斯。拉施特《史集》有此名,为高加索北之一支游牧民族。"(第21页)该名应据《元史·地理志》译为"撒耳柯思"。

"Urakiyan"（译文，III，61，171；第二个例子见于第171页的注释，在波斯语原文和俄译文中都被遗漏了），志费尼书的各抄本所记的变体当中作Oiratiyan这种形式，显然这是与斡亦刺之名相对应，但看起来是与我们现在所讨论的这个例子无关；同样，另外一种解读是将其作为"斡罗纳兀惕"或"斡罗纳儿"之名的一种形式。事实上，在志费尼书的抄本以及从志费尼的记录而来的拉施都丁书的抄本中，这个词都应该解读为*Ūrāniyān（或*Ūrāniyān）。但我承认自己期待将其视为与汉文中"玉里别里"和术兹扎尼的البری相对应的形式。虽然我们可以利用志费尼书非常古老的抄本，但这也不能免于错误。比如其书中有But-Tängri一名，这种形式不但传到了拉施都丁的书中，而且还在差不多四分之一个世纪之后，出现在了把·赫卜烈思（Bar Hebraeus）书中，但我们很确定地知道，这个名字的正确形式应该是帖卜腾格里（Täb-Tängri）。我认为这里讨论的最初的异文应该是اور بلیان *Ūrbäliyān，即*Ūrbäli，术兹扎尼书中的Ülbäri的一种语音易位的形式（与塔巴里的kūrśūl=kül-čor，或kälär<käräl相同）。我们不应忘记，有一种汉文转写形式即"玉儿别里"，就支持这里*Ūrbäli的比对，而非*Ūrbäri。大量的阿拉伯、波斯著作，都在其部族名录中记录了"钦察"一名，然而还缺乏对其进行考证校勘的工作。可能，我们前面所讨论的与马迦特（第157页）释读为برکو并转写成"Bärgü"的就是同一个名称；而不是蒂森豪森（Tiesenhausen）之《史料集》（Sbornik Materialov），540—542（亦参见《古代资料集（Živaya Starina）》，VI，367中阿里斯托夫的注释）中的"Burly"及"Elbuli"，以及多桑读出的"Elberli"（I，339）。

在奈萨维记载与汉文史料的一致性面前，即使我们无从由术兹扎尼、志费尼和拉施都丁的书中获得可能的间接证明，也能够比较确定地认为在12世纪末到13世纪初，在康里和钦察（或者说"在康里或钦察"）人那里，存在着一个蒙古人的巴牙兀惕"王朝"，至少可以说是存在着一个重要的巴牙兀惕部落，而这个部落是在一个明显非常古老、但目前并不能确定的年代里，从热河的东北部迁移过去的。

屠寄考虑到（3，26a；102，1a）土土哈的巴牙兀惕族源以及其钦察祖先，可能与西方文献中提到的在哲别和速不台（实际上在多桑，I，337中，这里统称为蒙古人首领）入侵钦察时说的那番话之间并没有关系，那番话的内容是："我们和你们一样，都是突厥人……"但这段话是来自伊本·阿西尔的著作，因此很难认为具有真正的历史价值。此外，这段对所有钦察人说的话表明，为了表示与那些非阿尔泰语的人群如阿兰人和撒耳柯思人不同，蒙古人把他们自己看成是"突厥人"（与拉施都丁的族群分类方式如出一辙）。我们目前既不能像屠寄那样推断，把库莫奚这一古老的名称分成"库莫"和"奚"两个部分，再找出其与钦察在西方的名字"库蛮"之间的联系（另可参见《亚洲学报》，1920，I，150），但同时目前也不能否定之。实际上，关于亚洲西部的巴牙兀惕人的"氏族"，我所翻译的文献要么说是钦察，要么说是康里；但很难强调说土土哈的家族以及他那位自大的孙子燕帖木儿也是钦察人；在其他所有的例子中，他们都是与康里有关的。即便是关于土土哈，在与虞集用来为其作传的颂词唯一一处无关的记载里，也是并列提到了这两个部落（《元史》，13，2a）："至元二十一年……五月己酉［日］（1284年5月17日），从秃秃合①言，立二千户，［分别］总钦察、康里子弟愿为国宣劳者。"也就是从此时开始，钦察和康里"军"（或"卫"）才开始真正组织起来，并且频繁出现在后来的文献之中。康里部的位置，大体上是位于咸海以北和东北部地区，比钦察或库蛮更靠近花剌子模帝国，特别是居于从乌拉尔河到黑海以北的草原上，在更往东还有康里人。如果我们可以相信拉施都丁书中通常被忽略的那一段的话——他在提到额尔齐斯河上游的乃蛮人时——补充说（贝勒津，译文，I，108）在那个"地区也住着康里人"。总之，当蒙古人入侵花剌子模之时，他们遇见的所谓突厥人大多是康里人。但蒙古人并没把他们当成同类对待，他们所检查的一处细节，表明这些康里人至少作为群体而言并非蒙古人：突

①译者注：伯希和、韩百诗在法译文中作土土哈。

厥人和蒙古人之间最明显的区别在于是否剃发。当占领撒马尔干时，蒙古人把大食人（Tajik），也就是本地居民和康里士兵们区分开来，在对后者进行毫不留情的屠杀前，先强迫他们像蒙古人一样剃发。贝勒津的译文称（III，58；亦参见多桑书，I，238），是让他们结"环"，但在其使用的波斯文本中（III，89）是两个词，كاكل和بغوله。第一个词他没有翻译，乃是波斯语单词نغوله nayōla 的误写，意思是"发辫"；第二个词读作 kägül，是蒙古语（海涅士《词典》，97中的 kägüli 是不存在的；是他错误地从 kägül-iyän 这一主有宾格形式中割裂出来的）意思是"头顶的一绺头发"①。Nayōla 大概是说波斯语的人用来指《秘史》（第56、214节）中叫作失不勒格儿（šibilgär 或 šibulgär）②的那两根发辫。我认为，蒙古人所从出的古代阿瓦尔人，而非匈奴人，也有这两根标志性的发辫（参见提奥菲拉科特·西莫卡塔，I，8）。因此，虽然秃儿罕哈敦被称为巴牙兀惕人，但这些同族的康里人并不被视为一群蒙古人；或者是因为这些蒙古人长久以来待在突厥人的土地上，因此放弃了蒙古人的剃发风俗，而采用了突厥人的方式。

要明确巴牙兀惕部众从热河东北迁移到康里或钦察地方的年代，这是相当困难的。马迦特（第137页）说大概是在1115—1125年之间，我自己（《亚洲学报》，1920，I，150）则认为是在12世纪初，根据土土哈的传记我们仅能如此推断。但是虞集的原文中并没有说曲年是迁徙时代的人，而明显只提到他是一位先人。然而，最近在沙拉夫·阿尔扎曼·塔希尔（Šaraf al-zamām Ṭāhir）的《动物之自然属性》一书中的新发现（参见米诺尔斯基，见《金石和美文学院纪要》，1937，317—324），表明在11世纪中期，在追赶 Qūn 人的 Qāy 人（马迦特相信他们明显都

---

① 补注：《史集·成吉思汗纪》伊斯坦布尔抄本作 "كاكل，نوغله و كاكل"，蒙古语为 Kegül，《元朝秘史》作 "客古里颜"，旁译"鬓�擎"，该词解释见《高丽史》卷28《忠烈王世家》："蒙古之俗，剃顶至额，方其形，留发其中，谓之怯仇儿。" 在近代蒙古语里是"刘海""脑鬃""冠毛"的意思（额尔登泰、乌云达赉、阿萨拉图《〈蒙古秘史〉词汇选释》，内蒙古人民出版社，1980年，第152页）。

② 译者注：《秘史》旁译作"练椎"。

是存在的,与之相对,巴托尔德则持相反的意见,米诺尔斯基自己一度也曾经持反对意见)的驱使下,有过一次游牧民向西的大迁徙;由于"对 Qitā 王的恐惧",Qūn 人离开了他们原来的领土,这里的 Qitā 当然指的就是辽朝的契丹皇帝。我们很可能应该接受 11 世纪中期作为巴牙兀惕部迁徙的时间,而其迁徙的动机,也和 Qūn 人是一样的。

现在只需确认有关巴牙兀惕人从钦察或康里之地再回来的这部分了,我们知道这些回归的人在元代发挥了相当的作用。可以确定的是,1333 年成为皇后的那位巴牙兀惕人肯定是从西方来的,但这个例子的时间要远晚于拉施都丁所提供的信息中的时间。他对于曾经居于钦察或康里之地、后来又再回来的巴牙兀惕人一无所知,或者是完全没有提及,至少是没有直接提到。他只知道 *J̌ädäi[河]的巴牙兀惕(J̌ädäi-yin Bayaut)和"草原"巴牙兀惕(kähär-ün Bayaut)。在成吉思汗崛起之初,被称为是一"翼"首领之一的汪古儿,也是个"草原"巴牙兀惕人。如果我们对于成吉思汗生平的第一阶段的记载可以给予最低程度的信任的话,那么显然不能说这个时期就是巴牙兀惕人从钦察或康里"草原"回归的同一时期。我们可能会考虑,这里提到的是那些在其部落中的一部分人迁走的时候,一直留在其世居之地的巴牙兀惕人,也就是热河东北折连川的巴牙兀惕人。但也可能这里的"草原"是泛指,并非用于一个具体的地点。但是,把 J̌ädäi 河的巴牙兀惕人和西方的巴牙兀惕人对应是更加不可能的,因为事实上,从成吉思汗的时候起,他们中就已经有一个不合驸马是前者的女婿了。成吉思汗时代的锁儿罕(Surqan),也是个 J̌ädäi 河巴牙兀惕人,而此人被算作为成吉思汗的"世仆"之一,伊利汗阿八哈的妻子大卜鲁罕,就是他的后代。而且这里都不涉及钦察或康里人中的巴牙兀惕。尽管如此,我们还是有点惊讶于成吉思汗的家里竟然拥有这么多的"世仆",因为《秘史》告诉我们,这位未来的统治者在很长一段时间里都只不过有一两个仆人和若干马匹而已。史诗在很多情况下是夸大其词,但有时候又是贬低过头了。

无论如何,就此而言我的结论是:钦察和康里人中存在巴牙兀惕

111

112 部，这是毋庸置疑的，但他们最初出现在蒙元史中是在成吉思汗时代的晚期。然而还存在着难解之处，其中之一是拉施都丁提到蒙格秃乞颜之子敞失兀惕的后代，与汪古儿率领的巴牙兀惕部组成了一"翼"，其数量的增加超过了一个万户的人数，而且其后代中的大多数都在钦察草原（也就是金帐汗国）的脱脱那里，总之他们也属于乞颜部，但是是其别种。所有这些均表明这里提到的，是还留在当地的钦察的巴牙兀惕部。另一方面，在汪古儿的例子中，拉施都丁并未简单地称其为保兀儿赤（bawurči=ba'urči）——这是个地道的蒙古术语，而是用了一个乃蛮语的qïsat，也就是说一个西部的术语。从当时所通行的习惯来看，用这个词指一个"草原"巴牙兀惕人显然解释不通。并且如果我们相信《秘史》所云，即汪古儿是蒙格秃乞颜的儿子，因而也就是成吉思汗——一个东蒙古的蒙古人的堂兄弟，那就更加奇怪了。我现在尚不能从这一导致矛盾的混乱中理出什么头绪来。

我在上文中已经指出了元朝之后Baya'ut一名的汉文转写。在元朝，其汉文形式包括伯牙吾（Baya'u[t]，《元史》，38，2a，6b；133，7a）、伯岳吾（Bayawu[t]，同上，20，2b；106，2b；114，2b）、伯要（Bayau[t]，同上，134，9b）、伯牙吾台（Baya'utai，阳性族名，同上，134，4b；143，6a）、伯牙兀带（Baya'udai，同上，10，8a）、伯遥带（Bayaudai，同上，18，5a）、伯要觯（Bayaudai，同上，100，2a）、伯要歹（Bayaudai，同上，95，18b；《辍耕录》，1，15b）、伯牙兀真（Baya'ujin，阴性族名，同上，18，3a）、伯要兀真（Bayawujin，《元史》，106，3a）、伯要真（Bayaujin，同上，22，1b）。《元史》，131，7a中的拜要，相对于屠寄，102，8b那不可接受的假说而言，可能对应的也是Bayau[t]。

"钦察"这一名称将在下文第71节中讨论。至于康里，最初作为专
113 名是见于喀什噶里书（布罗克曼，247），作为钦察部一个重要人物的名字。但也可以认为喀什噶里是犯了个错误，可能在他的时代，这个名字已经成为一个部落名称了。此外，喀什噶里还提到"康里"是一种两轮马车的名字（同上，145）。从志费尼开始，包括拉施都丁和阿布尔哈

齐在内，都把这个名字写作قنقلى或قانقلى Qanglï（而非巴托尔德在《十二讲》，131中所说的"Qanghly"）。在拉施都丁书中（译文，I，18），他提到这个名称是借自于قنقلى qanglï，"马车的突厥语名字"。在乌古斯汗（Uγuz-ḫan或Oγuz-ḫan）的传说中，我们发现了非常相似的传承，不过在那里是称马车为qanq，而其民众是叫Qangluγ（参见《通报》，1930，337—338）。阿布尔哈齐（译文，17）给出了qanq和Qanglï，并且补充说马车被称为qanq的原因，是因为它在道路上发出qanq、qanq的声音。欧洲学者经常转写为"Kankali=（Qanqalï）"的这一形式，是不准确的。卢布鲁克（参见范登温加尔（Van Den Wyngaert），《方济各会中国传教史料（Sinica-Franciscana）》，I，211，218）正确地提到了"Cangle（=Canglï，Qanglï）"。在乌古斯汗的传说和阿布尔哈齐书所遵从的传承中，康里一名被作为是出自qang的一种形容词形式。Qangluγ则未见于别处，它应该是一种规则的回鹘语形式；Qanglï（<*Qanglïγ）则是属于西部突厥语的乌古斯语中的形式。我有些惊讶于与这里乌古斯语以-lï结尾的形式同样的例子竟见于喀什噶里书中，因为在该书中的形容词后缀通常还是以-lïγ和-luγ结尾的（我所见的唯一一例外是该书第242页中的Bäktili这一乌古斯部落，前提是这个其意难明的名称可以分解为*bäkti+li的话；而这点是非常可疑的）。并且喀什噶里还给出了Ala-Yondluγ（在第251页中又作"Ula-Yonduluγ"），称其意为"花马"乌古斯部落，而在拉施都丁书中（1，6，28）称为Ala-Yontlï。意为"马车"的qanq一词，除了乌古斯汗的传说和阿布尔哈齐书之外，到目前为止仅见于奥斯曼突厥语中，但在若干种北部突厥语方言中（如柯伊巴勒（koibal）语等），还存在意思与之相同的qangā（qanā）一词。我们可以认为这个词的起源是拟声而来（参见柯尔克孜语的qangqïlda-"发出回声"、"发声"）。至于قانكلى qānglï"马车"一词，除了喀什噶里书之外，还见于拉布胡孜（Rabγūzī）书及明代翻译机构的汉语-回鹘语字书中（对页第56b）。将其释读为قنقلى Qunqulï，并认为这是从一个根本不存在的地名قنقل Qunqul而产生的族名，这是孟买本《瓦萨夫书》的

编校者胡编乱造的，可是却令人遗憾地被收录到魏列尔斯（Vullers）的字典中（在哈梅尔《瓦萨夫史》中转写作 "Kankul" 的 قنقل，是 قنقلى Qanqlï 之误）。我认为这一名称真正的突厥语形式肯定是 qang（qaṅ）和 qanglï（qaṅlï），而非 qanq 和 qanglï。在古突厥语中，我们仅知 qang 有 "父亲" 的意思（参见如《通报》，1914，268）；但解作 "马车" 的 qang 也可以视为同样存在，qanglï 则是西部突厥语中的一种形容词形式（<*qanglïɣ），但这一形容词本身又被作为名词使用，因此 "康里" 大概不是 "那些赶马车的人" 的意思，而是被简单地称呼为 "马车"。至少从专名学的观点看来，此词正与汉文记载中的古代阿尔泰诸族联盟的名字 "高车" 完全对应。事实上，不忽木的传记（《元史》，130，2a）就很明确地提到，"康里，即汉高车国也"（但此处有一个年代错误，就是高车之名仅在汉代以后才出现）。马迦特（第189页）排除了这样的比对。因为他说到，所有迹象都表明，这显然是出于那些熟悉他们国家历史的汉人在头脑中本能的联想。这点不太可能，因为这里提到的汉人，如果要能指出这一对应的话，必须也知道康里的意思是 "车"。所以我认为可能是某个蒙古人或者突厥人，将之与汉文文献或汉人提供的材料进行比附的结果。尽管如此，我还是基本上赞同马迦特，即就算存在着意为 "马车" 这样共同的指代方式，也没有足够的理由认为10—13世纪的康里人是古代高车人的后裔。洪钧基于这样的比对，所作的关于康里的简述当然也就是错误的。

在汉文文献中，Qanglï 之名经常写作 "康里"，但在《黑鞑事略》（王国维校勘本，21a）中另外写作 "抗里"，在《元史》，99，3b 中则作 "康礼"。理论上讲，与其说康里应该复原为 Qanglï，倒不如说更应该复原为 *Qanglï(ɣ) 或 *Qangli(t)。在《秘史》（第198、262、270、274节）中，这个名称都写作康邻（Qanglin=Qanglïn），可以确认为是 *Qanglït 理论上的一种复数形式。关于康里，柏朗嘉宾和他的同伴波兰人本笃使用了 Cangit、Cangitae 或 Kangitae（范登温加尔《方济各会中国传教史料》，I，90、112、113、138），对此无从解释。但是由于有个来自 qang、qanqā 的 *qang "马车" 一词，使我们可以构想出一个派生词 *Qangïn，Cangit 和

Cangitae便可以复原为其蒙古语的复数形式*Qangït。而反对的理由则在于，柏朗嘉宾采用的术语主要差不多都是突厥语（库蛮-钦察语，有时还通过俄语作为中介），而非蒙古语。但是，作为支持*Qangïn和其复数*Qangït的理由，我们又能够举出一处汉文记载。在《元史》第121卷1b速不台的传记中，提到速不台请求以蔑儿乞人、乃蛮人、杭斤人和钦察人的各千户组建一支军队；在他的另一篇传记中（122，5a），也发现了相同的记载，但漏掉了"杭"字，但至少剩下的这个"斤"字表明，第121卷中的那个名称并非错误的。屠寄，29，2a早已正确地指出，"杭斤"正是康里（Qanglï）或康邻（Qanglin）的又一种形式，但他未能解释因何如此。洪钧推测出*Qanggin（或*Qanggil），然而他所谓的这个"蒙古语"发音可能比"康里（Qangli）"或"康邻（Qanglin）"这样的转写更为摩擦音化。我则猜测"杭斤"正与从qang派生而来的*Qangïn相对应，而柏朗嘉宾的Cangit或Cangitae对应的是其复数形式*Qangït，后者可能是库蛮人所使用的。另一种假设则是把"杭斤"重构为*Qanggïl，这也是完全符合规律的，其正常的蒙古语复数形式是*Qanggit。但这种解决方案要求我们将瓦萨夫的قنقل全都读成*Qangqïl而不是"Kankul"，但这样确认的话，就无法将其修正为Qanglï（伊勒亚斯和罗斯《拉失德史》，16，中的"Kángali"或"Kánkali"是不存在的）。但据我所见，我们应该认为这个词就是*Qanggin，因为我相信这个词就是保留在萨囊彻辰书中（施密特，207；满文译本，86，"Hanggin"；波波夫《蒙古游牧记》，309），并且被现在的鄂尔多斯右翼后旗所采用的"杭锦"（Qanggin=Hanggin，参见萨囊彻辰书汉文版注释，6，19a）。田清波神父在鄂尔多斯的氏族名称中收集了Hangin和Hangintš'ut（Hanggingči'ut，复数形式）这样的形式。不仅于此，在萨囊彻辰书中，Qanggin一名还出现在双名Dalat-Hanggin中，而达赉（Dalat）是从氏族名演变而来的旗名。然而关于这个名称的后半部分，据施密特其满文和汉文本均作Qanggin；田清波神父所知的出自鄂尔多斯地区的三个抄本则写作Qanglin。田清波神父（《鄂尔多斯志》，24，27，29，30，41）认为Qanglin就是最原始的异

116

文，并且他还没忘记把这个词和《秘史》中的康邻关联起来。总体而言这是合理的，然而柏朗嘉宾的文本和速不台的传记表明，Qanggin这一形式，其复数为 *Qanggit，同样可以追溯到 13 世纪。同样，现今在布里亚特人当中也有一个 Ḫanggin 部族（参见波塔宁《西北蒙古志》，IV，23，120，121）。可是，我们自然会假设 Qanggin 是更古老的 *Qangqïn=*qangyïn。在乌兹别克人中，有一个 Qangli 部族和一个 Qangit 部族（参见霍沃斯，II，11），我认为这两个名称最初是相同的。

转写为康里的 Qanglï 之名，在汉文中出现于蒙元时代之前。在大定（1161—1189 年）年间，他们的首领孛古，与粘拔恩的首领提出不再臣服于喀喇契丹，而归附金，除此便没有其他了（《金史》，121，2b）。孛古或可复原为 *Bögü，因此可能康里人也使用 Bögü-ḫan 或 Bügü-ḫan "巫师国王"这样类似的称号，此称号在回鹘人、钦察人和乃蛮人中均很著名（参见下文第 12 节）。

下面我回到对《亲征录》中专名的讨论，首先是蒙哥怯只儿哥，我们猜想这个名字的前半部分至少包含有拉施都丁的蒙哥秃乞颜（mangädü-Qïyan）一名的前两个音节。所有的文献均一致记载道，此人是也速该之父把儿坛把阿秃儿四子中的长子，也就是成吉思汗的大伯。《秘史》第 15 节中记录其名为忙格秃乞颜（其中的"忙"字事实上可以复原为 mang［或 mäng］和 mong［möng］），但在第 120 节和第 213 节中作蒙格秃乞颜（其中的"蒙"字可以复原为 mòng，相当于 mong、möng、mung、müng），在第 270 节中还有另外一个蒙格秃。我手头的库伦抄本（13b）的第 50 节作 Mänggä-tü-Käy-ä，第 120 节（43b）则作 Mänggä-tü-Kiy-a-nu（属格）。《辍耕录》（1，2a）和《元史》（107，2a）转写为蒙哥睹黑颜（Mänggädü-Qïyan，另外那个 Mänggädü，其转写或作蒙哥，或作蒙哥秃，或作忙哥秃，参见《三史同名录》，16，1a）。拉施都丁书的各抄本总写作 مونكدو Mōngädü 或 مونكتو Mōngätü[1]，并以第一个音节中

---

① 补注：《史集·成吉思汗纪》伊斯坦布尔抄本、塔什干抄本作"مونكدو قيان"。

的唇元音为标记。这个名字的含义是可以确定的，拉施都丁正确地指出（文本，I，182；译文，I，138），蒙哥秃的含义是"有很多痣的人"。这个词实际上是 möngä 的附属形容词，后者蒙古语写作 mänggä（突厥语 mäng），是"痣"的意思（亦参见《通报》，1930，277）。鲍培先生出版的古代三语词典（穆卡迪玛特·阿勒-阿达布蒙古语词典，235）给出了 مينكتو كوون mēngūtā kǖ'ün，以及其对应的突厥语翻译 menglig kiši "有很多痣的人"。这一突厥语形式也传到了蒙古语中作为专名：成吉思汗称为"父亲"（äčigä）的老人，即《秘史》（第68、69节等处）的蒙力克额赤格、《亲征录》（第27节）的灭力也赤哥（Mäli[k]-äčigä）、拉施都丁书的 منكليك ايچيكه Mänglīk-ēčigä①（？或 Mönglīk-ēčigä，文本，I，212；译文，I，158；文本，II，105，210；译文，II，65，130；文本III，163，167；译文，III，109，112），实际上采用的是一个与蒙古语中的 Mönggätü、Mänggätü 相对应的突厥语名字（格鲁塞《蒙古帝国史》，422 中巴鲁克先生提出的解释，认为 *Mungliq<突厥语的 munguγ "可靠的"，由于该词的颚音化，是不能成立的）。

拉施都丁书、《辍耕录》和《元史》中的 -Qïyan，相对于《秘史》中的 Kiyan 这样的双重形式，其中前一种形式要追溯到蒙古语中还具有 ï 并且把 q- 放在 -i 前面（qï-）的时期，而不是在蒙古语中只有一个中性的 i 用于这两种形式，因此只有 ki 的时期。根据拉施都丁（译文，I，136），قيان qïyān 在蒙古语中的意思是"山间的湍流"，这样的信息也传到了阿布尔哈齐中（戴美桑译本，32，71），但是没有任何证据能证明这样的解释，并且这一解释本身也很值得怀疑。在有关所有后来的蒙古人都是两对逃进额尔古涅昆的夫妇的后裔的传说中，这两对夫妇中的两个男人，一个名叫乞颜，另一个名叫捏古思。乞颜的后代被称为 قيات 乞牙惕（Qiyāt，乞颜的复数），但是，由于部落的增加，这个名称反而被遗忘了，直到被合不勒汗的孩子们重新采用，特别是被合不勒汗的二儿子把儿

---

① 补注：《史集·成吉思汗纪》伊斯坦布尔抄本、塔什干抄本作"منكليك اجكه"。

118　坛把阿秃儿所采用。在这样的情况下,具有泛阿尔泰基底的(参见《通报》,1929,214)额尔古涅昆的传说,很难认为是要早于成吉思汗已经取得成就的时代,并且其目的是抬高其起源以及其祖先的地位。事实上,在用于把儿坛把阿秃儿诸子之前,是找不到乞颜这个名称的。而我们发现,把儿坛把阿秃儿的长子总是被称为蒙哥秃乞颜;同样把儿坛把阿秃儿的三儿子也速该,在他遇到后来被其投毒的塔塔儿人的营地时,被他们说道"也速该乞颜来了"(《秘史》第67节);同样弘吉剌部的德薛禅在对也速该讲话时,也说"你们乞牙惕氏人"(《秘史》第63节,但汉文古本作"乞颜")。拉施都丁则把他们区分成了包括禹儿勤部、敞失兀惕部、Qïyat Saya(?见下文)在内的"普通乞牙惕"和بورجقين Bōrjïqïn乞牙惕,而后一支仅出自也速该(译文,I,11,134,138;II,49)。但在《秘史》(第42节)中则追溯孛儿只斤的家系一直到孛端察儿——他是阿阑豁阿之子,也是成吉思汗的远祖。更有甚者,在《秘史》(第3节)中蒙古人传说的一个更加古老的阶段,也就是"苍狼"和褐毛的"母鹿"往后几代,还把孛儿只吉歹蔑而干及其妻子忙豁勒真豁阿,作为在遥远的过去孛儿只斤氏和狭义而言的"蒙古"人所得名的祖先。

　　拉施都丁说(文本,I,182;译文,I,138)孛儿只斤在"突厥语中"的意思是深蓝色(اشهل ašhal)眼睛的人,此外,这些孛儿只斤人的"颜色(räng)"倾向于"黄色"(صفرت śufrat)。在成吉思汗纪中(文本,II,79;译文,II,49—50),拉施都丁重复道——此处没有提到是"突厥语"——孛儿只斤的意思是"深蓝色的眼睛(ašhal čäšm)"。他还补充道,"恰巧"(اتفاقا itfāqā),也速该的孩子们以及迄今为止他的后代中的大多数人也都有着"深蓝色的眼睛(ašhal čäšm)"和"黄颜色(zärd räng)"。拉施都丁书中在回忆阿阑豁阿对她梦境的讲述时,也提到在她寡居期间那个夜晚来见她、并且使她生了孛端察儿等三个孩子的神人,也是"深蓝色的眼睛(ašhal čäšm)"和"黄颜色(zärd räng)"。但在前面对这个梦的描述中(文本,II,14;译文,II,10),拉施都丁说的是这个神人是"红棕色(اشقرانى ašqarānī)",并且有着"深蓝色的(ašhal)

眼睛"。他还补充道,这样的特征在也速该的孩子们身上再度出现,是他们将来掌握王权的征兆。阿布尔哈齐(本,51;译文,52)总是跟着拉施都丁亦步亦趋,他说"也速该的眼睛是深蓝色的(شهلا šahlā),并且蒙古人(Moγol)称[此人]为深蓝色(šahlā)眼睛的孛儿只斤"。接下来(文本,67—68;译文72)他还宣称也速该之子及其后代中的大多数都是"黄白色(aq-sarï)",并且有着深蓝色的(šahlā)眼睛,蒙古人(Moγol)称之为ašhal("深蓝色眼睛[的人]")孛儿只斤。并且我们在也速该的家系中也发现了这个标志性的征兆,从他往上数第九世,来见阿阑豁阿的那个神人,就是"黄白色(rängi aq-sarï)"和有着"孛儿只斤"眼睛的神人。阿布尔哈齐还补充说,阿拉伯人称眼睛虹膜为黑色(bübäčik)、角膜(aq,字面的意思是"眼白")为白色、虹膜和角膜之间的"黑"(qara,也就是围绕虹膜那一圈深色的线)为红色的人为ašhal(这一定义一直传到了帕维·德·古尔特伊的《东方突厥语词典》,165的"孛儿只斤"词条中)。

这些就是与我们一直称成吉思汗和他的家族为"灰"眼睛 或"猫儿眼睛",以及与那个来见阿阑豁阿的神人为"黄皮肤"有关的文献了;这些也可以说是拉施都丁用蒙古语的boro "灰色"来解释孛儿只斤一名(复数Borǰigit;但以规则的-tai结尾的族名Borǰigidai并非来自Borǰigit,而是来自Borǰigin;库兰(Courant)《17至19世纪的中亚》,5,6,7,10中的单数"Bordjig"是不存在的),并假设孛儿只斤对应着一个未知的蒙古语术语*Boro-Čikin "灰眼睛"的有关文献(最后可以参照格鲁塞《蒙古帝国史》,22,52,408)。至于错误产生的原因,部分要归咎于翻译者,特别是贝勒津。在他记载的有关阿阑豁阿感梦的故事里,清楚地是用"蓝色眼睛(golubookiï)"来翻译ašhal,这对我们而言差不多应该理解为淡蓝色的眼睛;但在其他所有地方,无论是有关神人还是有关孛儿只斤家族的,他都用的是"灰色眼睛"。这与阿布尔哈齐所理解的ašhal的意思,即围绕着"黑色"虹膜的一圈是红颜色的眼睛,也大不相符(戴美桑的译文同原文一样,都是异想天开的)。唯一一处提到"孛儿只斤"这个短语出现在哪种语言中的,是拉施都丁书中记载的突厥语(从这个例子当中可以得到*borčïqïn),但是突厥语当中没有这个词,而本身就是突厥人的阿布尔哈齐则归之蒙古人。这显然就导致了我们刚才说到的"灰眼睛"的产生,因为可以很自然地想象,把孛儿只斤这个名称,和蒙古语的boro"灰色"关联起来(这个词在突厥语中的对应词是boz"灰色",由于boz的存在,所以看来使我们不能假设它是由于发音错误,到突厥语中成了borjïqïn[*borčïqïn]的)。此外,我们还注意到很久以来sono就在蒙古语中作为"虹虫"的名字,而bolčin sono是"灰虹"的名称(参见贝勒津,译文,I,274,在该处他毫不保留但同时也是毫无证据地提到bolčin sono中的bolčin是"孛儿只斤"的缩略形式)。我们也可以试图在词源上把孛儿只斤和蒙古语中的borjin no'osun "borjin[野]鸭(在满语中同样是borjin)"关联起来,但关于borjin no'osun这个词组的由来则仍然未知,可能borjin的意思是"雌鸟",从而波波夫所译《蒙古游牧记》,442中的Borji-Angirtu可能就是"雌鸳鸯之地"。在察合台突厥语中,borčin(borjin?)指的是"母鸭",并且看起来像是从蒙古语来的借词(参见兰司铁《卡尔梅克语词典》,51;帕维·德·古尔特伊的《东方突厥语词典》,165;拉德洛夫,IV,1666);而同样在这种突厥语方言中还有含义为"母羚羊"的borjin(或borčïn,出处同上)。所有这些都没有"深蓝色的眼睛"的意思,也没有"灰色眼睛"的意思。

关于所提到的"黄颜色",也值得我们讨论。尽管实际上在贝勒津拙劣的编纂中他提到(译文,I,138)这些"灰眼睛"是出自黄色,但他想说的意思是孛儿只斤的皮肤是黄色的。这种说法非常奇怪,我想,这就是为什么阿布尔哈齐虽然和贝勒津理解的是一样的,却修改说孛儿只斤的颜色是"黄白色"(戴美桑译文中的"脸"这个词不见于原文中)。我想恐怕这里是有错误的。当拉施都丁在有关孛儿只斤的地方,追述阿阑豁阿的梦而提到神人的"黄色"时,显然是与《秘史》(第21节)中发挥同样作用的像"黄狗(šira noqai)"那样爬行的"淡黄色的

人（čäügän šira kü'ün）"相对应，而这种颜色是"日月之光的"黄色，并
与神的金色形象相应。尽管如此，在拉施都丁对梦的描述中，他提到这
个人形的神人是 ašqarānī，也就是"红棕色"、"栗色"的。Räng，"颜色"
一词，在波斯语中也用来指动物的毛皮、马的毛色，但要说拉施都丁认
为也速该的儿子们和后代有"黄色"皮肤，大概是不太可能的。我认为
这里指的是他们的头发，其中有些人——由于情况的需要而被说成是
主流——的头发是金黄或红棕色的。这总体上与中世汉文史料中"黄
头室韦"蒙古人的外观是同样的。根据我的意见，为了把这些深蓝色
眼睛的金发人和阿阑豁阿梦中的"黄色"神人联系起来，拉施都丁继
续使用了一个含糊不清的词汇"颜色"，而这让从阿布尔哈齐开始的解
读这段话的人都理解错了。至于解释说孛儿只斤是 ašhal "深蓝色的眼
睛"的意思，鉴于在各个国家当借用与颜色有关的名称时，日常使用方
面的不稳定性，很可能拉施都丁和他的信息提供者是从 boro "灰色"一
名中得出来的，但这样想大概有点太随意了。这是出于拉施都丁想要
把深蓝色眼睛的孛儿只斤人的这种特性，视为对其氏族名称进行解释
的原因，但很可能这样的解释是毫无价值的。孛儿只斤的名称（复数
Borǰigit）在当今仍然继续留存在口传历史和部落名当中（参见波波夫
《蒙古游牧记》，1，115；波塔宁《西北蒙古志》，II，25；格鲁塞《蒙古帝
国史》，418）。施密特在其所编辑的版本中以及满文本中均作 Borǰigin
（除了第166页），并总是转写为"Bordschigen"，这是错误的。对十从
Borǰigin 而来的族名，施密特的版本（第56页）作 Borǰigätäi，但满文本却
是（第32页）Borǰigitai，无疑后者才是正确的形式。一个不规则的复数
形式 Borǰigis（如此，其单数形式就应该是 *Borǰigi）见于萨囊彻辰书中
（施密特，251［其转写"Burǰigis"是错误的］；满文本，102［Borǰigis］；
汉文本，7，11b［同前］），汉文注释者就此还举出了察哈尔的两个部族
名，*Borkičis（？读作 *Borčikis？）和 *Borci，但这最后一个名称，字面上
的意思是"葡萄种植者"，在这里的讨论中肯定是行不通的。

关于复数为乞牙惕的乞颜这一名称，还有需要讨论之处。从乞颜

规则派生出了族名Qïyatai，这一形式见于如贝勒津，译文，I, 45；II, 51的 قياتای بوراغی Qïyātāi-Būrālγï 或 Būrālγï-Qïyātāi（buralγï 是个称号，但经常被用作为专名）这样的名称中。然而，贝勒津却读作"Kïyan"和"Kïyatai"（有一处作"Kïiotai"），并且总是采用"Kïiot"作为复数的部落名的转写形式。这反映出贝勒津应该是受到了现代蒙语中Kiyot这一形式的影响，而这是为萨囊彻辰书（施密特，63）所采用的，并见于满文本（第6、35页）中。同样，我手头的库伦抄本（19b）在与《秘史》第63节对应的部分正作Kiyat，但在时代更靠现在的那部分中则见有Kiyot。这个Kiyot有着非常古老的源头。在《元史》的开头部分，就提到了成吉思汗的"姓"是奇渥温，这使我们假设出从Kiyan而来的、具有元音-o-的最初形式*Kiyo'un或*Kiyowun，《辍耕录》（1, 15a）提到了乞要歹部落，Kiyaudai<*Kiya'udai，这肯定就是乞颜。我们还看到，至少在14世纪中期就有了一个派生的形式*Kiya'un（>*kiyo'un或*Kiyowun，比*Kiyo'ul或*Kiyowul更有可能），并由此给出了一个规律的族名Kiyaudai（<*Kiya'udai），而其复数形式*Kiya'ut则有力地导向*Kiyōt，而这个Kiyōt就是现代的Kiyot的根源所在。但没有任何理由用Kiyot来代替我们文本中的Kiyan、复数形式的Kiyat（这个"奇渥温"似乎不大可能变成波波夫《蒙古游牧记》，159, 160中的"Čodo"）。关于时代更晚的突厥语文献中的Qïγat，参见《通报》，1930, 266；Qïγat、Qï'at和Qïyat是同一个名字。

在其有关蒙古人起源的概述中，《元史类编》（1, 1a）在以与《元史》所述相同的情节讲述了海都和纳臣的有关事迹之后，又补充道："其后，子孙蕃衍，各自为族，曰哈答吉（Qadagi[t]），曰散只儿［应修正为"兀"］（Salji'u[t]），曰吉狔（Kiya[t]），又谓之扎即剌（Jajira[t]）氏，彼此不相统属。五世曰也速该，并吞诸部……"我不知《元史类编》的作者于1693年撰此概述所引用的史料是来自何处，但显然非常古老，特别是"吉狔"这样的形式，我从未在别处遇到过。

最后我们看到，根据拉施都丁，也速该的后代称为乞牙惕·孛儿只斤，波斯史家还补充道，他们同时既是乞牙惕，又是孛儿只斤。萨囊彻辰书（施密特，62）称Kiyot yasutu Borjigin oboqtu，巴鲁克先生翻译为（格鲁塞《蒙古帝国史》，418）"从孛儿只斤的氏族（yasun）来的，便像从乞牙惕的族姓（oboq）来的一样"。但这里有个疏忽了的地方，就是乞牙惕的概念要比孛儿只斤来得更宽泛，而蒙古文本不能从字面上理解，为保留巴鲁克先生所用术语起见，可译为"从乞牙惕的氏族（yasun）来的，便像从孛儿只斤的族姓（oboq）来的一样"。

在讨论了名称之后，还须继续考察事实。我们的文本称："忽都徒忙纳儿（Qudu[q]tu-Mangnar）（31）之子蒙哥怯只儿哥……"这使得我们可以认定最后一个名字的开头部分对应的是蒙格秃乞颜的开头部分。但这里存在着不可能。无论对错与否，《秘史》（第50、140节）提到忽秃黑秃蒙古儿（又名忽秃黑秃蒙列儿，即我们文本中的忽都徒忙纳儿）只有一个儿子，就是不里（Büri或Böri）；拉施都丁（译文，II，35）则说忽秃黑秃蒙古儿有"很多孩子"，但是他并不知道他们的名字；而在提到不里的时候，他又没提到其父母是谁。另外有一点是非常确定的：蒙格秃乞颜是把儿坛把阿秃儿的长子，忽秃黑秃蒙古儿并非他的父亲，而是他的叔叔，这只可能是我们所研究文本的编纂者给搞错了。如果是这样的话，由于这里的"蒙哥-"和拉施都丁的文本，我们便可以认为这指的是蒙格秃乞颜。我们还得像洪钧、屠寄和王国维那样，承认《亲征录》的文本此处有阙文，或更可能是两处，其假设一处是在"忽都徒忙纳儿之子"后面；另一处是在蒙哥或蒙哥怯后面。其阙文仅有屠寄试图补充完整，其所重构的文本我已经在本注释的第一部分翻译过了。据他所见，应该读作"忽都图［各本作"徒"］蒙列［各本作"纳"］儿之子播里及忽兰脱端统怯颜部人为二（应作"一"）翼。蒙哥都怯颜之子翁古［读作"哥"］儿为一翼"。这里"只儿哥"的"只"应该是"公<翁"字颠倒了，"儿哥"则应该调个位置作"哥儿"。即使排除屠寄本人在其编订中所犯的错误，至少可以看出他在汪古儿（翁哥儿）是否蒙格秃乞颜的儿子这点上还是相当含糊的。但在这个假定的文本

124

中，就我看来则什么都没有否定。特别是我非常愿意承认蒙哥怯是蒙格秃乞颜（Mönggä[dü] Kä[yän]）的残余部分，于此只需假设在蒙古文本中-i-讹误为-a-(-ä-)即可，正如库伦抄本的复本之例，确切地说就是有关这个名字的例子一样。至于其他，我们可以考虑另外的重构方案，在这一方案中，要提到敌失兀惕，并且以作为巴牙兀惕部首领的汪古儿结尾，但想要完全重构的话，风险未免过大。

[32] 在下文第29节中又提到了他。在《秘史》中叫作忽图剌合罕（第48、51、58节），或简称为忽图剌（第53、57节）和忽图剌汗（第122、179、206节）。在《辍耕录》(1,2a)和《元史》(107,2a)这个名字讹误为忽鲁剌罕，就像前面忽都徒忙纳儿（Qutu[q]tu-mänär）名字的第二个-tu所发生的情况一样，此名应重构为忽图［或"徒"］剌罕（Qudula-qan，或Qutula-qan）。拉施都丁写作خان قوتوله Qūtūla-ḫān（各抄本在خان ḫān、قان qān和قاان qāān三者间游移不定，贝勒津采用了qāān，但我看来更可能是ḫān）①。根据《秘史》和《元史》，他是合不勒汗的第四子，但拉施都丁则把在其他史料中均记作第五子的合丹把阿秃儿放在他之前，而如果不把忽阑排除在这一名单外的话，此人则是第六子。拉施都丁有关其第十翼的记载，与我们这里的相符。忽图剌罕是成吉思汗的叔祖父。拉施都丁（译文，II,34）说到，忽图剌先是支持成吉思汗，后来又跟王汗联合，这些将在下面的历史中讲述②，但接下来成吉思汗时代的历史却与这里所提到的相反，在其中早就没有与忽图剌罕有关的记载了。根据拉施都丁本人的另一段文字（译文，II,46），忽图剌罕在也速该之前就死了。在波斯，有个克烈部人也叫忽图剌（贝勒津，译文，I,106）。我不知道这个名称的起源。贝勒津引用的（译文，II,184）quda "女婿（或儿媳）的父亲"，是不可能的，而他根据王西里（Vasil'ev）的研究补充引用的所谓 "qutula" 武装仆役，满语为kutule，和忽图剌之

① 补注：《史集·成吉思汗纪》伊斯坦布尔抄本、塔什干抄本作 "قوتله قان"。
② 译者注：据《史集》汉译本，这段话指的是合不勒汗的另一个儿子合丹把阿秃儿，而不是忽图剌罕，参见《史集》第一卷第二分册，伯希和可能是因贝勒津译本的错误而致误。

名完全没有勘同的可能。

[33]《秘史》(第51节)提到忽图剌合罕有三个儿子,"拙赤、吉儿马兀和阿勒坛"。拉施都丁则只知道其中的长子和三子,但他仅称长子名叫 جوجی خان Jŏčī-ḫān,另一个则叫阿勒坛(译文,II,34—35)。《秘史》中剔除了拙赤之名后的"汗"这个称号,这可能是为了使人相信,在忽图剌汗死后,所有的权力就都传给了他的侄子也速该,而拙赤汗仅保有对自己属民的统治权。尽管很显然他从来都没有成为可汗,《辍耕录》所记的蒙古语原文仅作拙赤汗(Jŏči-han)或搊只汗(Čŏji-han)。拉施都丁记载的第十翼由拙赤汗及其属民组成。关于拙赤一名,参见下文第26节1及46。在下一个注释中将讨论阿勒坛。吉儿马兀(在我手头库伦抄本的13b写作"Girmi'u")只见于《秘史》第51节。这个名字可能可以分割成Gir-ma'u,由gir=kir或kkir"肮脏、垃圾"和ma'u"坏的"构成。

[34]按擅是忽图剌汗的三儿子,在《秘史》和拉施都丁书中都经常被提到。在拉施都丁书中写作 التان Āltān,而且还说阿勒坛(当然是和他的属民)组成了第十一翼(译文,II,95)。最开始他与成吉思汗为友,但很早就因为分配战利品的问题和成吉思汗闹翻了,投靠到王汗一边,最终被杀。屠寄(2,11b)称之为"阿勒坛斡惕赤斤"是错误的,因为这个修饰词在任何时候都没有用在过他身上。阿勒坛的意思是"金",这是个常见的名字(参见《三史同名录》,24,3b)。

[35]在《秘史》(第48节)中,忽阑是合不勒合罕七子中的第五子。《辍耕录》(1,2b,其中"忽"讹作"急")和《元史》(107,2b)把他放到了最后面,因为他是侧室所出。这也就是为什么拉施都丁只记载了合不勒汗的六个儿子,而忽略了忽阑的原因所在。尽管如此,在拉施都丁有关第七翼的令人迷惑的记载中,可能提到了此人;但我无法在各抄本此处记载中的讹误形式中找出他的名字。在《秘史》第51节中,忽阑被称为忽阑把阿秃儿,在该处提到他是也客扯连的父亲;但在第169节中,又说也客扯连是阿勒坛的弟弟,如果他真是忽阑之子,阿

勒坛就只能说是他的堂兄弟。忽阑的意思是"野驴",在突厥语中的这个词见于喀什噶里书。我们在《秘史》(第188、199、265、267,复数为qulat)碰到过它的蒙古语形式,亦参见《通报》,1930,289。

[36] 这就是《秘史》(第48节)的脱朵延斡惕赤斤、脱朵延(第51节)。拉施都丁(文本,II,56,58;译文,II,34,35)将其名写作 تودان اوتچکین Tōdān-ōtčigīn①《辍耕录》(1,2a)和《元史》(107,2a)作"掇端斡赤斤"(*Dödōn-o[t]čigin)。他是合不勒汗嫡出的小儿子,在排除了忽阑或将其作为庶出之子而放在最后之外,他就被看成是第六子;要是像《秘史》那样根据忽阑的年龄排序,那么脱朵延斡惕赤斤就是第七子。在军队的构成中,合不勒汗的这两个儿子的名字相邻,使我们相信《亲征录》的文本是与蒙古语原文相一致的。这一翼不见于拉施都丁的记载,或至少是隐藏在组成第七翼的那些有所讹误的名字当中。拉施都丁放在第七翼开头的,贝勒津(译文,II,95)读作"Otoǰukhu-Dordangi的诸子",根据抄本的异文(文本,II,153)可以很准确地得出Tōdān-ōtčigīn(尽管其结尾部分更像是 بیکی beki 或 begi),但其开头部分看起来是指向"忽秃黑秃(Qutuqtu)",并且没有位置留给忽阑。事实上,《秘史》提到脱朵延死后并未留下后裔(在另一处被这么说的对象是他的兄弟合丹把阿秃儿,但拉施都丁[译文,II,34]则说他有很多后代)。屠寄对《亲征录》此处的文本提出反对意见,认为在这段文字所涉及的时代,忽阑和脱端斡惕赤斤都已经去世了,因为他们是当时已经35—36岁的成吉思汗的叔祖父。我在上文中已经提到过这一论据相当薄弱,这两位叔祖父是成吉思汗祖父最年轻的两个兄弟;此外,我认为成吉思汗真正的生年是在1167年,也就是比通常为人们所接受的1155年或1162年要晚12年或5年。屠寄认为成吉思汗是生于1155年,所以他认为的35—36岁就对应为我所推断的23—24岁。在这个时候,其祖父最小的两个兄弟,也就是成吉思汗的叔祖父们仍然可以很好地

---

① 补注:《史集·成吉思汗纪》伊斯坦布尔抄本、塔什干抄本作"تودین قورچی"。

率领其部众。我们也可以把这视为倾向于支持我所提出的1167年说的一个旁证。脱朵延是个常用名，但我并不知其起源。贝勒津（译文，II，178）强调的 toda "明确地"，首先从词类的差异来看，就是不可能的。我们可以猜测为 tüdä'ä, tödä'ä, "短裤裤带"，但这不过是一种假设而已。

[37] 关于这部的内容仅见于《说郛》本中，它相当于拉施都丁的第十二翼。原文中提到了"塔降吉"，但"降"这个字显然是一处衍文，因为拉施都丁放在第十二翼开头的是（文本，II，154；译文，II，95）داقی بهادار Dāqī-bahādur，贝勒津不恰当地读成了"Dakhu-bakhadur"。《秘史》（第120节）提到了一个塔乞（Taki），但在其他各处他被叫作塔孩（Taqai，第124、177、202、207节）、答孩（Daqai，第126节；?读作 Taqai）和塔孩把阿秃儿（Taqai-ba'atur，第151、186节）。在还没有见到这段唯一保存于《说郛》本中的文字前，屠寄（2，11b—12a）基于贝勒津的错误转写"Dakhu-bakhadur"，认为这就是《秘史》中的塔孩或塔孩把阿秃儿。其真正的转写 Daqi-bahadur 似乎证实了这种假设，并且得到了《秘史》第120节中塔乞这一形式的支持。我们还可以补充的是，《秘史》中的塔孩有好几次都是和速客该（Sükägäi）一同被提到，正如我们将在下一条注释中所见的那样，这就是 Sükä'än>Sükä，也就是说出现了一个部落名，而 Dagi，也就是拉施都丁的 Dāqī-bahādur，率领这个部落的部队。然而，似乎我们需要放弃这样的比对。根据《秘史》和《元史》一致的证言，《秘史》中叫作塔孩、塔乞或塔孩把阿秃儿的这个人，在下文第12节中提到是一个速勒都思部人（Süldüs），而这个部落完全不能与《辍耕录》和拉施都丁所说的 Dagi 或 Dāqī-bahādur 所出自的洪吉牙部落视为同一。我认为将这些关联起来唯一有可能的假设，就是认为《秘史》中的此人，虽然在拉施都丁有关速勒都思部的概述中没有提到，其实是个速勒都思部人，但由于某种未知的原因，率领洪吉牙部和雪干部人。他们的名字大概是一样的。我们发现在《秘史》中有一次是用塔乞来称塔孩；另一方面"塔乞"则是源自一个更为古老

127

的 *Taqï,而 Daqï>*Daki>Dagi,实际上在蒙古文书写中是不区分 t 和 d 的。طغای Ṭaqāī、Ṭaɣāī 一名,贝勒津总是错误地读作 Tuɣai,是一个很常见的蒙古人名字。其词源仍不太确定,我们可以猜想为来自突厥语的 taɣai "舅舅"(蒙古语中同样含义的词是 naqaču=naɣaču)。贝勒津释读的 Daqu,因为他错误地将其与蒙古语的 daqu "皮袄"(>满语的 dahu,俄语的 dakha, dokha)对应了起来,参见译文 II, 304。实际上可能应该读成 طغای Daqai、Daɣai 而不是 Ṭaɣai,因为拉施都丁经常用 t- 来转写蒙古语中打头的 d-,但是汉文转写均倾向于 Taqai=Taɣai。

[38] 开头这个字在《说郛》本中作"共",我修正为"洪",这一修正可谓是确定无疑的。王国维(8a)称他并不知道这个共吉牙对应的是什么,并且认为本文中有脱误。实际上,这指的就是拉施都丁提到的 Dāqī-bahādur 所从出、并率领其部队的那个部落,也就是 قنققیات Qongqïyāt(文本,I, 284;译文,I, 214;文本,II, 154;译文,II, 95)[1]。当在蒙古语中失去了 ï,然后又失去了 ï>i 前面的 q- 之后,Qongqïyāt 便必然支持我们所研究的文中的 Qonggiya[t] 这一形式。可叹的是贝勒津竟转写为"Khongkhoyut",因而带来了一连串的错误。在《秘史》(第 187 节)中,提到了"客列亦惕汪豁真姓的人(Qngqojit Käräyit)",那珂(1), 258,认为可以从这个名称的一部分里找出《秘史》中的温真和《亲征录》的嫩真——其名的后半部分在这个名称中被删除了,剩下的部分便是贝勒津的"Khongkhoyut"了。但我们在前面的注释中看到,已经完全确认嫩真是作为部落名。至于汪豁只惕(符拉基米尔佐夫的"Van-ḫojin",《蒙古社会制度史》,97 这一重构是错误的),如果我们考虑到蒙古语中无重音的第二音节的不稳定性,我认为便可以考虑汪豁只惕对应的是 *Ongqajit,复数为 *Ongqajin,*Ongqajin 则是来自 Ongqan 的一个规则的族名。我认为这个 Qngqojit Käräyit 简单而言就是"属于王汗的客列亦惕百姓"(参见现今的翁牛特<Ongli'ut, 复

① 补注:《史集·成吉思汗纪》伊斯坦布尔抄本、塔什干抄本作"قینقیات"。

数 *Ongliq，"王的"；即"王室百姓"）。屠寄，2，11—12认为贝勒津将"Khongkhoyut"作为"部落"是拉施都丁之误所导致的，他认为应该作人名，即《秘史》第120节的"速客虔"部的者该·晃答豁儿。王国维虽然并未征引屠寄的观点，他书中（8，a）仅根据"速客虔"和我们这段中的"雪干"相近——这当然是正确的——而做出了和屠寄同样的假设。但拉施都丁书此处本无错误，Qongqïyat也确实是个部落名。贝勒津对于 Qongqïya 之名不正确地转写，使他认为该名称是来自蒙古语的 qongqo "钟"（<突厥语的 qongraɣu，qongrau，>满语的 honggon），这是不可能的。我们猜测其来源可能是 qonggiya "空的"、"洞穴"、"槽"。

［39］这就是在拉施都丁书里的第十三翼中被称为 سوكان Sügän（或 Sūkān）的那个部落。在部族志中，Sügän 部的简述（文本，I，284；译文，I，213）紧接在洪吉牙部的简述后面，这两个部落应该是相邻的，并且可能还有亲缘关系。但是拉施都丁对于作为 Sügän 部代表的人一无所知。《秘史》第120节中的内容很容易就让我们想到了此处研究的文本，它提到了速客虔氏的者该·晃答豁儿（Jägäi-Qongdaqor）的儿子速客该者温的到来。屠寄和王国维恰当地把速客虔和 Sügän 联系起来。我们仅需认为，《秘史》的转写者，由于缺乏对这一名称真正发音的了解，因此采用了 Sükä'än，实际上应该转写为 Sügä'än>Sügän 或 Sü'ägän>Sögän，在蒙古文书写中这三种形式是无从区分的。我们所研究的义本的汉译者肯定是读成了 Sügän。速客该者温（Sükägäi-Jäün，jäün 的意思是"左边"，可能这个人是个左撇子；参见我们所研究文本的第32节的按弹折温（Altan-Jäün）；和贝勒津，译文，I，174的 هرقى جيون Harqaï-Jeün，在此处拉施都丁很明确地解释说 jeün=jä'ün 即"左边"）名叫速客该，此名称看起来是部落名的一个变体形式，-gän(-'än) 和 gäi(-gä) 则是这同一个后缀的另外两种变体，就好像其非颚音化的同类 -qan(-ɣan)、-qa(-ɣa) 和 -qai(-ɣai) 一样。无论是读作 Sügä'än 还是 Sügägäi，都必须放弃贝勒津在其译文，304中提出的其来源于 sükä，"斧头"的观点。速客该者温在《秘史》中多处均有出现，但通常是不带有

"者温"这一修饰词的。在第126、177、181节中，他的名字正确地转写作速客该。在第180节中，是关于也该晃塔合儿的儿子脱斡邻勒的，他的家族是成吉思汗家族的世仆，所以成吉思汗称他为"弟"。在第166节中，这个脱斡邻勒被称为雪格额台，这也就是Sügä'än的族名，因此也就可以肯定者该答豁儿就是也该晃塔合儿（Yägäi-Qongdaqor，在蒙古文书写中y- 和j- 是一样的）。但是，又名也该晃塔合儿的者该答豁儿，与第260节中的晃塔合儿（Qongtaqar）或晃塔合儿豁儿臣并不是同一个人，后者是朵郎吉部人（札剌亦儿部的分支，复数为Dolonggit，拉施都丁，译文，I, 33的طولانكقيت Ṭōlāngqït［=Dolangït?］，参见下文第7节）。速客该者温就是我们文本下面第12节中的雪也垓（Süyägäi），在与之平行的文本中，拉施都丁（文本，II, 178；译文，II, 110）写作سواكى，贝勒津转写为"Sueke"，但应该读作Süägäi=Sü'ägäi。《秘史》中的雪格额台脱斡邻勒，在我们所研究的文本中作梭哥台脱怜（Sōgätäi-Tōril，下文第32节）。这些形式均表明应该转写为Sügän（<Sugä'än）或Sōgän（<Sü'āgän），但总之都有一个-g-而不是-k-，因为只有Sügägäi而非*Sükägäi，能够支持Süyägäi和Süägäi（=Sü'ägäi）这样的形式。此外，从我们文本中的梭哥台脱怜（Sōgätäi-Tōril）或许可以得出马可·波罗书中"Sogatu"（比"Sagatu"这一异文要好）一名的来源，此即《元史》卷129有传的唆都（Sōdü<*Sō'ätu<*Sü'ä'ätü）其人，他是个札剌亦儿人，但却是以雪干（Sü'ägän、Sōgän）部而得名的（另一个唆都在《元史》，205, 6b中被提到过）。尽管以 -tai（-täi）而不是 -tu（-tü）结尾的族名更常见，但是这里以 -tu结尾的情况通过我在下文第12节中所征引的Säyigätü或Süigätü而得以证实。伯劳舍，II, 447中对"唆都"的解释是不可接受的。正如我在《通报》（1924, 363—364；1929, 196；1936, 383）中所指出的，这个名字就是"Sogatu"，并且直到18世纪都还以"索额图（Sö'ätü）"这一形式的蒙古人专名继续存在着。屠寄，152, 2b—4a的速客讷惕部成员的世系表，除了者该晃答豁儿和他的儿子外，完全是臆想。我不知道Sü'āgän或Sügä'än一名的起源，

有可能它是从 süga-、söga-"辱骂"、"冒犯"一词派生而来的，参见下文第 12 节。

［40］此名不见于他处。在孛秃的传记（《元史》，118，3a）中，有一串令人不解的部族（？）名，他们加入到成吉思汗一方与敌人作战。屠寄，23，7b 对这些名称进行解释的尝试是不可接受的。在"哈剌里札剌兀塔儿哈泥"这一串当中，"札剌兀"使人联想起我们文本中的"札剌吾思"，但是我更愿意相信"札剌兀"中的"兀"字是"儿"字之误，所以应该读作"札剌儿"（jalār），这也是 jalār 常见的转写形式。事实上，我们文本的这段文字与拉施都丁所记载的这一翼的情况非常接近，以至于我很难相信这一部落名竟然不见于波斯史家的记录，因此我会认为这是翻译者的又一处错误。理论上讲，札剌吾思或对应 *J̌ala'us，或对应 *J̌ara'us。而 J̌ala'us 是 jala'ui "年轻"的复数形式，意思是"年轻人们"。我想象在蒙古文本中，应该是说塔吉率领着 Sōgän-ü jala'us "雪干部的年轻人"，而翻译者则在无意之中把 jala'us 当成了一个专名。关于 jala'us 这一专门用语，参见符拉基米尔佐夫《蒙古社会制度史》，索引中的 jala'u、jala'us，特别是第 163 页。

131

［41］王国维校注本写作"玉烈贞"，与《说郛》本同；但"贞"显然是"真"字之误，因此我进行了修正。关于"二部"，参见本注释的结尾部分。"建都赤纳"的意思是"公狼"，"玉烈真赤纳"的意思是"母狼"。在蒙古语中"狼"的"学"名是 činoa>činō, čonō，阴性名称是 ülükjin。《秘史》中对这两个分支未作区分，仅提到了赤那思（Činōs，是复数，第 129 节［通过我手头的库伦抄本，50a 中的 Čanos 而得以间接证实］、第 207 节），但该书中的坚都赤那（Gändü-Čina）则作为通称（第 210 节）。这"两部"（？）组成了拉施都丁书中的第十三翼也就是最后一翼，这与我们所研究文本的记载是一致的。贝勒津（译文，I，11，188；II，21，23，93）转写为"Kendu-Čino"、"Ulukčin-Čino"和"Činis"，但拉施都丁（文本，I，12，249—250；II，32，35，154）实际上是写作 کندو جینه、جینس 和 اولکجین جینه，而其记载的改编者阿布尔哈齐也都是这么写的（戴

美桑编辑，64；译文，68；但 چنيس 是 چينس 的一种错误的异文），应该转写成 Gändü-Čīna、Üläkjīn-Čīna 和 Čīnas。也就是说，拉施都丁和我们所研究的文本一样都使其发生元音化而为 Čina，而不是《秘史》中的 Činō（<Činoa，此外他还记录为 Börtä-Čina 而非 Börtä-Čino，见文本，II，5）。唯一可疑之处就在于 ülükjin 的第二个元音没有写出来，很可能拉施都丁这么写是为了对应 Üläkjin（洪钧，1A，23 就从《亲征录》中找出了"玉律"二字，再补上"真"字，得出了 Ülü[k]jin，但这是由于其前人在玉律拔都（Ülük-badur）一名中发现的"玉律"，这样一种错误的比定而造成的疏忽）。拉施都丁书中关于这一对（？）部落的起源传说如下：在作为兄长的拜姓忽儿（《秘史》第47节的伯升豁儿多黑申）死后，他的弟弟察剌孩邻忽（亦作察剌哈宁昆；关于此名，见上文第3节，关于此人，见下文第29节）就娶了其嫂 بريكان（bärīgän，而非贝勒津，文本，II，35 的 هريكان härigän），并生了两个儿子，取名为建都赤纳和玉烈真赤纳。通称则作赤那思，"群狼"。人们也称其为 نكوز Nägūz，但这个 Nägūz 完全不能等同于以前的那种捏古思，那个名称是用于指过去逃进额尔古涅昆的乞颜和捏古思这两个蒙古人其中之一的后代（关于 Nägüz、Nägüs、Nä'üs 这个名称，以及族名 Nä'üdäi，参见上文第5节中的注释）。在《辍耕录》（1，1b）和《元史》（107，1a）大致相同的两表中，都说到察剌罕宁儿（应读作"宁昆"）娶其兄拜姓忽儿之妻，但只提到了他有一个儿子，叫作直挐斯，这也就是 Činas 而非 Činōs 的一种新的形式（不过在《辍耕录》中由于连线的移位，把直挐斯变成了拜姓忽儿的儿子，但在《元史》中则是正确的），这两处的文本还补充道，直挐斯就是大丑兀秃（Taičiu'ut）的祖先。据《秘史》（第47节）则并非如此，其中记载泰亦赤兀惕是察剌孩邻忽正室所出的两个儿子——想昆必勒格和俺巴孩的后代，而察剌孩邻忽又与其嫂生有一子别速台，此人是别速惕部的祖先，文本中没有提到建都赤纳和玉烈真赤纳的名字。但是这里产生了奇怪的情况。与对蒙古文本所作的汉文音写（Čaraqai-Lingquyin kö'ün Sänggüm-Bilgä Ambaqaitan Tayiči'ut oboqtan bolba）不同，古

132

老的汉文节译作:"察剌孩领忽生子名想昆必勒格,想昆必勒格生子名俺巴孩,就做了泰亦赤兀惕姓氏。"我手头的库伦抄本(12a—13b)则写作:"察剌孩领忽之子名想昆必勒格,从想昆必勒格的儿子Isalai-qa'an开始,[他的后代们]被称作泰亦赤兀惕(Čirqai-Linqua-yin köbä'ün Singgüm-Bälgä märätü bülü'ä, Šinggüm-Bälgä-yin köbä'ün Isalai-qa'an täri'ütän Tayiji'ut omoqtan bolba)。"尽管存在由于蒙古文书写而容易产生的字形上的伪误,但很显然这段文字是与古老的汉文节译本相一致的。也就是说在我们使用的《秘史》蒙古文本中存在着阙文,明显应该补充成以下的形态: Čaraqai-Lingqu-yin kö'ün Sänggüm-Bilgä[bülä'ä. Sänggüm-Bilgä-yin kö'ün] Ambaqai-[qahan täri'ütän] Tayiči'ut oboqtan bolba, "察剌孩领忽之子为想昆必勒格,从想昆必勒格的儿子俺巴孩合罕开始,[他的后代们]被称作泰亦赤兀惕"。此外,现存文本有阙文这点,通过此处仅称之为俺巴孩,而不是像其他各处一样均称其为俺巴孩合罕(第52、53、58、70、71节)也能看出来,尤其是在第一次提到此人的时候,在称呼上就更应该强调了。这段文字非常清楚地证实了,古老的汉文本是基于一个在很多地方都比作为现在汉文音写本来源的蒙古文本还要好的版本所译成的。俺巴孩罕(他没有成为"合罕")不是察剌孩领忽的儿子,而是他孙子,这也可以从拉施都丁书中得到证实。但在其书中,俺巴孩罕父亲的名字不是《秘史》原文中所记的想昆必勒格,而是作一个贝勒津(文本,I,245;译文,I,184;译文,II,21,22,41,43)转写为"Sorgodulu-Čino"的形式(他在另外一处[同上引,170]又认为可以读作"Sorgoktu-Čino"),因此我们便可以在察剌孩领忽正室之子的名字中,发现"Čino"这样的组成部分,就像在他和其嫂所生二子名字中的那样。根据上下文,可以肯定的是这个名字的前半部分要么应该写作سورقوقتو Sōrqōqtū,要么是سورقاقتو Sōrqāqtū,要就只是سورقادو Sōrqādū。这三种形式是相同的,它就是以-tu、-du这样的结尾,与sorqaq、sorqoq、sorqan构成的形容词,这个名称的意思是"身上有'胎记'的人"(参见《通报》,1930,200;1932,53;以及这里上文注释22①，还可以补充伯劳舍《蒙古史》，II，572的Sorqatu；《元史》，119，2b的梭鲁忽秃（Sorqutu）；威特森（Witsen）地图［1687年］中的"Suruktokon"［=Suruktu-ḫan］，见卡恩《西伯利亚地图集》，74；兰司铁《卡尔梅克语词典》，332中卡尔梅克语的soryaG<*soryaq "旧迹"；下文第7节注释6）。这个形容词不能再添加第二个后缀-lu，否则就变成了突厥语（奥斯曼突厥语！）单词。事实上，所有的抄本都显示出这个所谓的lu是其名字第二部分的开头，而且不是لو lu，是كو kü；此外，各抄本中作كوحه，有极少数写作كوحـه。我们可以在كوجنه *Kūjäyä和Kūčänä之间游移，但《贵显世系》中是作Sörqǎdū-Kūčänä。阿布尔哈齐照抄的名字是有讹误的مورقدو كوجنه（文本，63），戴美桑（译文，67）显然受到了贝勒津的影响，在他的译文中把名字分割成了Murqaduku-Činä，但是在蒙古语中，k是不会与q（除了喉鼻音-ṅ-的习惯标记-ng-，或是在变成-i的-ï前面）出现在同一个词当中的，kü-很明显是属于下一个词的。我不知道哪个才是后面这部分正确的形式，但可以很确定不是Čina=Činō（这就否定了那珂（2），11的观点，他认为《辍耕录》和《元史》表中的直挈斯，对应的是"Sorgodulu-Čino"［他的转写是"Sorgollu-Cino"］的结尾部分）。虽然《元史》是那样记载的，但赤那思不能被视为真正的泰亦赤乌人。那珂（2），9称《亲征录》此处的文本中是把两个人名当成了两个部落名，并且存在着阙文之处。虽然我保留了王国维校本中的"二部"，但我认为很可能这两个字是不对的。诸本中只有《说郛》本有第二个"赤纳"（讹作"赤剌"），但没有"二部"；其他的本子也没有"二部"，而是作"二都"或"二郎"，都与第二个"赤纳"不能对应。屠寄虽然不知《说郛》本的存在，但他（2，12a）认为"二都"或"二郎"乃"赤纳"本身字形之讹误这点很可能是对的。在这样的情况下，文本应该只提到了"建都赤纳、玉烈贞赤纳为一翼"。这也有不通之处，因为俺巴孩罕的这两个叔叔在此时应该已经去世了，尽管俺巴

---

① 译者注：应为注释第19。

孩罕的遗孀们在也速该死时都还在世(《秘史》,第70、71节)。但我同样愿意认为,不仅是《亲征录》原文如此,并且其蒙古文的史料来源也是这样,从而与拉施都丁书的记载是一致的。中国学者乃是通过洪钧对贝勒津俄文译本的回译,而了解到拉施都丁的记载,且作(洪钧,1A,23a)"十三翼为更都赤那、乌鲁克勒赤剌之后努古思人",但是拉施都丁的文本原文,以及贝勒津在这句的翻译上也是很准确的,作"建都赤纳和玉烈真赤纳[乃]察剌哈宁昆之子(az färzandān),被称为捏古思……"既没有说到后代("后"),也没有提到部人("人")。在《部族志》中,拉施都丁没有谈到更多与赤那思(Činas或Činos)的这两个分支有关的事情,但他说(文本,I,245;译文,I,185)他们是和成吉思汗联合的建都赤纳和玉烈真赤纳的孩子们(färzändān,贝勒津所译的"后代"有点过了)。在《元史》,128,8a中,大约公元1300年有关的纪事中提到了赤讷思(Činos)之地(参见屠寄,102,5b),这可能指的是为赤讷思部所据的一个区域,但更可能这里的转写是把赤纳思(Činas)的"纳"误写成了"讷"。在《秘史》第207节中一连串目前还不清楚的名单中也提到了Činos,这就是伯劳舍《蒙古史》,II,591中所采用的Činas(与昔宝赤(Siba'uči)即"训鹰人"并列)。

[42]这就是在本段开头提到的阿剌乌、秃剌乌二山。

[43]关于答兰版朱思之战的结局,以及不同史料之间的巨大分歧,须进行非常细致的讨论。包括我们所研究的文本在内,以及《元史》和拉施都丁书,都说成吉思汗取得胜利而札木合失败了,但《秘史》(第129节)则毫不含糊地提到是成吉思汗被打败了,这肯定才是事实。屠寄(2,12a)也如此认为,并且大体上遵循了《秘史》的记载,那珂(2),11和格鲁塞(《蒙古帝国史》,81—82)也得出了同样的结论,并且给出了我也深为赞同的理由。现在回到所谓的煮"狼"的问题上来。《元史》中没有提到这点。在《秘史》(第129节)中,说到札木合"在70口锅中煮赤那思的'诸子'"(Činōs-un kö'üd-I dalan toqo'ot bučalqaju),旁注和汉译文中都把kö'üt"诸子"翻译成了"大王",这肯

135

定是 kö'ün（<köbägün）一词，就像其在突厥语和波斯语中的对应词一样，并且经常用于指"王公"的意思（参见伯希和《蒙古与教廷》，168；符拉基米尔佐夫《蒙古社会制度史》，99）。拉施都丁书和我们所研究的文本一样，都说成吉思汗才是胜利者，但与我们的版本相反，该书提到的是煮人而不是煮狼，而且也不是札木合采取这一行动，而是成吉思汗。多桑（I, 45）说到了"80口大锅"；哀德蛮（《铁木真》，262, 582）说是"70口锅"；贝勒津（译文，II, 96）说是"71个人"。可以肯定 هشتاد hästād "八十"，是 هفتاد häftād "七十"之误；而贝勒津（文本，II, 156）的 هفتاد و یک کس häftād ū yäk käs "七十一人"，是 هفتاد دیک häftād dīg "七十口锅"之误，原文中放在火上的指的是锅的数量，而不是人数；后面才提到了人。拉施都丁提到俘虏们作为"不听话的敌人"被扔进了锅里，但没有提到他们的部落。阿布尔哈齐提供了更多的细节（文本，73；译文，79）："［成吉思汗］绑住了那些被生擒的泰亦赤兀人贵族们［的双手］，然后准备了70口大锅，装满水，当水沸腾后，便把每个手和脚被捆住的人头朝下投进到每口锅中，他们就保持着脚朝上的姿势，直到完全被煮熟了。"但阿布尔哈齐应该仅是在拉施都丁记载的基础上添油加醋一番。所有人，无论是中国、日本还是欧洲学者，都承认这是一起惨无人道的杀俘行为，除了王国维，他取《亲征录》"狼"字之说，认为成吉思汗没有理由杀掉作为其盟友的赤那思人，关于此的所有历史记载都是一种诽谤，无须进行辩驳。但王国维错了。《亲征录》的翻译者搞错了"Činōs"的含义，采用了其字面上的意思——"群狼"，并且为了解释煮狼的原因，翻译者加上了"为食"二字。洪钧（1A, 2a）认为，这段故事在西方广泛传播，使得俄文编年史中记载蒙古人会烹煮活人。我对此全不相信。在其最初的征服阶段，蒙古人的诸多残酷暴行中便存在着吃人这一项，但与成吉思汗统治初期的这一事件并无关系。关于对其烹煮活人的指控，是有明确依据的：柏朗嘉宾就提到蒙古人在攻城机械上使用人的脂肪，此事通过忽必烈时代的汉文史料而得以证实（参见我对马可·波罗书的注释）。总之，无论对错与否，这段有关札

136

木合及赤那思的史事都是无可怀疑的。王国维对于贝勒津本人亦未采信的(译文,II,258—262)拉施都丁书所记内容的反驳,没有什么意义。但是,如果可以肯定就如在《秘史》中叙述的那样,这个事件直到1240年都还为人所知,那么我便不得不怀疑在这个事件中多多少少具有传说或民间故事的特征。像"七十"这样的数字,就如同它在我们文本中的变体"七十二"一样,常常都是具有象征意义,并且可以肯定赤那思部没有72个"王公"。格鲁塞先生可能是根据巴拉第(《东方文集》)的一个注释,联想到战国时期的汉文文献中提到的一种类似的酷刑①。关于此,我也想指出在《秘史》中有一则关于窝阔台统治初期拖雷事迹的轶事,也就是在《秘史》编撰前13年之内发生的事,乃是模仿中国古代有关周公的记载。在历史首先是通过史诗吟唱的方式而保存下来的时候——《秘史》还保留着很多这样的痕迹,所有这些事都不能从表面上来理解。

137

除了煮赤那思,《秘史》还补充说,札木合"砍下了捏兀歹察合安兀阿的脑袋,系在他的马尾巴上拖着走了"。捏兀歹是捏古思、也就是拉施都丁的Nägüz的族名,通过拉施都丁书我们了解到,这就是赤那思的另一个名称。但如果实际上是这样的话,即捏古思人察合安兀阿是赤那思部的首领或首领之一,那么在拉施都丁的记载中就一定有处是错误的:他说,不等同于赤那思的那些古代的捏古思(Nägüz)人,早在成古思汗的时代很久以前就已经灭绝了。因为在他书中的捏古思(Nägüs),就像在《亲征录》中一样,是与赤那思们分开而成为另一翼的组成部分。关于察合安兀阿本人,在《秘史》120节中作察合安兀洼(Čaqa'an-Uwa),然后在第202节中作察合安豁阿(Čaqa'an-Qo'a),在218节中作察罕豁阿(Čaqān-Qo'a)。其名字的前半部分当然就是 čaqa'an, čaqān (=čaɣān),"白色",qo'a 的意思是"美的"。我手头的库伦抄本(45a、50a)在与第120节、129节对应的段落中作

---

① 译者注:应是《战国策·齐策》中"烹阿大夫,及左右尝誉者皆并烹之"的有关记载。

Čaqān-Qoo-a（Čaqa'an-Qo'a），我不确定是否应该将《秘史》中各处都修正为Čaqa'an-Qo'a，因为"豁阿（qo'a）"主要是见于女性人名的结尾部分，对于此，我们不妨采取"较不易解者为优（Lectio difficilior）"的原则，"豁阿（qo'a）"能够部分地、进而完全地取代u'a或uwa，因为前者更加不易理解。U'a也出现在拉施都丁书（译文，I，62）中所记的塔塔儿部人合剌-蒙格秃·兀赫（Qara-Mängätä اوهه Üha）这一人名中。我们当然还可以在兀洼思篾儿乞惕（Uwas Märkit）这个名称中找到u'a，uwa的复数形式，这个词在第102、105、109、111和117节中都转写得很正确，但在第197节中变成了Ho'as，在拉施都丁书中作اوهز Ūhaz或Ōhaz（贝勒津，译文，I，71错误地读作"Ukhur"）。Uha和qo'a的交替现象，还可以从《秘史》中一个被记录为叫者勒篾豁阿（J̌älmä-Qo'a）的兀良哈部人的名字中看出来（第170节；在我手头库伦抄本的对页第85a也是如此），拉施都丁则将此人的名字记为 جلمه اوهه J̌älmä-Ūha（I，143，144；III，139）。拉施都丁在三处记载中的头一处里说，uha的意思是"浪客（'ayyār）"、"劫道者（rāh-zan）"和"勇士（bahādur）"，因此与qo'a"美丽的"不相符合。事实上，我认为上述所提到的名字的正确形式应该是以-u'a或-uha结尾，在篾儿乞部落名中则为Uwas。我不能找到拉施都丁所指出的那个蒙古语原词（屠寄，29，1b是错的）。在这串名称中，还可以加上《秘史》第137节中札剌亦儿人木华黎父亲的名字古温兀阿（Gü'ün-U'a），此人在第206节作古温豁阿（Gü'ün-Qo'a）。在《元史》，120，1a中这个同样的名字写作孔温窟哇（Küng'ün-Quwa），在元明善所作的碑文中作孔温兀答［应修正为"合"］，*Küng'ü-Uqa（参见屠寄，27，1a，以及下文第15节）。

我在前面的注释中已经指出了捏古思之名及其族名捏古歹或捏古台的各种汉文转写。但是屠寄（152，14a—b）引用了虞集一篇奇特的文本，我现在虽然还未获见其原本，但很有必要找到它。这篇文本来自某人的墓志铭，其祖先叫作乞奴："相传成吉思（成吉思汗）少时，尝遇侵暴,夜①与从者七人至于大石之崖,解带加项,跪祷天佑。俄有十九人鼓行而前,自请效力(正如屠寄所指出的,这个口头传承是混淆了成吉思汗在不儿罕合勒敦被泰亦赤兀人抓获、和很久之后的同行巴泐渚纳这两个重大事件,并进行了改编②);是为捏兀歹氏(Nä'üdäi),其族有四,曰播而祝吾、曰㞢知吾,曰脱和剌吾,曰撒合儿秃。乞奴,播而祝吾之裔也。③" 播而祝吾对应的要么是具有一个结尾不发音的 -n 的 *Bŏrǰu'u[n] 这样的形式,要么对应的是复数 *Bŏrǰu'u[t]。如读作 *Bŏrǰu'u[n],我们便可以猜测这是像博尔术(Bo'orču 或 Bo'orǰu,参见下文第 15 节)的蒙古语名字这样的一个以 -un 结尾的派生词;另一方面,*Bŏrǰu'u[n] 或 *Bŏrǰu'u[t] 可能是孛儿只斤(Borǰigin)的复数 Borǰigit 的一种不规则形式。㞢知吾(*Äǰi'ü[n] 或 *Äǰi'üt)和撒合儿秃(*Saqartu)不能使我把它们与任何其他的名称联系起来。脱和剌吾(*Toqora'u[n] 或 *Toqora'u[t])可以比定为是《秘史》(第 120、124、213 节)中的脱忽剌温(Toqura'un,复数 Toqura'ut)部落,这就是拉施都丁书(译文,I,33,41)的 توقراوت Tōqurāūt(或 Tōqrāūt、Tōγrāūt)④。汉文史料和波斯文史料都一致称他们是札剌亦儿部的一个氏族(其名称既不是像贝勒津,译文,I,227 假设的那样,来自突厥语的 toγrï[doγrï],"权力";也并非像屠寄,152,14b 认为的来自"蒙兀语桦木曰脱吾剌(To'ura[q])"[?理解为"突厥语的 toγra(q),白杨树"],而是与蒙古语的 toïori'u,toγoriu "鹤"相对应,在鲍培的《蒙古语词典》,354 中写作 توغراوون toγrawun[或 toγurawun?;=toγura'un]),在《秘史》第 111 节中作 toqra'un)。就算真的是孛儿只斤,其部和脱忽剌兀惕都不是捏古思诸部,后者这个名字因而没有任何意义。然而我们不能忘记的是,

---

① 译者注:伯希和在译文中遗漏了这个"夜"字。
② 译者注:屠寄此处原文作"虞集此说,盖合成吉思匿不儿罕山及巴泐渚纳十九人饮水同盟两事为一者,故老传闻异词也,姑存之",可资比较。
③ 译者注:此即虞集《靖州路总管捏古台公墓志铭》,见《全元文》卷892。
④ 补注:原文为"نوقراوت",排印有误。

现今很多出现在西部的蒙古语部落名,都是突厥语化了的蒙古部落的某个氏族或子部落的名称,在蒙古本土也是如此,而这并非最近才有的用法。如果确实如此的话,想要仅仅通过其"姓"和"族",来确定某人的族源,就变得非常困难了。因为此人既可以是属于这个部族,也可以是属于某个采用了这一部族名称的氏族,尽管这个氏族和其名所出的部族完全没有关系;或者该氏族乃是取自于以前面两种分类中任何一种得名的某个人物。

几乎可以确定,捏古思之名亦见于乌兹别克(Özbäg)的"Nöküz"或"Nukus",参见《古代资料集(Živaya Starina)》,VI,421,425阿里斯托夫的《注释》。

6. 是时,泰赤乌部地广民众,而内无统纪。其族照烈部与我近,常猎斡禅札剌马思之野。上时亦猎,围阵偶相属。既合,上曰:"可同宿于此乎?"彼曰:"猎骑四百,糗粮不具,已遣半还。"上曰命给助同宿者。越明日,再合围,上宾之,使驱兽近彼阵,让多获以厌其心。彼众咸相语曰:"泰赤乌与我虽兄弟,常攘我车马,夺我饮食,厚恤我者,其此人乎!"大称羡而归。上因遣告之曰:"可来结盟否?"照烈之长玉律拔都谋于族长马兀牙答纳,对曰:"泰赤乌何恶于我? 彼亦为兄弟,何遽降之?"不从。玉律拔都遂与塔海鲁领所部来归,谓上曰:"如我属,将有无夫之妇,无牧之马而来。以泰赤乌,长母之子,讨杀我也。我担[①]当弃亲从义而招之。"上曰:"我方熟寐,捽发而悟之;兀坐,掀髯而起之。汝之言,我素心也。汝兵车所至,余悉力而助也。"既盟后,二人食言叛归。少[时],族人忽敦忽儿章怨塔海答鲁反侧,遂杀之。照烈部已亡矣。

6. 当时,泰赤乌(Taiči'u[t])[1]部领土广阔,人口众多,但其内部缺

---

① 译者注:贾敬颜先生据郑杰注本及史梦蛟本作"誓"字,参贾敬颜校注,陈晓伟整理《圣武亲征录(新校本)》,中华书局,2020年,第29页。

乏控制。其中有一族叫作照烈 (Jäürā[t])[2]部,所在离我们很近。他们经常在斡禅札剌马思 (*Očal Jalamas)[3]草原上狩猎。陛下那时也去狩猎,两者的狩猎圈子无意中连接了起来[4]。当[两个狩猎区]连接到了一起的时候,陛下说:"我们要不要一起在这里过夜?"对方说:"因为有四百骑来狩猎,口粮不足,已经让一半的人回去了。"陛下[5]下令援助他们。翌日,一起过夜的那些人与[我们]继续聚集起来围猎。陛下对他们待以客礼,把动物驱赶到他们的狩猎范围附近,使他们捕获了数量众多的猎物,直到他们满意为止。他们互相交谈,说道:"泰赤乌虽然是我们的兄弟,却经常夺取我们的车和马匹,拿走我们的食物;对我们更好的,不正是这个人吗!"伴随着[对陛下的]极口称赞,他们回去了。由于这个原因陛下派遣[使者]征求他们的意见:"你们可以来和我结盟吗?"照烈的首领玉律拔都 (Ülü[k]-bādu[r])[6]与部族的首领马兀牙答纳 (Ma'u-Yadana)[7]商讨此事,后者回答说:"泰赤乌对我们有什么不好?而且他们是我们的兄弟,为什么我们要投降[别人]呢?"[马兀牙答纳]没有同意[陛下的建议]。于是,玉律拔都就与塔海答鲁 (Taqai-Dalu)[8]带领其部众来归降。他对陛下说:"我们来投奔您,就像没有了丈夫的女子,就像没有了牧场的马儿,因为泰赤乌——高贵母亲的儿子们——要攻击并且杀掉我们[9]。我们自己承担,离开我们的父母,追随你向我们所呼求的公义[10]。"陛下便说:"我正睡得很沉,你抓住了我的头发[11],让我醒来了;我坐着[12],你抬起了我的胡子,让我起来了;你的话说到我心里去了。无论你的部队和马车到哪里,我都将尽全力相助。"[13]在结盟之后,[照烈部]的这两个人没有能守住他们的诺言,背叛并且回去了。不久之后[14],他们同族中有个叫忽敦忽儿章 (*Qudun-Hurčang)[15]的,由于怨恨塔海答鲁的背信弃义,就把他杀了。照烈部便灭亡了[16]。

141

142

注释

[1]在此处和下文中,有些抄本写作"泰出乌",丁谦在他的版本

中便采用了这一形式，王国维则仅在本段中作这一形式。那珂（2），10，中均作泰赤乌，他是对的。"泰出乌"是因字形相近而产生的错误，《说郛》本（3）中该名称的形式均是正确的。

　　［2］这就是《秘史》第44节的沼兀列亦惕（Jäwürāyit）。拉施都丁（译文，I，200）称作 جوريات Jūrīāt。我们应该保留本书和《元史》卷1的Jäürät，而不可认为这是 Jürä[yi]t 之误，因为《秘史》第43和44节提到了"沼兀列歹（Jäwürädäi）"，他采用了"沼兀列亦惕（Jäwürāyit）"这一氏名，并且是照烈（"Jäürät"？= Jäürāt）部的祖先。这个照烈也见于下文第22节中，并且是《元史》，123，1b中召烈台（Jäürātäi= Jä'ürātäi）的词根。此外，《秘史》第183节还写作沼兀里耶歹（Jäwüriyädäi），我手头的库伦抄本与《秘史》第43和44节对应的片段分别作 Jä'uriyädai 和 Jä'uriyät。拉施都丁把照烈部和札只剌惕（Jajirat）搞混了，并且指出了一种与《秘史》所载不一致的起源，而这种起源只能适用于这两个部落其中之一。沼兀列亦惕与贝勒津所认为的 jurigüü "不坦率的"、"顽固的"（译文，I，300）无关。

　　［3］《秘史》没有提到这处地名。在拉施都丁书中，贝勒津（文本，II，157[1]）重构为 اوجل چلمن [1]，并转写作（译文，II，96）Ujel-Čelmen。然而，在A本中，这个名称的后半部分是 جكميش，在B本中则是 جكمش，因此肯定应该修正为 جلمس，并重构为 *Ōčal-Jalamas。此外，对于这个名称的前半部分，我们在 *Očal 和 *Öčäl 之间游移不定。这可能是与在《元史》，100，2b 中写作斡川札马（*Očal-Ja[la]ma[s]）之地相同的名称。Jalamas 大概是 jalama（及 jalma）的复数，这是一种命令或咒语，也是一种用于祈祷的小旗帜的名字（参见《秘史》第174节）；札剌马（Jalama）也作山名，见同上，第128节；参见 tel. 语的 yalama；šor 语的 čalaba；屠寄，2，9b 称"札剌马"在蒙古语里的意思是"小鱼"，但这是（沿袭《元史语解》，7，12a 之误）把它跟与这里没有关系的 jarma 搞混了。在《元

---

① 补注：《史集·成吉思汗纪》伊斯坦布尔抄本、塔什干抄本作"اوجل چلمق"。

史》中，有两次提到了扎剌马秃（131，7a）或扎剌麻秃（154，3b）河，这个名字大概应该重构为*J̌alamatu，即ǰalama的形容词形式，尽管这里*J̌armatu也是有可能的。据拉施都丁，*Ōčal-J̌alamas是大草原正中的一个山丘（puštä）。

[4]王国维采用了"上时亦围陈隅相属"。"陈"的本字读作chen，但这里应该读作zhen，因为此处是"阵"的通假字；根据王国维本，除了有一处之外，文本中的"阵"均写作"陈"，但说郛（3）本则经常写作"阵"，后者应该是文本本来的面貌。无论读作哪种形式，王国维采用的文本这里是在"围"后面断句，那珂（2），10和丁谦，5，1a也都是如此，这样就得理解成："陛下那时也包围了猎物进行狩猎，两者围猎线的一角连接了起来。"但是观察文本的上下文可知，这里应该是"猎"而不是"猎围"（常用的表达方式是"围猎"，而不是"猎围"，参见海涅士《词典》，1）。《说郛》诸本中均作"偶"而不是"隅"；而且必须断在"猎"字后面，并像我在文本中的翻译那样来理解；如此结构更为自然，并且围猎线也是没有"角"（此处应是理解为"尽头"）。此外，这段文本显然就是《元史》的编纂者所记载的："帝尝出猎偶与昭烈猎骑相属。"根据我的理解，没有任何理由怀疑"偶"字是正确的异文。

拉施都丁书中此处的平行文本（文本，II，157；译文，II，96）有几处值得注意。拉施都丁说"碰巧"（参照汉文的"偶"）照烈部把他们的围猎（جركه järgä）圈建在成吉思汗的狩猎圈附近，与成吉思汗的اوتو ūtū连接起来بهم پيوستند，并且在一起围猎（järgä）。järgä一词值得关注，这个传到了波斯语中（参见卡特麦尔《蒙古史》，1651；魏列尔斯，I，513）的词汇，是借自突厥语或蒙古语的。其原意是"线"、"行列"，从中产生了"围猎的行列（圈子）"，并用以指"行列"、"级别"、"职位"（>满语的jergi）。尽管拉德洛夫提出了čärgä这一形式，但其实应该作järgä，并且已由多种突厥语方言中的yärgä、yärgä（或yärɣälä-，yärɣäläš-）而得以证实（肯定不能像拉德洛夫所解释的那样，把yärgä当成yär的一种古老的与格形式）。《福乐智慧》中的čärgä作"轮到"（"现在轮到我说

143

144

了"）解，这点对我而言还不那么确定；čärgä 和 yärgä 都不见于喀什噶里书中。我暂且将 järgä 作为一个从蒙古语传到突厥语里的词，这个词在中世纪又传到了波斯语中。此外，在蒙古语中还有一个名词派生出的动词 järgälä-，意思是"布置围猎圈"（参见《四体合璧文鉴》，9，2a）。我相信我们所研究的这部编年史的蒙古文本中没有使用这个词，在《秘史》中用来指"围猎"的打猎有关的术语是 aba，从名词派生出的动词形式是 abala-（参见海涅士《词典》，1），对应的突厥语词汇是 av、au 及 avla-、aula-（参见布罗克曼译本喀什噶里书，15，16；《通报》，1930，269），这就是《亲征录》和拉施都丁书所使用的词汇的语源。相反，utu 肯定是个起源于蒙古语的词汇。贝勒津未作任何解释，就将这个词俄语化为 otava，但 otava 在俄语中的意思是"恢复"，并不与此处相合。拉施都丁补充道 utu 的意思是"狩猎区域（šikärgah）的中心"（قلب，字面意思是"心脏"），这并非完全准确。Utu 的真实含义是"围猎圈的尽头"（参见科瓦列夫斯基，I，384；《四体合璧文鉴》，9，3a），对于围猎圈的不同部分各有专名称呼（参见《四体合璧文鉴》，9，2b；除了 utu 之外，这些名称都不见于科瓦列夫斯基书）。然而 utu 并不见于《秘史》之中，只有派生动词 utura-"在狩猎圈的最里面"（第 123 节）和 utura'ulda-"表明置于狩猎圈的最里面"（第 123 节）。这里对马的围猎也同样用于捕猎野兽，把它们赶到 utu 里这样的状态，当然最适合是在圈子向所围的猎物合拢，并越收越窄的时候。从 utu 一词的技术含义来看，它以 uturi 的形式借入到满语之中。五种语言的《合璧文鉴》中用同样的意思来解释东部突厥语的اولوč ūč，其本身的含义是"尽头"（参见海涅士文，见《泰东》，X［1934］，76，93；但"oc'i"和"uc'i"这样的转写必须排除）。不过，我们似乎不能把这个词的词源和蒙古语的 utu 以及突厥语的 uč 关联起来。

145　　［5］这里的"曰"字没有意义，在译文中便删除掉了；它要么是衍文，要么就是某个已缺失的句子的残余部分，那珂（2）的意见也是如此。我倾向于认为"曰"乃"固"字之误，而《亲征录》本来有这个句子,即见于《元史》中的"固邀同宿"。

［6］"玉烈"是王国维校勘本中的一处疏误,所有的本子均作"玉律",并见于下文中,传到《元史》中的也是这一形式。《秘史》没有提到此人,但我们在拉施都丁书中找到了他,写作(文本,I,186,270,271;II,158)اولوک بهدور Ūlūk-bahadūr[1](贝勒津的"Uluk-bakhadur",译文,I,203,204;II,97)。与那珂(2)所言不同,没有任何理由认为这个名字和第4节中的玉律哥泉有关。在译文,I,154中,拉施都丁解释说ülük是指"什么都不怕的人"和"尸体"。关于"尸体"这个含义,有突厥语的ölüg,此词亦具有"无生命的东西"的含义(字面意思是"死的"),参见喀什噶里(布罗克曼,33);《通报》,1914,265;1930,317;带有这两种语言学上的细微差别的这个词,以ölüg的形式传到了蒙古语中(参见《秘史》第201;科瓦列夫斯基,I,530)。至于"勇敢的"这个含义,我们可以视为与汉文中的死士"［献身］赴死的士兵"(字面上的意思是"死了的士兵")一词相当。但我认为更可能是拉施都丁把突厥语的ölüg,"尸体"和ülüg"份额"、"运气"、"幸运"搞混了(参见《通报》,1914,265)。这后一个ülüg就是我们这里的蒙古语专名Ülük所从出的形式(亦参见伯劳舍《蒙古史》,II,587)。在《元史》中有很多"月鲁"(参见《三史同名录》,27,1b)可能就是Ülük,但月鲁帖木儿(同上,27,2b—3b)看起来应该是Ürük-Tämür(参见伯劳舍,II,362)。

［7］贝勒津把他当成了叫作باعوی"Bagui"和بادعانا"Badagana"的两个人(文本,I,247,271;译文,I,186,204;文本,II,157—158;译文,II,205),考虑到抄本中的ماقوی یادانا,均应读作Māqūī-Yādānā[2]。哀德蛮(《铁木真》,263)已经看出这里指的是一个人。这个名字的前半部分应该是ma'u, ma'ui "坏的",但写作maɣu; ma'u这个词,在蒙元时代产生了mō,在鲍培的《蒙古语词典》,242写作مو mō。至于maqui这一转

146

写,要么是关于另外一个词;要么就是拉施都丁信息的提供者,是从一种蒙古文的书面材料中获知这个词,所以搞错了它的发音。Yadana应与yada-,"变弱"、"变得不能"有关,但我并不知道它的衍生过程。

[8]《元史》卷1采用了同样的转写。就在同一段中,这里贝勒津再次看成了两个人,而哀德蛮(《铁木真》,263)很明确地当成一个人。关于贝勒津读成"Tugai和Ulu"的طغای واولو(补充文本,I,97;译文,I,76的"Tugan和Eluke"),均应重构为 طغای دالو Ṭayāī-Dālū①(文本,II,156的段落标题,在各本均为 طالو Ṭalu,这是 ṭ- 等于 d- 的一个例子)。Dalu的意思是"肩胛"。

[9]这段文字晦涩难解,乍看上去我们不太明白"长母之子"(高贵母亲的儿子)的含义。在与之平行的段落中,贝勒津(译文,II,97)写作"那些比妇女们更高贵(或更多)的儿子们",洪钧(1A,25)很有见地的判断这一翻译是不正确的,而倾向于哀德蛮翻译的(《铁木真》,第264页)"贵夫人们的儿子们"。事实上,文本中清楚地写道(II,158)"高贵的妻子们所生之子(püsärān kä āz ḫātūnān-i büzürg and)",我们不清楚贝勒津是如何搞错的。洪钧很有道理地认为应该理解为"旧王公们的妻子②",也就是俗语所称的"大太太",这肯定也就是"长母之子"的含义了,亦参见第22节。屠寄(25,1b)认为这里指的是"塔儿忽台和其他泰亦赤兀人,由俺巴孩汗的正妻所生"③,但这一定义后半部分是有错误的。

[10]"从义而招之",这里的文字不太可靠,意思也不确定,"招"是《说郛》本中的异文,其他各本作"拾"。波斯语文本中说:"我们乐意拿出剑来与你们为友,并消灭敌人。"

[11]"发"这个字用来翻译蒙古语的kägül,"额发"(参见《秘史》第56节;海涅士先生的《字典》,97错误地给出了"keguli"这一形式的

---

① 补注:《史集·成吉思汗纪》伊斯坦布尔抄本、塔什干抄本作 طغای دالو"。
② 译者注:洪钧原文作"旧主长母"。
③ 译者注:试比较屠寄原文"泰亦赤兀前主俺巴孩正室所生子塔儿忽台等"。

词，实际上是宾格kägül-i），以كاكل kāgül的形式保存于拉施都丁书（文本，II，158）的平行段落中，在古典蒙古语中作kükül或kügül（>俄语khokhol），亦参见哀德蛮《铁木真》，264，583，623。

147

［12］贝勒津书有一处印刷错误，把"我坐着（sidyel）"拼成了"我看着（vidyel）"；洪钧（1A，25）因为不能理解此处，而故意跳过了这个动词。

［13］《元史》对这一句的写法有所区别："自今车辙人迹之途，当尽夺以与汝矣。"拉施都丁书的这一句更接近于《亲征录》。

［14］在"人①"的前面，各本中均有"少"字，而王国维效法何秋涛将之删除了。但这肯定要么是像李文田（那珂（2），11）猜想的那样，是"少时"的残留部分；要么就得按照丁谦，5b的假设是"少焉"的残留部分，其意为"不久之后"，波斯语文本正作"不久之后"。

［15］《秘史》要么写作豁敦斡儿长（Qudun-Orčang，第141及144节），要么写作豁团斡儿昌（Qodon-Orčang，第148节），这就是拉施都丁的قودون اورجنک Qōdūn-Ōrčang（文本，I，97；译文，I，76；文本，II，159；译文，II，98）。我们文本中的发音，仅在其名的后半部分前面加了一个打头的h-，这种交替现象应该归因于此发音已不再是通过口头传承下来。《亲征录》说，忽敦忽儿章是塔海答鲁的同"族"，《秘史》则将此人归为泰亦赤兀惕，《元史》卷1中虽未提到此人，但也说到塔海答鲁是被一个泰亦赤兀人所杀；这并非不确切，因为我们已经看到了，照烈部是泰亦赤兀惕的同"族"。但当拉施都丁在两处（译文，I，76；II，98）提到豁敦斡儿长是个蔑儿乞人时，他应该是错了（关于这点参见下文第14节中有关和都的注释）。Qodun的意思是"［动物的］胫"，我不知道Orčang或Hurčang的含义。

［16］照烈部也许不再作为一个部落而存在，但仍然还有照烈人，如下文第22节的抄兀儿，屠寄，152，4—5中还指出了其他的照烈人家

---

① 译者注：应为"族人"。

族。本书往后还提到了哈柳答儿,在《秘史》第183节中被明确地归为照烈人("沼兀列亦惕");在拉施都丁的Jürät部人中,也提到了此人(译文,I,204 "Khaligudur",205 "Khalbudar"; II,143,144 "Khaliudar")。

7. 泰赤乌部众苦其长非法,相告曰:"太子衣人以己衣,乘人以己马,安民定国,必此人也。"因悉来归。赤剌温拔都、哲别二人实泰赤乌族脱脱哥家人,亦来归。初上尝为塔儿忽台所执,赤剌温拔都父梭鲁罕失剌密释之,是以归我;哲别之来,实以力穷故也。失力哥也不干手执阿忽出拔都、塔儿忽台二人来,至忽都浑野,复纵之去,止将己子乃牙、阿剌二人来归。后搠只钞鲁罕二人率朵郎吉札剌儿部,及荎叶胜和率忙兀部亦来归。

7. 泰亦赤部的民众不堪忍受其首领不遵法度的行为。他们互相提醒说:"太子[1]把自己的衣服给人穿,把自己的马给人骑;使民众得到安慰,予国家以和平的,肯定就是这个人。"因此都来归顺于他[2]。

赤剌温拔都(Čila'un-bādu[r])[3]和哲别(Jäbä)[4]也来归顺,他们实际上是泰赤乌族脱脱哥(Tötögä)[5]的家仆。之前,当陛下被塔儿忽台(Tarqutai)[6]囚禁的时候,赤剌温拔都的父亲梭鲁罕失剌(Sorqan-šira)[7]悄悄把他放跑了,[赤剌温拔都]因此前来归顺。哲别来投靠我们是因为他实际上弹尽粮绝了。失力哥也不干(Širgā[tü]-äbügän)[8]抓住了阿忽出拔都(A'uču-bādu[r])[9]和塔儿忽台,来投奔我们。但到

了忽都浑(Quduqul)[10]草原,又把他们放了,只与他的两个儿子乃牙(Nayā)[11]和阿剌(Ala[q])[12]来归顺。

之后,搠只钞鲁罕(*Čöji-Čaurqan)[13]率领朵郎吉札剌儿(Dolanggi[t]-Jalār)[14]部,荎叶胜和[15]率领忙兀(Mang'u[t])[16]部来归顺。

注释

[1]"太子",文本的原注补充说这就是人们用来指太祖(成吉思

汗的庙号）的称呼，我们在下文中还将见到同样的表达方式。但在蒙古文本中自然不会是汉文的"太子"二字，而应该是 tayiši=taiši。中世蒙古语的 taiši 有时对应"太子"，有时（可能最初先是）对应"太师"（伟大的指导者），这是一个在辽代即见于阿尔泰语诸部落之称号的古老的汉语官号。拉施都丁对 taiši 一词的解释与"太子"不合，却与"太师"相当对应（参见《通报》，1930，44—45；符拉基米尔佐夫《蒙古社会制度史》，138）。此外，在辽代我们还发现有负责各种民政和军政职能的"太师"，都完全不能视为"伟大的指导者"。此外，在每个"大部落"均有一位太师①。实际上，辽代的这个"太师"至少在部分场合是同"太子"搞混淆了，这点并非不可能。"太子"这个词在 1100 年前后的发音大概是 *tai-tsi。在契丹语中和回鹘语一样都没有 ts-；并且就像回鹘语中那样，要么是使用一种在实际使用中并不存在的学术转写 ts-，要么就是只写成 s-。但是，在契丹语——一种颚音化现象非常严重的蒙古语中，差不多也是像蒙古语本身一样，把 -i 前面的 s- 写成 ši 这样的形式，因此来自汉语"太子"的 taiši 就和对应"太师"的 taiši 相混淆了。总之，认为见于辽代汉文史料中的"太师"，即使不是全部也得有一大部分，是在把最初其实借自于汉语"太子"的一个蒙古语词汇重新回译成汉语的时候弄错了而导致的，这点并非不可能。自辽代开始，我们发现对于契丹语中的 taiši 的汉文转写就变得游移不定。我相信耶律大石名字中的"大石"应该读作"太石"，而且不能将之视为哈喇契丹建立者本人的名字，而只不过是耶律 taiši 罢了。将 taiši 转写为"大石"，又见于《亲征录》中的两处（参见下文第 8 节和第 29 节）提到捏昆大石这一人名的地方，但在《辍耕录》（1，2a）和《元史》（107，2a）中，都用一个带不发前颚擦音的古老摩擦音形式——大司（应修正为"太司"）=taisi，来记录这同一个人的名字。另一个在我 1930 年的文章中被遗漏了的不发前颚擦音的例子，是《元史》95，11a 的合丹大息（Qadān-taisi）

150

---

① 译者注：此即《辽史·百官志》中所谓"某国太师"。

中的taisi。这些不发前颚擦音的形式使我们推测其语源应是来自"太子"而非"太师"。与捏昆太石同样，成吉思汗也经常被称为Tämüjin-taiši。如果《亲征录》的译者保留了捏昆太石一名中"太石"的形态，但他却把成吉思汗例子里的同一个词重构为"太子"，这是为了让人相信成吉思汗据其祖源而言乃是具有"王子"乃至"王储"意味的"太子"。在中国古代，"太子"这个称号用于皇帝的嫡子，但有时也用以称诸侯的嫡子。在金元时期，只要是皇帝的儿子都被称为"太子"，我们所研究的文本在后文中就把成吉思汗的儿子们称为"大太子"、"二太子"等，这一用法亦见于1221年的《蒙鞑备录》（王国维校本，5b），以及年代稍晚的《西游记》（参见如韦利《长春真人西游记》，76，窝阔台被称为"三太子"）之中；在蒙古语中，他们可能也被称为taiši。但是，到了蒙元时代与汉地的日常交往增多之后，我们感觉到taiši不再作为与汉文中"太子"相应的词来使用了。而且之后在蒙古人听来是发taiji（j=dz）的音，从而形成了蒙古语中的taiji这一新的形式，这从明代开始很多蒙古地方贵族的通常称呼中均能证实，taiji的意义也逐渐发生变化，人们还把它和借自汉文"皇太子"的hongtaiji合在了一起。后来汉人也不再知道这个名称的汉语起源，并且根据其发音回译为"太吉"和"鸿太吉"（ji作现在的ji的发音），就像辽代用"太石"来回译从"太师"而来的taiši一样。这个词也传到了藏文当中，写作tʿai-rǰe（参见罗佛，见《通报》，1917，528和《中国伊朗编》，595）。总之，就我而言这个词提供了"泰亦赤乌"一名可能的语源。在前面（第2节中）已经提到了我不能接受贝勒津提出的"taiji"这一词源，但很可能实际上其本质还是正确的。当"子"被听成了"师"之后，回鹘人和蒙古人就仅能做出以下两种选择：要么就生造一个对他们语言的语音而言是陌生的tsi；要么就是得出对原有形式有所歪曲的si。当汉语中不送气的清辅音在中亚民族听来变成了发音的之后，就导致在12世纪tsi发ji（j-=dz-）的音，蒙古人也就有办法把它等同于ji；另一方面，-ji-和-či-的交替在蒙古语中是经常发生的（参见-jin和-čin这样的词尾）。泰亦赤兀人确实是太子或 taiši 的后代,在我们文本(第5节)中所指出的"长母之子"或拉施都丁的"高贵的妻子们所生之子",是具有一种词源学上的含义的。在第2节注释中的汉文转写表明,泰亦赤兀惕的单数是"太赤兀里(Taiči'ul)",这种具有 'ul 的派生词同类的例子还有用来称呼穆斯林的撒儿塔兀勒(Sarta'ul,来自撒里达(Sartaq))。就我而言,泰亦赤兀惕仅可能是从一个最初阶段的 *Taiji'ut 演变而来(包含 -yi- 的 Tayiči'ut 这样的正字法形态,是一种没有词源学价值的拼写方式)。

〔2〕接下来的事件在不同的史料中互有差别,有待于进一步讨论。参见那珂(2),12—13;丁谦,6a—b;屠寄,2,12b,21b。

〔3〕王国维所采用并且为我所保留的"赤剌温"这一形式亦见于《说郛》本中;其他各本则作"赤老温(Čilawun)",在《元史》卷1和《秘史》中统一的转写也同样是后一种形式。可是,如果我们这里采用的是《说郛》本的形式,那么在第15节和38节中就必须同样如此,但在那两处中王国维则保持了各抄本中常见的"赤老温"这一形式。我们所拥有的《亲征录》文本,在指蔑儿乞部那个同名的 Čila'un 时均作"赤剌温"(参见第14、15、28、43节)。在《黄金史》(1),127和萨囊彻辰书(施密特校本,66)中作 Čila'un。虞集撰写的一篇碑文(《道园学古录》,16,9b—11b)中采用了赤老温八都儿(Čilawun-bādur)这样的形式。在蒙元时期这个名字非常常见,在《元史》,113,12b 和 154,7b 中有两个"亦老温",这当然是赤老温之误。理论上讲,赤老温和赤剌温这两种形式都是可能的,这个名称对应于蒙古语中的 čila'un "石头"(<*tïla'un,突厥语的 taš;>卡尔梅克语 tšolūn),在《秘史》第209节中转写作赤剌温(čila'un),但在第72节中则作赤老温(čilauun)。至于在《部族志》和《成吉思汗纪》中,拉施都丁则称其以下面的这个名字,我们只能读成 جيلاوقان بهادر Čīlāūqān-bahādur 或 جيلاوغان بهادر Čīlāūγān-bahādur[①],这个 Čīlāūqān 大概是 čila'un 的一种指小形式。这种对人名的处理情况普遍

152

———————————

① 补注:《史集·成吉思汗纪》伊斯坦布尔抄本、塔什干抄本作 "جيلاوقان بهادر"。

上是相同的，比如《秘史》中叫作失吉忽秃忽（Šigi-Qutuqu）的这个人，有一处被称为失吉刊忽秃忽（Šigikän-Qutuqu）（第138节），另有一处则被称为失乞刊忽秃忽（Šikikän-Qutuqu）（第135节）。

我们所掌握的关于赤老温其人及其事迹的最佳史料是拉施都丁书，译文，I，168—174，其他有关信息散见于《史集》，《亲征录》，《元史》，145，2b—3b月鲁不花（*Ürük-buqa，屠寄，28，15b—17a中的新传记）的传记；特别是上面提到过的，虞集于1329年为赤老温的后代位于甘肃凉州的家族墓地所撰写的一篇碑文①。从各种不同的汉文史料产生了钱大昕的世系表，并被复制于《元史新编》，61，33a—34a；柯劭忞，28，26a—27b以及屠寄，153，22a—23b之中。

赤老温是速勒都思氏。贝勒津由于萨囊彻辰书（施密特，66）中出现的Süldes（Süldäs）这一原因，将这个部落名称均转写为"Suldes"，但拉施都丁书的转写形式第二个音节中应作-u-，还有各种汉文转写，都使得我们相信其中世的形式是Süldüs，并且拉施都丁书中也是这么写的，而非什么所谓的"通俗发音"（贝勒津，I，289）；我手头的库伦抄本（第27a和45a对页）在第二个音节上正作-u-。屠寄，153，22a指出这个名称的意思是"百合花（蒙古语sarana）"，应该是来源于某种误解。我在《蒙古与教廷》，172中错误地保留了施密特和贝勒津的"Süldäs"这一形式。根据《秘史》（第82、120节）所载，速勒都思人与泰亦赤乌人杂居。

赤老温的父亲叫作梭鲁罕失剌（参见后文），他的弟弟是闰拜（参见下文第38节）。另外赤老温还有一个姐妹叫合答安（Qada'an，《秘史》第85、146、219节）。据说（第146节），当合答安的丈夫——一个泰亦赤乌人，被成吉思汗的部队杀死之后，合答安受到了成吉思汗的安慰，让她"坐在他的旁边（därgäčän sa'ulba）"。屠寄，28，14a说这个短语在蒙古人的习惯中，相当于"立其为后"，并且把她当作《元史》，

---

① 译者注：即《孙都思氏世勋碑》。

106, 2a中提到的皇后哈答（Qada, ?Qadā<Qada'a[n]），即组成成吉思汗的四大斡耳朵的十二位妻子之一。这虽然有一定可能性，但仍是非常可疑的。

赤老温是成吉思汗的"四曲律（külük）"或四大英雄（本意是"骏马"?）中的最后一位（参见下文第15节）。四曲律后来分别成为四怯薛（kǎšik）之长，三日一轮换，负责守卫之职。但赤老温看起来没有在这个行列中待很久。在成吉思汗的历史中多少带有传说性质的阶段，就已经很少提到有关赤老温的事迹了。他很可能是英年早逝。

在我们的文献中没有提到闯拜（Čimbai）的后代。至于赤老温，汉文史料中记载赤老温有一子，名纳图儿（*Natur），纳图儿之子是察剌（*Čara），察剌之子是忽纳等；赤老温的另一个儿子叫阿剌罕（*Alaqan(?)），阿剌罕的儿子是锁兀都（*So'udu），锁兀都的儿子是唐古鲔（*Tanggudai）等。关于这后一个分支的有关信息，见于虞集所编撰的碑文中；关于前一个分支，则是柯劭忞和屠寄所作的传记中提供的，这应该是出自某种并未加以说明的家族碑记，对此目前我也没法进行研究①。阿剌罕曾经治疗过身负重伤的成吉思汗并使之痊愈。当窝阔台把他的二儿子阔端派到甘肃去的时候，锁兀都与其同行，锁兀都的妻子牟忽黎（Muquli）还做了阔端（即拉施都丁的Kötän）儿子——宗王只必怗木儿（据《元史》，107, 6a，他是阔端第三子；其名字的汉文形式是可以确定的，尽管伯劳舍，II，附录.10—11，以及很可能在拉施都丁书中［伯劳舍，II，5］作 جينكتيمور，读作 جينكتيمور Jïbik-Tēmür）的保姆。锁兀都之子唐古鲔至少在甘肃待过一段时间，因为他被任命为护卫（怯薛）的首领，当他死后被埋葬于凉州，享年75岁，其妻是一个巴牙兀惕人。

在拉施都丁这方面，他说（译文，I, 169, 172—173, 185；III, 138, 149）Čilauqan-bahādur（=赤老温）的儿子是 سدون Sodūn-nōyān（或 سودون

154

---

① 译者注：这段记载出自黄溍所撰《明威将军管军上千户所达鲁花赤逊都台公墓志铭》，参见《全元文》卷977。

Sōdūn-nōyān, 特别是سودون Sōdūn-nōyān), 他很受成吉思汗的赏识, 到窝阔台时代都还活着, 并且为拖雷诸子效力。到忽必烈时代, 他的职位由其子قاجو*Qāčū(?قاجودر哀德蛮, 《概况》, 117作Qāčūdar) 继承, *Qāčū活了近百岁, 到老年变得像孩子一样幼稚。这些记载很难与汉文史料中的那些对应起来。显然, Sodun可能应该读作Sōdun<*So'udun, 因此可以比定为是锁兀都这一汉文转写形式, 但这就必须得承认拉施都丁在把此人置于成吉思汗的时代这点上, 实际是和他的父亲阿剌罕的事迹搞混了; 而且有关其为拖雷诸子效力的记载也是错的, 因为他是跟随窝阔台之子。另一方面, 汉文史料表明阿剌罕的这一分支曾经担任怯薛的首领, 这便使我们得以推测阿剌罕是长支而非幼支, 或者是由于对赤老温的继承权事实上是排除了长支而转到了幼支当中。但是还存在一个问题, 就是根据拉施都丁的记载, Sodun的儿子和继承者是Qačū(?), 而不是汉文史料中叫作唐古鹘的。虽然对于把Sodun比定为锁兀都是很有吸引力的, 但就我们现在所知的而言, 我只能将其视为一种证据非常薄弱的假设。如果我们排除以上假设, 那么拉施都丁所指出的这个名字差不多就应该读作Sudan。在蒙元时代, sudun是一种植物的名称(《秘史》第74节), 在古典蒙古语中叫作sudusun, 它是一种黄芩。Sudusun这种形式也很古老, 见于拉施都丁书中(译文, II, 16, 164)。

155　　　[4]《秘史》中均称为哲别(Jäbä), 拉施都丁书作جبه Jäbä, 而志费尼则仅采用了其"突厥语化"的形式يمه Yämä(参见《亚洲学报》, 1920, I, 172—173)。他是别速惕部人(参见拉施都丁, 译文, I, 208—210)。萨囊彻辰书中没有提到此人, 而且看起来是把他和"兀良哈部的者勒蔑那颜"(参见下文第27节)搞混了(施密特, 87)。在《元史》中没有这位著名将领的传记, 直至近代才由洪钧(第18章)和屠寄(29, 4—9)予以补作。哲别一名在《元史》中的转写形式很多: 第1卷中有哲别(Jäbä)、遮别(Jäbä); 119, 1b和150, 4a作阇别(Jäbä); 120, 6a作折不那演(Jäbü-noyan); 120, 7a作哲伯(Jäbäi); 121, 1b作只别(Jibä);

122, 1b 作者必那演（J̌äbi-noyan）；123, 1a 作别那颜（[J̌ä]bä-noyan）；
133, 2a 作折别儿（J̌äbär）；149, 5b 作柘柏（J̌äbäi）。在《蒙鞑备录》中还
有鹠博（*J̌äbö）这样的形式（王国维校勘本, 7b）。哲别的原名是只儿
豁阿歹（J̌irqo'adai），意为"第六"；"哲别"则是成吉思汗由于他精于箭
术而给他取的名字（《秘史》第 147 节）。他一箭射死了孛斡儿出（博尔
术）的چغان امان قله（Čayān-aman-qula）白嘴栗毛马——而不是贝勒津所
认为的一只 qulans 或"野驴"（译文, I, 208, 302）。在蒙古语中, jäbä 和
jäbsäk 通常用来作为"武器"的统称, 在《秘史》（第 134、240、279）的旁
注中也是这么译的, 但这个词还有范围更窄的用法。鲍培先生刊行的
三语词典（《蒙古语词典》, 204）中给出了突厥语的 sayït "盔甲", 作为
jäbsäk 的对应词。至于 jäbä, 他则给出了其形容词形式 jäbätän "有 jäbä
的", 以及突厥语的对应词 jäbäliklär（或 jäbäliglär）, 后者也是由借自蒙
古语中的 jäbä 所构成的。我们所掌握的仅此而已。鲍培先生"装备有
枪的"（同书第 373 页）这一译文, 大概是基于对波斯文翻译者错误的信
任, 其含义令人称奇, 因为哲别是由于其"箭术"而非"枪法"得名。屠
寄（29, 4b）声称根据拉施都丁书的记载, "哲别"是指一种箭的名称, 但
我在波斯史家的记载中并没有找到这一点, 屠寄可能是错误地理解了
洪钧（18, 1）实际上是基于《元史语解》所作的一个批注。事实上, 在
现代蒙古语中, 狭义的 jäbä 确实是指一种箭的名称,《元史语解》10, 12
中, 编纂者给出了其汉文白话中的对应词"梅针箭", 字面上是"像梅
子尖头形状的箭"的意思, 实际上收录于《四体合璧文鉴》9, 12b 中, 作
为蒙古文 jäbä 的对应词。在满语和藏语中的对应词则分别是 sirdan 和
mde'u-big-ma, 但是我没有掌握关于这种箭真实形制的信息（"梅针箭"
这个术语很古老, 在王国维校勘本《黑鞑事略》, 15a 中就已经有了）。
考虑到哲别得名的原因, 我认为 jäbä 一词"梅针箭"的这个含义, 可以
追溯到蒙元时期。在前面（第 1 节中）我已经说过, 我不相信屠寄提出
的解释, 即将辽、金时期塔塔儿人的名称阻卜作为哲卜（jäbä）也就是一
种箭的名称的转写, 但是蒙古人在西方的称呼之一就是"射手"。拉施

156

都丁（译文，II，99）的文本中，关于哲别来归顺的原因的叙述更为详尽，但总体上是与《亲征录》一致的，《秘史》中的传承则系另有所自。

我已经提到过哲别是个别速惕部人，贝勒津则总称之为"Isut"（特别是在译文，I，207—213的简述中）。符拉基米尔佐夫（《蒙古社会制度史》，109）在一处引文中保留了"Isut"的形式，并进而在注释中称拉施都丁书中的"Isut"即"别速惕"。但"Isut"是不存在的，这仅仅是由于贝勒津将بسوت Bäsüt错误地释读为يسوت所导致的。格鲁塞先生所感觉到的困惑（《蒙古帝国史》，447—448），正是因为他提到在施密特的萨囊彻辰书（第183、381页）中有贝勒津所指出的以 *Yisüt 或 *J̌isüt 为名的部落。对此我们可以回应如下：一、*Yisüt 或 J̌isüt 是一种错误的异文，满文本第78页"Asot"，汉文本5，31a作"阿萨特（Asat）"；《黄金史》（1）在对应的章节中亦作Asut（贡布耶夫，184中错误地读成了"Nasut"，但在173页提到另外一个人的时候却读的是正确的形式"Asut"），当然应以Asut为正；二、别速惕（Bäsüt）也确实出现在《黄金史》（1）（第185、186页）和萨囊彻辰书中（施密特，207；满文本，87；汉文本，6，19a），但其名称错误地发音为"Basut"，蒙古文书写中对这两种形式不作区分。现今在鄂尔多斯诸部（参见田清波《鄂尔多斯志》，37）中还有一个Beset氏族（写作Besüt<Bäsüt）。

157 　　[5]《秘史》（第146节）此处称其为脱朵格（Tödögä），但在第219节中则叫脱迭格（Tödägä）（古老的汉文译本在此处作脱迭干（Tödägän））。拉施都丁书中也提到了此人，其名作توداه Tödä（文本，II，160；译文，II，99），对此哀德蛮（《铁木真》，265）的读法是正确的，但贝勒津则错读为"Buda"。在《秘史》中引用其名作脱朵格、亦名脱迭格的两处中，都说到此人是个泰亦赤乌人，赤老温和哲别则是他的仆人（haran，对应并且可能是来自我们这部书的"家人"，意思是"家里的人"、"仆人"）。据拉施都丁记载，泰亦赤乌人Tödä是合丹大石之子，俺巴孩汗之孙，此人在书中各处经常被提到，但贝勒津均将其名错误地读成"Buda"（译文，II，21，22，42—44，120）；但在拉施都丁书第25页中, 与其他地方的记载不同, Tödā 两次被说成是合丹大石的弟弟。如果我们回想起在有关俺巴孩汗的后代和合不勒汗的后代这个问题上所造成的混乱, 就可以知道这里是把两种不同的传承混到一起了: 也就是有关俺巴孩之孙、合丹大石之子 Tödā 的; 和有关合不勒汗之子、脱朵延斡惕赤斤的哥哥合丹把阿秃儿(在《秘史》第48, 51, 53节中作合答安或合答安太师)的。但归根结底, 至少这些系谱所导致的混乱, 不能掩盖其本质上的一致性, 就是只有一个合答安, 也只有一个脱朵延, 后一个人有时候叫作脱朵延(>Tödän), 有时候叫作脱朵格(> Tödän), 在《亲征录》或在《秘史》中都是一样的。尽管如此, 这两个名字本质上是完全相同的。我在上文(第5节)已经假设了脱朵延(Tödö'än)可能是来自蒙古语的 tüdägä, tödägä, 卡尔梅克语的 tödögə, "短裤裤带"。

[6]关于这个名字, 参见上文第2节。之前完全没有提到任何有关此次被捕的情况, 但这里却进行了追忆, 这表明《亲征录》没有像拉施都丁书那样, 给出了蒙古文原本的完整面貌, 有人删掉了那些不利于成吉思汗的情节和会使忽必烈不快的记忆, 但有时, 就像这里一样, 被删去的情节依然露出了蛛丝马迹。

[7]《秘史》(第82—87、146、198、202、219节)称之为锁儿罕失刺(Sorqan-Šira), 在拉施都丁书中作 سورغان شيره Sōryān-Šīra(译文, I, 169—172; II, 93, 99)。在虞集的《道园学古录》16, 10a 中, 此名转写为锁儿罕世刺(Sorqan-Šira)。拉施都丁(译文, I, 176, 177)还提到了另一个叫作 Sorqan 或 Soryan 的巴牙兀惕人, 称其为成吉思汗的亲信之一。Sorqan(Soryan)是 *soryoq、*soryaq "身上有胎记的" 的同源对偶词(参见上文第5节), 从这个词产生了其附属形容词形式 "*sorqoqtu 或 sorqadu"。至于 Šira 这个修饰语, 它的意思是 "黄色"。这个名字在蒙古语传承中发生了一种特殊的形变, 在 "萨囊彻辰" 书(施密特, 66, 68)中变成了 Toryan-Šira; 并因满文本(第36页)和汉文本(3, 9a)中的形态而得以证实。更特殊的形式见于我手头的库伦抄本中, 在与《秘史》有关片段相应的部分中均作 Torqan-Šira。因此, 这个名字在很久以前

158

就发生了讹误,大概是因为 soryan 一词不再为人所理解,相反 toryan 作为丝绸制品的名称而为人所熟知。

[8]《秘史》第 149 节中作失儿古额秃·额不干(Širgü'ätü-äbügän),在 220 节中的缩合形式作 Širgōtü-äbügän。《元史》(127, 1a)作述律哥图(Šürgātu,这一转写的开头部分看起来是受到了契丹"述律"氏这一名称的启发)。在拉施都丁书(文本,I, 261;译文,I, 196;文本,II, 161, 162;译文,II, 100)中,各处均应读作 شیرکدو ابوکان Šīrgädū-äbügān,或者可能是像在文本,II,中的 شیرکهتو ابوکان Šīrgä'ätū –äbügān①。他是一个你出古惕巴阿邻氏(Ničügüt-Bārin),或"裸的巴阿邻氏",他也是于 1276 年征服南宋首都的伯颜的曾祖父。有关其后代的世系表,参见屠寄,152, 2。我们试图将本文中人名重构为失力哥[秃]也不干,并读作 Širgü[tü]-äbügän,但这处的错误——如果可以说是错误的话,应该相当古老,因为在《元史》中对应的段落中也是作"失力哥也不干",此外,很可能是明代的抄写者基于《元史》中的错误形式,而删除了"秃"字②。也不干的意思是"老人",并且经常连在上了年纪的男人的名字后面,就像这里的例子一样(在别的地方也用来做人名)。《秘史》用了一个名词派生的动词 širgü'älä-(第 151 节)或 širgōlä-(第 177 节)"抓住",这可使我们推测出一个名词形式 *širgü'än,而 širgü'ätü 则是其附属形容词形式,但是我并不知道 *širgü'än 的确切含义。

[9]实际上,各抄本中此处均作"阿忽赤拔都"或"阿忽失拔都",但在稍后的部分中我们有同样的"阿忽出"这一形式(第 24 节),并且在《亲征录》的文本中,"出"形误为"赤"或者反过来的例子并非罕见,而这里作"阿忽出"肯定是对的,我确信应当如此重构。我们本书中在第 18 节里还以沆忽阿忽出(Hangqu-Aqučư)之名提到了这同一个

---

① 补注:《史集·成吉思汗纪》伊斯坦布尔抄本、塔什干抄本作 شرکتو ابکان。

② 译者注:据贾敬颜先生书,郑杰注本及伯希和未曾见过的几个本子中,此人的名字写作"失里哥都也不干",参贾敬颜校注,陈晓伟整理《圣武亲征录(新校本)》,中华书局,2020 年,第 30 页及第 31 页校勘记。

人。《秘史》(第141、142、144、148节)称其为阿兀出把阿秃儿(A'uču-ba'atur,在我手头的库伦抄本的文本对页第58a、59a—b中讹作 Naqaču-ba'atur)。在与《亲征录》本段相应的章节中,拉施都丁书的各抄本(文本, II, 162; 译文, II, 100)中有个名字,贝勒津读作 هوقوجو بهدار 并转写为"Uguju-bakhadur"[1];此处只有 E 本在各本中是最好的,其中的 مقوجو 显然讹误,当为 هقوجو,这使得我们可以重构为 Haqūčū。文本继续写道"出自……部落(qawm)",但部落的名称在各本中均空缺。再往后(文本, II, 204; 译文, II, 127)提到了合达斤部 هاقوجو بهدار Hāqūčū-bahādur,在乃蛮部的不亦鲁黑汗与成吉思汗交战时被派作先锋;此人在《部族志》合达斤部的简述中(文本, I, 239; 译文, I, 179)叫作 اقوجو بهدار Aqūčū-bahādur。在拉施都丁书(文本, II, 203; 译文, II, 126)中对应我们所研究的文本第24节的记载之处,称作 Ūqūtū-bahādur,并且作为撒勒只兀惕部(Salji'ut)的首领,至少贝勒津所采用的异文是如此。但哀德蛮(《铁木真》,281)把贝勒津各抄本中两处作 اقوتو Āqūtū 之处均读成"Ackutu-Behader"。当然应该采纳把 a- 放在名字的最前面,至于剩下的部分,可能仅是抄写者犯了个简单的错误,从而把 اقوجو Āqūčū 误写成了 اقتو Āqūtū,我倾向于不将这个错误算到拉施都丁或他的信息提供者头上。但是拉施都丁把 Aqūčū-bahādur 当作撒勒只兀惕部的首领肯定是错的,这应该是由于正好在他名字的前面提到了撒勒只兀惕部。另一方面,我们的文本(下文,第18节)提到了一个泰亦赤乌部首领,名叫沉忽阿忽出(Angqu-Aquču),"沉忽"传到了《元史》中对应的章节里。此名不见于《秘史》,Aquču-badur(又名 Aquču-bahadur 和 Haquču-bahadur)只能是与泰亦赤兀人阿兀出把阿秃儿有关。但在拉施都丁书里有个泰亦赤乌人 Angqu-Aquču 经常被提到,贝勒津总将他的名字转写为"Angkgu-Uguju",实际上见于好几个段落中(文本, I, 247; 译文, I, 186; 文本, II, 31, 75),这个名字的后半部分的第一个音节

160

---

① 补注:《史集·成吉思汗纪》伊斯坦布尔抄本、塔什干抄本作"هقوجو بهدار"。

里在所有的抄本中均记有一个唇元音。但关于文本 II,38,C、D、E 本作هفوجو；关于文本,II,192,所有抄本两处均作هاقوجو(除了有个本子在其中一处作هفوجو)。参照汉文转写,可以确定应该分别重构为انكقو هفوجو和انكقو هاقوجو,① 这两种正字法均读作 Āngqū-Hāqūčū。总之,在巴阿邻部的简述中(文本,I,261;译文,I,196),拉施都丁继续提到了被失里哥都也不干抓住的两个人,并且说这两个人都是泰亦赤兀人。这回其名字既不以 Angqu- 开头,也不以 -bahadur 结尾;贝勒津在此处继续读作هوقجو,并转写为"Uguju",但所有的抄本——可能仅有一种例外——给出的都是هاقوجو Hāqūčū,这肯定就是正确的形式。因此,归根结底是有一个叫 Aquču(或 Haquču)的人,其名仅有一次写成 Aquču,但更经常是表示为 Angqu-Aquču 或 Aquču-ba'atur。至于《秘史》中叫作阿兀出把阿秃儿,这是因为在蒙古文书写中不能够区分这两种发音,但是《亲征录》和拉施都丁书均倾向于 Aquču(?=Aɣuču)。拉施都丁书中两次都错把他当成合答斤部人,可能是因为这种情况和他所记载的另一个片段存在矛盾,以至于他在有一处当中空下了 Hāqūčū-bahādur 所出之部落的名称——如果这样的空缺是最开始就如此的话。关于这个泰亦赤兀人的亲属关系,波斯史家明确提到(译文,II,21)Angqū-Haquču 是塔儿忽台希邻秃的堂兄弟,因此其父应该就是俺巴孩汗的某个儿子。

关于 Angqū-Haquču 这一名称的来源,实际上存在着双重困难:首先是由于《亲征录》的 Hangqu 和拉施都丁的 Angqu;同时拉施都丁总写成 Haquču,但在《亲征录》中的"阿忽出"和《秘史》的"阿兀出"中都不存在打头的 h-。拉施都丁说(文本,II,192;译文,II,119)Angqū-Haquču 的意思是"非常恼怒"خشم بيسيار bisiār ḥišm②;肯定应该这么读,就如贝勒津差不多接受的那样,见译文,II,284;这一版本的异文以及其翻译"非常恼怒的女仆"是不能成立的。这一形式不能使我们联想

---

① 补注:《史集·成吉思汗纪》伊斯坦布尔抄本、塔什干抄本作"انكقهاقوجو",《史集》第一卷第一分册《泰亦赤兀惕部落》苏联集校本作"انكقو فوجو"。

② 补注:原文排印错误,误为"بيستار خسم"。

到在中世蒙古语或古典蒙古语中有任何相同的形式。而且，我认为拉施都丁是把angqu和angqa看成同一个词，后者现今的含义是用来指"第一"、"首先"，但在《秘史》中，特别是具有"极其"、"非常"的意思（如昂合也客（angqa yäkä）"最大的"，第48节）。至于haqučhu，看起来拉施都丁是把它和a'ur，"愤怒"关联起来，正如在《秘史》中所记载的那样（第78、277等节），但在鲍培先生那深思熟虑的词典中明确存在着一个打头的h-（《蒙古语词典》，182，hawurla-，"发怒"，hawurtu "发怒的人"）。可是，在缺少r和-ču的音值上存在着两难。在一个颚音开头的后缀前面，其名称最后面的-r的脱落，这种现象并非没有其他例子可循：中世蒙古语中存在来自 hükär，"牛" 的 hükäči，"放牛的"，而不像古典蒙古语说成 ükärči；"铁木真（Tämüjin）" 很可能是个来自 tämür，"铁" 的代称；可能还得加上上文第5节注释29①中的 Ča'ujīn，Čaujīn，在此例中的这个词是来自 ča'ur、čaur "军事活动"。另一方面，在蒙古语中还有一定数量的以 -ču 结尾的名词用作人名，比如 naγaču "舅舅"、qaraču "平民百姓" 等。从这一角度看，存在着从 a'ur、ha'ur 而来的名词 *a'uču、*ha'uču，以及对应的形容词形式 hawurtu（=ha'urtu）这点，并非不可能；*a'uču、*ha'uču 也就是 "一个愤怒的人" 的意思。但是用 angqa 来解释 Angqu 则很难令人信服，我强烈认为这仅是一种通俗的或不切实际的词源学解释，我更倾向于 Angqu 实际上有一定概率是个名词。在《元史》132，1a 有一篇奥塞梯人（汉语作 "阿速"，即 As 的蒙古语复数 Asut）杭忽思（*Hangqus）的传记，但在其子的传记中（同书，135，5a）其名则写作 "昂和思"（Angqos），这个人的所有后代都取了蒙古式的名字。如果与我们上文所见相同，则可以认为 *Hangqus 或 *Angqos 是在汉文中写作沆忽（Hangqu）、波斯文中写作 Angqu 的这个同一名称的复数形式。贝勒津（译文，I，294）认为 Angqu 是蒙古语的 angγuči "罪人"，这一词源可能是有道理的，但要解释 *angqu 这一形

① 译者注：应为注释第30。

式仍然存在着困难。对于回鹘语中的angɣu一词, 参见《通报》, 1930,
249。

就事实本身而言, 这段文字不应该放在现在的位置上,《秘史》把
这两个俘虏放在稍后的叙事中。此外, 据《秘史》的记载, 只有塔儿忽
台乞邻秃黑被释放了, 阿兀出把阿秃儿则与其部属均被处死了。但
《亲征录》的蒙古语原文应该就是按现在我们所见的汉文本中的顺序
来叙述这些事件的, 因为这和拉施都丁书中的叙述顺序是一致的。但
在拉施都丁书中, 则提到是Aquču-badur被释放了, 因为我们后来又看
到他继续与成吉思汗交战。在这一点的分歧上, 亦参见那珂(2), 28—
29以及屠寄, 1, 10b(他基于贝勒津错误的异文, 提出了不切实际的词
源学解释和错误的论证)。

[10]在《秘史》(第149及220节中), 这个名称写作"忽秃忽勒讷
兀(Qutuqul-nu'u, 第149节)"和"Quduqul-nu'u"。nu'u的意思是"隅"
(即"角落"、"角"), 可能是与这个名称本身不相关的。那珂(2), 12
和王国维, 10b借用了《秘史》中"忽秃忽"这一形式的异文[而不是忽
秃忽勒(Qutuqul或Quduqul)], 这是因为他们仅满足于采用与蒙古文
音写不合的旧汉文版本。拉施都丁书中没有征引这一地名, 在所有抄
本中这处地名均是空白的(文本, II, 162; 译文, II, 100)。这一名称的
起源依然未知, 可能是对应于现代的ḫotoɣor "洼地"一词的一种方言
形式。

[11]《秘史》(第149、197、220节)称其名为纳牙阿(Naya'a), 但
在197节则是纳牙阿那颜, 而在220节, 他又被另称为纳牙阿·必勒只
兀儿, 即"雀儿纳牙阿"。拉施都丁通常写作 نایا Nāyā(文本, I, 261;
II, 162; III, 51, 209; 译文, I, 196; II, 100; III, 32, 140)。其中, 在文
本, I, 111和261中, 写作某种异文形式, 可以读成 نایاقا Nāyāqā 或
Nāyāyā(贝勒津错误地读作"Nabaga", 译文, I, 88, 195)。这应该是
Nayaqa=Naya'a>Nāyā的一种机械性地逐字转译。最后, 在文本I, 260,
译文, I, 195中, 提到在他年轻的时候, 被叫作 نایا چوسور Nāyā-J̌ūsūr, 而

jusur的意思是"伪君子（munāfiq）"和"无耻之徒（bī šärm）"；在蒙古语中，jusur的含义实际是"骗子"和"伪君子"。我考虑这个外号是否和他据说三天三夜守卫准备献给成吉思汗的忽兰哈敦的轶事（《秘史》，第197节）有关，可是这件事完全是用来解释他的忠贞的。在另一处，拉施都丁（译文，III, 32）也提到了纳牙阿因为预料到某次远征不祥的后果，因此逃避这项针对造反的蔑儿乞人的任务而持暧昧含糊的态度，最终使孛罗忽勒被派去代替他。

据拉施都丁书，纳牙阿是左翼的指挥官之一，地位仅次于木华黎，并最终取代了他。为了指明其发挥了副手的作用，拉施都丁使用了一个词，贝勒津（文本，I, 260；译文，I, 195）写作 سوتوكرسون *sūtügärsün，并且解释为一种不可能的含义。哀德蛮，《概况》，171读作 سوتوكوسون sūtūgūsūn。在文本，III, 198和209中，贝勒津没有采用文本，I中的形式，而是写成了 سونكوسون sōngūsūn，并认为是来自（译文，III, 177）突厥语的song"之后"。但结尾的-sün表明这是个蒙古语词汇，并且由于其没有发生颚音化，而不太可能是来自突厥语的song。对于这个词我还不能提出合适的解释。至于拉施都丁提到的纳牙阿发挥木华黎副手的作用，仅在其书中提到。根据《秘史》（第200节）我们了解到，成吉思汗委派勃斡儿出（博尔术）为"右手"也就是西边的万户，委派木华黎为"左手"也就是东边的万户，而纳牙阿则是中军万户（tüb-ün tümän）。

根据拉施都丁（译文，I, 195—196），纳牙阿寿逾百岁，一直活到窝阔台统治时期，书中还叙述说他在成吉思汗娶第一个妻子的时候，参加过其婚宴。显而易见的是，这样的叙述与所有我们已知的、或相信为已知的成吉思汗和纳牙阿有关的史事相矛盾。在窝阔台时期超过百岁的人，最晚也得生于1135年左右，这与他及其属民归附成吉思汗时的情形，也就是在12世纪末应该还是个年轻人这样的背景完全不相符合。此外，他的归附也要远晚于成吉思汗和他的第一个妻子孛儿帖结婚的时期。

163

　　我们不知道任何有关纳牙阿后代的情况。柯劭忞, 28, 8a 和屠寄, 152, 2b 的"巴八（Baba）"或"阿里黑巴八（Alïq-Baba）"实际上对应的是纳牙阿的兄弟阿剌黑，甚至是纳牙阿本人，因为哀德蛮（《铁木真》, 222）就错误地将他的名字读作"Baba"。关于纳牙阿（Naya'a）>Nayā 仍不知其解。满语中有 naya "妻子的幼弟"一词，可能是借自于蒙古语的 *naya'a，而这个词在蒙古语中则消亡了（? 参见 naɣaču "舅舅"的词根等）。

　　[12]《秘史》（第 149、202、220）提到了这同一位阿剌黑（Alaq），拉施都丁书（同上）作 الاق Alaq。Alaq 的意思是"色彩斑驳"（参见突厥语的 ala）。阿剌是南宋首都的征服者——著名的伯颜的祖父。

　　[13] 我修正了诸本中和王国维校本中此处的异文，他们都错误地写成了搠只鲁钞罕。进而我还在译文中删去了文本中原有的"二人"，因为这里并非指"搠只"和"钞鲁罕"，而是一个叫搠只钞鲁罕的人。不过，错误大概是因为汉文本的译者所造成的，而并非一处衍文。对于本注中研究的片段，拉施都丁书的各抄本（文本，II, 163; 译文，II, 100）给出了 جوجی جاورقه Jōčī-Čāūrqa，在《部族志》（文本，I, 44; 译文，I, 34）中其名写作 جوجی جاورقا Jōčī-Čāūrqāī，并且提到他是一个札剌亦儿人，是搠只塔儿马剌（Čöji-Tarmala，关于此人，参见上文第 4 节注释 1）的兄弟。这个钞鲁罕不能同我们文本第 5 节中的察忽兰（? 读作 *Čaurqa）混淆起来，那个人是火鲁剌思人；也不能和下文第 33 节里的抄儿寒（Čaurqan）混淆起来，他则是兀良哈人，者勒蔑的兄弟。者勒蔑的这个弟弟在《秘史》中叫作察兀儿罕（Ča'urqan，第 120、124、127 节）或察忽儿罕（Čaqurqan，第 183、184、185 节），还有似乎是察兀儿孩（Ča'urqai，第 202、243 节）。但札剌亦儿人搠只钞鲁罕（Jōči-[或 Čöji-] Čaurqan），在《元史》（131, 5a）中他的孙子奥鲁赤（Oɣruqči）的传记里，其名写作朔鲁罕（Čōrqan）。奥鲁赤被称为札剌台（Jalā[r]tai），也就是说札剌亦儿人。通过这篇传记，我们了解到朔鲁罕（也就是搠只钞鲁罕）的父亲名叫豁火察（*Qoqoča 或 *Hoqoča?），以及朔鲁罕参加的历次远征

164

的详细情况，特别是1221年的野狐岭（《秘史》第247节的Hünägän-daba'an，参见下文第46节）之役。朔鲁罕之子、奥鲁赤之父叫作忒木台（Tämütäi），他随同窝阔台与康里人作战。

[14] 关于此名，王国维提供的是一种经过修正的形式，但我们看到，在《说郛》本（3）中这个名称其实是没有错的。朵郎吉札剌儿是扎剌儿或札剌亦儿部的一个子部落。在《元史》卷1中，效法我们现在研究的这处文本，错误地称之为朵郎吉、札剌儿两个部落。在对应的段落中，拉施都丁（文本，II，163；译文，II，100）提到了"طولانكقيت Ṭōlāngqīt 是札剌亦儿部的一个分支"。在拉施都丁（文本，I，43；译文，I，33）列举构成札剌亦儿部的十个氏族时，Ṭolangqīt位列第九[①]。我们知道，拉施都丁经常用打头的ـط来转写蒙古语的d-（例如ṭalan=dalan）。这个名称在《秘史》（第260节）仅以其族名朵笼吉儿歹（Dolonggirdai）的形式出现了一次（我不记得是什么让我在《通报》，1934，159—160中倾向于海涅士先生"Doronggirdai"这样的解读，这肯定是错的，而且连他自己都已经放弃了，参见他《字典》，175）。朵郎吉可能是鲍培《蒙古语词典》，144中的蒙古语dolanqïr"疥癣"。

165

[15] "及荙叶胜和率忙兀部亦来归"这段文本讹误众多。王国维提出应将"荙"修正为"委"，并认为"委叶"是《元史》（121，6a）中提到的畏答儿（Quyuldar或Quildar）的兄长、忙兀人（Mangqut）畏翼的另一种转写形式。但根据《秘史》（第130节），就如同在《元史》中所叙述的一样，忽余勒答儿即畏答儿在另一个时期带领忙兀部人来为成吉思汗效力，而他的兄弟畏翼则是持反对的意见。另一方面，这一处的文本也是完全不确定的，我们已知其他的抄本作"荙菜"，《说郛》本（3）则作"荙蓁"（？我们未能认出的这第二个字，肯定是错的）。李文田提出应读作"妥果勒和（*Togolqo）"，也就是《秘史》的多豁勒忽·扯儿必（Doqolqu-čärbi），他实际上是一个忙忽惕人（Mangqut），并且在畏答

儿之前就归附了成吉思汗(第120节)。那珂(2),13认为这一方案是可靠的,并且没有对重构出的形式进行讨论(这种重构与《亲征录》的习惯相反,没有用"合"而是用"和"来转写蒙古语中的-qo-)。对我而言,问题的实质在于,多豁勒忽·扯儿必是单独来投效的,没有带着他的部人一起,特别是在拉施都丁的平行文本中,并没有提到忙兀部,其中说:"此时,札剌亦儿部的分支朵郎吉部的首领搠只钞鲁罕(J̌oči-Čaurqan),在一个叫作 سينكوت طوراقون Ṭōrāqūn-Sīngūt① 的地方归顺成吉思汗并为他效力",贝勒津采用了 سينكوت طورانقو 并转写为"Turangut-Šingut",但各本中的变体形式都明显在名称的前半部分中少了-n-,并且如果在-q-前面是个鼻音的话,我们便能得出 *Ṭorangqun,也就是朵郎吉(Dolangqït)了。对于前半部分的末尾,我并不排除是一个-t,但这并不见于任何抄本之中。至于后半部分的末尾,多数抄本也是以-n结尾,因此我们可能可以读作 *Ṭoraqut-Singüt(两个复数)或 *Ṭoraqun-Singün(其中-i前面的s->š,或者是抄本中偶然脱落了波斯语字母š的三个点)。我相信就是这个名称,在汉文文本中因为原文的讹误而没能表现出来。而致误的原因,或是因为译者的错误,或者是我们这个本子的脱误所造成的。之前,我应该提到过一种假设,它或许会为此提供思路。在札剌亦儿部十个氏族的名单中,朵郎吉部是第九个,而第十个是 سنكقوت *Sangqūt 或 شنكقوت Šingqūt,我们大概可以把《亲征录》的"胜和"比定为这个词,而这个词原本应该是 Šingün 或 Šingüt,但拉施都丁书讹作 شنكقوت Šingqūt,而拉施都丁从他的信息提供者那里得到的其实是一种错误的译文,而与此同时《亲征录》的文本又发生了严重的讹误。但对此我是不大相信的,在我印象中札剌亦儿部这个氏族的名字,除了在拉施都丁书中列举十个氏族的时候提到过之外,没有在任何其他地方见到过,也没有可能在成为拉施都丁书和《亲征录》文本来源的蒙古文编年史中被提到(在《元史》100,3a中引用了一个人

---

① 补注:《史集·成吉思汗纪》伊斯坦布尔抄本、塔什干抄本作"طوراقوت سينكوت"。

名"胜回",从理论上讲可能是*Šingqoi[t],但也有可能是其他种种)。
因此我的意见还是要从拉施都丁的文本出发。他提到的地名是以一
个ṭ-开头的,而正如我们在朵郎吉一名中所见,这经常是用来译写d-;
但也有用于打头的t-,比如 طغای Ṭaɣāi,就是蒙古语的Taɣai。第一个音
节因此就是to-或do-,我出于一种和李文田完全不同的原因,接受他
把"荄"修正为"妥"(=to-)的做法。接下来的音节是可疑的,"荄"可
以排除,但"叶"则没法解释。"蘱"肯定是错的,但可能是"虆"的俗
字"虆"。尽管如此,这个"虆"字假设出的原文形式是-lui-、-rui-而不
是我们想要的la①。我认为现在这处文本中的"胜"对应的是Šingüt或
Šingün的šin-,或者更有可能是šing-。如果这个开头是转写šing-的话,
那就只剩下了-üt,我们便可以在假拟的"忙兀"(Mang'u[t])中找到这
个-wou、-u[t](或-ü[t]),这一解决方案就我看来更有可能,而我就读成
*胜兀=*Šing'ü[t]。在句子开头的"及"或是"至"字之误,或者这里不
是"和"的意思,而应该取其另一种含义即"等到……的时候"。"和"
这个字则要放到"胜"的前面,对应*Toraqun或*Toraqut结尾部分的
(一种讹误)转写。至于"率"、"忙"和"部",可能是在原本讹漏的剩
余部分的基础上,又加上了衍文来使其字意通畅。我因此对句子成分
提出一种不能打完全保证的重构,即:及[或"至"]妥虆(?)和(?)胜
兀亦来归。

[16]正如我在前面一个注释中提到的,我怀疑忙兀这个名称是否
出现于《亲征录》未曾发生讹误的文本中,但我在确认这一点上持保留
意见。忙兀就是《秘史》中的忙忽惕,拉施都丁书的 منكقوت Mangqūt,
通常和兀鲁兀惕(Uru'ut)或兀鲁惕(Urūt)一起被提到。拉施都丁(译
文,I,189—194)就兀鲁惕、忙忽惕和那牙勤部共同作了一篇简述。《秘
史》(第46节)给出了兀鲁兀惕和忙忽惕所得名的两位祖先兀鲁兀歹

---

① 译者注:关于此字,贾敬颜先生新校本所用的底本——郑杰注本——据陶本补了一个"莱"字,
在诸本中最为优长,且与伯希和此处关于语音的假设暗合。参贾敬颜校注,陈晓伟整理《圣武亲
征录(新校本)》,中华书局,2020年,第33页校勘记。

(Uru'udai)和忙忽台(Mangqutai),他们是纳臣把阿秃儿的两个儿子,而纳臣把阿秃儿则是葭年土敦七子中最小的儿子。这一传承的片段亦见于《辍耕录》(1,1b)和《元史》(107,1b),其中提到从纳真的后代中产生了兀察[应修正为"鲁"]尤[应修正为"兀"]秃,也就是"兀鲁兀惕"(而忙忽惕则没被提到)。根据拉施都丁,那牙勤、兀鲁惕和忙忽惕是屯必乃汗的长子(亦参见译文,II,29) جاقسو Čāqsū(?可能是 جاقو Čāqū)之子的后代。最初与成吉思汗联合的忙忽惕人是 Jädäi(拉施都丁,译文,I,189—191中的 جدى Jädäi)和多豁勒忽扯儿必(《秘史》第120节),但《秘史》中,最先至少是带了其部落的一部分人来投奔成吉思汗的人,是忽余勒答儿(第138节[①]),在其他地方提到他的名字是忽亦勒答儿(=Quildar,Γuildar)或忽亦勒答儿薛禅(Quyildar-säčän,第171、175、185、202、208、209、217),此人之所以著名,不仅在于其忠诚和勇敢以及因此导致他很快壮烈牺牲,还在于他的后人知晓如何纪念其祖先。他在《元史》(121,6a—b)中有传,大部分是来自姚燧为这位英雄人物的曾孙编撰的碑文(《元文类》,59,6—7)[②]。在传记中,忽亦勒答儿被称作畏答儿,并且说成吉思汗给他改名叫薛禅(säčän "智者";《元史》的编纂者在此处采用了这一在蒙元时代很常见的转写形式,但姚燧自己却写作"屑廛"),并与他结为按达(anda),也就是立下誓约的好友。畏答儿一名似乎是 *Ui[l]dar 这样一种发音的转写,而愠里答儿薛禅(《元史》,95,11a)则假设出 *Ūldar-Säčän 这一形式,但在《元史》,120,4a 还有更为正确的忽因答儿(Quildar)这一形式。拉施都丁称之为 قویلدار ساجان Qūildār-Sāčän(文本,I,251;译文,I,189;文本,II,213,214;译文,II,132)。在萨囊彻辰书(施密特,85)中变成了 Mangγut 部的 Γoilidar-Ḫoši'uči(在满本文第43页中则是 Goillidar-Hoośoči)或 Γoilidar- Ḫoši'učitai(满文本第45页的 Goillidar-

168

Hosigôčitai），这个称号是后起的，ḫoši'uči的意思是"'旗'的首领"，"分部的指挥官"，但在蒙元时代qoši'un这个词仅具有其最初的含义即"尖端"，或用来指"岬角"的意思。Quyuldar或Quildar一词是由quyul或quil"请求"（来自quyu-或qui-"要求"）再加上后缀-dar构成的，通常是作为专名。Mangqut（Mangɣut）这一名称在《元史》（121，6a）中，和我们所研究的文本一样，均写作忙兀（Mang'u[t]），在《秘史》中第一个音节也是用忙（mang-）来转写的；另一方面，拉施都丁从没有标识出其第一个音节中的元音。虽然mang-和mong-这两个相当的音节可能都出自同一个用"忙"来进行转写的蒙古语原文，但可以肯定整个名称应该是Mangqut而不是*Mongqut；我手头的库伦抄本（例如对页第13b中与《秘史》第46节相应的部分）中也写作Mangqut。此外，蒙语中-a-和-o-相似的现象，特别是在鼻音之前，见于《元史》（62，15a）中有一处，也就是用蒙古觲这样的形式来转写Mangqu、Mangɣu的族名Mangɣudai（参见《元史本证》，50，4a；另外一个例子中的蒙古觲，则是和忙古觲进行交替，参见《三史同名录》，19，8—10）。Mangqut和Mangɣut的词源并不能确定。我不认为它简单就是*mang这一形式的复数。但在蒙古语中还有mangɣus一词，《秘史》中转写为mangqus和manggus（第78和195节），并用一种蟒蛇的汉语名称"蟒"来进行解释（在现代蒙古语中，mangɣus的意思有些变化）。看起来mangqus或manggus可能是借自于汉语的"蟒"，并且对应来自*mangqu、*mangɣu或*mangqul、*mangɣul的一种复数形式。但是依照蒙古语中一种固定的用法，*mangqu或*mangɣu（*mangqul或*manɣqul）应有一种次级形式*mangqun、*mangɣun，而Mangqut、Mangɣut则是蒙古语中其常规的复数形式。

所谓Mangqut部的首领，在贝勒津，译文，I，186，189中作 بودوت "Bodot"，以及同上，II，96（亦参见II，262）中的部落 بوروت Burut，都是错误的异文。在后一个例子中，这个词应该也是Mangqut（这里读作 مونقوت *Mōngqūt）部落；在前一个当中，则是指该部所得名的祖先，

169

《秘史》第46节中的忙忽台（Mangqutai）和《元史》,120,3b的忙兀（Mang'u[t]）。

我不知道在明代忙忽惕部是否还作为一个部落继续存在着。沈曾植（《蒙古源流笺证》,15,21a）认为此名见于岷峨山人《译语》中的"莽晦"和《续文献通考》中的满会王；这是有可能的，但在这份名单中的很多名字都还莫测难解。

关于Mangqut和mangqus或manggus之间可能存在的联系，参见波塔宁《西北蒙古志》,IV,931。布里亚特人被俄罗斯人蔑称为Mangut或Qara-Mangut。卡尔梅克人则称喀山的鞑靼人为MaṅgṇD（亦参见兰司铁《卡尔梅克语词典》,256），在方言中亦作Mangïs和Mangït。现代在乌兹别克（Özbäg）人中还存在着Mangqït氏族。

8. 日后，上同月伦太后暨哈撒儿、斡真那颜诸昆弟，族薛彻太出等，各以旄车载湩酪，大会于斡难河林木间。会中太后暨上为族人薛彻别吉及其母忽儿真哈敦共置马湩一革囊，其次母野别该前独置一革囊。忽儿真哈敦怒曰："今不尊我而贵野别该乎？"遂笞主膳者，失邱儿泣曰："盖以捏群太石、叶速该拔都二君去世，我专为他人所辱至此。"因大哭。是时，别里古台那颜掌上乞列思事，亲御上马；播里掌薛彻别吉乞列思事。播里从者因盗我马鞯，别里古台执之，播里怒，斫别里古台背伤。左右欲斗，别里古台止之曰："此仇汝等欲即报乎？我伤不甚也。姑待之，不可由我致隙。"其众不听，各执马乳橦、斫木枝疾斗。我众胜之，乃夺忽儿真、火里真二哈敦留麾下，（于是绝好）。后复议和，遣二哈敦归。

8.之后，陛下与月伦太后、他的弟弟们哈撒儿（Qasar）[1]和斡真那颜（O[t]jïn）[2]一起，并且同他的亲戚薛彻（Säčä-[bägi]）[3]、太出（*Taičü）[4]等人，用有毛的车子[6]装着发酵的奶[5]，在斡难河（Onan）[7]的森林中举行盛大的集会。

在集会期间，太后和陛下把一袋[8]马奶放在薛彻别吉（Säčä-bägi）

和他的母亲忽儿真哈敦（Qūrǰin-qadun）[9]面前，又单独把一袋马奶放在薛彻别吉父亲的第二个妻子野别该（Ābägäi）[10]面前。忽儿真哈敦生气地说："是不是现在不尊重我了，竟然把野别该放到了［我的］上面？"于是鞭打负责准备饮食的失邱儿（Šikiür）[11]；［他］便哭着说："因为捏群太石（Näkün-taiši）[12]和叶速该拔都（Yäsügäi-bādu[r]）二人①都死了，所以现在轮到我被别人冒犯了。"[13]因此大哭不止。此时，别里古台那颜（Bälgütäi-noyan）[14]负责陛下的乞列思（Kiriäs, kirās）[15]，他掌握着陛下的马匹[16]，播里（Böri）[17]则负责薛彻别吉的乞列思。

由于播里手下有个人[18]偷了我们一匹马的笼头[19]，别里古台便抓住了他。播里为此生气，砍伤了别里古台的背部；别里古台的同伴们想要开打，但别里古台阻止他们说："为什么马上就要报仇呢？我伤得不是很严重，这个时候让我们等等吧，不可以因为我的缘故引起纠纷。"[20]他们不愿听从，拿起搅奶棍、截断树枝激烈地打了起来。我们的人取得了胜利，并且抓住忽儿真（Qūrǰin）[21]和火里真（Qoriǰin）[22]这两位哈敦，把她们留在了营地里。此时，良好的关系结束了[23]。之后，重新议和，并且让两位哈敦回去了。

注释

［1］我们的文本中均称之为哈撒儿，不带修饰语。他是成吉思汗的弟弟。《秘史》（第60、195节）称之为拙亦合撒儿（Jöči-Qasar）。我们在《元史》95, 1b见有搠只哈撒儿（Čöji-Qasar）; 在117, 1b及193, 3b见有哈撒儿；107, 3a有搠只哈儿（Čöji-Qa[sa]r），这肯定是偶然中遗漏了一个字（在《辍耕录》，1, 8b大体内容与之相当的世系表中，正是写作其完整的形式搠只哈撒儿）；最后是槊只哈撒儿（《元史》，124, 5b）和《元史》120, 3a中的哈札儿。此人在《元史》中无传，但在《元史类编》，30, 2a—b中和屠寄，22, 1—4中均编撰有他的传记。拉施都丁均

171

172

---

① 译者注：这里的译文并没有翻译出原文中"二君"的"君"的含义。

称之为 جوچی رفسار Jöči-Qasār①（波斯语 j 字母和 č 字母的点在贝勒津的版本中总是标记得很好，并且大约在各抄本中都是可以看到的）；伯劳舍，II，281 写作 Čöči-Qasar）。在拉施都丁的一段论述中（刊本，II，198；译文，II，123），提到在 I，177 一个叫作锁儿罕的巴牙兀惕人的口中，是把他叫作 جوچی برہ *Jöči-Bärä(?)，拉施都丁补充道，"也就是拙赤合撒儿"，我不知道这里的 Bärä 是什么，但假定这种形式也是正确的。

根据拉施都丁的记载，拙赤合撒儿非常强壮，他的肩部很宽，而腰部很细，以至于当他侧卧的时候，一条狗可以从他的腰下穿过（译文，II，54）。根据《秘史》第 60 节，拙赤合撒儿比成吉思汗要小两岁，如果成吉思汗是像我倾向于相信的那样是生于 1167 年的话，拙赤合撒儿就是生于 1169 年。尽管曾经与成吉思汗意见不合，但这两兄弟还是表现出相处较好而得以善终。我们可以设想他们之间的不和，要比正史所载得更深也更为长久。这种不和解释了在《秘史》第 244 节中拙赤合撒儿被成吉思汗逮捕的这个亦真亦假的故事，以及这样的冷遇所导致的他的后代不见于受封采邑的名单之中。对于已为格鲁塞先生《蒙古帝国史》，206 所引用的萨囊彻辰书中后来生成的传说，我们可以将这一文本追溯到蒙元时期。这就是拉施都丁书，译文，II，123 中转述的一段话，提到"Jöči-Bärä，也就是成吉思汗的兄弟拙赤合撒儿"，与薛彻别吉和札木合同样，是具有与成吉思汗不相上下的野心，想要取得最高权力；尽管存在着时代错误，类似的传承还提到，在也速该死时，拙赤合撒儿试图招引仍然忠于成吉思汗的札剌亦儿人搠阿（*Čo'a）发动分裂（参见下文第 15 节注释第 14②），这未尝不是基于有关不止一次表现出来的敌对行为的持久记忆。当成吉思汗和王汗决裂之时，拙赤合撒儿回到了他哥哥的身边，但他的妻儿却是在王汗那里，据说他们是被抓起来了，但这肯定并非事实；而通过拙赤合撒儿向王汗传递假信息的

① 补注：《史集·成吉思汗纪》伊斯坦布尔抄本、塔什干抄本作 "جوچی قسار"。
② 译者注：应为注释第 30。

计策,很好地解释了王汗有可靠的理由相信拙赤合撒儿是在他一边的（关于这一事件,参见格鲁塞《蒙古帝国史》,第146—147页）。

合撒儿一直到1213年都还活着,在这一年他领导了一次在东北地区的远征（参见下文第49节）。但1221年时,《蒙鞑备录》提到了成吉思汗最年长的弟弟在旷日持久的战争中死去了（王国维校本,4b）。但这部作品没有能够区分拙赤合撒儿和排在他后面的弟弟合赤温,而这两个人去世得都比较早。可能拙赤合撒儿实际上是在某场战斗中阵亡的,并且就在1213年之后不久,因为在这一年后我们便看不到有关他活动的记载。但是他留下了为数众多的后裔,这在13到14世纪中得到了很好的证明,并且到15世纪后半叶,还有蒙古贵族或是错误地或者有理由地与之联系起来（参见"萨囊彻辰"书,施密特编校,179,181）。在1300年左右,拙赤合撒儿后裔的封地是在额尔古纳地区和海拉尔河流域（贝勒津,译文,II,56）。可能年代是要更早一些,而且很可能不是一个巧合,应该定年为1225年的夸耀了合撒儿之子移相哥箭术的"成吉思汗石碑",就发现于这一地区。

萨囊彻辰书中不知道"拙赤合撒儿"这一形式,通常是只称作合撒儿,有时则是合撒儿那颜（对于此,施密特[第71、73、87、101页]总写作"Qasar-äjän","主人",这也见于与71和73页对应的满文本第38页的片段中;但是,满文本中的另外两处,即第44和第49页,则写作"Qasar-Noyan"）。在后起的蒙古传承中,拙赤合撒儿经常被称作Qasar-Qarbutu（?）或Qasar Qabutu,这后一种形式是卡尔梅克人所采用的唯一形式（参见帕拉斯（Pallas）《蒙古民族历史资料集》,I,24;施密特,387）;《黄金史》（第19、131、152页）中提到了Qabutu-Qasar。现今东蒙古的不少部落都声称他们与Qabutu-Qasar有关（参见波波夫《蒙古游牧记》,16）。施密特认为qabutu是来自qarbu-"射箭",但是我们不能在动词词根上直接加一个派生后缀-tu,常规形式应是qarbutu。至于qabutu,应该是来自qabu"敏捷",特别是"敏于箭术"的附属形容词的常规形式。如果qabu和qarbu-出于同一词根,那么便可以视这两

者均是从词根 *qa- "射箭" 演化而来, 这点从卡尔梅克语中的 ḫa- 和契丹语中的化 =*qa- 均可得到证实 (参见石泰安,《通报》, 1939, 127)。

关于 "拙赤合撒儿 (Jöči-Qasar)" 或 "搠只哈撒儿 (Čöji-Qasar)" 中的 "拙赤" 或 "搠只", 参见下文第 26 节注释 1 和 46 有关成吉思汗的长子拙赤的讨论。关于 "合撒儿", 贝勒津的译文 (II, 54) 中提到拉施都丁说这个词的意思是 "狮子", 这是由于成吉思汗的兄弟拙赤所具有的力量, 而用于他的一个称号。我们因而试图把 qasar 和梵文的 keśarīn "狮子" 关联起来, 这个词来自 keśara "长而密的毛发"、"鬃毛" (也是 "有花丝的花"、"雌蕊"); 在藏语中有个借词 ge-sar "长而密的毛发"、"鬃毛" (参见罗佛,《通报》, 1916, 454)。这个 ge-sar 传到了学术蒙古语中作 gesar, 作为一种植物学的术语; 并且也是藏人中著名的英雄格萨尔 (Ge-sar) 的名字, 此人在蒙古语中称为 Gäsar 或 Gäsär, 但我认为这个名字不是从梵文的 keśara 来的, 而是来自 "凯撒" 一名, 这点由回鹘文中的 kaisarag 形式而得以证实, 在汉文佛教文献中则是作枳萨 (kesara), 就像 "金币" (<denarius) 的意思是 "皇家的" 一样。总之, kesarī 导向蒙古语中的 *Gäsär 或 *Käsär, 而不是 "合撒儿" (贝勒津, 译文, II, 197 中错误地将 Gäsär 一名与 Qasar 进行比定)。此外, 拉施都丁的文本 (II, 86) 中也没有专门提到狮子, 而说的是 سبع sabuᶜ, 这个词有时候是用来指狮子, 但其本意是 "猛兽"。阿布尔哈齐 (戴美桑译文, 72) 称合撒儿在阿拉伯语中称为 sabuᶜ, 在波斯语中称为 dad, 并且这个词是用来指只食肉类的四足动物如狼、虎或豹子。在《秘史》(第 78 节) 中, qasar noqai "合撒儿狗", 是用来指一种凶猛的犬类。我认为, 就如我们仅用 epagneul 这个名称, 也就是 "西班牙 (espagnol)" 来称呼一种犬类同样, qasar 最初也是指一个国家的名字——也就是哈扎尔 (Khazar) 在蒙古人的疆域中的一种中世纪的残留形式 (在唐代的汉文文献中称为 "可萨 (Qasar)", 参见沙畹《西突厥史料》, 340)。这个称号亦见于阿儿海 (Arqai) 或阿儿海合撒儿 (Arqai-Qasar) 一名中 (参见下文第 28 及 51 节)。在伊斯兰教徒札八儿火者的传记中, 哈札儿

（*Qaǰar）这样的转写形式，似乎表明穆斯林仍然将成吉思汗这个弟弟 175的名字读作*Ḥazar或*Qazar（ǰ在蒙古语中用来代替转写z）。在《蒙古游牧记》中也提到了札八儿火者的传记和"哈札儿"这样的转写，但波波夫（《蒙古游牧记》，160）则转写成了"J̌abarkho-Khaǰar"这样一种不可能的形式。此外《蒙古游牧记》还把拙赤合撒儿和阿儿海合撒儿给搞混了。

〔2〕这就是成吉思汗的幼弟，他真正的名字是贴木格斡惕赤斤（Tämügä-otčigin），这个名字完整并且正确的转写见《秘史》第99和第245节，而在其他的段落中，就仅仅是写成帖木格（60、79节）、斡惕赤斤或斡惕赤斤那颜（>我们文本中的斡赤斤那颜）。《元史》，107，2b、3b写作铁木格斡赤斤（Tämügä-o[t]čigin），但我们也见有斡赤斤（卷一）；斡陈那颜（O[t]čīn-noyan，卷一1213年纪事〔但此处是与按陈那颜（Alčin-noyan或Alči-noyan）有所混淆，参见下文第49节〕和1227年纪事；卷2 1236年纪事；115，1a）；斡真那颜（O[t]ǰīn-noyan，95，2a）；斡嗔那颜（O[t]čīn-noyan，107，3a）；斡臣（O[t]čīn，162，7b）和斡真（O[t]ǰīn，124，3b；134，1a；152，2a）。《辍耕录》（1，9a）原则上是写作铁木格斡赤斤（Tämügä-o[t]čigin）和斡真那颜（O[t]ǰīn-noyan，或O[t]čīn-noyan）这两种形式，但在我们所使用的版本中有讹误。丘处机的《西游记》（王国维校本，20a）采用了斡辰（O[t]čīn）大王。《蒙鞑备录》（同校者，5a）作忑木哥真。尽管与《元史》中作为答里台斡惕赤斤的名字出现了两次的答里真（参见上文第5节）的情况类似，但这里很可能是在"真"前面脱落了一个"斡"字，因此应该读作Tämügä-[o(t)]jin。《黑鞑事略》（同校者，18b）采用了忑没哥窝真（Tämügä-ojin），并且补充说人们亦仅称之为窝陈（O[t]čīn），或者裒圣大王，这最后一种形式可能有讹误。王国维19b猜测"裒"可能是"乌"字之误，但我们也可以假设是"枭"，这对应了将打头的hō-与h-对应的转写方式（但并无词源学上的价值），对于"圣"字我就说不上什么了。拉施都丁提到（文本，II，97；译文，II，60）："〔也速该的〕第四子是 تمكه اوتجكين 贴木格斡惕赤斤，帖木 176

格是他的名字，斡惕赤斤的意思是'炉灶和故土的主人'(ḫudāvänd-i ātaš ū yurt)，[蒙古人]称最小的儿子为'斡惕赤斤'，此人的常用名是 اوتجين نويان 斡赤斤那颜，并以此而闻名"(贝勒津的"Utǰigin"和"Utǰi-noion"这些释读必须予以摒弃，还有他的文本，I, 206, 译文，I, 155 中所谓的 اوتجوجى نويان Odoči-noion 也应该读作 Otčīn-nōyān，伯劳舍《蒙古史》，II, 281—282 中的 اوتجى نويان Otči-noyan 也是一种错误的异文)。贝勒津先是说(译文，I, 302)otčigin 是蒙古语中"äjän"即"主人"的一种"不确切的转写形式"，后来(译文，II, 194)又引证施密特书的第 375 页，将此作为 üčükän "小的"和"äjän"的转写。用 üčükän(或 üčügän)来进行解释这点，最近还被伯劳舍所主张(《蒙古史》II, 95, 236, 282)。相对于波斯文或汉文史料而言，施密特则更相信萨囊彻辰书中的形式，宁愿采用了该书作者所使用的 Üčükän "小的"(63 页)这一形式，而不使用 Tämügä-otčigin。《黄金史》(1)写作 Očuqu(9⁴)贡布耶夫(第 124 页)转写为 "Očiku" 和 "Oi-tu Očiqu"(第 19、131 页)，"沉思者 Očiqu"(9⁴的 "Očuqu" 可能是一处印刷错误)。这样一种奇特的形式也传到了《蒙古佛教源流》(Hor čhos byung，胡特，II, 14, 26)中，作 'Oitᶜwo 'Očigwo。我们相信拉施都丁的写法是有道理的。《秘史》中从未混淆 otčigin 和 üčügän 这两种转写。在蒙古人当中，幼子是炉灶和所继承领地的守护者，因此被称为斡惕赤斤，这个词是由突厥语的 ot "火"+čigin 构成的。Čigin 是古老的阿尔泰称号 *tigin<tegin(复数 tegit)进入到中世蒙古语中的一种普通形式(很可能是起源于柔然，也就是说蒙古语的人群)，最初则是出现在嚈达人中而知名，然后自 7 世纪开始传入到突厥语世界中。同样的，otqan 这个在蒙古语中用来指幼子的词(在古典蒙古语中也用来指最小的女儿)很可能是起源于 ot+qan "火的主宰"(参见鲍培，《泰东》，II, 132)。志费尼经常使用的是蒙古人名字的突厥语形式，从来没有称其为帖木格斡惕赤斤，而仅是 اوتكين Ōtegīn(=Ottegin，参见可兹维尼校本，I, 249)。到 15 世纪以后，蒙古人多多少少忘记了 otčigin 这个词，或者总之是不再那么解释了。另外，这个称

号发生讹误还是零星的现象，即使在萨囊彻辰书中也是如此。施密特书第63页的就是Üčükän，并且由满文本（第35页）和汉文本（3, 6b）中给出的谔楚肯（Öčükän）这一形式而得以确认。但是，在另外两处施密特写作Üčükän（第81和105页）的例子中，满文（第42、51页）和汉文（3, 17a；4, 5b）译文均正确地写作谔济锦（Ojigin）。在最后一处片段中（第147页），施密特提到了Üčükän-Äjän，但是满文本（第65页）和汉文本（5, 9b）则作乌济金诺延（Učigin-noyan），读作 Očigin-noyan，这肯定是正确的异文（另一个noyan和äjän字形上发生混淆的例子，参见下一条注释）。在答里台斡惕赤斤这个相似的例子中，施密特也是同样仅（第61、63、83、375页）称之为Daritai-Üčükän。在前两个片段中，满文本（第34页）和汉文本（3, 5b, 6a）作达哩岱谔济锦（Daridai-Ojigin），在第三处则是Daridai（满文本，42）或塔哩台（汉文，3, 18a），没有修饰语。《黄金史》(1)（第8、123页，至少在译文中这点是明确的；在文本中则有阙文，并且其错误应该不是其原始文本中所有的）和《蒙古佛教源流》(1, 8[15-16]；II, 14)错把答里台斡惕赤斤给当成了两个人，在蒙语中是"Daritai"和"Očuqun"，在藏语中是"Tharitai"和"Očigin"（《蒙古佛教源流》的作者受到了和《黄金史》(1)中为贡布耶夫所知的同样讹误的文本的蒙蔽）。Otčigin在蒙古语中得到的是 otčīn，而非 otjīn，我们可以看到otčīn这样的转写实际上是很有根据的。但是otjīn>ojīn这样的例子又非常之多，使得我们总想要假设"嗔(-čin)"字乃是"真(-jin)"字之误。可能实际上-č前面的t-是不发音的，因此就产生了očīn，这就很容易转变为ojīn。我们已经观察到萨囊彻辰书的满文译本是如何在očigin和ojigin之间犹豫不决。

帖木格一名的起源并不确定，可能是见于帖木该（Tämügäi）河（参见下文第37节）这个名称中的同一个词。由于蒙古语中第二个非重读音节中元音的不稳定，我们可以假想其是tämä'än即"骆驼"的一种方言形式（参见下文第35节，有关帖麦该川，这就是《秘史》中的帖篾延客额儿（Tämä'än-kä'är））。但我更愿意相信帖木格与女性的名字帖木仑,就像也速该和也速伦一样是同样的关系,而前两者都是来自 tämür "铁",就像铁木真本人一样(参见上文第1节)。这个名字很常见。可能就是《金史》中的特末也、特末哥和特谋葛(参见《三史同名录》,15,4b,5a),总之还有在《元史》中出现的六个左右的帖木哥或铁木哥(同上引,35,4—5)以及《明史》卷327的帖木哥。

斡赤斤那颜的"那颜"(今日的noyon, noin)这个称号的意思是"大人"、"首领",并可以用来指无论民政还是军事方面的首领。一个普通的十夫长就是他手下十个人的"那颜"。此外,我们仅见这个称号跟在人名后面,作为那些身份极高的人的修饰词。鲍培先生刊布的词典(《蒙古语词典》,260)用突厥语的bäg和波斯语的ḥākim来与之对应。亦参见符拉基米尔佐夫《蒙古社会制度史》,104。近20年以来,关于其词源的通行说法是noyan来自 *lōyan,而这个词则借自汉语中的"老爷",字面的意思是"年老的爷爷",这个词在汉语口语中是对任何居高位者的通行称呼(参见如符拉基米尔佐夫《比较语法》,305;兰司铁《卡尔梅克语词典》,278),并产生了满语中的looye,现代蒙语的looye,维吾尔语塔兰奇方言(Tarančī)的lōya或lōyä,l->n-的转变在蒙古语中很常见。但我并不很确信。尽管在蒙古语中结尾的-n字母经常是不确定的,但我却从来没见到过 *noya这样的形式,而且复数也从来不是 *noyas。在得出结论之前,我将进一步了解这个词的历史,以及借用现象可能发生的时点。

帖木格斡惕赤斤在《元史》中无传。屠寄,22,6—9为他所补作的一篇传记中有不少的修改润饰。如果我们承认《秘史》中的信息为可靠,那么帖木格斡惕赤斤就比成吉思汗要小6岁,那么可能他出生于1173年。根据拉施都丁(译文,II,60),我们了解到他性喜建筑,并且无论到哪儿都兴修宫殿、楼阁和花园。他和成吉思汗一直都相处得很融洽。他一直到1221年都显然还活着(《蒙鞑备录》,5a),很可能一直活到了1236年(《元史》卷2,1236年纪事)。他的后裔为数众多。其家族的封地位于蒙古诸部落的东北边缘,与现今的东北地区接壤(贝勒津,译文,II,61)。

关于帖木格斡惕赤斤后代的问题,由于拉施都丁抄本的讹误而混乱不清,贝勒津也没有注意到这一点。在译文,II,60—61中,拉施都丁提到帖木格斡惕赤斤的继承人是他的儿子塔察儿(Taγačar),塔察儿之子是J̌ibü,J̌ibü的儿子也叫塔察儿,这个塔察儿的儿子是阿术鲁(Ajul),阿术鲁之子则是乃颜(Nayan,马可·波罗书中的"Naian"王子)[贝勒津实际上总读作"Tugaǰar",但真正的异文是Taγačar或Ṭaγačar,正如我们将在下文第45节和71节中所见的那样],多桑的表格(I,在426页之后)遗漏了第二个塔察儿。而《元史》(107,3b)则与此不同,其中没有提到第一个塔察儿,记载贴木格斡惕赤斤之子是只不干(J̌ibügän),此人的儿子是塔察儿(Tāčar<Taγačar,Ta'ačar)[这里的只不干取代了拉施都丁书中的J̌ibü,要么是由于一个指小形式-qan、-gän所造成的,就像赤老温(Čila'un)和Čila'uqan这对名字的情况同样(参见下文第15节);要么就是实际上J̌ibü应该读作J̌ibū<*J̌ibü'ä[n]=J̌ibügän]。在拉施都丁书的各抄本中多出来了一个塔察儿,但并非多桑删掉的那个。关于II,66(文本,II,107)的世系,E本中省略了第一个塔察儿。另一方面,在文本,II,89,译文,56的一段中,贝勒津错误的编校导致译文晦涩难解(参见II,200的注释),抄本中给出的或者设想的是 "斡赤斤那颜(Ōtčī-nōyān,应修正为"Otčin-noyan")之子J̌ībū的领地①,以及其孙Taγačar的" يورتها جيبو پسر اوتجى نويان و نواده او طغاجار。这里拉施都丁是与《元史》的记载一致的,而其世系关系也正应该这样理解。《贵显世系》正确地将J̌ibü记为贴木格斡惕赤斤的儿子(参见伯劳舍,II,236)。

[3]这里给出的人名没有修饰词,但后面没多远的地方就写成了薛彻别吉。拉施都丁(文本,I,235;II,54,及其他;译文,I,177;II,33,及其他)写作 سجه بيكى Säčä-bēgī,与我们所研究的本书这部分对应的段

---

① 补注:原文排印错误,误为"يورتما"。

落见译文，II, 101。《秘史》在第49节中转写为薛扯别乞（Säča-bäki），但在其他各处中作撒察（Sača）或撒察别乞（Sača-bäki），在第120节中，他被另外称为薛扯朵抹黑（Säča-Domoq）这个名字，但名称的前半部分是一样的。这个名称尚未有解释。我们可以猜想，在12世纪末有saca或čača"泥塑小像"一词，是借自于藏文的čha-čha。虽然蒙古文书写中Sača和Säčä没有区别，但Säčä一定程度上因为拉施都丁书和《秘史》中两个片段的转写而得到了支持，应该就是正确的形式。但《秘史》的转写者对这一名称发音的口头传承已经不再知晓了。贝勒津说"薛彻"和"薛禅（säčän，"智者"）"就是同一个词，我对此强烈质疑，因为"薛禅"这个词经常出现在蒙元时代的转写中。尽管蒙古语中结尾的-n常常是不发音的，但我从来没有遇见过这个词写作säčä的形式（在我手头的库伦抄本，13a中有Säčän-bägi这样的形式，但之所以如此是因为"薛彻（säčä）"一词已经不再为时人所知）。关于bägi（begi）或bäki这个称号，参见我在《通报》，1931，231中的意见，以及符拉基米尔佐夫《蒙古社会制度史》，50，还可以补充作为男子名称的Bäki（或Bägi），见于布罗克曼《喀什噶里》，242，以及《元史》100, 2a的别乞（Bäki）。这个问题还有待于新的研究。《秘史》写作"别乞（bäki）"的，《亲征录》几乎都写成别吉（bägi）。薛彻别吉是乞颜之禹儿勤部的首领，他的亲属关系将在下文第29节中进行讨论。

[4] 王国维所采用的抄本写作"大丑"，而且在《元史》卷1中也是这个同样的形式，但这肯定是把"大"字和"太"字给搞混了，这里肯定是应当读作"太"。另一方面，"太丑"使我们猜想为*Taičiu（或*Taičiu[t]，即与"泰亦赤兀惕"相同的名称），而《秘史》（第49、122节及其他）中的"太出"和拉施都丁（文本，II, 55及其他）的 تایجو Tāīčū 确保正确的形式应该是Taiču。在这个名字里和见于其他地方的"出"这个字，在《亲征录》的各本之中经常发生讹误，但《说郛》本（3）则是有规则可循地写成"太出（或大出）"。我相信各处都应该是作"太出"。这个名称尚未有解释。我们知道有一个显然与这里无关的汉语词组，"太

祖"即"最初的祖先",它是成吉思汗的庙号;而贝勒津(译文,I, 299)
在这点上肯定是搞错了。关于太出的亲属关系,参见下文第29节。在
对应的段落中,《元史》错误地记成了"薛彻大丑和薛彻别吉"。在讲
到未来的成吉思汗被泰亦赤乌人抓住的时候,拉施都丁(译文,I, 169)
提到了有位老妇人对他加以同情,此人被称为 تایجو ایكچی Tāīčū-ēgäčī,
即"Taičū大姐"(读作 egäči=ägäči,而不是贝勒津在290页中读成的
"Ikči",他还认为这个词是来自蒙古语口语的 iḫči、iḫču,"许多"),之所
以被这么称呼"是因为她是这个部落的人"。因此,拉施都丁在 Taičū
一名和泰亦赤乌人之间造成了一种联系。可能应该读作 *Taičū,也就
得到了 *Taiči'ul 的同源对偶词 *Taiči'u[n],它可能就是 Taiči'ut 的单数
形式,但对此我还不能非常肯定。至于在《元史》中时代靠后的另外两
个太出(*Taičū),参见《三史同名录》,23, 4b。

　　[5]潼酪。文本中的原注称,第一个字的发音是"tòng",其含义
是"乳汁",这里指的当然就是发酵的马奶或忽迷思(qumis<突厥语的
qïmïz、qumïz),在蒙元时代,其蒙古语的名称是 äsuk,在《秘史》中经常
见到(第28、31、85、145节)。

　　[6]这是一种经过专门布置的马车,用以运输和储存忽迷思。在
轮子的上方有多个木桶,并以毛毡或毛皮包裹。《元史》(100, 1b;亦见
于《元文类》,41, 37b)称之为"醖都"。在其上则张开一顶"帐篷"(撒
帐,这个词肯定不能取其原意,因为那是当作动词来用的;在《秘史》
第184、265和266节中,它是一个名词,用来翻译蒙古语的 tärmä。关
于 tärmä,参见兰司铁《卡尔梅克语词典》,397;符拉基米尔佐夫《科布
多杜尔伯特部之旅》,346),这个帐篷据《元史》,是由脱罗毡构成的。
"脱罗"肯定就是蒙古语的 toloq,在《秘史》(第189节,亦参见兰司铁
《卡尔梅克语词典》,399)中是一种宽大毛毡的名称。分配给每一"醖
都"40匹母马。"醖都"是以 اوندر ündür[1] 的形式出现在拉施都丁书(贝

181

---

① 补注:《史集·成吉思汗纪》伊斯坦布尔抄本、塔什干抄本作"اندر"。

勒津,文本,Ⅰ,124;译文,Ⅰ,97;文本,Ⅱ,164;译文,Ⅱ,101)中的这个词的汉文转写。在《亚洲学报》,1920,Ⅰ,171 中,我提出假设,即可能应该把 اوندر 修正为 اوندو ündū,但也有可能是在汉文转写中缺少了结尾的 -r 这个部分。这个词看起来没有继续保存在蒙古语中(关于 ündür,参见卡特麦尔《蒙古史》,139,354[1],355[1][354[1]的引文似乎是错误地照抄了 355[1] 的内容];哀德蛮,《铁木真》,232;贝勒津,Ⅱ,101,使用了俄文字母拼写的 undïr 而未加以任何解释,但这个词并不见于俄语之中)。"旄车"一词有些令人惊奇,因为旄的意思是"牦牛的尾巴",有时则解作"牦牛尾所制的军旗",我认为旄可能是"旃"字之误,而后者是"毡"的通假字。

[7] 我们在《秘史》的第 1、24、30 和其他各处中发现了颚嫩(Onon)这个名称的相同转写。在《元史》中,这个名称写作斡难(Onan,卷一及其他各处)、兀难(Unan,120,4b)以及阿难(表面看来是 *Anan,但可能应该特别的读成阿(e)=Onan,119,1a)。拉施都丁通常写作 اون(文本,Ⅰ,3;Ⅱ,164,及其他),有时作 اونان(文本,Ⅱ,7,146,191,233),贝勒津均转写为 Onon。实际上,蒙元时代的常用的汉文转写是指向 Onan 的,但其情况相当复杂,因此在《秘史》中我们有时候看到其名称的属格形式"斡难讷",也就是 Onon-u。在萨囊彻辰书中,无论是施密特的校本还是满文或汉文本中,这个名称都写作 Onon。Onon 之名亦见于《心之喜悦(Nuzhat al-Qulūb)》中,勒·斯特兰奇的译文(第 253 页)中作了一个令人"难忘"的注释:"鄂嫩河乃克鲁伦河之支流,靠近库伦。"这就好像我们说"塞纳河乃卢瓦尔河之支流,靠近里昂"一样。

[8] 对于"革囊",《秘史》中提到的是一"罐"(tüsürgä),这也是拉施都丁(参见文本,Ⅱ,164;译文,Ⅱ,101,267;哀德蛮《铁木真》,266,584)所用的 تنی tong 这个词的意思。

[9] 相同的转写传到了《元史》卷 1 之中。《秘史》写作忽兀儿臣合屯(Qu'určin-qatun,第 130 节)、忽兀儿臣合敦(Qu'určin-qadun,

第 132 节）以及简单的忽兀儿臣（Qu'určin）。在拉施都丁书（文本，
II，164，166）中叫作قهورچین خاتون，贝勒津（译文，II，101，102）转写为
"khaurčin-khatun"，并且用（II，267）qaura- "放弃"、"离弃"或 qa'urai "锉
刀"来进行解释。但是正确的转写应该是 Quhūrčin。Qu'určin（<Qūrčin）
是规则的蒙古语单词，意思是"琴的演奏者"（qu'ur 是突厥语"火不
思"的规则蒙古语对应形式，从其起源而言可能与汉人的箜篌有关，参
见《通报》，1914，258；上文第 3 节；还有我在内藤纪念论文集即《内藤
博士颂寿纪念史学论丛》，207—210 中发表的《箜篌与火不思》一文）。
用作女名的 qu'určin，后来在蒙古语中有了"命运坎坷的女子"的含义
（参见汉文中具有贬义的"歌女"这一名称）。文本中提到忽儿真哈敦
是薛彻别吉的母亲。那珂（1），126 认为，这是因为忽儿真哈敦是薛彻
别吉父亲的正室，但他真正的母亲是野别该，这从实际上尊崇野别该而
导致了忽儿真的嫉恨这一点也能看出来；而且，这也是为什么薛彻别
吉后面不久就接受了议和的原因。我不拟在此深入回顾经常引起讨
论的 ḫatun 一词，qatun 更可能是来源于鲜卑和吐谷浑——据我的意见
也就是突厥—蒙古语，而非粟特语。我们知道在唐初的汉文史料中的
"可贺敦"使我们假设出了 qaɣatun 这一形式。回鹘语的形式是 qatun，
蒙古语中通常的发音中也有个 -t-，但在《秘史》中 qadun 要比 qatun 更
为常见，在奥斯曼突厥语中则有 qadïm。

⌊10⌋ 在《秘史》（第 130 节）中作额别该（Äbägäi），她是薛彻别吉
父亲的次妻。《元史》卷 1 照搬了《亲征录》中的形式。但在拉施都
丁书中这个名字是有讹误的（文本，II，164，165）[1]。贝勒津一处读作
تمونی，另一处则读作نمونی，但他受到《秘史》的影响，把两处都转写成
"Nemugai"（译文，II，101；参见，II，267）。可以肯定，拉施都丁的信息
提供者肯定是误读了蒙古语的文献，在此处他摒弃了 m 字头上向右
的那一勾，而在外形上保留了另外两勾，这两勾既可以读成 a-，也可以

183

---

[1] 补注：《史集·成吉思汗纪》伊斯坦布尔抄本、塔什干抄本作"نمویی"。

读成 nä-，但不能读成 ä-，由于这个字发生了颚化，所以读作 na-（nä-）；归根结底，我认为拉施都丁是根据其信息提供者的口授写下了 نموكى Nämūgäi。对于在第二个非重读音节中，用一个没有词源依据的 -ü- 来代替 -a- 这点无需惊讶，我们同样见有汉文史料中的阿不哈（Abuqa）对应 Abaqa（abaɣa），以及咸补海（Hambuqai）对应蒙古语中的 Ambaqai 和拉施都丁的 Hambaqai。至于对 -m- 替代了 -b- 进行解释则非常困难，而且没有任何异文是作 نبوكى *Näbūgäi 这样的形式。我手头的库伦抄本在这个名字的传承上没有任何分歧，因为它也是写作 Äbägäi（对页 51a）。Äbägäi 的词源仍然是不确定的。

[11]《元史》记作"失丘儿"，这也是我们在《说郛》本（3）中所见到的形式，有很大的可能性最初的文本中就是这么写的。《秘史》中的形态（第 130 和 136 节）是失乞兀儿（Šiki'ür）。屠寄，40，10b 中没有道理地将其与《秘史》中称作薛赤兀儿（Säči'ür，第 120 节）和薛潮兀儿（Säčäwür，第 202 节）的人视为同一个人。拉施都丁书的各抄本（文本，II，165）假设为 سيوجر，[①] 贝勒津（译文，II，101）转写作"Siyujer"。我认为应该转写为 Sīūjūr > Šiüjür。用蒙古文字母拼的话，Šiki'ür 拼写为 Šikigür，波斯语的 -k- 或 -g- 同时对应蒙古语的 -k-、-g- 和 -'-，另外波斯语中的 -y- 也经常用来代替蒙古语中的 -g- 或 -'-。我认为拉施都丁[②]的信息提供者所掌握的蒙古文本中是写作 *Šikiyür，或者是在第二个非重读音节中有个 -ü- 的 * Šikǖyür，这两者都是用 -k- 来译写 -'-，并且像经常发生的一样把 -y- 和 -j- 给搞混了。这个名字的词源还不能确定，但如果说我们得出的形式和 Šikiür、Šiki'ür 同样都是由于对 -k-、-g- 或 -'- 的错误解读所造成的，以及这个名字实际上对应的是蒙古语中 ši'ür、šü'ür（*ši'ü'ü），"扫帚"的一种方言形式（参见突厥语的 süpürgü，"扫帚"），我也认为这是在情理之中的。我们所研究的文本把失邱儿称为"主

184

---

① 补注：《史集·成吉思汗纪》伊斯坦布尔抄本、塔什干抄本作 "سيوجر"。
② 译者注：原文此处误作"贝勒津"。

膳”，即“负责饮食的人”，这是对他的职务宝儿赤即“司膳”、“厨师”在汉文中的翻译。《秘史》中就说是宝儿赤，拉施都丁则使用了 باورچی bāūrčī 一词（亦参见《通报》，1930，26—27，以及上文第5节）。

　　[12] 捏群太石（Näkün-taiši），把儿坛把阿秃儿的次子，是成吉思汗的叔叔。《秘史》（第50、54、56、122、130、179节）总是给捏群加以“太子”这一汉文形式的称号，但其蒙古语原文的形式肯定是 tayiši（=taiši）。此外，除了在与《秘史》第50节对应的片段之外——那一处这个称号是以现代的形式作 tayiji（=taiji，对页13b），我手头的库伦抄本中（14b、15a、46a、51a；关于是 Qada'an-tayiši 而非合答安太子，亦参见扎木萨拉诺（Žamcarano）《十七世纪的蒙古语编年史》，列宁格勒，1936，91）都写作 Näkün-tayiši。拉施都丁也总写成 نكون تايش Näkün-tāīšī（贝勒津总是错误地转写为“Nigun-taiša”，并将 taiši 作为 taiša 的俄语属格形式）。关于 Näkün 一名，参见上文第5节，关于“太子”和 taiši，参见上文第7节。捏群太石似乎是在也速该之前就去世了，据我判断是在1175年之前。他留下了一个儿子叫火察儿（Qočar）或火察儿别乞（Qočar-bägi），关于此人见上文第5节。据拉施都丁（文本，II, 77；译文，II, 48），捏群太石的后代构成了 هوین 槐因（Hōyin）部落，人们亦称之为 هوین اركان 槐因亦儿坚（Hōyin-irgān），因为他们生活在靠近泰亦赤兀人的森林之中，这是一种轻蔑的称呼。在文本，I, 208；译文，I, 156；文本，II, 210；译文，II, 125中均见有“Hoyın 部落”。当拉施都丁将 Hoyin 作为名称的时候，实际上存在着误解，因为 Hoyin 代表的是 Hoi-yin irgän “林木中百姓”中的 hoi-yin 的蒙古语属格形式，因此不能作为一个部落的名称来理解。此外，Hoi-yin irgän 这个名称，就像拉施都丁本人在另一处讲到捏群太石的后代时所承认的那样，有一种适用于各种各样群体的更为宽泛的含义，我有关槐因亦儿坚（Hoi-yin irgän）这一问题的讨论见下文第57节中。

　　[13]“专”这个字解释不通，我建议读作“转”。沈曾植猜想应修正为“等”（参见那珂（2），14），王国维于此没有提出任何意见。

185

[14] 别里古台是成吉思汗的异母兄弟。成吉思汗的另外一个显然更年长的异母兄弟别克帖儿（Bäktär），很早就被成吉思汗和拙赤合撒儿给杀掉了。在《元史》中，我们所见的正字法形式有别里古臺（Bälgütäi，卷1）、别里古台（Bälgütäi，107，4b[亦见《辍耕录》，1，10a]；117，1a—b）、别里古带（Bälgüdäi，卷三1251年纪事）、孛鲁古带（Bölgüdäi，卷二1236年纪事）、孛鲁古歹（Bölgüdäi，59，1b[亦见《辍耕录》，1，10a]）、孛罗古觪（Bölgüdäi，95，2a）、孛鲁古台（Bölgütäi，149，2b）。在《元史》中我没有发现"别里古台那颜"这样的形式，其中要么是简短地称为别里古台，要么便是称为"大王别里古台"。在《蒙鞑备录》（王国维校本，5a）中有"便古得那"，虽然校勘者于此不置一言，但肯定应该在后面加上"颜"或者"演"这个字，就得到"便古得那[演]"（Bälgütäi-noyan），就好像我们所研究的文本中的形式这样（我们可以认为"得"是发这个字的另外一个发音，即"dei"；否则的话，这一转写对应Bälgütä的形式也是有可能的）。志费尼也是以 بیلکتای نویان Bēlgūtāī-nōyān（可兹维尼校本，I，145）这一名称来称呼别里古台，而在拉施都丁书中作Bēlgūtāī-nōyān（特别是文本，II，100—102；译文，II，62—63）。《元史》将别里古台作为也速该的第五子（107，2a；117，1a），拉施都丁（译文，II，62）也提供了同样的信息。实际上，这是因为侧室所出之子都是列于名单最后的缘故。《蒙鞑备录》中把他放在贴木格斡惕赤斤的前面肯定是有道理的，但就我而言不太可能赞成屠寄，22，9a 的意见，认为他是在从成吉思汗诞生到拙赤合撒儿出生的这段时间内出生的，特别是当我们和屠寄一样考虑到别克帖儿要比别里古台年长的话，就更是如此了。

在《秘史》中没有提到别里古台母亲的名字，施密特编校的萨囊彻辰书中提到的"Daγaši"一名是没有根据的。萨囊彻辰提到此人在也速该之前就去世了，这表明他是将之与其他人搞错了（参见《秘史》第112节）。在《亚洲学报》，CCXXXII，12—17的一篇文章中，我提出他母亲的名字可能是Sučigil-äkä，也就是Sučigil妈妈。

别里古台是《元史》，117，1a—b的一篇简传的传主，屠寄为他作了一篇更为详尽的传记（22，9—13，但屠寄还添加了拉施都丁，译文，II，62中叙述的有关其子爪都（Jautu）的部分）。别里古台到1236年都还活着，当时他被封以广宁之地（在辽东，位于锦州东北，医巫闾山以东）；他从1227年起就应该是在这个地区，但仍然继续保有其在颚嫩和克鲁伦河流域的营地（《元史》，3，1236年纪事；59，1b；95，2a；117，1a）。别里古台继续活到了1236年（《元史》，卷2）。根据《元史》（3，1251年纪事）的明确记载，他还参加了1251年推举蒙哥为汗的会议。屠寄（22，11a）基于1249年（理解为"1250"年，参见《蒙古与教廷》，199—200）的预备会议是由别里古台的一个儿子参加的这个理由，对别里古台参加1251年会议一事提出质疑。他认为那个时候别里古台已经死了；而如果他的名字在1251年仍然出现的话，乃是因为用已故首领的名字来代表这一支的后代的习惯所致。这番论证没有什么太大的价值，因为在1251年提到的这些名字，与1250年时同样，肯定都是当时的在场者个人。鉴于别里古台未能出席由拔都组织的、在遥远的西方召开的1250年预备会议；能够使我们排除《元史》中明确记载他参加1251年会议的唯一原因可能就是他当时年事已高。但是如果考虑到别里古台比拙赤合撒儿还要小，出生于1172年左右的话，那么到1251年他也还不到80岁。与通常所认为的相反，由于马可·波罗的记载而为人所熟知的基督徒宗王乃颜，并非别里古台的曾孙，而是贴木格斡惕赤斤的玄孙（参见本人《马可·波罗注》中的"乃颜"条目）。伯劳舍（II，389）据《贵显世系》，征引了别里古台8个儿子的名字。

别里古台在萨囊彻辰书中变成了Bälgätäi，后面这个形式也同样为库伦抄本所采用。蒙古语中仅有bälgä"记号"、"抵押品"一词（参见《秘史》第66、205、229节），bälgätäi是其附属形容词形式，但是其突厥语中的对应词是bälgü，蒙古语中的bälgä可能就是该词的借词。我认为这里的突厥语形式才是bälgätäi一名所从出的词源，而在后来的传承中使这个词蒙古语化了。在完颜宗浩的传记（《金史》，93，8a）中，提到了合底忻部(*Qadiqin=Qadagin, Qatagin)的首领名叫白古带,这可能就是一位 bälgütäi。王国维所提出的(《观堂集林》,15, 10b)将其与《秘史》第141节的巴忽搠罗吉(Baqu-Čörögi)视为同一人的意见,从语音角度而言是非常困难的,我将在下文第19节中阐述,以何种迂回的途径使这种意见变得可以接受。

[15]文本此处有一个注释称:"系禁外系马所。"注释中同样的解释亦见于《元史》卷1的对应片段中,但是没有这里的第一个字,而实话说对这个字没有什么比较好的解释;剩下的部分的意思是:"这是位于禁地之外的拴马的地方。"在汉文中,"禁"通常用来指"宫廷",也就是对普通大众而言的禁地,这里是用来指营地中首领们集会的地方;除非在某种特定条件下,否则人们不能进入其中,而且任何情况下都是禁止马匹入内的;马匹必须被留在一个距此有一定距离的特定地点,这就是 kiriäs(<*kiriyäs;>kirās)。那珂(2),14,引用了李文田根据《元史》卷1的一个注所进行的解释,这个注的内容是:"华言野外牧场也。"但实际上这是乾隆手下的编纂人员用来代替原注的文字,因为不再了解 kiriäs 的意思,就随意的用"克琳苏噜"(kärü sürük 或 kärin sürük)来代替的结果(参见《元史语解》,24, 1a,这个新的术语被解释成"野外马群";亦参见贝勒津,译文,II, 268;kärü 即 kār-ü,kärin 即 kār-īn,它们是 kä'är-ün 和 kä'ärä-yin 的通俗形式,在鲍培《蒙古语词典》,218中就有 kärün 和 kārīn)。在柏朗嘉宾书中也提到了这处安置马匹的地方(参见范登温加尔《方济各会中国传教史料》,I, 117)。这个词还出现在《元史》卷2 1234年的纪事和卷38, 3a, 1334的纪事这两处中,写作"乞烈思",其中提到负责管理乞烈思的官员是世袭的。拉施都丁书在与我们现在研究的《亲征录》本段对应的段落中,保留了这个蒙古语词汇,他写作 كرياس kirīās(文本, II, 165),哀德蛮(《铁木真》,266)将其翻译为"宫殿中的花园",贝勒津(II, 101)更为确切地翻译为"[驻马的]庭苑",他们两人都没有引用这个术语的原文,看起来他们是把此处错当成了波斯语。我在拉施都丁书中的另一些例子中发现了这个词,

188

比如伯劳舍《蒙古史》，II，457，以及对Daidu（大都，即北京）宫殿的描述中，提到"内苑是用来作为kiriäs的"（参见克拉普罗特，"中国简述（Description de la Chine）"，刊《亚洲杂志》，XI（1833），339）。就像其他许多的职事名同样，可能这个术语后来变成了萨囊彻辰书中Käriyäs部落的名称（施密特，207；满文本，87 "Keriyes"；汉文本，6，19b）。这个Käriyäs的名称以K'erēs这样的形式，继续作为鄂尔多斯的一个氏族的名称而存在（田清波《鄂尔多斯志》，23，30，43）。此外，田清波神父还解释说，K'erēs是k'erē<käriyä"小嘴乌鸦"的复数形式，从语音上来讲是很有可能的。Kiriäs实际上是个复数形式，其单数见于《秘史》中的有两处（第229和第245节），作kirü'ä这样的形式；在131节中则仍是同样的含义，但使用了一个夺格的形式"乞鲁额薛（kilü'äs-äčä）"，这里的-l-肯定应该修正为-r-，因此应该读作kirü'äs-äčä，kirü'äs是kirü'ä的复数，而后者相当于kiriäs。在库伦抄本（对页51a）中，与《秘史》第131节对应的片段的叙述则大相径庭，也没有提到kirü'ä这个词；而且也没有与第245节对应的片段，但在与229节对应的文本（对页103b）中则记有kirü'ä。这肯定就是海涅士先生（《词典》，102）所猜测的kärü'ätäi"束缚"、"带着拴住"，在科瓦列夫斯基的字典中是作为kirü'ä、kiriä的附属形容词，在元音上有轻微的不同，并且其含义也有衍生。卡尔梅克语中现在还有kerɛ（<kärägä）"束缚"、"结队而行的人"，kerɛtšṇ"商队"，但是也有kirē、kirɛtšṇ这样的形式（参见兰司铁《卡尔梅克语词典》）。我不认为这个词是像兰司铁所想的那样，是受到了波斯语kärwan"商队"一词的影响，但他将其与柯尔克孜语的kirä"商队"、kiräši"商队带头人"联系起来则是对的。在鞑靼语（tar.）中的qiräči、qira-käš，就像波斯语中的kiräji（<突厥语）一样，肯定是受到了阿拉伯语 كرا kirā'"位置"的影响，但我认为这个词最初就是一个阿尔泰系的术语，与kirü'ä、kiriä完全相同。

189

[16]贝勒津（译文，II，100—101）理解为别里古台"牵着Jilaun的马儿们和成吉思汗的马儿们"，并且对这里出现了不见于任何其他地

方的 Jilaun 一词而表示惊讶（II, 268）。但这仅是由于贝勒津的误解所造成的。对于 جیلاون Jilaun, 大多数抄本都给出的是 جیلاو jīlāū, 并且应该读成"别里古台牵着成吉思汗马儿们的马笼头（jilau）"。关于 jilau, 蒙古语中的正确形式是 jilo'a、jilu'a, 在《秘史》中经常使用, 参见海涅士《词典》, 90, 王国维校本作"亲御上马", "御"字是王国维自己修改后的形式; 而所有的抄本均作"摇", 这肯定是错的。沈曾植（参见那珂（2）, 14）推测应是"控"字。实际上应该是一个含义为"用笼头牵着"的字。我目前还没找到或是语音上、或是字形上与"摇"相关的这个字。

[17]《秘史》称之为不里孛阔（第50、131、140节）, 有一处（第140节）则简单地称之为不里, 他是主儿勤氏（第131节）。《元史》卷1中的转写与我们所研究的文本相同, 作播里（Böri）。拉施都丁称之为 بوری（文本, II, 165[11]）, 贝勒津（译文, II, 102）转写为 Buru, 但实际上应该采用 Bōrī 或 Būrī 才符合拉施都丁所给出的形式。其修饰语"孛阔（Bökö）"的意思是"摔跤手", 用来暗指不里力大无比。他是忽秃黑秃蒙古儿的儿子, 因此也就是成吉思汗的堂叔。至于他自己的本名, büri 在蒙古语中的意思是"所有的"、"完全的", 但我认为应该像我们的文本这里一样, 把他的名字读成 Böri, 而这个 böri 是突厥语当中"狼"的意思（蒙古语中表示同样意思的词是 činō）。Böri 作为突厥语中狼的意思, 在6世纪的汉文文献中转写为"附离", 并且自此之后作为突厥语的一个专名而为人所知（参见沙畹《西突厥史料》, 220, 226[其中的"步离"是 Böri 或 Büri]）, 蒙古人是从突厥人那里借用了这个名称。在蒙古人中我们还知道另外几位 Böri: 一位是《秘史》（第40节）中的不里·不勒赤鲁（Büri-Bulčiru）; 另一位是《秘史》（第270、274、275、277节）中的察合台的孙子宗王不里（Büri, Böri?）, 他参与了蒙古人在欧洲的征战, 并由于其堂叔拔都的命令而被处死, 卢布鲁克首先是从安德·龙如美那里, 后来又在蒙古本土得知了这个消息（参见范登温加尔《方济各会中国传教史料》, I, 224, 326; 屠寄, 148, 39a）。《元史》卷3

1251年纪事中称其为"不里"，1252年纪事中称其为"孛里"。我们本书中所讲述的这段故事，也见于《元史》和《秘史》。并且以非常歪曲走样的形式，传到了萨囊彻辰书中，我们在施密特校本（第80[13]页）中发现了不里孛阔这个名字（施密特转写为"Büri-büke"），但这个名字不见于满文本（第42页）和汉文本（3, 16b；这导致汉文校本的注释者提出了异想天开的假说）。看起来这个名称应该确实见于施密特所使用的抄本中，并且此处要比满文本中所提供的更为优长。但是在施密特的文本中产生了一处错误，即提到不里孛阔砍伤了别里古台的"马（morin）"；但满文本则提到是别里古台的"肩部（meiren）"，汉文中同样提到了"肩"（3, 17a）。这显然就是我们文本的"背"字。很明显，要么是因为文本本身的错误，要么就因为是他的释读错了，施密特才写成了morin"马"，而萨囊彻辰书原本是写作mürü"肩"的。

[18]《秘史》（第131节）说是Qadaqidai kü'ün"一个合答吉歹人"，合答吉歹是来源于合达斤的族名，这里指的是出自这个部落的一个人。关于合达斤（Qadagin）或合塔斤（Qataqin）部，参见下文第19节。贝勒津所译的拉施都丁书（译文，II, 102）中提到，"有个合达斤部的人，叫作Khataka-Bai……"哀德蛮（《铁木真》，266）转写为"Ckatcki Tai"。虽然各抄本（文本，II, 165）把这个名字分成了两个部分，但显然应该读作 قتاقى ناى Qataqī-tāī=Qataqītāī。尽管《元史》和《亲征录》这里给出的都是同样的文本，但如果说《亲征录》也提到了这个人的名字——"因"这个字就是其名字的残留部分，则我也不会觉得惊讶。"因"这个字也可以按其原意来解释，但此处文本如果不译出这个字的话，从语义上而言更加通顺。在库伦抄本中与此处分歧很大（我手头复本的对页51a），提到是一个妇人偷走了马笼头。

[19]"靷"这个字，我们的字典中解释为"前胸的马具"，这个解释是基于杜预对《左传》的注释而来，但"靷"除了皮拴的意思之外，也是"引"的通假字，并且用以指辅助牵曳车辆的皮带；而这里指的肯定是马笼头。实际上，我们认为在拉施都丁提到（文本，I, 163）جولبورى

191 čūlbūrī "一个 čulbur" 的时候，他是保留了这个词的蒙古语原文。哀德蛮（《铁木真》，266）把这个词翻译成"红棕色的种马"（在584页还有一处用来支持其说的注释），贝勒津（译文，II, 102）则更准确些地译成了"缰绳"。这个词就是蒙古语的 čilbur、čulbur、čulbu'ur（>满语的 čilburi，俄语的 čunbur）"马笼头"。在《秘史》中，具有这一含义的 čilbur 出现了两次，一次是在叙述这个故事的时候（第131节）；另一处是在第110节，但叶德辉的校本中把"赤"讹作了"亦"字，而这个虚构的"亦勒不儿（ilbur），即马笼头"，收入了海涅士先生的《词典》第81页。

［20］别里古台的这番话没有被复制到《元史》卷1的对应片段中，但是见于其117, 1a 的传记。

［21］这就是在本段的前半部分中提到的忽儿真哈敦。

［22］在《元史》卷一及《秘史》第130、132和136节中，中也有与此同样的火里真。贝勒津（译文，II, 102）采用了 "Turinji-khatun" 的形式。但是尽管在各本中有 تورينجى Tūrīnjī 等之类的异文，肯定应该读成 قوريجين خاتون Oōrijīn-ḫātūn。理论上讲，Oōrijīn 是衍生自豁里（Qori）部的阴性族名，就好像火力台是阳性族名一样。

［23］于是绝好。见于各本中的这四个字，由于疏漏而不见于王国维的校本中。

9. 行成之际，塔塔儿部长蔑兀真笑里徒背金约。金主遣丞相完颜襄帅兵逐塔塔儿北走。上闻之，遂起近兵，发自斡难河迎讨之。仍谕月儿斤来助，候六日不至，上以麾下兵与战纳剌秃失图、忽剌秃失图之野，尽虏其车马粮饷，杀蔑兀真笑里徒，又获大珠衾、银绷车各一。金兵回，金主因我灭塔塔儿，就拜上为察兀忽鲁，亦册克烈部长脱怜为王。

9. 在那时，塔塔儿部的首领蔑兀真笑里徒（Mä'üjin-säültü）[1] 取消
192 了他和金人之间的协定。金的君主[2]派遣大臣完颜襄[3]追赶向北而去的塔塔儿人。陛下知道后，就立即召集附近的军队，从鄂嫩河前去迎

击塔塔儿人。他命令月儿斤(Yürgin)[4]人来援助。等了他们六天,他们也没来。陛下用自己的军队,在纳剌秃失图(Naratu-šitū)[5]和忽剌秃失图(*Qusutu- šitū)[6]的原野攻击塔塔儿人。他俘获了他们全部的车辆和马匹、口粮和补给,杀了蔑兀真笑里徒;此外,还得到了一条缀满大珍珠的被子和一个银质的摇篮车[7]。

金军退兵,金的君主因为我们消灭了塔塔儿人,封给陛下察兀忽鲁(Ča'u[t]-quru)[8]的称号。那时也册封克烈(Kärāt)[9]部的首领名叫脱邻(Tōril)[10]者为王。

注释

[1]《元史》卷1也采用了同样的转写形式。在《秘史》(第132、133、134节)中作蔑古真薛兀勒图(Mägüjin-sä'ültü)。拉施都丁书中的这个名字的形式,贝勒津读作 موجين سلتو "Mujin-saltu"(文本,I,70;译文,I,55,56;文本,II,167,168;译文,II,102,103),但与多数抄本所给出的形式相一致,肯定应该采用 موجين سولتو "Mǔjin-sōltū"①。这个名字的意思并不能确定。Sä'ül"尾巴"一词见于某些地理名称中。我们最终或可认为这个名字是地名 *Mägüjin-sä'ül 的附属形容词形式;我们也可以假设 Mägüjin 是 mägäjin "母猪"的一种方言形式,这种情况下 Mägüjin-sä'ültü 的意思就是"有一条母猪尾巴的人"。但我认为 Mägǔjin 也有可能是族名,并且原则上是阴性的,对应的阳性族名是 *Mägüdäi,复数为 Mägüdän,作为蔑儿乞部的一个氏族的名称而为人所知(参见下文第14及38节)。这可能就是为1236年受赐封地的灭古赤(*Mägüči)所采用的同样的名字(《元史》,95,12a)。

[2]这里提到的金国君主以其谥号章宗(1190—1200年)而为众所知。《秘史》仅称其为阿勒坛罕(Altan-qan),即"黄金君主"(参见马可·波罗书的"黄金国王"),拉施都丁书中也同样写作 التان خان Āltān-

193

---

① 补注:《史集·成吉思汗纪》伊斯坦布尔抄本、塔什干抄本作"موجين سولتو"。

ḥān（文本，II，166—167；译文，II，102，103）。哀德蛮（《铁木真》，267）总体而言是逐字逐句地追随拉施都丁的文本，给出了金国君主的名字"Madagu"，但这里实际上是径直采用了多桑（《蒙古史》，I，45）的记载，而后者大概是通过夏真特·比丘林司祭的翻译而得益于某种汉文史料。实际上，《金史》（9，1b）告诉我们，章宗的正式名字是完颜璟，其本名（"小字"）是麻达葛（*Madago）。但这并不是说，与麻达葛类似的形式就不能见于拉施都丁书的其他地方。我记得在他的中国史部分（未校勘），这位波斯史家就给出了所有或者一部分金国君主的本名[1]，但目前我无从参考这一史料。

[3]《秘史》（第132—134节）称之为王京丞相（Ongging-čingsang），这一重构的蒙古语形式与库伦抄本（我手头复本的对页53a，54a）完全对应。拉施都丁书（文本，II，166—167；译文，II，102—103）仅作 جنكسانک Čingsāng，视为一个人名，但拉施都丁实际上是知道这是一种官称的（例如参见书中提到[文本，I，259；译文，I，194]，他的信息提供者Pulad-aqa[汉文史料中的孛罗]既是čingsang也是宝儿赤；或者还有在伯劳舍《蒙古史》，II，404—488中他对中国职官系统的描述）。Čingsang对应的是汉文中的丞相。马可·波罗在提到"Baian Cingsan"也就是"伯颜丞相"的时候，也同样转写了这个术语。本书的蒙古语编年史原文中肯定没有完颜襄这个名字，而是与拉施都丁书里一样只称为"丞相"，或者最多是像《秘史》里那样称为王京丞相；这是忽必烈时代把本书从蒙古文翻译为汉文的时候，译者重构出的汉文名字的完整形式，并且这个重构出的名字还从《亲征录》传到了《元史》之中[2]。原则上，我们应该考虑这里译者是否是正确的；我在下文中引用的文

---

① 译者注：伯希和这里肯定是记错了，根据王一丹对《史集》中国史部分的研究可以发现，并未提到任何金国君主的本名，参《波斯拉施都丁〈史集·中国史〉研究与文本翻译》，昆仑出版社，2006年10月，第177页。

② 译者注：据贾敬颜先生校本，旧本各本只作"丞相某"，因此伯希和、韩百诗认为完颜襄的名字是在忽必烈的时代就加到汉文译本中的推断是不能成立的。参见贾敬颜校注，陈晓伟整理《圣武亲征录（新校本）》，中华书局，2020年，第41页校勘记。

献,不容反驳地证实了据我所见čingsang或Ongging-čingsang就是完颜襄。在《秘史》中用来指完颜襄的"王京"这个形式,需要进一步解释。丁谦(《元秘史地理考证》,4,8a)将"王京丞相"视为等同于"皇都宰相",从而给这个名称的每个字均赋予含义,这是不能成立的。那珂(1),129(以及那珂(2),15)只说到"王京"是"完颜"的一种变形,但他没有对这一变形进行解释。带有汉文记音转写的女真语词汇表明,喉鼻音结尾的汉字被金人在语音上拖长了,用来转写齿鼻音结尾的双音节,比如汉语中的"堂"就被用来转写重新音写为"塔安"的这一女真语形式(参见顾路柏(Grube)《女真语言文字考》,11)。这个例子中金朝统治者的姓氏"完颜",确实与汉人中的"王"(作为一个普通名词,它的意思是"国王")姓有关,在《辍耕录》,1,17a的女真"姓氏"与汉人姓氏的对应表中,完颜与王相对应(参见《亚洲学报》,1913,I,467)。我不认为解决方案应该循着这条途径而求之。很明显事实上在《秘史》的蒙古语原文本中,没有提到"王京",汉语的"王"在蒙古语中作ong,这不仅因王汗的名字而得以证实,还由蒙古文的碑铭资料为证。如果女真人确实是像汉字所写的那样发"完颜"这两个字的音的话,在蒙古语中就应该作*On'än或某种与之相近的形态。但女真人可能是把这个词鼻音前面的元音也给鼻音化了,因此蒙古人就很容易听写成并转写为Ongging。14世纪末的汉文译者进而任意地把这个Ongging给重构成了"王京"(贝勒津,II,102的译文把čingsang视为"王公(prince)",这不禁使我们认为拉施都丁是把Onging的ong-和汉语的"王"搞混了,但波斯文文本,II,166并没有提到"王公",而只是提到了ämīr)。如此迂回一番,而并不能得出其他解释,我只能重新支持那珂先生所提出的意见。总之,这里提到的是"完颜丞相",由《秘史》第248节的记载也能得以证实,该处再次提到了一位"王京丞相",此人当然也是一位姓完颜的丞相,但指的是完颜福兴(关于此人,参见下文第50节及53节)。也就是说,蒙古人所知的汉化了的女真官员的称呼,是由他们的姓再加上官称构成,而不是姓氏加名字的形式,这是

195

因为在日常惯例中通常是不称"名"的。

完颜襄对塔塔儿人的远征，使我们得以非常准确地确定这些事件发生的时间，多桑书（I, 45）判断是在1194年。格鲁塞先生（《蒙古帝国史》, 92）指出这只是一种推测，因为拉施都丁书没有给出确切的时间（译文, II, 90; III, 104）。但事实上，拉施都丁是把对塔塔儿发动的战争放在虎年末尾、兔年开始之前的那些事件中。在贝勒津的译文（III, 103, 105）中，虎年对应从希吉拉历590年的色法尔月开始；兔年则对应从希吉拉历591年的赖比尔·敖外鲁月开始。我们必须搞清楚，就像贝勒津本人在别处更为明确地提到说（II, 90, 105），虎年和兔年的开头，是分别与其对应的伊斯兰历的月份。因此虎年的开头，就是1194年1月26日到2月23日；而兔年的开头，是从1195年2月12日到3月12日。因此所谓汉人的兔年，是从1195年2月12日开始计算的，而与拉施都丁的日期计算有关的回鹘人的年历，与之不过一两日之差。正如拉施都丁在提到对塔塔儿的战争之后，还提到了对主儿勤人的战斗以及对叛离的克烈王公札阿绀孛的远征，可以很明显地看出，据拉施都丁的意见，对塔塔儿人的战争最晚也是在1194年的夏天。

196 　对汉文文献的研究表明这一时间是错的。《金史》（10, 4b）中提到，1195年7月7日，"命左丞相夹谷清臣行省于临潢府"，"行省"一名衍生自都省，并且是未来的省级行政区或"省"、拉施都丁的šing、马可·波罗的sing的源头所自。金人在开展重大军事活动的地区设立临时的"行省"，这点且为蒙古人所效法。临潢府以前是辽的"上京"，在辽河上游以北的博罗浩特（Borokhoto），靠近现在的林东（参见吉贝尔《东北史地词典》, 562—563）。在地理位置优越的地方设置行政机构，以便向贝尔湖和呼伦湖方向开展行动，而那里正是塔塔儿人乃至一些特定的蒙古部落所居的地区。开战后，1195年8月5日"左丞相清臣遣使来献捷"。这里提到的是夹谷清臣推进到合勒河的一次果敢的行军，他的部队进击并在栲栳泺（栲栳湖）降服了十四营（"营"这个字应该对应的是蒙古语的nuntuq>nutuq"游牧人的营地"）。有一个属于金国一方的部落首领斜出，吞没了他在这次行动中获得的全部战利品，夹谷清臣便要对他加以严惩，因此北阻䪁发动了叛乱（在上文第1节中，我们已经看到阻䪁是金人用来称呼塔塔儿人的名称）。朝廷谴责了夹谷清臣，并于1195年12月25日任命右丞相完颜襄取代了他。十二月间（1196年1月2日—31日），他率部推进到大盐泺，并"分兵攻取［游牧人的］诸营"（参见《金史》，10，5a—b；94，1b）。正如王国维（《观堂集林》，15，8a）已经发现的，合勒河大概就是哈拉哈河（Qalqa，参见下文第27节），也就是自东来汇入贝尔湖或捕鱼儿海子的那条河（可能后一个"合"字脱漏了，因此应该读作＊合勒合）。至于栲栳湖，很可能像王国维猜测的那样，就是贝尔湖北边的呼伦湖。金军部队应该是自东而来。与夹谷清臣进行战斗的蒙古部落应该是翁吉剌（或弘吉剌）部，可能还有合答斤部和撒勒只兀惕部（关于这些蒙古部落和他们的首领，特别应参见《金史》，93，7—8的完颜宗浩传记，以及王国维《观堂集林》，15，8—11的意见；还有本书下文第19节）。至于先是归附金国，后来又发动叛乱的阻䪁或塔塔儿人，肯定就是《亲征录》提到的"背金约"的塔塔儿部，因此，这场叛乱是发生于1195年8—9月间。屠寄（20，6a）把蔑兀真笑里徒的叛乱与金国王子完颜永蹈于1193年12月30日被处死，以及他的儿子在东北发动叛乱的事件联系起来（参见《金史》，10，2b；85，2b），并且关于此完全没有提到夹谷清臣和斜出。这一看法可能是由于拉施都丁书与我们前面引用的正史文献相反，错误地将事件置于1194年所导致的。夹谷清臣的失宠，只能以由于他所导致的塔塔儿人的态度转变，使得金人陷入困难的局面来解释。确实，1196年2月4日，"大盐泺群牧使移剌睹等为广吉剌（Qonggirat）部兵所取败，死之"（《金史》，10，5b）。我对这个"大盐泺"的比定并不能完全确定。它可能是临潢府境内的一处"盐湖"，实际上肯定就是临潢府东边现在还叫达布苏图的那个湖，在蒙古语中是"盐湖"的意思（参见吉贝尔《东北史地词典》，980）。如果"大盐泺"可以像我这所认为的这样进行比定，那么也就意味着塔塔儿人的背叛，使得弘吉剌部得以向南

197

深入(《金史》,94,3a的完颜襄传记还暗示,金国军队中外族士兵的叛乱,对后方造成了威胁)。总之,正如我们所见,完颜襄兵分两路,其中一路到达了龙驹河(克鲁伦河的一种古老的形式,参见《通报》,1934,166—167),但却陷入了阻䪁(塔塔儿)的包围。虽然完颜襄的军队还未完成集结,但他仍前往救援陷于危险中的分遣队,出其不意地攻击塔塔儿人,并使他们逃到了斡里札河。完颜襄的一名部下率军追击,塔塔儿人则被驱散,此时下起了大雨,十之八九的塔塔儿人都冻伤而死,他们的首领则归降了。但过了两个月(1196年10月23日—11月21日),塔塔儿部又叛乱了(《金史》,94,3a—b)。1196年10月23日(《金史》,10,6a)行省所在地向南迁移到北京大定府,也就是位于今日热河省宁城县(参见吉贝尔前引书,836)的大宁城(俗称大明镇),但到1197年5月至6月间,又迁回到临潢府(《金史》,10,7a)。斜出最初发动叛乱是在1195年的8月至9月间,到1196年的10月至11月间再度叛乱,直到1198年5月27日(《金史》,11,1a)才终于在现在的察哈尔省境内的抚州(《金史》,94,4a)归降金国,并于1198年11月19日从金国皇帝那里获得了辖里袅一地的商品交易专卖("开榷场",《金史》,11,1b)。

上文中概述的内容大部分均来自完颜襄的传记,这一传记在叙述上略有夸张。特别是我们无法理解怎么会有十之八九的塔塔儿人因为盛夏的一场大雨而"冻伤"(可能"冻"这个字是另一个意为"淹死"的字之误)。另一方面,对这些事件的详细研究,要求我们对完颜宗浩的传记进行译注,因为其中引用了这些部落的名称、首领的名字以及地名等(亦参见王国维《观堂集林》,15,9—10)。但我们通过塔塔儿人所逃往的斡里札河之名,可以获得一个坐标,因为这自然就是在《秘史》(第132、133节)中两度提到的浯泐札(Ulja)河,这里就是成吉思汗攻击并杀死了蔑兀真笑里徒的地方,这个名称同样也以 اولجا Ūljā 的形式见于拉施都丁书中(文本,II,168;译文,II,103)。我们也可以预料,原本也应在《亲征录》中提到这个名称(尽管毫无迹象,但可能我们文本这里是有阙文)。这肯定就是我们地图上位处鄂嫩河与克鲁伦河之间,向东

198

199

北流入"巴伦讬累（Barun-torei）"（"西讬累"，字面上的意思是"向右"即barūn），与"馂特雷（Sun-Torei）"（"东特雷"，字面上的意思是"向左"，jä'ün>jǔn）湖——汉语地图中的塔里泊［和"Torei"是同一个词。注意既不要把这个名称和也叫"塔里泊"的Tal-nōr（"Daal-nōr"或Dalai-nōr）搞混，也不要和我们地图上写作达赉诺尔（Dalai-nōr）的呼伦湖（Külün-nōr）搞混；参见那珂（1），129；那珂（2），15；屠寄，2，13b；丁谦《元秘史地理考证》，4，8b；《亲征录》王国维校本，13a］——的乌尔载（Uljai）或乌尔匜（Ulja）河。据《秘史》记载，完颜襄"逆着"浯渿札河驱赶塔塔儿人，而成吉思汗则"顺着"河而来。我对Ulja一词的语源仍不能确定（总之，屠寄，20，6a认为并未发生颚化的Ulja，其语源可能是öljä"鸿福"的意见是错误的；其语源可能是olja，"战利品"）。可以确定的是，《金史》的斡里札河，就是《秘史》和拉施都丁书的浯渿札河。毫无疑问，不见于《金史》所载的成吉思汗加入对塔塔儿人的攻击行动一事，并非像拉施都丁所认为的那样发生于1194年，而是发生于1196年年中的时候。事件发生的季节可以很精确的确认出来。1196年8月3日，有诏埋葬在西北的征战中死亡者的遗骸（《金史》，10，6a）；9月28日，完颜襄见于首都，并被晋升为左丞相（同上引，10，6a；94，3b），斡里札河之战的时间很可能应该置于1196年5月至6月间。

最后还有两点需要指出。一是叛乱的塔塔儿人的首领显然是斜出（*Säčü?），而斜出是不能比定为蔑兀真笑里徒的，因为他在1196年为成吉思汗所杀，而斜出则于1198年降金。在蒙古传承中，出于放大成吉思汗所发挥的作用的目的，夸大了蔑兀真笑里徒的地位和职务。另外一点则已经由王国维所指出（《观堂集林》，15，10—11），他对同一时期的文献进行研究，发现除了斜出的叛乱之外，12世纪末塔塔儿人与金的关系都是很融洽的。12世纪末金人真正的对手，并且经常向他们发动袭击的正是蒙古人。很可能并非成吉思汗一族的蒙古人，而是合答斤部、撒勒只兀惕部，特别是弘吉剌部，对于金人而言，这些蒙古人也被视为包含在塔塔儿人中。斜出的叛乱所造成的最大麻烦，就是使得蒙

200

古诸部各行其是。成吉思汗出于对塔塔儿人的仇恨,加入到金国一边,在某种程度上破坏了联盟。

[4] 在《元史》卷1与这里对应的片段中,提到这些部人是由薛彻别吉(Säčä-bägi)所统帅的,但是没有提到部落本身的名称。《秘史》(第122、130—133、136—140)写作主儿勤(Ĵürkin),但也有写作(第49节)禹儿乞(Yürki)的,另外同样是在49节中,旧汉文译本作主儿乞(Ĵürki)。在《元史》(119,8a)的一篇传记中,写作要儿斤(Yörgin),这篇传记是对阎复所撰的一篇碑文(《元文类》,23,3a)的概述,而在碑文中正采用了这样的正字法。在《元史》(107,2a)的世系表中,见有岳里斤(Yörgin),这也差不多就是《辍耕录》(1,2a)中对应文本中的异文,虽然后者中该名称的第二个字今本讹作“斯”。《辍耕录》(1,15b)的木里乞,可能是术里乞(Ĵürki)之误。在《亲征录》中,第27节还有朱力斤(Ĵürgin)。蒙古文书写中在y-和j-之间不做区分;此外,《亲征录》中的两种形式似乎表明,这不仅仅是转写者不了解所致,而且可能在忽必烈的时代,人们对这个名称的真实发音就已经犹豫不定了。《秘史》第139节中用以解释主儿勤部得名原因的“拙儿乞蔑思(jörkimäs)”一词,因为令转写者感到为难,而没有翻译出来,而我们也可以读成*yorkimas、*yurkimas、*jorkimas、*jürkimäs,实际上这是一个突厥语构造的否定词。在格鲁塞《蒙古帝国史》,438中,巴鲁克先生说Ĵürki是突厥语Yürki在蒙古语中的发音,但他并没有告诉我们在哪里能找到这个突厥语的Yürki。《秘史》的旧汉文译本用“无人能敌”来解释jörkimäs,看起来这很可能应该读作yürkimäs(参见察合台突厥语的yür-和yürü-“行进”,yürüš-“出征”,加上突厥语中的动词否定式后缀-mäz)。关于y-和j-的交替,我们不能忘记的是,就如蒙元时代的蒙古语文献中总作yorči-“行进”、“前进”(参见突厥语中含义相同的yorї-),而古典蒙古语中却只见有jorči-。至于存在或者缺少结尾-n这点,那珂(2)说是“依照蒙古语的规则”,Ĵürkin是单数,而Ĵürki是复数。如果这是涉及-t没有表现出来的转写情况,那么这种说法是对的,因为

J̌ürkin的规则复数是*J̌ürkit，从而可以转写为J̌ürki[t]。但是我们已经在一个单个的人名中见到有莎儿合秃主儿乞（Sorqatu J̌ürki）的形式，那珂本人也引用了这个形式，它肯定不是个复数（《秘史》第122、139节）。另一方面，《秘史》的转写者总是用一个放在右边的小一号的汉字，来指结尾的 -t，但在整部书当中没有一个例子与*J̌ürkit有关。看起来结论应该是这样：我们所见的Yürkin和Yürki（>J̌ürgin或J̌ürgi）是同源对偶词，这是蒙古语中大量的结尾 -n 不发音的例子之一，就像qonin和qoni "绵羊"，naran和nara "阳光" 等同样。至于Yürkin（>J̌ürgin）的复数，据我所知到目前为止还没有在文献中出现过。我写作颚音化的Yürki和J̌ürgin，是基于汉文转写中的 "月" 和 "禹"，并且名称中表示格的词尾是颚音化的（《秘史》第131、133、136节）。这个名称的最后出场是见于萨囊彻辰书中，其中有一处提到了J̌ürkän或J̌ürgän（施密特，87，读作J̌ürkän，并注释为 "君主的军队"，我不知道其依据何在），在对应的片段中，满文本（第44页）和汉文本（3，20b）读作J̌ürgän。拉施都丁（文本，II，164，166，168—170，178；译文，II，101—105，110）均写作 یورکین *Yürgīn，这就是《部族志》（文本，I，12；译文，I，11）中所谓的 بورکین "Burkin"（读作Yürgin），在该处是作为 "一般乞牙惕"（以与 "乞牙惕-孛儿只斤" 区分开来，参见上文第5节）的三支之一。月儿斤（Yürgin）被认为是晃勤巴儿合黑之子（参见《秘史》第49节，《元史》，107，2a）莎儿合秃主儿乞（在《秘史》中被错误地称为忽秃黑秃禹儿乞）的后代（理解为后裔的部落）。他们的首领薛彻别吉是莎儿合秃主儿乞的儿子，成吉思汗的堂兄弟。

202

[5] 这个名称和下一个名称，虽然不见于拉施都丁书中，但见于《秘史》的第133节，其中前后次序是相反的，第一个名称转写为纳剌秃失秃延（Naratu-šitü'än），并且在第135节中再次出现，在我手头的库伦抄本的复本中也是同样的（对页54b）。Šitü'än>šitū，意思是 "支持"、"倚靠"（参见鲍培《蒙古语词典》，336的动词 šitü- "依靠"），而naratu是 "有松树" 的意思（来自narasun "松树"），这应该指的是一处有天然

的保护或防御的地点,我们可以将其翻译为"松林垒"。

[6] 我们的文本实际上是作"忽剌秃失图",但《秘史》中给出的是有"速"(-su-)字的忽速图失秃延,很明显在这两处中有一处是字形搞错了,而我们所研究的《亲征录》抄本中大量的文本错误,使我们猜想自然是这里出错的可能性比较大。《秘史》中的异文还因为库伦抄本(我手头复本的对页 54a)而得以证实,在该本中此名讹作 Quši'un-tu "有悬崖之处",但这一错误的异文至少保留了带摩擦音的-su-,使我相信应该重构为 Qusutu- šitū。这是一个来自 *qusun 或 *qusu 的附属形容词形式,而后者可能是 qosun 或 qosu "桦树"的一种方言的变体形式,或是一种错误的异文,我把这处地名翻译为"桦木垒"。我们已经看到这次征战是发生在发源自 Ulja-Saiḫan 山的斡里札河流域。而据说近代蒙古的一旗("中后旗"),其东部的边界就在"乌尔札和苏台"(《蒙古游牧记》,9,10b)。波波夫错误地把这个名称重构为"Urja-Ḫesutai"(《蒙古游牧记》俄译本,395),而似乎应该对应为 Ulja-Ḫosutai,即"斡里札桦树林之地",我在地图上没有找到这个地方。这一旗所在横跨鄂嫩河上游两岸,不过我怀疑它应该向东南一直延伸到斡里札河,并且我们从这个旗的名称中能够找到与忽速图失秃延(*Qusutu-šitü'ān)的关联。

[7] 大珠衾银绷车各一。这是对《秘史》第 134 节[①] 中提到的两件物品"塔纳秃欸只列(tanatu könjilä)"和"蒙琨斡列该(münggün ölägäi)"的忠实翻译。这两个术语应该是存在于《亲征录》的蒙古原文之中。《元史类编》,1,2a 在引用这段文字时,把"衾"改成了"金"。我们不妨指出,这个"金"也同样出现在拉施都丁书(哀德蛮《铁木真》,267;贝勒津,文本,II,168;译文,II,102)的对应片段中。在该处,与"银质的摇篮车"并列,提到了一条"金织成的被子"(لحال زر بافته lihāl-i zär-bāftä),实际上 zär-bāftä 这个词的意思正是"锦缎"(关于其各

203

---

① 译者注:应为第 133 节。

种借词,参见罗佛,《通报》,1916,477)。《元史类编》和拉施都丁书中
"金"这个字的使用,是一种偶然的巧合。在《元史类编》中,这个错误
应该是由于字形相似和放在了"银"字前面所导致的(我们很难认为
《亲征录》的文本最初是写作"金衾",而"金"在我们所使用的抄本中
被省略了,而在《元史类编》的作者所使用的抄本中还依然保存着)。
物品列举的顺序,在拉施都丁书和《秘史》中是与我们的文本相反的,
但我并没有发现足够的理由来推测《亲征录》的原本所记的也是"银
绷车大珠衾各一"。至于拉施都丁的"锦缎",并非完全不准确,这种缀
以"小珠"(subut)或大珠(tana)的纺织品,是用添缀珍珠的金缎或绣
金缎料制成的。拉施都丁还补充说,这些物品引起了轰动,因为到那时
为止在蒙古人中都很少见到此类物品,但这只是拉施都丁自己所认为
而那么想的。

[8]在对应的片段中,《元史》没有提到成吉思汗被授予的这个头
衔,肯定是故意省略了。《秘史》第134节中转写作札兀惕忽里(ja'ut-
quri),但是与该书中通常的习惯相反,没有给出任何翻译,到这个词在
第179节中重新出现的时候,转写作察兀惕忽里(ča'ut-quri),并解释为
"官名"。不同的转写表明转写者已经不知道关于这个名称发音的确
切传承。拉施都丁(文本,II,168—169;译文,II,104)说拉施都丁被任
命为جاوت قورى jāūt qūrī,并且补充说在"khitai"语中,这个名称指"强
大的首领"(امير معظّم āmīr-i muʿaẓẓam)。"khitai"这个词含混不清,但这
里肯定不是指的"汉语",它要么是指契丹语,要么是指女真语。这可
能是一个传到了女真语中的契丹——也就是蒙古语的称号。沈曾植
关于此的长篇注释为那珂(2),16—17所照搬,其中把ja'ut-quri看作为
相当于蒙古语的jaryuči"断事官"这点,是毫无价值的。在《亲征录》
的通行各本中,这个称号后面还有一条译者所加的其意难解的注释,
称"若金移计使也"。但《元史类编》(1,1b)给这个称号加注释说"犹
言招讨使也",我们倾向于这才是汉文注释者所认识到的明显的解决
方案:不应该读作移计使,而应该读成招讨使,这句话应该理解为"若

204

金招讨使也"。招讨使字面上的意思是"招呼和惩罚的使者",这是负责镇抚边境地区的一种皇家使职,且地位崇高(正三品,参见《金史》,57,10a)。但是还需要进行另一处修正。虽然看起来没有什么再需要修改的,《说郛》本(3)中这一注释的内容却是"若今招讨使也",翻译者自然不会用一个金代的类似官名来进行解释,而肯定是他自己所生活的时代,也就是忽必烈的时代,讹误为"金"是由于字形和字音的相似所致。招讨使在蒙元时代的品级和在金代是一样的(《元史》,91,3b)。由于贝勒津从比丘林或巴拉第那里得知了这一注释,便将这个称号解释为"边境草原地区的全权特使",在符拉基米尔佐夫的《成吉思汗》,50就变成了"边境地区的军事特使",并且最终传到了格鲁塞的《蒙古帝国史》,92中。但是,把札兀惕忽里与招讨使等同起来是非常不准确的。沈曾植以及追随他意见的那珂(2),17h和王国维,13a正确地观察到,在《秘史》中,王京也就是完颜襄在授予成吉思汗札兀惕忽里的称号后,补充说他在回到宫廷后,将上报金帝,并且他知道金帝可能要加封成吉思汗以"招讨"的名分,可见这两个名称并不相等同。沈曾植还补充道,文本的注释"略误"。事实上,我认为这不仅是错误,而且还是带有倾向性的。在《秘史》成书的1240年,人们仍然安于这个不重要的头衔,但是随着时代的演进,人们希望增强成吉思汗所发挥的作用以及他所获得奖赏的价值,因此《亲征录》蒙古文本原文的翻译者就用"招讨使"来与札兀惕忽里对应。我们不应忘记,根据《秘史》本身所述,完颜襄似乎是当场便任命成吉思汗为札兀惕忽里,而没有向金帝请示;鉴于加封这个官号的行为是完颜襄本人得以自专的,可见其品级相当低下。比《秘史》晚出的我们的文本,同样是为了增强成吉思汗所发挥的作用,称是金国皇帝亲自加封了札兀惕忽里的官号。对此我认为封克烈部首领以王的称号应该更可能是出自金帝,但正如我们在下一条注释中所提到的,这个问题更加混乱复杂。札兀惕忽里真正的含义是什么呢?王国维看起来是心照不宣地受到了屠寄,2,13b的启发,毫无保留地宣称札兀惕忽里就是"百夫长"的意思。那珂(2),

132，中也给出了一种类似的解释，他把ja'ut视为ja'un"百"的复数，又把quri看成蒙古语quri-"使……汇集"的一种形式，从而解释为"百户长"。但用动词来作词干这样的用法是不可接受的，而且quri是一个单独的头衔。在格鲁塞《蒙古帝国史》，442中，巴鲁克先生表达了和那珂同样的意见（包括关于quri-、quriya-的假说在内）。对此我感到更加含糊不清。这一解决方案之所以不可接受，首先在于其读作ja'ut-quri，而把ča'ut-quri这样的形式排除在外。这个打头的č-既见于我们所研究的文本中，也见于《秘史》中提到这一官号的两处中的一处。在拉施都丁书的各抄本中总是把č和j混淆这一点，使我们无从得出任何结论。读作ja'ut-quri，并解作"百夫长"，得以使我们猜测金人是使用了一个蒙古语的称号，因为在蒙古语中有ja'un"百"，复数为ja'ut。但这可能是与一个契丹——也就是蒙古语的称号有关，而这个契丹称号仍保留在金人之中。我们所知的金人中用来指百夫长的真正名称与之完全不同。因此我相信，成吉思汗的札兀惕忽里这个头衔，是与汪古部王公阿剌忽思的头衔的乞火力（digit-quri）相似的（参见下文第36节），而后者这个头衔中的前半部分，应该也是一个以-t结尾的复数形式。在札兀惕忽里（ja'ut-quri）这个称号中，我们文本中的-quru与《秘史》和拉施都丁书中的-quri的交替，大概是因为蒙古文书写中结尾的-i和-u的模棱两可所造成的。但在-i和-u之间犹像不决还存在着另一个例子，可能在辽代就已经出现这样的双重形式了。总之，在《金史》(55，1a)中出现在不少女真语称号末尾的"忽鲁"，可能应该读作*quru。注释称忽鲁的意思是"总帅"，并指出"统数部者曰忽鲁"。但在本国的官阶系统中地位非常尊崇的那些官号，当被封授给异族部落的首领时，其价值一定是大为贬值的，我们将看到"王"这个称号的例子便是如此。在《金史》，102，6b中，有一篇1200年中进士的人的传记，最初名叫胡里纲，后来把他的"姓"从胡里改成了常用于转写蒙古人名称的"蒙古"二字，但目前我从这种巧合中不能得出任何结论。我在《马可·波罗注》中"成吉思汗（Cinghiscan）"词条里关于quri和quru的问题已有长

206

篇讨论,此处已毋庸重提。唯一可以指出的是,据我所见,虽然完全不能确定,但札兀惕忽里的意思可能是"百夫长"。

总之,我确定没有涉及在我的"成吉思汗"词条中使问题更加复杂化的那最后一点。在《元史类编》(1,1b,2a)的文本以及注释中引用《亲征录》的片段时,并没有写作"察兀忽鲁",而是写成了"察兀秃鲁"[并非像那珂(2),16所讲的那样是"察兀忽鲁"]。通过那珂(2),17,我们了解到"察兀秃鲁"这一形式亦见于《续纲目》。关于这个书名,有时是用来称陈桱所著的《通鉴续编》的①。应该理解为要么就是指陈桱所著的这部书,要么就是指接着他的书继续补撰的一部著作。我尚未能参考陈桱的著作,但他的作品是撰成于1368年元朝灭亡之前,并且书中保存了许多不见于别处的信息(参见伯希和《蒙古与教廷》,196,以及"《圣武亲征录》之一片段(Sur un passage du Cheng-wou Ts'in-tcheng lou)"[收入《庆祝蔡元培先生六十五岁论文集》,volume, I,917])。很可能《元史类编》的作者是跟着《续纲目》,而在其书中采用了"察兀秃鲁"的形式,然后又用此随意地代替了所引用《亲征录》中的"察兀忽鲁"(ča'u[t]-quru),而后者才是与拉施都丁的 čaut-quri(或 jaut-quri)相符的真正记载下来的形式。因此我们可以认为只是《续纲目》犯了一个错误。但"察兀秃鲁"(*ča'u[t]-türü)这样的形式又在蒙古语文献这边得到了证实:在我手头的库伦抄本的复本(对页54b)与《秘史》第134节对应的片段中,写作 čaγ-un-türü。现今的蒙古语中只有 törö"法律"、"规则",它源自一种中世纪的形式 törä(参见海涅士《词典》,151;鲍培《蒙古语词典》,353;借自突厥语 törü 的同义词[参见布罗克曼,《喀什噶里》,215]),但在过去契丹人和金人中有 *türü 或包含 türü,*türi 这个成分的官号(参见在上文第4节中提到的茶赤剌部的秃鲁(*türü);以及《金史》,55,1a 的秃里乌鲁国,这是负责防御边境民族的官员的称号,《金史》明确提到这是旧有的契丹官号)。根据《金

---

① 补注:陈桱《通鉴续编》元刊本作"察罕秃鲁"。

史》，57，10b，秃里（*türi(?)）是从七品的官员。在这种情况下，虽然应该相信《秘史》、拉施都丁书和《亲征录》的记载，即授予成吉思汗的真正头衔就是札兀惕忽里（或 ča'ut-quru），但我们必须承认在蒙古人中还有一种次生的传承，而根据这一传承该官号是写作 *ča'u[t]-türü 或 *ča'un-türü。我还要补充的是，在库伦抄本中写出的那种方式，表明这部编年史的编纂者听错了这个名称的前半部分，所以写成了 čaɣ-un，这就变成了 čaq "时间"、"时代"的属格形式。

[9]关于此名通常我们习惯称之为"Kerait"。在《秘史》（第96、104、105、126及他处）中，他们的名称几乎总写成客烈亦惕（Käräyit；此外，在第134节和242节中，转写得出了格烈亦惕（*Gäräyit）的形式，看起来客［kä］应该不会两次都讹误成了格［gä-］）。拉施都丁（文本，I，2，4，8，50及其他各处）写作 كرايت Kärāīt。我们文本的转写则应该对应 Kärā[t] 这样的发音，怯烈（《元史》，134，10b）和怯烈台（Kärātai，同前书，120，4b；145，3b）也是如此，但我们亦见有怯烈亦（Käräyi[t]，同前书，122，8a）和怯列亦带（Käräyidai，同前书，2o，5a）这样的形式。关于《元史》中的十余位名叫怯烈（Kärā[t]）的同名人物，参见《三史同名录》，35，5b—6a。

208

在萨囊彻辰书中，客烈亦惕（Käräyit）之名仅见于与成吉思汗和王汗之间战斗的有关章节中（施密特，87页）。此名共出现了三次，但满义译本（第44页）两次写作 Keriyet，仅有一次作 Kereit（如果这不是编者的疏失的话），而在满文本基础上撰成的汉文本，三处都写作克哩叶特（Keriyet；3，21b）。这个 Keriyet 亦与《蒙古佛教源流》（胡特，《佛教史》，II，23）中的"Heriyed"相对应。在《黄金史》（1），104，191中，提到在达延汗（Dayang-khan）的时代（16世纪末到17世纪初）有一位 Käräyit 首领长了一条"老虎的舌头"①。在卡尔梅克人中（Erketen 部

---

① 译者注：法文本原文此处作"langue de tigre"；但在札奇斯钦先生所译注的《蒙古黄金史》中，翻译为"老虎辔头"，后者的译文似乎不太容易理解。但在《黄金史》原文中对这一比喻的解释很明白，就是指"能讲许多地方的方言"的人。

落），现今这个名字作KerēD，兰司铁（《卡尔梅克语词典》，226）认为这并非从Kärät而来，而是从Keriyed（Käriyät）而来。在鄂尔多斯诸部中，现今还有好几个K'erīt氏族，"大"K'erīt，"小"K'erīt，"白"K'erīt，"黑"K'erīt（参见田清波《鄂尔多斯志》，33，52）。在突厥语中，这个名称演化为Kiräi和Giräi，Kiräi是哈萨克人"中玉兹"最靠东边的一个重要分支（参见阿里斯托夫《注释》，353—359），其中也有"黑Kirai"部。关于这一名称的其他遗存形式，参见格鲁木-格勒济玛罗《西蒙古》，188—189。

众所周知，克烈人是聂斯托利派基督徒。他们在近代的真正后裔，是裕勒都斯的土尔扈特人（Toryōt<Turqa'ut=Turya'ut；参见霍沃斯，I，534—589，但其中错误百出，在第546和558页中，甚至把柯尔克孜人在蒙古语中的称呼"Kergud"即Kärgüt和克烈（Kerait）的名称搞混了。而在格鲁木-格勒济玛罗的《西蒙古》，III，188—189中则更为准确）。

拉施都丁关于克烈部的概述（译文，I，94—108）和汉文史料中的信息足够可以写一整本书。"客列亦惕"之名不见于12世纪末之前的远东史料。在把·赫卜烈思（Bar-Hebraeus）书中提到他们在1009年的一封书信中宣布皈依的著名片段，其中出现的克烈一名，可能是这位雅各派的编年史作家后加的，作为其来源的史料中并没有提到他们（亦参见格鲁塞《蒙古帝国史》，29）。尽管如此，王汗的祖父马儿忽思汗（Maryuz-khan）已经采用了基督教的名称，这表明至少到11世纪的最后25年间，克烈部已经皈依了。

克烈这一名称的起源仍然还不清楚。拉施都丁（译文，I，95）称克烈之所以得名，是因为古代君王的8个儿子[①]，皮肤都是棕黑色的（سیاه جرده siyāh-järdä；文本，I，121）。我们最初的想法是，拉施都丁认为克烈一名是源自qara"黑色"的一种颚音化的形式。阿布尔哈齐（文

---

① 译者注：《史集》汉译本作"七个儿子"。参见余大钧、周建奇译《史集》（第一卷第一分册），商务印书馆，1992年，第209页。

本，46；戴美桑译文，47）称克烈的意思是 قرابارانqarābarān（？"黑羊"，我怀疑这是文本的错误所致），之所以如此命名，是因为七兄弟都是黑皮肤（qara；阿布尔哈齐应该是参考了拉施都丁书的某种文本，其中读作 هبت häft "七" 而不是 هشت häšt "八"），因此这一名称是与qara"黑色"有关的。但我怀疑这只是拉施都丁的看法，他实际上是把这个名称的通俗词源与käri'ä "乌鸦"一词进行关联（贝勒津，I，242在另一处已经考虑到这一点）；对他而言，由于八兄弟都是黑头发棕色皮肤，因此克烈人就被称为"乌鸦"。而且"乌鸦"这个名称，很可能具有一种拟声的起源，在蒙古语中作käri'ä，在突厥语中作qarγa，因此至少在突厥语中，表面上是与qara-"黑色"有关。

屠寄（20，1a）在《元史》（63，17a）的一个片段中关于谦州（Kämči'üt）——这一地区位于吉利吉斯东南，谦河或叶尼塞河西南，唐麓岭（Tanglu>现代的唐努乌拉（Tangnu-ūla））之北（关于谦州（Kämči'üt），参见下文第57节）——的简述里有"重大发现"，其中说到"或曰汪汗始居此地"。这样的一种传承很可能是捏造的。我们应该认识到，拉施都丁（译文，I，108）称乃蛮人和克烈人之间之所以发生激战，是因为乃蛮占领阿尔泰地区并向额尔齐斯河扩张，而这些地区原本是王汗所居之地。总之，当克烈人于12世纪末真正登上历史舞台之时，他们的牧场是在乃蛮人的东面，并很快到达土拉河流域的西边；在其东边他们经常与汉地北方的金人接触，并且互相向远方派遣使节。拉施都丁（译文，I，94）把克烈部的位置放在鄂嫩河和克鲁伦河之间，靠近金国领土的边境之地。

［10］各本均作"脱怜"，使我们猜测为*Tōräl的形式，但"怜"通常是"邻"字之误，而肯定应该作"脱邻"（Tōril<To'oril）。在《秘史》中此名转写为脱斡邻勒（To'oril，第104—107、134、166、180、181节）。拉施都丁写作 طغريل Ṭoγrīl（刊本，I，230；II，169，173，及其他各处），贝勒津总转写为"Togrul"，因为这个名字初次出现在文本，I，125中是作 طغرول Ṭoγrūl，但这可能是一种错误的异文。这实际上是个纯粹的突厥

语名字，toγrïl是一种猎鹰的名字，并且喀什噶里书（布罗克曼，212）也收录了这种形式。Toγrul是一种方言的变体形式；与之相比，这里更应该采用toγrïl，用以解释其所派生的蒙古语形式to'oril>tōril。我们所研究的文本中作脱邻，即Tōril，而《元史》在卷1对应的片段中写作脱里，即Tōri[l]，这暗示《元史》此处的文字是来自与《亲征录》不同的一种史料（《元史类编》，1，1—3均作脱里，即使在引用《亲征录》时亦是如此，但正如作者所言，他是借用了《元史》中的"脱里"这个形式，并统一写作此形）。在《元史》(136，1a)中的一篇传记里，我们见有脱斡璘（To'oril）这样的形式，用来指我们此处讨论的此人；此外在《元史》中还有其他的Tōril（参见《三史同名录》，30，4a，其中的两个"脱怜"肯定应该读成"脱邻（Tōril）"）。Tōril亦见于复合人名之中，其中有一个耶尔脱忽璘（屠寄，155，4b）对应Är-Toquril=Är-Toγrul，这完全与奥斯曼帝国历史上著名的埃尔托格鲁尔（Är-Toγrul）同名。拉施都丁（文本，II，173；译文，II，106—107）提到toγrïl是传说中的一种凶猛的掠食鸟，它在阿尔泰民族中非常有名，就好像عنقا ʿanqā[①]鸟在西方一样；并且他还补充说这种鸟的突厥语名称是قونكرول，据贝勒津是读作Qungrul。对这种鸟的描述，至少是"Qungrul"这个"突厥语"名称，在多桑，I，51中给出了完整的翻译。我不知道为什么拉施都丁没有把toγrul当作突厥语的名称，因为Toγrul和Toγrïl这样的名字在塞尔柱人当中和波斯本土都是非常普遍的（参见冯·哈梅尔《伊利汗国史》，II，549）；我也不知道"Qungrul"这个词是怎么得出来的（该词出现了两遍），其中的käf字母在一个没有颚音化的词当中，要求前面有一个n-（来当作 -ng-），因此不能径行修正为突厥语的toγrul这样的形式。我想补充的是，Toγrul、Toγrïl这个名称，继续在克烈人当中使用。因为直到17世纪中期，克烈的后裔土尔扈特（Toryōt）的一个首领，还叫تغول Toγūl这样的名字（参见阿布尔哈齐书，文本，326；译文，349），而这个名字可能应该读作

---

① 补注：原文排印错误，误为"عنقا"。

تغرل Toɣrïl 或 تغرول Toɣrūl。没有任何理由像波塔宁在《西北蒙古志》，IV，856 中所假设的那样，认为 Toɣrïl 不是王汗的真名，而是被用作为"一个与神话传说有关的近义词"；另一方面，波塔宁把"Qungrul"和"Kunker-khan"或"Kynkeri-kuš"进行对照，并不能说明任何问题。可能我们也可以把 To'oril<Toɣril 这个名称重构为元代在松花江（Sungari）地区创立的五个万户之一的脱斡怜万户，并且后者应该修正为脱斡邻（或"璘"，参见《元史》，59，3a；《黑龙江志稿》，1，27b，28a）。

授予脱斡邻勒的称号"王"（>ong）使得人们几乎忘记了他真正的名字，就像马可·波罗只知道"Uncan"，萨囊彻辰只知道 Ong-qayan，或拉施都丁的 اونک خان Ōng-ḫān（文本，II，170）。汉文史料，比如在《元史》卷 1 中，称为"汪罕"即 Ong-qan，也就是将封给他的汉语头衔与他的阿尔泰系头衔 qan 或 ḫan（汗）并列。关于这个名称，《元史》中有如下注解："汪罕名脱里（Tōri[l]），受金封爵为王，番言音重（chóng），故称王为汪罕。"（"重"这个字也发 zhòng 的音，意思是"沉重"，但我不认为此句中应该采用这一含义）也就是说，《元史》的编纂者，或者更可能是目前这个片段的一种未知史源，把"汪罕"简单看作为"王"这个字的语音拖长了的结果。类似的可见我在上文中引用的女真语中的例子，"堂"变成了"塔安"，完颜则相当于"王"。可能是受到《元史》中这句话的影响，《元史类编》（1，3b）的作者认为，"罕"是"王"字的一种转写，而汪罕这样的形式"是以二字向借一音"。这样的解释，只能归诸于是那些不知道有 qan(ḫan)或 qayan(qahan，qa'an)这个阿尔泰系称号的人的想法，而此称号与汉语中的"王"无关。王汗（>Ong-qan）的含义当然就是"接受了'王'这个[汉语]称号的汗"。我不认为王汗采用过合罕（qayan，qahan）的称号，而且成吉思汗也没有。但当窝阔台采用了合罕这个称号的时候，它也被追溯而加给了成吉思汗以及 12 世纪第二个 30 年的第一"蒙古"帝国的君主们，但也加给了像克烈部的王汗和乃蛮部的塔阳汗这样的其他王公。这就是为什么在《亲征录》中总是称汪可罕（Ong-qahan）。我们也发现有两处（第 11 节和 12 节）

212

不合逻辑地写成了汪罕可汗（Ong-qan-qahan），王国维径直把第一处改成了"汪可汗"，但第二处则未做改动也未加以任何评注。那珂（2），18猜测这两处中的前一个"罕"是衍文，这是有可能的，在《说郛》本（3）中我们就只见有"汪可罕"。但如果我们记得在《秘史》中，有很多次用的是王罕，有时是脱斡邻勒汗，有一处（第104节）作脱斡邻勒王罕，仅有一处（第150节）作王合罕（Ong-qahan）。因此我们可以得出结论，即于1240年撰成的《秘史》的原始文本，只提到了王罕，而唯一的一处王合罕，是14世纪末的汉文转写者所为。有可能在《亲征录》的蒙古文原本及其最初的汉文译本中，也是同样只提到了汪罕，而后来的编校者则替换成了汪可汗，但他们的修改又不彻底，存在于第11节和12节"汪罕可罕"开头的"汪罕"便证明了这种原始形式的存在。丁谦，8b称"汪"乃"王"字之误，事实上在《说郛》本（3）中均作"王"；但实际上"汪"是传到蒙古语中的ong（<wang）纯语音的再转写，并见于《元史》卷1之中。"王可汗"这样的形式也见于《元史》的若干传记（例如119,1a；136,1a），重新使用唐代所通行的qaγan一词的转写文字，可能是嗜古的文士所为，在《元史》，193,3b还有"王可罕"。

根据《亲征录》和《元史》，似乎脱斡邻勒王罕是在成吉思汗成为札兀惕忽里的时候受封为王的，但这两个任命之间并没有关联。在我们所研究的文本和拉施都丁书中，成吉思汗未能召唤月儿斤部，在他们缺席的情况下，只带着他"附近"的军队就出发了。《秘史》记载成吉思汗想要与克烈部首领脱斡邻勒一起向塔塔儿人开战，给我们一种印象就是克烈部的首领是比蒙古乞颜部的首领更厉害的人物。事实上脱斡邻勒受封了"王"这个头衔，而成吉思汗则是比较低下的札兀惕忽里。但由于我们的文本是在成吉思汗的后裔们统治亚洲的大部分地区的时代编成的，他们不乐意使成吉思汗处于从属地位，因此人们就把率领远征并取得胜利都只归给他，结果提到脱邻和他被封为王的插进来的这段就显得很突兀，并且与上文没有关联。这就是导致那珂和王国维猜测《亲征录》此处有阙文的原因，但实际上并没有阙文，因为《亲征录》这里不仅与《元史》吻合，与拉施都丁的记载也是一致的。

辽、金政权赐给异族部落首领的"王"的头衔大概并不非常显要。屠寄(2，14a；20，6b)试图将其构建为与辽的"奚离堇"(*hirgin)、金的"移里堇"(*irgin)这样的原生官号相对应的称号，而我相信可以从后者得到俟斤(erkin)这一突厥—蒙古语官号(参见《通报》，1929，227)，而这个头衔只不过是从八品。但这个问题还有待于进一步讨论和廓清。

此外我不太确定《秘史》中所反映的事件是否准确。完颜襄应该是有权授予成吉思汗札兀惕忽里的称号，但不能给克烈部的首领以王的称号。所有的史料均表示封"王"需由皇帝颁下敕书。即使全部采纳《秘史》的叙事版本，我们也必须认为完颜襄是当场就授予了成吉思汗札兀惕忽里的称号，而直到他于1196年9月底回到首都上奏之后，金朝皇帝才颁下玺书给克烈部的首领。尽管如此，也不能排除这份敕书是在另外的时间出于另外的情况而颁下的。

214

10. 时我众居哈连徒泽间，为乃蛮部人所掠。【上欲讨之，复遣六十人征兵薛彻别吉，薛彻别吉以旧怨之故，杀其十人，去五十人衣而归之。】①上怒曰："曩者别里古台为彼所伤，我舍衅议和，而不听，今何乃乘敌势陵我！"因发兵于大川，至朵栾盘陀山，大掠月儿斤部，惟薛彻、大(太)出仅以妻孥数人脱走。

10. 当时我们的人居住在哈连徒(Hariltu)[2]沼泽[1]，遭到了乃蛮[3]部人的劫掠。【[4]陛下想要惩罚他们。又重新[5]派遣60人到薛彻别吉那里去征兵。薛彻别吉由于往日的积怨，杀了10个人，并且把其他50人的衣服脱下来，遣回了他们。】陛下发怒说："过去别里古台被他们砍

---

① 译者注：据贾敬颜先生校本，此处的阙文应为"上遣人求助于月儿斤，月儿斤杀十人，褫五十人衣而归之"，参见参贾敬颜校注、陈晓伟整理《圣武亲征录(新校本)》，中华书局，2020年，第44页。

伤,我放弃与他们流血相争,而达成了和解的协议,但他们并不顺服[6]。现在,趁我们和敌人发生冲突,竟敢来冒犯我!"因此他从"大川"[7]派出军队,到达朵栾盘陀(Dolōn-bolto[q])山[8],他抓住了[9]月儿斤部的大部分人,只有薛彻【别吉】和太出带着他们的妻儿数人得以逃脱[10]。

注释

[1]"泽"的意思是沼泽,但也适用于所有有静止的水的地方,因此事实上经常用来翻译蒙古语的na'ur>nōr"湖"。

[2]《元史》和拉施都丁书中都没有出现这个名称。在《秘史》(第136节)中有个叫作"哈澧泠秃纳浯剌"的地方,在旧汉文译本中,只写作"哈澧泠海子(哈澧泠湖)"(我们可以猜测这里的"秃"字偶然脱落了)。除非是假设为这是一处错误(这存在着大量的例证),即"哈"字取代了原本的"合"字以及其左边的一个用小字标识的"中",否则《秘史》中转写的原文并不能假设为是 *Qariltu-na'ur-a(与格-位置格),而应假设为是 Hariltu-na'ur-a(>Ariltu-na'ur),我们所研究的这部书中的转写或对应这两者其中之一。我手头库伦抄本的复本(对页55a)在对应的片段中写作 Arqalitu-na'ur。尽管这样的形式可能是基于语义解释的需要(arqalitu=aryalitu,意思是"有盘羊的地方")而发生了讹误所致,但它证实了这个名称的开头部分是 har->ar- 而不是 qar。但总之我们文本中的这一转写存在着不合规则之处,因为它把一个非颚化的词头和一个颚化音节"连 =-räl-"连在了一起,但我看不出来"连"字会是"邻"字的字形发生讹误的结果;我猜测"连"字是代替了"怜"字,而"怜"字则像众多其他的例证所示的那样,乃是"邻"字之误。屠寄,2,14a 和 3, 33a 所提出的比定为现今的噶老台(Qala'utai)泊(即"鹅湖")的意见,为王国维所接受,但这其实是基于一种错误的语音上的类比,因此不应采纳。那珂(1),134 提出,要么认为哈连徒泽就是哈里隆湖,要么就是这个湖旁边的一个小湖泊,他用日文假名转写这个湖的名称

为Ha-ra-ri-o-ru，我不知道其对应的湖名是什么。在我看来哈里隆湖就是有些地图（比如罗伯罗夫斯基的地图）中的Ḥarilim湖，它是位于克鲁伦河向南的河道拐弯处最南边再往南之地的一个小湖泊。这种不完全的语音上的相似纯粹是巧合，特别是它们都是基于*Qariltu，而不是Hariltu>Ariltu这一正确的形式。但我们所研究的文本和《秘史》中提到的这个湖，应该于这一地区求之。Hariltu应该是以-tu结尾的附属形容词形式，但我不知道*haril这个词的意思。出于某种错误的理由，古老的汉文译本中的"哈澧泷海子"被用来作为吉贝尔《东北史地词典》，198和270中的海拉尔（Ḥailar）河的旧称。

［3］Naiman之名的这一转写在蒙元时代几乎是始终不变的。但也有例外如乃满（《元史》，63，13a；149，6b）、乃马（*Naima或*Naima[t]；同上，123，7b），在元明善所作的一篇碑文中作迺蛮（《元文类》，23，5b），还有《黑鞑事略》中的奈蛮（王国维校本，21a）。男性族名的乃蛮带（Naimandai；《元史》，22，1a）、乃蛮台（Naimantai；同上，135，8a；139，1a），或乃马台（Naimatai）、乃马带、乃马歹（Naimadai，参见《三史同名录》，20，5—6）。女性族名的乃马真（Naimajin；《元史》卷二，1242年纪事；106，1a；114，1a）或乃蛮真（Naimanjin；同上，37，1a）。在《辍耕录》，1，16b中，见有乃蛮歹（Naimandai），然后在15b中还有一个伪误的部落名"蛮歹"，其打头的那个"乃"被错误地（16a）加到了另一个部落名称的末尾［这另外一个部落是"外秝歹"；这个名称还出现了一次，写作外抹歹，1，15b。这就是源自Oima'ut之名的族名Oimōdai<Oima'udai，在拉施都丁，译文，I，76和《贵显世系》（参见伯劳舍《蒙古史》，II，587）中有 کورلاووت اویماقوت Kūrlāwūt[Kürlüt]-Ōimāqūt，Kürlüt就是《辍耕录》，1，15a的"曲律吕"和同书，1，16b的"苦里鲁"（Kürlü[t]）。在《元史》，123，2a中有个人叫作外貌台（Oimautai），在《马政记》，36a，1269年条下提到了外麻觩（Oimadai）。贝勒津（I，246）倾向认为Oïmaqut是来自oïma"顶针"，或aïmaq"氏族"，但我很确定这个词的词源就是突厥语的oïma（《喀什噶里》，126），蒙古语作

216

oimasun 或 hoimasun（满语的 foji），"毡靴"，Oima'ut 就是穿俄语中称为 valenki 的靴子的人。在喀喇吉尔吉斯人中仍然有个 Oimaut 氏族（参见波塔宁，见《古代资料集》XXV（1916），54）]。

最后，在《辍耕录》，1，16a 中，提到了一个别帖乞乃蛮歹（Bätäki-Naimandai）部落。我相信这就是拉施都丁书（文本，I，144；译文，I，113，265）提到的曾经一度强盛的那个出产美丽姑娘的乃蛮部落的真正名称。关于这个名称，多桑（I，57）读作 "Sikin biki"，哀德蛮（《概况》，147；《铁木真》，240）读作 "Tigin" 和 "Tebgi"，贝勒津（I，113）读作 "Bikin"。"Tigin" 和 "Tebgi" 传到霍沃斯的书里的时候，被当成了两个不同的部落（I，20—21）；在格鲁塞《蒙古帝国史》，31 中则作 "Bikin"。同时贝勒津（I，265）径自重新主张读为多桑的 "Sikin"，来与萨囊彻辰书的 "Sökün" 对应，但后者其实是被贝勒津所误读的 jä'ün "左边" 的一种错误转写，完全不能视为部落的名称。实际上这个部落的名称都应该读成 بتكين Bätäkīn（或 Bätägīn）。这个名称仍未得其解，但我们通过《辍耕录》看到，直到 1360—1366 年间，人们都还仍然知道它与乃蛮部有关。在鲍培《蒙古语词典》，118 有 bätäkän 一词，在说到液体的时候意思是 "浓稠的"，但这个词并不为众所知，甚至是错误的，因此不足以构建为该部落名称的词源。另一方面，我怀疑是否可以假设为是 Bäktägin，这在伽色尼朝和花拉子模国中都作为男子名，进而在某种形式的关联下成为了一个部落名，就像 ot-tegin 变成了斡惕赤斤（otčigin）> 斡赤斤（očigin）、斡陈（očīn）一样。

这个 Bätäkin 或 Bätägin 部的王公，与乃蛮部的王公同样，拥有纯粹的突厥语称号 قادر بویروق خان Qādïr-Būīrūq-ḫān "强大的不亦鲁黑汗"（关于 qadïr-ḫan 这个称号，参见喀什噶里书，见布罗克曼，246；巴托尔德《突厥斯坦》（2），503；米诺尔斯基的文章，见《金石和美文学院纪要》，1937，320）。在蒙古语中，qadïr 通常作 qajïr>qajir，因此蒙古人通常名之曰 قاجر خان Qājir-ḫān（参见《通报》，1930，53；以及下文第 12 节）。当贝勒津将之转写为 "Gecer-khan" 的时候，不用说，他是考虑到了藏文中的格萨尔(Ge-sar),在蒙古语中作 Gäsar 或 Gäsär,但这位传说中英雄的名字的起源完全是另一回事(参见上文第8节)。此外,对第114页第2—3行的这段文字,贝勒津的译文还由于一处断句错误而导致难以理解(在文本的校勘中已经订正)。

Bätägin 和 Qajir 这些名称,看起来仍继续保留于乃蛮人的专名之中。同样,《元史》,131,2a 中的乃蛮人合折儿(*Qajär)的名字,就是一个 Qajär 的例子,并且他之所以得名应该归因于对 Qajir-ḫan 这一称号的记忆;乃蛮王室的后裔名叫别的因(*Bädiyin;《元史》,121,9a),我认为他的名字就是 Bätäkin 或 Bätägin(关于 -γ- 或 -g- 转变为 -y-,参见 Čaqat[Čaγat] 和 Čaγat,Sügägäi 和 Süyägäi 等)。鄂尔多斯的 ḪaDžirūt 氏族之名,似乎也是源自 Qajir-ḫan 之名(参见田清波《鄂尔多斯志》,42)。

我对于 Qajir-ḫan 的部落名称的纠正,也间接为萨囊彻辰书(施密特,87)所证实。根据这位编年史家,当成吉思汗前去征服乃蛮部的太阳合罕汗[Tayan-qaγan=塔阳汗(Tayang-ḫan)]之时,他召集了 Bätägin 八族(otoq<突厥语 otaγ),并以八万户的士兵向前推进。所谓的"八"(naiman)肯定是因为乃蛮部名称的释义而造成的。至于 Bätägin,满文译本(第44页)和汉文译本(3,21b)均作"必塔锦(Bitagin)",但这些都应该读作 Bätägin(此外满文本和从满文本翻译成的汉文本都对原文有误解之处)。在蒙古,直到17世纪,都还保留着对乃蛮和 Bätägin 部亲缘关系的记忆。甚至往后到了16世纪的第二个25年的时候,我们仍然发现有 Bätägin 这个名称,但这一处名称是与 Qali'učīn 也就是"猎水獭者"的氏族有关(施密特,207)。关于这最后一处的记载,满文本和汉文本均与施密特校勘的蒙古文本相合,有一份鄂尔多斯的抄本中有从现代语化的 Bätägän(Betegan)而得到的复数形式 Bätägät(参见田清波《鄂尔多斯志》,29,30)。最后,这个名称还一直存在到如今,在鄂尔多斯诸部中作氏族名 Be't'egener 的形式;蒙古文写为 Bätägänär,也就是从单数 *Bätägä 得到的一种复数形式(参见田清波前引书,24,30)。

施密特在第385页中的注释,称从 Bätägin 一名中看出了汪古部

(Öngüt),这点就其本身而言是没有价值的,因为他的观点是建筑在
Bätägin和汉文中用来称汪古部的"白达达"所谓语音相似的基础之
上。但根据拉施都丁(I, 114)的记载,成吉思汗把Bätägin部并入到汪
古部中,这个信息可能表明,与汪古部人同样,大部分的Bätägin人也是
基督徒。

虽然乃蛮部的首领采用突厥语的称号,但"乃蛮"这个名称是蒙古
语,并且其含义是"八"(我不认为是像阿里斯托夫在《注释》,361中所
申辩的那样,这个名称的词源是来自Naima河之名)。我们认为可以将
粘八葛(*Nämbagä)视为乃蛮的名称,而该部的首领叫秃骨撒,《辽史》
(21①, 1b;亦参见36, 10a)1097年的纪事中,在阻卜(=塔塔儿)和梅里
急(Märkit)之间提到了该部及其首领的名字;该名称亦可对应《金史》
(121, 2b)中的粘拔恩(*Nämba'än),它比前面一个名称要晚了近一个
世纪。在本例中,伴随着契丹语中经常发生的语音颚化现象,我们得到
了数字"八"的契丹语形式(参见我在《亚洲学报》,1920, I, 173—174
中的评注)。屠寄,21, 1a中提到"乃蛮(naiman)"在突厥语和蒙古语
中都是"八"的意思,这部分完全是错误的;另外还说耶律大石于1123
年聚集的十八个部落中提到了乃蛮,这也是错的(关于这些部落,参见
《辽史》,30, 2b,以及布莱资须纳德《中世纪研究》,I, 213)。但据我所
见,很难认为粘八葛或粘拔恩与粘没曷或粘没喝这样的人名无关,后
者也写作粘哥、粘罕和粘没合,在《金史》中很常见(参见《三史同名
录》,10, 5b;关于粘没曷就是粘罕,参见《金史》,74, 1a)。最后,金人
有一个姓氏在《金史》中的转写是粘割(《金史》,95, 4b; 121, 2a; 122,
8a)、粘哥(同上引,117, 1b)或粘葛(同上引,119, 1a; 124, 7a);在《元
史》(146, 5b;亦参见屠寄,48, 12b,但是其中提出的对应是很可疑的;
以及下文第70节)中的"粘合"应该对应的也是同样的语源。然而在
《元史》(146, 5b)中有个人名叫粘合南合,此名可以猜测为是 *Nämqa

---

① 译者注:此处所引卷数有误,应为卷26。

Namqa，这个名称中的重复是非常奇特的（南合（*Namqa）亦见于《金史》，14，9a中作为一个男子名）。在这样的情况下，我不禁反思我们所释读的"粘"字是否是正确的。这是经典的发音（*niäm），通常用于被乾隆的馆臣根据他们"改革"的正字法所改写的氏族名，如粘合等，以及粘八葛这样的人名的读音（参见《金史语解》，7，2a；《辽史语解》，3，10a）；在《秘史》第28节和124节，"粘"字用来转写 näm-。在《元史》，29，10b云南本地一"路"的名称写作"谋粘"，在同书，30，3b写作"木帖"，我不知道哪个才是这一芒（muong）语名称的正确形式。关于用汉人的女真语名称>满语的"尼堪（Nikan）"来解释粘没喝或南合的尝试，参见吉贝尔《东北史地词典》，94。此外，粘还有一种通俗的发音作 zhan（<*čam），见于很多方言之中，并且肯定从中古时代就已经存在了（乾隆的大臣读作粘（zhan）拔恩；参见《金史语解》，3，5a）。当读作粘（zhan）八葛（J̌ambaɣa）和粘拔恩（*J̌amba'en）等时，除了不大可靠的"*Nämqa Namqa"这一形式外，我们便得以排除颚化形式和非颚化形式见于同一转写之中的情况。所有试图将其与"乃蛮"联系起来的可能性也自然消除了。但我们还是有收获的，通过粘（zhan）没葛（*J̌amuqa）、粘（zhan）合（**J̌amqa）等，我们在蒙元时代之前找到了与札木合（*J̌amuqa）——成吉思汗的远亲和对手之名相同的形式。我们还要了解到，1161—1189年间粘拔恩是喀喇契丹的封臣，并且与康里一起被提到，这也与将他们比定为乃蛮相符合。

220

　　志费尼在一个片段（I，26）中提到，王汗是克烈部和 ساقيز *Saqïz 部的首领。校勘者可兹维尼把伯劳舍的意见照搬到注释当中，根据这种意见，Saqïz 就是乃蛮，因为 saqïz 在突厥语中，就像 naiman 在蒙古语中一样，是"八"的意思。这种意见是完全站不住脚的，因为王汗终其一生都在与乃蛮部相争，而且志费尼和所有人一样都晓得乃蛮部之名并如此称呼他们。此外，也没有任何一种突厥语方言把 saqïz 说成是"八"的，因为"八"都是作 säkiz，并且拉施都丁正确地写下了 سكيز موران Säkïz-Mūrān，"八道河"（译文，I，79）。尽管与拉施都丁相比，志费尼的转写不那么严格，他用qāf和γaīn字母来转写某些颚化形式，但没有任何理由认为这里也是如此。据我所见，必须寻求另外一种解释。"Saqïz"是经过编校者修正后的形式，各抄本中要么遗漏了这个名称，要么写作سافر或سافیر。不过，拉施都丁在与这个主题毫无关联之处，指出在克烈诸部中有一部名为ساقیات Sāqiyāt（不要与本书第5节的撒哈夷（Saqayit）搞混淆；参见多桑，1，48［"Sakiate"］；哀德蛮《铁木真》，231［"Sackajat"］；贝勒津，译文，I，95）。我认为这就是所谓的"Saqiz"，因此我提议将此名读作ساقیت Sāqiyat。另外，可能拉施都丁就是采用了志费尼书中的这个名称，而他仅将之视为一个名称而已。

现今在热河省东部还有一个叫作乃蛮的部落，但看起来这个名称是比较晚近的时候被该部的一位首领所重新采用的，此人自称成吉思汗的后裔（参见《蒙古游牧记》，3，5—6；波波夫《蒙古游牧记》，21，251；霍沃斯，I，394—395；吉贝尔《东北史地词典》，657）。在施密特的译本中（第163页），萨囊彻辰好像提到了15世纪中期的一个乃蛮部落，但这个"乃蛮"是施密特奇怪地添加进去的，其蒙古文本的校本中并没有给出这个词，在对应的满文本，第71页和汉文本，5，18a中也没有。在1547年的《边政考》中提到，鄂尔多斯诸部中有一个"嗒不乃麻（Tabu[n]-Naima[n]）"即"五乃蛮"氏族（总图，1，2b；榆林图，2，7a）。关于现代东方说突厥语的乃蛮部，参见阿里斯托夫《注释》，359—361。

在成吉思汗征服的时期统治乃蛮部的氏族，是古出古惕（Küčügüt）氏（转写为Güčügüt和Güčü'üt），这是küčügür即一种老鼠的名称的复数形式（参见下文第15节）。

另一个乃蛮氏族的名称，是拉施都丁附带提到的。他在两处提到（文本，II，96；III，223；译文，II，59；III，148；亦参见哀德蛮《铁木真》，454）有一个乃蛮首领统率成吉思汗之侄、合赤温之子额勒只带（Äljïdäi＝Äljigidäi）的诸千户。贝勒津将此人的名字均读作"Etsaudaï-Učqās-Govan"，但在考虑到这两段的抄本的内容时，我认为第一处

应该读作 اقساوداى اوجقاش كويانک Āqsāūdāī-*Ūčqāš-Gūyāng, 第二处应读作①اقسوداى اوجقاش كويانک Āqsūdāī-*Ūčqāš-Gūyāng。拉施都丁还补充说,Aqasaudai 是一个氏族的名称,*Učqaš 则是人名,而 Guyang 则是他的别号(laqab),关于 Guyang<汉语的"国王",参见下文第 15 节。Aqsaudai 或 Aqsūdai 是以 -dai 结尾的族名,我认为是来自 *Aqsa'un(或 *Aqsa'ul)这样一个部落的名称,或者更有可能的是来自一个蒙古语复数 *Aqsa'ut。在 *Aqsa'ut 当中,我看出了突厥语 aqsaq "跛的"蒙古语复数形式。Aqsaudai 或 Aqsūdai 即"跛者"氏族。

在乃蛮人名中使用汉文称号这点,因塔阳(<大王)的称号,以及 Guyang(<国王)这样的修饰语而得以证实。此外,还有第三个例子。在乃蛮人被击败以后,拖雷把古失鲁克汗的一个女儿收入其后宫,此女名叫 لينقوم Līnqūm(贝勒津,译文,I, 111)或 لنكقوم Lingqūn(伯劳舍,II, 202—203;567),即忽睹都(Qutuqtu)之母。而 Linqum、Lingqum 或 Lingqun 也出现在蒙古人的人名中(参见上文第 3 节、第 5 节的察剌孩邻忽),也就是汉文的"令公",最初是用作为中书令的尊称(伯劳舍 II, 567 的 ling-kouan 是不存在的)。

[4] 正如诸抄本所示,这里的文本存在不连贯的地方:乃蛮劫掠了成吉思汗的人,成吉思汗却没有对他们发怒,而是对薛彻别吉和月儿斤人发了火,并彻底地指责了他们,最终抢劫了月儿斤部。显然这里的文本有阙,那珂(2),17 和王国维,13b 当然已经察觉到了这点。而这段阙文就保存在《元史》对应的片段中。丁谦,7b 毫不迟疑地在他亲征录的校本中重新补上了这一段,我也同样这么做了,但把补充的部分放在括号中。其实《元史》对《亲征录》原来的文本多多少少是有所节略的。出现在我们文本中的乃蛮亦见于《元史》。在《秘史》(第 136 节)中,是主儿勤人劫掠了成吉思汗遗留其辎重的营地,而且在拉施都丁情节更为丰富的文本中,也没有提到乃蛮;但在有关 10 人被杀,50 人遭

222

_____

① 补注:原文排印错误,误为 "اوجقاس"。

到劫掠的记载上，各种文献都是一致的。在这么靠东的地方提到了乃蛮是很奇怪的，这很可能是《亲征录》的一处错误，但这一错误如果不是蒙古文原本中就有的话，至少也是文本最初的汉译者所为，结果就没有理由来予以修正了（亦参见那珂（2），17—18）。月儿斤是薛彻别吉的部落，很可能在原始文本中有几处提到了这个部落，但在今本中都脱漏了；《元史》中没有提到这个部落的名字，而且今本《亲征录》提到的这一句的内容，在《元史》中也省略了。

〔5〕"复"字的意思是重新，宽泛而言应该采用此字，因为它暗示了之前成吉思汗曾经试图和他堂兄弟薛彻别吉的这个部落重归于好。

〔6〕此处影射了在征讨塔塔儿人时六天的徒然等待。

〔7〕这里的"大川"指的是广阔的河谷，我则将之作为一处专名。屠寄，2，14b进行了复杂的论证，他杂糅了有关"塔拉斯（Talas）"、"帖儿速惕（Tärsüt）"和"帖列速惕（Täläsüt）"的记载，并猜测《亲征录》所提到的线路是错误的[①]，这种论证完全不能采信。在丁谦（7b）的校本中，他把"于大川"改成了"踰大碛"。这一修正肯定是受到了《元史》对应片段（此外，这里没有提到朵栾盘陀山）中的"踰沙碛"的启发；对此，有拉施都丁的记载可以作为支持，其中提到（文本，II，170；译文，II，104）成吉思汗"取道沙漠 ﺑﻴﺎﺑﺎﻥ ﺭﺍﻩ ﺍﺯ（az rāh-i bīābān）"前往。我们可以很容易假定，"于"是"踰"字的语音混淆所导致的，但剩下的部分，就不是那么容易说明了（尽管我们也可以勉强认为"大"乃是"沙"字之讹误）。我保留了文本的原貌，并认为"大川"是指《秘史》中迭里温孛勒答黑（即"朵栾盘陀山"）所在的克鲁伦河流域。但我又很愿意猜想，在我们所研究的今本《亲征录》中，缺了几个诸如"踰大碛"之类的字。

〔8〕《秘史》（第136、178）给出了朵罗安孛勒答兀惕（Dolo'an-Bolda'ut），拉施都丁书（文本，II，170；译文，II，104）则作 ﺑﻮﻟﺪﺍﻕ ﻃﻮﻻﻥ

[①] 译者注：《蒙兀儿史记》的相应章节中，并不见有伯希和提到的论证，恐系别段之误。

Ṭōlān-Bōldāq。《秘史》中更为准确地提到了是在"客鲁涟（Kälürän）河（即克鲁伦河）的阔朵额阿剌勒（Ködö'ä-aral）的朵罗安孛勒答兀惕地方"，这就使我们将其地置于桑沽儿（Sänggür）河与克鲁伦河的汇流之处。拉施都丁的ṭ像他经常所作的那样，用来译写蒙古语的d-。这个名称的意思不是像贝勒津所认为的那样，解释为"发烫的山丘"（译文，II，272），而是"七个孤丘"的意思。关于盘陀（Boldaq）的含义，参见上文第1节。《秘史》按照其行文的习惯，在数目字后面加上了名词的复数形式。

　　[9] 王国维基于对他所掌握的《说郛》本的信赖，采用了"掠"。但其他各本均作"掳"，《说郛》本（3）的异文也是如此。我认为作"掳"字更佳。

　　[10] 我们已经看到（上文第9节），1195年末，有个斜出带领塔塔儿人发动叛乱，又于1198年归降了金人。屠寄（2，15a）把这个斜出（*Säču）视为薛彻（别吉）（Säčä[-bägi]）或撒察（别乞）（Säčä[- bäki]）的又一种转写形式。这种比对从语音上而言是非常有吸引力的，但却会招致严重的反对。我们在随后（下文第13节）会见到，薛彻和太出一道，在帖列徒之隘（Tälätä-amasar）与成吉思汗交战，并最终被擒获、处死（亦参见《秘史》第136节）。对塔塔儿人发动的战争是在1196年夏，在这次征讨之后，成吉思汗旋即就与薛彻别吉以及他率领的月儿斤部作战。《亲征录》接着提到在同年秋天发生的事（第13节），然后就说"是年冬"，成吉思汗在帖列徒之隘歼灭了薛彻别吉、太出和月儿斤部，这些都发生在1196—1197年之间的冬天。同样，《秘史》也没有把朵栾盘陀山的战斗和接下来的追捕并导致薛彻别吉被捕获并处死的事件分开来说；《元史》提到这两个事件间隔"数月"，而到1198年春天则还有一年的时间。按照屠寄所说，薛彻别吉带领的月儿斤残部是在1198年春归降金人，但这就与前面各种文献的记载相冲突，并且无从解决。最后，薛彻别吉本身是个蒙古人，是成吉思汗的同堂兄弟；而斜出则显然是个塔塔儿人。因此屠寄的假说是

224

不能成立的。

11. 上时居塔剌速之野,有克烈部汪罕可汗弟札阿绀孛来归,适蔑里乞部与我会战。上与札阿绀孛迎敌之,其众败走。是时,有土满土伯夷、董哀诸部,乃克烈败散之众,亦来降。

11. 陛下当时居于塔剌速(*Tarasu[t]<*Däräsü[t])[1]地区。那时克烈部汪罕可汗(Ongqan-qahan)[3]的弟弟札阿绀孛(J̌a'a-gambo)[2]前来归顺。正好蔑里乞(Märki[t])[4]部来与我们的人[5]开战。陛下与札阿绀孛同心协力,迎击敌人,使其部队被击败而逃窜。当时土满土伯夷(Tümän-Tübäyi[t])[6]、董哀(Dong'ai[t])[7]以及[8]克烈被击败而四散的诸氏族也来归降了[9]。

注释

[1] 王国维校本中保留了《说郛》本中的"塔朵速";当时所知的另一个抄本作"塔朵剌"。那珂(2),18猜测这后两个字是颠倒了,而修正过来的"塔剌朵"中的"朵"字亦讹。但《说郛》本(3)作塔剁速,"朵"肯定是"剁"字之残留,而"剁"字本身则是"剌"之误(可能是通过作为中介字形的"[剌]"而来,而这个字在《辍耕录》卷1的世系表中多次出现),因此应当重构为塔剌速(*Tarasu[t])。这个名称在《秘史》对应的片段(第150节)中,被转写者写成了颚音化的帖儿速惕(Tärsüt),而此名不见于《元史》或拉施都丁书的平行文本中。我们知道,就此例而言,蒙古文书写无法表明这个词究竟是颚音化的还是非颚音化的。那珂(2),18认为,这个"塔剌速"与下文28节中同样转写为塔剌速的名称是紧密相关的,这点原则上并非没有可能。而关于下文那一处,在《秘史》(第177节)中对应为忽儿班帖列速惕(Qurban-Täläsüt),在拉施都丁书(文本,II,218;译文,II,135)同样作 قوربان تلاسوت Qūrbān-Tälāsūt(或 Qūrbān-Talāsūt)。在这种情况下,我

们这里应读作塔剌速（Talasu[t]），并假定《秘史》的转写者所使用的是一个此处有讹误的抄本，从而写成了帖儿速惕（Tärsüt）的形式。我认为这里存在着令人迷惑的表象。我手头库伦抄本的复本（对页73b）在与《秘史》第150节对应的片段中给出的是"Tarqut"，很明显这里发生了-s-和-q-之间经常发生的混淆，但至少-r-是可以确保的，拉施都丁在Qurban-Täläsüt（或Qurban-Talasut）这一名称中使用的是"-l-"。这就说明这两个名称是无关的。然而如果可以的话，还有必要明确目前我们所讨论名称的真正形态是什么，是有-r-的*Tarasu[t]、Tärsüt？还是其他的什么？头两个名称在蒙古语中是没有含义的。我认为很可能《秘史》的转写者已不再掌握这个名称发音的传承，而实际上应该是读成在蒙古文书写形式上与*Tarasu[t]相同的*Däräsü[t]；而《秘史》中的Tärsüt应读作*Därsüt，从而与第二个音节非重读元音通常不发音的形式相对应。至于*Däräsü[t]，我将其视为däräsün，"茇茇草"（参见海涅士《词典》，36；《秘史》第249节）的复数形式。原则上确实如此，即超过两个音节的蒙古语词汇在复数形式中，其后缀-sun会发生脱落，例如巴剌哈孙（balaqasun>balγasun），"城市"的复数即是balaqat（>balγat）；但是也存在着例外，如《秘史》（第248节；参见海涅士《词典》，10）中的a'urasun，"绸缎"的复数就是a'urasut。正是这个däräsün见于地名之中：《元史》，4，2a提到了丁巳年十二月（1258年1月6日—2月4日，在格鲁塞《草原帝国史》，314提到这个日期时将其提早了一年）未来的皇帝忽必烈在也可迭列孙之地觐见其兄蒙哥皇帝。格鲁塞先生重构为"Yéké télésun"，并翻译为"大平原"，但他这个含义对应的是*Yäkä-Tala。这一转写按规律应得出Yäkä-Däräsün，"大片茇茇草"。在däräsün中，-sün或可看作为是词干的一部分，这样的话其复数形式就是däräsüt，而我认为可以通过由此产生的形容词形式而得以确认；就像上文第9节中所见的，narasun，"松树"，复数为narat，产生了形容词naratu，däräsün的形容词däräsütü或däräsütäi也见于不少蒙古语的地名之中（参见波波夫《蒙古游牧记》，40的索引）。塔剌速的具体位置

226

仍然未知。至于忽儿班帖列速惕(Qurban-Täläsüt)或Qurban-Talasut,这一名称将在下文第28节中予以讨论。

[2]在《元史》卷1中我们发现了同样的转写,但同书,120,4a作札哈坚普(*J̌aqa-ganpu[或将第三个字修正为"监",即为J̌aqa-gampu])。《秘史》(第107、108、142节及其他各处)总写作札合敢不(J̌aqa-gambu)。拉施都丁(文本,I,125;译文,I,98;文本,II,170及其他各处;译文,II,185,及其他各处)总写作جاكمبو,贝勒津均转写为"J̌akhanbo",但应该转写为J̌ā-gambō或*J̌ā-gambū。J̌a'a-(>J̌ā-)是比J̌aqa更为优长的一种异文。关于这个西夏语名称,是在王汗的这个弟弟被西夏或唐兀惕人抓获之后给他取的,参见我在《通报》,1930,50—51的意见,以及《三史同名录》,19,13a—b。jā很可能对应的是与藏文中rgya相同的一种形式,而-gambu或-gambo最有可能的词源,是藏文的sgam-po"完美的"(伯劳舍《蒙古史》,II,177,和附录33中的藏文"kembo""杰出的"一词,是不存在的)。通过王西里而为贝勒津(贝勒津,译文,I,261)所指出的mkhan-po(从中得出了贝勒津的转写"[J̌a]khanbo")和bcun-ba这两种形式均是不可能的。卡特麦尔(《蒙古史》,91)、哀德蛮(《铁木真》,233)、多桑,I,47、洪钧,1A,29、那珂(2),18和屠寄,20,21a均相信gambu就是古老的藏语中的王室头衔赞普(bcan-p'o),这完全是搞错了。在得到他的西夏语名字J̌ā-gambu之前,据拉施都丁书的记载(文本,I,125;译文,I,98;文本,II,174;译文,II,107,274),他使用的名字贝勒津读成كراى"Kireï"、卡特麦尔(《蒙古史》,86—87)读作كه بداى"Kehbedai"(贝勒津I,XI—XII关于卡特麦尔的这一释读的注解存在双重谬误,一方面在于他所提出的修正,另一方面则在于他把J̌ā-gambu及其侄子桑昆给搞混了),但根据各本,肯定应该是كرايدى Kärātāī 和 كراتى Kārāīdāī(或كرايداى Kārāīdāī),这只是从克烈部的名称而来的一个族名,我们不禁会想拉施都丁讲述的很多关于札阿绀孛年轻时候的事情,是否只是传说。哀德蛮书(《铁木真》,586)中关于我们所讨论的这个人物不容置辩的注释里充满了错误。

　　[3]各本(除了《说郛》本(3))均作此,而王国维则径直删去了第一个"罕"。

　　[4]我们的文本在下文中有一处写作蔑力乞,而《说郛》本(3)均作灭里乞。《秘史》均作篾儿乞惕(Märkit),拉施都丁作 مرکیت Märkīt。Mäkit在《辍耕录》,1,16a中转写为灭里吉。在《元史》中,我们还见有蔑[或篾]里吉(119,1a;134,4a);蔑里乞(1,3a;128,6a);篾里期(119,8a);灭里及(5,1263年纪事);灭儿乞(117,2a);灭里吉(121,1a);灭儿乞台(Märkitäi,120,4a);麦里吉台(Märgitäi,123,2b)。关于《元史》中三个同名的灭里吉歹(Märgidäi),参见《三史同名录》,31,8a,关于哈剌灭力吉台(Qara-Märgitäi),参见下文第22节。

　　这个名称在蒙元时代之前就已经出现了。在《辽史》中,1096和1097年(26,1b,2a)的纪事中提到梅里急(Märki[t]或 *Märgi[t])和他们的首领忽鲁八,同样的转写亦见于一处对部族的列举之中(36,10a;46,24a)。在1123年,在耶律大石西征期间有成员加入其中的十八部里面,就有密儿纪(*Mirki[t]或 *Mirgi[t])部。我不拟在此讨论被认为在更早的时期有时见于东北的这个名称的有关记载(参见《亚洲学报》,1920,145—147)。在蒙元时代,蔑儿乞人位于蒙古诸部势力范围的西北角,一直延伸到鄂尔浑河和色楞格河的汇流处。此外,《元史》,134,4a的一篇传记还提到其最初的活动范围是在不儿罕合勒敦(鄂嫩河和克鲁伦河的源头处)。蔑儿乞人中的部落划分将在下文第14节中讨论。蔑儿乞之名一直存续至今,作为吉尔吉斯人①中的克烈(Kiräi)部的一个氏族的名称(参见阿里斯托夫《注释》,355),亦见于土尔扈特人中(参见格鲁木-格勒济玛罗《西蒙古》,III,184,186,189)。这一名称的词源仍然未知。

　　[5]我的翻译是根据《说郛》本(3)中的"与我众战"这一异文,代替了王国维校本中的"与我会战"。

228

————————

① 译者注:这里的吉尔吉斯人指的是哈萨克人。

[6] 这就是我们在第5节中一处讹误的片段中所见的同样的部落。在《元史》，130，6a中，其名写作土别燕(Tübäyän)。在《秘史》中，第150、170、171节都提到了土绵秃别干(Tümän-Tübägän)，在第187节则提到了土绵秃别额(Tümän-Tübä'än)，在第208节则仅作秃别干。土伯夷(Tübäyit)来自秃别干(Tübägän)的复数形式 *Tübä'ät。土绵秃别干的意思是"一万秃别干"，同样的构造亦见于紧接着的斡栾董合亦惕(Olon-Dongqayit)即"众多董合亦惕"。阿尔泰系部落名加上数词前缀的习惯，至少从8世纪开始就已经为众所知。拉施都丁在有关目前事件的片段中没有提到土伯夷，但在别处则有提及(文本，I，122，150；译文，I，96，117)；其各抄本给出的形式是 توباووت，还有一种变体作 توبايت，贝勒津转写为"Dobout"，但肯定应该读作 Tübäwüt(=Tübä'üt)，变体形式则是 Tübāyit。Tübä'üt 通常缩合为 Tübüt，也许可以解作第5节的秃不(*Tübü[t])。这一名称的词源仍然存疑。

[7] 这一转写也传到了《元史》当中。《秘史》(第208节)称之为董合亦惕(Dongqayit)，并且在我们当前片段的对应段落(第150节)以及接下来的第170、171节和187节中列作斡栾董合亦惕或"众多董合亦惕"。这是克烈部的一个分支，拉施都丁在部族志和与我们当前片段的对应文本中均称之为 تونققایت کرایت Tōngqāït-Kärāït[①](贝勒津转写为"Tonkgoit"，这与拉施都丁所给出的形式是不一致的；参见文本，I，122；II，170；译文，I，96；II，105)。这个名称的词源仍不确定，像贝勒津所猜测的那样(译文，I，258)，认为是来自蒙古语的tongho "森林"，因此董合亦惕就是"森林中之克烈"的观点是不太可能的。这个名称打头的d-的发音启发巴鲁克先生提出了一种词源，即来自动词dongqayi-"具有庄严之像"，这个词我仅知道是存在于时代很晚的卡尔梅克语中(参见格鲁塞《草原帝国史》，453)。总之，巴鲁克先生错误地认为《元史》给出了其单数形式董合(Doungqaï)，但其实仅仅是董

229

———————

① 补注：《史集·成吉思汗纪》伊斯坦布尔抄本、塔什干抄本作"تونكقیت"。

哀（Dong'ai[t]），在转写中末尾的 -t 没有翻出来；这种形式遵循了作为《元史》史料来源的《亲征录》一贯的规则。巴鲁克先生的另外一个错误，是把斡栾（Olon）视为最高级的标识，从而把斡栾董合亦惕翻译为"最庄严者"。将打头的字母释读为 t- 如果正确的话，便暗示了一种与 tongqa-"认识到"、"宣布"一词的关联。符拉基米尔佐夫《蒙古社会制度史》，92 中的"Oman 和 Dunkhait"可能来自一种错误的汉文异文，正确的应该读作斡栾董合亦惕（Olon-Dongayit）。

[8]各抄本中实际给出的是"乃"，从而应该理解为"土满土伯夷和董哀，乃是客烈部中被击败而四散的氏族……"王国维所采用的异文就是这样理解的，并且由此支持他（14b）对《秘史》（第150）节"客烈亦种及那秃别干、董哈等姓溃散的百姓"的记载提出批判，认为秃别干、董哈就是属于克烈部的。说句实话，应受指责的并非《秘史》老的汉文译本。蒙古文原本作 tändä Tümän – Tübägän Olon-Dongqayit butaraqsan Käräyit irgän bär …"当时土绵秃别干，董合亦惕，客烈亦惕之百姓被击败而溃散……"这里的客烈亦惕可以理解为是前两个部落名称的一种同位语。而且，《亲征录》今本中"乃"字的构造很不自然，从而导致李文田称"乃"是"及"字之误，而那珂（2），18 在他的版本中就采用了这一修正形式。我此处的译文也同样。如此，《秘史》汉译者与《亲征录》汉译者的理解就是同样的。此外我们还可以得出，即使采用"及"的译文，我们文本中所提到的这两个克烈氏族，在其他克烈氏族无序四散的时候，也还保持着一定程度的统一性，并且是一同归降的。

[9]关于这些事件以及所发生的大致时间顺序，参见那珂（2），19。在《亲征录》和《秘史》之间存在着歧异之处。似乎札阿绀孛的"归降"是在1196年底。根据下文第15节，在向成吉思汗呼告的时候，札阿绀孛不是从克烈的领土，而是从"塞"的那一边而来，也就是说从金的领土甚至是西夏而来；看起来他要么是因为反对那个驱逐了王汗的叔父（第12节），要么就是由于蔑儿乞人的阻挡。但是我们接下来会

看到问题是复杂的。拉施都丁则说是成吉思汗与札阿绀孛作战并击败了他。

12. 汪罕可汗始与叶速该可汗和好,相称按答。所以然者,由初汪可汗之父忽儿札胡思盂禄可汗既崩,汪可汗杀戮昆弟。其叔父菊儿可汗率兵与汪可汗战,逼汪可汗于哈刺温隘败之,仅以百余骑脱走,奔叶速该可汗。叶速该可汗亲将兵逐菊儿可汗走西夏,复夺部众归之汪可汗。汪可汗感德,遂盟按答。后汪可汗弟也力可哈刺者,以其多杀昆弟,叛归乃蛮部亦难赤可汗。亦难赤可汗发兵伐汪可汗,尽夺克烈部众,与也力可哈刺。汪可汗脱身,历走三城,奔赴契丹主菊儿可汗。既而复叛之,涉畏吾儿、西夏诸城邑,中道粮绝,遗乳羊五头,以绳禁羊口,夺其乳为饮,刺囊驼血煮为食,困甚,仅至曲薛兀儿泽。上闻之,以其初与先君按答之故,乃遣近侍塔海、雪也垓二人往招之来,上自怯绿连河亲迎抚劳,安置军中,大赈给之。

231

12. 最初汪罕可汗与叶速该可汗结盟,互相称为按达(anda)[1]。为何如此,是由于:当汪可汗的父亲忽儿札胡思盂禄可汗(Qurǰaqus Buiru[q]-qahan)[2]逝世[3]之后,汪可汗残杀其诸弟[4],他的叔父菊儿可汗(Gür-qahan)[5]率领一支军队来与之作战,他紧逼汪可汗至于哈刺温(Qara'un)[6]隘口并将之击败。后者带领百余名骑兵逃跑[7],向叶速该可汗寻求庇护。叶速该可汗[8]亲自率领部队迫使菊儿可汗逃到了西夏[9];他夺回了其所属的部落民众,并将他们归还给汪可汗。汪可汗[10]为其德行所感动,与他结为按答[11]。后来,汪可汗的弟弟也力可哈刺(Ärkä-Qara)[12],由于众多的弟弟被杀而发动叛乱,并且归降了乃蛮部的亦难赤可汗(Inanči-qahan)[13],此人派遣一支军队攻击汪可汗[14],在完全俘获了克烈部众之后,把他们全交给了也力可哈刺。汪可汗逃跑了,他经过了三座城市[15],跑到了契丹(Kidan)[17]的君主菊儿可汗[16]那里。之后他又叛变了,他经过了畏吾儿(Ui'ur)[18]和西夏[19]的各座城市，中途缺乏口粮，只剩下了五只山羊，他就把羊的嘴绑起来，挤羊奶喝。在极度困苦之际①，他刺骆驼取血煮（来吃）[20]，才使他得以到达曲薛兀儿（Küsä'ür）沼泽[21]。

陛下得知后，因为汪可汗和他已故的父亲曾经是按答，就派遣了两名近侍[22]塔海（Taqai）[23]和雪也埂（Süyägäi）[24]去寻找他。陛下从怯绿连（Kälürän）[25]河亲自去迎接他，予以支持和鼓舞。并且将他安置在军队中休息，赠与他大量的赈济品。

232

注释

[1] 文本中的夹注以"交物之友"来解释按答的含义，这条注释也传到了《元史》中对应的文本里。此外，《元史》(121,6a)写作"按达"，并补充说是"定交不易之谓也"，但《元史》中的这一段实际上是来自姚燧所撰的一篇墓志碑铭（《元文类》，59, 6b)②，并且对其中的术语进行了修改；在该处，这个术语写作"按答"，注释则云："盖明炳几先与友同死生之称。"亦参见符拉基米尔佐夫《蒙古社会制度史》，61。王国维指出（《观堂集林》，16, 19—20）交换物品结按答的习俗在契丹人中就有，我们可以猜测在契丹人中这种习俗就是以此名之的。当结为按答（用一个名词派生的动词andačilaldu-来表达，《秘史》第116页）的时候，首先要交换礼物，而很可能接着是饮盟誓之杯，其中必须混合有少量立誓者的血（关于盟誓，参见伯劳舍，II, 170）。我们很自然地想要把结按答的做法与突厥语的and、蒙古语的andaɣar联系起来。伯劳舍（《蒙古史》，II，附录，32）引用了瓦萨夫书的一个片段，并未给出译文。其中说到，王公们若想成为按答，要共饮 خون زر ḫūn-i zär 并交换他们的衣服。ḫūn-i zär 即"黄金之血"，解释不通，有位同仁建议我读作 خون رز ḫūn-i räz "葡萄之血"，这是对于"葡萄酒"的一种诗意的表达，在这样

---

① 译者注：这里的法语译文理解有误，原文的意思是喝羊奶、煮骆驼血之类行为，非常狼狈，而不是"在极度困难之际"才煮食骆驼血。

② 译者注：即《平章政事忙兀公神道碑》。

的情况下,它就与"血"没有关系,而只是一种隐喻。

[2]同样的形式见于《元史》卷1。此外《说郛》本(3)中这个名称的第四个字是"忽"而不是"胡",所有本子的下文第28节中即是如此。鉴于在我们文本的转写中,很少用到"胡"这个字,因此不能排除在原始的异文中采用的正是《说郛》本(3)中的这一形式,但由于受到《元史》中所采用形式的影响,从而在通行各本中进行了修改(那珂(2),19和屠寄,20,1b,错误的提到《元史》中两处均作"忽"的正字法,这除非是因为他们使用的《元史》是其他的版本,而非明南监本)。《秘史》(第150、152、167、177节)写作忽儿察忽思不亦鲁黑汗(Qurčaqus-Buyiruq-qan),并在202节中用忽儿察忽思(Qurčaqus)这一相同的形式,来称呼另一个人物。在拉施都丁书(文本,I, 125;II, 174, 176)中,见有قرجاوس或)(قورجاغوز或قرجاغوز),贝勒津(译文,I, 98;II, 107, 109, 274)转写为 Khurǰakhus-Buyuruk-khan;在其中一处应该读作 Qūrčāqūz-(或 Qurčāγūz- 或 Qurǰāγūz-)Būīrūq-ḫān;另一处则应读作 Qurčāγūs-(或 Qurǰāγūs-)Būīrūq-ḫān,以 -z 结尾的是突厥语化的形式。"盃禄"就是著名的突厥语称号 buïruq(关于此参见下文第15节)。关于"忽儿札胡思(Qurčaγus, Qurčaqus, Qurǰaγuz, Qurǰaqus)",我很久以前就曾经指出,这应该就是聂斯托利派信徒所采用的名称西里亚库斯(Cyriacus),即法语人名西里亚克(Cyriaque,参见《通报》,1914,第627页)。这表明我们所研究的文本中所应辨读出的真正形式应该是有 -ja-而非 -ča-,因为西里亚库斯传到蒙古语中的形式应该是 Qurǰaqus,Qurǰaγus。这两种形式在蒙古文书写中实际上经常混淆,并且再次使我们得出结论,即《秘史》的转写者已经不再掌握人名真正发音的传承了。《秘史》202节的忽儿察忽思(Qurčaqus)读作 Qurǰaqus,他应该也是一名基督徒。忽儿察忽思(Qurčaqus)的发音可能受到了蒙古语中 qurča-"尖锐的"一词的影响。

[3]为王国维所采用的通行文本中作"卒"但《说郛》本(3)给出了"崩"(当提到一座山崩塌或其他的场合),这个词特别用于皇帝的死

亡，我认为它才是最初的异文，后来无疑是到了明朝，抄写者认为用特指中国帝王之死的词，来用于一个蛮夷首领死亡的场合是不合适的，所以用"卒"来代替，并在《元史》中也采用了这个字。而相反的错误则不大可能，因为我们无从设想在蒙元时代之后的任何一个抄写者会在此处文本中采用"崩"这个词。

[4]"诸昆弟"，其结构和上下文表明这里指的就是王汗的"弟弟们"。关于王汗诸弟的问题非常复杂，因为在不同的史源之间存在矛盾之处；而且在汉文史料和拉施都丁书中其内容也是自相矛盾的；再加上拉施都丁书的各抄本这里有好几处脱漏和讹误；更何况拉施都丁书中还记录有两种严重抵牾的史料来源完全无法进行调和；最后还因为其抄本的译文和注解也是错的，导致了这样的问题。

《元史》与我们所研究的文本相符，除了在"杀戮"前面加了一个"多"，很可能《亲征录》最初的异文也是如此，从而应读作"多杀戮昆弟"。在第28节中，成吉思汗在指责王汗的话中提道："昔汝叔父菊儿可汗尝谓汝：'我兄忽儿札忽思盃禄可汗之位不我与，自夺之。汝又杀诸昆弟，诈言太帖木儿太石（Tai-Tämür-taiši）、不花帖木儿（Buqa-Tämür）辈不知所存。'是故菊儿可汗逼汝哈剌温之隘……"《元史》中仅保存有最后一句。此外我们还看到（上文第11节；亦参见下文第20、28节），《亲征录》和《元史》一致称札阿绀孛是王汗的弟弟。这两部著作在称亦剌合（Ilaq）、亦剌合鲜昆（Ilaq-Sängün）或鲜昆（Sängün）是王汗之子这点上也是一致的（下文第15、24、27、34节）。只有一处（第15节）在亦剌合后面提到了札阿绀孛，这两种文本均在此处错把札阿绀孛当成了王汗之一"子"。两种文本都提到鲜昆有个姐妹叫抄儿伯姬（Čaur-bägi，第26节）。最后我们的文本（第26节）还提到王汗有个孙子叫秃撒合（Tusaqa），而《元史》则误作其"子"。

《秘史》所提供的信息则与之矛盾。在第150节明确提到忽儿察忽思·不亦鲁黑汗之子王汗，"杀死了他的父亲忽儿察忽思·不亦鲁黑汗的弟弟们"，而由于这个原因"与他的叔父古儿汗之间发生了纷争"(Ong-qan äčigä-yü'än Qurčaqus-buiruq-qan-u dä'ünär-iyän alaqu-yin tula Gür-qan abaqa-lu'a-ban bulqa bolulčaǰụ)。在第151节,提到了王汗的弟弟额儿客合剌(Ärkä-Qara)为了不被王汗所杀,逃到了乃蛮人那里(Ong-qan-u dä'ü Ärkä-Qara Ong-qan aqa-da'an alaqdarun buru'utčụ otčụ)。在第152节,王汗的"诸弟"和首领们(nayat)议论说:"这位汗,我们的长兄……屠灭了许多兄弟。"(änä qan aqa bidan-u … aqa dä'ü-yi baraba)在成吉思汗对王汗的指责中(第177节),他说道:"如果我们说起往昔,在你的父亲忽察儿忽思·不亦鲁黑汗[死了]之后,因为你在他的四十个儿子中最年长,所以被立为汗。当你被立为汗时,你就杀了你的弟弟台帖木儿太师(Tai-Tämür-taiši)和不花帖木儿(Buqa-Tämür)两人。当你的弟弟额儿客合剌也要被杀的时候,逃命出走……"(ärtä üdür kä'äsü, Qurčaqus-Buyiruq-qan äčigä-yü'än qoyina döčin kö'üd-ün aqa kä'äǰụ qan bolǰu'u-ǰä či。Qan bolun baraǰu dä'ünär-iyän Tai-Tämür-taiši Buqa-Tämür qoyar-i alaba-ǰä či。Ärkä-Qara dä'ü činu alaqdarun amiyan qoroqčụ qarčụ …)此外,总是提到札合敢不(=札阿绀孛)是王汗的弟弟(第107、152、186节);并且总提到你勒合桑昆(Nilqa-Sämggüm=亦剌合鲜昆)或桑昆是王汗的儿子(第164、167、174节)。也提到了桑昆的妹妹察兀儿别吉(Ča'ur-bäki,第165节)和桑昆之子秃撒合(第165节)。可能曾经一度与桑昆的妻子同时被乃蛮人掳获(第162节)的他的儿子,就是这个秃撒合。忽察儿忽思的"四十个"儿子,这个数目是一种套语,例如后来也提到,忽必烈的亲戚和对手海都,也有"四十个"儿子。

在面对被王汗所杀的"弟弟们"的亲属关系的这种不一致的时候,那珂(2),19—20,另外援引拉施都丁书,认为这里提到的肯定是王汗的弟弟,而不是他父亲的弟弟,并且认为是抄写者把"子"错抄成了"弟"。用不着推测其理由,认为是汉文"抄写之误"的解释本身就是不能接受的,因为实际上那珂既没有考虑到旁注的术语,也没有顾及古老的汉文译本,特别是更加不重视蒙古文原文本身。此外,他只是荒谬地提到了王汗杀了"其父之子"这样的文本,而不是仅提到王汗杀了"他的弟弟们"。屠寄(20,1b)像他所惯用的那样,另外援引乞米亚·可丁(Jeremiah Curtin)所写的很平庸的一本书(《蒙古人史》,伦敦,1908,第40页)的译文,毫不犹豫地提到了忽儿察忽思的弟弟们,也就是菊儿汗的兄弟,王汗的叔叔们。

如果可能的话,剩下要确定的就是拉施都丁事实上所叙述的那些。拉施都丁书共有三个平行的片段,一处是在部族志中克烈部的简述中;另一处是在成吉思汗纪中王汗出场的时候;最后一处又是在成吉思汗指责王汗的时候。

236

我先从成吉思汗纪中的第一个片段开始(文本,II,174—177;译文,II,107—109;我修正了贝勒津释读的形式)。拉施都丁首先提到了王汗的祖父马儿忽思(Marɣuz)。我想这个名字肯定就是马尔谷(Marqus)也就是马可。施密特的批评(萨囊彻辰,285,407)导致了贝勒津前后抵牾的解释(译文,I,259—260),并无任何价值。也无需强调施密特(第171、385、407页)所援引的非常晚近的蒙古人名称"Merguschas",因为这是一个讹误的名称,满文本(等74页)和汉文本(5,23a)给出的是"Monggol-kere-Činggis",这个名称也有讹误之处,但我不拟在此详细讨论这个和克烈部的马儿忽思无关的名称。下面进入拉施都丁的文本:"……[王汗的]祖父叫作مرغوز马儿忽思(Marɣuz)。马儿忽思有两个儿子。大的叫قرجاقوز بويروق خان忽儿札胡思盎禄汗(Qurjāqūz-Būīrūq-ḫan);盎禄的意思是'指挥'(firmūdän)。马儿忽思的另一个儿子叫作كور خان菊儿汗(Gūr-ḫān)……忽儿札胡思盎禄有好几个儿子:其中之一脱邻,就是被称为王汗的那个;另外一个是也力可哈剌;第三个是札阿绀孛(J̌ā-gambo,或J̌ā-gambu),最初名叫Kärāitāi。他们还有其他几个兄弟,但是当脱邻取代其父……最初,[J̌ā-gambo]与王汗融洽相处,但后来他有一两次背离王汗,这些将在讲到的时候详细叙述。也力可哈剌渴望领导和统治的权力,因此便与王汗有了冲突(تماجامیشی tāmāčāmīšī;关于这个词其他的例子,参见卡特麦尔《蒙古史》，105；这是蒙古语 tämäčä-'争吵'的加 -miš 结尾的突厥语分词形式，再加上波斯语中表示抽象概念的词尾 -i）。王汗先开始屠杀那些与也力可哈剌交好的其他兄弟们，然后又想袭击他，这些将在接下来进行叙述。当王汗与成吉思汗友好并结成联盟的时期，札阿绀孛与成吉思汗结为安答。成吉思汗看中了札阿绀孛的女儿们，其中一个给他自己的 [是叫作] ایبقه بیکی 亦巴合别吉（Ībaqa-bēgī），成吉思汗 [接下来] 把她给了 کهتی نویان 怯台那颜（Kähätāī-nōyān，亦参见译文，I，193—194；II，80；这就是我们文本下文第 49 节和《元史》，120，4a 的怯台（Kätäi），《秘史》第 202 节的客台（Kätäi），拉施都丁总是把这个兀鲁兀惕人和他的父亲主儿扯歹搞混。是主儿扯歹成为了亦巴合的第二任丈夫，参见那珂（1）323，以及我的文章《〈圣武亲征录〉之一片段》，收入《庆祝蔡元培先生六十五岁论文集》，volume，I，919；贝勒津，译文，I，193；II，228；III，139 所采用的 ابقه abqa 或 Abaqa 这一异文必须予以否定。拉施都丁书的各抄本使《秘史》第 186、208 节中的亦巴合这一形式得以确定；《元史》，120，4a 作'木八哈'，这是亦巴哈的讹变形式）。他看中的另一个 [札阿绀孛之女] بیکتوتمیش فوجین Bāktūtmīš-fūjīn[1]，嫁给了他的长子术赤；另一个 سورقوتنی بیکی 莎儿合黑塔泥别吉（Sōrqōqtanī-bēgī）嫁给了他的儿子拖雷汗。[札阿绀孛] 还有另一个女儿，嫁给了汪古部（Öngüt）的统治者……王汗有两个儿子，大的那个是 سنکون 桑昆……小的是 ایقو Īqū，他有个女儿 دوقوز خاتون Dōqūz-ḫātūn"，成吉思汗也把她给了拖雷汗，后来旭烈兀汗以收继婚的形式娶了她（关于旭烈兀的这位基督徒妻子，以及她的父亲、被贝勒津称为"Uiɣur"之人，参见卡特麦尔《蒙古史》，93；冯·哈梅尔《伊利汗国史》，I，11，82 称其父亲的名字是"Ettiko"；伯劳舍《蒙古史》，II，550 称之为 اونغو"Qnɣu"）……在其父盃禄汗死后，王汗由于忽儿札胡思 [？"忽儿札胡思（继承权）"] 的冲突（tämäčämišī），在国中 در ملک（dar mülk）杀了（此处的文本中有混

乱不清之处；解决方法应该是把"忽儿札胡思"移走，真正的原文就是
"在其父忽儿札胡思盃禄汗死后，王汗由于其国中的冲突，杀了……"）
他自己（ḫūd）的很多弟弟和侄子，即他的兄弟 تیمور 台帖木儿太石和
بوقتیمور 不花帖木儿，以及他的侄子……（各本此处均是空白的）因此，
他的叔叔菊儿汗就与他相征战，并击败了王汗……之后，王汗的弟弟
（كهتر kihtär）也力可哈刺，他鉴于王汗杀了许多长幼兄弟（aqa ū ini-i ū；
我认为这里是从也力可哈刺的角度而言）并攫取了统治权，便寻求避
难，跑到了乃蛮人的国中去了……这里拉施都丁明确称台帖木儿太石
和不花帖木儿是王汗的兄弟。并且在译文，III，105—106的历史概述
中，再次提到札阿绀孛和也力可哈刺是王汗的兄弟。

　　第二个片段是在成吉思汗对王汗进行指责之时，见于贝勒津，文
本，II，217—218；译文，II，135："……汗，我的父亲（这是成吉思汗加给
王汗的称号），过去你的叔叔菊儿汗曾经这么对你说：'我的哥哥盃禄
汗给我的位子，你没留给我，你又诛灭了我的两个兄弟（brādarān-i man
har dō-ra）台帖木儿太石和不花帖木儿'，为此他使你逃亡……"在这
一段中，拉施都丁同样清楚地指出台帖木儿太石和不花帖木儿是菊儿
汗的兄弟。此外，我们还注意到这段像通常一样，与《亲征录》和《秘
史》的记载非常接近。

　　下面轮到部族志中克烈部的简述（文本，I，123—128；译文，I，96—
101，据II，274进行了修正）："……王汗的祖父名叫马儿忽思，人们称
之为马儿忽思·盃禄汗。当时，塔塔儿部落人数众多，势力强大。但却
始终如一地臣服于契丹和女真（＝金朝）。那时，塔塔儿部的王公中为
首的是一个叫作 ناوور بویروق خان Nāwūr-būīrūq-ḫān"的人（虽然 būīruq
从本质上而言是一个突厥语称号，但实际上它不仅仅传入到乃蛮人和
克烈人当中，而且传到塔塔儿人那里；《秘史》第53节提到了备鲁兀
惕（Buiru'ut）塔塔儿人，而备鲁兀惕显然就是 būiruq＞buiruq 的复数；
Nawur＝Na'ur "湖"，似乎是正确的异文，这种形式也为多桑，I，50；哀
德蛮《铁木真》，232和贝勒津本人所采用。但不太肯定的地方在于，

这是否是个真正的专有人名,而不应该理解为"湖泊的 buïruq 汗"),他的领地在叫作 بویر ناوور Būïr-nāwūr 的地区(或作"Būīr-nāwūr",也就是现在的贝尔湖,在《秘史》中被称为捕鱼儿(Buyur 或 Büyür),这是一种意译的转写;另外还有一种变体形式 بویور Büyür〔或 Būyūr〕亦见于拉施都丁书中,参见下文第19及28节。Buïruq 可能也是来自 *buyuruq 的一种形式,我不能够断言在"buïr 湖"和"湖泊的 buïruq"之间是否存在着联系)。利用一次机会,他捉住了克烈人的君主马儿忽思·盃禄汗(Marγuz-buïruq-ḫan),并将他送往女真(Jürča=金朝)的君主那里,女真君主把他钉在一个木驴上处死了(这使我们猜测在王汗祖父的时代,金人就与克烈部有来往,而这个时间段最迟也得在12世纪中期;并且金人对他们抱有邻国间的那种不满)……这个马儿忽思有两个儿子,一个叫作忽儿札胡思·盃禄,另一个叫作菊儿汗……在忽儿札胡思·盃禄的儿子当中,有个叫作 طغرول 脱邻(Ṭoγrūl,在另一个片段中,各抄本倾向于作 Toγrïl)的,契丹的统治者赐予他王汗之名……(忽儿札胡思·盃禄的)其他儿子〔名叫〕也力可哈剌、台帖木儿太石、不花帖木儿和亦剌合桑昆(ilqa-Sängün)。亦剌合(ilqa)是名字,桑昆(Sängün)是"领主之子"的意思(拉施都丁这里肯定是错了,亦剌合桑昆是王汗的儿子,而不是他的兄弟,这点无论贝勒津还是哀德蛮《铁木真》,233,269中都没有注意到)。(忽儿札胡思·盃禄的)的另一个儿子是克烈亦台(Käräitäi),当唐兀惕(=西夏)人抓到他之后……他们给他以札阿绀孛这个名字……("另一个儿子是 Käräitäi"这句在很多抄本中都没有;并且在译文,I,98和哀德蛮《铁木真》,233中,错把札阿绀孛当成了亦剌合桑昆(ilqa-Sängün)的另外一个名字)……简而言之,当他们的父亲去世之时,名叫脱邻的王汗被派往其国土的边境,负责那一方(?توساميشی tōsāmīšī,关于这个释读以及来源均不确定的词,参见贝勒津,译文,I,231和我在《通报》,1930,36—37中的意见,我现在倾向于将之读作非颚化一类,并将 *tosamišī 视为来自蒙古语 toso-〔在此由于元音交替转写为 tosa-,这在拉施都丁书中有很多例子〕"指挥"、"筹备"的

一个以 -miš 结尾的突厥语分词形式, 再加上波斯语中表示抽象概念的词尾 -i)。其他的儿子帖木儿太石、不花帖木儿则占据了其父的宝座。王汗回来后, 杀了这些兄弟, 并轮到他占据其父之位。也力可哈剌逃亡乃蛮部寻求庇护……(接下来是关于王汗及其叔父菊儿汗相争的记载)……札阿绀孛总是与他的哥哥王汗融洽相处……(接下来是札阿绀孛诸女的名字, 然后提到了王汗的两个儿子桑昆和亦忽(Iqu), 最后是亦忽的女儿, Doquz-ḫatun)……Doquz-ḫatun 的兄弟是 ساريجه Sārīča 和……(各本此处均是空白的)。得到了 Doquz-ḫatun 之位以及她的斡儿朵的 Tūqtanī-ḫātūn, 也是她的诸妹之一("她的", 据贝勒津的意见就是 Doquz-ḫatun; 关于过去经常被读错, 但这里可以肯定的 توقتنى Tuqtani 之名, 参见《通报》, 1932, 49—50; 除非这里的阙文数量多于一个词并且使得文本产生了错误, 否则拉施都丁提到 Tuqtani 是 Doquz-ḫatun 的姐妹这点肯定是错了, 而应该是她的侄女。哈梅尔《伊利汗国史》, II, 554 提到 Tuqtani["Tukini"]是亦忽["Eltiko"]的女儿和 Doquz-ḫatun 的侄女, 这两种说法当然是互相排斥的)。Sārīča 的女儿 اوروک Ūrūk-ḫātūn, 是阿鲁浑汗的妻子, 世界荣耀之王子 جهان شاهزاده‌ی (šāhzadä-i jihān) خربنده 合儿班达(Ḫarbanda)之母; 现在仍然在世的 ايرنجين Īrinjīn (<藏语 Rin-čhen, "珍宝")就是 Ūrūk-ḫātūn 的兄弟。她有很多近亲都在为忽必烈合罕效劳……他们是王汗的一个兄弟, 名叫 يدى قورتقا Yēdī-Qūrtqā① 之人的后代(而不是贝勒津译文中的"Yedi-Khurtaga"或哀德蛮《铁木真》, 235 的"Edi Ckurickeh", Yedi-Qurtqa 在突厥语中的意思是"七个老人", 还有人也叫 Yedi-Qurtqa 这个名字, 参见伯劳舍《蒙古史》, II, 106, 拉德洛夫只知道 qurtqa 是"老妇人"的意思, 但喀什噶里[布罗克曼书, 165, qurtγa]已经给出其含义是"老人"的泛称。我不知道什么才是像伯劳舍, II, 106 中的 Üč-Qurtuqa "三个老人"、Beš-Qurtuqa "五个老人"这类名字的含义[天文学的?]; 伯劳舍本来在第 106 和 124 页

240

_____

① 补注: 原文排印错误, 误为 "يدى"。

中已经采用了Qurtqa或Qurtuqa，却又从106页开始考虑为Qur-tuqa这一异文，并在207页的文本中采用这个形式，解释为"野牛［！］"），到了第235页中更变作"木牛［！］"，而在第574页和附录第31页中又用"蛙"来代替。以上各处均应保留Qurtqa或Qurtuqa［蒙古语化的形式］；而这个Qurtuqa也得到了汉文史料的支持，比如《元史》，102，2a中就有忽儿秃哈；在《元史》，15，6b中还提到了一个按的忽都合（Altï-Qurtqa，"十个老人"）。人们还曾经为成吉思汗的儿子术赤求娶王汗的一个女儿，她和桑昆是同母所生，名字叫作جاوور بيكی抄儿伯姬（Čāwūr-bāgī），但这一要求并没有被接受（参见下文第26节）……在这段文本中，忽儿札胡思·盃禄只有菊儿汗一个兄弟，帖木儿太石、不花帖木儿都是王汗的兄弟，而不是他的叔叔；王汗其他的兄弟，则是也力可哈剌和Jǎ-gambo（还错误地提到了桑昆，实际上此人是王汗的儿子）；而且王汗的最后一个兄弟也露面了，他就是Yädi-Qurtqa，此名不见于任何其他地方。

至此，我们还并没有到达结束这一调查的时刻，因为还需要引入最后一段文本，这段非常晦涩难解的文字被拉施都丁放在塔塔儿部简述的部分。尽管在这个史诗般的片段中，有部分肯定是传说故事，但其文本则来自一种有价值的史源，并且很明显与克烈部简述中所采用的那些素材的来源不同。在篇幅颇长的记载中（文本，I，83—89；译文，I，66—70），先是提到了الجين阿勒赤塔塔儿（Alči-Tatar，参见上文第1节）的两个首领前去与克烈人的君王ستریق خان Sārīq-ḫan作战，而在与克烈部有关的部分中，并没有提及此人。这可能是一个突厥语的名称或头衔，意思是"黄汗"（突厥语sarïγ，蒙古语*sïra>šira，šara）。这两个塔塔儿首领的名字存在异文，并且其含义也不能确定。冯·哈梅尔把前一个人的名字读作"Kuridai Tabir"；哀德蛮（《概况》，52；《铁木真》，184）作قوریدای تاتیر"Kuridai Tatir"；贝勒津则采用了قوریدای بایر"Khoridaï-Bair"①，并解释为（I，243）蒙古语的qorïqtaï-bayir"禁地"。但Qoridai

① 补注：原文排印错误，误为"قوریدای"。

肯定是来自豁里这个名称的族名（参见上文第5节）。至于这个名字的后半部分，"Tabir"完全站不住脚；"Tatïr"则是一个突厥语形式，在蒙古语中应作*Tačïr>*Tačir。我没有见过bayir、bayira、bayri"地点"或"战场"一词使用于古代的例子；nayir"和睦"、"欢庆"的情况也同样。可能应该是读作تایر *Ṭāir。但我们这里所讨论的在贝勒津书中（文本，III，80；译文，III，53）转写为Tair的蒙古语人名，波斯语原文是写作طایر Ṭāïr的形式，t-对应的是d-，因此实际上对应的蒙古语人名通常是Dayir>Dair。如果这里指的是在蒙古文中写作*Tayir>*Tair形式的Dayir>Dair，那就必须承认，拉施都丁的信息提供者在读这个名字的时候，并没有正确理解，这种可能性是很大（蒙古语的dayïr就语音角度而言与突厥语的yaγïz"褐色"、"浅黄褐色"相同，这种对应要比我曾经在《亚洲学报》，1925，I，249中猜测的jä'ärdä更加符合规律）。接下来我们将看到，在这个片段中至少还有另外一个例子，也存在着用t-取代d-的这种错误的异文。因此，这前一个塔塔儿人的名字就是تایر قوریدای Qōrīdāī-Dāïr。后一个人哀德蛮称之为كوموس سیجانک "Gumus Sidschaneg"（《概况》，52；《铁木真》，184），贝勒津则接连称之以كاموس سجنک "Kamus-Sejank"和كوموس سجنک "Kumus-Sejank"。贝勒津（I，243）提出的关于这个名字的词源，存在着难以置信的混乱（特别是他把蒙古语的kämi"骨髓"和突厥语的qam"巫师"混为一谈）。我不知道这个*Kāmūs或*Kümüs所从出；对于贝尔湖地区的阿勒赤塔塔儿人而言，我们很难想象这是从叙利亚语来的以-us结尾的基督徒所用的名字。这个名字后半部分的正确形式可能是سیجانک，但我不认为应该转写为*Sijang或*Sičang，因为在拉施都丁的时代，-i前面的s-就已经用于转写蒙古语中的ši-了。我建议转写为*Saïjāng；这存在着倾向于其是一个借自契丹或女真人的汉文称号的可能性，但是我无法予以重构（后一个字应该是"长"）。Sarïq-ḫan先被*Kūmūs-Saïjāng击败，但后来则把他给捉住了，此人进行了蛮横无理的抗辩，Kümüs所说的话其中有一句非常具有讽刺挖苦的意味，他说自己是来找"بورقان

Būrqān的木材"的(参见不儿罕合勒敦之名)。最终,Sarïq-ḫan处死了他的俘虏,并且对这位死去的勇士加以肯定,说他是阿勒赤塔塔儿人分成的"七十支派(mäṣhäb)"当中唯一一个勇敢的人。Sarïq-ḫan在اورقان Ōrqān即鄂尔浑河安置其帐幕,并且在月光下秘密召集他的人马,向阿勒赤塔塔儿处进发。一个逃兵前去警告 *Qoridai-Dair,后者充分利用了克烈部首领对他的轻视,突然袭击了Sarïq-ḫan,并赶跑了他。Sarïq-ḫan原本有四十土绵的人马,最后只剩下了40人(哀德蛮在两处都把四十土绵当成了40 000人,但一土绵原则上而言是一万户,因此应该读作400 000人),所有其他人都被杀掉了。

在逃亡中,Sarïq-ḫan与一个女子تارماى قايان *Tārmāī-Qāyān为伴(其名不能确定;贝勒津采用了 *Tatai-Qaman);此外还有一位首领(ämīr) جيلاون Čīlāūn(在我们现有的文本中,我们不知道为什么提到了此人,因为接下来再也没有提到过他)。那位女子建议Sarïq-ḫan屈尊降贵,后者同意了(我怀疑文本有一处错误,即Čīlāūn应该是在这里提到,他支持那位女子的观点,并使得Sarïq-ḫan下定决心)。结果,Sarïq-ḫan将自己置于一位被贝勒津称作ساكيتاى اوباكو تورجى بويوروق خان "Sagitai Ubaku Turǰi Buyuruk-Khan"的王公的庇护之下。在这个名字的后面,文本继续道:"后来,这位女子生下了ايل قوتور Ēl-Qōtōr(或Ēl-Qūtūr,肯定应该这么读,而不是应该像贝勒津那样读作قوتو "Khutu",这就是我们文本中下文第20节的克烈人燕火脱儿)"。当他(=Sarïq-ḫan)在这个部落寻求庇护的时候,他把自己的(ḫūd)女儿嫁给了忽儿札胡思·盎禄汗(忽儿札胡思(Qurǰaɣus),诸本作Quǰaɣus-)。其女的名字是توره قيميش Tōrä-Qaïmïš,她是خان قاجر Qāǰir-ḫan的姐妹。之后,Qaǰir-ḫan和Sarïq-ḫan一同召集起一支军队,击溃了塔塔儿人。[Qaǰir-ḫan]为了Sarïq-ḫan的利益,收复了كراجين Kārāǰīn的兀鲁思(国家、民众),并把他们给了后者。在那时,王汗与其母خاتون ايلمه *Īlma-ḫātūn(?Ilma?;参见ilma "桑树")正被塔塔儿人囚禁着,[Qaǰir-ḫan和Sarïq-ḫan]就把他们也解救了。有个叫الجيتاى Ālčītāī的人爱恋Ilma-ḫatun,由于此人之前就是一

个登徒子（قتان مردی märdī-fattān），他们［=Qajir-ḫan 和 Sarïq-ḫan］就把
这个臭名昭著的人（هومکای hūmägāī，至少我是这么读并如此理解的；
hümägāī > 古典蒙古语 ümägai；在《秘史》第152节中，王公贵族们就评
价王汗暗杀其亲人的行为，说他生了"臭肝（hümägäi häligä）"；当后面
王公们和大多数克烈人密谋时，王汗也同样谴责他的兄弟札阿绀孛有
"臭肝"。这个词同样也用作为人名，在1323年，有个旭迈杰（Hümägä=
hümägäi）起了重要的作用，参见《元史》，29，1a—4a）给了他们（＝王汗
和他的母亲）。接下来的一句话贝勒津是如此翻译的："以下是 Törä-
Qaïmïš孩子们的长幼顺序：بولا 'Bula'，ماغوس 'Maɣus'、بایتیمور 'Bai-
Timur'、تایشی 'Taiša'；还有另外四个，但他们的名字不为人所知（我将
在下面讨论这一句）。"拉施都丁继续道，之后，蒙古人到了 Sarïq-ḫan 那
里。Sarïq-ḫan 抱怨说，他有一百个老婆（zän），但没有一个符合他的口
味，因为没有一个人是才貌双全的；而在他的一千匹马当中，也没有一
匹的筋肉和力量同时让人满意（称某个男人有"一百个"妻子，这样的
数字也见于别处；这就是因其的"一百个"妻子而闻名的别里古台之
子①爪都［Ĵautu=Ĵa'utu "有一百个［妻子］的人"］，参见上文第8节；
当成吉思汗把亦巴合别吉给了术赤台的时候，也伴以"百名侍女"［引
者思（injäs；参见《元史》，120，4a］）。接下来的两句有箴言特征的格
言，与上下文无关，这清楚地表明了这段记载或多或少是来自一种具有
文学性的文本的片段。

　　在最后一段故事中，"Ubaku Turĵi Buyuruk-Khan"到了 Sarïq-ḫan 那
里，要求把上文中提到的"蒙古人"给（baḫš kärdän）他。但 Sarïq-ḫan
对他说："我们已经和这些蒙古人相混杂，他们是我们的诸弟（iniyān-i
mā）……我们不能把他们给你。"Buyuruk-Khan 使 Sarïq-ḫan 回想起他
当初是怎样得救的，但自己却通情达理地没有要求回报。他最后用贝

---

① 译者注：《史集》记载爪都为别里古台之子，但《元史》卷117《别里古台传》中记载爪都为别里古
台之孙。

244 勒津辨识为 يار من باش وتوكار من شو بعد ازين با مغول 的这个句子来进行总结，贝勒津的翻译是："今后与蒙古人将是我的朋友，做我的事情吧。"从字面上看我不能理解，我怀疑应该读作مباش而不是باش من，应读作 نوكار nökär而不是توكار tu kār，因此我翻译为："今后，不要与蒙古（"Moγol"是单数）为友，而是成为我的仆人（nökär）吧。"说完他就走了。Sarïq-ḫan说："这个人不值得相信。"他把蒙古人（Moγolān）送到沿着一座名叫دلان تابان Dālān –Tābān的山的道路上。我认为这里我们又发现了一处以t-为d-的错误的异文，这座山的名字应该是Dalan-Dabān，它以达兰达葩（Dalan-Dabā）和答兰答八思（Dalan-Dabās）的形式屡见于《元史》之中（两次见于卷2，1234年纪事；一次见于同卷，1245年纪事；此外，还出现在一篇传记之中[参见《元史语解》，4，9a]，但我目前还没找到①）。这也是我们文本下文第73节中的答兰答八思（Dalan-Dabās）；在拉施都丁书中叫作طلان دباس Ṭālān-Dabās（参见伯劳舍《蒙古史》，II，41及附录25—26；伯劳舍校本中作Ṭalan-Dabsang，他在附录中修正为Ṭalan-Dabān[دبان]，但就我所见各抄本都是作-s，就像好几处汉文转写的形式那样）。

Sarïq-ḫan也循着这条同样的道路，但当他到达一处叫作توى تاغاجو *Tōī-Tāγājū（？这个名称不能确定；=*Toi-Da'aǰu?；贝勒津读作"Duri-Tagaǰu"）的地方后，他就回去了。"蒙古人互相议论道：'Sarïq-ḫan遭受了饥荒，他本人又虚弱。'每个人给了他十匹马以作为给养；اورکجوت，我读作*örgäjūt<*örgäǰi'ūt，源自örgä-的一种复数形式，后者在中世蒙古语中的含义是'供给某人以某物'；参见鲍培《蒙古语词典》，278），并把它们留下了。他们像对客人（mihmānī kärdand，'字面上的意思'是他们对他待以客礼；这也使我确定，像多数抄本中所示的那样，把上面地名的开头部分读作toi'宴会'，关于toi的含义，参见《通报》，1930，283。我们也可以把toi理解为其本意"排成一线"，也就是说蒙

---

① 译者注：我们已经找到了，就是《元史》卷120《察罕传》中的"清水答兰答八"。

古人把送出去的马'排成了一排')那样款待他。Sarïq-ḫan 说:'蒙古人啊,你们是我年轻的弟兄们,你们总是彼此之间互相结亲(quda šävïd),所以你们疏远了所有其他的人,而他们……是按答(anda),因此你们彼此之间就是兄弟。我的蒙古弟弟们啊(iniyān Moɣol-i mä),在你们有君主(كلاه داريب kulah-dīrī,字面含义)的时候,不要选择孤立(ḫalvat),不要走在危险的路上,也不要走到蜿蜒曲折的路中。'"① 简述在此中断了。现在在我们来进行诠释。

我们首先注意到 Sarïq-ḫan 对"蒙古人"说的最后一段话。蒙古人来到了克烈君王的地方,而克烈君王的救命恩人则向他要求把这些人给他。Sarïq-ḫan 拒绝了,但他却起了疑心并明智地认为应该把这些分裂出来的"蒙古人"再送回他们的领地。他告诉他们,在他们有君王的时候,要团结一致地待在那里。这使我们想起了《秘史》中关于蒙古人没有君长的段落,以及当人们告诉王汗铁木真被选为汗时他的回答(第 126 节):"我儿铁木真成为汗一事甚好,蒙古人当中怎么能没有汗呢?"因此拉施都丁的这段记载应该是有关所谓第一"蒙古"帝国时期,也就是 12 世纪中间的三十年左右那段时间。提到王汗这点也不构成障碍。王汗是成吉思汗父亲的同时代人,当他在 13 世纪初与成吉思汗发生纷争的时候已经是个老人了。文本中提到了他与其母 *Ilma 同时被塔塔儿人捉住,而其母的名字不见于其他任何地方。但在《秘史》第 152 节中,敌视王汗的克烈部王公和贵族们在说到他有"臭肝"的时候明确回忆道,他在 13 岁的时候与其母一同被塔塔儿部的阿泽汗(Ajai-qan)掳去,强迫他牧放骆驼,并最终被阿泽汗("Ajai"这个名字,也存在于蒙古人的专名中,参见施密特校本萨囊彻辰书,145;亦见冯·哈梅尔《伊利汗国史》,II,385;《瓦萨夫史》,98)的一个牧羊人给搭救了。通过拉施都丁的记载,间接可知阿泽汗是阿勒赤塔塔儿的首

---

① 译者注:参见博尔术对察合台的教诲:"人生经涉险阻,必获善地,所过无轻舍止。"《元文类》卷 23《太师广平贞献王碑》。

领：就像成吉思汗的妻子孛儿帖的例子一样，在被蔑儿乞人掳走期间，*Ilma 显然是与他的劫持者上了床；因此拉施都丁的记载中，才给出那个爱恋 *Ilma 者 Alčitai 的名字，也就是从 Ači 这个名称而来的族名。不能排除阿泽汗和 Alčitai 是同一个人的可能性（我手头库伦抄本的复本，对页第 75a，两处均作 Alči-qaɣan，而不是 Ajai-qan，但要假设 Ajai 乃是 *A[l]či 或 *A[l]čin 之误，这一论据还是太薄弱了）。拉施都丁书中叙述的事件应该是发生于 1140 年左右。

另一处重要的参照系是提到了 Qajir-han 这个名字。我们在上文中已经看到（第 10 节），拉施都丁在其关于乃蛮的简述部分的最后，提到了乃蛮人当中，有个不久之前曾经强大过的名为 بتكين Bätäkīn 的特别的部落，他们有一位著名的君王叫作 Qadïr-ḫan，蒙古语化即 Qajir-ḫan，这里提到的肯定就是此人。但拉施都丁的文本中存在着一个不可能之处。据他的记载，当 Sarïq-ḫan 逃到贝勒津称为 "Sagitai Ubaku Turji Buyuruk-Khan" 的人那里寻求庇护的时候，他把 "自己的女儿"，叫作 Törä-Qaïmïš 的，嫁给了忽儿札胡思·盃禄汗，而他的这个女儿是 Qajir-ḫan 的姐妹。但在这样的情况下，Qajir-ḫan 就是 Sarïq-ḫan 的儿子，因此也就是一个克烈人，而不是 Bätäkin 乃蛮人。我相信应该寻求另外的解释。首先 "Sagitai" 就肯定是一处错误的异文，我重构为 بتاكیتای Bätäkitāī[①]，即来自 Bätäkin 的族名。也就是说，在东边被塔塔儿人攻击的 Sarïq-ḫan，所采取的行动是和克烈的王公们经常采取的行动同样，就是向西逃到乃蛮人当中，这里实际上就是逃到了 Bätäkin 乃蛮部的首领那里。克烈人嫁给忽儿札胡思·盃禄汗的那个女儿，是 Qajir-ḫan 的姐妹；应该理解为 Bätäkin 乃蛮部的王公（而不是 Sarïq-ḫan），即还没有统治其部落的 Qajir-ḫan 的父亲，把他的女儿嫁给了克烈部的忽儿札胡思·盃禄汗，而后者也同样还没有成为克烈部的统治者。由于结成了姻亲联盟，Bätäkin 部的 Qajir-ḫan 才帮助 Sarïq-ḫan 收复了 Käräijin

---

① 补注：原文排印错误，误为 "بتلکیتای"。

的兀鲁思，也就是克烈人的民众和国家（Käräijin是来自客列亦惕的一个形容词，只作为阴性族名使用；参见与《秘史》第181、182节中的撒儿塔黑台（Sartaqtai）并称的撒儿塔黑臣（Sartaqčin））。忽儿札胡思（Qurjaɣus=Qurjaɣuz）是王汗的父亲，而王汗（和抄儿伯姬①）的母亲当时还活着，因为就在忽儿札胡思娶Törä-Qaïmïš的那个时期，人们把她给救了出来。我们仅能得出的结论是，这些聂斯托利派教徒并没有严格奉行一夫一妻制；另外忽儿札胡思的"四十个儿子"肯定也不全是一母所生。Sarïq-ḫan可能也是基督徒，但不也提到了他的"一百个"老婆么？

　　Qajir-han父亲的名字存在不确定的异文，我认为应该取*Ōbā-kötürčī的部分为其名，而且这是一个突厥语名字。Törä-Qaïmïš也是突厥语名字（关于其他要么叫作"海迷失"，要么其名以"海迷失"结尾的妇女，参见我的作品《蒙古与教廷》，198；其中也委婉地提到了目前所讨论的拉施都丁的文本，但那时未对其内容予以澄清，我把Törä-Qaïmïš当成了一个塔塔儿人，因为她出现在塔塔儿部的概述中）。Törä-Qaïmïš给忽儿札胡思生了好几个儿子，贝勒津列出了四个人的名字，然后提到另外四个人的名字未知。但这个数字还需削减，因为很明显所谓的"Bai-Timur"和"Taiša"是一个名字，即تايتيمور تايشى Tāī-Tēmūr-tāīšī太帖木儿太石，他就是被王汗处死的那个人。至于"Bula"和"Magus"，前一个可能应该读作يولا*Yūlā。至于丁ماقوز Māgūs，其名或可与《元史》，33，3a的平章"马忽思"，以及贝勒津，I，117的ماقور Māqūr（读作ماقوز*Māqūz）勘同。这后一个*Maquz是Yusuf之子，是信仰基督宗教的部落汪古部人，他的名字很可能与克烈部的Maɣus一样，是基督徒所用的名字。我考虑在中亚是否存在着来自Marqus、Marquz即法语的马克（Marc）的*Maquz这样的同源对偶词。实际上，由我从敦煌带回来的《三威蒙度赞》中提到的名单可见，汉文中对福音书作者

247

---

① 译者注：此处显然有误，抄儿伯姬是王汗之女，桑昆的妹妹。

马尔谷之名的转写所采用的形式，就使人倾向于假定为 *Maquz 而非 Marquz。其不合之处在于，Maɣus 和 Marɣuz 这两种形式均见于克烈部的王公家族中。可能 Törä-Qaïmïš 也是一位基督徒，因为大量的文献提到了作为基督徒的乃蛮人，但仅凭她儿子的名字还不能提供充分的证据，因为他们的父亲也同样是一位基督徒。那么现在就只剩下 Sarïq-ḫan 本人了。所有证据均表明他就是忽儿札胡思的父亲，但我们通过克烈部的概述了解到，他的父亲是 Marɣuz 即马克。我大概能想到的唯一解决方案，就是这位克烈王公既有 Marɣuz 这样一个基督教名字，也以突厥语的称呼 Sarïq-ḫan "黄汗"而为众所知。在 Sarïq-ḫan 也就是 Marɣuz 对塔塔儿人发动的战争和 Alčitai（又名阿泽汗）的掳掠中，我们可以发现后来塔塔儿人抓住了 Marɣuz 并将他交给金人的原因。

在对所有这些文献进行研究之后，我们现在需要说一说关于被王汗所杀的王公们的亲缘关系问题了。他们是像那珂所承认的那样是兄弟呢，还是像屠寄所相信的那样，是他的叔叔——他父亲的兄弟？对支持是其叔叔的观点有利的，在一定程度上我们还可以援引克烈部简述中的片段，其中表明忽儿札胡思死后，是由太帖木儿太石、不花帖木儿行使权力，而王汗那时被派去守卫边境。在阿尔泰系诸族中有一种广泛传布的习俗，就是在王公死后，事实上将权力传给其弟，也正因此，菊儿汗向王汗发出怨言：王汗夺取了本来是留给他——已故的王公忽儿札胡思的弟弟——的权力，但这就意味着权力不会传给忽儿札胡思的其他的弟弟；并且给人一种印象，即根据克烈部简述中记载的字面含义理解，即在忽儿札胡思死时，只有一个弟弟也就是菊儿汗还活着。另一些文本中的矛盾之处并不都能得以解释。有一些可能是蒙古文编年史中的误解所导致的，而这一编年史构成了《亲征录》和拉施都丁书中成吉思汗生平的基本来源；比如在成吉思汗对王汗的指责中，以菊儿汗的口吻提到的那段话。在蒙古语文本中，形式直接的引文如果比较错综复杂的话，经常容易造成这种误会。而另一些情况就完全只是错误了。但我认为楔入到塔塔儿部简述中的独立史料，为他们的

248

亲属关系带来了关键性的证据，其中明确说到太帖木儿太石是忽儿札胡思和 Törä-Qaïmïš 所生。因此，我们知道了忽儿札胡思盃禄汗"四十个"儿子中的某几个人，而他的"四十个"儿子至少是两个而且肯定不只是两个妻子们所生的：1. 脱邻，又名王汗，*Ilma-ḫatun 所生；2. Tula（Yula?），3. Mayus 和 4. 太帖木儿太石，Bätäkin 乃蛮部的 Törä-Qaïmïš 所生；5. 不花帖木儿；6. 也力可哈剌；7. 克烈亦台（Käräitäi）即札阿绀孛；8. Yädi-Qurtqa，这些人的母亲则不知其名。

[5]《秘史》(第150、177、198节) 写作古儿罕 (Gür-qan)。虽然这里的菊儿汗是作人名，或至少是被用作一个人名，但实际上古儿汗 (gür-qan, gür-ḫan) 是为克烈部和喀喇契丹君主所用的称号，并被蒙古人自身——成吉思汗的对手札木合所采用 (参见下文第22节，以及《秘史》第141节)。《秘史》均用"普"字来解释 gür (参见伯希和《蒙古与教廷》，第22页)。关于 gür-qan 的另外一种转写，参见下文注释第9①。Gür-ḫan 这一头衔最初出现在汉文史料中大约是在1125年稍后的时间，是关于建立了西辽帝国或喀喇契丹的耶律大石，采用了葛儿罕 (gör-ḫan 或 gör-qan；《辽史》，30, 3a) 的称号。在《元史》中与我们文本对应的片段里，写作菊儿 (Gür)，没有"汗"字，对王汗叔父的称呼也是如此。在《元史》(124, 2a) 的一篇传记中，这个称号作为对喀喇契丹君主的称呼，转写作鞠儿可汗 (gür-qahan)，在另一篇传记中 (120, 7a) 作阔儿罕 (kör-qan 或 kör-ḫan)。布莱资须纳德 (《中世纪研究》，II, 256) 令人不解地坚持相信这个称号一直使用到14世纪末，并为跛者帖木儿所采用，但跛者帖木儿的称号并非 gür-ḫan，而是古列干 (kürägän>kürgän) 即"驸马"。

[6]《秘史》(第150、177节) 写作哈剌温·合卜察勒 (Qara'un-Qabčal)，并且将这个词的后半部分解释为"窄狭[=峡]"，从而与《亲征录》中给出的"隘"相对应。在拉施都丁书 (文本，II, 128) 的对应

249

---

① 译者注：应为注释第16。

片段中, 我们见有 قراون قبجال, 贝勒津(译文, II, 110)转写为Kharaun-Kipčal, 应该读作Qarāūn-qabčāl。关于这个词的含义及位置, 参见下文第13节, 注释1。

[7] 王国维无意中遗漏了各本中均有的"脱走"二字。

[8] 这里"叶速该"应该重复两遍, 而通行各本中只写了一遍。张穆已经指出了这点(亦参见那珂(2), 20), 王国维很有道理地据此进行了订正。而这个名字在《说郛》本(3)中正是重复了两遍。

[9] 西夏王国或唐兀惕, 是由李元昊于1032年在阿拉善和甘肃所建立的, 并于1227年为蒙古人所灭, 其首都位于兴庆, 即今天的宁夏。

[10] 通行各本和王国维的校勘本只给出了一次这个名字, 我认为应该重复两遍"汪可汗", 就像在第15节中相同的句子那样。

[11] "遂盟按答"。张穆怀疑"此句不全", 何秋涛则认为应该据《元史类编》, 1, 2a将此段重构为: "遂请盟, 称按答。"丁谦, 9a在他的校勘中即引入了这样的修正。但《元史类编》中的这句并非引自《亲征录》, 并且结按答的习俗也是一种盟誓。王国维对原文未作改动, 我也像他那样处理。

[12] 《秘史》在第151节中给出的是额儿客合剌(Ärkä-Qara), 在第177节中作额儿客合剌和额儿格合剌(Ärgä-Qara)。拉施都丁(译文, I, 98, 99, 101; II, 107—109; III, 106)均写作 اركه قرا Ārkä-qarā。这个名称的形式是确定的, 但其构成("强大的"+"黑")有些令人惊讶, 可能此人是因(其亲属、仆役等)两个完全或部分不相关联的名称而得名, 参见下文第34节中黑邻赤哈剌(Qïlïnč-Qara)这个同样的例子。

[13] 《秘史》(第151节)写作亦难察汗(Inanča-qan)和(第177、189、194节)亦难察必勒格汗(Inanča-Bilgä-qan)。拉施都丁(文本, II, 177[7]; 译文, II, 109)作 اينانج خان Ïnānč-ḫān。此外, 拉施都丁还提到了另外一种形式, 贝勒津转写为"Inanč-Yeke-Tuku-khan"(文本, I, 141; II, 182; 译文, I, 111—112; II, 112), 但应该读作Ïnānč-Bilgä-Būgū-ḫān(哀德蛮《铁木真》, 271相对准确, 多桑, I, 56的读法是正确的; 亦参见《通

报》，1930，22）。这是个纯粹的突厥语名称，ïnanč 的意思是"信赖"和"值得信赖"；bilgä 的意思是"智慧"，Bügü 则是回鹘、乃蛮和钦察人中一位成为传说的古代君主的名字（贝勒津之所以读作"Yeke"，是因为拉施都丁，I，112 说这个词的意思是"大"，但这对应的是 yäkä，但实际上拉施都丁使用的是更为不明确的 muᶜaẓẓam 一词，并且他也用这个词来解释札兀惕忽里和札阿绀字）。布罗克曼编校的喀什噶里书，37 将 bilgä 解释为"智慧"，但同时又对 bügü 提出了同样的解释（第 46 页）；此外，在 bilgä 词条中，我们还发现了 bügü bilgä "有魔力的"，这就使我们得出，bügü 与蒙古语中的 böʾä>bö̃ "巫师"完全相同。Bügü-khan 应该就是一个"巫师国王"。关于康里人中的 *Bögü-ḫan，参见上文第 5 节注释第 31。喀什噶里书（布罗克曼，242）中的"Bükä buδrač"很可能应该读作 Bügä（或 Bögä）Buδrač，并且在 Yabaqu 人中表示为一种结构相同的王室头衔。施密特的泛蒙古语化（《东蒙古史》，385），在他试图把这个乃蛮王公的突厥语名字转换成错误的蒙古语名称"Indschana Belge Bilik"时，自然是误入歧途了；而这个名字本来已经被多桑所正确地指出了。蒙古语中没有以 -č 结尾的，我们所知的那些仅来自突厥语的借词。Inanča 则是一种蒙古语化的形式，它可能是与亦难赤（Inanči）相同，但也有可能转写中的"赤"只是用来表示结尾的 -č，因此后者这个名字就应该还原成 Inanč。我们在下文第 37 节中见有一种转写"亦年赤"（Inänči 或 Inänč），这表明本书的汉译者已经不知道有关这一名称正确发音的传承了。

[14] 拉施都丁称（译文，II，109）也速该在那时去世，而对此我本人复原的编年次序将之置于 1175 年左右。我怀疑拉施都丁加上这句话的原因，是用来解释为什么也速该未能援助王汗。

[15] "三城"。《元史》卷 1 提到了"三国"，并且列举为是河西（＝西夏），回鹘（＝畏兀儿）和回回（＝穆斯林）。在《秘史》第 151 节中提到了畏兀儿和唐忽惕（＝西夏）的诸城（balaqat），但在前面是与我们的文本同样，说到王汗经过了"三座城"（qurban balaqat）。拉施都丁（译文，

251

II，109）记载为"三个国家"（vilāyät）。

[16]当时统治喀喇契丹的菊儿汗（gür-qan或gür-ḫan）在汉文史料中名为耶律直鲁古，耶律是契丹皇室的姓氏，他后来被乃蛮人的君主曲出律囚禁并篡夺其位（参见下文第40节）；参见《辽史》，30，3b；布莱资须纳德《中世纪研究》，I，218；巴托尔德《突厥斯坦》（2），367，认为菊儿汗被废黜一事最晚也应定在1211年的上半年。转写为"直鲁古"这一名称的本族语言形式（*Ĵilügü，*Ĵilgü），据我所知不见于任何一种东方文献，并且大概无从可靠地予以重构。我有一种在很大程度上是假设的猜想，即将之与《秘史》第120和124节提到的"赤勒古台（Čilgütäi）"的Čilgü-联系起来。幸运的是这个名字是正确的。在《辽史》和《金史》中（参见《三史同名录》，3，1a；37，1a）不仅有三个"只鲁"，这可能是*Ĵilū<Ĵilügü；而且在《辽史》（108，1a）中还记有一位出自吐谷浑（根据我的观点也是说蒙古语的民族）的医生的名字，其汉文转写正与菊儿汗之名直鲁古（*Ĵilügü）相同，此人于10世纪初，在他还是婴儿的时候就被契丹人掳获。可能*Ĵilügü（?>*jilū）是蒙古语jilu'a"马笼头"的契丹语形式。马迦特在《库蛮考》，238中用来指直鲁古的"Ti(t)-lu-ku"和"Tirku"这两种形式，是不能成立的。我们倾向于把"直鲁古"和佩切涅格人的首领的名字Τζελγν关联起来。在包括《说郛》本在内的某些抄本中，这里喀喇契丹君主的称号写作"菊律可汗"；在下文第28节中提到克烈部的Gür-qahan时，王国维校本所保留的异文也是如此。虽然菊律可汗也能够重构为gür-qahan，但我认为王国维在目前讨论的这一处中采用"菊儿可汗"是有道理的。但在第28节中也应采用菊儿可汗的形式，因为《说郛》本（3）中就是如此。

[17]《秘史》（第151、152、177及其他各处）几乎都把喀喇契丹（Qara-Khitai）写作合剌乞答惕（Qara-Kidat），但却总用乞塔惕（Kitat）来指中原的契丹人。面对这样固定的差别，看来我们不能归因于把"答"ta（-da-）和"塔"（-ta-）弄混了。14世纪末的汉文转写者对这么一处具有如此差别、而在蒙古文书写中无从标注的名称，竟然还知晓其读

音的传承，这是颇为令人惊奇的。在我们文本中使用的形式是一种古老的形式，要早于7世纪前，当时汉人以此来翻译Qïtañ这一本族名称（后者这样的形式见于突厥"鲁尼"文碑铭）。我在《马可·波罗注》中的"Catai"和"lin"词条中进行了研究，有些问题是与这个名称相关联的，特别是其在中世纪时期的情况，以及继续作为某些人群的名称或汉地的称呼。有一点我没有触及，也不拟在此详细讨论的，是这一名称的起源。Qïtañ是说蒙古语的人。田清波神父提出（《鄂尔多斯志》，40）将Kitan（<*Qïtan）视为Kitai（<*Qïtay）的一种古老的复数形式。但自唐代以前起，Qïtañ的汉文转写就是以-n结尾的，而鄂尔浑碑铭中古代的-ñ的问题，是一个非常复杂的难题。现在所能宣布的，就是我怀疑在Qïtañ和Qïtay之间存在一种数上的差别，这点从突厥语qoñ和qoy（qoï）"羊"（蒙古语qonï>qoni, ḫoni）的例子恰好可见。关于金山（Altaï）一名也提出了一个略为相近的难题（参见下文第37节）。

253

[18] 在《秘史》（第151节）对应的片段中，写作畏亦忽敦（Uyiqud-un），这是畏亦忽儿（Uyiqur=Uyiγur）的复数畏亦忽惕（Uyiqut）的属格形式。《元史》卷1中的回鹘，是来自唐代旧有转写的一种拟古的称呼。而在《秘史》中所采用的转写均是畏兀儿（Ui'ur）（第177节），或复数畏兀惕（Ui'ut）（第152、177、238），或族名委兀儿台（Ui'urtai，第198、279节），也就是说，存在着一个单一的元音衔接符号-γ-（写作-q-）。因此最终这不仅与我们文本的形式相符，而且也与蒙元时代的汉文中固定使用的转写相合。如此在《元史》中，很频繁但仅见有"畏兀儿"、"畏吾而"或"畏兀"的形式，也就是Ui'ur和Ui'u[t]；这也同样可以解释柏朗嘉宾书（范登温加尔《方济各会中国传教史料》，I, 88）中的Huyur或Uyur。但这个两元音间的喉音-γ-，在中世蒙古语中不发音，在突厥语中则还是发音的。另外在Uïgur之外还产生了一种通俗的易位发音，即*Yuγur的形式，这种发音很早就见于阿拉伯、亚美尼亚、波斯、和叙利亚文的史料中，并且成为卢布鲁克的"Yugures"和马可·波罗的"Iuguristan"的构词基础。除了以-tai(-dai)结尾的族名后缀外，我们

还总见有一个以 -čin(-jin)结尾的，并且总得来说是用于女性人名，但人名性别区分在蒙元时代是呈减弱的趋势。由此，正如撒儿塔黑"穆斯林"（>撒儿塔兀勒（Sarta'ul））产生了撒儿塔黑台和撒儿塔黑臣，我们在 Uyiɣurtai 之外也见有 Uyiɣurčin（但可能实际的发音是 Ui'urtai 和 Ui'urjin）。萨囊彻辰书（施密特，209；满文，87 "Oigorčin"；汉文，6，19b）在 16 世纪上半期的纪事中，提到了卫郭尔沁（Uyiɣurčin）这个蒙古化的部落。在一处蒙古文题记中（《通报》，1930，131），uyiɣurčin kälän 即"畏兀儿语"。这就是《黄金史》（1），985 中的 Uiɣut（Uiɣur 的复数），尽管在译文和索引（第 187、230 页）中给出的是 "Onigut"。Uiɡut 和 Uiɡurtš'in 这两种形式至今还作为鄂尔多斯部的氏族名称（田清波《鄂尔多斯志》，35）。

[19]在《秘史》（第 151 节）对应的片段中，写作唐忽敦（Tangqud-un），这是唐兀惕（Tangqut=Tangɣur）<Taṅut 的属格形式；而后者就是西夏王国的突厥—蒙古语名称。拉施都丁书对应的片段（文本，II，177；译文，II，109）非常不一致，可能存在讹误。T'aṅɡuDūt 和 T'aṅɡut 至今仍作为鄂尔多斯部的氏族名称而为人所知（参见田清波《鄂尔多斯志》，45）。

[20]《秘史》（第 151 节，并参看第 152 节中类似的片段）说道："tobun ima'at širgü'äläjü sa'aldujü tämä'än-ü čisün qanaju idä'ät（有五只山羊，他挤其奶并刺骆驼的血为食）。"难以看出为什么在我们的文本中他要"以绳禁羊口夺其乳为饮"，除非这是一种通行于蒙古人中的习惯，然而我并没有听说过。在《秘史》中像前面所提到的，王汗是喝了骆驼血；但在我们的文本中，他是先煮了以后再吃。拉施都丁书对应的文本（II，177；译文，II，109）没有提到山羊的"嘴被扎起来"；此外可能还有一处错误，即没有提到"血"，从而翻译成了令人难以理解的以骆驼作为食物。

[21]《秘史》（第 151 及 177 节）中的异文是古泄兀儿纳浯刺（Güsä'ür-na'ur-a，这是 Güsä'ür-na'ur 的与格—位置格形式）。据贝勒津

（文本，II，178；亦参见III，158），拉施都丁给出了 كوساكو ناور，贝勒津（译文，II，110；III，106）转写为Kusku-nor。但这肯定应该读作 كوسكور ناور Kūsägūr-nāūr（或Gūsägūr-nāūr）[①]；在文本，II，218，译文，II，135中，似乎这个同样的名字，被贝勒津错读成了"Kušaur-Nor"，而实际上应该写作 كوساور ناور Kūsā'ūr-nāūr，这一形式与我们文本中所给出的完全相符。除了表面上发音相同，这个地名与屠寄，2，15a所比定的我们地图上现今的库苏古尔（Kossogol）湖（或"Kusugur"，参见波波夫《蒙古游牧记》，448）毫无关系。汉文文献使我们于更往东南、在戈壁以北、土拉河以南或西南的地方求之（亦参见那珂（2），21）。拉施都丁书（译文，II，110）说曲薛兀儿湖在成吉思汗自身的领地（禹儿惕）附近，这也排除了库苏古尔湖的可能性，但我怀疑拉施都丁所指出的并不太可靠。

［22］在拉施都丁书的平行段落中（文本，II，178），我们找到了与汉文文本所给出的"近侍"对应的词，即 نوكر nōkör（nōkär）。虽然这个词也传到了波斯语中，但在此处大概是取自于最初的蒙古文本。

［23］《秘史》（第151和186节）称之为塔孩把阿秃儿（Taqai-ba'atur），在186节中还说他是速勒都思歹，也就是说他是个速勒都思人。在这样的情况下，他很可能也就是《秘史》第120节中的速勒都思人塔乞（Süldüs Taki<*Taqï=Taqai），并且很可能就是在这同一部编年史中第202节被简单称为塔孩的人，屠寄2，12a和那珂（1），320也是这么认为的。那珂（2），21错误地提到《秘史》中在与我们文本本节相应的片段中没有提及塔孩，这是因为他这里仅参考了古老的汉译文，而其中这个名字确实被省略了；但他没有参考汉字转写的蒙古语文本，在其中记为塔孩把阿秃儿。拉施都丁（文本，II，178）写作 طغای，贝勒津（译文，II，110）转写作Tugai，应该读作 Ṭaɣāī。这个名称很常见，在《元史》中有超过10个人叫塔海（Taɣai，参见《三史同名录》，34，7—8）。我们

255

---

① 补注：《史集·成吉思汗纪》伊斯坦布尔抄本、塔什干抄本作 "كوساكو ناور"，伊朗议会图书馆藏抄本作 "كوساكو ناوور"。

不可把速勒都思人塔孩(Tayai)或塔乞(*Taqï)同上文第5节中提到的塔吉(Taqi读作Taki或Daki?；或作Daqï)搞混了，拉施都丁书中称之为塔吉(Daqï)或塔吉拔都，根据我们文本和那位波斯史家书中相符的佐证，他是个洪吉牙部人(Qongqiat<Qongkiat)。速勒都思人塔孩把阿秀儿在《元史》，129,4b中被称为塔海拔都儿(Taqai-bādur)。

[24]《秘史》中要么写作速客该(Sükäkäi, 第120、124、151、177节)，要么写作速格该(Sügägäi, 第126、177、181节)。我们本书中的形式表明正确的异文应是Sügägäi，因为只有Sügägäi才能得出雪也该(Süyägäi)。根据《秘史》(第151、177、181节)，此人的全名是速客该者温。辨识为Sügägäi这点，还因拉施都丁书(文本，II, 178⁵；译文，II, 110)所写的سواكى，转写为Sūägäi而间接得以证实。那珂(2)，21称他是一个朵郎吉人，也就是札剌亦儿部朵笼吉儿(复数为Dolanggit)氏族的成员(参见上文第7节)。确认这点的理由应如下所述。在《秘史》第120节中，提到速客该者温是者该晃答豁儿(读作Qongtaqor?)之子，在第260节中有两处提到了晃塔合儿或晃塔合儿豁儿臣("箭筒士晃塔合儿")，第三处则将他称为朵笼吉儿歹，这显然是表示其作为朵郎吉人的一个族名。那珂认为这个晃塔合儿与第120节的者该晃答豁儿是同一个人，并且者该晃答豁儿之子速客该者温也是一个朵郎吉人。但实际上《秘史》第120节是说Sükäkän-ü Jägäi-Qongdapor-un kö'ün Sükägäi-Jä'ün "速客该者温，速客虔部者该晃答豁儿之子"。速客虔，或更应写作Sügägän，即拉施都丁书(哀德蛮《铁木真》，230；贝勒津，文本，I, 284；译文，I, 213)的سوكان雪干(Sūgän)，与札剌亦儿部完全无关。如果像《秘史》所肯定的那样，晃答豁儿果真是一个朵郎吉人的话，我们就必须得出这是一个同名的"者该晃答豁儿"，而并不能混为一个人。关于速客虔或雪干部，参见上文第5节。肯定也就是这个速客虔部之名，产生了雪格额台这一族名，并在《秘史》第166节中用作为札木合的一个支持者的名字。我怀疑《秘史》中的晃豁坛氏雪亦客秃扯儿必(读作Süyigätü-čärbi，见《秘史》第120、124、191、202；

也就是志费尼书，I，70 的 سوكتو Sōgätü，以及贝勒津，译文，I，160 中错误的 سوكر جربى "Suker-Čerbi"，而其译文，III，47 中的 "Suktu"，在 III，200 中正确地表示为 Sōgätū-čärbī），其名就来自部落名 *Süyigän（可能是速客虔的一种变体；参见除速客该之外我们文本中的雪也垓），根据把另一个部落的族名作人名用的情况，蒙古人把这个名字用作为人名。在《元史》卷 3 的开头提到了一位名叫唆亦哥秃（Söyigätü）的宗王。根据拉施都丁书，他是拖雷的第九子；而根据《元史》(107，7a，8a) 他是第十子，伯劳舍将他的名字重构为 سوتوكتاى Sütügätäi 或 ستوكتاى Sütügätäi（《蒙古史》，II，202，211），但伯劳舍这是受到了他引用在其书 II，200 中的《元史》卷 107 的世系表里"岁都哥"这一形式的影响。实际上，各本中所表示的是 سويكتاى Süyigätāī，并且《元史》卷 107 的"岁都哥"肯定应该修改为"岁哥都"，就如同《元史》中别的地方所正确指出的那样 (95，5a)，即 Süigädü=Süigätü。这一错误已见于《辍耕录》，1，7b。屠寄，148，70a 已根据卷 95 对卷 107 进行了修正，但他未能看出与卷 3 中名字的关联。在卷 3 中的这个名字，像我们惯常所见那样，从乾隆的馆臣开始，就只读成唆亦哥，并由于卷 1 中出现的秃台察儿（参见上文第 4 节中有关此人的讨论）一名的缘故，把"秃"和下面的塔察儿之名连在一起，但这两个名字是毫不相关的，而且卷 3 的塔察儿是贴木格斡惕赤斤的孙子。由于被乾隆馆臣随意点断的名称所蒙蔽，屠寄，6，2a 径直删去了"秃"，因为他知道下面一个名字就是塔察儿；至于前面的唆亦哥，他则认为是"亦唆哥"颠倒所造成的，并将之对应为拙赤合撒儿之子移相哥的名字；正确的解决方案差不多已被洪钧，2，5 所料想到了。

257

关于 Sügägäi 的这个例子，如果其名对应的是速客虔部落的名称，我也不会感到惊奇。至于者温（Jä'ün），这是个蒙古语词汇，其含义是"左边"。《元史》中的叙事追随了我们的文本，只是把使者们的名字给删去了。拉施都丁书则与我们的文本及《秘史》(第 151、177 节) 不同，他提到的两个人不是由成吉思汗，而是由王汗派出的，我认为这一错误不是那位波斯史家造成的，而应归咎于翻译蒙古编年史的人。

［25］这条怯绿连河，在现今普通的地理描述中作克鲁伦河，关于其古代的名称，参见《通报》，1934，166—167。

13. 后秋，上同汪可汗会于土兀剌河上黑林间，结为父子礼。是年冬，月儿斤部先脱走者薛彻、大丑，追至帖列徒之隥，灭之。

13. 后来到了［同年的］秋天[1]，陛下与王汗在土兀剌河[3]边（字面作"其上的"）黑林[2]中相会，与他举行父子之间[4]的仪式。同年冬天，他追击月儿斤部之前逃掉的薛彻［别吉］和大丑，在帖列徒（Tälätü）[5]隥口追上了他们，将其消灭[6]。

注释

［1］"后秋"。王国维的校本中删去了"后"字，但在其他各本中都是有的；这可能仅是因为他疏忽所致。我采用了"后来到了［同年的］秋天"。那珂（2），21 理解为"后来的一个秋天"，也就是说不能确定是在某年的秋天。实际上，段落的时间顺序是存在疑问的，这种可疑的程度并不小于记事的次序。丁谦，7b 在他的校本中把本段的第二个句子（"是年冬……"）移到了前面。但拉施都丁也说的是"这年秋天"，并且他的记事次序是与《亲征录》一致的，因此这也就是蒙古编年史原文的次序。洪钧（1A，30）和我的理解一致。我考虑"后秋"是指秋天在"中秋"之后的那段时间，而中秋通常是指农历的八月十五，也就是秋季的中间。

［2］这就是经常出现在《秘史》中，特别是在第 164 节与我们研究的文本本段相应的片段中的 Tu'ula-yin Qara-Tün "土兀剌河的黑林"。《元史》作"土兀剌河上"，删掉了"黑林"二字。在《秘史》中经常碰到的"tün"这个词，均用汉字的"林"来翻译，但实际上这与 hoi（>oi）和 šiqui 是近义词，而后者翻译为"密林"。当年轻的铁木真被泰亦赤兀人包围的时候，据《秘史》（第 79、80 节）所载，他躲入了"森林"（hoi， šiqui hoi, šiqui）；萨囊彻辰书在这个场合说他"在鄂嫩的 tün 中"，施密特则错误地把"tün"翻译成了"洞穴"（满文本，第36页和汉文本，3，8b 在此处有些问题，既没有提到鄂嫩，也没有提到森林）。因此 Qara-Tün 就是"黑森林"。拉施都丁（文本，II，178；译文，II，110）提到成吉思汗和王汗在这年秋天，相会于合剌温·合卜察勒（Qara'un-Qabčal）；他用"黑森林"（بیشه سیاه biša-i-siyāh）来解释这个名称，尽管 qabčal 的意思肯定是"隘口"。根据拉施都丁，这个合剌温·合卜察勒是在一条河边，而河的名字在贝勒津所使用的各抄本中都空缺着。多桑（I，54）说这是音果达河的一条小支流"Toura"河，但这是对《元史》中提到的土兀剌，Tu'ula>Tūla 的一种错误的重构所致。洪钧（1A，30）认为哈剌温（Qara'un）是哈剌屯（Qara-Tün）之误，而完全没管 Qabčal。根据屠寄，2，15a 和 20，2a，合剌温（qara'un）在蒙古语里的意思是"温泉"；与之不同，那珂（2），21 照搬了布莱资须纳德（《中世纪研究》，I，291）的解释，将"合剌温·合卜察勒"解释为"黑（qara）森林（属格 oi-yin）之隘口（qabčal）"。在这些解释中除了错误之外还有不可理解之处。Qara'un(-Qabčal) 显然不能同 Qara-Tün 画等号。合剌温转写的是 qara'un，但在蒙古语中表示"温热"（但也没有"温泉"的意思）的词是 qala'un。最后，qara'un 是一个单独的词，而不是复合词"qara-oi-yin"，而后者在蒙元时代应写作 qara-hoi-yin。亦见于合剌温只敦（Qara'un Jidun，参见下文第31节）中的 Qara'un 这个词，没能继续存留于古典蒙古语中。在《秘史》中，我们还发现见于"合剌兀台帖儿格（qara'utai-tärgän）"这一词组中的附属形容词形式；还有以独立的含义出现在一处史诗般的片段中的简单形式合剌兀（qara'u）（第6、55、100、244节）。虽然不见于梅里奥兰斯基（Melioranskiĭ）编校的伊本·穆哈纳的词语汇编之中，但在1921年出版于伊斯坦布尔的该书中则有 قراوون qarāwūn（=qarā'ūn）一词，其含义是"黑暗"（参见鲍培《蒙古语词典》，444）。符拉基米尔佐夫（《蒙古社会制度史》，35）称蒙古语的 qara'un 与突厥语的 qaraɣ "黑"、"昏暗的"相同，这是对的，但我认为 qaraɣ 这种突厥语

259

形式，比意为"黑暗"的qarawun（qara'un）要晚见得多；后者是蒙古语中词义相同的qarangyi、突厥语中词义相同的qaraṅyu最相符的同义词（参见布罗克曼，喀什噶里书，147）。但与此同时，符拉基米尔佐夫补充说，完全不能赞同"合剌兀台（qara'utai）"是"具有黑色"，这一形容词形式在他看来倒不如说是来自qara'u或qarayu"防御"、"保护"（派生自qara-，"看"？的名词）；因此他把"合剌兀台帖儿格（qara'utai-tärgän）"翻译成"覆以篷的车"。这可能就是该词实际的含义，但该词也同样来自qara'un"黑暗"，因为封闭着的车里面是黑暗的。至少《秘史》的翻译者们是这么理解的，因此他们把合剌兀和合剌兀台翻译为"黑"。故而Qara'un除了"黑暗"之外，应该也有一种与"黑"相近的形容词含义，诸如"微黑的"或"深暗的"之类。同样的是在《西游记》中与"白帐"的同时提到的"黑车"（王国维校本，1，13a），和在3个世纪中经常见诸史乘的"黑车子室韦"（参见《通报》，1929，124）。总之，这个词完全没有"森林"的含义，而拉施都丁却明确说"合剌温·合卜察勒"的意思是"黑森林"。拉施都丁肯定是搞错了，但他因何而致误？据我所见，是因为一时疏忽而把合剌温·合卜察勒植入到成吉思汗和王汗会面的有关记载中了。《秘史》与《亲征录》都说到，这次会面是发生在土拉河"上"的Qara-Tün，而Qara-Tün的意思正是黑林。拉施都丁所获知的正是这个名字以及其正确的含义，并且也指出了此地是在土拉河上。但由于Qara-Tün和Qara'un-Qabčal这两个词组的开头都有表示"黑"这个含义的词，而且之前又提到过Qara'un-Qabčal，所以拉施都丁就把它错误地放到这里本来是Qara-Tün的位置上了，但对后者的正确的解释还仍然保留着。在这种情况下，我们来探讨这两处的地望，且对两者中任何一处的辨识都将独立地予以确定。

在《蒙古游牧记》中（7，23a；参见波波夫《蒙古游牧记》，348），张穆提出蒙元时代的"黑林"应该是在昭莫多（Ĵau-modo，"百棵树"），即土拉河最大拐弯处之东往南的那片茂林密布的地区，此地因康熙与噶尔丹在蒙古交战的时期（1696年）而为众所周知。这个意见也被丁谦，

10a和屠寄，20,2a所接受，但那珂（2），21却并不认为应当如此，我认为他很有道理，并毫不犹豫地予以赞成。这个"黑林"还要往东，直到与成吉思汗建立其斡儿朵的叫作萨里川（Sa'ari-kä'är）的草原（在克鲁伦河最大拐弯的西南角的西边）相邻的地方；并且这样的相邻关系使得我们可以理解"黑林"之名何以有时不适当地出现在纪事中。因而据《秘史》第264节，成吉思汗从他对西域诸国五年之久的远征回来后，驻营于"他在土拉河黑林的斡儿朵"，而我们很确切地知道，那时他的斡儿朵是在萨里川。

合剌温·合卜察勒的情况则更加棘手。宋君荣神父（《成吉思汗史》,8）将其置于鄂尔浑河以南。丁谦，10a则受到他在现今的称呼中找出古名这一癖好的驱使，于土拉河以东的噶拉台山求之。我不太倾向于此，并且认为噶拉台山这个名称实际上是γala'utai，即"鹅山"。屠寄，2,15a和20,2a把它看成是"温泉隘"，并将其置于鄂尔浑河南岸，而那里确实有一处温泉，但这一比定是不大可靠的。文献表明，王汗在遭到其叔菊尔汗的紧逼时，沿色楞格河"下行"，到了合剌温·合卜察勒，并向也速该求求庇护。也速该便进行干预，并迫使菊尔汗反过来逃到了戈壁以南的西夏人当中。我们所研究的文本下文第38节中提到了色楞格河"哈剌温隘"（也就是合剌温·合卜察勒，亦参见贝勒津，译文，III，6错误的异文）。在这样的情况下，我认为合剌温·合卜察勒应求诸恰克图稍往北去的群山中的一处隘口。

总之，很清楚的是王汗被也力可哈剌所逼的第二次逃亡，不可能像拉施都丁叙述的那样是发生于也速该逝世前不久，也就是说最晚到1175年。换言之，应该假设他在流亡中度过了若干年，因为在也速该去世好些年后，成吉思汗和他手下的人才脱离了困乏的境遇。此外，当成吉思汗去找他的未婚妻并与之结婚的时候，他并不具备什么条件去帮助别人，相反他和拙赤合撒儿、别里古台一起低声下气地去找克烈人强大的国王王汗（《秘史》第96节）。如果在也速该去世时王汗是在逃亡的话，其间他不可能又接受了成吉思汗的援助。对此拉施都丁在他

261

的叙事中也是混乱的,并且提到为了王汗所进行的三次干预,其中一次是铁木真击败也力可哈剌,然后又是铁木真击败了菊尔汗,最后是成吉思汗击败了也力可哈剌(译文,I,99,101),这不大像真正发生过。

[3] 土拉河之名以Tuɣla的形式见于鄂尔浑突厥语碑铭中。唐代的汉文转写要么使我们猜测为是Duɣla,要么是*Duɣlaq(或*Duɣlaɣ)。自隋代起就见有独洛(*Duɣlaq或*Duɣlaɣ)的形式(参见《通报》,1929,211;1930,15;《隋书》,84,18a;马迦特,《库蛮考》,200)。在拉施都丁书各本中空着的河名肯定就是土拉河;我们在另一处片段中也发现了这条河的名字,其形作طوغلا Ṭūɣlā[或Ṭūɣulā](文本,II,7;译文,II,5;在志费尼书,I,40有توغلا Tūɣlā[或Tūɣulā])。《秘史》总体而言写作土兀剌(Tu'ula,第96、104、115及其他各处),但在第264节中作秃剌(Tula=Tūla)。在《元史》中,我们见有土兀剌(Tu'ula,卷一);秃忽剌(Tuqula,31,3b);秃兀剌(Tu'ula,121,1a,128,6b);秃剌(Tūla,121,2b);应该修正为笃剌(Tūla)的笃列(*Tūlä,122,5a);脱剌(Tōla,154,2a)。

[4] 由于也速该和王汗曾经是按答,此处应理解为也速该之子成吉思汗宣布自己是他父亲按答的儿子。因此这两个人采用了《秘史》提到的"以父子相称"(第164节,ačigä kö'ü kä'äldüba)的术语。从此时开始,实际上成吉思汗一直称王汗为"我父"。即使在提到他激烈地谴责王汗的时候,我们所掌握的有关的各种史料虽然带有一定分歧,但也都保留着这样的称呼。

[5]《元史》写作"帖烈徒(Tälätü)"。在《秘史》第136节与这里相应的部分,写作帖列秃阿马撒剌(Tälätü-amasar);再往后有关王汗与乃蛮人相斗的记载中(第162节),以及对王汗的指责当中(第177节),《秘史》中均作帖列格秃阿马撒剌(Tälägätü-amasar)这样一种形式。汉译者把阿马撒剌翻译成"口子",其含义是"出口",这与我们所研究的文本中的"隘"相对应。《秘史》中的这两个名称当然是相同的,因此应该像前一处当中的Tälätü那样读成长音。我手头的库伦抄本的复本(对页55b),对第136节的例子读作Däldü-amasar,对第162节的

例子读作 Tälägätü-amasar, 这证实了与 Tälātü-amasar 相关的形式, 正是在《秘史》原文本第136节①中所采用的形式。多桑(I, 58)只提到了与《秘史》第136节对应的片段, 读作 "Daldou 和 Amarchéra 的边境地区"②, 哀德蛮(《铁木真》, 273, 589)则作 "Liduamaserah 的边境"。实际上, 拉施都丁两次提到了这个名称, 一次是在与《秘史》第136节相对应之处, 另一次则是在与第162节相对应之处(文本, II, 179, 187; 译文, II, 110, 115), 对这两处, 贝勒津采用了 "Talain-amasere" 的转写(在 II, 277 的一个注释里, 他提到在前面的注释中对这个名称进行了解释, 但我在哪里都没找到这个注释)。实际上对于前一处, 各本给出的是 تالادوبين اماسره‎ Tālādüyīn āmāsara③, 后一处, 则重新回到了 دلدو اماسره‎ Dälädü-āmāsara。虽然由于与中世纪蒙语的 kä'är、kähär 对应, 在现代蒙语中有 kä'ärä "草原" 一词, 因此我们实在不行也可以认为在 amasar 之外还有 *amasara 这样一个次等的形式。但可能 amasara 应该是 amasar-a, 也就是说, 波斯语中的这两处都错误地保留了蒙古语与格-位置格的词尾 -a。至于 Tālādüyīn 中的 -yin, 很难认为也是由于错误而保留了蒙古语的属格, 但从另外一个角度看, 这造成了困难。Tälägätü->Tälätü(我们看见在拉施都丁书中两处的相关形式)是一个附属形容词, 我们只能解释为 tälägän "马车"(不要与《秘史》中常用的帖儿格(tärgän)一词混淆了, 在《秘史》中这两个词是有明确区别的); 因此 Tälägätü-amasar 的意思是 "马车可以通行的出口", 但构建出这样一种属格的附属形容词形式是非常例外的, 因为《秘史》中的形式在语法上都是很规范的。

263

对 Tälägätü-amasar 或 Tälātü-amasar 的比定是困难的。屠寄的考虑

---

① 译者注: 此处有误, 应为第162节。
② 译者注: 冯承钧汉译《多桑蒙古史》中, 错误地将此处的地名理解为答勒都和阿马失剌两个 "部落" 名, 参见冯承钧译《多桑蒙古史》, 上海书店出版社, 2001年, 第46页。
③ 补注: 原文排印错误, 误为 "تالادوبين"‎。《史集·成吉思汗纪》伊斯坦布尔抄本、塔什干抄本作 "تالادوین اماسره"‎。

(2, 14b; 20, 14b—15a, 16b)是有瑕疵的,因为他把《秘史》中的帖儿速惕(Tärsüt)和忽儿班帖列速惕(Qurban-Täläsüt)混为一谈(关于这两者分别参见上文第11节和下文第28节)。王国维,16a,认为这是同一处地方,并于土拉河之西求之。那珂[那珂(1),136,189]则认为是同名的两个不同的地方,本节中和《秘史》第136节的帖列徒隘(Tälätü-amasar)是俄人地图上的*Dzuligetu(?或*Dzurigetu),在东蒙古车臣汗(Tsetsen-khan)的牧地往南去一个纬度的地方;《秘史》第162节的帖列格秃阿马撒剌,则是在科布多西边的帖列克特山口。我既不赞成这样的比对,也不赞成对这两个同音异义的地名的区分;这里所谓的与今名读音相同是没有价值的,特别是因为"帖列克特"是对俄文地图上的"Terekty"(有两处都叫这个名字,一处在科布多西边,一处则在其南,参见波波夫《蒙古游牧记》,450)的汉文再度转写。就我而言,那珂对第一处的比定太往东南了,另一处则太往西。我目前尚无法提出任何确切的比定,只能承认在蒙古有好几处"马车可以通行的出口"(《元史》,131,7a位于东蒙古的帖里揭突,看起来就应该是与Tälägätü同义的*Tärgätü)。同王国维一样,我认为我们文本提到的Tälägätü-amasar或帖列徒之隘(Tälätü-amasar)就只有一处,且这两个名称是相同的;但其地理位置没有那珂所假设的那么远,而应该于土拉河之西或西北求之。

[6]"灭之"。这并非意味着,或至少并非直接意味着是成吉思汗亲手杀了他们。拉施都丁书使我们得以重构原文所使用的蒙古语词汇,因为他提到(文本,II,179;译文,II,110,277;贝勒津把其中最关键的词给读错了)"موغتغامیشی کرده بکر فتند 使他们muɣutɣamïšī,并抓住了他们",Muɣutɣamïšī是来自蒙古语muɣutɣa-的加-miš结尾的突厥语分词形式,再加上波斯语中表示抽象概念的词尾-i,在《秘史》中为muqutqa-(参见海涅士,《词典》,111)"使其疲惫"、"使之精疲力竭",蒙古文原本中应该是使用了一个副动词muqutqaǰu(muɣutɣaǰu)。

14. 次年秋,上发兵于哈剌河,伐蔑里乞部主脱脱,战于莫察那(莫那察)山,遂掠兀都夷、蔑里乞二部,收其众,尽以其所获给汪可汗。其后,部众稍集,不约我军,自侵蔑里乞部,至捕兀剌川,杀脱脱之子土居思别吉,虏忽都台、察勒浑二哈敦,及招脱脱次子和都、赤剌温二人领部众而来,所夺不以秋(豪)〔毫〕与我。脱脱奔巴儿忽真之隘。

14. 下一年[1]的秋天,陛下派军队到哈剌[2]河攻击蔑里乞部的首领脱脱(To[q]to)[3]。在莫那察(Monoča)[4]山交战,最终我们劫掠了兀都夷蔑儿乞(Uduyi[t]-Märki[t])[5]部并收聚其民众;我们所有的掳获,陛下[6]都给了汪可汗。之后,他的部落稍稍聚集起来,没有通知我军,独自去侵袭蔑里乞,并到了捕兀剌(Bu'ura)[7]河谷,杀了脱脱的儿子,名叫土居思别吉(Tügüs-bägi)[8]的人。他捉住了忽都台(Qudu[q]tai)[9]和察勒浑(*Čalqun)[10]这两位哈敦,他还召唤脱脱的小儿子和都(Qodu)[11]和赤剌温(Čila'un)[12],把他们的人也带来。他们所有的掳获,没有一点儿东西是给我们的。脱脱逃到了巴儿忽真(Barqujin)[13]山口。

注释

[1]拉施都丁记载此事发生于蛇年,也就是从希吉拉历593年的赖比尔·奥外鲁月开始,因此也就是1197年,农历丁巳年的元旦是1197年1月20日。但如果土汗是于1196年夏天和成吉思汗一起同塔塔儿人作战(并非拉施都丁的1194年,这一时点由于提到了完颜襄而得以确定;参见上文第9节),并且如果王汗被也力可哈剌所迫而出逃并返回一事似乎确实是真地发生于1196年的这次战争之后,那么王汗返回的时间就不可能放到1198年之前,所谓的次年就应该是1199年(另参见那珂(2),22)。但还有甚于此者,《秘史》(第104—114节)讲述了对蔑儿乞人的征战,提供了很多地名的细节,并且使在成吉思汗和王汗一方的札木合发挥了主要的作用,因此那时他就还没有和成吉思汗反目,如同在我们第4和第5节中提到的那样。此外,在这次战争的过程

265

中，成吉思汗重新找回了他被蔑儿乞人掳去的妻子孛儿帖（《秘史》第110节）。不过，有一种可以确信地传承（参见拉施都丁书，见贝勒津，译文，I，42—43，72；II，76）称，成吉思汗的长子术赤，是在孛儿帖被带到蔑儿乞人当中的时候所生。《秘史》没有直接提到他的诞生，其编者偶然提到，当成吉思汗想要确定其继承者的时候，首先提名术赤，但他的二儿子察合台对"这个蔑儿乞人（änä Märkidäi）"可能被指名表示愤怒。这提到的当然是同一场战争，据我所见，这表明《亲征录》（和拉施都丁书）以及《秘史》关于成吉思汗对抗蔑儿乞人的两种记载其实就是同一件事，并且两种记载中提到了同样的一些人名。此外，《秘史》在成吉思汗、王汗和札木合共同与蔑儿乞人作战，以及王汗独自率军与同样的对手作战这两件事之间有很长的间隔。根据《秘史》的文本，后一件事发生于狗年，就在成吉思汗在东边与塔塔儿人交战的同时（《秘史》第153、157节；根据我们所研究的这一文本，成吉思汗对塔塔儿人的这次战争明确是发生于1202年，参见下文第23节）。转写者不可能两次都把"蛇"（moqai）年错写成了"狗"（noqai）年，因为这两处在我手头的库伦抄本的复本中（对页76a，78b）也是作noqai。"狗"年是……1178年、1190年、1202年等。1202年太晚了，所以我予以排除；如果提到孛儿帖的解救，1178年又同样太早了。但如果我们想要同时保持《秘史》中有关孛儿帖被解救的传承，并把《亲征录》和拉施都丁书中提到的成吉思汗与王汗对蔑儿乞人的战争、然后是王汗独自对相同对手的战争一个接一个时间非常接近地排下来的话，则1190年也同样是不可能的。事实上，成吉思汗和孛儿帖所生的第三个儿子窝阔台，逝世于1241年他虚岁56岁之时（我们的55岁），因此就是生于1186年；那么孛儿帖的长子术赤，最晚可能生于1184年；到1190年，术赤至少已经6岁了。这就导致我们认为，《秘史》所讲述的解救孛儿帖的传奇般的故事，很可能纯粹是编造的。拉施都丁听到的记载则完全不同。根据这位波斯史家（译文，I，42—43，72；II，76），蔑儿乞人抓住了孛儿帖以后，把她送到了王汗那里，因为他们与之关系和睦。王汗则由于自己从前与也速该、现在又与成吉思汗之间的友谊，对这位年轻的妇人以礼相待；成吉思汗派了他的一个名叫Saba的札剌亦儿人侍者去寻找孛儿帖，在把孛儿帖带回给成吉思汗的半路上，术赤出生了。《秘史》间接证实了这段史事中的一点：当王汗被菊儿汗所逐，逃到了合剌温合卜察勒时，他在向也速该求援之前，把他的女儿忽札兀儿旭真（Huja'ur-ūjin）嫁给了蔑儿乞人脱黑脱阿（《秘史》，第177节；这间接为拉施都丁的记载所证实，因为忽札兀儿旭真可能就是我们本节下面要提到的赤刺温的母亲），这很可能是源于王汗和蔑儿乞人之间的友好关系。因此，在成吉思汗、王汗和札木合领导下对蔑儿乞人发动战争的有关记载，是一种拼凑而成的记载，这些可能是在好些年间发生的两次、甚至三次彼此分隔的军事行动混合而成的。如果札木合参与了其中之一，很明显这场战争至少不会晚于1199年。但同样的例子是王汗被其叔父菊儿汗所逼而逃亡，当他沿色楞格河下行，经过恰克图以北去到鄂嫩河和克鲁伦和源头的也速该那里，表明《秘史》所指出的关于对蔑儿乞发动战争的原因很可能是相反的，其根据是《秘史》所给出的详细记载和拉施都丁书的对应文本，我将在《亲征录》的本段中接下来部分进行讨论。

267

［2］王国维遵从通行各本，作"哈剌哈河"，只有《说郛》本（3）仅仅写作"哈剌河"，很自然这是名称的末尾有一个"哈"字脱落了，但我认为更可能"哈剌"才是最初的形式，而由于在第27节中出现了哈剌哈（Qalqa）河的缘故，抄写者对这里的名字进行了修改。那珂（2），22认为"哈剌哈河"之名是《秘史》（第104，115—117，201，206）里面豁儿豁纳黑·主不儿（Qorqonaq-Ĵubur）中Qorqonaq的讹误形式，这是不大可能的。然而，在对应的片段中，拉施都丁（文本，II，179；译文，II，111）提到了一处叫作 قراس موراس Qarās-Mūrās 的地方，贝勒津转写为"Khoras-Muras"。洪钧（1A，30）从拉施都丁书中获得了一种异文，他转写为"霍拉思布拉思"，我不知道其依据何在。这后一种形式，使人猜测为*Qoras-Buras，在洪钧之后，为中国学者们所采用（丁谦，10a；

屠寄, 2, 15b; 王国维, 16, a)。王国维将这种形式与忙兀人畏答儿的传
记中的一个片段联系起来,这篇传记见于姚燧为了尊崇畏答儿的重孙
博罗骦(1236年—1300年;文本见于《元文类》,59,6—11,其名在《元
史》,121,6b—8a中写作博罗欢,虽然这篇传记中大部分都是取自姚
燧所撰的碑文;见于《元史》中其他各卷的此名的转写形式,参见《元
史类编》,45,9b;其名的原文形式可能是 *Boroqol=Boroγol〔关于另
一个同名的人,参见下文第15、38、55节〕)于1303年所撰的一篇碑文
中。在这篇碑文的一段中,提到了博罗骦于1279年到1281年之间所负
责管理的诸地区,这些地区缕列为"哈剌斯博罗斯斡罗罕薛连干"。很
明显"斡罗罕"就是鄂尔浑,关于这个名称,我们知道在蒙元时代与之
完全同音的各种转写(参见下文第37节);而"薛连干"就是色楞格河
(关于这个名称的转写,参见下文第38节;除了色楞格河的名称之外,
这一连串名称还传到了《元史》,121,7b博罗欢的传记中)。另一方面,
"哈剌斯博罗斯"(*Qaras-Boros)应该是像王国维所认为的那样,正与
拉施都丁所引用的名称相应,而后者应该读作 Qaras-Muras(?=Qaras-
Buras)。我们的文本中这里提到了哈剌(或哈剌哈)河,在这段的后面,
提到了王汗在捕兀剌(Bu'ura)川击败了一支蔑儿乞人,而我们文本中
的另外一段(第28节)则称之为不剌(Būra)川。丁谦,10a将哈剌(或
哈剌哈)河视为土拉河的支流喀剌图鲁尔;屠寄,2,14b^①的意见为王
国维所遵从,他认为这就是哈剌河,并把捕兀剌川和不剌川视为博罗河
("Bura"或"Boro")。这条哈剌河,也就是现今的哈剌果勒(Ḥara-γol)
或"黑河",自蒙元时代开始就叫这个名字,这点并非没有可能;这条
河的名称不太具有特点;在本例中的这条哈剌果勒河是额尔浑河右岸
的一条重要支流,发源于库伦之北。至于博罗河("Bura"或"Boro"),
屠寄很明显地确认它就是哈剌果勒左岸的支流博罗河。这条河向东
北流,汇入哈剌果勒河,再汇入鄂尔浑河(参见《蒙古游牧记》,7,32b,

---

① 译者注:此处有误,应为15b。

39b；波波夫《蒙古游牧记》，358，362）。屠寄再次把"合剌思不剌思"（Qras-Buras）径直连起来读，并猜测它指的就是哈剌河和博罗河汇流之处。王国维称，姚燧碑文中的"哈剌斯博罗斯"应该指的是"哈剌河"和"博罗河"之间的地区，但根据他所认为，此"博罗（Bura）河"并非彼"博罗（Boro）河"——哈剌果勒的支流。它指的实际上是名称非常相近的另一条河流，在《蒙古游牧记》，7，37a 中称为博拉河（*Bora，但波波夫前引书，68，359 也同样转写为"Boro"）。"博拉"一名亦见于18世纪初的《异域录》中；另外，它指的并非一条"河"，而是一处"地方"，在哈剌果勒的支流博罗河的东北。作为"河流"，它指的是内府舆图（参见那珂（1），89）称为布拉（Bura）河的那条河，此河在恰克图以南，自东向西直接汇入色楞格河，我过一会再来讨论这条布拉河。目前我们暂且采用屠寄和王国维的论断。如果"霍拉思布拉思"指的是哈剌果勒和博拉河，要么就得把拉施都丁书中的قراس و موراس读作Qaras u Muras "Qaras和Muras"，这就如同抄本E所给出的那样；要么就承认在拉施都丁书中所记的没有断开的名称，是一种与卢布鲁克所记载的 "Onan-Kerule"（参见范登温加尔，《方济各会中国传教史料》，I，208，243，268）、或拉施都丁记载的斡难—怯绿连（Onan-Kälürän，译文，I，159，其中这个术语读错了）所类似的双名形式。虽然严格意义上而言这是有可能的，但并不非常让人惊喜，因为卢布鲁克和拉施都丁书中的双名大概是不正确的。Qara的意思是"黑色"，boro的意思是"灰色"；而这正是现今叫哈剌（Qara，Hara）河的诸河流其名称的含义；而博罗（Boro）河名字的含义之所以成立，是因为它附近的第三条河的名字是Šira "黄色"（《蒙古游牧记》，7，39b；波波夫，同前引书，362，其中根据现在蒙古语中通行的发音，把这个名称转写为Šara）。

　　但是有三点理由屠寄和王国维并没有考虑到，而这三点理由至少得他们比定结果的其中之一变得无效。第一条理由是，捕兀剌或不剌"川"就是《秘史》（第105、109、152节）中的不兀剌客额儿（Bu'ura-kä'är），因此这是一处"草原"，而不是河的名字。第二条，不兀剌的意

269

思是"公骆驼"(突厥语的buγra),我们下面将要提到的拉施都丁书中的记载,确认了其名的这种形式,而且这不能与boro即"灰色"相混淆。最后是决定性的第三条,根据拉施都丁书,成吉思汗在Qaras-Muras地区与兀都夷蔑儿乞人(Uduyit-Märkit)战斗,接着王汗在不兀剌客额儿(Bu'ura-kä'är)击败了蔑儿乞人;因此"Muras"(或Buras,或Boras?)和"Bu'ura"指的既不是一个地方,也不是同一个地名。我们所研究的文本和波斯史家的记载一致表明,Qaras-Muras(或Qaras-Buras)这个地区就在莫那察山的战斗发生的地方(参见下一个注释)。我相信我们

270 还可以补充最后一点理由,在曷思麦里的传记中,提到(《元史》,120,7a)当哲别去世后,曷思麦里从对俄罗斯人和康里人的远征中返回,那时成吉思汗正出发去征服西夏(1225或1226年),曷思麦里在阿剌思不剌思把他所获战利品中最珍贵的一些献给了成吉思汗,此地可能是*Alas-Buras。成吉思汗这处临时驻地的名称,显然和Qaras-Buras是同一种类型,但这也没能阻止屠寄,29,8b用"阿拉善(Alašan)+不剌思(bulaq),即'泉'"来进行解释。实际上,这是由一个形容词加上一个名词所构成的复合名词,而且两者都使用复数,就像在《秘史》中所经常见到的那样。"Qaras-Buras"就是"诸黑色的Bura"。*Alas-Buras大概就是"诸颜色斑驳的Bura",其假设出了蒙古语中的一种方言形式ala,与突厥语的ala相同,而不是常见的蒙古语形式alaq(在我的《马可·波罗注》"Calacian"这一词条中,我讨论了ala、alaq的各种突厥—蒙古语形式)。尽管在姚燧所撰的碑文中,是作元音化的"博罗斯",但这一形式看起来不大可能;应该读作Qaras-Būras,"黑骆驼们",*Alas-Būras即"颜色斑驳的骆驼们",这都是单独的地名或地区的名称。由于偶然的巧合,有个Qaras-Muras(=*Qaras Būras)出现在了拉施都丁书中,正好在我们的文本中提到的是"哈剌河",并且与捕兀剌或不剌草原有关。归根结底,"哈剌河"真的存在吗?拉施都丁和《亲征录》的记载彼此密切相关,并且虽然姚燧所撰的碑文倾向于在名称的后半部分开头是作b-;但拉施都丁书的各抄本此处都是作m-,我相信在作

为拉施都丁书和《亲征录》的共同史源的蒙古文编年史中也是如此。编年史中给出的Qaras-Muras也被拉施都丁的信息提供者正确地传递给了他，但在蒙古文书写中，结尾的-s和-n经常混淆；因此《亲征录》的汉译者把Qaras-Muras给错拼成了*Qara-mürän，因此就有了"哈剌河"，而根据我的意见，这条河是根本不存在的。

至于Qaras-Muras（*Qaras-Būras）的位置，拉施都丁说是在"克鲁伦河前面，靠近色楞格河"之处（در پیس کلوران نزدیک سلنکه）。对拉施都丁而言，"前面"就是指西面（对于面向东方的人而言）。这大致相当于恰克图地区。

271

[3] 这就是《秘史》（第102、105、109及其他各处）中的脱黑脱阿，或更完整地写作脱黑脱阿别乞（第109、111、141及其他各处）。拉施都丁（文本，I，92；II，177及各处）称之为 توقتا Tōqtā 或 توقتا بیکی Tōqtā-bekī（或°begī）。Toqtā使人猜测其原型是Toqta'a，即Toqto'a>Toqtō的同源对偶词，这个名称来自toqta-"停住"，同样，在突厥语中也有源自同样含义的tur-的名称。在突厥语中，toqta-这一形式也在各种方言中传播，并构成了众所周知的Toqtamïš或Tohtamïš这样的突厥语人名。而脱脱（To[q]tō<Toqto'a）则是在蒙元时代最常见的人名之一；《三史同名录》，30，6b—8a仅在一部《元史》中，就区分出了23个不同的脱脱，而《元史》的作者之一也叫脱脱。亦参见《亚洲学报》，1920，I，164。《元史》，122，1b错误地把蔑儿乞人脱脱当成了乃蛮君主塔阳汗的儿子。

脱黑脱阿最终在1208年与成吉思汗一方的战斗中丧命（参见下文第42节），他统治了蔑儿乞部很长时间，因为当王汗在也速该的时代，由于其叔父菊儿汗的逼迫而逃亡时，就把他的女儿嫁给了脱黑脱阿，这最迟也得是在1175年前（参见《秘史》，第177节）。如果拉施都丁所说没有严重错误的话（译文，I，72—74），他的后裔为数众多。《亲征录》本节的内容和接下来的内容里，提到了脱黑脱阿的好几个儿子。

[4] 王国维校勘本中作莫察那，这肯定是印刷错误。莫那察之

名,以同样的转写形式,也传到了《元史》中(格鲁塞《蒙古帝国史》,
96从克劳斯那里得来的"暮那察",是不准确的)。《亲征录》在下文
中(第28节)又使用了木奴叉笑力(Munuča-säül)这样的形式,在《秘
史》(第177节)中则作木鲁彻薛兀勒(Mürücă-sä'ül)。在拉施都丁书
中与之对应的片段里,与我们的文本一样,采用了缩写的形式مونجه,
贝勒津转写为"Munča"(文本,II,179;译文,II,111;这就是多桑,I,
55的"Mouldjé"),更恰当的应该转写为Mūnuča或Mōnoča。接着,
在与《亲征录》第28节和《秘史》第177节对应的片段中,拉施都丁
说成吉思汗在一处地方的قاينليق Qāyïnlïq "后面"的山丘(پشته puštä)击
败了蔑儿乞人,而那处地方的名称在各本中都很难辨识,其名应重构
为موری جاق ساول Mūrī-čāq-sāül[①] (或 سول °sōl;参见哀德蛮《铁木真》,
290 ["Muri-dschack-sūl"] 及594;贝勒津,文本,II,220;多桑,I,75的
"Mouritchac-Moual"和贝勒津,译文,II,136都是错误的异文)。《亲征
录》(第28节)其中提到战斗发生于"哈丁里(Qadingli[q])山之西,木
奴叉笑力(Munuča-säül)之野"。事实上,《秘史》(第177节)提到"合
迪黑里黑山(Qadiqliq,读作"Qadingliq")背面的(niru'un-u)木鲁彻薛
兀勒"。Qadingliq,更准确而言是合迪黑里黑(Qadïnglïq),是一个突厥
语词汇,其含义正如拉施都丁就Qayïnlïq一词明确的解释,是"有很多
桦树(خدنى hadäng)的地方"。Qadïng (>波斯语 hadäng)>qaδïng(布罗
克曼,喀什噶里书,140)>qayïn是桦树的突厥语俗称。在拉施都丁书
中,Qayïnlïq是在"Muri-čaq-säül"的"后面"(päs),也就是在其东边。
各书对其位置所指是相同的,唯一不同之处在于,波斯史家将战斗发生
的地点放在"桦树林",而其他的史料则置于这座山西边的草原上,可
能其他的史料是有道理的。

　　各文本的平行记载,自然使我们认为莫那察(或"木奴叉")和木
鲁彻薛兀勒(Munuča-säül、Mürücă-sä'ül和Muri-čaq-säül)指的是同一

272

---

① 补注:原文排印错误,误为"سورى"。

个地方(参见那珂(1),228；那珂(2),49；丁谦,24a；屠寄,2,15b)。对拉施都丁而言,这是一处"地方"的名称,而《亲征录》则把莫那察当作一座山,说木奴叉笑力是"草原"；而拉施都丁和《亲征录》对于把哈丁里(Qadïnglïq)称为山或山丘这点上是一致的。在蒙古语中,sä'ül的意思是"尾巴",似乎这个词有时会加到地理名词的后面,我们本书第15节中的"哈剌薛兀里"(Qara-säül)可能差不多就是"Qara尾巴",因此也就是"黑尾巴","尾"这个词是取其"延伸出去"、"尽头"的意思的含义,而其真正的名称对应的是其缩写形式。战斗的发生地点很可能就在山旁边,莫那察(或"木奴叉")的最东边,而这就解释了各文本表面上的矛盾之处。

作为其真正名称的缩写形式,表现出重要的分歧之处：在《亲征录》的两个片段和拉施都丁书的前一处,在其第二个音节的最前面有个-n-,而在拉施都丁书的后一处以及《秘史》中,这里则是个-r-,其分歧可能是由最初的字形所造成的；在蒙古文书写中,-n-和-r-写得如果不是很仔细的话,经常会搞混淆。我没有办法准确说出错误是在哪里产生的。此外,拉施都丁所仰仗的是《亲征录》所从出的蒙古文原本,而不是《秘史》。然而他也在第二个片段中采用了《秘史》中作-r-的同样的形式,这使我们倾向于认为这才是其名最初的形态。另外,在这种情况下,我们还必须承认拉施都丁书的第一个片段中误作-n-的形式,在《亲征录》和拉施都丁所使用的蒙古文原本中就已经是如此了,而且这种讹误的形式还通过《亲征录》的汉译者所使用的抄本而扩散到了拉施都丁书的第二个片段中(我们不能指责拉施都丁书的这些译者本身,因为他们毕竟在两个片段中采用了不同的转写形式)。基于相信拉施都丁的Monoča(或Munuča)这一形式,我把《亲征录》中的这个名称重构为Monoča和Munuča-säül；不然的话,我们也可以假设为是*Monoča[q]和*Munuča[q]-säü。可以确定的是,《亲征录》的译者把这个名称的前半部分读成是非颚化的,而拉施都丁的Muri-čaq-säül表明他也是这么读的。可能《秘史》中的木鲁彻薛兀勒(Mürüčä-sä'ül)是

273

*Muruča-sä'ül或*Muručaq-sä'ül的一种错误的异文。对于一个其名称的形式都不太能确定的词,我无从获知其词源。

关于拉施都丁的"Munča"(读作"Munuča"或"Monoča"),克拉普罗特(《亚洲学报》,1833年5月,452)说它就是"Mandzin"河,我们地图的"Tchikoi"河(即《蒙古游牧记》中的楚库(Čükü)河)上游左岸的一条小支流,而楚库河是色楞格河右边的支流;哀德蛮(《铁木真》,567)重复了克拉普罗特所云,霍沃斯(I, 22, 55)有时读作"Mondja",有时读作"Mundsheh",并补充了与这条河有关的细节。但是,各文本中提及的是一座"山"或一片"草原",而没有提到一条"河";另外,倘若将流入楚库河的这条支流置于考虑之中的话,它的位置也太靠东了。我们应该更向西北、更靠近色楞格河的地方求之。它可能指的是毗邻恰克图东边的山的一处草原。

[5]实际上文本是写作"兀都夷蔑里乞二部",这要么是由于多添加了"二"这个字,要么更可能的是追溯到汉译者本身所制造的一个错误。正如王国维所指出的,"遂"这个字也是无关的,我怀疑应该读成"逐"。

《秘史》正确地提到了兀都亦惕篾儿乞惕(Uduyit-Märkit, 第102、105、111、114、199节);拉施都丁书也同样,给出了 اودویوت مرکیت Ūdūyūt-Märkīt①(文本,I, 90, 92;译文,I, 70, 72[在这第一编中,贝勒津错误地读成"Oroyut"];文本,II, 179;译文,II, 111[贝勒津转写为"Odoyut"])。在与目前讨论有关的这段中(文本,II, 79),拉施都丁说兀都亦惕篾儿乞人是篾儿乞部的一支(شعبه šu'bät),但在《部族志》中(文本,I, 90;译文,I, 71),则提到兀都亦惕篾儿乞惕是篾儿乞人的统称,篾儿乞惕或兀都亦惕篾儿乞惕分为四支:مودان Mōdān, توداقلین Tōdāqlīn, اوهز مرکیت Ūhaz-Märkī(贝勒津错误地采用了 هوهر 并转写为

---

① 补注:《史集·成吉思汗纪》伊斯坦布尔抄本、塔什干抄本作"اودووت مرکیت",《史集》第一卷第一分册《篾儿乞惕部落》苏联集校本原文作"اودویوت مرکیت"。

"Ukhur-Megrit")和 جيون Jīūn(?)。事实上看起来兀都亦惕是蔑儿乞人中占支配地位的部落。贝勒津提出的关于这个名称的词源(译文，I, 245；II, 217)是不可能的；把Uduyit这个名称和色楞格河右边(霍沃斯所说的"东边"和不是"西边")的支流乌达(Uda)河联系起来的观点，是由克拉普罗特所提出的，并为霍沃斯(I, 22)所接受，这要相对可信一些，但与这个名称并不能完全对应。《秘史》第202节中的兀都台(Udutai)，可能即*Udūtai，可以作为来自兀都亦惕一名的族名。

Mōdän一名在拉施都丁书(文本，III, 9；译文，III, 6)中另外写作 مودن Mōdän。我写作Mōdän是因为在对应的片段中，我们的文本(第38节)写作麦古丹(Mägüdän)。出于错误或者是有他们的理由，拉施都丁的信息提供者把-g-读作-'-，所得到的*Mä'üdän就写成了Mōdän。我们文本(上文第9节)中的蔑兀真笑里徒(Mä'üjin-säültü)的例子是同样的，拉施都丁写成了Mōjin-sōltü，在《秘史》中则作蔑古真薛兀勒图(Mägüjin-sä'ültü)。Mägüdän原则上是*Mägüdäi复数，我在第9节的注释中已经说到，Mägüjin可能原则上就是与*Mägüdäi对应的阴性形式。我不知道mägü-或mä'ü-这一成分的来源是什么。

我在有关叫作Tutuqli'ut的塔塔儿部落的讨论(参见上文第1节)中提到了Todaqlin，并且我指出这个名称，几乎肯定可以从《元史》列传中的脱脱里(Toto[q]li)或脱脱里台(Toto[q]litai)这一族名中寻到。拉施都丁在《成吉思汗纪》(文本，III, 9；译文，III, 6)中使用了Todaqlin这一相同的正字法形式。我们的文本在对应的片段中(下文第38节)，写作"脱脱里"(Toto[q]li)。这一部族的名称也以更加完整的形式脱脱怜[修正为"邻"](Toto[q]lin)见于《元史》132, 3b。在第1节的同一个注释中，我提到Totoqli或Todaqlin与"totoq的百姓"完全对应，而Totoq是tutuq这一称号众所周知的蒙古语发音。我们知道，在拉施都丁书中，第一个音节包含唇元音的词，其第二个音节中经常含有-a-，而这个-a-在别处的转写中是用-o-来对应。但即使在拉施都丁书中，可能也有在第二个音节中作元音-o-这样的形式，因此我相信波斯史家所

275

提到的脱黑脱阿的女儿,贝勒津将其名读作"Turukalčin",实际上应该是叫作 تودو قليجين Tōdōqlījīn,也就是说,她是以来自 Todoqlin 或 Todoqlin 这一部落名的阴性族名形式而被命名的。几乎没有必要再次说明,蒙古文书写在 t 和 d 之间不做区分,而且不同的翻译者和转写者也无从了解到有关发音的传承。正如我在第 1 节中提到的,《元史》中的一篇传记中实际上提到了按摊脱里氏,但"按摊"这个前缀仍然无法解释。

Uhaz(或 Ohaz)蔑儿乞之名经常出现在《秘史》中,在第 102、105、109、111 和 117 节写作兀洼思(Uwas,我手头库伦抄本的复本作 U'as [或 Uqas]),但第 197 节中作豁阿思(Ho'as)。当这个名称在成吉思汗纪(文本,III,8;译文,III,6)中再度出现时,拉施都丁书的各抄本给出的形式是 اواز Ūwāz,但在《亲征录》中对应的片段里(参见下文第 38 节)写作兀花思(Uqas)。Uhaz、Uwas、Uqas 对应的是以 -s 结尾的复数形式,其单数可能是 Oha 或 Uha,我在上文第 5 节中有关察合安兀阿(Čaqa'an U'a)的注释中已经提到过了。拉施都丁说这个词的意思是"游荡的勇者",但在各种文献中我都没有找到这个词的蒙古语原文形式。兀洼思蔑儿乞人的首领是答亦儿兀孙(Dayir-Usun),他把自己的女儿忽兰献给了成吉思汗(参见下文第 38 节)。关于此事的一种非常讹误的记忆,仍然保存在后来的蒙古传承中,而施密特(第 381 页)和霍沃斯(I,57)宁可专断地将其与这些中古史料联系起来。根据萨囊彻辰书(施密特,77),成吉思汗派遣了一名使者到 Solongγos(=高丽人)的察罕汗(Čaγan-qaγan,"白汗")那里,察罕汗向成吉思汗送出了和兰郭斡(Qulan Γoa,即"美女忽兰")——她是高丽墨儿格特(Solongγos Märgät)岱尔乌逊(Dayir-Usun)的女儿,还有作为陪嫁的高丽和布噶斯人(Buγas)。满文本同样作 Bugas 和 Solho(=高丽人,第 40 页;但海涅士的校本此处断句有误),汉文本则作"布噶斯高丽"。蔑儿乞之名讹误为 märgän "敏捷的"(特别是指"神射手")的复数形式墨儿格特(Märgät),在我手头的库伦抄本的复本中是普遍存在的(例如对页 36a)。Solongγos 是 Solongγo 的复数,其含义是"高丽人",但其

276

本来的含义是“鼬鼠”。布噶斯（Buγas或Buqas）是Buγa（Buqa）的复数，其本义是“公牛”。确实有一个布噶斯部落存在于15到17世纪，施密特书第77页的“Bughas”就是第187、215、259页中的“Buchas”（=Buḫas<Buqas），这也就是1547年成书的《边政考》中鄂尔多斯的哱合厮（总图，1，3a；榆林图，2，7a）以及《续文献通考》中的孛合斯（*Boqas，参见《蒙古源流笺证》，6，5a），在现今的鄂尔多斯还有$_{B}$u̯χas的氏族——χara $_{B}$u̯χas（“黑牛”）和Šara $_{B}$u̯χas（“黄牛”）存在（参见田清波《鄂尔多斯志》，38）。在萨囊彻辰书的文本中，加入关于高丽的记载，从历史看是毫无理由的。但很清楚，正如贝勒津（译文，II，217）和张尔田（《蒙古源流笺证》，3，14b）所见，布噶斯（Buqas或Buγas）在中古文献中替换了同音的Uwas或Uqas。此外，这种讹误并非萨囊彻辰书所导致的，因为在《黄金史》（1）的平行文本（贡布耶夫，23，134）就已经有Buqas这种形式了。

J̌iun（?）根据拉施都丁书是蔑儿乞部第四个分支的名称，肯定不见于别处而仅见于此。另外，在《元史》（120，4b）中有篇传记告诉我们，克烈部人镇海（Činqai）参与了对塔塔儿、钦察、唐兀、只温、契丹、女直（J̌ürčät）和河西等国家的战争。在这份名单中，我们看不出唐兀和河西有什么区别，而这两者都是对西夏王国的通称。至于“只温”，通常与*J̌iun相对应，因此完全可以与拉施都丁称为蔑儿乞的J̌iun部落的名称勘同，但我们看不出这个明显的子部落在这段对“诸国”的列举中，会有任何一个称号与之相应。另外一种对“J̌iun”一名可能的解决方案，将在本注释接下来的部分中提出。 277

在兀都亦惕篾儿乞之外，拉施都丁列举了蔑儿乞部的四个氏族。与此相反，《秘史》总是提到“三种蔑儿乞（qurban Märkit）”，前两个氏族是兀都亦惕（Uduyit）和兀洼思（Uwas或U'as），但第三个氏族在拉施都丁书中蔑儿乞部的简述中则没有提到，这就是合阿惕篾儿乞惕（Qa'at Märkit），其首领是合阿台答儿麻剌（Qa'atai Darmala），这一氏族的氏名就是从这位首领的名字而来的（参见《秘史》第102、105、106、

111、112节)。关于答儿麻剌一名,参见上文第4节。合阿台答儿麻剌的名字在我手头库伦抄本的复本中总体而言都保留了正确的形式,但合阿惕篾儿乞惕的名称却总是错误的,三处写成了"Asqat Märgät"(对页35a、37b和40b),一处写成"Qalqat Märgät"(对页38a),但这些都是字形讹误所致,而并非其名称的变体。Qa'at原则上而言是一种复数,其单数可能是*Qa'an、*Qa'at或*Qa'ar。而其中我只知道qa'an,我们不禁怀疑Qa'at是否具有某种"汗室的"含义。在拉施都丁书中,合阿惕篾儿乞惕这个部落的名称似乎出现于成吉思汗纪中的一处中,此处贝勒津的译文(III,6)提到了一个叫作"Khaan"的篾儿乞部落。但各抄本中(文本,III,9)作 جون、جوو 和 حوءن,而贝勒津没有对此做任何解释,就将其转写成了"Khaan",这大概只是因为受到了《秘史》中合阿惕的影响。这些抄本中的形式通常导致重构为 جون J̌ūn,因此应该就是部族志中的J̌iun。这个问题由于《亲征录》(下文第38节)中对应段落的记载而变得复杂化了,其中提到了"掌斤"(*J̌anggin)这一形式,而这一形式肯定是有讹误的;存在着"字斤"这样一种变体,但大概也必须予以排斥("字斤"这一形式不恰当地进入到洪钧,1A,57和屠寄,II,30b的文本中)。对应于贝勒津所读的"Khaan"这种形式,多桑(I,91)像拉施都丁书中篾儿乞部的概述中那样读作"Djiounes"。这使得洪钧和屠寄先后建立了一种值得关注的关联。《元史》,117,2a有拖雷的一个乃蛮人侧室所生之子拔绰[*Böčök,即《秘史》第277节中的不者克(Büjäk),拉施都丁书中的 بوجک Būjäk或Būčäk,在伯劳舍,II,207—208中,同时给出了一种不可能的词源]的孙子牙忽都(*Yaqudu,伯劳舍,II,209释读拉施都丁书的形式作 جاوتو J̌āūtū,这两种形式在蒙古语中的写法是一样的)的一篇简传。在这篇简传中,提到拔绰(而不是像洪钧所引用、并为屠寄所相信的那样作"牙忽都")娶了一位察浑灭儿乞氏(*Čaqun-Märki[t])的女子。洪钧和屠寄的怀疑并非没有理由,他们认为在察浑(*Čaqun)和多桑的"Djiounes"之间存在着关联。但在这种情况下,也可以导向"掌斤"。《亲征录》中的这个名称,或可认为是

受到了存在于蒙古语中的专有人名Janggi的影响而发生了讹误，后者
这一名称既见于《秘史》（第277节），亦见于《元史》中（参见《三史同
名录》，19，3—4），但我认为这有点太过于夸大抄写者的知识储备了，
这一讹误应该仅是偶然所致。按我的观点，"掌"可能是"察"之误；
而"斤"则是"兀"之误，也可能是发音为"wen"的字之误，但我此刻
还没想出对应的汉字是什么。所以这个名称应该是察兀（Ča'u）或者
是察wen（Ča'un），在蒙古文书写中，后者与Čaqun是一致的。至于拉
施都丁书中的形式，在《部族志》和《成吉思汗纪》中都应该读作 جون
Čōn（<*Ča'un）。如此，《秘史》就是唯一提到合阿惕（Qa'at）这个名称
的了。

　　[6]这里应该补充一个"上"（即"陛下"）字，王国维校本中无意
间遗漏了此字。

　　[7]在下文中有与之相关的不剌（Būra）这一形式。《秘史》（第
105、109、152节）称此地为不兀剌客额儿（Bu'ura-kä'är），即"公骆驼草
原"。在拉施都丁书中，有两处提到了与之对应的名称，但学者们的读
法则各自不同：克拉普罗特读作"Nuker-kehreh"（《亚洲学报》，1833年
5月，第453页），多桑读作"Toucar Kehré"和"Toucara"（I，55，75）；哀
德蛮读作"Bucker Gehreh"（《铁木真》，271，290）；贝勒津读作"Bokir-
keger"和"Bokir-kegere"（译文，II，111，137，316），此外，他还用Bokir-
kä'ärä"蜿蜒的草原"这　蒙古语的语源来解释这个名称（同上引，II，
278）。但拉施都丁书的抄本（文本，II，180，221；亦参见哀德蛮《铁木
真》，587）实际上是作 بوقره كهر Būqra-kähär 或 بوقره كهره Būqra-kähärä①
（看起来拉施都丁经常是用kähärä这一形式来指"草原"，这与现代蒙
古语中的kä'ärä对应，而《秘史》中均写作客额儿（kä'är）；但同样也有
可能，拉施都丁的kähärä这一形式结尾的-ä是不恰当地保存于文本中

---

① 补注：《史集·成吉思汗纪》伊斯坦布尔抄本、塔什干抄本作"بوق كهر"，伦敦抄本、巴黎抄本作
"بوقره كهره"，伊朗议会图书馆藏抄本作"بوقركهره"。

的与格-位置格形式），而buqra则是蒙古语bu'ura的另一种转写形式，在突厥语中作buɣra "公骆驼"。中国学者要么把不兀剌客额儿或捕兀剌（<Būra）川比定为哈剌果勒左边的支流博罗河；要么比定为恰克图以南汇入色楞格河的布拉（Bura或Būra）河（参见上文第269页）。博罗河应予以排除。客额儿的意思是"草原"而不是"河"。《秘史》中提到的"薛凉格河的不兀剌原野"为我们指出了其地理位置。《内府舆图》（参见那珂（1），89）在恰克图南边有一条布拉河，在恰克图东边有布拉喀伦。我认为这个词应该复原为Būra-Karun，Karun是一个满语词，指的是"边境哨卡"（?<蒙古语的qara'ul，通常的转写作"卡伦"），而不应猜测为是错误地保持了一个属格形式的*Būra-kǎr-ün（我忽略了《异域录》中给出的满文形式，因为我未能参考此书；这一著作的汉文本写作"博拉"，参见《蒙古游牧记》，7，37a以及上文，268）。就我所见，可能布拉喀伦中的*Būra，就如同布拉河一样，仍保留了不兀剌（Bu'ura>Būra）"川"的名称，而不兀剌客额儿本身，应于恰克图之东求之。如果我们可以相信《秘史》（第152节）的话，则这个地方唤起了王汗的悲惨记忆，因为正是在这个地方，他7岁（也就是我们的6岁）的时候，也是就差不多半个世纪前，被蔑儿乞人抓住，穿着有黑色斑点的公山羊皮袄，被迫为他的绑架者在一个研钵当中舂谷物。

对蔑儿乞人的战争就是在这个地区进行的，《秘史》第105—114节的记载使我们对此毋庸置喙。正如我在前面的一处注释中所指出的，《秘史》中的这段，虽然表面上是与成吉思汗、王汗和札木合共同参与的一场年岁久远的战争有关，但实际上给出的路线是按照我们现在所讨论的这场战争。根据《秘史》，脱黑脱阿带着兀都亦惕蔑儿乞人，当时是在不兀剌客额儿，即我将之置于恰克图东边的地方；合阿台答儿麻剌带着阿惕篾儿乞人，是在合剌只客额儿（Qaraji-kä'är，"Qaraji之[或‘诸’]原"，无从比定。在格鲁塞《蒙古帝国史》，431中，巴鲁克先生将Qaraji译作"其水[即使在冬天也]不结冰"。实际上，在现代蒙古语中有 qaraǰi 或 qaraǰa 一词，其含义是"水面无冰之处"；但也有完全有可能指的是单独的一个 qaraǰi，qaraǰin，qarači，这一词汇间接在蒙元时代得以证实，其含义是"负责［获取］qara[-qumis]，或［母马的］黑马湩的人">现代的 Ḥaračin 这一名称；参见《亚洲学报》，1920，I，169—171；将 Qaraǰi 解释为"哈剌果勒之下游"，这一首先由高宝铨提出，并为那珂（1），90 所采纳的观点是不能成立的）；答亦儿兀孙带着兀洼思篯儿乞人是在鄂尔浑河和色楞格河之间的"塔勒浑阿剌勒（Talqun-aral）"，也就是说在恰克图西南这两条河汇流所形成的一处类似岛屿的地方。

280

札木合制定了作战计划，他将三支部队会合以对蔑儿乞人开展行动的地方，定在鄂嫩河源头处的字脱罕字斡只（Botoqan-Bo'orǰi，格鲁塞《蒙古帝国史》，432 中的"Botoqan-bo'ordjid"是对表示属格-位置格的词尾 -da 错误地点断所造成的，botoqan 的意思是"幼驼"，格鲁塞前引书中巴鲁克先生给出的所谓"baghourdjid"的解释"牧场"是不存在的［我们只有解释为"厨师"的 ba'urči，ba'určin，参见《通报》，1930，26—27］，此外这里在语音上也是不能接受的；boorǰi 的意思是"第二代的奴隶"，但也解释不通）。成吉思汗和王汗，从克鲁伦河上游出发，先在乞沐合豁罗罕（Kimurqa-qorqan，第 107；或第 88、122 节的乞沐儿合豁罗罕（Kimurqa-qoroqan））的阿因勒合剌合纳（Ayil-Qaraqana）会合，从那里他们又去了字脱罕字斡只。Ayir（>突厥语、俄语的 aul）的意思是"村庄"，qaraqana（qarayana）是西伯利亚刺槐的名称，这个地点仍然未知。Qoroqan 的意思是"小溪"。这里我们有了一处坐标。事实上这肯定就是鄂嫩河上游右岸的那条小支流，它仍以"Kimourha"之名出现在唐维尔的东部内亚地图第 7 页中；在现代的汉文地图中颚化为齐母尔喀（或"哈"，Cimurqa）；在《水道提纲》和《蒙古游牧记》，9，10b 中被称为呼玛拉堪（*Qumarqan，*Ḥumarqan，波波夫《蒙古游牧记》，396 转写为"Khumargan"，参见那珂（1），66）。这种比定中的重要之处在于，确定了成吉思汗和王汗是从克鲁伦河流域，经过了鄂嫩河的这个地点,前去攻击蔑儿乞人。也就是说,他们的行军没有取道于肯特山南的土拉河流域、哈剌果勒和鄂尔浑河,而是取道山北,自鄂嫩河向西北去。札木合的计划包括,自鄂嫩河上游以筏子(sal)渡过勤勒豁河(Kilqo,第105、109节),出其不意地去不兀剌草原袭击脱黑脱阿。勤勒豁河(mürän)肯定就是我们地图中的"Kilok"(德文拼写作"Chilok"),它是色楞格河右岸的一条重要的支流,在《水道提纲》中叫作启儿活,在现代地图上叫作乞勒豁,也就是Kilḫo(参见那珂(1),90;格鲁塞《蒙古帝国史》,70和格鲁塞等的《总体史·中世纪史》X,第一部分,282,但要考虑到这两部著作所附的勘误表)。这表明了一种向北方进行的大迂回,而且这种迂回很难予以解释,因为接下来为了到达恰克图地区以及鄂尔浑和色楞格两河交汇之处,联军需要再次渡过勤勒豁河,而为了避免两次渡过勤勒豁河,就必须总是待在河的南边。这种明显的反常现象,可能是为了使联军自北出其不意袭击蔑儿乞人,并切断他们向色楞格河下游和贝加尔湖东面的巴儿忽真河谷的退路。总之很明显的是,远征的路线,大体上看都是在肯特山之北,这就排除了学者们有关哈剌果勒的假设,此外正如我们所见的那样,《亲征录》也并没有提到哈剌果勒。

[8]《秘史》(第157节)作脱古思别乞(Tögüs-bäki)。在与之对应的片段中,拉施都丁书的抄本写作 تكوز بيك,[①] 贝勒津转写为"Tukuz-bik"(文本,II,180;译文,II,111,321),这就是多桑,I,55中的"Tekoun Bey"。在《部族志》中(文本,I,93;译文,I,73),拉施都丁写作更准确的 توكوز Tōḡūz。بيك bēg 这一称号从来没有和蒙古人的名字连在一起过,而均作bäki(beki)或bägi(begi)。比如脱古思父亲的名字,拉施都丁就写作Toqtā-begi。因此我相信应该重构为 تكوز بيكي Tögūz-bēgī(或Tögūz-bēkī)。Tögüs可能是tägüs "完全的"一种方言形式。拉施都丁的-z标志着一种突厥语化的形式,就如同忽儿札胡思(Qurǰaquz)的例

---

① 补注:《史集·成吉思汗纪》伊斯坦布尔抄本、塔什干抄本作"تكوز بيكى"。

子同样(我们还可以补充这样一些例子,比如马儿忽思(Marɣuz)=马尔谷(Marqus),马可;Körgüz 或 Görgüz=Giwargis,乔治等)。蒙古语本身没有以 -z 结尾的词,而这一形式的借词通常转变成了 -s 结尾。像成吉思汗的称号 Činggis 也是如此,在拉施都丁书中作 Čingiz。蒙古文书写后来是与回鹘文书写同样,对 -s 和 -z 不加区分,但最初它是有所区分的,定年为 1225 年的"成吉思汗石",用蒙古文书写的似乎更可能是 Činggiz-qan 而非 Činggis-qan。

282

[9]这个名字以同样的形式见于第 28 节。《秘史》第 157 节作忽秃黑台(Qutuqtai)。拉施都丁在《部族志》中写作 قوتوقتى Qūtūqtaī[①](文本,I,93;译文,I,72),更完整的形式 قوتوقتاى Qūtūqtaī 见于本段的平行文本中,但在与我们本书第 28 节对应的片段中重新写作 قوتوقتى خاتون Qūtūqtaī-ḫātūn(文本,II,180,221;译文,II,111,137)。忽秃黑台(Qutuqtai)可能是古典蒙古语中几乎唯一一个(还有 sutai)保留着表示区分的用以指女性的后缀 -tai 的词,而后缀 -tu 则用以指男性。Qutuqtai 的意思是"幸运的",从词源意义而言,它与突厥语的 qutluɣ 是同一个词。

[10]察勒浑使我们猜测其原形是 *Čalqun,而从 Čalqun 可以得到下文第 28 节中采用的察鲁浑这一形式。《秘史》(第 157 节)写作察阿仑(Ča'alun;海涅士《词典》,174 中的"Ca'arun"是一种错误的异文,并且传到了格鲁塞《蒙古帝国史》,96)。在《部族志》中,拉施都丁(文本,I,93;译文,I,72)给出了一个不规则的名称 قبلاق Qīlīq;在与我们本段对应的文本中,据贝勒津书(文本,II,180;译文,II,111)写作 جيلاون,而贝勒津转写为"Jilaun"(无论如何应该读作"Čilaun";在 III,199 的索引中,变成了"Jilaugen"),但这是由于贝勒津的一处错误,哀德蛮(《铁木真》,291)已经给出了"Chalghun",这假设了一种源自 Čalɣūn 的讹误形式 خلغون *Ḥalɣun。事实上,在与我们所研究的这本书第 28 节对应的片段中,拉施都丁给出的正是 جلغون Čalɣūn(文本,II,221),而不

———

① 补注:《史集·成吉思汗纪》伊斯坦布尔抄本、塔什干抄本作"قوتوقتاى"。

是贝勒津(译文,II, 137)这回又转写成的"Jilaun"。洪钧(1A, 30)基本上是根据贝勒津的俄译,把这个词回译成汉文的"察勒浑"这样的形式,也就是与《亲征录》中的人名相同。那珂(2), 23认为这肯定是贝勒津所给出的形式,但看起来实际上洪钧是心照不宣地用《亲征录》中的这个名称,替换了贝勒津所实际给出的形式。尽管如此,可以相信在贝勒津书的第二和第三个片段中的正应该读作Čalɣūn。如果我们将应该是出于贝勒津本人之误的"Qïlïq"这一形式放到一边,那么我们就会发现存在着两种传承,一种是《亲征录》和拉施都丁书中的Čalqun(Čalɣun),另一种则是《秘史》中的Ča'alun。分歧显然是因为最初的蒙古文字形多一勾还是少一勾,以及这里-l-字母向外的那一笔划所造成的。Ča'alun作为一个规则的女性人名是更占优势的形式,它由čaɣān、ča'ān"白色"以及女性人名后缀-lun所构成(参见Hö'älün、Nomolun、Altalun、Bayalun等等);关于此,有《元史》, 109, 1a或131, 7a中转写为茶伦(Čālun<Ča'ālun)这一名称的例子。另一方面,Čalɣun可能指的是突厥语中的"萝卜"、"蔓菁"(这个词不见于拉德洛夫的词典之中,他仅指出了čalqan、šalqan和šalɣam这样的形式,参见波斯语的šälɣäm,叙利亚语的širgimī或šārigmä[《亚洲学报》, 1930, I, 150],阿拉伯语的säljäm,我相信在东部突厥语中见到过čalɣūn,但现在不及查对笔记予以核实),并且在蔑儿乞人当中也有突厥语的名称。我无法确定这两者中哪一种才是正确的原始形态。总之,即使是像《秘史》那样读成察阿仑,也必须承认两度出现的"察勒浑"这种错误的异文,在作为《亲征录》和拉施都丁记载之基础的蒙古文原本中就已经存在了。

《亲征录》(第14和28节)提到了忽都台和察勒浑这两位哈敦,但既没有提到她们的亲缘关系,也没有提到她们是谁的妻子(qadun=ḫatun),但根据上下文表明她们是脱黑脱阿别乞的太太们。在蔑儿乞部族的概述中,拉施都丁提到忽秃黑台和"Qïlïq"是脱黑脱阿别乞的众多夫人中的两位,但在与我们所研究的本书第14节对应的片段中,又称忽秃黑台和察勒浑是他的女儿(duḫtar;文本,II, 180;译文,

II, 111）；然后，在与我们本书第28节对应的片段中（文本，II, 221；译文，II, 137），拉施都丁又同样明确提到脱黑脱阿别乞的夫人（ḫatun），是忽秃黑台哈敦和察勒浑哈敦。贝勒津不仅没有注意到这一矛盾之处，而且在第278页的一处注释中，完全不管他本人在《部族志》中的译文，即称拉施都丁说"Qïlïq"是脱黑脱阿别乞的第二个"女儿"。在《秘史》（第157节），我们读到Toqto'a-yin Qutuqtai Ča'alun ǰirin ökit inu qatut inu abču"取其二女（ökin），脱黑脱阿的夫人（qatun），[即]忽秃黑台和察阿仑"。老的汉文译本作"要了他两个女儿并他妻"。那珂（1），183，同样理解为"他抓住了脱黑脱阿的两个女儿，忽秃黑台和察阿仑，以及他的妻子们"；但在一处注释中，他引用了《亲征录》，并且惊讶于"可敦"（夫人）这个称号竟然用于"女儿们"，并认为提到这样的称号是一处错误。那珂在他校勘的《亲征录》中也表达了同样的观点（那珂（2），23），而并没有提到在第28节中再度出现的"二哈敦"，而在第28节处那珂也没有进行任何说明。因此格鲁塞先生（《蒙古帝国史》，96）提到忽秃黑台和察阿仑是脱黑脱阿别乞的"女儿"，也并不使我们感到惊讶。实际上，我认为《亲征录》这里并没有错。在昔日的蒙古人中，首领未出嫁的女儿们是很少会被提到的，但其妻子们则经常会被记录下来。因此我们可以料想这里提到的是他的妻子们，并且对于没有看过《秘史》文本的人而言，我们在正常情况下通过《亲征录》的两个片段所获知的两位哈敦，就是脱黑脱阿的夫人。在此那珂是有道理的，因为他怀疑哈敦怎能用于尚未出嫁（ökin）的女儿。但我怀疑《秘史》中ökit inu是一处衍文；其结构亦暗示了这一点，因为蒙古文本中这句是不自然的。据我所见，其最初的文本应该是Toqto'a-yin Qutuqtai Ča'alun ǰirin qatut inu abču，然后被修正而插入了ökit inu，而这个进行修改的人可能掌握着和拉施都丁书中与我们的第14节对应片段中同样的传承。事实上，在我手头库伦抄本的复本中（对页第77b），我们发现与《秘史》第157节对应的文本中，两个哈敦的名称讹误成了Qatuq-tai和Čaqalalun，但后面紧接着的就是qoyar qatut inu（ǰirin，表

284

示阴性的"二"这个词,被古典蒙古语中的qoya,即不区分其阴阳性的"二"所取代了),没有出现ökit inu。在元朝灭亡之前,这处衍文仍然是可理解的;而为老的汉文译本所印证的蒙古语今本,则是由14世纪末的转写者们所辨识出的。

[11]同样的转写亦见于下文第15节中,但在接下来的第24、28和43节中则作"火都"(Qodu)。《秘史》第141、142、144、157、162节写作忽图(Qutu),但在第177、197—199节中则写作忽都(Qudu)。我们发现《秘史》的转写者们已经不知道有关这个名称真正发音的传承了。关于《元史》中提到叫作火都、忽图和忽敦(Qudun)的其他人物,参见《三史同名录》,28,3b—4a。这个名称真正的形式似乎是火都(Qodu);在蒙古语中,qodu或qodun(《秘史》第114、195节)的意思是"(动物的)足",现在人们写作γodu(在科瓦列夫斯基,I,1627,所指出的γoto这种发音,看起来是不正确的)。拉施都丁写作 قودو Qōdū(文本,I,93;II,180、186、191、204、221;译文,I,73,II,111、114、118、127、137;III,11、14、30、31、115),贝勒津转写为"Khudu"。《元史》写作霍都(Qodu;121,1a)和火都(Qodu;128,6a),122,1b中的"大都",也是"火都"一名字形上的讹误。与巴托尔德《突厥斯坦》(2),370所认为的相反,火都与拉施都丁书,译文,I,73中同时代的"Qultuγan-Märgän"并非同一个人;关于后者,其名很不确定,应该考虑《秘史》第199节中的合勒(Qal,第198节中的"合惕"(Qat)这个形式看来是错的),亦参见《亚洲学报》,1920,I,164。

在他们被击败之后,和都成为了其部落残余民众的首领,并托庇于钦察人,而钦察人的君主拒绝将他们交给成吉思汗,因此成吉思汗入侵了钦察(《元史》,121,1a;128,6a[其中的编年顺序是不合实际的,参见《亚洲学报》,1920,I,115—116])。《秘史》(第198节)提到忽都和他的两个兄弟,逃到了康里人和钦察人那里。拉施都丁在成吉思汗纪有关和都的叙述中没有提到钦察,其中说到他与几个兄弟一同丧命(译文,III,31),而在他的《部族志》中则明确地提到了钦察(译文，I，73）。

　　此外，关于和都还产生了一种复杂的情况。在《亲征录》里总是提到和都是脱黑脱阿别乞的儿子；明确提到王汗召唤脱黑脱阿别乞的幼子们，也就是和都和赤刺温，在《秘史》中也同样是如此记载。但拉施都丁则在他的《部族志》中说（文本，I，93；译文，I，72—73），王汗抓住了脱黑脱阿别乞的兄弟和都，和脱黑脱阿别乞的儿子赤刺温；他还补充道脱黑脱阿别乞有一个兄弟和一个儿子都叫和都。但根据拉施都丁书，脱黑脱阿别乞的另一个兄弟总是被称作 اورجانك Ōrčāng（根据《成吉思汗纪》中所提到的名字，应该如此释读，而不是像贝勒津那样读作 اورخان "Urkhan"）。在《成吉思汗纪》中，和都总是被称作为脱黑脱阿别乞的"兄弟"（译文，II，111，114，118，127，137；III，11，14，30，31，115），并且同样还有一次（II，111）也这么称呼赤刺温，这与拉施都丁书的其他记载是相互矛盾的（肯定是根据这一独特的片段，格鲁塞先生的《蒙古帝国史》，96中才提到和都和赤刺温是脱黑脱阿别乞的"兄弟"）。但我怀疑这是拉施都丁书中的混淆所导致的。在一个片段中（文本，II，191；译文，II，118）提到了脱黑脱阿别乞把"他的兄弟和都和斡儿长（Orčang）"派到了泰亦赤兀人那里，当泰亦赤兀人在月良秃刺思（Ülägü-Turas）遭到成吉思汗和王汗的攻击时，这两个人与泰亦赤兀人在一起。塔儿忽台乞邻勒秃黑被杀，但"Angqu-Haqučǔ和脱黑脱阿别乞的兄弟［即］和都和斡儿长一起逃到了巴儿忽真"。之后，乃蛮的君主派出了先锋部队，其中有一些是在他那里的蒙古人，特别是合达斤部的Haqučǔ-bahadur，以及脱黑脱阿别乞的兄弟蔑儿乞人和都（文本，II，204；译文，II，127）。然而，和都和斡儿长"两兄弟"在第一处中扮演的角色，在我们文本（第18节）中被归给了忽敦忽儿章。从我们的文本第6节中可以看出来，这位忽敦忽儿章是个泰亦赤兀人。在《秘史》中也明确称其为泰亦赤兀人，并且把他叫作豁敦斡儿长（Qodun-Orčang，第144节）和豁团斡儿昌（Qoton-Orčang，第148节），这两处中他都是与泰亦赤兀人阿兀出把阿秃儿一同被提到的，后者也就是拉施都丁书

286

的 Angqu-Haqučn。我认为应该这么理解,这个泰亦赤兀人名字的真正形式可能是 Qodun-Orčang,换句话说,其名的前半部分部分是与脱黑脱阿别乞之子和都的名字相同,拉施都丁或者他信息的提供者,把这两个人给搞混了。因此导致把 Qodun-Orčang 这个人名拆成了 Qodun 和 Orčang 这对兄弟,并把他们作为脱黑脱阿别乞的兄弟,而且人们也可以把脱黑脱阿别乞之子和都,说成就是 Qodun-Orčang。由此,虚假的和都和 Orčang 兄弟的出使,是用来解释为何在本来是豁敦斡儿长这一个人所属的泰亦赤兀部落里,出现了这两个人的原因。由此同样也产生了最后一处矛盾的地方。在拉施都丁书唯一保留豁敦斡儿长这个人名之处(译文,II,98),指出他是个蔑儿乞人,而接下来的事实却表明,他是个泰亦赤兀人(参见上文第6节)。至于在每个确实与和都有关的片段,都详细说明他是脱黑脱阿的兄弟,这很显然在原始的蒙古文史料中并没有这么说,而是拉施都丁的信息提供者或者拉施都丁本人所作的不恰当的添加。

[12] 这个赤剌温还见于第 15、28 和 43 节,《秘史》中给出的是同样的形式(第 157、162、177、197—199 节),我们不要把他和第 7 节中的赤剌温或赤剌温拔都混淆起来。在拉施都丁书中(文本,I,93;II,180,186,221;III,49;译文,I,73;II,111,114,137;III,30),这个名称写作جيلاون,应该转写为 Čīlāūn,而不是贝勒津的"Jilaun"。根据拉施都丁,赤剌温是脱黑脱阿别乞六子中的第五子,他的母亲就是王汗的女儿,此人应该就是王汗为其叔菊尔汗所迫而逃之时,嫁给脱黑脱阿别乞的那个女儿忽札兀儿旭真(《秘史》第 177 节)。这里可能是对两个和都进行错误的区分所导致的错误,他们其中一个是脱黑脱阿别乞的兄弟,另一个则是他的儿子;而拉施都丁则在其他各处都把赤剌温记作脱黑脱阿别乞的儿子,只在一个片段中说是他的"兄弟"(文本,II,180;译文,II,111)。在其书 III,200 的索引中,贝勒津在和都的叔叔赤剌温、和都的兄弟赤剌温之外,还区分出了和都的一个儿子,说他也叫赤剌温,但这回是他自己对其译文的误读所造成的。据拉施都丁记载,赤剌温

是在畏兀儿人和脱黑脱阿别乞诸子的战斗中丧命的①。

[13]《亲征录》里此处和另外两个片段(第16和18节)中均作此名,并且都作为巴儿忽真之隘而被提到;这个同样的名称,以相同的转写形式也传到了《元史》卷1当中。《秘史》在第157节中称这个地方叫"巴儿忽真脱窟木"(Barquǰin-töküm);第177节中叫巴儿忽真脱古木(Barquǰin-tögüm);在第109和244节中只称为巴儿忽真;在第8节中有关蒙古人起源的传说中,提到了阔勒巴儿忽真脱古木(Köl-Barquǰin-tögüm)地方的"主人"(äǰän)巴儿忽歹蔑而干(Barqutai-märgän),他的女儿巴儿忽真豁阿(Barquǰin-Qo'a)嫁给了豁里秃马惕的首领(那颜)豁里剌儿台蔑而干,而此人就是阿阑豁阿的父亲。在《秘史》第8节中,"脱古木"的夹注是窊,即洼地(屠寄,1,4a,9a给出的是"窄",并将之解释为"隘",而这个字则是取自于《秘史》的古老汉文译本中;但各抄本和校本中均作"窊",而"窄"则是对其进行修改后的结果。另一方面,古老的汉文译本中提到的是"地面",而不是一处"隘口",屠寄这里应该是把它和《亲征录》或《元史》的记载搞混了)。科瓦列夫斯基给出了一种看起来不准确的发音dügüm,并把这个词翻译为"畦",也用以指山间"肥沃的谷地"。拉施都丁在其书中多处提到了 برقوجين Barqūjīn(译文,II,111,118),特别是 برقوجين توكوم Barqūjīn-tögüm,作为 برقوت Barqūt人生活的地方(参见译文III,见索引,188)。在阔勒巴儿忽真脱古木这一特例当中,阔勒(köl-)的作用仍不清楚。在蒙古语中,köl的意思是"腿",并转用于指山的"底部"的意思等,但至少在现代蒙语中,当这个词用在指一条河的情况时,明确用以指河的尽头,也就是河口之处。这就是在卡尔梅克语中g͜olīn köl"河脚"的含义所在(兰司铁《卡尔梅克语词典》,237)。Adaq一词,从词源而言是"脚"(突厥语aδaq>ayaq),仅以其转意存在于蒙古语中(关于卡尔梅克

288

---

① 译者注:这里作者们似乎是把《史集》中记载的畏兀儿亦都护杀掉脱黑脱阿别乞的兄弟和儿子们向他派遣的使者一事,误解成了亦都护杀掉了脱黑脱阿的儿子们。参见余大钧、周建奇译《史集》(第一卷第一分册),商务印书馆,1992年,第190页。

语，参见兰司铁，同上书，1中的g̣olīn adᵛG，此词不见于科瓦列夫斯基书中，但我们在东蒙古语中见过这个词，也就是在萨囊彻辰书施密特校本，86⁹中，其含义是"［河的］河口"）。"阔勒巴儿忽真"看起来是巴儿忽真在其河口附近变宽的地方。巴儿忽真（Barqujin=Barɣujin）以"巴尔古津（Barguzin）"河一名而继续存在，这是一条在贝加尔湖以东的河。巴儿忽真脱古木大概是该河南缘与色楞格河相接的垄地之处。我们可以从巴儿古津河看出，可能这条河的名字在习惯中也泛指整个河谷地区（我不能接受格鲁木-格勒济玛罗《西蒙古》，III，188中的观点，他把蒙元时代的Barɣut置于贝加尔湖南边或西南）。巴儿忽真脱古木，是蒙古地区遭到追捕的人或部落经常前往避难的地方，他们"逃进"巴儿忽真。巴儿忽真和巴儿忽歹显然是分别源自Barqu或Barɣu——也就是今日的Barɣut的阴性和阳性族名。现今在阿富汗的蒙古人当中还有一个Barɣūt氏族（参见兰司铁《莫戈勒语考（Mogholica）》，13）。在鄂尔多斯还有一个Barg̣uḌūt或Barg̣ūt氏族（田清波《鄂尔多斯志》，37），并且我试图用接下来田清波神父提到的另一个氏族Barg̣uḌžụn来解释Barɣujin。我已经在我的《马可·波罗注》中讨论了Barɣut在古代的历史（很可能就是额尔浑碑铭中的Bayïrqu），这里仅需要补充对我之前所未曾涉及的一个问题做些评注。

除了《秘史》中第8节所指出的之外，Barqut还出现于《元史》卷1有关莫拏伦的传说故事中，这应该是来自一种未知的史料来源；而在拉施都丁书中与之对应的有关"莫拿伦"即《秘史》第46节的那莫仑纪事，有时更为详尽，但也存在歧异之处（文本，II，20—24；译文，II，14—17）。蔑年土敦和莫拏伦所生之第七子也是他们最小的儿子纳真，到八剌忽（Barqu或Barqu[t]）的一户人家去做女婿。在这样的情况下，他躲过了对其族人的屠杀，而在这场屠杀里，只有年幼的海都因为被藏在一堆木头中而幸免于难。当海都长大后，纳真就率领八剌忽（Barqu或Barqu[t]）和怯谷的民众（八剌忽怯谷众民；我姑且认为文本的叙述是正确的，我们也可以理解为"八剌忽的怯谷的民众"），立其为君。

怯谷(《元史语解》,4,1b提出《元史》中有的"怯格"这一形式,是不存在的)不见于其他汉文史料中,李文田将这个名称与金人的"夹谷"这一姓氏关联起来,但这只不过是一种巧合,发源于东北的金人,与贝加尔地区完全无关(参见屠寄,1,9)。在拉施都丁书中,这里没有提到Barqut,纳真是到一个贝勒津将其名称读作 کنبوت "Kenbut"的部落去做女婿(文本,I,23;译文,I,16)。虽然一方面想要(译文,I,164)修正为 کینیت ,但所有抄本在第二个音节中均作 -u-,我认为应该读作 کیکوت Kēgūt,与《元史》的"怯谷"(*Kägü[t])相同,其名应该是对应为kägül("[发]一绺")的规则复数;此词在俄语中作khokhol,同样是借自于蒙古语的kägül,并且成为了对乌克兰人的俗称。

　　《元史》中的文本继续提到,海都称汗后,降服了札剌亦儿人。他的势力壮大,在八剌合黑河"上"建立营帐,并跨河修建了一"梁",以便往来,在这段文本中没有再提到纳真。首先需要解释清楚的是"八剌合黑河"之名。在冯秉正的《中国通史》(IX,7,8)中,纳真率"Palhou和Tsiecou之民"而立海都,海都则在"Palhou河岸边安营,并在Ouanan河上修建了一座桥,以控制河两岸。并降服四境的诸部落和家族"。在冯秉正的"译文"中有很多疏误之处,我们可以猜测一方面他是随意地把"八剌忽"或Barqut,也就是他的"Palhou"和八剌合黑河当成了同一个名字;另一方面错把"桥"放在了鄂嫩河上("Oūanan"肯定就是斡难,但他是用普通的现代发音wa取代了"斡"的发音)。但我们所不知道的是,如果"Ouanan"并不见于冯秉正所见的文本之中,他为何在此处将这个名称插入进来。这可能是由于《通鉴纲目》的满文本中出现的一处不规则的片段所致,但我现在尚未能核实此段文字。我们注意到拉施都丁书中这部分里也出现了鄂嫩,但却是处于完全不同的情况。仅从《元史》这部汉文文献出发,夏真特·比丘林(《成吉思汗家系前四汗史》,7)根据他自己的意见,把"黑河"和"八剌合"分开,因此从"黑河"实际上便得到了一条"黑色的河"。多桑(I,29—30)跟着比丘林司祭,以他自己重构的"Kara Keul"这一蒙古语名称

290

来引用为这条"黑河"之名,从而在霍沃斯书中变成了"Karakul"(1,40),在格鲁塞的《蒙古帝国史》,39中变成了"Qara-gol"。距今不远,克劳斯先生(《成吉思汗》,海德堡,1922,11)以类似的方式如此翻译:"他主要的驻营地是在黑河边的八剌合。"在注释中,克劳斯先生补充道(第50页):"Hara-müren。额尔浑河的一条名叫Hara-gol的支流。S.S.[="萨囊彻辰"],第388页,注释57,将之视为黄河的上游。"这里存在着一连串的错误。多桑的"Kara Keul",即Qara-köl是个突厥语名称,而非蒙古语,其含义是"黑湖",而不是"黑河"。格鲁塞先生径直修正为"Qara-gol"、"Qara-γol"(Ḥara-γol),这确实是蒙古语"黑河"的意思,但这是在现代蒙古语中才这么说,qol(=γol、γool),"河"这个词,在《秘史》中仅于第118节出现过一次,译作"涧";当时通行的词是mürän "河";qoroqan "川"、"湍流";或者简单就是usu "水"。Ḥara-γol是额尔浑河的支流;Qara-mürä或Ḥara-mürän是黄河的名称,从另一方面而言完全不能与这个时代的Barqut地区,也就是贝加尔湖以东有什么共同之处。此外,《元史》转写的"合"总是代表"哈",并且应该读作ha,因此像"黑河边的八剌合"这样的翻译是不可能的,应该是"八剌合的黑河边"。但对这些译文的最根本的反对意见是,"黑河"是不存在的,而应该读作"八剌合黑河"这样一个完整的名称。所有的汉文化圈的学者都是这么读的,从随意的把"八剌合黑"修正为巴喇噶罕(Baraγaḥan,字面上是"微青色",《元史语解》,4,1b)的乾隆馆臣,到那珂(2),23——他认为八剌合黑应该就是巴儿忽真的另外一种形式——都是如此。但在讨论八剌合黑的原始形式之前,最好还是先来看一看拉施都丁的平行片段。

根据拉施都丁(文本,II,24;译文,II,16—17),在拥立海都和札剌亦儿人降服之后,"纳真和海都二人都从那里(也就是*Kägüt部中)迁走了。海都停在了一处[叫作]巴儿忽真脱古木的地方,这是在Moγolistan的边境(sar-ḥadd)上。为了取水(آب دادن āb dādan,我不知道为什么贝勒津翻译成"进到水里去")以及通过[那条河](guδar kärdan），他在这条河上（bär ān rādhānä）修建了一处可以涉水而过之所（کنری guδar），并给这个涉水之所（guδar）取名为……纳真驻营于斡难（＝鄂嫩）河下游（zīr）。纳真的子嗣还构成了一个另外的分支，但正如我在前面的记载中所提到的，这个分支不为人所知。"正如我们所见，鄂嫩之名和冯秉正书中一样，也出现在这里，但这是纳真而不是海都驻营的地方（译文，I，183也同样，在那里拉施都丁说他依据了"金册"，也就是关于蒙古人起源的重要而秘密的编年史）。另一方面，冯秉正和拉施都丁都没有为霍沃斯书中（I，40）夸大其词的说法提供依据，后者说海都"在鄂嫩河流域兴建了许多城市和村庄"。拉施都丁书中出现的鄂嫩河"下游"是很令人吃惊的，并且不能使人完全相信。

正如我们所见，在波斯史家的记载中，巴儿忽真脱古木起的是和《元史》中的"八剌合黑河"同样的作用，这也是为什么那珂（2），23，认为八剌合黑是巴儿忽真的另外一种形式的原因所在。屠寄，1，9b和柯劭忞（《新元史》，缩印本，1，4a）仅仅简单地删去了《元史》中的这个形式，而替换为了拉施都丁的巴儿忽真。事实上，我认为很可能这是在巴尔古津河的河谷地区，尽管拉施都丁最初只提到了巴儿忽真脱古木之"地"，接着又提到了跨"河"修建了一处"可以涉水而过之所"，但并没有给出河的名字。而我也看不出从八剌合黑可以直接得到巴儿忽真。总体而言，结尾的 -q 在《元史》的转写中都是不注出的，而"黑"有时是转写 qï（在蒙元时代通常转成 kı），比如在卷1开头的博黑葛苔黑（*Boqan-Qadaqï＝《秘史》第17、23、30、32、33、42中的不忽合塔吉（Buqu-Qatagi）），因此八剌合黑就是 *Barqaqï。但形成《元史》此处记载的未知史源，赋予了札剌亦儿之名一种完整的但是却不规则的转写形式"押剌伊而"（Yalayir，而不是《元史》中的扎剌儿（J̌alār）这一缩合形式），也可以视为是额外用"黑"来标识一个结尾的 -q，就像《秘史》相应转写中的这一相同规则一样。八剌合黑对应的是 Barqaq，并且这一形式存在于蒙古人的专名之中，因为把剌坛把阿秃儿的兄长就叫作斡勤巴儿合黑（我们本书第29节的八儿哈拔都）。确切而言，在《辍耕

292

录》，1，2b和《元史》，107，2a平行的表中，这个名字应该写作八刺哈哈，也就是标记有一个结尾的-q（用的是"哈"（-ha），这比起"黑"（-hei）来要不那么正确）。因此我的意见是将其重构为 *Barqaq，就如同《元史》中这条河的名字一样。但我还没有把握称，在这个 *Barqaq 和拉施都丁所提到的巴儿忽真脱古木之河——可能就是巴儿忽真或巴尔古津河的名字之间，是具有怎样的语音联系。

剩下的就是关于"桥"或"涉水之所"的问题了。克劳斯先生把"梁"翻译为"堤坝"，这一含义是不可信从的。屠寄用"桥梁"的真正名称"桥"来解释这个"梁"字，柯劭忞在他的叙述中则直接替换成了"桥"。可是，这与文本字面的意思是相悖的，克劳斯先生应该也很清楚地知道其实质。古代蒙古人是不造"桥"的。此外，用拉施都丁的术语而言，这里是可以"取水"之处，因此就是一道堤或者一处水坝。在我留作空白之处，拉施都丁给出了其名称。贝勒津把这个名称读作 قايدوو جرارلوم，他转写为"Khaïduu-Ǧirarlum"，并且他书中的这一形式，传到了洪钧、那珂、屠寄和柯劭忞[1]等人的书中。哀德蛮（《铁木真》，543）给出的是"Ckaidu Tschunlum"，到霍沃斯（U，40）的书中变成了"Kaidu Chunlun"。但在之前，在《国民教育部杂志》，1844，XXXIV，第二分中（我目前未能获见，这里是引自贝勒津，译文，II，165），哀德蛮采用了 قايدو جو اولوم，我们认为这是最接近于正确的形式。实际上这里的结尾部分肯定是蒙古语的olum，即现今的olom，"可以涉水而过之所"（屠寄，1，9b中已经怀疑应该忽视贝勒津那种错误的重构，关于olom的古老发音，参见《元史》，63，14b的也孙斡论（Yäsän-Olum）"九渡"）。只有这个名称中间的部分是不确定的。我认为应该读作 Qāīdū-yīn Ōlūm"海都渡"。这应当是一处天然或人工的湖缘低垄，在蒙古传说中非常著名。我们进而大概可以确定其是在巴尔古津河地区。

---

[1] 译者注：原文误为"王劭忞"。

15. 后上与汪可汗征盃禄可汗，至黑辛八石之野，尽虏其民。盃禄可汗先遣也的脱孛鲁领百骑为前锋，我军逼之走据高山，其马鞍转坠，擒之。冬，上与乃蛮部将曲薛吾撒八剌[二人]遇于拜答剌边只儿之野，日暮，列阵对宿，期明日战。是夜，汪可汗多燃火于所阵地，使人不疑，潜移众于哈[剌]薛兀里河上。时札木合在幕下，日出，望见汪可汗立旗帜非旧处，驰往问之曰："王知众否？我昆弟如野鸟依人，终[<*冬]必飞去；余犹白翎鹊也，栖息幕上，宁肯去乎？我尝言之矣。"部将曲邻拔都闻之，叹曰："至爱昆弟之间，何为是言也！"和都、赤剌温因是亦叛汪可汗，归其父脱脱所居。上见汪可汗移去，曰："此辈无乃异志乎？"即解阵，去驻撒里川。汪可汗至土兀剌河，其子亦剌合鲜昆及札阿绀孛自也迭儿按台河来会父军。曲薛吾撒八剌乘其不备，(庐)〔掳〕其部众，又掠汪可汗所居边民牛马辎重而还，亦剌合、札阿绀孛仅以身免，告汪可汗。汪可汗命亦剌合将己兵往追之，且遣使来告曰："乃蛮为不道，掳我人民，太子有良将四人，能假我雪怨复我人民乎？"上释前憾，遂遣博尔术那颜、木华黎国王、博罗浑那颜、赤老温拔都四将，帅兵往救之。比我军至，亦剌合先与其将迪吉火力、亦秃儿干盏塔兀等二人，追至忽剌阿胡山，曲薛兀撒八剌迎敌，擒迪吉火力、亦秃儿干盏塔兀二人，流矢中亦剌合马胯，几为所获。须臾，四将兵亦至，救亦剌合，大败其众，尽夺所掠归之汪可汗。汪可汗深感上德，谢曰："曩以困乏来归，荷太子切切加意存恤，今已亡之国，又夺归之，不知将何以报也！"

294

15. 然后，陛下和汪可汗一起去讨伐盃禄可汗（Buiru[q]-qahan）[1]，他到了黑辛八石（Qïsïl-baš）[2]草原，俘获了其所有的民众[3]。盃禄可汗先前派遣的也的脱孛鲁（Yädi-Toblu[q]）[4]率领一百名骑兵作为先锋[5]。我们的军队紧逼其军，使他逃跑了，当他攀登一座高山[6]之际，他的马鞍翻了，他掉下来，并被我们的人所擒获。

在冬天，陛下与乃蛮部的一位首领曲薛吾撒八剌（Kü[k]-sä'ü-Sabra[q]）[7]相遇于拜答剌边只儿（Baidara[q]-Bäljir）[8]草原。由于到

295

了晚上，我们便相对着列阵[9]以过夜，相约翌日交战。当天夜里，汪可汗在他的阵地上点燃了很多火[10]，使人们不对他产生怀疑，并悄悄地把他的人转移到哈[剌]薛兀里（Qa[ra]-Sä'ül）[11]河上。那时札木合在陛下的营中。日出时分，他看见汪可汗的旗帜[12]立在了和之前不一样的地方，就去找汪可汗并对他说："国王[13]啊，你知道民众吗？我的兄弟[14]就像野鸟[15]来依人，到了冬天[16]肯定就飞走了。而我，就像是白翎毛的小鸟[17]，栖息在帐篷上面，它在这里停着，如何肯去？我一直就是这么说的。"

部落的一位首领曲邻拔都（Kürin-bādu[r]）[18]，在听了这番话后，叹息着说："互相之间如此相爱的兄弟之间，怎么能说这样的话呢？"在这件事发生后，和都和赤剌温也向汪可汗发起了叛乱，回去居于其父脱脱所居之地[19]。

陛下看到汪可汗移动了，便说："这些人难道不是有要背叛的意图吗？"就从他的阵地解散，去到撒里川[20]。汪可汗则到了土兀剌（Tu'ula, Tūla）[21]河，他的儿子亦剌合鲜昆（Ilqa-Sängün）[22]和札阿绀孛，从也迭儿按台（Ädär-Altai）[23]河而来与他们的父亲合军[24]。曲薛吾撒八剌趁他们没有防备，掳掠了他们的部众。他抢劫了住在汪可汗所居之边境上的人们，以及他们的畜群和辎重，就回去了。亦剌合和札阿绀孛仅以身免[25]。他们连忙报信给汪可汗。汪可汗命令亦剌合率领他自己的亲兵追赶曲薛吾撒八剌[26]。另外他又派遣一位信使来告知说："乃蛮人统御无当，虏获了我的民众，太子[27]你有四位杰出的将领[28]，能借给我以洗清我遭受的耻辱，并恢复我的民众吗？"

陛下抑制住[由于]之前[的事件所造成的]不满，派遣了他的四位将领博尔术那颜（Bōrǰu-noyan）[29]、木华黎国王（Muqali-Guvang）[30]、博罗浑那颜（Boroqul-Noyan）[31]和赤老温拔都（Čilawun-bādu[r]）[32]率领军队去解救他。当我们的军队到时，亦剌合和他的将领迪吉火力（Digi[t]-Qori）[33]和亦秃儿干盏塔兀（Itürgän-*J̌anta'u）[34]正追击（曲薛兀撒八剌）来到了忽剌阿胡（Hula'a[t]-Qu[t]）山[35]。

曲薛兀撒八剌前来迎敌,擒获了[36]迪吉火力和亦秃儿干盏塔兀,一支流矢射中了亦剌合所乘之马的臀部,使他差点儿被捉住。旋即四位将领率领的部队就到了[37],并救了亦剌合[38]。曲薛吾撒八剌的人完全被击败了。我们夺取了被他们抢走的东西,并归还给汪可汗。汪可汗被陛下的品德深深感动,感谢地说:"从前,当陷入完全的困乏之时,我前来寻求庇护[39],王子(=taiši)以最快的速度注意对我施以援助[40];现在当我的国家已经失去时,又收复并还给了我,不知道怎样才能表达我的谢意!"

297

注释

[1]《秘史》(第158、177节)写作不亦鲁黑汗(Buyiruq-qan)。无论在这个名称中还是在别处都见有buïruq这个成分(亦参见本书第1节和第12节),拉施都丁的诸抄本中几乎都写作 بویروق Būïrūq,极少数情况下写作 بویوروق būyūrūq这样一种变体的形式。但是贝勒津总转写为"Buyuruk"。拉施都丁还补充说,buïruq的意思是"命令"。实际上,在突厥语中(后起的?)是有一个动词buyur-"指挥",但是大量的词都是具有-yu-和-ï-互相替换这样的形式(参见蒙古语的γuyu-和γui-,"要求";ayu-和ayi-[ai-],"担心"等等)。事实上,作为一种古老的头衔,buïruq已由鄂尔浑突厥语鲁尼文碑铭而得以证实。但就我所了解的,无论是在元音标注经常不完整从而无法确定其读音的突厥语鲁尼文中,还是在回鹘文中,对这个词都完全不含糊地写作buïruq的形式(参见例如《通报》,1914,234)。而与古代汉文中的转写相对应的,也是buïruq而非buyuruq。因此,在沙畹《西突厥史料》,33,注释5,公元648年的纪事所提到的俟斤屈裴禄,就是一位erkin Kül-buïruq[关于这个名称的前两部分,参见喀什噶里书中的Kül-buïruq这一称号(布罗克曼,68);以及米诺尔斯基《世界境域志》中伊本·法德兰的"küdärkin",这肯定应当读作kül-ärkin]。Buïruq也就是《新唐书》(217A,5b)中的梅录。在《亚洲学报》,1913,I,304

中，沙畹和我提出，将公元935年自甘州回鹘入朝的密录都督此人的称号，重构为buiruq-tutq。我曾经有所疑惑，因为"密录"支持的是bïruq，但确切而言，bïruq（<buïruq）这一缩略形式，只见收录于喀什噶里书（布罗克曼，36）中，并且喀什噶里将这个词解释为"宫廷中居首位的大臣"。似乎buïruq这个词并非纯然是个突厥语的词汇，它不仅仅讹变为bïruq，并且有时也转成buryuq这样的形式，后者在回鹘语文献中可以得到证明（参见邦格和葛玛丽《突厥语吐鲁番文献》，I，64）。但是，在《元史》卷1此处，并没有依靠《亲征录》，而是将乃蛮的Buïruq-ẖan的名字写作"不鲁欲罕"或"卜鲁欲罕"，这两种转写都使我们猜测为是*Buruyuq-qan（或*Buryuq-qan?）这一形式。那珂（2），24，认为，这是无意间颠倒了第二个字和第三个字的位置所致，但在这种转写重复了两次这一事实面前，我倾向于认为《元史》中的同样是一种转化的形式，就像回鹘语文书中的buryuq一样。在《元史》，124，2a有一篇回鹘人哈剌亦哈赤北鲁（Qara-Ïγač-buiruq）的传记（参见《通报》，1932，421），但buiruq这个称号转写成了"北鲁"。为何如此转写还不清楚，实际上"北"是一个半唇元音，因此不能准确反映bui-，也不能很好地对应bï-。实际上，我不大相信buïruq（?<*boïruq）真是个源自突厥语的词，并且与boila这个称号在语音上没有任何关联。Boila这个词亦见于鄂尔浑突厥语碑铭中，我们发现其汉文转写的形式是裴罗（*bᶜuâi-lâ）。刊于《通报》，1904，30的沙畹《突厥补注》（Notes addit. sur les Tou-Kiue）中的葛逻禄人裴达干，可能就是"裴罗达干"之误，因此也就是一位Boila-tarqan。但boila并非突厥语的形态，并且存在于古代不里阿耳语中（例如"生于紫室者"君士坦丁七世书中的βονλίας，参见沙畹《西突厥史料》，239，353）。我认为这是个起源自柔然——根据我的观点他们也是说蒙古语的——的词，并且以一种颚音化的形式常见于契丹语中，从而变成了辽、金时代的字极烈（*bögilä），这个词也是满语中的"贝勒"一词的祖先（参见《通报》，1930，25；《金史》，55，1a）。无论如何，由于中世纪在乃蛮

人和塔塔儿人①中存在着 buïruq 这一称号，我们应当考虑即使这个词并非源自突厥语，但也已经确实突厥语化了。除了 buïruq 这个突厥语或突厥语化的称号外，还存在着另一个肯定是突厥语的称号，它就是 küčlüq，"强大者"，这个称号为乃蛮部的统治家族所使用（参见下文第 40 节中的曲出律可汗）。乃蛮部主要的首领们的名字也同样都是突厥语的。屠寄，21，1 的纪事中，把不亦鲁黑汗的生平事件错植到了其兄弟塔阳汗的传记中。

我们的文本所提到的这次战争，根据拉施都丁书，是发生在"羊"年，也就是 1199 年，但《秘史》（第 157、158 节）将王汗对蔑儿乞人的战争置于"狗"年，也就是说 1190 年或 1202 年，然后紧接着就叙述了成吉思汗和王汗共同对乃蛮的不亦鲁黑汗作战。我在前文中已经指出，成吉思汗和王汗共同对蔑儿乞人的战争，不可能像拉施都丁所记载的那样是发生于 1197 年，但《秘史》中的十二生肖纪年法所指出的年份也是不可接受的。这里的例子也同样，并且只有一种综合的研究才能对呈现出的所有这些问题进行讨论。那珂（2），23，25 中毫不怀疑"狗"年就是 1202 年，但这一论断把时间放得太往后了。关于这些事件年代顺序上的困难，亦参见丁谦，11b—12a；屠寄，2，15b；格鲁塞《蒙古帝国史》，97，99，101。

并不仅仅只有事件的年份问题令人困惑，乃蛮当时的地理位置和政治情况也同样如此，当时乃蛮分成了由彼此敌对的兄弟俩所统治的两个部分。

在《元史》中有关谦河（=叶尼塞河）的吉利吉思人的简传里，提道："相传乃满部始居此。"屠寄（21，1a）错误地认为这里所指的是与唐代的情况有关，此外还通过这条含义非常不确定的记载得出结论说，乃蛮是吉利吉思人之一种，从唐代开始就是基督徒，并且迁移到了阿尔泰，他所有的这些假想都毫无根据，或者完全是胡编乱造的。根据拉

299

---

① 译者注：此处应为"克烈人"之误。

施都丁(译文，I，108)，一部分乃蛮人居住在艰苦(saḫt)的山区，另一部分则居于草原之上(śaḥrahā)。他们占据了"بکه التای Yäkä-Āltāī("大阿尔泰")；哈剌和林——窝阔台在此地的一处平原上建有巍峨的宫殿；سراس الوی* Ālūī-Sarās(?) 山和کوک اردیش Kȫk-Ārdīš(?或 Kȫk-Ārdīš '蓝色的额尔齐斯')山，这里也住着康里人；اردیش موران Ārdīš-mūrān(额尔齐斯河)，也就是 Ārdīš 河(rōd-ḫānä)；以及这条河和吉利吉思人领土之间的群山。其(=乃蛮人)领地的边境与作为王汗领地的蒙古斯坦(Mogholistan)地方各处相毗邻——他(=王汗)就住在那边，由于这个原因，乃蛮人经常与王汗相争，并对他怀有敌意——并且[也]与一直延伸到畏兀儿斯坦的领地(=吐鲁番的畏兀儿人)的沙漠(bīābān)边缘相毗邻。"

这段文献并不是完全清楚的，哀德蛮(《概况》，142；《铁木真》，238)、多桑(56)和马迦特(《库蛮考》，167)之前都曾经翻译过。

"大阿尔泰"肯定就是我们所知的阿尔泰山，也就是那条自西北向东南方向延伸，并经过科布多以南的大山脉。多桑和贝勒津(亦参见伯劳舍，II，562)读作 *Alui Saras 的地名，我们并不知晓。哀德蛮采用了"Alwi Sepras"，也没有比前者更清楚。我们可以猜想有两种进行关联的可能性。1297年，钦察巴牙兀惕部的土土哈之子床兀儿(*Čong'ur=Čongyur，Čongqur，拉施都丁书的 جونکقور Čōngqūr[参见伯劳舍，II，200，604，607]，被派往西北作战(《元史》，128，7b—8a；《元文类》，26，6b—7a)，他越过金山(阿尔泰山)，攻击 Bārin 的领土("八邻之地")。在八邻(Bārin)以南有一条叫答鲁忽的大河；床兀儿击败了敌人，又回来在阿雷河扎营，这条河的旁边有座高山(亦参见霍沃斯，I，179；伯劳舍，II，605)。据《秘史》(第207节)，成吉思汗为巴阿邻部的豁儿赤(屠寄，24，1b 和 102，4b 中称之为豁儿赤兀孙额不格(Qorči Üsün-äbügän)，但这是因为他沿袭那珂之误，错把豁儿赤和兀孙额不干给当成了一个人；参见《通报》，1929，130；《观堂集林》，16，20a)设立了一个万户，此万户由阿答儿斤部的赤那思(?Adarkin-u-Činos)、脱斡

300

劣思、帖良古惕,一直到也儿的石河(额尔齐斯河)边的"林木中百姓"(槐因亦儿坚)构成。大概是由于这个万户被托付给了一个巴阿邻部人的缘故,所以到13世纪末这个由之得名的地区被称为"八邻之地",这或许也能解释为什么这一同样的地区被称为"赤讷思之地"(在《元史》中)或"赤纳思"(见拉施都丁书,参见上文第5节)。我认为必须以同样的方式来解释1300年为赈济八怜[修正为"邻"]脱列思民户而赐钞的纪事。这个名称并非代表一个名叫脱列思的八邻部人,而是八邻和脱列思两部的集群,后者也就是拉施都丁书的Töläs,《秘史》(第207和239节)的脱斡劣思和脱额列思,他们生活在叶尼塞地区。从上文可见,他们并入了八邻万户。这里我还要指出有一处难以解释的地方。在与前面传记略有平行记载的阿兰人玉哇失(《元史》,132,2b—3a)传记的文本中,八邻(Bārin)是作为海都的一员将领的名字。屠寄,102,13a—b将之视为一处错误,并热情的进行了订正。但八邻确实就是人名。忽必烈之子那木罕与其大臣安童于1276年—1277年间被反叛的诸王俘获于蒙古,很长时间之后才被从囚禁中释放出来。本纪叙述了这些事件,并于1288年12月30日条下(《元史》,15,5b)记有"至是八邻来归,从者凡三百九十人,赐钞[价值]万二千五百一十三锭",这个日期肯定表示的是皇帝给予赏赐的时间。因此我们不禁考虑,是否这个八邻后来又离开了皇帝一方,而于1297年成为了海都的将领。"八邻之地"在蒙元时代只作为地名或部族名来解释。此外,关于1297年的战争,乞台(Kitai<Qïtaï, Khitai;《元史》,135,7b)的传记提到了他的儿子哈赞赤(Qazanči)有关的事迹,他参加了对不别八怜(读作"邻")的战争,这里理解为"不别和八邻"。不别是海都手下的将领,在128,8a的平行文本中,其名转写作孛伯(*Bobä, *Bäbäk?),而且虽然屠寄,102,6b什么也没说,但这里的八邻显然是作为一个人名。总之,即使1288年和1297年提到的是同一个人,他可能也是因为出自"八邻部"——换句话说也就是阿尔泰八邻部的首领,而以八邻之名为人所知。答鲁忽河的地望无从比定,这个名字的原始形式也是不确定的,

乾隆馆臣将其重构为达噜噶(Daruγa,《元史语解》,7,10b)显然是荒谬的;至于屠寄(102,4b),他认为答鲁忽的意思是"桦树",而没有说是在哪一种语言中,但"桦树"在突厥语中是qaδïŋ>qayïŋ,在蒙古语中是qosu、qosun、qoso,在满语中是fiya和šajilan,我完全不知道它们哪一个能与"答鲁忽"对应。在各种可能的重构方案中,我们可以假想是蒙古语的daruγu"平静的"、"安静的"。阿雷河的名称和地望也同样无法确定。关于阿雷河,屠寄(102,5a)猜测它就是"科布多西北"的阿拉什河,在我所了解的著作和地图中,并不能找到这条"河",但从其地理位置看也是不相符合的,并且仅是基于同音而得出的假说是没有任何价值的:阿雷不可能是阿拉什(*Alaš或*Araš)。在蒙元时代,"阿

302 雷"的原形假定为是*Alui或*Arui,这一同样的转写也用于我们所研究的文本(参见下文第19节)中位置更往东边的一处"泉水"。而这里其所在的"八邻之地",使我们只能求之于额尔齐斯地区,就我看来很可能应该读作*Alui,也就是拉施都丁的Alui。至于Alui-Saras一名中的-Saras,我猜测的解决方案如下。同样是在13世纪末,阿兰人玉哇失(或玉瓜失,*Yuwaš或*Yuγaš)被派往金山(阿尔泰山)抵抗海都(《元史》,132,2b—3a,此处八邻由于某种错误变成了海都手下一位将领的名字[①],亦参见屠寄,102,13a—b)。海都让他的一个儿子驻守在撒剌思河的险要之地,试图切断皇帝派出的部队的退路。关于撒剌思之名,必须废除乾隆馆臣所重构的实喇乌苏(Šira-usu)这一形式(《元史语解》,7,14a),也不能认为它就是乌里雅苏台东边的昔剌(Šira)河——这条河是构成Jabḫa河(施蒂勒(Stieler)地图的"Dsapchin")上游的诸河流之一。总体而言,"撒剌思"对应的是*Salas或*Saras。这处也同样,我认为实际上可以肯定,这条*Saras河就是拉施都丁的-Saras,正如汉文文献所建议的那样,是在阿尔泰山那边,并自北流入中国境内;也

① 译者注:这里的表述与上文矛盾,似乎这里括号中的解释是韩百诗所作,而上文则是伯希和后加上的,但在韩百诗编校本书的过程中,一时疏忽而把两种不同的表述都保留下来了。

就是说,是在额尔齐斯地区和乃蛮人的旧日疆土中。因此,我建议将拉施都丁书的此处读作 الوى و سراس Ālūī ū Sarās,"阿雷和撒剌思",而不是"Alui-Saras"。从而既不能像多桑、哀德蛮和伯劳舍那样理解为"Alui-Saras山",同样也不能像贝勒津那样理解为"Alui-Saras河边的群山",而应该是作"阿雷河边的山,从撒剌思河……"并且与多桑的意见相反,接下来的名称也是与"群山"相关的一个属格形式。此外,我既不能提出撒剌思和阿雷这两个名称的词源,也不知这两条河在地图上的方位何在。我们可以大胆假设阿雷河就是"Tscharysch河",即鄂毕河上游左边的一条支流。

额尔齐斯的名称将在下文第40节中进行讨论,这里我仅想谈谈Kök-Ärdiš。多数抄本给出的都是 كول,多桑提到了"也儿的石湖",并将之视为斋桑泊(<Jaisang,德语地图中的"Saissan-nor";在1700年前后被称为洪郭图(Qongqotu)湖[解释为"有铃的湖"],这一名称也在唐维尔地图中被标示出来;参见《蒙古游牧记》,13,6;波波夫《蒙古游牧记》,443[看起来他使用了一份具有很多歧异之处的文本])。但 *Köl Ärdiš在突厥语中,就其含义"Ärdiš湖"而言是一种不可能的组合形式,应该作 *Ärdiš Köl(亦参见马迦特,167)。哀德蛮保留了同样的异文,认为这里提到的是一座名叫"Gul-Irdisch"的山。据我所见,Köl Ärdiš只能以与《秘史》第8节中的阔勒巴儿忽真(Köl-Barqujin)同样的方式来进行理解,也就是额尔齐斯河流入斋桑泊的地方。但在贝勒津,译文,I,2乃蛮部简述的相同片段中,我们看到了"大阿尔泰山"(Büzüg Altai,这是与蒙古语的Yäkä Altai对应的波斯语形式)、也儿的石河和哈剌和林,并且在某些抄本中再一次出现了Kök-Ärdiš(但B本中写作 جركس و كوﺎروش,因此其中的后一个词可能也是Köl-Ärdiš;至于前半部分,是否是一个 سراس Sarās发生讹变后的残余部分,并且这里没有同时引用alui呢?),因此看起来贝勒津、伯劳舍(II,562)和马迦特(第167页)遵循这后一种形式,是有道理的。冯·哈梅尔在《亚洲学报》,6月,1832,515中已经采用了Kök-Ärdiš或"蓝色的额尔齐斯",并

303

且克拉普罗特还附上了一则注释称，Kök-Irtïš 就是额尔齐斯河在流入"斋桑泊"之前那一段的名字；只有在它流出这个湖泊之后才只采用了额尔齐斯河一名。贝勒津（I, 218）则满足于采用克拉普罗特的注释之说。我想要指出的是，除了拉施都丁书之外，我在任何文献中都没有见到提到 Kök-Ärdiš 或 Kök-Irtïš 的。马苏第书中虽然在地理上存在严重的混乱，但他知道存在着一条白也儿的石河和一条黑也儿的石河（参见米诺尔斯基《世界境域志》，215, 310 中的讨论）。现今我们的地图是如此区分的，在额尔齐斯河进入"斋桑淖尔（Saissan-nor）"前的上游水道中，"Ku-Ircis"发源自科布多西南，阿尔泰山南麓；而"Kara-Ircïs"或"Kara-Irtïš"（突厥语作 Qara- Irtïš，蒙古语作 Ḫara- Irčis）即"黑额尔齐斯"发源自"Ku-Ircis"西北，在近乎自北向南流后与"Ku-Ircis"汇流，并从汇流开始的地方到流入"斋桑淖尔"为止均称为黑额尔齐斯河。从斋桑泊分别流出见于史托兰伯（Strahlenberg）地图（参见卡恩《18世纪西伯利亚地图集》，183）的"Char Irtisch"和"Chor Irtisch"。但"Ku-Ircis"完全不能视同为 Kök-Irtïš 或"蓝色的额尔齐斯"。"Ku-Ircis"的今名在《水道提纲》中写作"呵额勒济思"（*Qo-Ärjis）；在《西域水道记》，5, 19—20 中（在对另一篇于1731年撰写的文献的援引中）和《新疆志略》（亦参见《蒙古游牧记》，13, 6a；波波夫《蒙古游牧记》，443）中写作"华额尔齐斯"（*Hua-Ärcis）；那珂（1），298 写作"库伊儿齐斯"（*Qu-Irčis）。叶尼塞河上游东边的两条支流也以同样的方式被称为 Bei-Kem（在《蒙古游牧记》，10, 21a；13, 20a；波波夫，同前引书，410, 448 中作贝克穆）和 Hua-Kem（华克穆，出处同上）。一丝不苟的《西域水道记》的作者徐松，补充说 qara 的意思是"黑色"，而 houa 的意思是"黄色"，可以相信他是有道理的，这两种转写对应突厥语的 quba>qū，蒙古语的 qu'a>ḫu'a，"浅黄色"、"浅黄褐色"、"淡色的"，这就是《秘史》第1节的"惨白色鹿"（豁埃马阑勒）。因此我们知道现今有黑额尔齐斯河和黄额尔齐斯河，但没有蓝额尔齐斯河。因此我不无保留地假定，现代的 Qo'a-Ircis 就其地望（但并非其对音）可以比定为拉施都丁书的 Kök-Ärdiš；并且我也同样不确定，Kök-Ärdiš 这一形式是否正确。因此，乃蛮人控制了整个阿尔泰山南麓，并且正如我们在接下来的叙述中所将看到的那样，其势力范围向南延伸至少达到乌伦古河流域。但他们也同样占据着科布多西北的阿尔泰山北麓，不仅到达科布多河流域的西缘，并且在这一边还沿着我们地图上的布克图尔玛河（Bukhtarma）河一直前进到额尔齐斯河流域，这条河也就是《秘史》第198节的不黑都儿麻河（Buqdurma，可能是一个源自 boɣtur-、boɣdur-、buɣdur-"扼住"的突厥语的名称；《秘史》中的转写 -o-、-u- 不分，-t-、-d- 也不分，转写者显然是不知道这个名称的）。我们所称的武昌地图北 VI，西7写作布克图拉穆，看起来是对应 *Buqturam，至少这在第二个音节中还仍然有个 -u-，另外在18世纪的地图中还有"Buchturma"、"Boukhtorma"［参见卡恩《18世纪西伯利亚地图集》, 183, 232, 345, 371］。

就统治着如此广阔领土的王朝这一主题而言，我们掌握的信息非常少。亦难赤（参见上文第12节）、太阳（Tayang，参见下文第26节）、盃禄和曲出律（参见下文第40节），我们在本书的记载中所找到的这些，实际上多多少少都是乃蛮的统治家族所采用的称号。但正如拉施都丁所云，这些君王们也有他们自己真正的本名，"是由他们的母亲和父亲给他们取的"（贝勒津，I, 109），但除了塔阳汗名叫台不花之外，其他没有一个人的名字能够为我们所知。还有一个也算例外的，是1161—1189年间遣使金国的君长"撒里雅寅特斯"（?*Saliya Iltäs），但这要取决于粘拔恩就是乃蛮。并且还可以补充的是，在这个更接近1161年而非1189年的时期，统治权力也许仍掌握在 Bätäkin 乃蛮人之手，而他们并非成吉思汗发动战争时代的乃蛮部统治家族（参见上文第10及12节）。此外，"撒里雅寅特斯"这个名字如此不确定，也使得我们到目前为止无从进行任何重构。

虽然在乃蛮人中有一部分是作为聂斯托利派基督徒，但其统治家族看起来却具有一种长期以来所积累的在巫术上的声望。拉施都丁讲述道（译文，I, 109），根据某些人的说法，为其统治家族的成员所采

305

用的"曲出律"(küčlüg)这个称号,即"强大者",是因为有一位乃蛮君主不仅具有统御人类的权力,还可以指挥精怪(jinn),以至于他竟然能挤精怪的奶(显然是女妖精),来制作酸奶(mǎst)、乳清(dōγ)和乳湩(qïmïz)。在成吉思汗纪的平行文本中(译文,II,112),拉施都丁这里说的就不是精怪,而是 dēv 和 pärī,并且还称他对动物具有一种魔力。我相信在汉文史料中,也可以发现这种传说的回响。在1221年8月,丘处机道长应成吉思汗的征召前往中亚地区,在现在的乌里雅苏台的西南,但仍然是阿尔泰山之北的地方,有人告诉他这个地区有鬼怪出没。对此,克烈部的基督徒镇海告诉丘处机说,乃蛮的国王之前也是在这个地区,并且,根据追随之前巴拉第译文的布莱资须纳德(《中世纪研究》,I,61)所翻译的内容,这个国王"受到了小妖的蛊惑,并被迫向他献上祭品"(亦参见格鲁塞《蒙古帝国史》,250,但其中的"每次"应该删掉)。韦利先生(《长春真人西游记》,76)以一种非常接近的方式理解为,国王"中了山精所施的魔法,这个生物诱使他提供最上等的饮食"。这种翻译从语法上而言是可以成立的,但我对其准确性则抱有怀疑(波波夫《蒙古游牧记》,439,由于跳过了这句令人困惑的短语而摆脱了困境)。这段文字是"乃满国王亦曾在此为山精所惑。食以佳馔"。也就是说,乃蛮人的国王被一个山中的精怪用魔法所迷惑;同样的,在这段文字之前的叙述中,精怪的行动还包括截下了镇海的一位随从的头发。我们想知道这个精怪是怎么对待乃蛮国王的,这可以从布莱资须纳德和韦利那里获知。但他们的翻译对原文有所曲解,只理解成"他给它吃鲜美的食物"。为了使文本符合逻辑,这里我们必须将"食以"的主语理解为是精怪。接受精怪提供的美食,是因为乃蛮国王被"迷惑了"。这样一来,我们就可以和拉施都丁的故事接上了,据他所说,乃蛮国王用精怪的奶,做酸奶和乳湩。

在乃蛮部简述的末尾,拉施都丁说到,之前曾经有一支乃蛮人,也就是 Bätäkin 人,他们的君王很强大(参见上文第10节及第12节);但对于成吉思汗前去与之交战的盃禄和塔阳汗是属于哪一支乃蛮人则保持了沉默。但这一支其实我们是知道的。《秘史》提到了（第141节）"从乃蛮［来的］古出兀惕（Gücü'üt）乃蛮部的不亦鲁黑汗"（Naiman-ača Gücü'üt Naiman-u Buyiruq-qan）;（第158节）"乃蛮古出古惕部不亦鲁黑汗"（Naiman-u Gücügüd-ün Buyiruq-qan）;（第177节）"古出古儿台不亦鲁黑汗"（Gücügürtäi Buyiruq-qan）。屠寄（21, 1b）想要从第158节中保持其属格形式的"古出古敦（Gücügüd-ün）"，得出不亦鲁黑汗的本名，这显然是徒劳的（同样是这个名字，在波波夫《蒙古游牧记》，483中被错误地点断成了"Digu-čugudun-buirukheï"）。正如那珂所注意到的（那珂（1），144, 183, 228），我们所掌握的仅是在成吉思汗的征服时期统治乃蛮部的氏族的名称。Gücü'üt和Gücügüt之间的歧异，应该是由于转写者不再知晓关于这个名称发音的口头传承了；这两者都是复数，古出古儿台（Gücügürtäi）是从其单数Gücügür=Kücügür而得来的族名。拉施都丁在关于乃蛮部的简述中没有给出这个名称，但在别处则提到阿里不哥的一个妻子"出自كوجوكور Kücügür部（qawm），这是一个乃蛮部落（كورهى gurōhī）"，在《贵显世系》（参见伯劳舍，II，562）中也有同样的记载。窟出古儿（Kücügür）作为一个常见的名称，亦见于《秘史》第89节，翻译成"野鼠"。可能是来自Kücügür氏族，也可能是直接借自于动物的名称，我们也看见Kücügür用作人名:《秘史》提到了一个别速惕部人，转写者将他的名字转写为古出沽儿（Kücügür）或古出古儿（Gücügür）（第124、202节），或者最后称他为木匠古出古儿（Gücügür-moči，第223节）。拉施都丁书中也以古出古儿（Kücügür）或古出古儿那颜之名多次提到了这个人（I, 59, 60, 175, 212, 213; III, 140; 亦参见上文第5节）。

在这段记载所述的时期，亦难赤－必勒格·不古汗（Inanč-Bilgä Bügü-ḫan），或更简短地称为亦难赤汗的人，是乃蛮的统治者。但他过了看起来很短的一段时间之后，也就是到额儿客合剌逃亡的时候，就已经死了。他留下了两个儿子——以其称号塔阳汗而著名的台不花，和盃禄汗。《元史》（卷1）称盃禄汗更为年长，而且拉施都丁在其成吉

307

思汗纪中也是这么说的(译文，II, 111)；但在该书关于乃蛮的简述中，所给出的有关乃蛮部的情况则更为详尽。在此，同样这位拉施都丁提供了相反的信息，我们不禁思考这里他是否是正确的。甚至连塔阳汗这一称号(参见下文第26节)看起来都在某种程度上支持此人才是长兄；还有被归于是亦难赤汗所说的话，他提到盃禄汗就像一头骆驼，直到狼把它的大腿吃掉一半才晓得动，也就是说，他任其作为乃蛮部合法君王的兄弟衰弱，等到自己被攻击才开始应对。《元史》的编纂者和拉施都丁在《成吉思汗纪》中的看法，可能是由于成吉思汗所率领的第一波攻击是针对盃禄汗，之后才发动了先消灭了塔阳汗，接着消灭了盃禄汗的决定性的战争。总之，在我们的文本第26节和32节中提到塔阳汗的方式，也清楚地表明他才被认为是乃蛮的真正统治者。但是，拉施都丁书，I, 113和《秘史》第189节中亦难赤汗的话，向我们暗示塔阳汗是老父亲所生的幼子，他是因为其父的偏袒才被立为储君。归根结底，我与屠寄的意见相反，认为盃禄汗更为年长。

据拉施都丁的记载，这两兄弟之间的不和是由于情敌关系而造成的：他们俩都钟情于其父的一个爱妃(quma)，并在其父死后争抢这个妃子。对此，屠寄(21, 1b—2a)提出了一种值得研究的假说。在后面有关塔阳汗的纪事中，有一个在《秘史》和《亲征录》中叫作菊儿八速(Gürbäsü，参见下文第37节)、拉施都丁书则叫作 كوربساو Gürbāsü (或Kürbāsü)的妇人发挥了很大作用。拉施都丁(I, 110; II, 80; III, 4)均称其是为塔阳汗所热恋的爱妻，《亲征录》的一条原注也说她是塔阳汗的妻子。但根据《秘史》(第189节)，古儿别速(Gürbäsü)并非塔阳汗的妻子，而是他的母亲(äkä)。那珂(2), 64指责《秘史》是错的，因为在塔阳汗死后，成吉思汗把古儿别速也纳入了后宫，他应该是不大可能收纳像塔阳汗的母亲这样年老的妇人的。当然《秘史》应该是有错误的。但至少也存在着可能性，即这里的"母亲(äkä)"指的并非塔阳汗的生母，而是他父亲的一个妻子，其年龄要比他生母小很多(像这类含糊不清的指代情况，参见上文第182页有关薛彻别吉之母的讨论)。在《秘史》(第189节)中,被认为是亦难赤汗所说的话是:"我老了,这妇人年少。"因此理论上而言,屠寄的假设是有可能的,即塔阳汗和盃禄汗相互争夺的那个亦难赤汗的侧室,正是古儿别速。由于她是塔阳汗父亲的妻子之一,因此被视为塔阳汗的"母亲";但是她最终成了塔阳汗的妻子,这是因为塔阳汗的年龄更大,并且用拉施都丁的话来说,是他在亦难赤汗死后,占据了"祖先之位(تختكاه اصلی tahtgāh-i āślī)"。在格鲁塞《蒙古帝国史》,251中也提出了这样的一种假设,虽然我已经不记得曾经就此写过些什么,但至少有一次我口头提到了这些,因为格鲁塞先生给我提供了这个建议(《有关成吉思汗朝历史研究的现状》,刊《国际历史科学委员会学报》,第46号,6月,1941,40)。此外,《秘史》第149节①接下来的部分似乎表明,在亦难赤汗年老的时候,有了一个年轻的妻子,由于祷告的功效(这里涉及的大概是一种巫术实践),所生出的儿子正是塔阳汗。在这种情况下,塔阳汗是不可能娶其生母的,因此在《秘史》中给古儿别速所加的"母亲"这个修饰词就是一个错误。同时,我们也可以假设,把继承权授给了年轻宠妃所生之子,损害了应该是长子的盃禄汗的利益,而这可能才是两兄弟关系破裂以及一部分首领分离出去的真正原因所在。

309

当这两兄弟分开时,有一部分乃蛮人是站在塔阳汗这一边的,另一些则追随盃禄汗。根据拉施都丁书(译文,I,113),塔阳汗居于草原地区(بنزدیک صحراها),而盃禄汗则居于"之前提到过的"山区。显然,这两兄弟之间的疆域划分是与乃蛮部简述的开头片段相应,其中提到乃蛮人是草原(śaḥrā)之民,其中有一些生活在艰苦的山区,另一部分则居于草原之上。多桑(I,56)总结道,塔阳保有"其父之所居以及诸平原",而盃禄汗则退却到"阿尔泰山脉附近 Kizil-tasch 的山地"。尽管如此,正如我们将看到的那样,并没有什么"Kizil-tasch 的山地",而只在平原上有一个黑辛八石(Qïzïl-baš)湖,这就是乌伦古河所流入之地。

———

① 译者注:此处有误,应为第189节。

我相信大体上多桑还是对的。盃禄汗据有山区，并将他的统治范围向南延伸到乌伦古河。与之相对，塔阳汗则占据了从黑额尔齐斯河到"斋桑淖尔"以东，以及这一地区以北直到布克图尔玛河这一范围内的牧场。这一地区再往西北和西去的地方，大概就是乃蛮人的祖居所在，并且很可能从阿尔泰山再往东以及向着乌里雅苏台方向的地区，是乃蛮人新近从克烈人的手中所征服的。总之，盃禄汗在东，而塔阳汗在东南，这使得我们理解成吉思汗为何先对付盃禄汗。我相信这样的一个解决方案要比格鲁塞《蒙古帝国史》，99 中所采用的那种说法可能性更高，其说求诸塔阳汗所占领的地区于"科布多地区的湖泊的那一边"；如果是这样的话，就我看来成吉思汗很难在不先接触到塔阳汗的领土的情况下，就到达盃禄汗那里并与之相争。特别是我们如果接受格鲁塞先生根据《秘史》的记载，把成吉思汗率军进向科布多河上游，作为对盃禄汗的第一次战争的话，就更是如此了。这一反对意见同样也与屠寄（21，1b）的意见不合，他以一种自相矛盾的方式，称塔阳汗的营地一部分是在阿尔泰山以北，而另一部分又在西边的乌里雅苏台河和我们地图上的"Dsapchyn"之间。

但是这里，我怀疑和与蔑儿乞人的战斗的有关记载相同，《秘史》是把两次不同的战争给搞混了。《秘史》第158节这样记载道："其后，成吉思汗、王汗二人出征乃蛮古出古惕部的不亦鲁黑汗。当他们到达不亦鲁黑汗所在的兀鲁黑塔黑山（Uluq-Taq）的莎豁黑河（Soqoq-usun）时，不亦鲁黑汗未能发起有组织的战斗，便越过阿勒台山退走了。他们从豁黑河去追赶不亦鲁黑汗，越过阿勒台山，沿着忽木升吉儿（Qum-Šinggir）的兀泷古河（Ürünggü）下行追赶时，[不亦鲁黑汗]有个名叫也迪土卜鲁黑（Yädi-Tubluq）的首领（那颜）作为哨兵（qara'ul），他被我们的哨兵所追。当就要逃上山去时，他的马肚带断了，并被捕获。在沿兀泷古河而下追赶[不亦鲁黑汗]时，在乞湿勒巴失湖（Kišil-baš-na'ur）追上了他，就在那里把不亦鲁黑汗打垮了（muqulqa-）。"之后，在《秘史》中就再没有提到过不亦鲁黑汗。

《亲征录》以及拉施都丁书所记载的传承则与《秘史》很不相同。在那两部书中，此处既没有提到兀鲁黑塔黑山（突厥语的兀鲁塔山（Uluγ-Taγ）），也没有提到莎豁黑河，这些地名出现在后来（参见下文第40节）塔阳汗死后，成吉思汗单独对盃禄汗和加入他那一方的侄儿、也就是塔阳汗之子曲出律所发动的一次战争中。看起来这第二个版本更可能合乎于真实的历史，我将在第40节的注释中再来讨论有关兀鲁塔山和莎合水的问题。我认为在现在我们讨论的这次战争中，成吉思汗是从克鲁伦河流域来到了乌里雅苏台地区，并且从那里向西南进军，在阿尔泰山东边与盃禄汗遭遇，但是他和成吉思汗，可能是通过我们地图上的"Dabysten-Daba"山口（关于此处参见布莱资须纳德《中世纪研究》，I，14，62）先后向南翻越了阿尔泰山，并且从那里又到了乌伦古河流域。关于此地我们将在下一个注释中看到。

311

[2]《元史》（卷1）与《亲征录》相同，都提到了"黑辛八石之野"。这一转写对应的是突厥语 Qïzïl-baš "红头"的蒙古化形式 Qïsïl-baš，这是在蒙古语中还没有 z，并且 -i 前面发 q- 音的时期所采用的形式。《秘史》在第158节转写作 Kišil-baš，在第177节转写作 Kičil-baš，这一歧异是由于蒙古语中 qï- 向 ki- 的转变，以及14世纪的蒙古人对于发 -z- 的音很困难所造成的。我们通常在《秘史》中重构为乞湿泐巴失（Kišil-baši）或乞失泐巴失（Kičil-baši），而这是错的；这里14世纪末的转写者使用了一个汉字来表示语尾的辅音，尽管这个字并非以小号字的形式写在列右。海涅士指出了这一点，并且明确地将 Kišilbaš 这个词收录于其《词典》，188，但就在这前面不远的一页（第179页）中，他又保留了 Kičil-baši 和 Kišil-baši。我手头库伦抄本的复本也证明结尾是没有 -i 的；虽然没有与《秘史》第177节相应的部分，但在与第158节相应的部分中，我手头的复本（对页79a）中作 Qoǰal-bas；尽管存在讹误，但我们接下来将会看到，它部分对应了一种常见的蒙古语形式。很明显 -bas 是来自 -baš 而不是 -baši。加 - baši 的这种错误的重构，是由于一种不恰当的推论所导致的。在拉施都丁书中的平行段落里，抄本只能

读作(文本，II，182；III，159)قزیل باش Qïzïl-bāš，但贝勒津由于通过巴拉第的翻译而了解到《秘史》的汉文节译本，便认为应与之相符并转写为"Kizil-baši"(译文，II，112，280，318；III，107)。最后，多桑(I，56)读作"Kizil-tasch"，并且为那珂(2)，24所援引，后者还说有一种或几种俄语地图，把Qïzïl-taš湖放在了科则勒塔斯(*Qïzïl-tas)山的附近。我没有见过标识出这样一座山的俄语地图，在汉文著作中也找不到有关的记载(关于此，为格鲁塞《蒙古帝国史》，100所援引的"Kysyl-Adyr"(Qïzïl-Adïr)必须予以排除，因为它在额尔齐斯河以北，从而与此处无关)。如果说，他仅是把多桑记载的"Kizil-tasch的山区"代入地图之中，则我也不会感到惊讶。但"Kizil-tasch"是不存在的，它仅仅是由于拉施都丁书的某些抄本中的音点错置所导致的；哀德蛮(《铁木真》，71)就已经采用了其正确的形式"Ckizil-basch"。

我们的文本，以及遵循这一文本的《元史》都提到了黑辛八石(Qïzïl-baš)之"野"，而拉施都丁则称是阿尔泰山附近之一"地"，这表明蒙古语原文中应该只提到了Qïzïl-baš，而没有加任何说明性的描述，但Qïzïl-baš实际上是一个湖，兀泷古河也就是我们地图上的乌伦古河流入其中。我们可以确定蒙元时代这个名称的含义就是如此。实际上，刘郁的《西使记》(王国维校本，7a—b)提到了龙骨(Ürünggü)河向西流并汇入一个湖(字面上写的是一个"海")中，(其周延)有千余里(这显然太过夸张了)，这个湖的名字叫作乞则里八寺(*Kïzïl-bas)，其中有很多可供食用的鱼(参见布莱资须纳德《中世纪研究》，I，125)。在郭德海的传记中(《元史》，149，5b)提到，当他随哲别在西方的时候，越过了乞则里八(*Kizil-ba[š])海，这里汉文转写的最后一个字肯定是脱落了(并非像布莱资须纳德，I，125中他所认为的那样，这个字在所有的版本中都没有)。

此名一直沿用至今，但在这个突厥语名称传到蒙古人和满人当中的时候，多多少少是发生了讹变的。唐维尔地图在总图中标出了"Kisalbas Nor"，在东部内亚图的第8页标出了"Kisalbas Omo"(nōr和

omo 分别在蒙古语和满语中用来指"湖")。所谓武昌图(北 IV 西 7)
中作赫萨尔巴什(Qïsal-baš)湖,《水道提纲》作奇萨尔巴思鄂模(Kisal-
bas Omo);《西域水道记》,5, 19a 见有赫色勒巴什淖儿(*Qïsïl-baš Nōr)
这一形式,但也引用了一篇 1758 年的文献,其中以元音易位的形式写
作奇萨勒比斯(Kisal-bis Nōr, *Kisalbis-Nōr),并且徐松本人还采用了
不可理解的"噶勒札尔巴什淖尔"(*Qarǰal-baš Nōr)这一形式。这最
后一种形式,我是引自《西域水道记》非常精致的初版,在其中这个名
称出现了好几次。可是,《蒙古游牧记》(15, 4a)在引用《西域水道记》   313
的时候,删掉了"勒",而仅写作"噶札尔巴什淖尔"(*Qaǰal-baš Nōr)。
这个 Qaǰal-baš 和 Qïsïl-baš 到了波波夫的译文中(《蒙古游牧记》,149,
465, 483)变成了"Gajar-baš"和"Kheser-baš",同时他又用"Kizil-baš"
(第 486 页)来转写《水道提纲》里的那种形式,但实际上应该是 *Kisal-
bas。我们可以看到,这个带有不见于蒙古语的打头的 q- 和两个 ï 以及在
蒙古语中很难接受的结尾 -š 的突厥语名称,在日常蒙古语的使用中发
生了多少变化;并且我们也不会惊讶于 Qïzïl-baš 在我手头库伦抄本的
复本中竟然变成了 Qoǰal-bas。

　　黑辛八石(Qïzïl-baš)这个名称的语源仍不确定。看起来它并非
完全不能和对于中亚什叶派的通称 Qïzïl-baš("红头"="红头巾"?但
是为什么呢!)视为同一(参见伊莱亚斯和罗斯《拉施德史》,214)。那
珂(2),24 称这个名称的由来是因为在湖里有很多"红头"鱼,但实际
上这是对这个名称流行的解释,例如雷克吕(Reclus)《新世界地理》,
东亚部分, 168,或维维安·德·圣马丁《世界地理新词典》中"乌伦古
(Ouloungour)"词条,将 Qïzïl-baš 解释为"出产红头鲑鱼的湖"。我没
有找到是谁先给出这样一种词源解释的。该湖中确实有很多鱼。我们
或许可以将得名的原因归于黑辛八石(Qïzïl-baš)湖里很常见的鲫鱼即
"红鱼"(参见布莱资须纳德《中世纪研究》,I, 125)。但在古代文献中
对这个问题并无记载,而且用我们今日的解释来处理一个至少七百年
前的古老名称,看起来并不具有权威性。我还要确定的是, qïzïl-baš 是

一种在这个湖里大量存在的鱼的突厥语名称。

Qïzïl-baš不见于我们的地图上，而是换成了"Uliongur"或"Ulungur"。布莱资须纳德书(I, 64, 124)给出了Qïzïl-baš这个湖的名称，并且也给出了Urungu，韦利(《长春真人西游记》, 76)则称作"Ulungu"。波波夫(《蒙古游牧记》, 483)说"Ulyungur"是汉文地图中用来称Qïzïl-baš湖的名字; Ulungur这一形式，有时用作河名，但特别并且差不多是专用来作为湖泊的名称，这已经通过波塔宁、普尔热瓦尔斯基等人的著作而为人所熟知，我无从断言是谁先提出的。但这个名称是不准确的，事实上只存在一条叫Ürünggü>Ürüngü的河，我们可以自然地转写为Urungu; 以及一个叫Qïzïl-baš的湖。由于汉语中没有r音，所以就转写为乌伦古; 但这并不能成为造出"Ulungu"、"Ulungur"或"Ouloungour"这样河名的理由，更不能把这个名称作为乌伦古河所流入的湖的名称，中国人也从来没有这么做过。在我们的字典中，应该永久消除"Ulyungur湖"或"Ouloungour"这样的名称。我还要趁机指出另一处细节。在我们的地图中，乌伦古河流入Qïzïl-baš湖的河口前面不远的地方，有一个聚居点名叫"布伦托海"(Buluntokhoi)，这是一个直到1872年才建立起来的汉人城邑，但我们知道更古老的时候在那里就已经存在一个汉人的管理机构(参见布莱资须纳德《中世纪研究》, I, 124)。其实我找到了有关这个日期之前对此处的记载，是在一份1758年的文献中(《西域水道记》, 5, 19a)，但那里边是写作博洛尔托海，这个名称可以假设为是*Bolor-toḫai>*Bolor-toḫor, toḫor是"〔河〕湾"的意思，因此这个名称指的就是"水晶湾"。同样的解决方案亦可适用于波波夫(同上引, 298)书中错误地重构为"Boror-toḫoi"的一处同名的地方。

我把Ürünggü写作为这条河名称的正确形式，因为在《秘史》第158节中转写作兀舌泷古，在同上引书第177节转写作浯舌笼古，而"古"对应的应该是-gü，而并非-qu或-γu，另外在我手头库伦抄本的复本(对页79a)中明确给出的是ü-开头并且在最后一个音节中有-g-的

Ürünggü。除了《秘史》之外，我不知道在蒙元时代这一名称是否还有其他的完整转写形式。刘郁的《西使记》（王国维校本，7a；布莱资须纳德《中世纪研究》，I，124）中采用的是"龙骨"，但这是带有语义改编的缩略转写，因为龙骨的意思是"龙的骨头"（霍沃斯，I，302 所引证的"龙居"并非乌伦古河，而是克鲁伦河的古称）。鉴于这条河的情况，关于出现于 13 世纪的它的名称，我们认为更应该是源自突厥语而不是蒙古语，并且实际上与之相邻的黑辛八石和忽木升吉儿（Qum-Šinggir）也都是突厥语。在这种情况下，其突厥语形式应该是 *Ürüngü（*Urünü），而 Ürünggü 已经是其轻度蒙古语化的形式了。对其语源仍然未知，在完全假设的前提下，我们可以猜想它是来自突厥语的 örüng（ürüng）"白色"。但如果这里的颚音化是在蒙古语中所造成的，那么我们则更倾向于它是来自突厥语的 urunyu"战士"。乌伦古河以"Ouronou"（总图）和"Ouron-ou"（内亚东部图第 8 页）的形式见于唐维尔地图中。此外，我还记下了以下这些现代的形式：见于《水道提纲》中的畏隆古（*Üirünggü）；见于一份 1688 年的文献中的乌龙贵（*Ürünggüi），以及另一份年代略晚的文献中的乌龙归（*Ürünggüi）（均见《西域水道记》，16，16b）；《武功纪胜》（同上引，5，18a）中的乌隆古，这最后一种转写也被徐松本人所采用，并且为《蒙古游牧记》（16，16a）的作者所效仿。但是《会典图说》转写为乌龙古，而王国维在他的《亲征录》注释中写作乌陇古。屠寄书中则有时使用《秘史》第 158 节的转写（21，2a），有时使用乌伦古（2，16a）这一形式。所谓武昌地图，和另一份以册页形式呈现，既没有标注出版的地点、日期，在名称使用上也常常不同的地图中，均作不规则的"乌陇布"这一形式，或可假设为对应 *Urungbu 或 *Ürüngbü。

　　成吉思汗向黑辛八石湖方向追击盃禄汗，沿乌伦古河而"下"（huru'u），这就排除了他是从科布多河上游而来的可能性。而且关于这点还有另一个理由：《秘史》（第 158 节）称，成吉思汗是沿着"忽木升吉儿的兀泷古河"下行。"忽木升吉儿"（Qum-Šinggir，在我手头的库伦抄本的复本，79a 中作 Qum-Šigär，这个名称在贡布耶夫的《黄金史》，43，148［此处他的释读有误］讹误为"Samšigi"）是突厥语Qum-Sängir "沙岬"的一种轻度蒙古语化的形式。屠寄，2，16a认为，《秘史》中的"忽木升吉儿"一名继续以乌伦古河右岸的支流臣吉里（Čingil）或臣吉思（Čingis）河之名的形式延续了下来，关于这样的比对，没有任何其他的动机可言，仅是出于语音上含糊地相同。但是我们在别处也见到过Qum-Šinggir这个名称。在《蒙古与教廷》，196—197，那时我还没能想到《秘史》中的忽木升吉儿，就已经指出了大汗贵由于1248年3—4月间死于Qum-Šinggir，当时他正在从哈剌和林前往其旧日之封地叶密立（Emil）的途中。根据志费尼以及照抄其书的拉施都丁所记载，Qum-Šinggir距别失八里有一个星期的路程；别失八里对应的就是现今位于天山以北，在"Gutchen"（<古城）西北不远处的吉木萨尔。当时我没有在这篇过去所作的论文中给出其汉文形式，这就是《元史》

316

卷2，1247年纪事中的"横相乙儿"，以及《辍耕录》，1，11b和《元史类编》，1，16a等书中的"胡眉斜阳吉儿"（这里有一个伪误的村庄名称"撒马尔干"，仍然在米诺尔斯基的《世界境域志》，369，中被提到，其实这个地名从来都不存在）。因为Qum-Šinggir是在从哈剌和林前往别失八里的途中，显然要经过乌里雅苏台，并且很可能还要通过"Dabysten"山口（这也就是卢布鲁克的回程之路，他沿着河走了十四天），因此必须排除这里指的是乌伦古河下游，并且根据我的意见，这处"沙岬"应该是要在乌伦古河的上游，也就是还用布尔根（Bulgun）河这一名称来称呼的流域寻找，很可能是在它停止从北向南流并开始向西和西北绕出一个大弯的地方，这里直到今日都仍然是通向"古城"的驿道所经之地。即使我们承认——当然我是不相信的——成吉思汗先是向乌里雅苏台以西进发，一直到科布多地区，然后又突然转向"忽木升吉儿的兀泷古河"，并且沿河而下前往黑辛八石——其结果仍然明显是相同的，因为科布多到"古城"的驿道还得重新折回布尔根河。

在《西使记》中，常德越过了瀚海——在这个例子中，也就是杭爱山（Khangai）之后，来到了昏木辇，接着经过了龙骨（Ürüngü）河；布莱资须纳德(《中世纪研究》, I, 124)认为"昏"对应的是一个我所不知道的蒙古语词汇,其意思是"浑浊",就像汉语中的"浑"这个字。但我认为更有可能应该重构为 *Qum-mürän,也就是与《中世纪研究》, I, 162中的"浑八升"相对应,这差不多肯定就是阿克苏附近的 Qum-bašï。Qum-mürän 可能就是忽木升吉儿附近的布尔根河。据我所见,盃禄汗在这个地区被击败的事实,也可以从丘处机行纪(韦利《长春真人西游记》, 76)的记载中得到暗示,而不是在塔阳汗被击败的更位于北方之地(参见格鲁塞《蒙古帝国史》, 162)。

[3]《秘史》(第158节)说,成吉思汗在乞湿泐巴失"打垮了"(muqulqa-)不亦鲁黑汗,接着就再没有提到过他。我们所研究的文本只提到"尽虏其民",而且盃禄汗又继续出现于第 24、25、38、40 节。在拉施都丁书与《亲征录》平行的文本中,字面上与之更为一致,又补充说盃禄汗逃到了 كم كمجيوت Käm-Kämčïüt 地方(vilāyät),"这里是从属于(توابع tawābiᶜ)吉利吉思人的地方(vilāyät)"(文本, II, 182;译文, II, 112,亦参见 III, 107)。屠寄, 21, 2a 把这段补充的话插到了盃禄汗的传记中。原则上而言,Käm-Kämčïüt 是谦(我们地图上的 Kem,叶尼塞河的上游)和克穆齐克(Kämčik,德语地图中的"Kemtschik")河的汇流之处。与谦河和克穆齐克河有关的文献将在下文第57节中进行讨论。我对盃禄汗逃到 Käm-Kämčïüt 之地的记载表示强烈质疑,因为《亲征录》和《秘史》都没有提到此事,这就表明在最初的蒙古文编午史中也没有这件事。据我的感觉,这应该是拉施都丁或他手下的翻译者们所添加的,正如许多同样的例子所表明的那样,是非常不可靠的。在黑辛八石之战战败的盃禄汗,要想去到 Käm-Kämčïüt,就必须穿过他的敌人、同时也是他的兄弟塔阳汗的领土。我怀疑拉施都丁是把志费尼所讲述的、后来发生的"Tuq-Tuɣan"[①]向 Käm-Kämčïüt 的逃亡和这里

317

---

① 译者注:此人在张锡彤、张广达译《蒙古入侵时期的突厥斯坦》第421—422页中译为"图克-图甘",可以参看。

搞混了,而那次逃亡是术赤向吉利吉思人的国土发动战争的原因之一(参见巴托尔德《突厥斯坦》(2),370和下文第57节)。

[4]这个名字也以同样的转写形式传到了《元史》卷1之中。《秘史》给出的是也迪土卜鲁黑(Yädi-Tubluq;第158节);库伦抄本(我手头复本的对页第79a)中此名讹作J̌idäi-Tabaluq,但至少确认了是存在着一个-b-音。相反,拉施都丁书(文本,I,140;II,182—183;III,159;译文,I,111[以及第三分册的索引中未加修正的错误异文"Mede Tuglun"])称这个人 بیدی توقلوق Yädī-Tūqlūq。拉施都丁所记下的形式正是如此,因为他还补充道这个名称在突厥语中的意思是"有七面旗帜的人"(علَم ʿalam;贝勒津理解得很清楚;哀德蛮《铁木真》,587和追随他的霍沃斯,I,694错误地读成了علم ʿilm"科学"),而这也正是在古典突厥语中作Yäti-Tuɣluɣ的此名的含义。Yädi-Tubluq的意思是"有七个球的人"。《亲征录》和《秘史》相一致,排除了这是翻译或转写之误的可能性,这个Yädi-Tubluq可能才是正确的形式;拉施都丁的信息提供者告诉他的可能是一种错误的异文。但无论如何,这个名字是突厥语而非蒙古语。有一个类同的现象乍一看也出现在元文宗皇帝的名讳中,其名长期起来被重构为Tub-Tämür(tub在蒙古语中的含义是"中央"、"正确"),然而其名的真正形式应该是Tuq-Tämür(=tuɣ-Tämür;参见李盖提的论文,见《通报》,1930,57—61)。但这种相似只是表面现象,因为Tub-Tämür只不过是乾隆馆臣的一种异想天开的重构。

[5]拉施都丁在波斯文中采用了 قراول qarāūl这个词,这是一个突厥—蒙古语词汇。蒙古语原文中给出的肯定就是这个词。在《秘史》中,qara'ul经常以"先锋"、"巡逻队"的含义而出现(参见海涅士《词典》,60)。

[6]高山。宋君荣(《成吉思汗史》)错误地把这个名称当作一处叫作"高"的山,而且说这个名称在《大清一统志》中也被提到了。《一统志》,411,5a提到的耸立的"高"山,在于都斤山西五百里之处。它也不是一个专名,并且所指的是另外一个不同的地区。

318

[7]《秘史》中这个名字的形式是可克薛兀撒卜剌黑（Kökesä'ü-Sabraq，第 159、162、163、177、189、190、194 节），还有一次则作 Kökesägü-Sabraq（第 163 节）。他指的是一个人，但《亲征录》的翻译者给弄错了，并且补充了"二人"这两个字，从而把他给变成了曲薛吾和撒八剌这两个人，而这一错误也传到了《元史》之中。拉施都丁写作 کوکساکو سبراق Kōksāgü-Sabrāq①（译文，I, 99, 111 [这两处都是错误的异文]；II, 113, 115, 137；III, 107）。拉施都丁还补充说（II, 113）köksägü 的意思是"由于咳嗽和一种胸部疾病而嗓音嘶哑的人"；实际上巴拉巴语（Baraba）的 köksäü 和柯尔克孜语的 köksöü 仍然有"肺痨"的含义，而这个词是源自 köksä-"用一种嘶哑的声音说话"（而"使人不快"）。至于 Sabraq，根据贝勒津的翻译，"是一处地名，该地因此人而得名"，但我相信应该理解为"是一处地名，它 [这一地名]被用来命名此人"。另外，我也不太相信拉施都丁最后补充的这条关于其首领的信息。喀什噶里书（布罗克曼，248）指出在古兹（ɣuzz）人的领地里有一处地名叫作 Säbrän，俗称为 Sabran，看起来不太可能可以视为这里的 Sabraq。另一方面，我们也无从援引翁金鲁尼文碑铭中所谓的"Sabra"（拉德洛夫《蒙古利亚的古代突厥语碑铭》，248, 277a, 389，以及《新编》，177b），这实际上是沙钵略（Īšbara）的转写（参见《通报》，1929, 211）。Sabraq 可能来自 savra-"准备好了"的一种方言形式 *sabra-。

[8] 在下文第 27 节中也采用了同样的转写。《秘史》（第 159 节）写作巴亦答剌黑别勒赤儿（Bayidaraq-Bälčir）和（第 177 节）拜答剌黑别勒赤儿（Baidaraq-Bälčir）。拉施都丁书（文本，II, 183—184；译文，II, 113）的各抄本这里均写作 بای براق بیلجره Bāī-Barāq-Bālčirä②；但在这个名称又重新出现在不远的下文中时（文本，II, 222；译文，II, 137），尽管贝勒津仍然保留着其在前面的片段中所采用的形式，但各抄本均假定

319

---

① 补注：《史集·成吉思汗纪》伊斯坦布尔抄本、塔什干抄本作"کوکسو سابراق"。

② 补注：《史集·成吉思汗纪》伊斯坦布尔抄本、塔什干抄本作"بای براق بیلجیر"。

作باىدارق بيلجره Bāīdarāq-Bālčirä，所以拉施都丁显然是知道与汉文文献
中所给出的形式相同的那种形式。至于拉施都丁在第一个片段中进行
了修改，这是为了让其能够符合他所提出的词源解释；并且他还补充
道，蒙古人不理解这个名字，因此讹误成了只在贝勒津使用的其中一个
抄本里出现的他读成باد براق "Bad-Baraq" 的这一形式，但在拉施都丁书
中第二个片段中的例子表明，这里肯定也应该采用باىدارق Bāīdarāq。至
于拉施都丁对他用来代替的形式的解释，来自蒙古编年史，其说如下：
"人们把这个地方称为Bai-Baraq-Bälčirä的原因是，在古代人们为乃
蛮的君主从汪古部的君主那里[娶]得了一个女子，其[女子]名字是
Bai-Baraq；人们带她来到了这个地方并举行了订婚宴（طوى عروسى ṭoi-i
ʿarūsī；ṭoi即突厥语中的toi；这个词指的是在蒙古语中叫作不兀勒札儿
（bu'uljar>būljar）的筵席，参见下文第27节）。Bälčirä的意思是'有牧
场的平原' صحراى علف خوار śaḥrāī ʿalaf-ḫwār；贝勒津校本，II，184，写作
خواران，但应该在خوار后面断开，后面应该读作ān آن，这是下一个句子的
组成部分）。把这（ān）两个短语合到一起，人们就得出了这样一个地
名。但是蒙古人不能准确地明白这个名称的含义，遂称之为Baidaraq
[之地]（哀德蛮《铁木真》，588，错误地理解了拉施都丁所说的）。"显
然这样的解释不是作为其史料来源的蒙古文编年史所给出的，拉施都
丁应该是从他周围的人那里听到这个故事的。

　　这一解释并没有客观价值。此外我们还思考的是，尽管如各抄本
所示，拉施都丁所指出的"正确"名称并非باى تراق *Bāī-Tarāq。但是，
因为他本人也说到这个"蒙古语"的名称是讹误所致，那么在这一点
上无论对错，人们告诉他的肯定是Bai-Baraq。Baraq是一个正确的突
厥语名称，特别是用于察合台系的宗王八剌（Baraq）之名，也就是马
可·波罗书的"Barac"，由于受到《古兰经》有关知识的影响，人们还保
持着经常称为"Borāq"或"Borrāq"（参见《通报》，1930，339—340）。
无论我们像我所倾向于的那样保留Bai-Baraq，或是修正为 *Bai-Taraq，
总有两点是非常重要的：（1）拉施都丁的信息将一个突厥语名称，归因

320

于一位我们在别处都没有听到过的汪古部的公主，并且这与我们所知的这个信仰基督宗教的部落其王公的专名是相符合的；(2)Bai-daraq应该是位于汪古部人的领土和乃蛮部人的领土之间，并且很可能是在乃蛮领土的最东端，这样就可以与为来自汪古部的公主举行许婚筵席的故事衔接上了。至于Bälčirä(或bäljirä)，相对于汉文-蒙古文史料中的bälčir(或bäljir)，这与如下的情况是相同的，即中世纪的蒙古文和汉文史料中的kä'är "草原"，在拉施都丁书中则更经常地被写作kähärä，而频繁出现的kähärä又回过头来使我们想象为是kähär-ä，也就是说错误地保留于波斯文译文中的一个蒙古语的属格-位置格形式，而且时代更晚的古典蒙古语中的正常形式是kä'ärä(写作kägärä)。但bälčir则并非如此，因为我们在其他任何地方都没有见过这个词以带有结尾-ä的形式出现；我在将bälčirä视为一个属格-位置格的bälčir-ä这点上很是迟疑，因为这个词以bälčirä的形式在拉施都丁书中出现过好几次，先是在第一个片段里，然后又以相同的形式在第二个片段中重复出现。因此bälčirä可能是一种未经证实的方言形式(古老的汉文译文在第139节①给出的是巴亦答剌黑别勒赤儿(Bayidaraq-Bälčir)，而在第177节给出的是拜答剌黑别勒赤列(Baidaraq-Bälčirä)，因为在后一处中错误地保留了属格-位置格的词尾)。我们的文本中所猜测出的Bäljir要么是一种错误的转写，要么是一种非正常的发音，因为真正的蒙古语词肯定是bälčir，并且其实这假设了在中间还有突厥语的bältir这一对应的形式。Bältir的意思是"十字路口"，这也是bälčir一词的基本含义，这不仅由现代蒙古语得到证实，也由《元史》，63，14b的一个叫作哈剌别里赤儿(Qara-Bälčir)的地名而得以证实，这个地名的含义是"四达之冲"。Bälčir另外一个古老的含义是(两河的)"汇流之处"、"水漫开之处"[来自bälči- "[分叉]散开"，这个词也在东蒙古语和卡尔梅克语中得到证实(参见兰司铁《卡尔梅克语词典》，42)]。但这个词也用来指

---

① 译者注：此处有误，应为第159节。

"山谷在山的出口处变宽的地方"（谷口），或者"河谷"（川），《秘史》第161、177节中就是如此（在第161节中，古老的汉文译文使用的术语是"谷子"[山的]山谷）。至于拉施都丁所指出的相近的含义"牧场"，在卡尔梅克语中有时是作这样的含义解释，但真正的术语是另外一个也源自bälči-的词，也就是"古典"蒙古语中的bälči'ir、bälči'är（>bälčīr，bälčär），但这个词更古老的形式是《秘史》第194节中的bälōji'äl（？读作bälči'äl）"牧场"和鲍培《蒙古语词典》，116中同样含义的belčil（读作belčīl）。看起来拉施都丁是把bälčir和bälčīr或bälčīl给搞混了。关于bälčir含义的细节将在下文有关也迭儿按台（Ädär-Altai）的bälčir的含义的讨论中进一步研究。

当面对Baidaraq-Bälčir这个名称时，立刻映入我们脑海的想法就是认出了Baidarik这条河的名称（霍沃斯，I，493的"Baitarik"是一种发音不准确的形式），其发源自乌里雅苏台以东的山中，并且向南流淌汇入到"察干淖尔（Tsagan-nōr）"（Čaɣan-nōr）。这种比定是1902年由高宝铨所指出的（《元秘史李注补正》，6，4），并且同样为那珂（1），184—185和屠寄，2，16a所接受。这一比定也很自然地见诸格鲁塞先生的笔下，见《蒙古帝国史》，100。另外，那珂（2），25，根据沈曾植的意见指出了这一点，并明确为是以Baidarik之名而为人所知的bälčir这一形式后，却在第一条注释的结尾处上了一个问号，这看起来应该是后加的。在新写的注释中，那珂提到bälčir的意思是"牧场"，到处都有bälčir；然而接下来的文本表明，王汗和其他人穿过了"也迭儿按台河"，这就是我们地图上的"Eder"，色楞格河左岸的支流。因此王汗的退却路线将使他沿着"Dsabkhyn"和乌里雅苏台河———一直向南流到Baidarik。那珂总结道："很显然，Baidaraq-Bälčir之所在无从确定。"在他那一方，王国维，17a认为Baidaraq-Bälčir应该对应的是科布多南边的巴彦达尔克（*Bayan-Darḫa）岭；这个名称在汉文地图中实际上是用来称科布多以南、乌伦古河最东边的支流以东的群山。

这个例子对我而言是非常清楚的。Baidarik河非常有名，而且我们只知道有一条河叫这个名字，其名在《水道提纲》中写作贝德勒克（*Baidäräk）；在《蒙古游牧记》的一种史料来源中写作拜达里克（Baidariq）；并在《蒙古游牧记》的本书中（8，8a）以较不确定的形式写作拜塔里克（Baitariq）。此外，在《水道提纲》中，拜达里克河流域还有一处地名叫作库冷白儿齐尔；它在《蒙古游牧记》中则叫作库伦伯勒齐尔；高宝铨书中则称之为库冷博拉齐尔，所有这些形式均得出 Kürän-Bälčir。Kürän-Bälčir 是在拜达里克河及其左岸的支流察克（Čaq）河汇流之处南边的一处水草丰茂的牧区。这个地区非常有名，因为1686年康熙在此召开了一次蒙古王公贵族参加的大会（参见波波夫《蒙古游牧记》，57，59，74，76，368，375，376；霍沃斯，I，493；这就是库兰在《17—18世纪的中亚》，49，54中所给出的错误的 "Khouloun Bolodjir"；亦见于格鲁木-格勒济玛罗《西蒙古》，II，708；III，265〔所给出的时间 "1685年" 是错误的〕）。Kürän<küriyän 的含义是 "环绕的围墙"、"营地"，而且如果说这个名称是由于1686年会议才得以命名，我也不会感到惊讶。总之，我们明确地知道一处 Baidarik 之名的 bälčir，正如我们所研究的这部蒙元时代的文本中的 "拜答剌边只儿"。不过，《秘史》中明确地提到成吉思汗和王汗是在乞湿泐巴失湖战胜不亦鲁黑汗返回时，在巴亦答剌黑别勒赤儿遇见了可克薛兀撒卜剌黑。从乞湿泐巴失湖回到土拉河上游和克鲁伦河，很自然就只能沿着杭爱山南的 Baidarik 河，再从科布多东南翻越阿尔泰山，并沿着山脉北坡进向乌里雅苏台。根据我们的这部文本和拉施都丁书的记载，这时是在冬天，这个季节人们偏向于走山脉向阳的那一边。事实上，没有任何人对这一比定竟然没提到也迭儿按台而感到怀疑；但就像我们在下面将要看到的那样，也迭儿按台这个名称的含义并非像通常所认为的那样是非常确定的。我认为并不能用也迭儿按台这个名称来决定有关 Baidaraq-Bälčir 的比定，而是恰恰相反，是用我所能够确定的 Baidaraq-Bälčir 的地理位置，来引导我们有关也迭儿按台之地望比定的讨论。

〔9〕在这里和接下来的段落中，王国维的校勘本再次写作 "陈"，

322

而不是《说郛》本（3）和《元史类编》，1，2所引用的"阵"字，而这后一

种异文很可能才是文本最初所给出的形式。

[10]点火这一行动证实了确实是在冬天。成吉思汗于第二天早晨所看到的情景，根据《秘史》（第161、177节）的汉译文，写作："他将我做烧饭般撇了。""烧饭"的本义是"烧煮食物"，而有时汉文注释弄错了这句话的含义。实际上，这指的是辽、金以及蒙元时期的一种专有表达，人们把食物（用忽迷思浇过的肉等）放到一个坑里，再将之焚烧以作为祭品。成吉思汗把王汗点的火比作祭祀时"烧饭"的火，这个术语的蒙古语原文是tüläšilä-。王国维举出了一系列例子，很详细地对这种表达进行了解释（《观堂集林》，16，18b—19a）；但是实际上在他之前，巴拉第译文的注释第270条就已经以较少的细节对这个词进行过解释。巴拉第同样也指出了《元史》，77，7b中有关这个词的重要片段，但这却被王国维所遗漏了。在《秘史》第70节与这种祭祀有关的一句话中（yäkäs-ä qaǰar-u inärü qaruqsan-tur），有一个句子成分仍然不得其解。尽管如此，通过这一段以及《元史》，77，7b的文本可以证实，这种祭祀不涉及或不曾涉及把祭品完全焚烧，因为"烧掉的"食物接下来又在参加者当中进行分配。蒙古文编年史的原文这里，应该有与《秘史》中的tüläšilä-相同的表达，因为拉施都丁所记的成吉思汗说的话当中提到了"火"（译文，II，115），但应该是《亲征录》的译者对文本进行了修改。

[11]所有的抄本此处均作"哈薛兀里"，王国维所保留的形式也是如此，而且这种相同的异文是基于《元史类编》1，2a中所引用的哈萨兀里这一形式。但肯定是有一个字脱落了，并且我们应该读作哈剌薛兀里，即Qara-Sä'ül；我们唯一还要思考的就是这里结尾的"里"（-li）是否是译者错误保留的一个宾格形式Qara-Sä'ül-i所造成的。《秘史》（第159节及177节）中的合剌泄兀勒（Qara-Sä'ül），通过我手头库伦抄本的复本（对页79b）与159节的对应部分而得以证实。古老的汉文节译本在第177节中没有给出其名称，在第155节中，这条河的

名称前面加了个"那"字，使人感觉也像是河名称转写的一部分，以至于巴拉第根据这一古老的汉文节译所作的俄文翻译中，就提到了"Nakharaséul"，并且这也误导了贝勒津，见译文，II，281。拉施都丁（文本，II，184；译文，II，114，281）也知道这个名称，但在某些抄本中遗漏了；也许这就是为什么该名称在多桑，I，58和哀德蛮，《铁木真》，272中不见踪迹的原因。在拉施都丁书中的这个名称，都是讹误得非常严重的。A抄本给出的是بكنكو كسو，C和D抄本是بكنكو كسوز，贝勒津采用的是"Begenkuksu"，后半部分显然应该修正为راسول °rā-sūl，但前面的部分则由于抄写者的缘故而错得太多了。然而我们还应得出结论，即这个名称最初的形式应该是قراسول Qarā-sōl<Qara-sä'ül。拉施都丁说这是一座"山"（kohī），而我们的文本则说这是一条"河"，我们可能应该推断出，最初的蒙古文编年史中仅仅说到了Qara-sä'ül，而并没有指出其性质到底是什么。然而我们所研究的文本是正确的，因为有两次（第159、177节）都说王汗前去"重新登上"（öädä）了合剌泄兀勒（Qara-sä'ül），这也就说明它不可能是一条河。

Qara的意思是"黑色"，sä'ül的意思则是"尾巴"，但是我怀疑这里所指的是否真是一条叫作"黑尾"的河。上文木鲁彻薛兀勒（Munuča-säül或*Muruča-sä'ül，第14节）的例子中，sä'ül是用来作为一种地理术语。可能这里指的是Qara河的"尾巴"，也就是说，很可能指的是这条河的上游。可是接下来的文本表明，无论"哈剌薛兀里"语义学上的确切含义是什么，它都是在Baidaraq-Bälčir的近旁。

宋君荣神父（《成吉思汗史》，7）猜测这条河就是色楞格河右边的支流哈绥河（Ḥasui或Ḥažui）（参见波波夫《蒙古游牧记》，365—366）。但哈绥河是向东北方向流的，而王汗肯定不会"溯流"以前往土拉河；此外，这一基于同音而作出的假设，是与该河错误的形式"哈薛兀里"相合，而与其完整形式"哈剌薛兀里"不合。其他还有假设是乌伦古河的支流之一布尔根（Bulgun或Bulaɣan）河流域的小湖泊Qara-Nōr的（参见《西域水道记》，5，15b，17a，以及《元朝秘史》，6，7b中李文田

324

的注释）。李文田和追随其说的王国维，18a，看起来是把位于阿尔泰山之南的这个Qara-Nōr，和科布多以东的哈剌泊或"Qara湖"给搞混了，后者在我们的地图上叫作"Durga-nor"（参见所谓武昌图，北IV西6）。高宝铨，6，4—5和屠寄，2，16及20，7b均称合剌（Qara）河是构成"Dsapchin"（札布干河）上游的诸河之一；但这条河距Baidarik实在很远，并且显然也远离王汗取道其东或东北的Baidaraq-Bälčir。那珂（1），185（那珂（2），25亦同）对这些比定均避而不言，我认为他是对的。哈剌（Qara）之名，甚至哈剌薛兀里这一名称的特征实在太不明显，以致我们无法仅通过语音上的相近来进行比定。如果像我所认为的那样，Baidaraq-Bälčir是在Baidarik河的中游，那么哈剌（Qara）或哈剌薛兀里，就是其东边流向东北方的一条小支流，但这点仍然是尚未能确定的。

[12] 旗帜。这里的汉译不够准确，因为拉施都丁提到的是tūq（=tuγ），也就是有牦牛尾的军旗（文本，II，185），这应该才是蒙古语原本中所使用的词汇。

[13] 可能这里的"王"字应该重复两遍，并且读作"国王，国王……"总之，在蒙古语原文中应该是这么写的，因为拉施都丁书（文本，II，185）作 خان خان ḫān ḫān，并且在《秘史》第160节对应的片段中，也是读作"汗啊，汗啊"。ḫan ḫan 应该理解为"国王啊！国王啊！……"而并非像贝勒津所读成的"汗之汗"（一种"王中之王"的形式，译文，II，114）。

[14] 理论上而言，昆弟的意思指的是"兄长和弟弟"，但也用来简单指"兄弟"的意思，正如现代汉语中形式相同的"兄弟"这样的表达方式。在对应的段落中，《秘史》（第160节）使用了 anda "结拜过的兄弟"这个词，但似乎在我们所研究的这部文本的蒙古语原文中用的应该不是这个词。拉施都丁（文本，II，185）用的是 aqa ū ini "兄长和弟弟"，这种表达由两个突厥语的词汇所构成；贝勒津翻译为（译文，II，114）"我的亲人们"（moi rodiči），但这就造成了对于成吉思汗一个人使

用了双数的表达；此外，拉施都丁接下来使用的一个动词也是单数的。我们的结论是，拉施都丁使用的aqa ū ini（可能这里应该只读成aqa ini）仅是单纯的"兄弟"之意（并不区分长幼之序），可能其蒙古语原文同样是作aqa dä'ü。aqa dä'ü也同样见于《秘史》第160节再往后一点的地方，古邻把阿秃儿所说的话中；而这一处汉文本中给出的仍是"昆弟"，在拉施都丁书中则作aqa ū ini。

[15]"野鸟"的说法太过含糊，可能这并非我们所研究文本的最初异文；无论如何，这里所指的应该是一种候鸟。拉施都丁（文本，II，185）对于札木合所讲的话中提到的两种鸟均使用了同一个词 کنجشک gunjišäk，字面的意思是"燕雀"，但也用来指另外一些小鸟。哀德蛮（《铁木真》，272）把这两处都翻译成"云雀"；贝勒津则把前一处翻译为"小鸟"，把后一处翻译成"云雀"，但并没有加以任何注释。我认为这两个翻译者笔下的"云雀"，是由于多桑书（I，68）所导致的，而多桑则是借自比丘林司祭和巴拉第——贝勒津也受到后者的影响。但总而言之这是两种鸟，一种是迁徙的鸟（指成吉思汗），还有一种则是不迁徙的鸟（指札木合）。在《元史》卷1中，札木合的这番话是出现在时间更后的另外一个场合（关于此可参见格鲁塞《蒙古帝国史》，101；冯秉正《中国通史》，IX，21；在多桑，I，68中，因为受到比丘林司祭的影响，札木合的这番话变成了是成吉思汗向王汗说的），其中候鸟是鸿雁，而不迁徙的鸟则与我们的文本相同，作"白翎雀"。在《秘史》（第160节）中，迁徙的鸟是bildu'ur，不迁徙的鸟则是qayiruqana。在《秘史》中，bildu'ur被译为"告天雀儿"，即"对天说话的小鸟"，qayiruqana则翻译为"白翎雀儿"，即"白翎毛的小鸟"。在对《秘史》汉文节译本的翻译中，巴拉第把告天雀儿翻译为"燕子"，把白翎雀儿翻译为"云雀"；他还补充说，云雀这种鸟在蒙古非常多，它们在草丛中筑巢，并且整年都不迁徙。

中国的注释者如李文田（6，8a）、高宝铨（6，5a—6a）和屠寄（20，7b），还有像那珂（1），186—187关于这些鸟的名称引用了大量的文

献。我在明末的《武备志》中找到了其所给出的宾堵儿（bildūr）这个
蒙古语词汇，作为"叫天儿"的对应词，而后者肯定是告天雀的同义
词；并且根据《辍耕录》，20, 16a，在元代末期，《白翎雀》作为忽必烈
在这种鸟儿的鸣叫启发下，下令谱写的一支乐曲的曲名而著称。关于
这两种鸟的名称，虽然bildu'ur没有继续存在于蒙古语中，但在《四体
合璧文鉴》，30, 43b给出了告天雀的另外一些形式如哨天雀、叫田子、
来作为boljumur的汉文名称，而boljumur肯定就是bildu'ur在现代蒙语
中的对应词。作为中介形式的biljimur（<*bildi'ur）在《秘史》（第77、
220节）中两度出现，一处是见于人名之中；在第77节中则译作"雀"，
这与《黄金史》（1）（贡布耶夫，11, 113, 125）中平行文本里的boljimur
和萨囊彻辰书（施密德，64）的boljmar是相对应的。另一方面，告天
雀、叫田子等，都是一种云雀的名字，其学名是阿尔卑斯云雀（Alauda
alpestris①，参见陶德明（Taranzano）《数学、物理与自然科学词汇》，法
中对照，"alouette" 词条），并且biljumur或boljimar在科瓦列夫斯基的
词典中正是译为"云雀"，巴拉第就是因为这一点而产生了误会。"对
天说话的小鸟"之名，显然不仅仅是来自云雀的叫声，而且也由于其突
然直飞上升的飞行方式。这里所涉及的是一种候鸟，在中国自古以来
就以鹨或天鹨之名而著称。

关于另外一种鸟，那珂所强调的qayiraɣana，即"鸥"的蒙古语名
称，显然是白费心思；特别是《辍耕录》的文本毫不犹豫地指出这是
蒙古和中国东北地区的鸟类，此外札木合的话也表明了这是一种不
迁徙的鸟。《四体合璧文鉴》，30, 39a给出了这个蒙语中qayiraɣučai的
汉文名称"白翎"，这与我们文本中的"白翎雀"是一致的，科瓦列夫
斯基的字典把qayiraɣučai翻译成"云雀"。尽管在陶德明的书中没有
这样写法的一个名称，他所给出的是"百灵"，来作为"蒙古云雀"即
Melanocorypha mongolica的名字；这也正是与上文提到的巴拉第的注

① 译者注：我们尚未能参考这一资料，但恐怕其学名的正确写法应该是 Alauda arvensis。

释相符合的。因此札木合所提到的不是像鸿雁和云雀这样差距如此巨大的两种鸟，《元史》中肯定是曲解了关于此的传承。在蒙古民间传说中，可能是把两种不同的云雀进行对比，其中一种是性喜移动的，而另一种则是常居不太移动的。总之，札木合在他的寓言中，举出两种物种相似但习性相反的鸟类来对自己及其"兄弟"成吉思汗进行比较和对照，要更为自然一些。

[16] 所有的抄本均作"终"字，但拉施都丁则提到了"冬天"，在《元史》中进行了更多加工的文本也是同样。鉴于这里提到的是在温暖地区度过寒冷季节的鸟类，"终"这个字在这里是没有意义的，我相信应该读作"冬"，并且我也是如此进行订正的。

[17] 所有的抄本均作"白翎鹊"，"鹊"这个词在这里不合适。王国维所采用的是白翎雀，《秘史》和《元史》中的形式也是如此。我认为他是对的，但需要说明这处是进行了修正的。

[18] 各本中均作"怜"，王国维也保留了这一形式，并假设为"曲怜"（*Kürän）；但这是"邻"字的一种经常性的错误，我因此进行了修正。《秘史》（第160节）中的形式是将其名称中-ü前面的k-习惯性地进行了浊化，称之为兀卜赤黑台（Ubčiqtai）·古邻把阿秃儿（Gürin-ba'atur）。王国维，18a出于对明代转写者的信任，称兀卜赤黑台是来自此人所出的部落的一个族名；但这里所提到的是一个克烈人，而克烈人的各氏族我们都是清楚的，无论是在哪里我们都没有见过个*Ubčiq氏族。还有更甚于此者。拉施都丁在两处提到了这个人，第一处是在《部族志》中（文本，I, 131；译文，I, 103），接着是在成吉思汗纪中有关目前这个事件之处（文本，II, 185；译文，II, 114）。哀德蛮（《铁木真》，236, 272, 588）将此名读作"Bahriti Gurin Behader"，贝勒津均写作"Ubjir-Kurin-Bakhadur"，但各抄本均表明显然应该读作اوبچیریتی کورین بهادر Ūbčīrītai- (或 Ūbčīrīāī-) Kūrīn-bahādur。在前一个片段中，拉施都丁还补充说 اوبچیری ūbčīrī（或 ūbčīrī，而不是像贝勒津所读的"ubčir"）是一种红色果实的名称，在蒙古人们用它来比喻那些长

了一张红脸的人，而这位首领的脸就像是红色果实一样；在第二处，拉施都丁则用更长一些的篇幅来解释这个名称："Ubčiri（或 übčiri）是这个地区所生的一种红色果实的名称，妇女们用它来把脸涂成红色（gulgunä）。由于曲邻拔都的脸色天生发红，人们便把他与那种果子相比，并用果实的名称来称呼他。人们还说成吉思汗习惯用制作蜡烛的方法来处理这种红色果实，并且用它来涂在脸上"。

329　　拉施都丁书这里的信息的准确性很难让我们产生怀疑，因此我们必须承认，《秘史》的转写者所使用的蒙古文抄本在此处给出的是一种错误的异文，这种错误的异文同样见于汉文节略本的作者所使用的蒙古文本之中。但在1240年所编撰成的原初版本中则恐怕并非如此。我手头的库伦抄本的复本（对页79b）给出了这个名称的一种非常讹误的形式 Uručičitai-Kürüs-Ba'atur，其字形的讹误显示其更可能是来自 Ubčiritai 而不是 Ubčiqtai。

Ubčiqtai 显然应该归为非颚化词之列，但 Ubčiri 也可能是 übčiri，讹误成的 Uručičitai 这样的形式更容易解释为是来自 übčiritäi。这个词看起来并没有继续存留于蒙古语中。可能应该与 übči- 关联起来，其字面上的意思是"剥皮"、"剥［动物的］皮"，但我们也找到 übčikdä- 这样一种被动式，其含义是"感到羞愧"、"丢脸"，字面上的意思是"被剥皮"（"他的红面皮被剥了"，《秘史》，第201节）。

见有拉施都丁用来放在曲邻拔都名字前面的外号 Ubčiritai 之记载的这一段叙事，与《亲征录》的汉译文同样，是译自相同的蒙古语原文；然而与其外号相应的记载并非在今本《亲征录》中脱漏了，也必定不见于最初的蒙古文编年史之中。而拉施都丁是通过其他的渠道获知这一外号有关的讯息，并且事实上也把相同的讯息记载到了《部族志》克烈部的简述中。在《成吉思汗纪》这里再次碰到了这个克烈部人的名字之后，很可能就自行把所了解到的这个人的绰号也给添加上了，而他所添加的与 übčiri 有关的解释，很显然是不见于蒙古文本之中的。

［19］拉施都丁（II, 114）称蔑儿乞人旧主脱脱的兄弟和都，以及脱

脱之子赤剌温发动反叛并前去与其民众汇合。此处拉施都丁把两个和都给混淆了的这一旧有错误,已在上文第14节注释11中予以指出。在《秘史》第162节中,和都和赤剌温的背叛被放在时间稍后一些的地方,即曲薛吾撒八剌掳掠王汗西部领土的时候。

[20] 即《秘史》中的撒阿里野(Sa'ari-kä'är)。王国维,18a 徒劳地将其与上文第4节中提到的萨里川进行了区别,我已经在第4节的注释中对这一问题进行了讨论。

[21] 这里指出的同样内容也传到了《元史》卷1之中。对应于土兀剌(Tu'ula>Tūla),拉施都丁所给出的名称,哀德蛮(《铁木真》,273)读作"Tatan-Tuqula",而贝勒津(文本,II,186;译文,III,115)则采用了 ناتال توقوله "Tatal-Tokhola",看起来 A、C、D、E 本的异文就是如此,B 本则作 اال توقوله,在这个词的前半部分中没有加任何音点。贝勒津在 II,281 的一处注释中,认为可以从"Tatal-Tokhola"中辨认出《秘史》第162节的帖列格秃山口(Tälägätü-amasar),此说无论从任何方面来看,都是 330 不能成立的。可以很清楚地看出,这里所提到的也是《元史》中的土拉河,然而"Tatal-Tokhola"一名从蒙古语词源学角度看来是不太可能的。那珂(2),26 由于深信这场战争是发生于还要往西北去很远的地方,就援引"Tatal-Tuqula"(实际上贝勒津的转写是"Tatal-Tokhola")为理由,称《亲征录》的土兀剌是一处错误。但据我所见,恰恰相反,《亲征录》中所保存的才是正确的异义。成吉思汗是折回到了土拉河之东、克鲁伦河附近的萨里川,王汗则回到了土拉河,这使得他能够向成吉思汗求助,因为他与后者的营地所距非常近。Tuqula 和 Tu'ula(>Tūla)在蒙古文书写中是有区别的(在《元史》,31,3b 的一处中是作"秃忽剌",参见上文第13节,注释3),我们应该简单归结于,拉施都丁的信息提供者由于这个词前面的"Tatal"或"Tatan"的存在,而未能明白这一名称。而在《亲征录》中则完全看不出与之相应之处,很可能是因为在拉施都丁信息提供者所掌握的蒙古文抄本中,此处存在着错误,或者是此人对原文的理解有误。洪钧,1A,32 已经感觉到了这点。我

认为，从元初文人张德辉的作品中可以看出，土拉河被称之以浑独剌，并且他还补充说这在汉语中是"兔儿"的意思（参见《蒙古游牧记》，7，26b；波波夫《蒙古游牧记》，348；布莱资须纳德《中世纪研究》，I，54，124）。兔儿并不能像波波夫所做的那样，重构为"Tur"，而是应该解释为"兔子"，看起来这是土拉河之名的一种通俗的词源学解释，兔子在蒙古语中叫作Tōlai。至于这一转写的前半部分，布莱资须纳德称，"浑"在蒙古语中和在汉语中的意思一样，都是指"浑浊"；然而就算这里在汉语中是可以如此解释，但对于蒙古语的qun（>ḫun）而言，我不知道除了"天鹅"或"峭壁"之外，还有什么其他的含义；此外，无论如何我也看不出"Tatal"或"Tatan"可以得出 *Qun来。在蒙古语中有tatāl（<tata'al）一词，其含义是"水渠"、"arïq"（参见鲍培《蒙古语词典》，343，447）。但如果在土兀剌的前面真还有一个成分，那我们应该能够在《亲征录》中寻得其踪迹。很有可能，拉施都丁所给出的这一形式是毫无价值的。

[22]亦剌合这一转写可能对应的是Ilaqa，也可能对应的是Ilqa。我们所研究的文本在第15、24、26、27、34还另外给出了亦剌合这一单独的形式，在第30节中则仅作鲜昆（Sängün）。而《元史》卷1中则普遍采用了亦剌合，而排除了亦剌合鲜昆或鲜昆这两种形式；而在一篇传记中（《元史》，193，3b），提到了王汗之子"先髠"（Sängün）。此外，在卷1并非来自《亲征录》的一段中（1226年纪事），还提到成吉思汗前去讨伐西夏的原因，其中部分原因就是在于20年前西夏人接纳了亦腊喝翔昆（Ilaqa-Sänggün）（应将格鲁塞《蒙古帝国史》，272注释4按这样的意思进行修正[①]；今本《元史》普遍将"亦"字误作"赤"字，其中也包括明南监本，参见《通报》，1934，162；但在乾隆馆臣所利用的本子中，这一名称的形式是正确的，因为这种形式被当作为原

①译者注：参见龚钺《蒙古帝国史》汉译本："作为这次出征的理由的，是因为西夏主不遣自己儿子作质，而遣一个名叫赤腾喝翔昆的代替。"[法]雷纳·格鲁塞著，龚钺译《蒙古帝国史》，商务印书馆，1989年，第220页，注释5。

始的形态[《元史语解》，1824年版，10，12b；江苏书局1878年版，10，9b正作亦腊喝翔昆]）。《秘史》在第165、166、167节称之为你勒合桑昆（Nilqa-Sänggün），此外，常见的是仅写作桑昆（有时字面上是写作桑昆（Sänggün），但其属格形式总作Sänggü-ün，而库伦抄本仅见有Sänggüm；字面上作主格形式的Sänggün，是由于14世纪的汉语不存在唇元音和-m结尾的词，因此把最初的sänggüm或者是写成三个音节的桑古门，或者是两个音节的翔昆）。我在《亚洲学报》，1920，I，176和《通报》，1930，22—24中已经对Ilqa（<Ïlqa；或Ilaqa<Ïlaqa）和Nilqa（<Nïlqa=Nïlqa>Nilɣa）这样的双重形式进行了讨论。我们也将看到，我曾经确定了被巴托尔德所指出的，见于13世纪的纳绥尔丁·图西著作中的 ايلاق Ïlāqā 这一形式，并且我过去还认为这就是拉施都丁所采用的 ايلقه Ilqa或Ïlaqa。但其中有一点是我要进行修正的。在撰文的最后一刻我加上了一句话，当时手头并没有原始文献可资参考，我补充道Ilqa也是巴格达陷落时在波斯的一位蒙古人首领的名字。在此我不拟对颇节（Pauthier）和布莱资须纳德对这位首领进行比对的理论进行探讨，但在本注释的讨论中，这个名字必须置于一旁，因为他的名字并不是叫作Ilqa（<Ïlqa），而是*Ilgä（或*Elgaï或*Ilügä）。

此外，我还要回到前面我所提出的Ilqa（或Ilaqa）就是拉施都丁所采用的形式这点，尽管在某些抄本中还存在着不同的异文。过去，我对于拉施都丁的著作是如何构成的并不像今天这么清楚，我当时认为这部著作应该是在人名、地名上均保持着一致的一部总集。但现在很明确的是，拉施都丁一方面用他所掌握的各种信息撰成了《部族志》，另一方面其《成吉思汗纪》的部分则完全是对那部蒙古文编年史逐句的翻译，而《亲征录》正是这部编年史的汉文译本；在拉施都丁作品的这两部分之间，经常存在着歧异和矛盾之处。在《部族志》中，本注释所讨论的名称见于两处（文本，I，125，126；译文，I，98，99；亦参见译文，II，274中），其书各抄本均一致给出的是 ايلقه سانكون Ilqa-（或Ïlaqa-）Sängün，而这两处均称他是王汗的兄弟。在《成吉思汗纪》中，与我们本书第15节相对应的段落中，这个名称同样也出现了两次。这里贝勒津所保留的是Ilqa-Sägün的形式，但这是他进行修改后的结果，因为所有的抄本（B，C，D，E；A本中缺此页）给出的或可以推测出的，都是 نيلقه سنكون Nīlqa-Sängün（多桑，I，58此处作"Bilka"），这大概并非偶然现象。

我们知道，在蒙古语中存在着以有无打头的n-来进行区分的同源对偶词：iču-和niču, ongqasun和nongqasun等；除了在我之前所撰的文章中引用的那些之外，还可以补充卡尔梅克语中的niltš?(<nilči)，"[身体的]热"，相对于古典蒙古语的ilči(参见兰司铁《卡尔梅克语词典》，276)。另外，Ilqa和Nilqa除了在第一勾上多加一点或少加一点之外，在蒙古文书写上没有其他区别，并且这一点在蒙元时代的碑刻和手稿中通常都是不标出来的；因此实际上在书写中两者是完全相同的。并且由于已经不了解这个名称的正确读音，所以转写者是按照他们自己的意思采用这两种读法其中之一。我手头库伦抄本的复本，在与《秘史》第165、166、167相应的片段中（对页81b—82b），均写作Ilqa-Sänggüm，我自认为就其可靠性而言，无从得出结论来反对《秘史》的转写者所采用的Nilqa-Sänggüm。这大概是同样一份蒙古文编年史——其波斯文译文见于拉施都丁书，其汉译文则为《亲征录》——所导致的：同样一种蒙古文书写形式，波斯文译者读作Nilqa（或Nilaqa），汉文翻译者则读作Ilqa（或Ilaqa）。因此这里不大可能理解为是方言性质的同源对偶词，而后者恰恰是我之前所考虑的一种假说。

关于Ilqa（或Ilaqa）和Nilqa这两种形式，很难断言其中哪一种才是确切的。但有一点必须要在此指出。在1920年以及1930年的论文中，我总是倾向于赞同以《秘史》中的形式为优先。但对这部作品进行更为彻底的研究之后，我相信，即使就这部作品本身而言，其最初的蒙古文编纂本可谓为研究1240年的蒙古语及相关传承的第一手资料；然而当转写者在14世纪末期按皇帝的命令将其音写为汉文的时候，对其过往的历史可谓知之甚寡。当面对一个可以随意读作Ilqa或Nilqa的名字时，他们很自然地选择了 Nilqa，这仅仅是因为在蒙古语中有这个词（今日的 nilɣa，在卡尔梅克语中作 nilḥo "年轻"）。《元史》中的"亦剌合"并没有什么专门的价值，因为它是从《亲征录》的"亦剌合"而来的。然而在《秘史》音写成汉文的一个世纪前，就已经有《亲征录》的"亦剌合"、拉施都丁书《部族志》中的 Ilqa（或 Ilaqa），还有特别是纳绥尔丁·图西的 Ilaqa，这些很可能是基于一种当时仍然为人所知并且可信的传承。就我们目前所知的现状而言，我认为我们应当以 Ilqa 或 Ilaqa 为是。

然而到底应该读作 Ilqa 还是 Ilaqa 呢？《亲征录》中的亦剌合可以是这两者中的任何一个；并且以一种不太严格的标准而言，拉施都丁的القا也同样如此，因为在蒙古语的三音节词中，非重读的第二个元音是不稳定的。该名称可能的词源出处也对我们没有任何帮助。实际上 Ilqa 不能用任何一个已知的蒙古语词来进行解释，而对于 Ilaqa 我们自然会想到蒙古语中写作 ilaɣa "蝇"；但 ilaɣa 实际上是 ila'a<ilā（参见兰司铁《卡尔梅克语词典》，206 中的卡尔梅克语派生词 ilēsŋ）。此外，如果据其表面上看起来那样，把它和《秘史》第 174、188 节的 hilu'at- 或 hiluqta- 进行关联的话，那么 ila'a 在中世纪时期的发音应该要有一个打头的 h-，然而这在有关王汗之子名字的任何转写中均无迹可寻。因此我们的选择就只能是如下：要么根据纳绥尔丁·图西的 Ilaqa 而以这种形式为正确；要么就根据《秘史》中 Ilqa 的错误异文 Nilqa 而以 Ilqa 这一形式为正确。然而，即使《秘史》的转写者们在蒙古文书书写中模棱两可的词汇的异文方面经常是弄错的，但总体而言他们所拥有的是一种高度正确的蒙古文抄本，并且见于库伦抄本中的，也都是 Ilqa（或 Nilqa）而非 Ilaqa（或 Nilaqa）这一形式；而纳绥尔丁·图西著作中的 Ilaqa 这一独特的例子，就我看来并不具有与前者相当的分量。因此最终我采纳 Ilqa 作为王汗之子名字的唯一一种可能正确的形式。

至于 Sängün(>Sänggüm)，我很久以来就曾经指出，这个蒙元时代的汉语借词，并不能对应为自鄂尔浑碑铭以来就有的 sängün<将军，而

是应该比定为辽代的详稳,这是对契丹语中所采用的汉文"相公"这一形式的读音,再转写成汉文后的形式;而"相公"一词则是对于丞相以及作为行省(即后世的"省份")最高长官的丞相这一官号拥有者的尊称;马可·波罗书中"Liitan sangon"(=李壇相公)的"sangon"就是取这样的含义(亦参见《通报》,1930,46)。后来我又了解到,把详稳、鲜昆和相公等同起来这点,早已被屠寄,1,11a和王国维,1b所指出了。

根据包括《元史》、《秘史》和《亲征录》在内的文献的综合研究可知,叫作亦剌合鲜昆(Ilqa-Sängün)或亦剌合或桑昆的这个人,是王汗的儿子;至于拉施都丁,在他从《亲征录》的蒙古文原本所译的《成吉思汗纪》中,提到鲜昆的许多处中也是称之为王汗之子。但在《部族志》以及与这里讨论的叙事有关的片段中——也就是唯一给出了亦剌合鲜昆这个名字完整形式的一处(在该书的这一片段中读作Nilqa-Sängün),拉施都丁把他当作为是王汗的一个"兄弟"。而另一方面,《亲征录》通行各本中此处均作"其(王汗的)子",也就是"亦剌合鲜昆和札阿绀孛",《元史》中也同样如此。这肯定是不准确的,因为所有的文献都把札阿绀孛作为是王汗的一个兄弟。但是贝勒津(译文,II,282)非常离奇地搞错了这一点,他说"亦剌合鲜昆……在汉文史书中被不正确地记载为是王汗的儿子";这里他是忘记了他本人译文中有关鲜昆的众多片段里,都是这么称呼的,而且贝勒津也从来没有想要试图把亦剌合鲜昆(Ilqa-Sängün)和鲜昆(Sängün)看成是两个人(哀德蛮《铁木真》,589主张一种不能成立的理论,即王汗有一个叫作亦剌合鲜昆的兄弟,又有一个叫作鲜昆的儿子;在他之前多桑,I,58中也同样提出此说,只是其中把"Bilca"[读作"Nilca"=Ilqa]当作是兄弟,把"Ilco Singoun"当作是儿子)。因此,在《亲征录》的通行各本和《元史》中这里是存在着一个错误,但在拉施都丁书中反过来把这两个人都当成是王汗的"兄弟"也是不对的。不过,我认为此处所见的这个错误,在蒙古文编年史的原文中就应该已经犯下了。实际上,在《亲征录》通行各本中作"其子"之处,《说郛》本(3)作"其弟",与拉施都丁书之记载暗合，很明显这并非偶然。蒙古文编年史中这一错误本来的正确形式，应该是提到一个"儿子"和一个"弟弟"。我认为《元史》的作者们，因为仅注意到这里提到了亦剌合，就把《亲征录》原本的"弟弟"给改成了"儿子"，而《亲征录》的通行各本，则又根据《元史》进行了回改（但这就必须承认，即使是在《说郛》本（3）中，也存在着部分的修正，即把"兄"给改成了"父"，因为在《说郛》本（3）中，称其"弟们"来与其"父"合军）。可能蒙古文编年史原文中此处的错误，导致了拉施都丁在其《部族志》中有关亦剌合鲜昆的亲属关系这一问题产生了指代错误。

［23］《秘史》在关于亦剌合鲜昆和札阿绀孛的叙事这里没有提到这个名称，但在有关成吉思汗本人自拜答剌黑别勒赤儿离开王汗的两处记载中（第161、177节），提到成吉思汗"渡过额垤儿阿勒台（Ädär-Altai）的别勒赤儿（bälčir）（Ädär-Altai-yin bälčir-iyär kätüljü）"，来在萨里川下营。根据贝勒津的译文（文本，II, 186；译文，II, 115），拉施都丁说："王汗来到了一处叫作'Tatal-Tokhola'的地方，而他的兄弟亦剌合鲜昆和札阿绀孛带着他们的家丁和仆役跟着他，［来到了］一处名叫'Idur-Altai'的地方，那里有一条河和大片的森林。"我在前面已经讨论过"Tatal-Tokhola"，就我来说简单而言 Tuqula=Tu'ula，也就是土拉河。至于"Idur-Altai"，哀德蛮（《铁木真》，273, 588）读作بدروا التاى "Badrua Altai"，多桑（I, 58）读作"Iderou Altai"。而贝勒津的校勘本则给出都是ايدرو آلتاى"Idäru-Altai"，但他由于受到《秘史》的影响，而在译文中径自进行了修改。但是在《亲征录》和《秘史》相同的形式面前，肯定是و错误的重复所导致的，从而应该读作ايدر التاى Ēdär-Āltāī。

对其地望的比定是相当困难的，并且有些注释者已经给以连篇累牍的讨论。在何秋涛，23a 和王国维，18b 的《亲征录》校本中，则没有提出任何建议。李文田在他的《秘史》注本，6, 8—9 中，得出结论称额垤儿阿勒台应该对应的是阿尔班阿岳达察（*Arban-Ayoldača）岭（关于这座山岭，参见《蒙古游牧记》，441）；高宝铨（《元秘史李注补正》，6,

336

6—7)引用的完全是有关阿尔泰山的描述,而这段描述中自然并没有出现额垤儿阿勒台这一名称,并且以如下这句话结束:“铨案,据此阿尔班阿岳尔达察岭正在拜塔里克河之东南也。”这座山岭确实是在东南方向,但距离却非常遥远,因为根据《蒙古游牧记》中一段很长的文字,以及高宝铨所引用的《水道提纲》的描述,这座山岭显然对应的是施蒂勒世界地图中的“Baga-Bogdo”和“Arzy-Bogdo”。并且这也与王汗的行进路线无关,后者是从拜塔里克河前往土拉河最大拐弯处的东南角,因此是往东南方向而不是东北方向去。

另一些注家则从也迭儿(Ädär)之名入手,它是色楞格河两条最大的支流之一。也迭儿,即我们地图上的“Edir”,以“Eder”的形式出现在1730年的史托兰伯地图的西部图上(la cartographie occidentale,参见卡恩《18世纪西伯利亚地图集》,186)。我们也在汉文中时间稍早一些的记载中见有这个名称,它先是被转写成厄得勒和依得尔,后来又成了伊第尔;也就是说,先是Ädär,接着是Idär,最后则是Idir(参见《蒙古游牧记》,8,12a,21a—b;波波夫《蒙古游牧记》,371,377);屠寄,2,16b则采用了鄂叠尔(Ädär)。这个名称看起来好像是蒙古语,idär的意思是“成年的”、“健壮的”;ädär(eder)这一形式则更专门作为卡尔梅克语的词。在突厥语方面,我们只获见有雅库特语中的ädär,而这可
337 能还是来自蒙古语(参见兰斯特《卡尔梅克语词典》,205)。这一名称可能由来甚古,屠寄,2,16a从拉施都丁的所指出的Ädär-altai有一条河和许多树木这点出发(而附带提及的这番话,肯定是拉施都丁对编年史真正文本的一个补充),提到在乌里雅苏台东偏南约50里处,有个叫作多伦(Dolon)的山口,该处有许多杨树(蒙古语中称为uliyasun),从而产生了乌里雅苏台这个名称;而乌里雅苏台河则在这处山口以南,鄂叠尔河的源头则在山之北,而此处就是Ädär-Altai的别勒赤儿(bälčir)之所在。成吉思汗首先经过此处(《秘史》),接着是王汗(《亲征录》)。总之,Ädär-Altai的别勒赤儿得名的原因,是因为Ädär……的源头是在阿尔泰山的另一面。这种论证是不能成立的。

在那珂（2）即《亲征录》校本的第26页中，他也说成吉思汗首先渡过了额垤儿阿勒台的别勒赤儿，随后王汗也从此过，并且认为应该在额垤儿（Ädär）的源头寻找这处别勒赤儿，也就可能指的是额垤儿河从山间流出来，在谷地变宽之处。然而也正是这位学者，在他对《秘史》的翻译中（那珂（1），188）受到了更多的启发，他肯定Ädär-Altai这个名称让人联想起也迭儿和阿尔泰，并且他还试图猜想这两者就是Ädär河的源头所从出，但在那时这一地区应该仍处于塔阳汗的势力范围之下，而他的权力还没有衰弱；此外为了从拜塔里克河前往土拉河，却要去往Ädär的源头，这样的转向也很奇怪。就我看来，他的意见是考虑周详并且有说服力的；并且我赞同那珂（1）的观点，即他认为提到Ädär之名只能视为是一种地名上的巧合。

我所要补充的是，Ädär这一名称实际上可能是在别的地方。在拉施都丁书中令人困惑的"十条鄂尔浑"（on Orqon）的名单里（文本，I，161；译文，I，125），其中所指出的一条河的名称非常不确定，但看起来很可能就是ادر，贝勒津转写作"Adar"，马迦特（《库蛮考》，58）作"Ädir（Ädiz?）"，但更符合规律的转写形式应该是 *Ädär；我们对于这"十条鄂尔浑"的真正位置所在一无所知。同样，我们的地图在"Ulungur"（读作黑辛八石）湖的西边，标出了"Kara-Adyr"山，我更愿意确定其最初的形式并非 *Qara-Ädär（在蒙古语中不存在adïr，并且在突厥语中也仅在萨彦（Sayan）方言中得到确认，而该地距"Kara-Adyr"山之东北非常遥远）。最后，有人认为Ädär-Altai是一种组合，其中的Ädär是额垤儿河的名称，而Altai则是阿尔泰山的名称，这种观点显然不太可能；总之，此刻我尚未能提出任何相应的比定。在后来的传承中，有关此处的叙事大体上仅保留了Altai的名称，这也就是为什么木华黎的传记（《元史》，119，1a）中说，木华黎、博尔术和其他人"于按台（Altai）之下"歼灭了乃蛮人。

我的结论是，很可能可以从Ädär-Altai得到一个名称，在这个名称里面Ädär是直接作为Altai的修饰词，而与额垤儿河没有任何关系。拉

338

施都丁提到一处"地方",并补充说那是一条"河",《亲征录》则说是也迭儿按台河,但我们显然可以确定,"河"这个词是不见于最初的蒙古文编年史中的。可能就如《秘史》所言,这里是一处别勒赤儿(bälčir),也就是河流在流出山地时变宽的河谷之处。这处河谷的地望还不能确定,但据我的意见,应该求之于拜答里克河东北,土拉河和克鲁伦河最大拐弯的方向。

很可能事实是与洪钧,1A,32所表达的怀疑相反,成吉思汗先渡过了额垤儿阿勒台的别勒赤儿;接着是王汗,但史料中对此并未明说;而亦剌合鲜昆肯定是取此道,因为他们都是去往同一个方向。我们所研究的这部文献还加上了札阿绀孛,而《秘史》此处则没有提到他;这是因为正如那珂(2),26所指出的,根据《秘史》记载,札阿绀孛在这个时期应该已经逃到乃蛮人那里去了。

[24]亦剌合鲜昆和札阿绀孛,或者至少是亦剌合鲜昆,追随其父的行踪,回到了土拉河地区。《秘史》(第162节)明确提到,可克薛兀撒卜剌黑在"追击王汗"(Ong-qan-u qoyinača näkäjü)时劫掠了桑昆一行。

[25]《秘史》(第162节)称,可克薛兀撒卜剌黑虏获了桑昆的妻子和儿子。最初的蒙古文编年史可能比《亲征录》所给出的要更为明确,因为拉施都丁书(文本,II,186;译文,II,115)提到,可克薛兀撒卜剌黑劫掠了ḫān ū mān gala ū rämä;gala ū rämä用以指畜群,至于ḫān ū mān,贝勒津则译为"家人"(domočadcy),而在汉文的回译中,则变成了"眷属"。那珂(2),26因此得出"眷属"指的是桑昆的妻子和儿子,这显然已经离题万里。在《亲征录》和拉施都丁书中,并不仅仅提到了桑昆,而且无论对错与否,也提到了札阿绀孛;此外,ḫān ū mān是更涵盖家私财物而非指人的一种直接表达。我们不知道《秘史》中提到的桑昆的妻子究竟是何许人,至于他的儿子,则可能是下文第26节中所提到的秃撒合。

很可能的情况是,要么我们掌握的《亲征录》抄本这里存在阙文,要么是译者对蒙古文编年史的原文进行了省略。实际上,《秘史》提到可克薛兀撒卜剌黑在帖列格秃山口劫掠了王汗的民众，而拉施都丁也同样提到了这处 Dälädü-amasara（文本，II，187；贝勒津在译文，II，115中错误地读成了"Talayin-Amasere"）。因此蒙古文编年史的原文是提到了这个地点的。我在上文第13节中已经对 Tälägätü-amasar 进行过讨论。它指的显然是进入到王汗自身领地中的一处马车可以通行的隘口；其他地点应是像拉施都丁所说的那样在边境上（dar sarḥadd），并且肯定是在其领土的西部边境。换句话说，可克薛兀撒卜剌黑在额垤儿阿勒台的别勒赤儿突然袭击了桑昆，当时后者远远落在了其父王汗的后面，然后此人又向前推进到王汗自身领地的西缘，肆行劫掠后返回了乃蛮的领土。

［26］拉施都丁书的记载与《亲征录》一致。《元史》则提到王汗派遣亦剌合与卜鲁忽觯一起前去，我将在下面的一个注释中讨论这个名字。

［27］翻译者用直接引语的方式再现了这段话，这是因为他们不想在叙事中让王汗使用时代不合的"上"（陛下）这一称号来称呼成吉思汗——但实际上他们在各处均是如此使用的；而且此处所使用的"太子"，似乎表明在蒙古语原文中所用的是taiši。但这其实并非蒙古文编年史中所给出的术语。王汗和成吉思汗曾经相约结为父子，并且在《秘史》（第163节）以及拉施都丁书（译文，II，115）中，王汗都把成吉思汗称为是他的"儿子"。因此蒙古文编年史的原文这里应该是köbägün>kö'ün"儿子"。最多我们可以假设，翻译者是故意使用或者是误解了有关köbägün>kö'ün"儿子"和"太子"这两重含义。《元史》这里则照搬了《亲征录》。

340

［28］"良将"。这一表达也传到了《元史》之中。《秘史》（第163节）采用了dörbän külü'üd-i（同位语复数形式），"四曲律"（亦参见第209节），这也就是在拉施都丁书（文本，II，187；译文，II，115中所提到的"四 کولوک külük"；而蒙古文编年史的原文中所使用的，也正是这个术语。我发现贝勒津仅在其译文中，保留了波斯文文本中所使用的

原始词汇（他转写为"kulyuk"），并对此未加任何解释。木华黎的传记（《元史》，119，1a）称他"与博尔术、博尔忽、赤老温事太祖（＝成吉思汗），俱以忠勇称，号掇里班曲律（dörbän-külü[t]<külü'üt），犹华言四杰也"。正如我们下面将要看到的那样，时代更晚的蒙古传承中，仅将曲律这一称号与博尔术关联起来。在中世纪蒙古语中，曲律有双重含义，一是指"英杰"（参见《秘史》，201，205，254节），还有"汗血马"、"骏马"的意思（参见同上引书第3节，külü'üt aqtas，以及海涅士《词典》，105）；这两重含义也保留在了古典蒙古语和卡尔梅克语中（参见兰司铁《卡尔梅克语词典》，245），其主要含义已经成了"骏马"（阿布尔哈齐书，戴美桑译本，191，给"曲律"所下的定义是非常荒谬的）。关于作"英杰"这一含义解释的külüg一词，也被借用到突厥语当中，其意为"著名"，还有其加上kü的形容词形式，"著名的"。但是，至少从11世纪开始，突厥语中的külüg也有了"骏马"的含义，并且很奇怪地还具有了"动物"这层意思（参见拉德洛夫《词典》，II，1470—1472；喀什噶里，见布罗克曼译本，116，külüg和külüglüg词条；鉴于其出现的时间，我们不能认为它是蒙古语中的kül-"加鞍子"、"套上车"的派生词）。对我来说不无可能的是，在骑马民族中，"声望"乃是特别与马匹有关。从而我们也可以考虑，是否"四曲律"这一群体实际上最初是以"四匹战马"的称号而为人所知，就好像成吉思汗的另外一组战士——库必来、者勒蔑、哲别和速不台因他们的赤胆忠心，而被称为"四狗"一样（《秘史》第209节，在"四骏"之后提到了"四狗"）。后来的蒙古传统，把这两组中的一部分相混淆，又加上了其他一些人，从而形成了"九将军（örlük）"（参见《黄金史》(1)，136和施密特校本萨囊彻辰书，77，81，93，381；满文本，40，41的urluk；汉文本的注释者在3，15b中将之与uruq混淆了；哈梅尔《伊利汗国史》，I，30给出的名单与施密特所记略有差别；亦参见霍沃斯，I，114）。Örlük（而不是海涅士《词典》，126中所指出的那种重构的单数形式orluq）的含义是"英雄"；其复数örlü'üt亦见于《秘史》第201节，用于对成吉思汗同伴的统称。今

341

日在鄂尔多斯(参见田清波《鄂尔多斯考》,35)还有个氏族的名称叫作Örlüt。这个词的词源我并不知晓,而且它似乎在古典蒙古语中就已经不再存在了;在卡尔梅克语中,兰司铁(《卡尔梅克语词典》,300)仅指出在一位卡尔梅克王公的名字χō örləᴳ中存在örləᴳ,并且也没有与örlük进行对照[这里提到的土尔扈特王公,我们通常将他的名字写作"和鄂尔勒克(Khu Urluk)",此人在17世纪初,率领其部落前往乌拉尔河和伏尔加河下游;ürlük这个修饰词=örlük,örlök,也见于其后继者的名字当中;参见霍沃斯,I,589]。关于具有这一修饰词的其他名字,参见例如萨囊彻辰书(施密特,179)的Sanghai-Örlök,或《黄金史》(1)的Mändü-örlök(贡布耶夫,165)。没有任何理由赞同哈梅尔(《伊利汗国史》,I,30)的假设,即认为örlök就是突厥语的ärlik"男子气概";在突厥语中有ärlig(<ärklig)"有男子气概的"这个词,还有一个ärlik即"男子气概"。Ärlig-ḫan(<Ärklig-ḫan;>Ärlik-ḫan)一词传到了蒙古语当中,成了阎摩王(Yama)的名称;ärlik(<är-)一词也是同样。在忽必烈时代,博尔术有个孙子——我们还将在下一条注释中提到他——玉昔帖木儿(Üz-Tämür)深受皇帝倚重,以至于不直呼其名,而以"月吕鲁那颜"这个称号来称呼他。对于此,文本中补充道(《元史》,119,8b,实际上是来自《元文类》,23,2b),这就相当于是汉文中的"能官"(即有才干的官员)。屠寄,28,5a主张"月吕鲁"就是külük的另外一种转写形式,这肯定是错的。如果我们考虑到玉昔帖木儿的称呼,经常在《元史》中以月儿鲁的形式出现,并且有一次讹作月鲁儿(166,1a)——应该修正为月儿鲁;另外还有一次则作月儿吕(154,5a)。这就可以肯定,应该重构为Ürlük-noyan,也就等于是Örlük-noyan(关于这些不同的转写,参见《元史本证》,45,4b)。《黄金史》(1)(32,141),在一个完全是传说的片段中,提到在成吉思汗的时代有一位Örlük-noyan(或Ürlük-noyan),可能这就是对月吕鲁那颜玉昔帖木儿的一种时代错置的回忆而造成的。

关于"四曲律"这一主题,显然是在很早的时期,就成为构成成吉

342

思汗传说及其传记的基本要素之一。尽管我们所掌握的所有史料都保持着一致，但并不能确定这四位英雄在1199或1200年的时候，就已经都成为了骁勇善战的军事首领。屠寄，2,17a以及20,8a有关这个问题的审慎态度，遭到了王国维，18b—19a的驳斥，但这一问题尚不能遽下定论。这与关于12世纪最后20年成吉思汗王朝重大事件的先后顺序都有关系，但我在此不拟展开批判，因为这有待于一种综合性的细致研究。

[29] 在《元史》中也均写作此名，除了在120,5a中出现了一种发音相同的转写博儿术（Bōrǰu）。我们在元明善所撰的一篇碑文（《元文类》，23,5b）中还见有博儿朱（Bōrǰu）。《秘史》均写作孛斡儿出（Bo'orču）。在阿鲁剌惕部（Arulat或Arlat）的简述（译文，I,161—165）中，贝勒津均采用了بوغوجى نويان "Burguǰi-noyon" 或 بورغوجى نويان "Burguǰin-noyon"，但就在这些地方，各抄本中都是经常写成 بورجى Bōrǰi①的。此外，在另一些片段中他给出 "Burguǰin" 之处（例如I,47），哀德蛮读作 بورغوجين Bōɣōrǰin（参见I,235），同样，对于这最后一种形式，哈梅尔《伊利汗国史》，I,30假设为是 "Bughurdschin"。相同的情况还有如奈萨维书中的 بقرجن Boqorǰin（乌达译本，154，可能是转写Boɣorǰin，但并非像巴托尔德《突厥斯坦》(2),433中所说的那样，必然要修正为 بغرجى② "Bughurǰi"）。至少在成吉思汗纪中，贝勒津（译文，II,116）转写为 "Burǰi-noyon" 的这种形式，所有的抄本均写作或推测为是 بورجو Bōrǰu（Bōrčū），就像《亲征录》中所给出的形式一样。可以肯定，在《部族志》中应该读作Boɣorǰin（Boɣorčin）或Boɣorǰi（Boɣorči）③，在《成吉思汗纪》中则应读作Bōrǰu（<Bo'orǰu）或Bōrču（<Bo'orču）。拉施都丁的信息提供者并不清楚 -ɣ- 在名称中到底应该是发喉音还是只表示音节断开。但在《元文类》(23,2—5)为纪念成吉

① 补注：《史集·成吉思汗纪》伊斯坦布尔抄本、塔什干抄本作 "بورقجو نويان"。
② 补注：原文排印错误，误为 "بغرخى"。
③ 补注：《史集·部族志》苏联集校本作 "بوقورجى"。

思汗这位同伴的孙子而撰写的碑文中，确定根据其家族的传承，此名应读作Bōrǰu(<Bo'orǰu)。然而，结尾带有-i的那种形式，早在拉施都丁书的时代前就已有例证。1222年春，万户播鲁只护送丘处机经过铁门关，而这个播鲁只(Bōrǰi)，肯定就是我们本书中的博尔术(Bōrǰu)(参见《西游记》，王国维校本，A35b，36b；韦利《长春真人西游记》，98，99)。这种结尾带有-i的形式，后来也在蒙古人的记忆中占据了优势：在我手头库伦抄本的复本中，均写作Bo'orči，在施密特校本的萨囊彻辰书中则均作Bo'orǰi(满文本，37及汉文本，3，10a的Boɣorǰi)。在时代稍晚的蒙古传承中，原本在12—14世纪的文献中列为"四曲律"之首的Bo'orǰi，成了唯一一个具有这种称号的人，并被称以"曲律Bo'orǰi"而成为"九将军(örlük)"之首(参见贡布耶夫《黄金史》(1)，128和施密特书，95，105，381)；关于作为人名前缀的külüg>külük，参见阿布尔哈齐书，戴美桑译本，191的曲律·明·帖木儿(Külük-Ming-Temür)。如果我们知晓这个词的语源，就更能确定其形式究竟是Bōrǰu、Bōrču或者Bōrǰi。看起来拉施都丁似乎想在一段奇怪的片段(文本，I，220；译文，I，164)中给出其词源，然而这个片段的结构很混乱，在其中Boɣorǰi竟然被认为是"用蒙古语"来自己解释他的名字。在一段显然是波斯语的句子之后，他以下面这段话结束："这就是为什么人们称呼我为Boɣorǰi。"我从文本中获得的全部信息，均表明Bōrǰu或Bo'orǰi应该意味着"从来不会迷路的人"，但是我看不出有任何蒙古语形式的术语可以和这样的含义对应。至于哈梅尔(《伊利汗国史》，I，30)翻译的"这就是为什么人称我为'不会犯错者'"，在含义上是有所演绎发挥的(亦参见哀德蛮《概况》，107)。

我们所掌握的有关博尔术及其子孙生平的资料，除了《秘史》中大量的篇幅，以及散见于中、西不同著作中的有关信息之外，主要就是拉施都丁书部族志中(译文，I，161—165，在III，134中有补充和修正)非常混乱并且有时自相矛盾的记载，出于纪念博尔术的一个孙子而由阎复所编撰的碑文(《元文类》，23，2b—5b)，其主要部分来自碑文的博尔

344

术传记以及其后裔的传记(《元史》,119,8—9;139,5b—6b),最后还有屠寄,28,1—7所编撰的更为详尽的传记,以及152,17b—18b的世系表。在这后两处中,屠寄以及在他之前的钱大昕,可能都使用了一种或数种他们未曾明说的碑传资料,而且我目前也无从获取。亦参见那珂(1),《校正增注元亲征录》,4—5。

博尔术属于阿鲁剌惕部(Arulat或Arlat),该部据称是抄真斡儿帖该的后裔,就像斡罗纳儿氏、雪你惕氏、合卜秃儿合思氏、格泥格思氏同样(《秘史》,第47节)。根据拉施都丁书,晃豁坛、阿鲁剌惕和斡罗纳兀惕-乞里可讷惕(Oronaut-Kilingγut)是三兄弟,但其父乃何许人则未明,他们是三个部落所得名的祖先(译文,I,158)。以这样的直系尊亲属关系,将博尔术置于自阿阑豁阿所传下来的谱系之中,而符拉基米尔佐夫据此(《蒙古社会制度史》,77,87,140),在某种程度上把博尔术——成吉思汗的忠实伙伴,当作中世纪蒙古贵族的典型。然而,是否有必要指出这种系谱传统的人为特征呢?这种传统将所有的蒙古部落都与一些共同的祖先相关联,而其中的大多数只不过是几个世代以前的人罢了。而相反这些部落当中有许多都可以追溯一段非常长远的不为人知的过往。此外,部落的名称是由其成员所共同享有的,并不仅限于其首领。最后,实话实说,那些达到了卓越地位的蒙古人,都想要具有著名的祖先;然而就行吟诗人为他们所创造和传颂的内容而言,在这点上与现代家谱学者们的工作室并没有什么本质的区别。

我前面说的是"Arulat或Arlat部",因为我对这个名称的真正形式并不十分确定。在《秘史》中它出现了两处(第47节和第120节);并且这两处,在我手头库伦抄本的复本的对应片段中,写作或推测为是Arlat。拉施都丁的آرلات可能也可以有两种读法。《黄金史》(1)(贡布耶夫,文本,97,186)写作Arlat。Arlat现今还是鄂尔多斯和裕固人(Šera-Yögür)中的一个部落名(参见田清波《鄂尔多斯考》,23,32)。在施密特的萨囊彻辰书中,由索引可见有7处提到了"Arulat",其中有2处并无所见(第71及107页),因为这是由于施密特把另一个名称(地

名Ködä'ä-Aral）误解为此名而造成的。在与施密特书第123、125、133
页对应的片段中，满文本（第57、58、61页）以及总是对满文本亦步亦
趋的汉文本中给出的是Arlat；对于施密特书第91页，满文本中（第45
页）作Aralat，这一形式也保留在汉文本中（3,24b）；但其中也有一种变
体Arulat，最后一种变体也许是受到施密特书第87页这最后一处片段
的影响所导致的，而有关这一处在满文本（第44页）和汉文本（3,21b）
中也都同样作Arulat。第87页的这处片段表明，至少在17世纪的蒙古
仍然部分保有一种文本传承，而据此14世纪末的转写者所知的那种形
式，还仍旧保存着。除了《秘史》和受到它影响的论著之外，我仅见有
Arlat。关于这一形式，还可以补充《元史》卷3,1259年纪事的阿儿剌；
119,8a以及20,2a的阿而剌；阎复的阿尔剌（《元文类》,23,2b）。我不
相信在那珂（1),27中所指出的，《元史》中存在的两种转写（这里遗漏
了《元史》20,2a中的那种形式）其中之一——"阿鲁剌"是真实存在
的。《辍耕录》(1,1b)给出了族名"阿儿剌歹"（Arladai)，以及另外一种
转写形式（1,1a）阿剌剌；后者可能要么就是Arla[t]，要么也可以认为
就是Arala[t]，但肯定不是Arula[t]。察合台语中只有ارلات，读作Ārlāt，
但以"Aralat"的形式，表示为乌兹别克人中的一个氏族（参见霍沃斯，
II,11）。因此这个名称正确的形式要么是在蒙元时代就有的Arlat；要
么就是一个三音节词，而其中第二个隐藏了的元音可能是-u-或者-a-，
就像bulayan~buluyan>bulyan"黑貂"的情况一样。如果我们能够知道
这个词的词源，就能更好地进行判断。但阿布尔哈齐（戴美桑译本,56）
所提出的，用"母亲最心爱的儿子"来解释Arlāt，显然给人感觉纯粹是
编造的；哈梅尔《伊利汗国史》,I,18中翻译为"善人们"，也同样如此。

《元史》中博尔术的传记，几乎逐字逐句遵循阎复所作碑文的内
容，在其开篇处写道："博尔术，阿儿剌（Arla[t]）氏。始祖孛端察儿，以
才武雄朔方。父纳忽阿儿阑，与烈祖神元皇帝（＝也速该）接境，敦睦
邻好……"为了显扬尊崇博尔术的孙子玉昔帖木儿，而由阎复所作的
碑文，时代则要早很多，因为到1305年就已经撰成了，我们可以认为其

345

346

中给出的信息是准确的。从开头的这段文字中，我们也可以指出，这篇作为《元史》中传记的基础材料的家族颂词，在哪一方面是与事实相悖的。博尔术父亲的名字也流传了下来，在碑文以及据此撰成的传记中，称之为纳忽阿儿阑（Naqu-Arlan）；与之相对，《秘史》（第90、92、93、205节）以及遵从《秘史》的萨囊彻辰书（施密特，69，71；由于遗漏了n-字母的那一点，满文本，37中译者读成了"Ago-Bayan"，而这种形式又传到了据满文本翻译的汉文本中），称他的名字是纳忽伯颜（Naqu-Bayan）。阿儿阑（Arlan）这一名称虽然不见于他处，但我们可以认为它是部落名Arlat的单数形式，伯颜的意思则是"富人"；博尔术的父亲有时被称为"阿儿剌的纳忽"，有时则被称为"富人纳忽"。但《秘史》的全部记载（第90—93节）均表明，在马匹被窃事件前，成吉思汗和博尔术两家之间并不认识，拉施都丁书（译文，I，165）中安排从博尔术口中说出来的"我在等你"，看起来不太可信。同时，纳忽阿儿阑和也速该之间所谓的旧谊，应该也是出于显扬其家族的名声而虚构出来的。

　　纳忽伯颜（Naqu-Bayan）的名字在《黄金史》（1），15，128—129中变成了Laqu-Bayan。"纳忽"一名的语源和含义，我并不知晓；在海涅士《词典》，113中所指出的可能作为naqut单数的naqu一词，是并不存在的；naqut（=nayut）是naq的复数，来自波斯语的naḫ，是一种织物的名称（马可·波罗书的"nac"）。然而这个含义未知的naqu也出现在了纳忽浑（Naqu-Qun）这个地名之中（参见下文第37节）。《元史》，35，3a中的纳忽答儿，应该也是由这个词再加上后缀-dar所构成的。在《元史》，107，7a中，记有贵由的一个儿子名叫脑忽，从表面上看应该就是*Nauqu，但拉施都丁则把他叫作 ناقو Nāqū（在各抄本中错误地写成了 باقو Baqu，参见贝勒津，译文，I，75；伯劳舍，II，229—230）；这就导致我们考虑*Nauqu应该是Naqu的一个同源对偶词。接下来，于1257年受赐封地的猱虎官人，应该也是一位Nauqu-noyan或Naqu-noyan。还有Sam-Qačiun多少带有传说性质的世系中，提到的 هوقو Hōqū之父 ناوقون Nāūqūn，也是一个同名者。可能与这里Hoqu与其父Nauqun名字的情况只是一种纯粹的巧合,贵由的次子和三子分别叫作脑忽(Nauqu, Naqu)和禾忽(Hoqu),这种形式是确定的,尽管伯劳舍,II,230中提出了怀疑。

在碑文以及后来的《元史》中,都说到当马匹被窃的事件发生时[根据这些文本所载,是被要儿斤部(Yörgin)部人所盗,这是有可能的;《秘史》只是泛称为窃贼,拉施都丁书也同样],博尔术只有13岁(也就是12周岁),在这样的情况下,也就是说他比成吉思汗要小几岁。如果像我所认为的那样,成吉思汗是生于1167年的话,博尔术就应该是出生于1170到1175年之间。根据碑文(以及《元史》),当博尔术老病而亡之时,成吉思汗不禁泪下。据《秘史》(第266节),博尔术参加了1226年对西夏的战争。鉴于成吉思汗本人逝世于1227年,屠寄,28,4b总结道,博尔术应该是死于1226—1227年的这段时间内。但这一论证并不具备绝对的说服力。实际上,《秘史》第266节中在同样的情况之下,连着提到了木华黎和博尔术这两个人的名字,但木华黎在1223年肯定就已经去世了。屠寄由此得出结论称,在《秘史》的文本中,这里木华黎的名称,实际上是用来指他的儿子孛鲁(Bo'ol>Bōl);而这也可以作为提到博尔术一名的同样的理由,因为他可能在1226年之前一个尚未确定的时间点就已去世。事实上,我倾向于把他逝世的时间往后推而不是往前排。关于一个生于1170到1175年之间的男子,可能在1226—1227年间因"病"而亡,但却与他是"老病"而亡的这点并不相符。确切而言,拉施都丁称(译文,III,134)博尔术是在窝阔台统治时期去世的;因此在阎复所撰并为《元史》所采用的碑文中,"太祖(=成吉思汗)"可能是"太宗(=窝阔台)"之误。这也是就我看来最有可能的解决方案,并且我推测博尔术之死有很大可能性应该置于1227—1236年之间,我们接下来将看到,无论如何博尔术到1236年的时候肯定已经去世。

博尔术和木华黎是成吉思汗手下两名最重要的指挥官,因此博尔术被指定指挥右翼军,也就是西方部队;木华黎则指挥左翼军,也就是东方部队。这也就是博尔术为什么参加了针对穆斯林的战争的原因，而在此期间，木华黎则留在了北京地区。之后，虽然也有阿儿刺部人在广平府的分地，博尔术的继承者也保有广平王的称号，但大部分的阿儿刺部族人还是居于"右翼"，也就是西方，实际上就在阿尔泰山地区。

通过阎复所撰的碑文，我们了解到博尔术娶了一位蔑里乞真（Märkiǰin）夫人，也就是说她出自蔑儿乞部；正如经常发生的情况那样，女子只用其所出自部落名的族名阴性形式来称呼。萨囊彻辰书（施密特，93,95）所给出的博尔术妻子的名字是 Tägüskän-ɣowa "完美的美人"，屠寄，28,4b 根据《秘史》的转写方式，把这个名称恢复成一种错误的汉文转写。但 Tägüskän-ɣowa 很有可能仅是在后来的蒙古传承中所创造出来的名字。根据施密特书第95页，Tägüskän-ɣowa 被尊称为 "Büčin Taibučan"，但在满文本（第47页）中仅作 tai-fu-žin，在汉文本（3,26b）中正确地重构为 "太夫人"；"Büčin" 可能仅是这个称号的结尾部分错误地重复所导致的，但这个称号可以说和她的名字一样令人生疑。

在博尔术刚投奔成吉思汗的时候，他是独自一人来的，而且其父纳忽伯颜看起来也完全不能视为是 Arulat 或 Arlat 部的首领。在告诉成吉思汗他自己是何许人并且谁是他的父亲时，博尔术提到了一个专门的术语："我是独生子。"（bi qaqča kö'ün inu；《秘史》第90节）但是我们在这同一部著作的第120节（亦参见第124节）中读到："孛斡儿出（＝博尔术）的弟弟（dä'ü）斡歌连扯儿必（Ögölän-čärbi）离开了阿鲁刺惕氏，来和他的哥哥孛斡儿出相会。"为了弥缝这样的矛盾，我们仅能承认，按照汉-蒙语汇的通行用法，"兄弟"这里指的实际上是堂兄弟。这位斡歌连扯儿必，在此是预先用他将来的官号"扯儿必"（关于此，参见海涅士《词典》，26，以及特别是《蒙古源流笺证》，3,21a；还有田清波《鄂尔多斯志》，64）来进行称呼，在其他一些段落中则称为斡歌来扯儿必（Ögöläi-čärbi，第124节）、斡歌列扯儿必（Ögölä-čärbi，第230、234节）和斡格列扯儿必（Ögälä-čärbi，第191、226节）。在萨囊彻辰书（施密特, 87; 满文本, 44; 汉文本, 3, 22a) 中, "Ogulen-čarbi" 变成了博尔术之 "子"。在拉施都丁书中, 他提到了一个雪你惕人是属于右翼 ("右手"; 译文, I, 48) 的, 但在别处又说他属于左翼 (译文, III, 142), 贝勒津先是把这个名字读成了 "Ukli-Kharbi", 然后又读成了 "Ukli-čerbi", 其真正的转写肯定是 اوكلى جربى Ōgälāī-čārbī。但是成吉思汗手下的扎儿必并不多, 根据《秘史》第 191 节仅有 6 人, 因此不太可能有两个同名者。拉施都丁在提到 Ōgäläi-čärbi 是雪里惕人这点上, 肯定是弄错了。

《元史》中博尔术的传记里, 有并非出自阎复所撰碑文的史料, 提到成吉思汗赐予博尔术广平 (在河北省的西南) 的一万七千三百多户作为分地。不可想象这样的封赐发生于窝阔台统治的时代之前, 并且使得我们立刻试图联想到 1236 年的大分封。屠寄也心照不宣地指出这一事件是晚在窝阔台的时代, 受益者则是博尔术的继承人。基于如下理由, 屠寄显然是有道理的:

根据阎复的碑文和《元史》中的传记, 博尔术遗有一子, 阎复称其名叫孛栾觯 (Boroldai),《元史》中则记其名为孛栾台 (Boroltai)。碑文还补充说, 因为孛栾觯家族的分地是在广平, 所以他被追封为 "广平王"; 据《元史》所载, 在 1301 年追封给博尔术本人的, 也是这个称号。然而令我们惊讶的是, 虽然碑文完成于 1305 年, 但阎复完全没有提到这一情况。因此我怀疑这个称号在 1301 年仅追封给了孛栾台一人。因为, 在与封地有关的章节中 (《元史》, 95, 11b), 提到了广平路洺水州①的 17 333 户于 1236 年被封给孛罗台万户……乃 "右手" 万户。这里的孛罗台显然就是孛栾台, 并且这就是在《元史》的传记中错植到博尔术名下的分地。因为是孛栾台成为了万户, 并且他才是受益者, 我们从而可以确定, 博尔术在那时已经逝世了。但斡歌连扎儿必仍然在世, 因为从《元史》同一段中我们得知, 在 1236 年, 广平的 15 807 户被封给了斡阔烈阇里必 (*Ōgölä-järbi= Ōgölän-čärbi) 作为分地。两处分地均

---

① 译者注: 伯希和、韩百诗从四库全书本作 "州", 然应当作 "县", 以中华书局本《元史》为正。

位于同一地区这点，在一定程度上支持了《秘史》中将斡歌连扯儿必归为是出自阿鲁剌惕氏的记载。另一方面，《元史》卷95的片段乃是基于一种独立的史料来源，其证实了卷119的传记中所说的，孛栾台继博尔术为右手万户的记载（而这并不见于阎复的碑文）；并且无论如何到1236年，他已成为部落的首领。屠寄，151，7b称，在本纪中，孛栾台被称为孛鲁带，实际上我们在卷2 1236年的纪事中获赐分地的一连串人名中，发现了后面这种形式。屠寄，4，11b的讨论，就我所见排除了乍看起来这里作为分地所指的地点与比定不合的异议。

根据碑文，孛栾台之子名叫玉昔（Üz），但他以忽必烈对他的称呼月吕鲁那颜而著名。在还年幼（"弱岁"，也就是不到20岁）的时候，他就继承了其父的职事和头衔，并带领其部众驻扎在阿尔泰地区；由于忽必烈听说了他的才能，因此他被召到宫廷。其全名是Üz-Tämür，《元史》他的传记中写作"玉昔帖木儿"。但在本纪和其他的传记中，则经常写成"玉速帖木儿"；而在14，2a，6a和99，11b中则写作玉速铁木儿。所有这些转写都是基于其蒙古语化的发音Üs-Tämür。他参加了1287年对乃颜的讨伐，然后稍晚一些又被重新派到了西北。在忽必烈逝世时（1294年）他返回朝廷，然后又出发去蒙古，1295年底时再度回到北京，并于同年12月25日去世，享年虚54岁，并于1301年受到追封。故此，他应生于1242年；而且由于他是在20岁（虚岁）时继承其父之位，因此孛栾台之死便应当置于1261年，而这个年份或多或少还有略微调整的可能性。另外，在本纪中1275年前的纪事中，不见任何以其本名玉昔帖木儿出现的有关Üz-Tämür的记载（《元史》，8，11b）；在1289年前，则不见任何有以其称号月吕鲁［-那颜］出现的记载（同上引，15，7a），所有这些均清楚地表明，其中存在着混乱。

屠寄根据《元史》卷3，1251年的纪事，已经注意到在1251年确定选立蒙哥的大会上，有一位班里赤作为"西方"（亦称为"右手"）诸位大将之首（屠寄，6，3a；28，5a），并将之正确地与"阿儿剌部人八里赤"这个名字关联起来，此人于1259年时，作为随同蒙哥往征四川的将领之一(《元史》卷3，1259年纪事)。在"班里赤"或"八里赤"这个名称中，屠寄认为可以找到博尔术的另一种转写形式。虽然博尔术已经死了，但据屠寄所见，他的继承者孛栾台仍然以这一系的首领之名而被称呼，也就是从继承的意义而言的"博尔术一族"，并且这个名称也代表了博尔术的家族。这种理论，在某些情况下是有可能的，但这里却存在着一种不能成立的理由：八里赤是 بالجيق Bālčīq（balčĭq>balčiq，在突厥语和蒙古语中都是"污泥"、"淤泥"的意思)，不能化约为博尔术；这同样也是转写为之前的班里赤的原文形式。因此，八里赤(balčiq)而非孛栾台代表了"右手万户"——也就是博尔术的家族出现在1252年的大会，以及1259年的战争中。

这里应该插入拉施都丁书Arlat部简述中的有关内容(文本，I，219；译文，I，163)："在窝阔台汗的时代，[Boyorǰin的]万户(tümän；贝勒津此处无意中译成了"千户")是由他的侄子(brādar-zādä) بورالتاى 孛栾台(Bōrāltāī)统管；在Mänggü-qaan（=蒙哥)的时代，则是由孛栾台的儿子 بالجيت 八里赤(Bālčīq)所掌控。在忽必烈汗的时代，Boyorǰin那颜的一个儿子拥有这个万户；在他之后同样是在忽必烈汗的时代，是为孛栾台的一个儿子 جرقميش J̌irqāmĭš①掌控。这个孛栾台有许多儿子，他们都是大首领。其中有一位叫作 اوزتيمور 玉昔帖木儿(Ūz-Tēmūr)，他是掌膳大臣(baurči ämir-i buzurg)和私人顾问(ïnaq②；关于这个称号，参见卡特麦尔《蒙古史》，4—41)，他备受尊重且声名赫赫。在这个国家里(=在波斯)，出自Boyorǰin一系的有前面已经提到的 بكلاميش Bäklāmĭš和他的儿子 اوجان Ūčān(可能是Uča̍n<Uča'an)；由于与 سوكا Sūkā发动反叛而被处死的 توكل Tükäl；还有 توقواقو جربى Tōqōlqū-čärbī，他是左手(=东方)千户的首领，也是Boyorǰin那颜和Bäklāmĭš的兄弟……"

---

① 补注：原文排印错误，误为 "جرقاميس"。
② 补注：《史集·成吉思汗纪》伊斯坦布尔抄本、塔什干抄本作 "ايناق"。《元朝秘史》作 "亦纳兀惕"，《元史》卷205《哈麻传》、《庚申外史》作 "倚纳"。蒙古语为 inaq，意为 "密友"、"近幸"。

在成吉思汗朝军队构成的列表中,拉施都丁(文本,III,197—198;译文,III,133—134)首先提到,所有的"右手"军队都是置于Bōrǰi那颜(在任何抄本中都没有给出Boyorǰin的形式)的指挥之下,但博尔术在"右手"军之中,还有他自己的千户,并且是如此描述的:"Bōrǰi那颜自己的千户。他是Arlat部(qawn)人,也是成吉思汗手下地位最高的首领(ämir)。最初,他率领怯薛(کزیک kāzīk;贝勒津代之以کرنک或کورنک küräng,并翻译为"警卫队",这是不能成立的;亦参见他在III,177的注释;见于译文,I,166—167同样错误的küräng必须予以排除),接下来成为了万户,后来又统管'右手军'。在窝阔台汗的时代他逝世后,بولدای李栾台(Bōraldāī或Bōroldāī)取而代之;在蒙哥汗的时代由八里赤、在忽必烈汗的时代则由Bōrǰi那颜之子 ایاتیمور Ēl-tēmūr统管,在他们之后的,则是李栾台之子 یرقامیش Yïrqāmïš①。此人(因此字面上指的是Yïrqāmïš)有很多儿子,都是大首领。其中有一位玉昔帖木儿,是主膳官员之长(buzurg-i baurčīyān;这点在玉昔帖木儿的汉文传记中亦得以确认;这个称号的蒙古语原文很可能就是yäkä-ba'urči,本段的记载使我能够确定,上一段里提到的应该是'掌膳大臣',而不是像贝勒津所翻译的那样,分作'司膳'和'大首领')和私人顾问(ïnaq);其声名卓著。在这个国家中,(Bōrǰi那颜的)后裔有Bäklämiš及其子Učan,还有因与سوکای Sūkāī一同发动叛乱而被处死的Tükäl……"再往后,在提到左手也就是东方的军队的那部分时,拉施都丁(文本,III,211;译文,III,141)记载道:"توقلقو جربی Tōqolqū-čärbī(变体是 دوقلغو جربی Dōqolqū-čärbī)的千户。他是Arlat部人,Bōrǰi那颜的兄弟。Doqolqu(打头的d见于各抄本中)的意思是'多次重复一个词',而čärbi的意思是'心思坚定,内在纯洁'……"

与这些信息的珍贵程度同样,它们当中也包含着内在的矛盾,此外还有一些情况与蒙、汉史料的记载无法调和。正如在《秘史》中已经

---

① 补注:原文排印错误,误为"یرقامیس"。

记载了博尔术是纳忽伯颜的独子,但同样也是这部《秘史》又提到了他的弟弟斡歌连扯儿必。根据一种我尚未能查证的史料,柯劭忞(《新元史》,28,13a)和屠寄(152,18b)还举出了博尔术的另外一个弟弟布(或"不")剌忽儿(*Bulaɣur,这一史料显然不是萨囊彻辰书,因为该书中提到的木剌忽是玉昔帖木儿的儿子,不太可能往上提三代那么远),并且这里拉施都丁又补充了一个Doqolqu-čärbi。难道这又是一位"堂兄弟",只是在蒙古语dä'ü一词非常宽泛的使用方式下而称为"兄弟"吗?在为魏源(《元史新编》,61,13a)所采用的钱大昕的表中,提到了一位顺德府(在河北)的断事官(=jarɣuči),名叫脱兀妥,他是玉昔帖木儿的从祖父,因此从原则上而言,他也是博尔术的一个"兄弟",我不知道为什么此人从柯劭忞和屠寄书中的表里消失了,并被不剌忽儿所取代。

无论如何,我认为我们可以大胆排除Doqolqu-čärbi。看起来,在成吉思汗的时代有两个Doqolqu-čärbi这点,是不太可能的。因为有一位朵豁勒忽扯儿必非常有名,他是忙忽惕人,者台的弟弟(参见《秘史》第120、124、191、210、226、227、234、281节);拉施都丁搞错了这位朵豁勒忽扯儿必所出的部落,就像他也搞错了斡歌连扯儿必所出的部落一样。至于其名字,在蒙古文书写中Toqolqu-čärbi和Doqolqu-čärbi之间是没有区别的,但为《秘史》所采用,并在拉施都丁书的若干抄本的文本,III,211此处写作Doqolqu-čärbi的形式,应该才是正确的。拉施都丁书所指出的词源并不明确,我们则假想是来自dongɣat-"发出声音",也就是鲍培《蒙古语词典》,142中的dongqat-,以及《秘史》中的dongqot-和do'ongqot-(参见海涅士《词典》,37,39)。然而,在这样的情况下,拉施都丁就弄错了,因为Doqolqu不是从dongqot-而来的;他关于čärbi的解释也同样,最多仅是有点接近而已。

Boroltai、Boraltai和Boroldai或Boraldai都是同一个名称可能呈现的几种形式(参见上文第5节)。歧异之处最初是见于拉施都丁提到孛栾台是博尔术的侄子这点;而与之相对,在资料是由孛栾台之子玉昔帖木儿的孩子们所提供的汉文文献中,说到孛栾台是博尔术的儿子;这些孩子当然更清楚谁才是他们的曾祖父。有一个事实是明确的:1236年赐予分地一事,毫无疑问地表明孛栾台已经拥有了博尔术的遗产。汉文史料中把玉昔帖木儿当作孛栾台的继承者,但这里就产生了有关八里赤的问题。拉施都丁的信息与《元史·宪宗纪》的记载相一致,以明确的方式表明,1251年是八里赤而非孛栾台统帅"右手"军。可能造成互相矛盾的指称的这一混乱局面,部分是由于有些地方实际上仅提到了千户的统领者,而并非像其他各处用以指的是万户的总指挥所造成。我还没有办法能把这部分甄别出来。钱大昕的表和魏源的比定(《元史新编》,61,12—13)提到玉昔帖木儿有个弟弟叫秃赤(*Tuqči=Tuγči),担任御史大夫;柯劭忞和屠寄也同样提到了此人。但他们在秃赤之外,还提到了他的另外一个兄弟,即万户巴而赤古儿,这样一种古怪的转写,使我们猜测得出一个无从解释的 *Barčigür 的形式,不禁使人觉得这是从拉施都丁书的汉译本得来的一种错误的回译形式,而其所对应的,正是八里赤(Balčiq)。

从 III,198 的军队列表中,我们发现了 I,163 中未曾记载的博尔术的一个儿子,其名叫作 El-Tämü。《元史》95,11b 的封赠表中,在孛罗台和斡阔烈阇里必的封地有关记载之间,插入了有关驸马忒木台(*Tämütäi 或 *Tämü[r]täi)封赠的记载。根据《元史》的记载,1236年封给这个忒木台的9457户,也同样是在广平路;由此我们很倾向于认为,他也是博尔术家族的一名成员;在进行了这样的推断之后,我才了解到屠寄已经又着先鞭(151,7b)。在诸王表(《元史》,109,2b)中,此人两次被叫作忒不歹(*Täbütai),显然在"木"和"不"字之间必有一误。屠寄认为忒不歹这一形式是正确的。但是,*Täbütai 是没有含义的,并且我在别处也没有见过(常见且比较著名的名字是 Tabutai);另外,在《元史》,95,14b 中还提到了另外一个忒木台(亦参见《元史新编》,61,8b;柯劭忞,28,36a;屠寄,153,33b)。可能驸马忒木台,就是我们所研究文本下文第71节的忒木歹火儿赤(Tämüdäi-qorči),此人在

1232到1236年之间，迎娶了一位公主，这也就是那珂（2），142中的假设；但是此人也有可能指的是另外一个同名之人。总之，我们文本中的忒木歹火儿赤，肯定就是《黑鞑事略》（王国维校本，20a，21a）中的忒没觥（Tämüdäi）；而且，就像王国维可能有点过于明确地断言，称此人可能就是《秘史》第278节的帖木迭儿（Tämüär；但这就必须要承认，《秘史》的转写者所记的是一种错误的异文；此外，把结尾的 -i 和 -r 搞混这点，在蒙古文书写中是很自然的事情）。尽管如此，没有任何理由可以支持将忒木台——就算读作 Tämü[r]täi，和 El-Tämür 看成是同一个人。

355

根据拉施都丁书，在 El-Tämür 之后担任"右手"万户的孛栾台之子的名字，其词首交替的现象表明，理论上而言，前一例中提到的名字的开头应该读作 j- 而不是 č-，因为打头的 j- 和 y- 在蒙古文书写中是一样的。Jirqamiš 是来自蒙古语 -jirγa-（<jirγa-》满语 jirga-）"欢愉"的一个突厥语分词，在突厥语中是来自 yïrγa-，作 Yïryamïš。我在汉文史料中找不到有关 Jirqamiš 和 Yïryamïš 的任何痕迹。实际上，玉昔帖木儿的孩子们并没有很准确地向阎复陈述事实，而是只希望指出上溯到博尔术为止的他们自己的直系祖先。很可能在拉施都丁书中提到的孛栾台有许多儿子这点是正确的，然而阎复所作的碑文却只提到了玉昔帖木儿。在这样的情况下，孛栾台肯定是在1236年继承了博尔术，而最晚到1251年已被他的儿子八里赤所取代；按着最早在1259年的时候，八里赤又被 El-Tämür 所继承。如果像拉施都丁所记载的那样，El-Tämür 是博尔术的儿子，那么他在1259年之后应该不会活太久，并且在忽必烈统治初期，就被 Jirqamiš 所取代。但我现在还不能确定的是，是否玉昔帖木儿从来都没有真正担任"右手"万户的首领。拉施都丁只知道他担任主膳官员之长（"大宝儿赤"）和皇帝私人顾问的职位。阎复所撰的碑文则提到，当继承孛栾台之位驻扎阿尔泰地区的时候，他还不到20岁，但对于玉昔帖木儿于1275年应忽必烈召见前往宫廷担任宝儿赤（《元史》，8，11b）和御史大夫之前的职位，则未置一言。鉴于在阎复

的记载中,这第二个职务的任命是发生于第一个任命之后不久,我们可以认为,玉昔帖木儿在忽必烈的召见也就是1274年之前,都还没有到宫廷。而在此之后,他便留在了皇帝身边,并且与阿尔泰地区再无直接联系,直到1287年。本纪中提到(《元史》,8,3b),1274年初"诸王孛兀儿出率所部兵与皇子北平王合军讨叛臣聂古伯(*Nägü-Bai;关于这个名字参《亚洲学报》,1927,Ⅱ,266),平之,[陛下]赏立功将士有差。赐诸王金、银、币帛如岁例(也就是说,此次加倍赏赐其岁赐)。"这段记载的日期1274年1月30日,显然是颁赐奖赏的时间,战争本身是发生于1273年。"皇子北平王"是南木合(Nomoyan),忽必烈的第四子,他被派往西北,以防御不满的蒙古宗王们所引发的骚乱,特别是海都;他就是马可·波罗书中的"Nomogan"。屠寄,28,5a中把"孛兀儿出"重构为孛斡儿出,并认为应该把此处的这个名字理解为是玉昔帖木儿,此处是以其这一系的祖先的名字来指代他。实际上,"孛兀儿出"看起来可以转写为*Bo'urču,这与孛斡儿出是相符的,这个名字也就是《秘史》中用来指博尔术的名称形式。然而,就算可以用屠寄的假设来解释1273—1274年这个名字奇怪的出现,这里也应该指的是El-Tämür或Jirqamiš,而并非玉昔帖木儿。而且还有一处非常难解之处,是屠寄完全没有提到的。这就是加在孛兀儿出名字前面的"诸王"的头衔。就算我们承认——虽然阎复没有提及——根据《元史》所载,博尔术被追封为王,但这是1301年的事,并且是在这个时间或更早一些的时候,授予了孛栾台以王号,这些举措,乃是对于玉昔帖木儿在忽必烈统治末期及其继承者铁穆耳·完泽笃统治初期所发挥作用的认可;而直到那时,博尔术一系才开始拥有王号。因为在本纪中,是逐日记载所发生的事件,并不会由于后来所发生的事件而产生时代不合的记录;而"诸王"孛兀儿出则是在1273—1274年就拥有了王的称号。遗憾的是,后者的名字并不见于别处,并且在屠寄书的诸王表(第150卷)中,没有记载这里的片段,既不见于"广平王"条下,也不见于"无国名者"条下。我的感觉是,这里所提及的应该是一个名叫孛兀儿出(Bo'orču)的皇亲,他就像很多其他的皇室亲属一样，统管整个部落或是其中的一部分，并居于蒙古地方。在蒙古的诸王，经常是作为分裂者，因此在来自宫廷的谱牒记载中通常都是显得很不完备的。所以归根结底，这个诸王孛兀儿出完全不能视为博尔术或他的后裔。关于这第二个孛兀儿出，我目前尚不能得出任何结论，而只能归为是又一个巧合。拉施都丁（伯劳舍《蒙古史》，II, 579）提到，在忽必烈的亲信中，有一个جاولدار*Čāūldār

（?），他是Arlat部的"断事官"（yarγuči）بورغوجى*Bōryōčī（伯劳舍所采用的تورغوجى*Turyuči不见于任何抄本；尽管由于"断事官"这个官衔，我怀疑应该把这个人与钱大昕表中的脱兀妥进行比定）之子。*Boryoči这一形式，要么由于字母的易位所致；要么就是第一个و错误地重复为ر，并且第二个音节中的ر又成了و而造成的。因此这一名称确切的形式，应该就是《部族志》当中大多数抄本所给出的Bo'orči=博尔术这个名字。因此这里提到的是忽必烈统治前半期的一个Arlat或Arulat部人，而他与成吉思汗时代的阿鲁剌惕部人博尔术同名。如果不是《元史》中归给孛兀儿出的"诸王"这个称号在这里造成了不可调和的障碍的话，我们大可以把这个人视为就是1273—1274年的孛兀儿出，虽然史料当中并没有给出后者所从出的部落。*Čāūldār这个名称（其发音仍未确定）不能给我们提供任何帮助，因为我尚未能在汉文史料中，找到可以比定为这位忽必烈亲信的记载。但有一点并不那么令人惊讶，即在中亚史中有多个Bōrju或Bo'orcu（Boγorči），也有多个Boroltai：1286年，在朝中与玉昔帖木儿商议后，皇帝决定（《元史》，14, 3a）把别失八里军队，换句话说也就是守卫蒙古防御叛王的部队的指挥权，授予孛栾带（Boroldai）和诸王阿只吉（Ajigi<Ajiqï）；在1289年，孛罗带（Boro[l]dai）去了别失八里（同上引，15, 7b），显然这里指的不是1236年的"右手"万户孛栾台（Boroltai或Boroldai）。

在生活在波斯的博尔术的后代中，我读到拉施都丁转写为Bäklämiš的这个名字，此名来自一个突厥语的分词bäklä-"变强"，但我们也知道还有一个意思相近的动词bäkil-（>bägil），并且从这后一个动词得出了我们在《元史》, 9, 5b 中所见的这个名称的另一种形式, 即别乞里迷失 (Bäkilmiš), 特别还有别吉里迷失或别急里迷失 (Bägilmiš) (参见《元史本证》, 38, 2a 中所列的这一名称的变体和伪误形式)。在《部族志》的文本中, Toqolqu-čärbi (=朵豁勒忽扎儿必) 被说成是 Boγorčin-noyan (=博尔术) 和 Bäklämiš 的兄弟; 在译文之后出版的文本的一个注释中 (I, 220), 贝勒津说这里应该理解为 "Bäklämiš 的兄弟, Boγorčin-noyan [的儿子]", 但在文本中并没有这样的意思, 而且在成吉思汗的军队列表中, Bäklämiš 的名字也不见于这句话; 朵豁勒忽扎儿必被明确指为 "Bōrǰi-noyan 的兄弟" (在伯劳舍, II, 21 中, 同样记载 "Toqolqu-čärbi" 是 "Bōrǰi-noyan 的弟弟"), 因此我们可以认为此处是拉施都丁记错了。

然而, 疑云萦绕着博尔术的家族。在翻译上文中拉施都丁书 Arlat 部简述的片段中, 我省略了其中的最后一句, 其内容如下 (文本, I, 220; 译文, I, 164): "现今, 他的家系 (nasl-i īšān; 也就是说, 博尔术的后代) 中, 有为汗 (=忽必烈) 效力的تابابن تورقاقون, 他是一位大首领 (ämīr-i buzurg); تابابن在汉文中的意思是 '位居前列者' (muqaddam), 而تورقاقون则是他的名字。" 在成吉思汗军队的列表中, 记载博尔术那颜一系的段落里 (III, 134), 没有与这里所说相对应的片段。但我们也看到, 在拉施都丁书中简述的末尾, 错误地把 Toqolqu-čärbi 当成了博尔术的兄弟。在说到 "左手" 军, 也就是不属于博尔术家系的那部分时, 拉施都丁在 III, 141 中又重新提到了这位 Toqolqu-čärbi 或朵豁勒忽扎儿必, 并且他还补充道: "汗任命为大首领之一的تابابن تورقاقون (其变体形式有تاتار بوقاوت, ااا فور قاقوت), 就出自他的家族 (nasl); 这个名称在汉文中的意思是 '位居前列者'。" 因此似乎这次此人又被记成是朵豁勒忽扎儿必的后人了, 并且他只能与朵豁勒忽扎儿必本人一样, 都是 Arlat 部人。为了澄清这一问题, 必须确保这个名称的释读是准确的, 并且还要能够在忽必烈的亲信之中找到这个人; 他要么是博尔术的后代, 要么就是朵豁勒忽扎儿必的后人。关于这最后一点, 我立即可以断言是没有希望的，在《秘史》第281节中，窝阔台自我谴责说，他不公正地害死了朵豁勒忽扯儿必，而且他就算有任何后代，也都是籍籍无名的（参见屠寄，152，7a—b）。至于字面上写成Tabain-Turqaqun的这个名字，贝勒津都大胆地转写为"Toužen-Torgagun"（亦参见，I，287），这显然是因为用muqaddam来翻译"头"、"首领"的缘故，在汉文中只有"头人"（字面上解释，就是"带头的人"）看起来是符合的；至于"Torgagun"，则是来自蒙古语的turya-"停止"、"留住"。哀德蛮（《概况》，106；《铁木真》，106）读作بایس بورقاقون "Bayas Barqaqun"或"Bayas Buryaqun"（بوریاقون）。所谓"Toužen"、"头人"云云，不但从汉文的观点而言说不通，从拉施都丁所给出的形式这方面而言也是不通的；另一方面，如果这里提到的确实是个汉语称号，哀德蛮所给出的形式结尾的 -s 就必须予以排斥。这一汉文称号大概是又出现在伯劳舍，II，479中的那个，但在伯劳舍书中所给出的形式，也是讹误程度很严重的，因此我现在无从得以进行重构。至于其名字，看起来要么是 *Turqaqun，要么是 *Turqaqut；但 *Turqaqun只可能是来自 *Turqaq=Turyaq 的一种不规则的属格形式，而 *Turqaqut=Turyayut、Turya'ut 则是这同一个词的复数形式。像这样的形式，因为是见于一篇并非遵循蒙古文翻译而来的文本之中，所以不太可能归为翻译者的错误；而其不加数、格的原形，也就无法在这样的简述中自证成立。总之，在博尔术的家族中，唯一一个在表面上与这里的名字略有相似的就是秃土哈了，他是玉昔帖木儿的次子。但是此人名字转写上的不同，使我们确信应该将其名重构为 Tutqaq=Tutyaq，而不是 *Turqaqun（参见上文第5节注释31）。有关"Tabain-Turqaqun"的这个问题，就我看来目前是无从解决的。

在构建蒙古氏族的贵族传统的连续性时，符拉基米尔佐夫（《蒙古社会制度史》，141）提到了博尔术的一个后代 Ilaḫu。根据萨囊彻辰书（施密特，123，125，133，137），此人是妥懽帖睦尔——也就是元朝的最后一个皇帝顺帝——的丞相（《黄金史》（1），150，153称之为"Ibaḫu"，但并没有说到他是个 Arlat 部人）；还有一个 Arulat 或 Arlat 人叫 Moulan

的,据贡布耶夫本《黄金史》,97,则是达延汗(Dayang-ḫan)手下的将军。可以认为,1625年左右撰成的《黄金史》(1)(符拉基米尔佐夫,同上引书,17)仍然保存着有关达延汗时代的传承,但一个 Arulat 人并不必然就是博尔术的后代。至于"Ibaḫu",有很大可能性只不过是17世纪的蒙古编年史家想象的产物。此人所出现的这个片段,以及其所试图叙述的明朝起源,都完全是与历史的真相相悖的。可能"Ibaḫu 丞相"是混合了有关玉昔帖木儿之子木剌忽(*Mulaqu),和木剌忽的儿子,担任丞相的阿鲁图(*Aruqtu)所发挥作用的模糊记忆;但即使这样也是可疑的。事实上,我们可以比符拉基米尔佐夫所猜想的还更加完美地理解蒙古世家大族的历史;并且在中世的背景下,在整个王朝的历史中,头衔和官位为同一个家族所世代承袭,这也是非常自然的事情。想要证明这一点可谓是不言自明的;但若想要更进一步去寻找所谓"阶级斗争"的痕迹,无疑是带有先入为主的倾向的。

直至如今,在鄂尔多斯的达尔哈特人(Darḫat)中,还或真或假存在着博尔术那颜的后裔(参见符拉基米尔佐夫,同上引书,141)。

[30] 我们的文本在第49和56节对 Muqali 名字的转写均与此处相同,但在第53和54节两处则采用了"木花里"。在我们此处第15节的 Muqali 名字的形式,也被《元史》所采用,不仅仅见于与我们此处第15节对应的片段中,亦见于全书,特别是列传卷119,1—8他本人及其后裔的传记中;以其他一些汉字的形式出现在《秘史》中的也是 Muqali。在元明善为纪念木华黎的一个后人所作的碑文中,也使用了与这里第15节和《元史》中所记相同的转写(《元文类》,24,1a);但在他为博罗浑的后代所作的碑文中,则写作"木华里"(同上引书,23,5b)。《金史》中亦作木华里(16,2a;113,4a)。《黑鞑事略》(王国维校本,19a)给出了"墓花里",《蒙鞑备录》中的转写则将在下文中讨论。在《元史》,132,4b 中还提到了另一个木华黎,他在《元史》,120,1b 中有简传,但在传中他的名字转写为"木花里"。在14世纪初的奴儿干(Tyr)碑铭中,还提到了一位"王木哈里"(参见《黑龙江志稿》,62,47b)。

拉施都丁所记的موقلی，贝勒津均转写为"Mukhuli"，但可以确定，应该采用Mūqalī，通行的汉文转写中的"华"，与《秘史》中的"合"是相同的，并且仅保留了蒙古语喉音的这一特殊发音；但同样是buqa，而肯定不是*buqu，总转写为"不花"的形式。贝勒津另外还错误地用满语的muḫori"弄钝"、"使弄成圆形"来解释Muquli这一形式（译文，I，228；参见蒙语的moḫor），这肯定是受到了施密特本萨囊彻辰书（第87页）的影响，在该书中其名写作Muquli的形式［或Moqoli；满文本，40，Moḫoli；汉文本，3，15b，摩和赍；贡布耶夫因此在《黄金史》（1），136，147中转写为"Mokholi"］。《蒙古佛教源流》（胡特，《佛教史》，II，24）写作Mo-ho-lai。但这是在后起的蒙古传承中的名称形式，而我手头库伦抄本的复本对页55b（对应于《秘史》第137节）分明仍作Muqali。另一种形式Muquli，也存在于古代蒙古语的专有人名中。1240年左右，有个速勒都思部的妇人，名叫牟忽黎（Muquli，参见上文第7节2[①]）。无论muqali还是muquli，在古典蒙古语中似乎都没有这样的词汇；但在卡尔梅克语中仍然有moḫlā"奴隶"一词（集合复数为moḫlātšūd），兰司铁（《卡尔梅克语词典》，263，264）将其追溯为muquli（我在别处均未获见此词）；此外，他还从语音角度把muquli和bo'ol"奴隶"勘同，并假设其与察合台语的bulɣun"奴隶"、"奴仆"相关。对以上的勘同，我无从取信，因为我们很快将会提到，在《秘史》中经常使用的bo'ol与Muqali这两者，在语音上是很不相同的；而且实际上bulɣun或bulun的含义是"囚犯"、"俘虏"。但也有可能Muqali代表的是*moqolai或*moqalai的一种方言形式，而我认为这一推测得到了卡尔梅克语中moḫlā一词的支持。还有最后一种假设也是有可能的，在时间或许是8世纪下半叶的一份梵汉对照的词语汇编中，高丽——也就是现在的朝鲜——的"梵文"名称是Mukuri，还有一份我从敦煌带回来的10世纪的藏文抄本用这一同样的含义来指Mug-lig（参见师

---

① 译者注：应为注释3。

觉月《两种梵-汉对照词语汇编》，I, 295）。在这份梵汉对照词语汇编中，婆罗米字母的形式被以大号字体抄录在其汉文音写之后，并且在这一形式中l字母和r字母是没有区分的，因此我认为"Mukuri"应该是汉文转写"亩俱俚"的一种错误的重构，这一转写实际上应该读作*Mukuli。可能这也就是卢布鲁克的"Muc"，这在他的书中是用来指半岛中部和南部的朝鲜人，而西北部的朝鲜人则被称为"肃良合"，即《秘史》第274节的莎郎合思（Solangqas，参见范登温加尔，《方济各会中国传教史料》，I, 234—235）。在这样的情况下，使我考虑Muqali一词最初的意思是不是指"朝鲜人"，并且如果"奴隶"这样的含义不是次要的话，那就是和在法语中的"斯拉夫人"（Slaves或Esclavons）这一名称最初指的是"奴隶"一样。

在我们所研究的这部文本的第49、54、56节中只提到了木华黎，而没有加上他的头衔；此处加在他名字后面的"国王"头衔，是一种年代错置的产物，因为木华黎要到很久以后，才被封以这个头衔。但拉施都丁书中在与此处平行的片段里，给出的也是 موقلى كويانک Mūqalī Gūyāng（文本，II, 187；译文，II, 116），这看起来表明最初的蒙古文编年史中给出的异文就是如此。这也是本段故事中"四曲律"施以援手一事所具有的传说色彩的又一处体现。

《蒙鞑备录》（王国维校本）的作者赵珙于1221年在北京见到了木华黎，当时，他是在成吉思汗率领军队发动针对穆斯林的漫长西征时，作为后者在远东的总指挥官。在第一处提到他的时候（4a）作"权皇帝摩睺国王"；同样在对页9a、12b也写作摩睺国王；但在对页7b中给出的则是摩睺罗国王，并且这种更为完整的形式也在对页6b一个更为详尽的段落中得以证实，我将在下文中翻译这个段落。有可能这三处的"摩睺"，都是"摩睺罗"之误。"权皇帝"这个术语，并不是由成吉思汗任命而为木华黎所正式采用的，而是赵珙本人（对页7a）提到，他在服装和仪制方面，都采用天子的礼仪，这也就是为什么人称其为"权皇帝"的原因。"权皇帝"这一同样的表达方式，亦见于《黑鞑事略》，12。

这应该是在汉化的金人和中原北方的汉人中通行的对木华黎的称呼。

在对页6b—7a中,赵珙如此解释:"在那些帮助建立[蒙古国]的人("元勋")当中,[居首位的]是太师国王,他的名字(字面上是"小名")是没黑肋(*Moqolo, *Muqolo?);汉人("中国人")称之为摩睺罗(Moqulo);在诏书("诏诰")中,他被称为谋合理(Muqali);这样的分歧来自南北发音的轻重不同。"①想要精确地解释赵珙的这些转写,不是件容易的事情,毕竟他是南宋时候的人,一个蹩脚的转写者,适用于蒙元王朝时期的转写的那些规则,就他而言是很不完备的;如"黑"在蒙元时期是用来转写qï(当它不是仅用来译写末尾的-q时),但赵珙却用来发hǒ的音,即作入声字用;"没"可能是mou或mo;"肋"则是lei或lo。总之,赵珙用了三个入声字,即三个短元音的形式,来译写这个他认为是正确的蒙古语的名称;又用三个发音更为确定的平声字,来译写汉人习惯称呼的这同一个名称。至于"诏诰",这里提到的显然是译为汉文的蒙古语官文书(使用汉文白话书写,体现口语特征);而这个名字真正的形式,被正确地转写为"谋合理"(Muqali)。王国维提醒道,摩睺罗和谋合理这两种转写也见于《建炎以来朝野杂记》的一处原注之中。至于"太师"和"国王",实际上都是成吉思汗于1217年农历八月封给木华黎的称号(《元史》,119, 2a)。"太师"字面上的含义是"伟大的指导者",是与taiši相同的称号,已经在上文第7节的注释1中进行过讨论。至于"国工",从宋代以来,就作为最高等级的工号,位在郡王之上。满清王朝则用亲王取代了国王[附带说一句,由此可知,明代以前蒙古语中的jinong并不像我们通常所说的那样,理解为亲王[činong>jinong],在最初实际上jinong对应的是郡王;从时间上而言后起的亲王是一个真正的官方称号。在这之前,亲王被用作为是"宗王"(出自皇室的父系王子)的同义词;关于其在蒙元时代的用法,参见例

---

① 译者注:据《蒙鞑备录笺证》,此处原文作:"元勋乃彼太师国王没黑肋者,小名也,中国人呼曰摩睺罗,彼诏诰则谋合理,南北之音轻重所讹也。"

如《元文类》,23,7a,10a]。拉施都丁把国王这一称号转写为كويانك,贝勒津则写作"Govan"。这就是说,贝勒津只是简单地把汉文中的"国王"重新用俄文来转写,但这并非拉施都丁书中所指出的发音。哀德蛮(《铁木真》,273)的"Guiwang"也并非准确。在单独出现的时候,汉语的"王"字在蒙古语中经常写作ong;但当这个字出现在组合之中,前面有一个颚元音的时候,w-前面的半元音就不再发音,而wang的-a-则保持其原始的音值,这就是为什么太王(T'ai-wang)变成了塔阳(tayang,参见下文第26节)。"国"这个字在蒙元时代发 *kuê、*kwê,正如我们从八思巴文的转写中所看到的那样;而以其不送气清辅音的发音为外国人所听到的"国王"(*kuê-wang)一词,根据其一直的使用情况,则是作为浊辅音,而很正常地产生了 *guyang,这就是拉施都丁书中具有规律的转写形式,在《秘史》第202和206节中也应该采用这样的形式(在那些地方提到这个称号,与在本段中一样,都是有些年代错置)。有可能1217年正式加封给木华黎以世袭的"国王"头衔,就像拉施都丁所指出的那样(译文,I,34;III,33),只是对好些年来已经被中原北方的汉人用以称呼木华黎的通行称呼的追认而已。另外,还有可能像许多源自汉语的其他称号那样,这个称号在授予木华黎之前很早,就已经在中亚的族群中流传了。拉施都丁(文本,II,96;III,223;译文,II,59;III,148;参见上文)提到有一个指挥按赤带(=阿勒赤歹)那颜(合赤温之子,成吉思汗的侄子)千户的乃蛮部首领,其"称号"(laqab)就是كويانك Gūyāng。就这个人的情况而言,木华黎显然与之无关;我们可以承认的是,乃蛮人中我们已知的tayang<大王这个称号,与guyang<国王一词同样通行使用。

关于木华黎及其后裔的生平,除了拉施都丁书(特别是,I,34)和《亲征录》、《蒙鞑备录》、《黑鞑事略》、《秘史》的片段之外,我们所掌握的原始资料就要数为纪念木华黎的玄孙安童(1245—1293年),由元明善于1322年所编撰的碑文了(碑文见于《元文类》,24,1—6;这篇碑文的撰写,是为了作为1322年皇帝为尊崇木华黎而建于东平的神祠之碑的内容;参见《元史》,28,2a);和为了纪念安童的孙子拜住(1298—
1323年),而于1348年由黄溍所撰的碑文(见于《金华黄先生集》,四库
全书本,24,1—8);《元史》,119,1—8的木华黎传记(柯劭忞,119—120
及屠寄,27所新作的传记);同上引,136,5—7安童的传记(柯劭忞,
120,7—12及屠寄,27,12b—16a所新作的传记);同上引,139,6a—12a
朵尔直班(Dorje-dpal)的传记(柯劭忞,120,7—12及屠寄,27,12b—
16a所新作的传记)①;同上引,139,1a—3a乃蛮台的传记(柯劭忞,120,
12—14及屠寄,27,19b—20b所新作的传记);同上引,124,5—7忙哥
撒儿的传记(柯劭忞,133,15b—19a及屠寄,50,12b—16a所新作的传
记);还应参考《元史新编》,61,4a—7a的世系表(根据钱大昕表所复
制)、柯劭忞,28,30b—35a的世系表以及屠寄,153,26—30的世系表;
还有那珂(1)《校正增注元亲征录》,2—4中的研究。沙畹在《泰山》,
359中,错误地翻译了有关秃不申(Tübšin)的一个片段,此人明确地自
称为是"太师国王(也就是木华黎)的孙子和继承者";这一背景方面
的错误已由屠寄,27,21b中根据《元史》进行了订正。

　木华黎是札剌亦儿人,根据拉施都丁,他的氏族是Čāt(<Ča'āt,
"白札剌亦儿";参见上文第5节注释21②);这点可在《元史》,124,
5b中得以印证,其中提到木华黎某个叔伯的后代被记为察哈札剌儿
氏(Čaqā[t] Jalair)。根据《秘史》(第137节),木华黎的祖父帖列格
秃伯颜(Tälägätü Bayan, Tälägätü的意思是"有马车的";因此他的名
字就是"拥有马车的富人"或"有马车[的地方]的富人"),在成吉
思汗击败主儿勤部的时候,他与其三个儿子古温兀阿、赤剌温孩亦赤
(Čila'un-Qayiči)、者卜客(Jäbkä)在该部中。古温兀阿生有木华黎和
不合(Buqa)这两个儿子;赤剌温孩亦赤则生有统格(Tönggä)和合失
(Qaši)这两个儿子,宣称他们愿意作为梯己奴隶(ämčü bo'ol)为成吉

① 译者注:此处失引见于同卷中的木华黎之六世孙朵儿只的传记。
② 译者注:应为注释22。

思汗效力;者卜客则被给了拙赤合撒儿。在这同一部《秘史》的第206节,则将古温兀阿转写成了古温豁阿(Gü'ün-Qo'a);而在第202节和225节当中,统格这个名字也变成了秃格(Tügä)。在《元史》,120,1a中,就如《元史》从中取材的黄溍所作的碑文一样,木华黎父亲的名字写作孔温窟哇;在元明善所作的碑文中,则作孔温兀答,此名应该修正为孔温兀合(或"哈")。古温(Gü'ün)在《秘史》中,是对书面蒙古语kümün"人"这个词的通常转写形式,在卡尔梅克语中作kün(参见兰司铁《卡尔梅克语词典》,249)。我相信这也就是回鹘语中的kün(<?kǔn)"人们"一词(关于此,参见如《通报》,1930,311)。如果我们注意到兰司铁先生推测kümün是出自*kǔnün(*küngün),则用"孔温"来转写这个名称的前半部分,从而假设为是*Küng'ün的形式,这点是引人注目的。另一方面,这种转写排除了在《西游记》的两个片段中(参见《通报》,1932,416—417),关于用"孔"字来转写kümün(>kü'ün,kǔn)的所有疑惑。至于这个名字的后半部分,14世纪末《秘史》的转写者已经不知道如何读才是正确的了,因为他们有时采用兀阿(-U'a),有时又采用豁阿(-Qo'a)的读法。受到以"豁阿"即"美女"结尾的女子名的影响,我手头库伦抄本的复本(对页55b)在与《秘史》第137节相对应的片段中,给出了Kümün-Qo'a这一形式。前一种形式与元明善的碑文(修正后)相合,后一种形式则与黄溍给出的相合;我认为这就是拉施都丁书中的U'a,Uwa,Uqa,Uha,这是正确的形式,但并不见于蒙古语中(参见上文第5节,注释26①)。

《元史》中木华黎的传记称,其家族世代以来居于"阿难(Onon)水东",而这一信息在碑传资料中并没有提到。但此信息很可能是正确的,因为据说札剌亦儿部自传说中海都的时代以来,就是蒙古人(这个名称指狭义的蒙古人)的世仆。古温兀阿在战争中把自己的马让给成吉思汗骑之后,死于步战。根据黄溍的记载,我们了解到他的妻子名

---

① 译者注:应为注释27。

叫阔虁(*Köküi)。他们夫妇二人均于1321年受到追封。《蒙鞑备录》，15a提到木华黎的正室名叫"赖蛮公主"；还有八位主要的侧室被给以夫人的头衔，其中有四名出自女真的贵族家庭，另外四名则是蒙古人。很明显这些侧室在蒙语中被称为vujin<汉语的"夫人"；而打头的l-发音令人感到意外的"赖蛮"这个名称，令人莫测其解并且可能有讹误，王国维也没有给以任何注释。

367

古温兀阿的兄弟们也同样为成吉思汗效力。赤剌温孩亦赤这种写法可能是为了与另一位赤老温相区别，后者就是"四曲律"之一的赤老温拔都，我们将在下一个注释中提到他。赤剌温孩亦赤真正的名字肯定就是赤老温，"石头"。至于其绰号"孩亦赤"(=Qaiči)，意思是"剪刀"(>突厥语的qaïčï)。在《元史》，124，5b中，这个名字写作"赤老温恺赤(Čilawun-Qaiči)"，并且我们读到赤老温恺赤是搠阿(*Čo'a)的父亲，搠阿又是那海(Noqai)的父亲，而那海则是忙哥撒儿的父亲。在《元史》的文本中提到，赤老温恺赤和搠阿都曾为也速该效力。当也速该去世，成吉思汗还十分幼小，因而大多数人离弃他的时候，搠阿几乎是唯独留下来的人；并且在拙赤合撒儿要带走他的时候，也拒绝不从。作为非常杰出的射手，搠阿受到了成吉思汗的高度评价，并被他称以蔑儿干(Märgän)这个外号，"华言善射之尤者也"。我们在这里可以理解到，为追溯其功绩而作的碑文中，其所记录下来的家族传承是多么不值得采信，而恰恰是这些传承构成了《元史》中诸多传记的基础资料。对《秘史》有关成吉思汗最初经历的记载不附加一种夸大的价值，我们都应该承认在也速该去世时他都还只是个幼童；据《秘史》，他当时实际只有8岁，而他的弟弟拙赤合撒儿才6岁，很显然拙赤合撒儿没有可能密谋拉拢那些世代封臣分裂出去①。此外，搠阿这个名称也不见于《秘

---

① 译者注：这里伯希和、韩百诗显然是根据他们自己的断句，把《元史》提到的拙赤合撒儿拉拢搠阿的有关史事，当成了是在也速该死时发生的事件之一，但实际上《元史》中并没有提到这一事件发生的时间，因此，很可能是发生在成吉思汗和拙赤合撒儿都长大之后，而我们知道，拙赤合撒儿是具有争位野心并时常表现出分离倾向的。

史》之中，这部书在第137节中提到了赤剌温孩亦赤的两个儿子，统格和合失。甚至这两个名字都不一定必然是完全正确的。前面我们已经看到，在第202节和225节当中，统格这个名字以秃格的形式出现；而我手头库伦抄本的复本（对页56a），即使在与第137节对应之处给出的也是秃格（Tügä）。很可能秃格才是正确的形式，而统格则是来自*Töngä——也就是在Tügä的开头多了一小撇这一错误形式的转写。合失一名则不见于其他任何地方，因而也是可疑的；因为Qaši或Qašin在蒙元时代仅是作为"河西"也就是西夏国的汉文名称的转写，这个词不可能在成吉思汗幼年的时候就被札剌亦儿人用来作为人的名字。事实上，关于合失的名字，我手头库伦抄本的复本写作Qasar，这个很常见的名称也不必然就是正确的。但无论读作Tönggä还是Tügä，Qaši还是Qasar，这些形式当中没有一个可与撦阿（*Čo'a）相合。屠寄，153，29b中提出了一种假设，即用来转写*Čo'a的这两个汉字，应该颠倒过来读作"阿撦=Qaši"，这是不能成立的。屠寄，50，1a中提出的另一种假设更为可行，但同样也是没有依据的：即之所以《秘史》在提到统格和合失的同时，没有提到撦阿，是因为他是后来才为成吉思汗效力的。事实上，对支持屠寄所作的忙哥撒儿传最为重要的，在于忙哥撒儿家族传承中有关其祖父的记载；但可能这个人并没有发挥过什么重要的作用，而人们除了他的名字之外，没有记下什么更多的东西。忙哥撒儿的父亲那海的情况也有点类似。根据《元史》记载，他为成吉思汗效力，而后者认可他的勋劳，赐予了怀[州]和洛阳（在河南）的175户作为其封邑。屠寄，50，1a中把成吉思汗换成了窝阔台，其理由是洛阳直到成吉思汗死后才落入蒙古人之手。但这样的解决方案并不能令人满意，在《元史·太宗纪》和《元史》有关岁赐的章节（卷95）中，都完全没有提到这个那海；另外也没有任何受赐者的封地是在洛阳地区。并且在文献中特别提到，那海为成吉思汗效力而获得封地之后，接着讲述了那海之子忙哥撒儿为睿宗也就是拖雷效力，比他父亲为成吉思汗效力还要勤勉，这也表明那海的活跃年代是早于窝阔台统治时期。实际上，察哈札剌儿氏的这一支,无论其家系是否可以追溯到赤剌温孩亦赤,其中真正发挥作用的,是自忙哥撒儿开始。我到目前为止,都保持了忙哥撒儿这个名字的汉文形态,这是因为可能的重构方案还有待于证实。拉施都丁知道这个察哈札剌儿人,并且贝勒津(文本,I,50;III,225;译文,I,39;III,149)把这个名称排印为 منككوسار,并转写成"Mönkeser"。但各文本中的传承(亦参见哀德蛮《概况》,28)至少也一样支持 منكاسار *Mängāsär 或 *Möngāsär,而这肯定才是正确的异文;至于多桑,II,255的"Mangousar"和格鲁塞《蒙古帝国史》,309的"Monghousar"都应该放弃。这一汉文名称也同样适用于 *Mänggäsär 或 *Mönggäsär 这一对重构形式,而其中唯一不合规则之处,就在于这样的话结尾应该是 -sar 而非 -sär,但另外也有在这两者间游移不定的例子。在这一例中,应当是一个来自 mänggä 或 mönggä "痣"(参见上文第 5 节,注释第 31[①])并以 -sar、-sär 结尾的派生词。拉施都丁在札剌亦儿部的简述中称其为忙哥撒儿那颜(Mängäsär-noyan),但在成吉思汗的军队列举中则称之为忙哥撒儿火儿赤(Mängäsär-qorči)。志费尼(I,37)也同样提到忙哥撒儿那颜。拉施都丁书和《元史》的记载均一致向我们表明,忙哥撒儿为拖雷及他的家族效力,并且在拖雷的儿子、未来的大汗蒙哥远征钦察人的时候与之同行。两种史料也同样都提到,在窝阔台或是贵由统治时期,忙哥撒儿成为了大断事官,并且他在最终导致蒙哥即位的争辩中起到了重要的作用,而且之后也是由他来审判窝阔台家族的支持者们(参见《元史》,3,1251 年纪事;伯劳舍,II,293—295)。1253 年秋,他被擢升为万户(《元史》,3,1253 年纪事),并于同年死于饮酒过度。他实行严苛的审判招致了敌视,于是蒙哥便用一道诏书来安慰其子,其中回忆了赤老温恺赤、搠阿和忙哥撒儿本人的功绩。拉施都丁书中提到忙哥撒儿死于多年后蒙哥征伐南宋之时,这显然是搞错了。两种史料的相同部分仅局限于忙哥撒儿本人。拉施都丁提到他有一个儿子

369

---

① 译者注:应为注释第 32。

名叫 هندو قور *Hindū-Qūr, 蒙哥把他派到了波斯, 而《元史》则忽略了此人; 同样《元史》提到了忙哥撒儿的四个儿子: 脱欢 (Toγōn)、脱儿赤 (Torči)、也先帖木尔 (Äsän-Tämür)、帖木儿不花 (Tämür-Buqa), 而波斯史家则没有提到他们当中任何一个人。

关于哲不哥 (Jäbkä), 我们将在下文第22节中重新见到此人, 他实际上是作为拙赤合撒儿的一名下属。

自1215年占领北京, 直到1223年木华黎53岁之年去世为止, 他实际上掌握了今日河北地区的最高权力。我将再一次指出, 于1221年在北京接见《蒙鞑备录》作者的, 是木华黎而并非成吉思汗。这后一种误解由王西里不准确的译文所造成, 并且为巴托尔德和符拉基米尔佐夫所采信 (参见《通报》, 1930, 13—14)。木华黎过着帝王般的生活, 实话说, 成吉思汗授予了他简直令人难以置信的大权。因此, 据《元史》中木华黎的传记所载 (在元明善和黄溍所作的传记中则没有提到), 成吉思汗自己负责太行山以北的军事行动, 而把太行山以南的控制权完全授予了木华黎, 并且赐给他 "大驾所建九斿大旗, 仍谕诸将曰: '木华黎建此旗以出号令, 如朕亲临也。'" 这里提到的 "旗", 理论上而言是指有九条垂饰 (? köl, 在蒙古语中字面上的含义是 "足部"、"尾巴", 汉文译作 "斿") 的白纛 (tuq 或 tuγ), 成吉思汗于1206年称帝时所立的, 就是这样的纛 (参见《通报》, 1930, 32)。我们不禁考虑, 成吉思汗在向西发动针对西域诸国的大规模战役需要用到它的时候, 是否真把这件绝对皇权的标志留给了木华黎。通过《蒙鞑备录》(13a), 我们了解到当木华黎出征作战时, 都要举起一柄有九条 "尾巴" 的白纛, 在其中央有一个 "黑月" (大概是一个黑色的弯月标记)。木华黎的旗帜可能是通过这样一个 "黑月", 来表示与成吉思汗旗帜的区别。关于此, 赵珙记载道: "建大纯白旗以为识认。" 屠寄, 27, 3b 引用了这同一段话, 并写成 "建大纯白旗日月为识", 而 "日月" 并不见于赵珙的原文之中。唯有黄溍所撰的碑文中, 告诉我们木华黎妻子的名字是普合伦, 这肯定就是 Buqalun, 一个来自 buqa "公牛" 的以 -lun 结尾的阴性人名。

  《秘史》（第137节）只提到木华黎有一个叫作不合（Buqa）的弟弟，他后来被任命为侍卫千户（第226、227、234节）。很可能就是这位不合，在术赤征讨斡亦剌惕和叶尼塞河上游各族群的时候担任向导（前锋）之职（第239节），在下文第57节中我们还将重新见到这个称号。

  根据元明善和黄溍所撰的碑文，古温兀阿（*Kümün-Uγa）有五子，木华黎排行第三。柯劭忞，120，14a和屠寄，27，1a一致表示，其长子和次子的名字不为人知。在《蒙鞑备录》，7a中，提到了木华黎有一个兄长，名叫计里歌那（那发"no"的音或"na"的音，见该书原文），他"自有千骑，[但是]不任[职]事"。王国维在注释中称，古温兀阿的长子名叫"忽鲁虎儿"，次子名叫"期里窟而"，计里歌那即"期里窟而"。如果这两个令人感到意外的名称来自真实的权威史料，则后者这样的比定肯定是正确的，但很遗憾的是在此王国维并没有注出其所引用史料的来源①。

  木华黎还有一个幼弟，其名在《蒙鞑备录》，7a、我们所研究的文本下文第56节以及《元史》，95，10b；119，3b，6b中均写作"带孙"。但在这最后一种《元史·木华黎传》中，虽然就在几页前提到木华黎是第三子，这里却又把带孙说成是第三子，显然后者应该修正为"第五子"。带孙对应的是Daisun（蒙古语中的"敌人"）。这就是拉施都丁书中的 طايسون Ṭāīsūn（文本，III，53；译文，III，33），在这个词中，ṭ-像通常所见的那样用来译写d。代孙参加了蒙哥于1259年发动的对四川的征伐。根据屠寄，27，21b，代孙的名字在《黑鞑事略》中作"忒孙"的形式，但在《黑鞑事略》，19a中，我只见有纪忒，关于此人的比对，现不拟在此讨论。如果这是屠寄本人的修正，那也太过于随意了。

  "国王"这一头衔，在木华黎的家系中成为了一种世代相承的称号，并且在整个元朝一直为人所使用。木华黎之后的第一位国王，是

371

---

① 译者注：周清澍认为："《东平王世家》刊本虽流传到18—19世纪之交的清乾嘉时代，可惜钱大昕之后不再见于著录。"（《〈元朝名臣事略〉史源探讨》，收入《周清澍文集》（下），广西师范大学出版社，2020年，第54页。）

他的独子，在《元史》中叫作孛鲁；在《蒙鞑备录》，7b 中叫作袍阿；在《黑鞑事略》，19a 中叫作博窝；在拉施都丁书中则叫作 بوغول Bōɣōl（译文，I, 34）。所有这些名称都是 Boɣol, Bo'ol>Bōl 的转写，在蒙语中的意思是"奴隶"。孛鲁的生卒年大约在 1197 到 1228 年之间。根据黄溍所撰的碑文，我们得以知道其妻子名叫合笃辉（Qatuɣui）。他有七个儿子，(1) 塔思（*Tas），也叫作 *Čala'un（参见下文第 71 节）；(2) 速浑察（Suɣunčaq）；(3) 霸都鲁（Bādur、Bātur）；(4) 伯亦难（*Bai-Inal）；(5) 野蔑干（Ämägän）；(6) 野不干（Äbügän）；(7) 阿里乞失（*Arkiš<Arqïš），这里值得注意的名字是霸都鲁，因为他和其妻弘吉剌部的帖木伦（Tämülün）生下了安童，也就是拉施都丁书的 هنتون Hantūn-nōyān 或 هنتوم Hantūm-nōyān（I, 34；伯劳舍，II, 380, 381），此人是忽必烈的丞相，生卒年在 1245 到 1293 年之间，他在多年之中，都与忽必烈之子南木合王子一同被海都囚禁着（贝勒津的转写"Andun"，无论如何都是不正确的）。在有关伯劳舍，II, 380—381 那段的一个注释中，他说在《部族志》里"其实"提到安童是木华黎的儿子。但在《部族志》的文本中，虽然遗漏了一些史实，但在木华黎和安童那颜（Hantun-noyan）之间还插入有 Boghol。至于引出伯劳舍那条令人惊异的注释的片段里，其实是非常清楚的，因为它提到了忽必烈 با بهادر نویان پسر زاده موقلی كویانک پدر هنتوم نویان "与木华黎国王之孙、安童那颜之父霸都鲁那颜"商议朝政，这是与史实完全相符的。拉施都丁在任何地方都没有提到木华黎是安童的父亲。

我在上文中已经指出，所谓派遣"四曲律"往救王汗一事，纯粹是一种传说。某种程度而言，这也是屠寄的意见。他的意见随着《蒙兀儿史记》的编撰进度而发展演进，但在关于木华黎方面，其所提出的理由则是错误的。在屠寄，2, 17a 中，他提到成吉思汗派遣了"孛斡儿出、木合黎等"，并且在注释中补充说，此时孛罗忽勒和赤老温还不可能参加战斗。在 20, 8a 中，他只提到"孛斡儿出等"，并在注释中指出，《秘史》、《亲征录》、《元史》中木华黎的传记以及拉施都丁书的前一个片段（＝译文，II, 116）此处都提到了木华黎；但在元明善所作的碑文和拉施都丁书的后一个片段中都完全没有提到此事。在27, 1b他所作的木华黎传记中,他称基于元明善和拉施都丁书全部都没有提到此事,而将之完全删除了。但为纪念安童而由元明善所作的碑文中,只是叙述了木华黎生平的大略;至于拉施都丁书,无论屠寄是怎么说的,事实上不止在本片段中,还是在指责王汗的第二个片段中(译文,II, 137),都没有提到"四曲律"。事实上,要么对这个故事予以采信,要么就应当完全摒弃。

[31]《亲征录》的通行各本,以及王国维的校注本,在这里和第55节中均作博罗浑,但在第38节中则作孛罗欢(Boroqol)。《说郛》本(3)本段作博儿垣(应修正为"桓");第38节中作孛罗桓;第55节中则同通行本作博罗浑。《元史》卷1中使用了与《亲征录》本节中惯用的转写形式,但在1217年纪事中,也就是与我们所研究的文本第55节对应的片段中,则作钵鲁完(完可能应该发huan的音);在95, 13a(讲岁赐的一章)中写作孛罗浑;在119, 9—10他的传记中,则写作博尔忽。他的传记主要是取材于元明善所撰的一篇碑文(《元文类》,23, 5—11),在碑文中给出的则是博儿浑。最后我们还有伯里合不花(Bärkä-Buqa)碑中的博鲁温(为屠寄,28, 7b所引用)。这些不同的转写,所基于的是Boroqol(=Boroγol)、Borqol(=Borγol)、Boroqul(=Boroγul)和Borqul(=Borγul)这些发音。说郛(3)中的两种异文,使我们猜测分别对应Borqol和Boroqol,这点在未经检证之前未可遽加排斥,因为通行各本可能是根据采用了第一种异文的《元史》,而重新又进行了修改。在《秘史》中这个名字经常出现,有时转写作孛罗忽勒(Boroqul),有时转写作孛罗兀勒(Boro'ul)。贝勒津在拉施都丁书的译文中,均采用了"Burgul"或"Burgul-noyon"的形式(除了在II, 247和300的注释中,由于可能是受到了错误重构的汉文转写的影响,而写作"Burgun"),而实际上在各抄本中,《部族志》和成吉思汗军队的记述中给出的差不多是بوروغور Bōryūl(或Bōryōl),尽管在哀德蛮书中分别作بوراغول Bōrāyūl和بوروغول Bōrōyūl(参见哀德蛮《概况》,110;《铁木真》,209)。但在《成

373

吉思汗纪》中，也就是与《亲征录》出自同一部蒙古文编年史的那部分中，各抄本均作或均推测为是 بوراقول Bōrāqūl 或 بوراغول Bōrāɣūl[①]，也就是说，是一个三音节词，其第二个非重读元音其实是介于 -a- 和 -o- 之间。在其萨囊彻辰书中，施密德（第87页）将这个名字读作"Bughurul Nojan（=Buɣurul-noyan）"，不过在第381页中，还补充了来自一篇卡尔梅克语文献中的"Borguhl Nojan"这样的释读，满文本，44以及追随之的汉文本，3，21b，给出的是"博啰郭勒诺延（Borogol-noyan）"，这种形式肯定才是正确的异文。施密特的"Buɣurul"这一错误的释读，显然是由于在古典蒙古语中存在的 buɣurul（=bu'urul）"斑白的"和"混杂的"、"有花斑的"（指服饰或马匹）一词所致，在卡尔梅克语中作 būrl|> 突厥语诸方言的 būrul 和 pūrul，满语的 burulu（参见兰司铁《卡尔梅克语词典》，65）。在鲍培先生所研究的古老的突厥-波斯-蒙古语词典中，我们发现有同样含义的 بورول，鲍培先生（《蒙古语词典》，127）转写为 būrul。但成吉思汗这位同伴的名字肯定应该读作 Boroɣol 或 Boroɣul（写作 Boroqol 或 Boroqul），我将之视为来自 boro（突厥语的 boz）"灰色的"的一种形式。另一方面，我不太确定是否需要对 boroɣol 和 bu'urul 进行区分，可能 بورول 实际上对应的是 borōl<boro'ol。这应该是关于元音音色不同的换位形式，其中可以发现存在着一种方言的起源。

还有一个同名的博罗骦（Boroqol=Boroɣol），他是忙忽惕人（Mangqut，Mangut），生卒年在1236—1300年之间，参见上文第14节，注释1[②]。在传说般的蒙古人世系的起源中，这同一个词也见于豁里察儿蔑而干之子——阿兀站孛罗温勒（A'uǰam-Boro'ul）名字的后半部分（《秘史》第2节），但我手头库伦抄本的复本（5a—6a），对应的片段中，有两处现代语化了的形式，分别写作 Uquǰam-Buqurul 和 Uqučum-Buqurul（写法中既不能区别 -q-、-ɣ 和 -´-，也不能区别 -u- 和 -o-）。萨囊

----

① 补注：《史集·成吉思汗纪》伊斯坦布尔抄本、塔什干抄本作"بوراقول"。
② 译者注：应为注释2。

彻辰书中所记的 Aγujim-Buγurul 也同样如此（施密特，32；不过满文译本，32 以及追随之的汉文本 3, 2a, 浊化为 Agujim-Bogorol 的形式）。其元音换位的形式见于拉施都丁书中，我们见有 قوجم بوغرول Qūj.m-[?Qūjam-]Bōγrūl[?Bōγorūl]（文本，II, 7；译文，II, 5），在阿布尔哈齐书（文本，293；译文，314）中变成了 قوجم بورول Qūj.m-Būrūl。同样的 Buγurul（Bu'urul）一名也见于《黄金史》(1), 179 中一个女子姓名的开头部分。

关于博罗浑及其后裔的情况，除了拉施都丁的简述（译文，I, 166—168）以及散见于其作品中其他的记载、《亲征录》和《秘史》中的信息之外，最好的史料来源就是为了纪念月赤察儿（1249—1311 年）——博罗浑的重孙——而由元明善所编撰的一篇碑文（《元文类》，23, 5—11）。这篇碑文也是《元史》，119, 9—10 中他传记的史料来源。柯劭忞，121, 7—14 和屠寄，28, 7—13, 44, 3—5 中均作有新传；还要加上《元史新编》，61, 30—32，柯劭忞，28, 24—26，以及屠寄，153, 20—21 中的世系表，以及那珂(1)，《校正增注》，5—6 的注释。

博罗浑出自许兀慎部（Hūšin<Hü'üšin，关于此参见上文第 5 节，注释 29①）。据《秘史》（第 137 节），他是者卜客从主儿勤部（=月儿斤部）被劫掠的营地中所收留的，者卜客把他献给了诃额仑额客，并由她抚养；然而有关由诃额仑额客所收容并抚养的这一群孩子，是一种真实性非常令人怀疑的史诗般的主题。我们也不是很清楚这个孩子为什么出现在月儿斤人的营地里；魏源（《元史新编》，21, 16a）提到许兀慎是月儿斤部所属的一个氏族，这显然是不经之说。总之，他家族的其他成员都为成吉思汗效力，因为塔察儿——据说是博罗浑弟弟的孙子——在成吉思汗统治末年和窝阔台统治时期发挥了一定的作用（参见下文第 71 节）。博罗浑在 1217 年与秃马惕人的战争中被杀（参见下文第 55 节；《秘史》第 240 节；《元史》卷 1, 1217 年纪事；拉施都丁书，译文，I,

375

---

① 译者注：应为注释 30。

88,167; III,32,115)。

在《秘史》第214节中提到,博罗浑的妻子阿勒塔泥(Altani)在阻止一个塔塔儿人劫持尚是幼童的拖雷一事上立有功劳。根据元明善所撰的碑文,我们了解到这个女子名叫铁魁(*Täküi)。但就算这个名字被认为是可信的,在《秘史》第214节中讲述的故事,则提出了在时间上无法克服的困难。在屠寄,2,17a中提到,1197年前后,博罗浑被捉住的时候还仅是个孩子,不可能在两三年之后王汗求救时就成为了声名卓著的首领。这就是为什么王国维在其书,18b中回应说,博罗浑是在1196—1197年前后被捉住,但那时他应该已经成年了,因为塔塔儿人事件的时间就在1202年对塔塔儿人发动的战争之后,而那时候博罗浑已经结婚了,因此在1200年左右,博罗浑已经作为杰出的战士而被予以晋升。但王国维忘记了两件事。其一是《秘史》提到(第137节),在我们推测他被掳获的那一年即1197年,博罗浑还仅是个"小男孩"(üčügän kö'ükän),因此不可能在三年之后就成了骁勇善战的将领。此外,根据《秘史》同段①所述。拖雷当时虚岁五岁,也就是四周岁。我们不知道拖雷出生的确切日期,他应该是在生于1186年的窝阔台之后出生的,而拖雷的长子蒙哥,则生于1209年1月10日。因此拖雷的生年最晚应是在1190年,从而他四岁时就不是在1197年,而是最晚也要在1194年。最后,通过元明善所作的碑文,我们还了解到铁魁这个名字肯定是指博罗浑的正室,因为当博罗浑被追封以王号时,是她与其夫同获追封;这位妇人不叫阿勒塔泥,而是叫铁魁。我们可以再一次清楚地看到,史诗并非史实。

柯劭忞在其书,121,8a中说,在博尔忽(=博罗浑)一族中有个名叫布而古儿的人,他在武勇方面可以与前者相媲美,也与前者一样担任右手万户,并与之一同战死。这位堪称是博罗浑化身的人,正是博罗浑本人,柯劭忞错误地把贝勒津的"Burgul"当成了有别于汉文史料中的博

① 译者注:指第214节。

罗浑的另一个人。

有些与发生在博尔术身上同样的事情，也发生在博罗浑这里：拉施都丁书中提到的有关其后裔的情况，就其可信度而言在某些方面与汉文史料的记载不相符合。根据拉施都丁书（文本，I, 223；III, 199；译文，I, 167；III, 134），其中完全没有提到1217年博罗浑死于秃马惕人之手后他的继承人是谁；而在窝阔台时代，也就是1229—1241年，其继承者是他自己的一个儿子，贝勒津将其名读作 جوبوكور قوبيلاى "J̌ubukur-Khubilai"；而在忽必烈时代，则是 توقجى کورکان Tūqčī-kūrägān（"Tuqči 驸马"），此人得以迎娶 Kälmiš-aqa 的姐妹 Širin——她是 Qulan-ḫatun 和旭烈兀的一个外甥所生，贝勒津将后者的名字读作 قوتوقر "Khotogor"。这些记载的后半部分是正确的，除了旭烈兀外甥的名字以及提到 Qulan-ḫatun 除外。事实上这个外甥是 قوتوقتو Qūtūqtū，拖雷的三儿子，是乃蛮王曲出律之女 Lingqun-ḫatun 所出。此人确是 Kälmiš-aqa 和 Širin 之父，而后者确实是嫁给了 Tuqči 驸马（参见伯劳舍，II, 203, 567—568；特别是根据伯劳舍，《贵显世系》给出的是 اوقونجى Ūqūnačī 而不是 Tuqči）。至于 Qulan-ḫatun，关于她在文本中有一些错误之处；唯一一位著名的忽兰哈敦（Qulan-ḫatun）是成吉思汗的蔑儿乞夫人；在伯劳舍，II, 568 中，Širin 的母亲被称为 ايکاجى Qandū-Ēgāčī（？可能应读作 Qaīdū-Ēgāčī），她是一个巴牙兀惕人。

根据元明善所撰的碑文和《元史》，博罗浑的后代被确定为如下：博罗浑生脱欢（Toγōn），脱欢生失烈门（Širämün），他们俩都殁于军中，失烈门逝世于1254年。失烈门之子是月赤察儿（*Üčičar, 1249—1311年），他先是担任侍卫之长的要职，后来又去了蒙古。在他众多的妻子中，有数位是出身帝室的公主，我们均知其名，并且我们也知道他七个儿子和七个女儿的名字。正是为了纪念他，而由元明善编撰了碑文，而且也是由于月赤察儿，他的祖先包括博罗浑在内，均被追封以王号。因此另外我们也不会惊讶于目前所掌握的汉文史料中，只使我们了解到博罗浑后代中月赤察儿所从出的那一支。

377

尽管如此，钱大昕、柯劭忞和屠寄书中的世系表，提到月赤察儿有个兄长名叫木土各儿；屠寄还补充说另有一种变体形式，其名字的前两个汉字颠倒过来，作土木各儿，月赤察儿的这位兄长担任的职位并不显要，他做过太子的辅导教师，并拥有丞相的头衔①。这些没有指出其史源的信息，实际上是来自姚燧为纪念其叔父姚枢所作碑文的片段，这篇碑文见于《元文类》，60，5—14和姚燧本人的文集《牧庵集》（四部丛刊本，15，1—19）中。姚枢在1250年时，加入为未来的皇帝忽必烈效力的行列中，作为其子的指导教师，当时他有三位蒙古同事，其中之一的木土各儿，可能后来被追赠以丞相的称号。《元文类》的异文清楚地给出了月赤察儿弟弟的名字是木土各儿。另一种异文"土木各儿"，大概是见于《牧庵集》中。我对此尚不能进一步直接予以确认，因为今本《牧庵集》，15，6b中给出的，是乾隆"改革"后的正字法形式，作"图门恪尔"，但这种改革后的正字法显然是基于"土木各儿"而非"木土各儿"而做出修订的。我考虑对于贝勒津读作"J̌ubukhur-Khubilai"的这个名字，是否存在一种解决方案。这一名称的形式无从确定，而哀德蛮（《铁木真》，209）读作"Dschutugur Ckubilai"。在蒙元时代人名的转写中，我们目前文本中的"木"经常是"术"字的讹误，而术土各儿可以很规则地得出 *J̌ütügär，又鉴于其中的"各"在那个时代很少见于转写之中，所以应该是"谷"字的讹误，从而得出 *J̌ütügür，也就是拉施都丁所提到的这个名字的前半部分的一种可能的形式。月赤察儿的这位兄长，并没有活跃于窝阔台的时代，而到1250年已经成年并可以担任职务；他不是博罗浑的儿子，而是博罗浑的曾孙。拉施都丁由于不知道博罗浑死后的继承人是谁，可能在这点上把他的身份给弄错了。

［32］关于赤老温一名的异文以及有关此人的情况，见上文第7节注释2。那珂（2），27提到，赤老温是在那珂定为发生于1201年的阔亦田之战后，才归附成吉思汗的，并且更将这点作为把目前这段记载置于

---

① 译者注：屠寄书中此处原文作"遥从丞相太子伴读"。

1201年之后的理由。但全部这些编年顺序都是不稳定的。

[33] 在《秘史》中并未提及此名。拉施都丁书（文本，II，188；译文，II，116）写作 تیکین قوری Tēgīn-Qōrī。我们文本中的迪吉火力（Digi[t]-Qori）和拉施都丁书中的 Tegin-Qori 的语音交替现象，与如下的情况相同：我们文本（参见下文第36节）中的汪古部君主阿剌忽思的乞火力（Alaqus-Diki[t]-Qori），在《秘史》（第182、190节，以及202节中的缩略形式）中作阿剌忽失的吉惕忽里（Alaquš-Digit-Quri）；但在拉施都丁书中则作 Alaquš-Tegin-Qori（译文，III，1）。以 -t 结尾的形式是蒙古语的复数。汪古部君主之名的这个例子表明，他的突厥语名字是阿剌忽失（Alaquš, Ala-quš），而 Teqin-qori 则是一个称号（参见上文第9节注释6①，有关察兀忽鲁（Ča'u[t]-quru）的讨论）。屠寄，2，16b 和王国维，19a 均注意到这点，并且使得他们猜测应当将这里讨论的名字理解为"digi[t]-qori Itürgän"。然而阿剌忽失此人的例子表明，称号是跟在名字后面的，这也是规则的蒙古语构成形式，并且拉施都丁书中对这些人名的断句，也是与我此处所采用的相一致。蒙古文编年史原文中所给出的，应该就是这种形式。我认为这里亦秃儿干（Itürgän）的名字跟在迪吉火力（Digi[t]-Qori）的后面，就像《秘史》第177节中在忽巴里忽里（Qul-Bari-Quri）之后提到他一样，只是一种纯粹的偶然现象。拉施都丁说 Tegin-Qori 和亦秃儿干（Itürgän）都被杀了，就亦秃儿干而言这肯定是错的，因为在后面的记载中他又出现了。但根据我们所研究的这部文本判断，在最初的蒙古文编年史中，至少提到王汗的这两位将领都被捉住了，可能 Teqin-Qori 就是在这样的情况之下死去了。《元史》在此大体而言是追随并相当接近于《亲征录》的记载，但也采用了一种略有不同的传承。相对于 Tegin-Qori 和亦秃儿干这两位将领，《元史》只提到了一位叫作卜鲁忽穆的将军被捉住了。屠寄把亦秃儿干连在迪吉火力（Tegin-Qori）的后面，认为卜鲁忽穆是用来称

379

---

① 译者注：应为注释8。

呼"盏塔兀（J̌anta'u）"的族名，他将这个词视为巴儿忽歹（Barqudai），也就是Barqut或Baryut。王国维则试图赞同屠寄。而我倾向于另外的解决方案。首先应该把迪吉火力作为一个人的名字，亦秃儿干盏塔兀作为另一个人的名字。但由于"迪吉火力"是一个称号，拥有这个称号的人姓甚名谁就仍然未知。并且又由于亦秃儿干肯定是侥幸保全了生命，而后面又再没提到这个"迪吉火力"，因此可以很自然地推导出，他就是《元史》中唯独提到，并记载其被捕获一事的那个人。换句话说，《元史》使用了一种记录，在这一记录中给出了此人的本名，而作为拉施都丁书和《亲征录》史料来源的蒙古文编年史，则仅提到了这个人的称号。他的名字最初有可能是族名，或者也可能不是，当然另外也有以-tai、-dai结尾的附属形容词的例子。总之，因为对于Barqut或Baryut之名的转写，在第一个音节中不存在包含有唇元音的例子，所以Barqudai必须排除。但我还不能断言应该重构为*Buluqudai、*Buruqudai、*Bulqudai还是*Burqudai。

[34] 亦秃儿干（未加修饰词的形式）又重新出现于下文第33节中，作为王汗所倚仗的人。在《秘史》第177节［亦都儿坚（Idürgän）"，他出现在这段中，显然是因为弄错了］和第184节［亦秃儿坚（Itürgän）"］中也提到了此人。跟在他名字后面的那一部分，可能是一个称号，也可能是一个修饰语，但关于其重构的形式则不能确定。照这个词现在的写法，其转写可假设为是*J̌anta'u，但我不太能确定这个词就是正确的。"盏"这个字又重新见于第17节中一处尚无法解释的转写中，以及第28节中两处错误的转写里。令人遗憾之处在于，到目前为止我所发现的蒙元时代人名中有"盏"这个字的例子，都是尚未能予以重构的（《元史》，100，2b中的"兰盏儿末者"；《黑鞑事略》，19a和《元史》，119，10b中的侪盏）。在《秘史》中，我只找到了一处有"盏"这样的转写，但它是被用来翻译在一种杯子的名称中的jan-，因为"盏"这个字本身就是杯子的意思。拉施都丁所给出的形式也是不能确定的。哀德蛮（《铁木真》，274）读作"Itürgän Edecku"。贝

380

勒津(文本，II，188)根据其所使用的抄本C、D中浊化的异文，采用了Itürgän يندقو Yudaqu 的形式。可能"盏"其实是"图"的俗体字"圖"之误，因此应该读作图塔兀(*Tuta'u)，因此拉施都丁书中的 تدقو 就应该读作 *Tudaqū，*Tuta'u 和 *Tudaqu 这两种形式的蒙古文写法是相同的。但我想不出这样的形式与任何称号对应，可能这是来自一个以汉语"头"结尾的民间称号。据我所见，*Tuta'ul=tutgaul 必须予以排除，因为 -l 这个发音不可能在两处转写中都遗漏了，而且拉施都丁对这个突厥语称号的译写也是准确的。尽管如此，倘若"盏"字是正确的话，在拉施都丁书中这个词应该读作 يندقو *Yandaqū，y- 和 j 在蒙古文书写中是相同的。

［35］王国维的校勘本中采用了今本通行的"忽剌河山"的形式，并未提出任何修正意见；在那珂(2)，27中也是同样如此。拉施都丁在这里插入了一段来自其他史源的轶事，但对我们确定此名毫无帮助。然而《秘史》(第163、177节)则提到一个叫"忽剌安忽惕(Hula'an-Qut，'红色悬崖')"的地方(格鲁塞《蒙古帝国史》，103中的"Qoula'an-qout"是不准确的)。因此，说郛(3)本中的异文"忽次河胡山"，显然是"忽剌阿胡(Hula'a[t]-Qu[t])山"之误，这一名称中的形容词和名词两者均为复数。把"忽剌阿(Hula'a[t])"错写成"忽剌河"，亦见于《说郛》本(3)中第27节的一个名称中。最后，"胡"这个字可能是由于同音而误写，其原始的异文应该与通常所使用的那样，写作"忽"。

这个名称的特征太不明显，以至于我们无从进行比定。屠寄，2，17a错误地认为"忽剌阿胡"的含义是"红井子"(与 quduq 混淆了)，便将之比定为靠近乌兰札布(Ulān-jab)卡伦的乌兰乌苏(Ulān-usu)，也就是红河，这显然是过于随心所欲了。

［36］各本在"擒"字之后，都还有一个"之"，这是一处衍文，已为那珂(2)，27所揭出，但王国维在之前就已经注意到了这点。

［37］亦至。王国维径直删去了"亦"字，实际上至少在《说郛》本(3)中是没有这个字的，而通行各本中均给出了这个字，它用在这里是合适的。

381

[38]我在上文中已经提到,四曲律前去解救王汗的这段故事,完全是阑入历史记载当中的史诗题材。拉施都丁书中这里的记载差不多提供了证据,他在这里一度偏离了蒙古文编年史那审慎朴实的记载,把传说作为其叙事的内容,在这里插入了一大段有关博尔术向成吉思汗借用属于后者的那匹良马,并在这一情形下获得之的记载。这匹马对鞭打完全没有反应,但当抚摸它的鬃毛时,便疾如闪电般向前飞奔。可能这里所涉及的,是有关龙驹(chevaux-dragons)这一题材的一种形式,在这种马的脖子上有块地方,或者其耳朵的部位特别敏感(参见《亚洲学报》,1934,I,69)。对四曲律战功的颂扬,接下来还提到有关王汗向博尔术赠送礼物的记载,其中包括一件衣服(诈马(jāmä))和十个金质的大瓶(منقور *manqūr)。这段文本有必要重新进行研究,因为在贝勒津书中很明显存在着不少错误。就目前而言,看起来这段记载是基于与四曲律中的某一人、也许是他们四个人全体有关的民间故事或一系列记载而构建出来的。

[39]在“困乏”的后面,《元史类编》引用的文字多了“来归”二字。虽然这不见于我们所掌握的抄本之中,但就我看来,这应该是原始文本中的一部分,所以我也把这两个字加了进来。

[40]在王国维所用的文本中“加意”两个字后面,我认为应该像《说郛》本(3)中那样,加上“存恤”这两个字,在其他各本中作“存抚”,而王国维则径直将这两个字省略了。

16. 时闻脱脱复出八儿忽真隘,居统烈泽,上率兵复讨之。

16. 在那时,得知脱脱又从八儿忽真(Barqujin)隘出来了,并且在统烈(*?Tünglä[k])[1]沼泽上驻营,陛下就率领军队前去攻击他。

注释

[1]《元史》中没有应用这个名称。拉施都丁书此处偏离了《亲征

录》的记载，在插入了一段有关博尔术的传说轶事之后，没有再完全按照蒙古文编年史的原文进行叙述。在其文本之中，以非常歧异的形式结合了《亲征录》本段和下一段的有关内容，如此记载道："在这些事件之后，这年的冬天有消息传来称，逃到八儿忽真那边的蔑儿乞人的君主脱黑台（Toqtai），又出来了。成吉思汗与拙赤合撒儿商议之后，认为这条消息是毫无依据的，就同意不再对此事予以关注。"我们通过本书的第17节发现，这段的最后一句，实际上有迹象表明是与乃蛮人的情况有关。

统烈泽之名及其地望，都是不确定的。丁谦，12b和那珂（2）28对此都没有做任何注释。屠寄，2，17a—b随心所欲地把拉施都丁书、《秘史》（第161节末尾）和我们本书第18节的开头牵合起来，构成如下这样的形式："是冬，蔑儿乞脱黑脱阿复出巴儿忽真之隘，至统烈泽。谋合泰亦赤兀惕来犯。汗闻，与合撒儿议讨之。"至于其名称，屠寄说这是对于今日见于汉文地图上的达里泊（"泊"即湖泊之意）这一名称的转写，也就是我们地图上的姊妹湖"巴伦讬累（Barun-Torei）"和"悛特雷（Sun-Torei）"。与鄂嫩河和克鲁伦河平行、并位居两河之间的浯渤札（Ulja）河，就流入达里泊。王国维，19b中未加考辨，就照搬了屠寄的比定。这种解决方案对我而言是不可接受的。显然这样的情况是不能与前文所述相符的；从土拉河和克鲁伦河之西或西南，我们向北、或在必要时向东北求之。但从八儿忽真隘出来的脱脱，不可能沿着色楞格河转向蔑儿乞人领土的背后，向着东南方向远去，完全远离使其能向驻扎在土拉河和克鲁伦河之间的萨里川扎营的成吉思汗发动攻击的路线。显然他是沿着位于不儿罕合勒敦地区的克鲁伦的河源而来。另一方面，所谓"统烈"和"达里"在语音上的相同，乃是纯粹的幻想。

统烈"泽"之名不见于别处。据我们所知，"泽"这个字在中世纪经常用于翻译蒙古语中的na'ur "湖泊"一词。至于"统烈"，可能的重构形式有*Tünglä、*Tüngrä、*Tünglä[k]和*Tüngrä[k]。我们不能够假设这是文本中董哥（Tünggä）泽之误，因为后者的位置在另一个完全不

383

同的地区(参见下文第27节)。唯一一个我们可以假设与*Tünglä[k]有关的中世纪的名称,是《秘史》(第5、28、30、32、35、107)中的"统格黎克"(Tünggälik,还要加上第100节中错误地写作"腾格里"(Tänggäli[k])的那处[这里第一个音节中的-ü-,也由我手头库伦抄本的复本对页第34a中对应的形式Tünggülgä而得以证实])。但是,我们这里所接触到的,是在中、西方都引起了最异想天开假设的一个名称。

在《秘史》中,统格黎克的名称后面,经常跟有豁罗罕(qoroqan,"小溪")这个名称,汉译作"小河"。它出现于蒙古人起源传说的开头部分,当(第5节)都蛙锁豁儿从不儿罕合勒敦看到有人"顺着统格黎克小河"迁移;然后(第28节),在孛端察儿的时代,描述有一群人"从都亦连[山]后面,顺着统格黎克小河[而来]"(Düyirän gärü-dača Tünggälik-qoroqan huru'u)。在《元史》卷1中,这个名称变成了"统急里忽鲁之野",并且,由于冯秉正神父的译文(《中国通史》,IX,4,5),"Tonkili-houlou"或"Tonkili-holou"之名很早就为欧洲所知。另一方面,《秘史》第28节的内容有部分也传到了《黄金史》(1),120和萨囊彻辰书中,但由于对gärü-dača的误解而产生了讹误,以至于在Tänggälik-qoroqon(《黄金史》(1))或Tünggälig-qoroqon(施密特,59;满文本和汉文本作Tünggelig-hurugon)之外,又给出了"Tüiräng-gärätü"(《黄金史》(1),4,120)或"Tuiring-γarudi"(施密特,59;满文本,33;汉文本,3,3a作"Tuirang-gᶜarudi")这样一处地名。《黄金史》(1)和萨囊彻辰书中还讲述了都蛙锁豁儿与这个虚构的地名有关的一段故事,而在《秘史》中,这段故事是发生在孛端察儿身上的。最后,乾隆的馆臣们还把《元史》中的统急里忽鲁改成了腾格哩呼喇(Tenggeri-ḫura)"天雨"。施密特(375页)从夏真特·比丘林司祭的译文中搜集到了这个令人厌恶的讹误形式,并认为这才是"最正确的"。霍沃斯,I,39也采用了施密德书中的这个腾格哩呼喇,径直对其进行了修正,并且错误地解释为"天之壁垒",并且对这个术语还补充道,"显然指的是不儿罕合勒敦山脉。"事实上,统格黎克(Tünggälik)这一名称是可以确定

384

的, 其构成显然是加上了 -lik 这个后缀。至于 Tünggä, 则有好几种可能性。在古典蒙古语中, tünggä (科瓦列夫斯基错误地读成了 dünggä) 的意思是"绊绳"(> 卡尔梅克语的 tüg"; 参见兰司铁《卡尔梅克语词典》, 415)。对于董哥湖或"泽"的名称——它虽然不能比定为统格黎克豁罗罕, 但显然同样也包含有这个词, 格鲁塞先生(《蒙古帝国史》, 135)指出其词源是蒙古语的 tünggä, "针茅", 羽状针茅(Stipa pennata), 这第二种词源解释显然是更为令人满意的。我对这个问题所持的略微怀疑之处, 在于东部蒙古语中完全没有见到过这个词; 在卡尔梅克语中作 tüng"(< tünggä), 兰司铁先生(同上书, 415)称它是 däräsün 的同义词, 然而 däräsün 是我在东部蒙古语中找到的唯一用来指"针茅"的名称, 另外在《秘史》中它就已经出现过了(第 249 节; 亦参见上文第 11 节注释 1)。尽管如此, 我暂且认为统格黎克(Tünggälik)的意思是"长针茅的地方"。还存在着第三种解决方案。即蒙元时代的汉文转写, 使得我们可以确定在汉语中具有不同音位的唇元音 -o-(-ö-)或 -u-(-ü-)的音值(例如"崇"= čung, 而"床"= čong), 因为汉语中没有 *t'ouang 的音, 结果"统"既可能是 tong(töng), 也可能是 tung(tüng)。因此, 我们知道在卡尔梅克语中有 töng°, töng°ləG 这个词, 对此兰司铁(《卡尔梅克语词典》, 407)重构出了一种最古老的形式 töngülig, 其含义是"峭壁间的峡谷"。但我不认为 töngülig 可以在蒙古语中得到证实, 并且我们同样可以假设为 *töngälig、*tönggälik 的形式, 这样我们文本中的统格黎克(Tünggälik 或 Tönggälik)就是它的一种相当严格的转写形式。而且很大的可能性, 统格黎克豁罗罕(Tünggälik-qoroqan 或 Tönggälik-qoroqan)实际上是一处"山谷"。显然库伦的学者们所考虑的就是这种解释, 因此在送给我的复本的页边, 他们用 čünggür tala "凹陷的谷地"来作为 Tünggälik 或 Tönggälik 的注解。波波夫(《蒙古游牧记》, 96, 248)提到了两处"Tengerik"; 在 248 页的那处可能是被错误地重构成了一个完全不一样的名称; 但第 96 页的那处(张穆《蒙古游牧记》, 9, 16a)即"腾格里克", 则更有可能应该读作 Tänggälik, 尽管 Tänggälik

385

存在于蒙古语中的含义"车轴",可能表明它是 Tönggälik 的一个同源对偶词,正如有一次在《秘史》中出现的那样。亦参见施世杰书,10a—b。

沃尔夫(《蒙古人的历史》,12)通过萨囊彻辰书获知 Tünggälik 河的名字,他称这条河就是现今的"Tunglu"河,其源头在不儿罕合勒敦的西边,是哈剌果勒(Ḥara-γol)右岸的一条支流。霍沃斯,I,37 认为统格黎克豁罗罕就是《元史》中的统急里忽鲁,但是他采用了沃尔夫的比定,写成"Tungglu"。但在沃尔夫那里的 Tunglu 大概只是"Tungla"所造成的一种错误的印象,并且霍沃斯也没有将所谓的"Tunglu",与他自己在别处(I,492)所提到的 Tungla 看成是同一条河。实际上这里指的是哈剌果勒的支流——或者不如说是其组成部分——即汉文史料和地图中称作"通克拉"或"通勒"的(参见《蒙古游牧记》,7,32b;波波夫《蒙古游牧记》,358〔"Tungala"〕)。除了沃尔夫,自施世杰开始就已经做出了同样的比对(《元秘史山川地名考》,2b)。但这一比定遭到了丁谦的反对(《元秘史地理考证》,1,6b),他提到通克拉距不儿罕合勒敦太过遥远。那珂(1),4,对统格黎克豁罗罕的情况未置一词。就这一回而言,丁谦的理由是有道理的,沃尔夫和施世杰基于发音相同而提出的通克拉之说,必须予以排除。这点,通过对《秘史》中有关统格黎克豁罗罕的片段进行考察,可以清楚地表现出来。

在《秘史》第 5 节中,提到都蛙锁豁儿登上了不儿罕合勒敦,看到一群人顺着统格黎克豁罗罕迁移行进。尽管不儿罕合勒敦这一名称没有存留下来,但毫无疑问这个名字指的就是鄂嫩河和克鲁伦河源头的山。虽然通过他头上的独眼,都蛙锁豁儿可以看到"三程"远的距离以外,但他应该也很难看到被整个土拉河上游地区从不儿罕合勒敦隔开的哈剌果勒河上游。关于都亦连山,我们无从提出任何比定方案,因此我不对它进行讨论。但是,在《秘史》第 107 节中,铁木真溯统格黎克而上,在不儿罕合勒敦山前的塔纳豁罗罕扎营,并从那里去到乞沐儿合(Kimurqa)河,这条河是鄂嫩河上游右岸的一条支流(参见上文第 5 节注释 1 和第 14 节注释 5)。因此铁木真扎营的地方是在克鲁伦河流域,

386

但是是在这条河向东拐去的地方的东面。很显然,想要穿过鄂尔浑地区的克鲁伦河流域,并不需要向西去往哈剌果勒河。我相信统格黎克豁罗罕实际上就是克鲁伦河上游的一条支流,丁谦试图更加具体地确定其位置,但我不认为他的比定是成功的。

这一地理位置与我们文本中的统烈(*Tünglä[k])非常相符,因为它就在脱脱从八儿忽真隘而来所走的这条路上;另一方面,在《亲征录》中,以统格黎(Tong-ko-li)的形式而出现的 Tünggälik,看起来也不会更正确。我们不禁考虑,在我们所研究的对于古老传承的记忆如此不完善的这部文献中,是否脱落了一个格字,而最初的异文应该是"统格烈"。故而我毫不怀疑地提出的这一比定中,没有"泽"(沼泽、湖泊)这个字;这是因为各种文献中提到的统格黎克豁罗罕之名,都仅表明它是一条"豁罗罕",也就是一条"山间的溪流"。但在《秘史》第107节中,没有连着"豁罗罕"而单独使用了统格黎。总之,在作为我们所研究文本之基础的蒙古文编年史中,有可能也是这样的,而"泽"只不过是译者自作主张加上去的。出于一种罕见的巧合,我们的文本(下文第27和28节)以及拉施都丁书都提到了"董哥[读作 Tünggä]泽"和一个 Tüngä-naur "董哥湖";就此,在《秘史》第177节中提到的则是"统格豁罗罕"。

我在本注释中没有讨论《秘史》第177节中古老汉文译本中的统格离(Tünggäli[k]);正如我们在下文第27节中所见,这可能是"董哥(Tüngä)"之误,而在蒙古文本中则是正确指出了的。总之,那里提到的是与这里讨论的统格黎克(Tünggälik)不同的另外一处地方。

17. 后上与弟哈撒儿讨乃蛮部,至忽兰盏侧山,大败之。尽杀诸部众,聚其尸焉。于时申号令还军。时见乃蛮势弱,不足虑矣。上会汪可汗于萨里川不鲁吉崖。

387

17. 接下来陛下与其弟哈撒儿攻击乃蛮部,来到了忽兰盏侧

(*Hulān-Jančäi)山[1]，完全消灭了他们。把他们部落的人都杀光了，并且将尸体堆积起来。接下来颁布了还军的号令。由于当时看到乃蛮人的力量已经衰弱，就不再担心他们了。

陛下与汪可汗相会于萨里河谷[3]的不鲁吉[2]崖。

注释

[1] 这个名称与《元史》卷1所记载的相同，《元史》此处照搬了整个段落，仅在结构上有所调整，但这并不能确保这一名称的形式就必然是正确的，因为我们的文本也有可能是基于《元史》所给出的错误的异文而进行了修改。正如我之前在前面段落的注释中所提到的，拉施都丁书和《亲征录》此处也存在着分歧。在蒙元时代的文献中，其他地方都完全没有提到这座忽兰盏侧山。冯秉正神父至少是部分参考了《通鉴纲目》的满文译本，在此处提到了（XI, 22）"Houlassan"山；在贝勒津，译文，II, 283的注释中，则变成了"Houlossan"。另一方面，比丘林司祭根据他所惯常使用的乾隆"改革"后的正字法，提到了Ḥoron-jasse（满语意为"巍峨的边境"）山。基于以上这些记载，贝勒津（译文，II, 283）得出这里所指的是Qulan-Yazï（"野驴的原野"，一个突厥语的名称），根据班扎罗夫（Banzarov）的意见，后来在此地曾经召开过一次忽里勒台。丁谦（《亲征录》，12b）称，以我们所研究的文本和《元史》为一方，拉施都丁书为另一方，代表了相同的起源；并且他怀疑是拉施都丁在其书中删掉了这一段，因为他了解到这里的记载与史实不相吻合，从而认为这里的记载是一段衍文，其内容实际上是与后来在纳忽浑击败塔阳汗的记载有关。至于屠寄，2, 17a—b, 则称忽兰盏侧山是乌兰札布卡伦附近的一座山，这座山就是我们本书第15节的忽刺阿胡（Hula'a[t]-qu[t]）山，而此处的记载是错误地重复了。根据那珂（2），28，忽兰盏侧山应该就是张德辉行纪中所记载的忽兰赤斤（Hulān-čikin"红耳"）山，并推测其是在塌米（Tamir）河（鄂尔浑河左岸的支流；参见布莱资须纳德《中世纪研究》，II, 55；波波夫《蒙古游牧记》，

383)的西南。王国维没有征引那珂的观点,但在其《亲征录校注》,19b中也提出了相同的假说。

实际上,对于这又一次的战争所发生的背景,就算它确实是真实发生过的,但我们并不了解任何情况。贝勒津和丁谦的假设都是经不起检验的。至于屠寄所提出的一说,以及那珂和王国维所提出的另一说,只不过是因为忽兰盏侧的"忽兰"很像是 Hulān<Hula'an,"红色"而造成的;必须注意的是,在我们文本中有这个词出现的另外三个例子中,它们都作复数形式,并且写成 hula'a[t](第 15、27、28 节),而不是缩合形式 *hulā[t]。从一观点看来,Qulan-yazï 肯定必须予以排除,我们只能认为这前半部分中的 Qulan 是不可能的;而正是以同样的方式,在我们文本的第 5、22 和 38 节中,qulan 转写作人名。我则倾向于读作 hulān,而这仅仅是由于 hulān "红色"经常出现在地名的开头部分。这一名称的后半部分则向我们提出了一个几近于无解的难题。"侧"这个字不见于任何蒙元时代的转写之中;如果它是正确的话,我们则可以通过与其他的同音字进行类比,而猜测转写者应该是用它来发"*tchai"的音,从而与 -čai 或 -čä 对应。"侧"前面的"盏"也是颇使人为难的;*ǰančai 或 *ǰänčä、*ǰänčä[k] 无法同任何词汇进行关联。我们可以猜测"盏"或许是"图"的俗体字之误(参见第 15 和 28 节),然而 *tüčä 或 tüčä[k] 也无法使我联想起任何可以采用的蒙古语术语。

[2]相对于这里的"吉",通行各本中给出的是"告",而王国维所参考的《说郛》本中作"古",王国维校注本中所采用的,也是"古"字。而《说郛》本(3)中则作"吉",即使不参考这一版本,也应该以"吉"的形式为是。屠寄,2,17b 主张"不鲁告"就是不儿罕合勒敦,而王国维,20a 中则把他所保留的"不鲁古"这一形式与不儿罕合勒敦勘同。但"崖"字的含义是"悬崖",即蒙古语中的 qun 或 ärgi(译为"岸");而且,那珂(2),28,在其文本中虽然采用了"不鲁告"这一异文,却正确地看出它指的是《秘史》第 94—96 节、107、177 节中的不儿吉额儿吉(Bürgi-ärgi)。《秘史》中明确称不儿吉额儿吉是在克鲁伦河之源(字面

389

上的意思是"头";Kälürän-mürän-ü täri'ün Bürgi-ärgi),由此可见,萨里川的概念是非常宽泛的,它用来指从克鲁伦河的源头到其向东流的最大拐弯处的整个西部地区。

在由陈邍声续写完成的一部未刊稿中,他主张不儿吉额儿吉就是鄂嫩河右岸的支流巴尔稽河;施世杰,9b,则正确地观察到这条河的位置太靠东,并且他认为正确的比定是应该将其视为巴尔喀(Barḫa)河,即鄂嫩河右岸的第一条支流,这一比定为丁谦所接受(《元秘史地理考证》,2,9b—10a)。但这一比定也是不可接受的,因为很明显,我们要求之于克鲁伦河流域;而萨里川显然没有穿过不儿罕合勒敦并一直延伸到鄂嫩河流域。那珂(2),28,则提出,应该比定为《蒙古游牧记》,9,20a,的白勒肯,各种地图中的博尔肯,也就是Börken河(波波夫《蒙古游牧记》,398,的复原"Bulekhen"是错误的),它是克鲁伦河上游右岸的一条支流。此说的地理位置是可以接受的,但我们不知道为什么Bürgi就变成了Börken;我认为这个名称是无从比定的,此外我也没有办法来对这个名称进行解释。我采用"不鲁吉"(Bürgi)作为最能接受的形式,但也可以读作Burgi;就算把它读成是非颚化的形式,看起来我们也不能从中发现蒙古语的borki"獾",特别是"老獾"。

［3］王国维依据通行各本,保留了"河"字。那珂(2),28,中已经说到,"河"乃是"川"字之误;实际上,这里肯定应作"川",而《说郛》本(3)这一次又给出了正确的形式。

18. 发兵征泰赤乌部,与其长沆忽阿忽出、忽邻、忽都答儿别吉等大战于斡难河上,败之。袭帖泥忽都徒思月哥察儿别吉、塔儿忽台希邻秃、忽都答儿,至月良兀秃剌思之野,擒之。沆忽阿忽出、忽敦忽儿章走八儿忽真隘,忽邻奔乃蛮部。

18. 他派遣一支军队攻击泰赤乌部。与他们的首领沆忽阿忽出(Hangqu-Aquču)[1]、忽邻(Quril)[2]、忽都答儿别吉(Qudūdar-bägi)[3]

等人[4]，在斡难（斡嫩）河边大战，并击败了他们。出其不意的袭击[5]帖泥忽都徒思月哥察儿别吉[6]、塔儿忽台希邻秃（*Tarqutai-Qiriltu[q]）[7]和忽都答儿（Qudūdar），来到月良兀秃剌思（Üläng'ü[t]-Turas）[8]草原，擒获了他们。沆忽阿忽出和忽敦忽儿章[9]翻越八儿忽真的隘口，忽邻则逃奔乃蛮部。

注释

[1]关于这个名称的各种不同形式，已在上文第7节注释8①中进行了研究。

[2]这个名字和其后提到的塔儿忽台希邻秃同样，在王国维的校勘本中与通行各本相同，给出了"怜"字；这是一种在蒙元时代的文献中，因为鄰＝隣而造成的非常普遍的讹误。在本例中，《说郛》本（3）在第一处正确地写作"鄰"，但接下来在本段中又错误地采用了"怜"这一异文。这就是已经在上文第2节注释4②中提到的忽邻拔都。

[3]《秘史》第148节称这位首领为忽都兀答儿（Qudu'udar），而拉施都丁书（文本，II，191；译文，II，118）写作 قودودر Qūdūdar。这个名称来自一个未知的词 *qudu'u 或 qudu'un，并以 -dar 结尾。它可能可以比定为失吉忽都忽（Šigi-Quduqu，参见下文第51节）中的 qutuqu 这部分；此人在《秘史》中有一处叫作失吉忽秃忽（Šigi-Quduqu；第260节），有一处叫作失乞刊忽都忽（Šikikan-Quduqu；第135节）。忽都答儿是一个在蒙元时代非常常见的名字（参见《三史同名录》，28，5b—6a）。

391

[4]《说郛》本（3）在忽都答儿别吉这一名称之后，还有"答儿"二字，我们可以考虑应读作"塔儿"，并作为塔儿忽台希邻秃名字的开头部分；在文本中当时还提到了一位或多位首领的名字。但是在拉施都丁书的平行段落中，对人名的列举同样是在忽都答儿之后就结束了，根

---

① 译者注：应为注释9。
② 译者注：应为注释5。

据"答儿（读作塔儿）"跟着别吉到了下一行这一事实，表明很可能《说郛》本（3）的"答儿"是"别吉"二字之后的衍文。

［5］此处的文本舛误十分严重，可能最初是由于译者的误解所致。我们在这里所见的所谓人名完全不见于拉施都丁书中。但拉施都丁本人也肯定是错的，他为了与其在《部族志》中的错误记载相吻合，而歪曲了此处的原文，把泰亦赤兀人忽敦忽儿章给分成了两个人，并把他们都当成是蔑儿乞人的君主脱黑脱阿的兄弟；从有关这位首领的记载可见，拉施都丁的记载，对于重构蒙古文编年史原文中的本段而言，差不多没有什么可资裨益之处。

［6］相对于此处的"帖"，《说郛》本（3）所给出的是"贴"。相对于通行各本中的"徒思"，王国维采用了见于他所参考的说郛诸本中的"从息"；但"从息"二字不大可能用在转写之中，《说郛》本（3）分明作"徒思"，这显然是应该保留的形式。通行各本在"徒思"二字后面还有个"曰"，王国维则据《说郛》本采用了"月"字，显然实际上后者更有可能作为转写所使用的字。在"帖泥忽都徒思月哥察儿别吉"这一串转写的词语中，其断句可能比我所认为的还要随意，以至我认为在蒙古文编年史的原文中并没有专名，而只有一组短语作为动词si，"突然捉住"的补语，而在蒙古语中，这个词是在分句的末尾处；这个分句是以一个宾格形式开头，我猜测这个宾格就是tan-i"他们"。根据我的判断，正是这个tan-i被译者错误地理解并且误读成了"帖泥"（täni; tani和täni在蒙古文书写中是一模一样的）。对于接下来的那些字是什么内容的转写，尚未能得出结论。如果我们所获见的这些转写的词语本身是正确的话，那我们或许能够重构出原始的蒙古语文本；但对于这一连串毫无意义的文字，似乎错误的存在是无孔不入的。"察儿别吉"看起来特别像一处衍文，特别是把忽都答儿别吉名字末尾的"答"错误地写成了"察"（在《元史》中，还有另外一个忽都答儿（Qudūdar）也同样总是被错误地称为忽都察儿（*Qudūčar），也是把"答"错写成了"察"，见《元史》，112，4b—5b；参见《元史本证》，44，1b）。

392

[7] 此处也同样,我把"怜"字修改成了"鄰"或"隣"。关于这泰亦赤兀人的首领,参见上文第2节和第7节。拉施都丁书也提到这两个人被杀了。在《秘史》第144节中也提到了这次战斗,但据第149节记载,塔儿忽台乞邻秃黑还活着,并且被重新提到了。

[8] 拉施都丁书(文本,II,191;译文,II,118)提到了一个名称,贝勒津读作"Engut-Turas",但其使用的抄本都很清楚地表明应该是 النكوت توراس Ālängūt-Tūrās,读作 ألنكوت توراس,或差不多应该修正为 اولنكوت توراس Ülängūt-Tūrās。多桑(I,60)已经给出了一种更为正确的形式"Elenkout-Tourasch"。这个名称不见于我们所掌握的《秘史》的汉文转写本中,并且屠寄,2,17b总结道,作为拉施都丁书和《亲征录》史料来源的蒙古文编年史,可能实际上是把一次战争给分成了两次。但在《通报》,1930,200—202中,我已经指出,《秘史》的汉译者所拥有的是一个不佳的本子,并且在其第144节中,所谓的许列兀惕秃剌思坛(hülä'üt turastan),实际上乃是 Ülängüt-Turas-tur 之讹误,tur-是一个与格-位置格标记。Ülängüt-Turas是由两个复数的词所组成的;tura的意思可能是"盾牌"或"防御塔",但*üläng则无从解释。

其地理位置也无从比定。丁谦的观点(《亲征录》,13a)是无法令人苟同的,他倾向选择贝勒津所给出的"Engut"这一错误的形式,将之视为音果达(Ingoda)河名称的转写。那珂(2)和王国维书中对其地点也都未置一词。屠寄,2,17b的观点毫无条理可言。由于这场战争是发生于鄂嫩河地区,我们可以认为泰亦赤兀人是沿着音果达河和楚库(Čikoi)河岸,向西北方逃窜的。

[9] 关于此人,参见上文第6节注释10①和第14节注释2②。

19. 后哈答斤、散只兀、朵鲁班、塔塔儿、弘吉剌诸部会盟于阿雷泉

① 译者注:应为注释15。
② 译者注:应为注释11。

上,腰斩白马为誓,欲袭我军及汪可汗。于是,弘吉剌部长迭夷遣人来告,上闻之,遂与汪可汗发兵自虎图泽,逆战于盃亦烈川,大败之。

19. 之后[1],哈答斤(Qadaqin)[2]、散只兀(Salǰi'u[t])[3]、朵鲁班(Dörbän)[4]、塔塔儿和弘吉剌(Qonggira[t])[5]诸部,在阿雷(Alui)泉[6]会盟,他们把一匹白马从腰部切开[7],来宣誓对我军和汪可汗发动攻击。当时,有一位弘吉剌部的首领名叫迭夷(Däyi)[8],派遣使者来告知此事。陛下听说后,就立即与汪可汗从虎图(Qutu)[9]泽派遣军队,前来迎敌,在盃亦烈(Büyirä)[10]河谷交战,并完全击败了[敌人]。

注释

[1]据拉施都丁书,在本段中所讲述的事件,发生于他置于猴年(1200年)春天的对泰亦赤兀人的战争之后,而在同年的冬天之前。《秘史》(第141节)此处是全书首度给出明确日期的地方,说这是发生于鸡年(1201年)。

[2]这个名称以现在的形式,与本段的内容一同传到了《元史》卷1之中,拉施都丁书,II,119—120这里也提到了哈答斤部。

就目前所知,最早提到这个部落的名称是《金史》,93,8a—b,关于合底忻(*Qadïqïn)部长古古带的记载。至于这位首领的名字,可参见上文第8节注释11①;合底忻在《金史》这段当中出现了好几次,与山只昆(Salǰi'ut)一同作为北方最强大的两个部落,在阻鞑(Tatar)和广吉剌(Qonggirat)之间保持独立,并自数年以来经常进犯金国。这段文本的时间是在1195—1198年(参见《观堂集林》,15,10—11)。

哈答斤部与散只兀部之间紧密的联合,也可以从蒙古人起源的传说中看出来(《秘史》,第42节),阿阑豁阿在守寡后,以超自然的方式所怀的三个儿子,分别是合塔斤部之祖不忽合塔吉(Buqu-Qatagi;海涅

---

① 译者注:应为注释14。

士《词典》,174的"Buqu-Qadaqi"是一种错误的异文);撒勒只兀惕部之祖不合秃撒勒只(Buqatu-Salji);以及孛儿只斤(成吉思汗所出的氏族)之祖孛端察儿(Bodončar)。拉施都丁书(译文,II,10)中也收集了同样的传承,他将其名写作 Buqun-Qataγï 或 Buqun-Qataqï,尽管根据《元史》卷1开头的转写,推测为应该是 *Boqan-Qdaqï。就在《秘史》一书之中,与《亲征录》本段相对应的第141节里,在提到其他部落之前,很明显把合塔斤与撒勒只兀惕之间的联合放在首位;而在拉施都丁书中的记载使人印象更深之处,在于在此(译文,II,119—120)还插入了一段下文将会提到的有关合塔斤与撒勒只兀惕部的长篇记载。在部族志中(译文,I,179—182),撒勒只兀惕部的简述,就接在合塔斤部的后面。

《秘史》中的转写在名称上并无固定的规律,在第42及196节中,转写为合塔斤(Qatagin),但在第141节中,则转写为合答斤(Qadagin);另外合答吉歹(Qadagidai)这个族名也见于第131节中。然而在文本中,可能因混淆了"答(=-da-)"和"塔(-ta-)"而存在着部分错误。在《辍耕录》充斥着双重形式的族名罗列中,既提到了(1,15a)哈答吉(Qadagi[t]),也提到了合忒乞歹(*Qatkidai)——看起来似乎应该是 *Qatakidai,和(1,16a)哈答歹——要么这就是哈答[乞]歹(*Qadakidai),要么(把"哈"改成"塔")就是塔塔歹,也就是塔塔儿①。在《元史》,123,1b中,这个名称不可理解地讹误成了哈剌赤(或许是受到 qarači 这个称号的影响?)。

拉施都丁书均写作 قتقین Qataqīn(译文,I,179;II,119等)。《黄金史》(1),121,在描述蒙古人的起源时,提到 Qatagit 是不忽合塔吉(Buyu-Qatagi)的后代;萨囊彻辰书(施密特,61;满文本,34"Ḥatagin";汉文本,3,4b)在有关哈答斤部之处提到了同样的事。Ḥatagin 这一氏族的名称亦存在于喀尔喀(Ḥalḥa)蒙古(参见格鲁木-格勒济玛罗,《西蒙古》,III,293)。现今在鄂尔多斯的乌审(Ušin<许兀慎)旗和札萨克

---

① 译者注:这里遗漏了"族名"一词。

（Džasak<Ĵasaq）旗中，还有一支Ģa't'iginar（复数）人；参见田清波《鄂
尔多斯志》，41；我们注意到这最后一种形式，在第二个音节中有一
个-i-，正如《金史》中"合底忻"这一转写同样；这个具有中间-i-的形
式在鄂尔多斯方言中或许是后来产生的，因为在蒙古语中古老的-ti-总
是会变成-č-。

Qataqin或Qatakin的词源尚未能确定，然而可以肯定的是，其最为
古老的形式要么就是拉施都丁书中的Qataqïn，要么可能就是*Qatiqïn。
在这两种情况面前，我们试图把这个名称与蒙古语中的qata'u（鲍培
《蒙古语词典》，295中的qatawu），突厥语中的qatïq"硬的"、"坚固
的"进行关联。在这里我也试图做一些发挥。成吉思汗有个弟弟，在
《秘史》中叫作合赤温（Qači'un），在《元史》中叫作合赤温或哈赤温
（Qačiun），在拉施都丁书中叫作Qajiun，在《黄金史》（1）（第124页）中
叫Qačiqu（=Qači'u），在萨囊彻辰书中则均作Qajigin（施密特，63，81，
105，175；满文本，35，41，51，75）。Qači'un和Qajigin可以分别追溯为
*Qatï'un和*Qadïqïn（或Qadïγïn），而我们可以把这同哈答斤（Qataqïn）
这一名称的双重形式Qataqïn（Qadaqïn）和Qadïqïn结合起来考虑。虽
然Qajigin中的-j-（<-d-）也许在普遍转写为Qači'un的这一同源对偶
词中没有相对应的部分，但在《秘史》第141节中有一处确实是写作
合只温（Qaji'un）的。同样，Qataqïn或*Qadïqïn之名源自qata'u、qatïγ，
Qači'un则源自qatïγ，而Qajigin或Qaji'un则是源自*qatïγ的一个同源
对偶词。第二个音节或作-a-或作-i-的这样一种双重形式，与札答阑
（Ĵadaran）和扎只剌惕（Ĵajirat）这一双重形式的构成规则是相同的。此
外，我认为乌兹别克人中的Qataγan这一氏族名（霍沃斯，II，11）从本质
上而言与哈答斤是相同的。

关于《金史》中合底忻部的首领白古带，我们可以认为能够重构
为*Bälgütäi（参见上文第8节注释11①）。然而王国维（《观堂集林》，

---

① 译者注：应为注释14。

15, 10b）则提出了一种完全不同的解决方案。在《秘史》第141节中，合答斤部的首领叫作巴忽搠罗吉（Baqu-Čorogi 或 Baqu-Čorögi；我手头库伦抄本的复本，对页第57b对确定此名并无帮助，因为其所给出的是 Baqu-Čorogü 这样一种不可能的形式），据王国维的意见，此人就是白古带。从编年顺序而言这是有可能的，因为这两处记载之间的间隔只有几年而已。但从对音而言，要确定这样的比定是非常困难的事情。根据我的意见，唯一有可能的就是我们将搠罗吉（Čorogi 或 Čorögi）视为此人的本名，而巴忽（Baqu）则是与《金史》中所记的族名白古带（*Baiqudai；《金史》在译写q和k时，与《秘史》的转写者所采用的原则不同）相对应的氏族名。但这样一种解决方案，只能说是比在同样的情况下提到的有关散只兀部首领的名字要稍微好一点，因为后者的名字在这两种史料中是完全不同的。此外，在董师中的传记（《金史》，95, 7a—b）中，在提到北方边境的问题时，有两处都提到了一个叫作"必里哥孛瓦"的首领。王国维已经看出，"必里哥"应该是转写的Bilgä，通常是作为一个突厥-蒙古语专名，并认为在这里是作修饰词或者是一个头衔，其本名是孛瓦；并且王国维还认为从"白古带"和"巴忽［-搠罗吉］"当中可以看出这个名字的另外一种转写形式。然而我们并不知道这位必里哥孛瓦出身于何部，其名称最可能的重构形式是*Bilgä-Buqa，而这与"白古带"和"巴忽"都没有关系。

396

关于成吉思汗指责王汗的那段话，在今本《亲征录》中残缺不全（参见下文第28节），但却完整保存于拉施都丁书中（译文，II, 138），王国维（《观堂集林》，15, 8b）推断说，朵鲁班（Dörbän）和塔塔儿部的居地靠近捕鱼儿（Büir）湖，而哈答斤部、散只兀部和弘吉剌部的居地则靠近呼伦湖。其论证看来是无可非议的，但我们将在下面有关弘吉剌部的注释中看到，关于这些不同部落的居地，王国维对其范围限制太过，并且也过于具体了。

在进入本段的主题，也就是合答斤部和散只兀部与朵儿边部、塔塔儿部和弘吉剌部结盟的叙述之前，拉施都丁书（文本，II, 192—193；译文，II，119—120）用很长的篇幅记载了有关这些部落之前与成吉思汗之间的关系，而这一段来自另外的史源。其中提到，在数年前，成吉思汗还与札木合联合一致之时，他派遣了一位使者到合答斤和散只兀部那边，告诉他们说，与之没有亲缘关系的蒙古部落已经臣服于他，故此，与他同种（这里暗示的是字端察儿三兄弟之间的亲缘关系）的部落，也应向他臣服。但合答斤和散只兀部（因此这里应视为一种联合体）出于嫉妒，拿出了一口盛有煮好的羊肠的锅，装满血，打在信使的脸上，

397　把他派了回去（仅在细节上有所差异的相同记载，亦见于译文，I，181—182散只兀部的简述中）。之后，合答斤和散只兀再次同与成吉思汗为敌的泰亦赤兀人联合起来，特别是合丹大石的儿子们，也就是Tödä（贝勒津错误地读作了"Buda"）、忽邻（Quril）和塔儿忽台乞邻勒秃黑。到泰亦赤兀人战败后，合答斤和散只兀部又与朵儿边、塔塔儿和弘吉剌部联盟来对抗成吉思汗。在这段记载当中，至少有一部分是真实的。

拉施都丁书中合答斤部的简述（译文，I，179）过于简略。这位波斯史家仅提到了一位出自这个部落的知名人士，那就是阿忽出拔都（Aquču-bahādur），但就连这也是错的，因为阿忽出拔都肯定是个泰亦赤兀人（参见上文第7节）。

　　［3］这一转写形式也传到了《元史》卷1的对应片段中，拉施都丁书（译文，II，119—120）这里也同样提到了撒勒只兀惕部。

有关撒勒只兀惕之名最早的记载见于《金史》，93，8a—b，时间约在1198年，与合底忻部（=哈答斤部，参见上条）同时提到了这个部落，并记作山只昆（*Šaljiqun或*Šaljiqul）这样的形式，这是常见的撒勒只兀惕的单数形式。在此例中，《金史》提到其首领的名字是胡必剌（*Qubila），这显然是著名的"忽必烈"这个人名的另外一种形式；而且还指出了山只昆的两个属部，石鲁和浑滩。我在对最后这两个名称各种可能的重构进行选择方面迟疑不决（亦参见《观堂集林》，14，25a；15，9—10）。可能"石鲁"指的是《辽史》中的石烈和迭鲁，也就是敌烈部（关于这些名称，参见《观堂集林》，15，14b）。

在合不勒罕纪中，拉施都丁（译文，II, 38）提到了合不勒罕的一个结拜兄弟（按达），贝勒津把他的名字读成"Saïjutaï"，但我认为应该采用（文本，II, 61）Sāljīūtāī，也就是撒勒只兀惕的族名。

作为仅在本段所述的事件数年后的这个时期，《秘史》（第141节）提到，在合答斤部之外，还有撒勒只兀惕部，他们的首领是赤儿吉歹把阿秃儿（Čirgidai-ba'atur）。我们可以看到，这个名字与《金史》中提到的完全不同。赤儿吉歹（我手头库伦抄本复本对页第55b中的"Irgidai"，这使我们倾向于推测其真正的原形是J̌irgidai）确实差不多可以追溯到Čïrqïdai或Jïrqïdai这样一个更为古老的形式，而后者则是源自部落名Čïrqïn或Jïrqïn——也就是拉施都丁书的Čïrqïn或Jïrqïn、《秘史》的Jïrgin以及我们所研究文本下文第27节的朱力斤（J̌urgin，可能应该修正为Čirgin）。我们仅知道Čïrqïn是属于克烈人的一个部落；但就算我们在Čïrqïn和Yörgin或Jürgin之间找到一种联系，这和撒勒只兀惕（Salji'ut）也没有什么相干。另外一种可能性——也是要把撒勒只兀惕排除在外——将在下文第31节有关溺儿斤部落之处进行讨论。由此，不能认为赤儿吉歹仅是表示这位本名叫作胡必剌的首领所出的氏族，而应该视为他的本名；而他被命以此名的原因，就像经常发生的出于我们所不知道的理由那样，是来自来本人所并不属于的一个部落。

在完颜宗浩的传记中（《金史》，93, 8b），山只昆部长胡必剌提到，他有一个封臣，在文本中作"必列土"，在卜一行则作"迪列土"。王国维（《观堂集林》，15, 10a）猜测它就是仅在《秘史》（第42节）开头的系谱传说中出现过一次的别勒古讷惕（Bälgünüt），但这个名称是不确定的，一个人的名字并不能等同于部落的名字，而且最正常的重构方式应该是*Biläktü。

就《元史》本身而言，除了卷1之外，撒勒只兀惕（Salj'ut）这个部落名，亦出现在卷120, 6a中，写作珊竹（Saljū[t]；珊可能还是发san的音；参见《康熙字典》以及《亚洲学报》，1913, I, 468，其中"珊蛮"对应的更应该是saman而非šaman）；我们还在卷123, 1b，发现一个有错误的形式"散只儿",应该读作散只兀(Salji'u[t])(我认为《元史类编》,1,1a和29,1b中的"散只儿"这一形式也同样只是文本中的一处错误而已,而不可能是撒勒只兀惕(Salj'ut)的单数*Saljir)。但这个族名作为真正的部族名或专有人名,都是很常见的。我注意到的有珊竹带(Saljudai;《元史》,129,2a);散木鰌(应修正为"散术台";同上引,129,8b,9a;他是汉人李恒的儿子,他的兄弟们分别叫作囊加真(Nanggiajin,"中国人")和逊都台(Süldütäi,"速勒都思人"));散木台(应修正为散术台,Saljutai;同上引,123,4b);散兀只台(应修正为"散只兀台";Salji'utai,同上引,30,3b);散祝台(Saljutai;同上引,153,1b;这是皇帝给刘敏之子的赐名);山术鰌(Šaljudai;这是《元史语解》中所指出的形式,但是在明南监本,207,3b,中写成了山木鰌)。另外,那珂(1),22,还指出有散术台、散竹台和撒里知兀鰌(Salji'udai)。《辍耕录》的部族名单中,给了散术儿歹(Salju'udai;I,15b),撒术歹(读作san-chou-tai;Saljūdai;1,16a)。《黄金史》(1),121,和萨囊彻辰书(施密特,61)在记载蒙古世系的传说中,均写作"Salj'ut"。拉施都丁书中则均写作سالجيوت Sāljīūt,在阿布尔哈齐书中,这个名称讹误成了Jaljiut(戴美桑译本,66)。如果我们排除"珊"那例令人感到可疑的例子——很可能它是发san的音——那么《元史》卷207中的山术鰌,就是唯一一个再现了《金史》中山只昆(*Šaljiqun或*Šaljiqul)的转写形式。没有任何理由将《元史》,123,6b中非常令人费解的"束吕紃"这一氏族名,看成是撒勒只兀惕之名。

撒勒只兀惕显然是一个复数,但其单数形式是以-un还是-ul结尾这点还不能确定。而偶然出现的打头的š-,可能是受到了契丹语或女真语的影响。我们很自然地倾向把这个名称和塞尔柱突厥关联起来,而后者的名称在阿拉伯作家的笔下通常写作سلجوق Saljuq。此外,马迦特(《库蛮考》,187)参考了一种13世纪下半叶的亚美尼亚文转写,以反对德语中常用的"Seldschuken"这一形式,并宣称后者来源不明并且无论如何都是不能成立的。而恰恰是基于سلجوق Säljuq这一阿拉伯语发音的"Selǰuq"这样的发音,是与突厥语的拼音规则相悖的。但正如巴托尔德所提醒的那样(《十二讲》,101),喀什噶里的词典表明(布罗克曼,248),真正的突厥语形式应该是Sälčük。阿拉伯语和波斯语中大量的例子(但拉施都丁书则不是),都是用软颚喉音来译写突厥语中的颚喉音。这一最初的颚音化的突厥语形式,与蒙古语中的撒勒只兀惕不相符合。还需要补充的是,除了在《辍耕录》中略为相近的族名散术儿歹之外,在撒勒只兀惕的各种形式的名称中,没有一个具有Säljük当中的唇元音。而撒勒只兀惕部的同名祖先是不合禿撒勒只(Buqatu-Salǰi),而非*Baqatu-Salǰu。最后,其历史和地理的状况也无从使我们在塞尔柱和撒勒只兀惕之间建立起任何联系。至于撒勒只兀惕的词源,也仍然还不确定。

400

根据汉文史料,在与成吉思汗相关的纪事中提到的唯一一位撒勒只兀惕人,就是乌叶儿(Üyär;参见下文第56节),但拉施都丁在撒勒只兀惕部的简述中没有提到他(译文,I,180—182),因为他认为此人是个契丹人(参见《通报》,1930,43)。简述的大部分,除了有关成吉思汗所派遣的使者被其部之人用羊肠羞辱的另外一个版本(参见上文关于哈答斤部的讨论中)之外,都是关于三木合(Samuqa)的,我们将在下文第51节中提到此人。

[4]这样的转写也传到了《元史》卷1中对应的片段里,又见于123,1b中。王国维的校勘本此处给出的是朵儿班,这种形式不仅不见于诸本,而且也与他在第22、24和37节中所保留的形式相悖,因此这里可能是他的疏漏所致。

理论上而言,这一转写对应的是*Dorban,但《秘史》均作朵儿边(Dörbän),并且我们也发现有族名朵儿别台(Dörbätäi;第240、261节)。在《元史》中,除了正字法形式朵鲁班之外,还有一个秃鲁班(*Turban),但"秃"很可能是"朵"之误;在卷153,3b中,我们还见有度礼班(*Durban或*Dürbän)。其族名在132,3b中表现为秃立不带(*Türbüdäi,修正为Dörbüdäi?);在153,3b中则表现为多礼伯台

（Dörbätäi），在这段当中，我们还另外获知在朵儿边部当中还存在着一个卜领勤（*?Buringkil）氏族。许有壬所撰的碑文中采用了朵鲁伯觯（Dörbätäi；参见屠寄，153，1b）。在《辍耕录》的部落名单中，我们见有如朵里别歹（Dörbätäi；1，16）和秃鲁八歹（*Turbadai；1，16b）这样的形式，后者可能应当读作*Dorbadai。正如我们所见，在蒙元时代的《秘史》的转写中，总写成Tumat而非Tümät的形式，而这里的转写形式也代表了在Dörbän之外的*Dorban这样的发音。拉施都丁书均写作 دوربان Dōrbān（或Dūrbān）。忽必烈皇帝的诸妻中，有一个朵儿边部人叫作朵鲁别真（Dörbäjin；Dörbän的阴性族名），她就是忽哥赤（Hükäči）的母亲（参见译文，I，195，其中这两个名称错写成了"Derečin"和"Ulči"；以及伯劳舍，II，364—365）。朵儿边的复数是Döbät，其含义是"四"。在《秘史》的世系传说中（第11节），朵儿边部是都蛙锁豁儿"四"个儿子的后代，在他们的父亲死后，这四个儿子离开了他们的叔父朵奔蔑而干。拉施都丁书（文本，II，6；译文，II，4）中搜集了一种类似的传承，提到他们是Tamač（تماچ Tamāč；《秘史》中的Tamači；贝勒津的"Timaj"这一转写是没有根据的）五子中离开他们兄长 قیچی Qaīčī-Märgän（这个形式可能是错的；他就是《秘史》中的豁里察儿蔑而干）的那四个儿子。萨囊彻辰书试图给出了这四兄弟的名字：根据施密特，57，是Donoi、Doqšin、Ämnäk和Ärkä；但在满文本，32，中则是Tonoi、Doksin、Emnik和Erke，汉文本，3，2a—b和满文本是一致的。他们分别被认为是（后来的）卫拉特"四"部——也就是Ö'älät、Baγatut、Hoit（满文本和汉文本作"Hot"）和Kärgüt（也就是吉尔吉斯；满文本和汉文本作"Kiragut"）的祖先。根据贡布耶夫的译文，《黄金史》（1），160，在列举卫拉特部落时（但在这里吉尔吉斯不见了，并且Hoit也被*Hoihata所取代），提到了一个"Dörbän-Tümän"部落或氏族，但这实际上就是人们经常提到的卫拉特"四土绵"或"四个万户"，而且这样的表达就在贡布耶夫前两页的译文中出现过两次。时至今日，在阿斯特拉罕（是后来才来的）、中国东北（参见波波夫《蒙古游牧记》，8—10；

吉贝尔《东北史地词典》,907)和科布多(参见符拉基米尔佐夫《1908年的科布多杜尔伯特部之旅》,载《俄国地理学会通讯》,XLVI, 323—355; 格鲁木-格勒济玛罗《西蒙古》,III, 195—239)地区都有 Dürböt 或 Dörböt。所有这些都可以追溯到卫拉特的 Dörbän 或 Dörböt, 但很难说这些与13世纪的朵儿边部之间具有什么关联。在乌兹别克和柯尔克孜人中还存在着一个 Dürmän 氏族,可以确信其名称所对应的就是朵儿边(参见霍沃斯,I, 704; II, 12, 13)。

402

尽管存在着所谓的亲缘关系,朵儿边部却一直与成吉思汗为敌,直到札木合和王汗垮台。在《亲征录》本段所讲述的诸部结盟之时,他们的首领根据《秘史》(第141节; 亦参见第166节)是合只温别乞(Qači'un-bäki)。然而,有一个朵儿边部人很早就归附了成吉思汗,他就是朵儿伯多黑申(Dörbäi-Doqšin),在《秘史》第240和261节中,他被明确地称为朵儿别台(关于此人参见下文第55节),此人的名字有点不太能让人联想到朵儿边部。另一方面,在萨囊彻辰书中所提到的两兄弟 Donoi 和 Doqšin, 也就是 Ö'älät(18世纪的 "Eleuths")和 Bayatut 部的祖先,他们的名字看起来反映了对朵儿伯多黑申之名模糊的记忆。

拉施都丁书中有关朵儿边部的简述(译文,I, 194—195)篇幅短小,资料也匮乏。然而它提到了汉文史料中的孛罗(Bolad),也就是波斯文史料中的 Pūlād-Aqa, 是一位朵儿边部人,他是拉施都丁书中有关蒙古人情况的主要信息提供者。

[5] 同样的转写亦用于《元史》卷1中的各处(我们发现有一处是作"弘吉利"这样的正字法形式,但在这段所照搬的我们本书第31节中,是写作弘吉剌的,因此这显然是文字的错误所致),还有其他各卷,如2, 1a; 118, 1a 和123, 1b。

Qonggirat 之名最早出现于《辽史》(30, 2b),与茶赤剌(Čačira[t]=Jajirat)一道,以王纪剌(Onggira[t])的形式见于十八部之中。他们中有些加入了喀喇契丹的建立者耶律大石1123年的西迁(参见布莱资须纳德《中世纪研究》,I, 213)。据屠寄,23, 1a,在《辽史》(卷32、33)的部族表中也提到了王纪剌,但我并没有找到。

在《金史》的本纪(10,5b)中,提到"承安元年春正月甲申[日](1196年2月4日),大盐泺群牧使移剌睹等为广吉剌(Qonggira[t])部兵所取败,死之"。与此相同的转写形式亦见于完颜宗浩的传记(93,8a—b)中,有关后面两年间所发生的事件里。在《百官志》中(55,5a),"白号之姓"各氏族里,也提到了光吉剌(Qonggira[t]);相对狭义范围内的蒙古人,"蒙古",则见于"黑号之姓"诸族中(同上引,55,5b)。

因此,在蒙元时代之前,我们已经发现这个名称以两种形式出现,即《辽史》中的王纪剌(Onggirat)和《金史》中的广吉剌(Qonggirat)。这两种形式均将见诸蒙元时代,并且由于假设为是颚化的转写形式而变得更为复杂。

《秘史》中均将这个名称转写为翁吉剌特(第64节、94节[今本中讹误为"翁吉剌"]、141节[作属格形式"翁吉列屯",但这里的"列"肯定是"剌"字之误]、176节、177节[附属格]、196节),并且也采用"翁吉剌台"作族名(第61节)。此外,在第202节中还记载了有一个人叫作翁吉阑。所有这些"剌"或者"阑",包括第141节中错写成"列"的那个,除了第94节中那处因为错误而没有出现之外,在左下方都有一个小号字标出"舌",表示应该读成-ra-和-ran,而不是-la-或-lan-。我将这些形式重构为Onggirat、Onggiradai和Onggiran,而不是海涅士先生(《词典》,184)中所采用的"Unggirat"和"Unggiran"(他遗漏了"Unggiradai")。原则上而言,海涅士是有道理的。但汉文中这里给出的是两个不同的音,"王"用来译写ong-,而"翁"用来译写ung-,这就像是用"王"来译写Ong-ḫan之名的前一个音节,而用"汪"来译写Önggüt(Öngüt)的第一个音节一样。但也存在游移不定的例子,比如Önggür(Ünggür)的名字,在第182、190、202、239节中就写作汪,但在第120节中又作翁。在我们这里所讨论的此例中,《辽史》中王纪剌(Onggirat)的转写、《金史》中广吉剌(Qonggirat)的转写、和下文中将要提到的《元史》中的转写形式之一,都使我们推测出在第一个音节当中有个-o-,我认为至少在这个名称最古老的形式中就应该是如此的。但我们也不能忘记,在蒙古语中具有三种唇元音(不算上颚音),分别是o、u和一个介于两者之间的元音,我记作ȯ(参见《亚洲学报》,1913,I,453)。很有可能的是,根据中立原则,在第二个音节中的-ï-变成-i-时,由于受到某一颚化字母的影响,使得颚化也作用于第一音节,并改变其元音的发音,以至于呈现为*Unggirat<Qonggirat, Onggirat。同样的,-i-<-ï-可能可以解释我们下面在《元史》中发现的那些真正颚化的转写形式。

404

Qonggirat之名,或是作为部落名,或是作为族姓(真正表示其源出之部落的姓氏,或者仅作人名),实际上经常出现于《元史》之中,其转写可能可以再分为两组:

(α)以q-打头的转写:弘吉剌(Qȯnggira[t]),根据1736年后出的版本中避讳而讹误成了"宏吉剌"(这里提到的并非乾隆的正字法"改革"后的形式,那是完全不同的);参见下文;弘吉列(*Qȯnggirä[t];《元史》,23,6b);弘吉烈(Qȯnggirä[t];此形式很常见,例如18,1a);晃吉剌(Qonggira[t];同上引,28,4a,1322年纪事);弘吉列带(*Qȯnggirädäi,同上引,20,8b),弘吉烈带(*Qȯnggirädäi,同上引,18,2b)。

(β)没有打头q-的转写:瓮吉剌(Ȯnggira[t]),很常见(例如,15,10b);甕吉剌(Ȯnggira[t]),很常见;雍吉剌,字面如此,但"雍"也发wong的音,我猜测在13—14世纪时应该就是如此,并因此转写为Ȯnggira[t],但也可能用yong来转写,是为表示一种颚化的形式,即*Önggirat、*Ünggirat(同上引,26,3b;33,2a;200,5b);雍吉烈(*Önggirä[t];同上引,133,6a);甕吉里(*Onggiri[t];同上引,21,4a);瓮吉剌带(Ȯnggiradai;同上引,9,2b;19,2a);甕吉剌带(Ȯnggiradai;同上引,117,1b);雍吉剌带(Ȯnggiradai;同上引,26,4b);瓮吉带(Ȯnggi[ra]dai;同上引,15,7b;这一转写是不完整的,但此人肯定是指别勒古台的后代翁吉剌带)。

在《辍耕录》卷1的部族名单中,指出了(1,15a)瓮吉剌歹(Ȯnggiradai)和(1,16a)瓮吉歹(Ȯnggi[ra]dai)。这大约指的也是弘吉剌部,而不宜将"吉"改成"古",从而得到汪古部(Ȯngüt),因为汪古部已经以"雍古歹"或"甕古歹"(Ȯnggüdäi)的形式,出现在非蒙古人("色目")的部落群当中。

在对这些转写进行解释之前,还要加上我手头库伦抄本的复本中的形式,其中绝无Ȯnggirat,而均是写作Qonggirat(或者是Qonggarat的一种讹误的形式,例如对页57b的Qonggarit)。《黄金史》(1),124和155所给出的也是同样的Qonggirat(或者是像文本第9页中给出的Qonggirat的一种错误的转写形式"Khongerut"),萨囊彻辰书也是如此(参见施密特的索引,第494页;满文本,35,Honggirat)。拉施都丁(译文,I,146)均写作قنقرات,而贝勒津采信施密特的转写,读作"Khonkirat"。在晚出的察合台语文献中,这个名称经常与乞颜部(成吉思汗所出的部落)结合在一起,写作قونكغرات Qōngyrāt,并且以这样的形式继续存在于乌兹别克的一个氏族名称中(参见下文)。

其词源无助于我们确定这个名称的原始形式。万贝里(Vambéry)认为这是由两个突厥语词汇qoṅur(qongur)"栗色"和at"马"所构成的(他还认为在斡亦剌惕(Oïrat)的名称中也能找到at这个词),并且这样的解释也传到了霍沃斯,I,682,703中。但我们这里涉及的是一个东蒙古部落,因而这个名称没有任何可能性被视为是突厥语(尽管霍沃斯,II,14坚持认为弘吉剌部是突厥人)。所有证据均表明,这是一个以-t结尾的蒙古语复数形式,而《秘史》第202节中所给出的"翁吉阑(Onggiran)",很可能就是其单数。想要对加有打头的q-和不加打头q-这样的双重形式进行解释,是非常困难的。第202节的翁吉阑造成了一种额外的复杂情况,因为这个转写中的"翁"字在其左下角还跟着一个小标的"中"。根据《华夷译语》的序言所云,这表示这个词的开头要发"喉内音"。加有小标"中"的这一转写,不太可能是我们所见的抄本在后来发生错误所致,因为我们所见的明初原版残页中第202节的内容就是如此，因此这也就是最初所示的形式。但加有小标"中"的这个"翁"字，不见于任何别的地方，特别是完全未见使用于"翁吉剌"或"翁吉剌歹"这样的名称中。在《秘史》中，还有另外一个带有小标"中"的不规则的字的转写，这就是"兀"（参见海涅士《字典》，187，191），我目前在文本中也找不到其他的例子，可能这个字是"岘"或"砚"字之误。所有其他加有小标"中"的字，都是以 h- 或 k- 打头的，而这样的一种添加是为了表示发 q- 音（海涅士先生系统中的ḫ），这个 q- 实际上有时对应的是 q-，有时对应的是 γ-。而这些规则均不能与"翁"相符，因为这个字在中世纪的时候是发 *hong 的音，并且我认为在明初版本 202 节中加有小标"中"的这个"翁"字，实际上是这个版本（就像其姊妹篇 1389 年成书的《华夷译语》一样）中远未能避免的诸多古老的错误其中之一。我大概能想到的唯一解决方案，是将 Onggirat 视为这一名称在契丹语中的特定形式，而且可能这个部落本身就其名称所采用的形式便是如此；而另一方面，Qonggirat 则是金人所采取的形式，蒙古人局部继承了这一形式，并且除了《秘史》之外，在明初这一时期得以广泛使用。以 q- 打头的形式为金人所采用这点，通过《金史》中的记载而得以证实，并且也为更晚近的传统所证明。乾隆馆臣根据《八旗通志》，把《元史》中各处的 Qonggirat 或 Onggirat 都改成了鸿吉哩（Ḫunggiri；参见《元史语解》，3，2b，15a），似乎表明这就是存在于东北地区的这一氏族名称的现代形式。屠寄，153，4b 在其书中，根据《龙沙纪略》想起了在布特哈（Butḫa）或东北的皇家禁地，有一个叫作"红狐狸"的部落，他认为这就是 Qonggirat 或 Onggirat 之名的遗存。我不知道关于"红狐狸"这个名称的有关历史，但将这个名称进行意译（"红色的狐狸"）显然是不合适的。但总而言之，这有可能是乾隆的馆臣写成"鸿吉哩"的这一氏族名称兼具意译的另外一种转写形式。另一方面，《元史》中颚音化转写的数量之多，使我们猜测在所有这些例子中，"列"和"烈"都是"剌"之误。但我们可以肯定的是，这些颚化形式都是次生的，这个名称最初的形式是 Qongyïrat>Qonggirat。也正是这个古老的形式，与拉施都丁书中

406

同Qongyïrat相等的Qongqïrat相对应。我并没有把握断言,从何时开始在阿拉伯文书写的转写中没有写出的这个-ï-,在突厥人的世界中这一名称的发音里面实际上消失了。霍沃斯,I,703,II,14中视为正确并加以采用的"Kunkurat"这一形式,也传到了诸如伊莱亚斯和罗斯的《拉施德史》,16;但这一形式不能在其他任何地方得以证实,并且也是没有任何根据的。Qonγrat作为乌兹别克人和哈萨克-吉尔吉斯人中的一支主导力量,先是在中帐、后来在大帐,都发挥了重要的作用(参见霍沃斯,II,10—16;阿里斯托夫,《注释》,370—371)。

根据《金史》,1198年时弘吉剌部的首领名叫忒里虎,王国维(《观堂集林》,15,9a)把此人视为我们所研究文本第27节的帖木哥(Tämügä),《秘史》中的迭儿格(Därgäk)或帖儿格(Tärgä)。实际上,在所有的文本中,这个名字都接有后半部分Amal,并且前半部分的正确形式应该是Tärgä(参见下文第27节的注释)。在《秘史》或《亲征录》这类均使用自成一体的转写系统的书中,完全对应是不可能的,但《金史》中的转写是非常接近的,并且时间上的一致性以及此人的身份,也使这位忒里虎——我们可以从中得出其最初的形式*Tärqu——实际上可能就可以看成是帖儿格(Tärgä)。

另外,《金史》的文本中还提到另一个婆速火部落,这个部落多少与削弱了弘吉剌部地位的哈答斤部具有部分关联;这个婆速火部向金国派遣了一位叫作和火的使者。王国维非常精妙地把他和成吉思汗的岳父、弘吉剌部的德薛禅(关于他参见下一条注释)关联起来,因为在《元史》(118,1a)中提到,他是出自孛思忽儿弘吉剌氏。可以认为,"孛思忽儿"这个形式所转写的——并且更为准确——就是《金史》中的"婆速火"这个名称。此外,关于使者"和火",王国维还将之比定为同样在《元史》(118,2b,3a)中提到的德薛禅的小儿子火忽,而这是很有可能的,此人在拉施都丁书中(译文,I,149)作"Hoqutai"。我们在此获得了一个非常宝贵的机会,即通过另一种独立史料,来印证我们所研究的这部文献中所给出的源自蒙元王朝的信息。婆速火(*Bosqur)可能是

bosqul、bosqa'ul（＞卡尔梅克语的boshūl）"反抗"的一个同源对偶词。

拉施都丁在其有关弘吉剌部的简述中，提到了好几个分支变成了真正的部落，即亦乞剌思（Ikiräs）、斡勒忽讷惕（Olqunūt）、Qaranut和Qongliut（?），但完全没有提到Bosqur，也没有提到下文第31节中作为弘吉剌"别部"的溺儿斤。

弘吉剌部可能是成吉思汗崛起前东蒙古最为重要的一个部落（除了塔塔儿部之外）。霍沃斯在其书卷1第38及703—704页中，倾向确定其地理位置在蒙古中部的翁金，但在卷2第15页他又明智地放弃了前说。弘吉剌部肯定是生活在蒙古的东北部。我们已经看到，在1196年，弘吉剌部人与大盐泺群牧使交战并将其杀死。大盐泺也就是"大盐湖"，应该就是现在的达布苏图（"咸的"；参见上文第9节注释2①）湖。但这里所涉及的，应该是一次深入到弘吉剌部本身领地以南很远的一次袭击。另一方面，我们倾向于将弘吉剌部所居之地不仅上溯到呼伦湖（达赉诺尔），并且一直延伸到额尔古纳河和刊河。现今在根河（刊河）和秃律别儿河（Tülbär；吉贝尔的"得尔布尔（Derboul）"；参见下文第22节）之间，还有一处城市的遗址叫作"弘吉剌古城"（参见吉贝尔《东北史地词典》，117，275，436，507）。但是正如吉贝尔神父所指出的，这个城市肯定不早于13世纪。因此，12世纪末的弘吉剌部最初所居之地，显然不能与成吉思汗和他的最初几位继承者后来授予该部的分地相混淆。根据《秘史》第27节和176节，可以肯定弘吉剌部的首领帖儿格阿蔑勒（Tärgä-Ämäl）的营地，就在捕鱼儿海子边上合勒合河的河口之处。尽管如此，无论扯克扯儿（Čäkčär）山和赤忽儿黑（Čiqurqu）山（参见下文第21、24节）真正的位置在哪里，根据《秘史》第61节的传说可知，为年幼的铁木真寻找妻子的也速该在这两山之间遇见了德薛禅，他所居之地显然应该是更往北或东北。因为德薛禅是一个孛思忽儿人。所以，在1198年的战争中，当引导金军前往移

---

① 译者注：应为注释3。

米河时,有一支部队迷路而进入婆速火部中,也就是李思忽儿人的领地(《金史》,93,8)。正如王国维所见(《观堂集林》,15,10a),移米就是现今汉文地图上的伊敏河或伊莽河,我们地图上的"Oman"(唐维尔地图的"Iben"),海拉尔河左岸的一条支流(参见吉贝尔《东北史地词典》,346,其中将伊米错写成了伊末)。而这个地点至少是位于呼伦湖之处。因此我们可以认为,李思忽儿人之所居比弘吉剌本部的领地还要往北。弘吉剌本部是在捕鱼儿湖的东岸的北边,但李思忽儿部则在呼伦湖之东和东北,并且可能向北一直达到额尔古纳河那么远的地方。德薛禅与成吉思汗之间的翁婿联盟关系,使得其部在蒙古帝国中具有无与伦比的地位,并且使得之后当人们提到弘吉剌部的时候,总理解为是李思忽儿这一支,而并非真正的弘吉剌部本身——由帖儿格阿蔑勒所率领的这个部落,其居地要更往南边,并且总而言之他们才是1195—1198年间向金国发动袭击的真正主导者。我们可以认为,一个世纪前的《辽史》中,提到的也是这个真正的弘吉剌部。

但另外一种考虑使得这个问题复杂化了,这就是游牧人季节性的转场。拉施都丁书(译文,I,149)提到弘吉剌部居住于中国城墙地区,一个叫作 ابجيه Ābjīa 的地方,更完整的形式见于译文,II,128,称为 ابجيه كوتكر Ābjīa-Kūtägär①(关于这个被贝勒津所误读的名称,参见下文第25节)。在这后一段的文本中,与我们本书第25节同样,可以得出Abjia-Kütägär是在拉施都丁称为"城墙"而我们的文本中称为"塞"的地方的外侧。成吉思汗在此地越冬,而王汗前来与之合军,并且过去这里也是弘吉剌部的冬营地。正如我将在有关"阿兰(Aral)塞"(下文第24节)和汪古部(下文第36节)的讨论中所指出的,拉施都丁这里称作"城墙",而我们本书中叫作"塞"的,并非我们熟知的长城,也不是柳障,那要更往东去(参见吉贝尔《东北史地词典》,567—570),而是

_____

① 补注:原文排印错误,误为"ابجيه كوتدر"。《史集·成吉思汗纪》伊斯坦布尔抄本、塔什干抄本作"ابجه كوتكور"。

王国维撰写了一篇非常重要的研究成果的金之界壕(《观堂集林》,15,11b—21a)。界壕有一部分是沿着兴安岭,而 Abǰia-Kütägär 应该求之于喀尔哈(Ḫalḫa)河的源头之处,翻越兴安岭之西后来到桂勒尔(Küilär;诺尼江右岸的支流)河上游的途中。因此,弘吉剌部的这处冬营地是位于捕鱼儿湖的东南偏东方向。如果弘吉剌本部的夏营地是在合勒合河的河口,这就使得孛思忽儿部的领地还要再向北去,从库伦湖的东面一直到额尔古纳河,甚至到根河。

410

[6]这个名称与此段的内容一同传到了《元史》卷1之中,而我们则惊讶于这一记载不见于拉施都丁书中。实话说,在大体上译自拉施都丁书的哀德蛮著作(《铁木真》,276)中,给出的是 "Arubulack",但既没有提到引文出处,也没有加上任何注释,但这肯定是取自于多桑书,I,60,而多桑所记又是来自夏真特·比丘林司祭,而后者像其惯常所做的那样,是采用了乾隆 "改革" 后的正字法。冯秉正神父《中国通史》,IX,22,中相对要正确一些的 "Aly 泉"、"Aru bulak" 重新传到了霍沃斯,I,56,以及那珂(2),29,而后者又援引了哀德蛮的形式。在蒙古文编年史的原文中,这个名称应该是作 Alui-bulaq(bulaq 的意思是 "泉")。在与我们本段对应的《秘史》第141节中,这个名称转写为 "阿勒灰不剌阿(Alqui-bula^ca)",在转写的文本和旁注中,^a 都表示的是一种格的形式(与格–位置格,"行"),并且在古老的汉文译本中这个与格形式还错误地保留了下来。我手头库伦抄本的复木第58a中,记有一种讹误的形式 Alaqui-bulqa,但至少确认了在蒙古文本中,这个词是以 a- 开头。但在第153和173节中,《秘史》又提到了一条兀勒灰–失鲁格勒只惕(Ulqui-Šilügäljit)河,这就是我们文本中的兀鲁回失连真(Ulqui-Šiläljin)河(参见下文第23、24节)。屠寄,2,18a中随意地将《秘史》第173节用来转写 Ulqui 的字,用于转写 Alqui-bula^ca,另外又把 bula^ca 结尾的 "阿" 用 "合" 字来代替,而这一错误的形式又被王国维,21a,无意间所采用,使得他像屠寄一样,把现在我们讨论的这个名称和兀勒灰(Ulqui)勘同。但在两种史料中,都对阿雷泉、阿勒灰不剌作为

一组，以及兀勒格勒-失鲁格勒只惕、兀鲁回失连真作为另一组进行了明确区分，以至于我们应该得出结论即这里所指的是两个不同的地名。我们很肯定阿雷泉是在克鲁伦河下游、额尔古纳河上游和呼伦湖、捕鱼儿湖这一地区范围内，但其具体位置则尚未能确定。

阿勒灰（Alqui）可能是与Alɣuir相当。现今 alɣū<*alɣui 在卡尔梅克语中是菝葜的名字，兰司铁先生（《卡尔梅克语词典》，6）回忆起裕勒都斯河（在新疆）有一条支流就使用了这个名字。因此Alqui-bulaq可能就是"菝葜之泉"的意思。我认为这也可以看成是男子名 Alɣu 或Alɣui。察合台之孙、拜答尔之子，统治其祖父兀鲁思的人，其名在拉施都丁书中有时写作 الغو Ālɣū，有时则写作 الغوى Ālɣūī，阿布尔哈齐则写作 Alɣu；他就是《元史》，107，5a的阿鲁忽（参见拉施都丁书，贝勒津，译文，II，76；以及另一个 Alɣu，I，177；伯劳舍，II，155，176［其中所谓的"汉人Nalighou"是完全无关的］；阿布尔哈齐书，戴美桑译文，156，158）。在《元史》中出现的七位阿鲁灰（参见《三史同名录》，18，6b—7b），也有可能就是 Alɣui；但这也并不能确定，因为有些可能是（并且其中有一个就是）*Arɣui。Alqui 和 Alɣui 简化成 Arui，多少有些出人意料，并且看来这是与突厥语中 kärgäk>kärâk、qulqaq>qulaq 的情况相同。

［7］我们的文本此处仅提到"腰斩白马"，而《元史》中更简化成了"斩白马"。但在《秘史》第141节中则提到，首领们通过"一同将一匹公马和一匹母马横向切开"（没有提到马的颜色）而立下誓约。拉施都丁则更为详尽（译文，II，120），提到他们一同用刀杀死"一匹公马、一头公牛、一只公羊和一条公狗"（没有提到牲畜的颜色），并且他们还以如下的方式起誓，其开头是："神啊！天啊！地啊！……"我认为我们所研究的这部文本中，保留了蒙古文编年史原文撰写时的样貌，而拉施都丁的添加则来源于一种口传信息，并且给出了蒙古人庄严起誓时的形式。此外，其记载还使我们认为，穆斯林史家所记载的誓言格式并不十分准确。成吉思汗时代的蒙古人并不崇拜一位至高神，而只崇拜天与地，因此真正的格式应该是以只向天之神和地女神的祈祷开始。也

411

存在着献祭多种动物的其他一些例子，并且总体而言都要是白色的牲畜，因为我们知道蒙古人非常崇敬这种颜色。在《元史》（149，1a）中，契丹人耶律留哥（参见下文第50节）归附蒙古人时，向对方宣誓效忠。为此"刑白马、白牛，登高北望，折矢以盟"。

[8]这一转写也以同样的形式传到了《元史》卷1之中，但还补充了一句，作："弘吉剌部长迭夷恐事不成，潜遣人……"我们很难理解为什么迭夷会害怕对成吉思汗不利的行动"不成"，因为正如我们下文将要看到的那样，这一行动不能取得成功，应该正是这位蒙古征服者的岳父所期待的；他之所以通知成吉思汗，显然是出于不能确定这一行动的后果所致（亦参见冯秉正《中国通史》，IX，23）。无论对错与否，正史编纂者笔下的这段话都显得很奇怪。其实，这段话应该是出自《亲征录》的原始文本。《元史类编》，29，1b实际上从《亲征录》中得到了以下内容："时有哈答吉（Qadaqi[t]）部、散只儿［应修正为"兀"］（Salji'u[t]）部、朵鲁班（Dörbän）部、塔塔儿部、弘吉剌（Qonggira[t]）部，皆畏太祖（＝成吉思汗）威，不自安。［其部长］私会于阿雷泉，斩马为誓，欲共袭我军。弘吉剌部长迭彝恐事不成，潜遣人告变。帝闻之，遂发自虎图泽；逆战于盃亦烈川。大败诸部众。于是弘吉剌款附。"在何秋涛对《亲征录》的注释（袁昶文本，26a）中，他已经引用了《元史类编》中的这段文字，并且补充道：这段是《亲征录》原始文本中的文字，后来应该是被抄写者所节略了。那珂（2），30照搬了何秋涛的这条注释，王国维对此则未置一言。《元史类编》中所征引的这部分内容，与《元史》的文本非常接近，但并非简单地照搬；我相信这应该就是《元史》的编纂者所获得的史料来源，但对我来说不太可能的是将之视为《亲征录》的原始文本。在提到"皇帝"特别是太祖的时候，使用"帝"而不是"上"，这是与我们本书中的习惯用法相抵触的；此外我们也无法解释清楚——虽然这并非不可能——《元史类编》的作者邵远平为什么在1693年，还能参考一份与我们所掌握的各本均有所不同的文本。我的结论是，要么他所引用的这部书真的是《亲征录》的原始文

412

413　本，尽管存在着一些错误（诸如"散只儿"）和一些篡改之处（诸如替换了用来指太祖的"上"）；要么邵远平就是无意之中把他实际上引用的另外一部著作给错叫成了《亲征录》，这部著作有可能是元代末年成书的《通鉴续编》，也有可能是照搬《通鉴续编》这段记载的另一部书，但很遗憾我目前无从查考《通鉴续编》①。

　　迭夷是弘吉剌别部孛思忽儿氏（参见上文注释4②）。《秘史》中的一段具有传说性质的记载提到，当也速该到别的部落当中为他年幼的儿子铁木真求亲之时，他献上了自己的女儿孛儿帖（第61—66节）。拉施都丁所搜集的版本则完全不同（译文，I，149）：Däi有个女儿叫孛儿帖，"成吉思汗非常年轻的时候就很想得到她；但其父则制造了很多困难，但Elči-noyan（Däi的儿子）与成吉思汗关系友好，就极力促成其父把女儿给了成吉思汗，而孛儿帖则比Elči-noyan要年长"。这再次说明了，相较历史而言，史诗经过了更多修饰加工。我们还将注意到，在我们所研究的这部文本中，这里和别处一样，都没有一个字提到孛儿帖，也没有任何有关Däi和成吉思汗之间结为姻亲的记载。

　　Däi在《秘史》中（第61、62、65、66、69、94节）叫作德薛禅（Däi-Säčän），而这样的形式也传到了《黄金史》(1)，124和萨囊彻辰书中（施密特，63；满文本，35 "Dai-Čačän"，汉文本，3，7a与满文本同）。我们在拉施都丁书本段中（文本，II，194；译文，II，120）见有同样的دى ساجان Däi-Säčän，但在另一处则作Däi-noyan（译文，I，149；II，75）。在《元史》，118，1—6中，有一篇关于此人及其后代的长篇传记；新作的传记则见于《元史新编》，20，1a；柯劭忞，115，1—8a和屠寄，23，1—7。满文中的-Čačän是-Säčän的一个著名的同源对偶词（在蒙古语中见有säčän和čačän，就如čačäk和säčäk或突厥语中的sač和čač、sïčyan和čïčyan一样）。至于取代了Däi-的Dai这一发音，要归因于在蒙古文书

───────────

① 译者注：伯希和、韩百诗此处的怀疑并不成立，因为《通鉴续编》卷19关于成吉思汗初期的史事中，关于这一事件的记载远较邵远平所引简略。

② 译者注：应为注释5。

写中这两种形式都是一样的。在《元史》的传记中, 此人被称为特薛禅(Täi-Säčän, "智者Täi")。宋君荣神父(《成吉思汗史》, 5)中将其名写作"Te-yn", 在夏真特·比丘林司祭书中则写作Dain; 由于受到这样的双重影响, 多桑, I, 61提到了"Daïn-Noyan"; 巴拉第(《俄罗斯驻北京布道团成员著作集》, IV, 注释69)称为Tein; 除了他们之外,《元史类编》, 29, 1b; 高宝铨(《元秘史李注补正》, 1, 21b); 和屠寄, 23, 1a都明确提到德薛禅本名"特因"; 那珂(2), 30也同样说到在《元史》中存在着"特因薛禅"这样的形式, 而这是不准确的。我认为这个名字是由于误解而产生的。《元史》中德薛禅传记的开头提道:"特薛禅(Täi-Säčän), 姓字思忽儿弘吉剌氏(Bosqur-Qonggira[t]), 世居朔漠。本名特(Täi), 因从太祖(=成吉思汗)起兵有功, [陛下]赐名薛禅, 故兼称曰特薛禅……"显然, 就算我们把"因"和"特"连到一起, 看成是转写的一个组成部分, 而不是像我的译文中那样, 将之作为一个有含义的词, 那么这种兼称也不应该是"特薛禅", 而是"*特因薛禅", 尽管那珂说到这种形式, 但实际上从来没有出现过。对于中国人逐字逐句征引相关文献的习惯而言, 想要知道他们对文献内容如何理解, 通常是非常困难的。不过王国维, 21a在引用了《元史》中的传记后, 还补充说, 我们文本中的迭夷, 在语音上是与《元史》中的"特"相合的; 如果王国维也把他的本名理解为是"特因", 他就不会说"迭夷"与"特"相合, 而是应与"特因"相合了, 因此王国维对此处文本的理解和我是一样的。我对Däyi>Däi的词源并不知晓。《元史》中的"特"看起来是一种错误的发音。拉施都丁书中与本段对应的部分采用的Däi-Säčän很可能是波斯史家的记载发生时代错置的产物, 蒙古编年史原文中给出的应该和《亲征录》一样, 都是迭夷(Däyi)。

《元史》和拉施都丁书中所记载的德薛禅的后代的情况, 很难调和一致; 我将在有关其长子按陈那颜(Alči-noyan或Elči-noyan)的研究中(下文第56节), 对其中的某些部分予以讨论。可以肯定的是, 皇室家族从德薛禅的家族中迎娶了许多女子, 并且也嫁了多位公主给其后代。在《秘史》第64节中,提到这样的联姻作为一种习俗可以追溯到"古代"。这可能是把时间给预先提前了,但根据拉施都丁(译文,II,39),实际上早在狭义上的第一"蒙古"帝国时代,合不勒汗的妻子就是一位弘吉剌部人。

415

[9]这个名称也传到了《元史》卷1之中。哀德蛮(《铁木真》,277)采用了"Ckutu-naur",但这可能是受到了夏真特·比丘林司祭的"Khutunor"的影响,但多桑,I,61读作"Courtoun湖",而贝勒津的各抄本(文本,II,194)给出的均是有一个结尾-n的 قوتون ناوور Qūtūn-nāwūr或قوتون ناور(Qūtūn-nāūr或Qōtūn-nāūr)。与我们本书这里的虎图(Qutu)之间的语音交替现象,仅是由于在蒙古语中,要么这个结尾的-n经常是不发音的,要么则是添加在词尾所导致。屠寄所提出的一种理论,认为这个名称就是*Qoitu-nōr"后湖",而且指的是靠近呼伦湖的一个小湖泊,此说比起他对于无法经得住检验的所谓"前湖"的解释,更加不能令人接受。但王国维,21a又提出了一种假设,认为这可能指的是我们本书第10节的哈澧渤秃海子(他错误地比定为哈老台泊),这是更没有可能的。拉施都丁则说Qutun-nōr是在鄂嫩河附近,这一令人生疑的添加肯定是由于他本人这么认为。我看不出有任何理由认为成吉思汗和王汗是在鄂嫩河流域。在格鲁塞《蒙古帝国史》,106中说到"Kouitun河的一个池塘"的时候,其中也是不无错误的。实际上,"Kouitoun"是颚化的词,因此就不适用于Qutu或Qutun这一例中。另一方面,"Kouitoun"是在浯渤札(Ulja)河的上游,而浯渤札河流入的是"巴伦讬累(Barun-Torei)"湖,这条河并不是鄂嫩河的支流。我还不能提出任何比定方案。如果这个名称的第一个元音是-u-而不是-o-,则我也不能提出任何有关这个名称可以接受的词源。

[10]这个名称也传到了《元史》卷1之中,《说郛》本(3)作"盃亦剌"而不是"盃亦烈"。拉施都丁书的各抄本中(文本,II,194;译文,II,120)只提到"在一处人们叫作 بویر ناور Būīr-nāūr的地方",并且显然是把它看成是捕鱼儿湖(Büir-nōr),所有的注家也都采用的是这一解

决方案。但此说并非没有窒碍不通之处。当我们的文本在下文提到 Büir-nōr（下文第 28 节）时，其名称叫作盃儿（Büir），"盃亦烈"和"盃亦刺"均无法与之对应。此外，"川"并不是一个通常用来译写 na'ur>nōr 的词，而是用来译写 Kä'är>Kär，"[水草丰沛的]草原"；不考虑拉施都丁书的记载，我们所假设出的原形显然是 *Büirä-kä'är 或 *Buira-kä'är。我们同样也没有办法假设说，这其实是一个以 -a(ä) 结尾的与格–位置格形式，并由于错误而保存在了译文之中（关于这个名称，施密特在其萨囊彻辰书，87 中也犯了同样的错误），因为这里的这个名称后面肯定是接蒙古语的 kä'är 或 na'ur，并且这第二个词的结尾都是有格词尾。归根结底，如果这里指的是捕鱼儿湖，汉文史料中就有双重错误。但也并非没有可能，文本中提到的是一处其地未明的 *Büirä-kä'är（或 *Buira-kä'är），而拉施都丁由于这个名称与 Büir-nōr 相似而导致写错了，这后一种假设就我看来似乎更有可能。总之，本书下一段的开头表明，这些事件发生在克鲁伦河流域，并且如果把第 21 节也结合起来考虑的话，这些事件可以认为是发生在克鲁伦河的下游地区。

20. 冬，汪可汗分兵，[自]由怯绿怜河，指忽八海牙山先发，部众后成列而进。其弟札阿绀孛，以汪可汗反覆不常，遂谋于浑八力、按敦阿述、燕火脱儿、延晃火儿四人，曰："我兄无宁处之心，屠绝兄弟，常附于契丹。观其心性若此，终不能存我辈，亦不使国安矣，今何计处之？"按敦阿述泄是语于汪可汗，汪可汗令执燕火脱儿及纳邻脱邻二人，至帐下，解其缚，谓燕火脱儿曰："吾辈自西夏而来，道路饥困，相誓之语，忘之乎？我心非汝也！"唾其面，座上之人皆起唾之。按敦阿述曰："余亦与此谋，不忍舍王，所以来告也。"汪可汗屡责札阿绀孛曰："汝，常怀臭肝者！"札阿绀孛不安，后与燕火脱儿、延晃火儿、纳邻脱邻、[阿邻]太石等俱奔乃蛮。

20. [同一年的]冬天，汪可汗对其部队进行分兵，[他自己]离开了怯绿怜（Kälürän）河[1]的岸边，率先向着忽八海牙（Quba-qaya）山[2]的方向进发；他的部众们则按序结成阵列[3]，跟在后面向前推进。[汪可汗的]弟弟札阿绀孛，鉴于汪可汗是一个反复无常的人，就与四个人密谋，[也就是]浑八力（Qul-Bari）[4]、按敦阿述（Aldun-Ašu[q]）[5]、燕火脱儿（Äl-Qotor）[6]和延晃火儿（Äl-Qongqor）[7]。他对他们说："我的哥哥总是不愿安分度日，在屠杀了他的弟弟们之后，他又归顺了契丹人（＝喀喇契丹）。鉴于他的天性如此，我们可以知道他不会保护我们，也不会给国家带来和平。因此，我们看看现在应该怎么办"。按敦阿述把这些话告诉了汪可汗。汪可汗[8]让人抓住了燕火脱儿和纳邻脱邻（Narin-Tōril）[9]。

当这两个人来到汪可汗的帐下后，他命人给他们松绑，并且对燕火脱儿说："当我们从西夏回来的时候，陷入了绝境之中，当时我们所发的誓言，难道你忘记了吗？我的心和你的可不一样！"说了这番话，汪可汗就唾他的脸，众人也起来唾他的脸。按敦阿述说："我也是同他们一起密谋的，但我不忍心离弃吾王，所以来告知此事。"汪可汗多次责备札阿绀孛并且对他说："你是经常怀着一块臭的肝脏。"[10]札阿绀孛感到不安，就与燕火脱儿、延晃火儿、纳邻脱邻[11]和[阿邻]太石（[Alin]-taiši）[12]逃到了乃蛮人那里。

注释

[1] 通行各本作"由绿怜河"，《元史》给出的是"自由绿怜河"。何秋涛指出，在"绿怜"二字之前缺了一个"怯"字（怯绿怜＝Kälürän，克鲁伦），但这一遗漏在很早的时候就已经发生了，因为在《元史》中就已经是现在这种形式了。王国维，21a，接受了何秋涛的修正意见，但在他的校勘本中，无意间把"怜"写成了"连"，从而与诸本不合，也与《元史》中的形式不合。李文田以及遵从其说的那珂（2），30，认为《元史》中的"由"是"曲"字之误，从而得出"曲鲁怜"河，来作为Kärülän的一种转写形式。并且还依照《元史》，为我们这里所研究的文本加了

一个《元史》中的"自"字,作为"从"、"来自……"的意思。但何秋涛是正确的,因为《说郛》本(3)正作怯鲁怜,从而确实是依照他所作的修正;并且"由"应该是保留其"从"、"来自……"的含义。尽管如此,《元史》中的"自"并不是一处衍文,而是肯定见诸原始文本之中,只是这里并不应当作夺格来理解,而是应该理解为"他本身"的意思。王汗分军,"他本人"率先出发,离开了克鲁伦地区,他的部众则保持一定的距离,跟在后面。因此我的重构意见是根据《元史》,把"自"放到"由"的前面。因此我对此处文本的断句如那珂(2),30;何秋涛(袁昶刊本,26a—b)和丁谦(《亲征录》,13a—b)的断句则完全不同,据我所见其实是错的。这是因为王汗先出发之后,密谋是在他后方所形成的。我的解释也因拉施都丁书中的平行文本而得以印证。

[2]这个名称再度出现于第21节中(该处存在讹误)。《秘史》在第148和151节中同样提到了忽巴合牙(Quba-Qaya)。这个名称也以 قوبه قيا Qūba-Qayā(多桑,I,62错读成了"Courta-caya";哀德蛮《铁木真》,277中则错读成了"Ckuta-ckia")的形式两度见于拉施都丁书中(文本,II,195,197;译文,II,121,122)。我不知道出于何种依据,格鲁塞先生称(《蒙古帝国史》,448)"我们可以认为Qoubaqaï是最为正确的异文",因为在所有的史料中均作Quba-Qaya,而"Khubakhaï"据我所知仅出现在贝勒津书(译文,II,277)的一个注释中,而他错误地把这一形式归为是见于《秘史》。忽八海牙(Quba-qaya)似乎是一个突厥语的名称,意思是"浅黄色的悬崖",这与用来指一座山的名字的用法是相符的。在蒙古语中对应的名称是Qo'ai-Qada。然而在位于东北边境的这个地区,碰到一个突厥语的名称,这是很令人生疑的。可能的解释是,这个名称是由在那里越冬的王汗身边的人甚至是王汗本人所取的,因为正如我们下面将要看到的,至少有些克烈部人的名字都是突厥语的。

419

无论是那珂(那珂(2),30;那珂(1),161)还是王国维,21a,都没有提出有关忽八海牙的比定。施士杰(《元秘史山川地名考》,21b—

22a)认为忽巴合牙是呼马勒堪(Ḥumarḫan)的另外一种转写形式,而后者则是乞沐儿合(Kimurqa)这一河流名称的诸多转写之一,它是鄂嫩河上游的一条小支流。想要排除这样的假设,只需指出乞沐儿合在《秘史》中正是以其本身固有的名称出现的,并且同书中也出现了忽巴合牙山;而且一条河也不能等同于一座山。屠寄,2,18b中的说法也很含糊,而且其词源学解释也是错的。丁谦(《秘史》,5,6a—b;《亲征录》,14a)错误地在翁金河的那边寻求之。至少我们可以感觉到忽八海牙山应该不会离成吉思汗驻营的彻彻儿山太远。而我们从下文21节中将会看到,彻彻儿山是位于呼伦湖的东边。

[3]成列。拉施都丁(文本,II,195;译文,II,121)使用了一个术语آمدند می بجرکه کرده کوچ kōč kärdä bä-järgä mī-āmadand,对此贝勒津译为"迁移,以围猎圈进发"。波斯语中的kōč(突厥语中的köč-)是用来指游牧人转场的术语;järgä则是从蒙古语进入到波斯语中的借词,用来指合拢的围猎圈(参见上文第6节,3a[①])。可以认为,在蒙古编年史的原文中所说的,应该是järgä'är nä'ü-"以järgä的方式迁移",就像在《秘史》第151节中所记的那样。虽然在第151节的旁注中,没有用"围猎圈"来解释järgä,而是像在其他各段中那样,使用了"依次"二字。我认为其实这里的解释,以及虽然保留了蒙古语原文中的järgä但却赋予其在波斯语中另外一种含义的拉施都丁的解释,实际上都对原意有所歪曲。在游牧人的转场过程中,确实遵循着一种秩序。王汗率先出发,但是在他后面,其部众则根据传统的次序移动。这里并不存在什么"围猎圈"。

[4]浑八力又见于下文第30节。《元史》中则省略了这个名称,他被包含在"等"所指的其他人之中。拉施都丁则提到了四个人,把他放在了最后。从原则上而言,《元史》中所保留的两个人名,应该是对这帮人姓名的罗列中排在最前面的两位。很可能实际上在《亲征录》的原文

---

① 译者注:应为注释4。

中，是在他们两人之后提到了浑八力，但其排列次序被抄写者搞乱了。

《秘史》（第152节）在关于同一场密谋的记载中提到了忽勒巴里（Qul-Bari）；在第177节中，他被称为忽巴里忽里（Qulbari-Quri）。Quri是一个称号（参见上文第9节注释6①；第15节注释15②）。对于拉施都丁书的记载，哀德蛮（《铁木真》，277，292）把前一处读作"Ckui-buri"，把后一处读作"Ckul-bari"，并且这在诸抄本中均得到印证（参见贝勒津，文本，II，195，228），而贝勒津（译文，II，121，140）总转写为"Kul-Buru"。但是，鉴于《亲征录》和《秘史》中存在的形式，很明显各处均应采用قول بارى Qūl-Bārī。

浑八力（Qul-Bari）可能是来自 Qul-Barï 这样一个突厥语的名字，其前半部分是 qul "奴隶"，但对于 barï 的含义，我就无从确定了（？可能是 bar 的所有格，"存在"、"在场"）。

[5] 这个名称又见于下文第30节。这种形式的转写也传到了《元史》卷1之中。《秘史》（第152节）转写作阿勒屯阿倏黑（Altun-Ašuq）。在拉施都丁书中有两处（文本，II，195，196，228；译文，III，121，122，140）均写作 التون اشوق Āltūn-Āšūq，而第三处所有的抄本中均作或均可重构为 التان اشوق Āltān-Āšūq。这是一个突厥语的名字，前半部分是 altun，"金"；我们文本中的是一个浊化的转写形式 aldun，就像把 bātur写成 bādur等一样。至于 altan，这应该并非拉施都丁书的文本之误；在这一段当中，蒙古编年史的翻译者们将人名进行了蒙古语化，因为altan 是"金"这个词的蒙古语形式。Ašuq 则是 yašuq "头盔"的诸种形式之一，因此 Altun-Ašuq 的含义可能就是"金头盔"，但 Ašuq 也是"踝骨"的突厥语名称。

[6] 这样的转写形式也传到了《元史》卷1之中。《秘史》（第152节）转写为额勒忽秃儿（Äl-Qutur）。拉施都丁（文本，II，195；译文，II，

---

① 译者注：应为注释8。
② 译者注：应为注释33。

121）写作 قوتور ايل（插入波斯语）El-Qutui，应当修正为 Ēl-Qūtūr（或 Ēl-Qōtōr，或 Ēl-Qōtūr）。这个人的名字被贝勒津（译文，I, 68）错误地读成"Qutu"，而他的母亲就是 *Tarmaī-Qayan（参见上文第12节）。这个名字是突厥语，前半部分是 el"归附之民"、"和平"（突厥语>il；蒙古语 äl）；至于后半部分，根据我们将其读作 qotur 或 qutur，其含义将有所不同，但我现在没有办法予以确定。

［7］这个名字既不见于《元史》，也不见于《秘史》。拉施都丁书（文本，II, 195, 196；译文，II, 121）写作 ايل قونكقو Ēl-Qōngqōr（或 Ēl-Qōngqūr）。这个名字是突厥语，并且其真正的发音应该是 El-Qongur，但转变为 El-Qongqor 或 El-Qongɣor 这样的方言形式。Qongur（或者改 -ng- 为 -ṅ-）的意思是"栗色的"。

［8］"汪可汗"这几个字仅在《说郛》本（3）中重复了两遍，但这显然才是正确的异文，因此必须在文本中再加上"汪可汗"三字。

［9］这个名字不见于《元史》之中。通行诸本中仅作"怜纳"，何秋涛将之修正为"纳怜"，只有《说郛》本给出了其完整的名字，但是均作"纳怜脱怜"的形式，王国维本中此处和下文中所保留的就是这样的形式，然而这是将"邻"误作"怜"的常见错误。这个名字对应的就是《秘史》第218节中的纳邻脱斡邻勒（Narin-To'oril），但此人是揑古思氏人，察合安豁阿的儿子（参见上文第5节）。在拉施都丁书中（文本，II, 196；译文，II, 121—122），被王汗捉住的这两个人是燕火脱儿和延晃火儿，但接下来还提到了 نارين طغريل Nārīn-Ṭoɣrī。Ṭoɣrïl（Toɣrïl）是突厥语的形式，并由此得到其蒙古语化的形式 To'oril>Tōril（参见上文第9节）。Narin 是蒙古语，其含义是"小"，并且这个词经常单独用来作人名。而纳邻脱邻看来可以理解为是"小脱邻"。

［10］"肝"这个字是经过修正的，而根据王国维书，在说郛（3）本中所给出的确实如此①。这是对于蒙古语中 hümägäi häligä>ümägäi

---

① 译者注：王校本此处作"《说郛》本作'臭奸'，当作'臭肝'"，可以参看。

äligän 字面上的翻译，关于此可见上文第 12 节。在《秘史》与此处对应的段落中（第 152 节），两次使用了同样的表达，但这都是在针对王汗的密谋中说到的。在拉施都丁的译文中，与对札阿绀孛的指责有关的句子被省略了——但显然是见诸蒙古文原本之中的——而波斯史家则将这段话置于札阿绀孛之口，用来向乃蛮君主解释他背叛王汗的理由，我们在其中发现，王汗对札阿绀孛指责的内容提到了"臭肝"和"死尸"气味（jigär gändīdä ū murdār gärdānīd）。

[11] 各抄本此处依然是把"纳邻脱邻"错误地写成了"纳怜脱邻"。

[12] "阿邻"二字不见于各本，显然是由于前面"纳邻脱邻"的影响而遗漏了，但我们确定应如此重构。因为拉施都丁书在纳邻脱邻后面此处提到了（文本，II，196；译文，II，22）نیشی الین Ālīn-Tāīšī。在《秘史》（第 152 节），王汗抓住的不是燕火脱儿和纳邻脱邻（或燕火脱儿和延晃火儿），而是额勒忽秃儿、忽勒巴里，还有第三个人，在《秘史》的通行各本中叫作阿邻太师（Arin-Tayiši），但我手头库伦抄本的复本对页 75b 作 Alin-Taiši（"*Alin-Tayiši"），显然这才是正确的形式。阿邻太石又见于我们本书下文第 37 节，以及《元史》和拉施都丁书（译文，III，3）对应的片段中。他显然是克烈部的大首领之一，而且几乎肯定是王汗的一位亲属，可能还是近亲（表兄弟？）。Alin（<alïn）是突厥语，其含义是"前额"；Taiši 则是传到中亚地区的一个常见的汉文头衔（参见上文第 7 节注释 1，和第 15 节注释 14[①]）。

21. 冬，汪可汗居于忽八海牙山。上驻军于彻彻儿山，起兵伐塔塔儿部长阿剌兀都儿、乞儿哈太石、察忽、斤帖木儿等。战于答兰捏木哥思之野，大败之。

21. 在冬天，汪可汗居于忽八海牙（Quba-Qaya）山[1]。陛下则在

----

① 译者注：应为注释第 27。

彻彻儿（Čä[k]čär）山^[2]驻扎军队。他召集部队进行战争,去攻击塔塔儿部的首领们,[即]阿剌兀都儿（Ala[q]-udur）^[3]、乞儿哈太石（Kirqataiši）^[4]、察忽（Čaqu[r]）^[5]、斤帖木儿（*Giltä['ü]r）^[6]①。在答兰捏木[儿]哥思（Dalan-Nämü[r]gäs）^[7]②交战,[陛下]战胜并歼灭了他们。

注释

[1]各本中均作"忽八海牙儿",王国维采用的也是这样的形式,并未提出任何意见。那珂（2）,31简单照搬了何秋涛的一条注释,称他怀疑这里缺了一个"山"字。但在第20节中,我们的文本提到了忽八海牙山,并且我们已经通过前面的注释看到,忽八海牙（Quba-Qaya）肯定才是正确的形式,必须将最后的那个"儿"字排除。因此只能认为"儿"字是"山"字之讹,据此我进行了修正。

[2]这个名称以同样的转写形式（在诸本中有讹误）见于下文第24节中,用来指同样一处地方。此外,这里名称的前三个字,也见于下文第33节中"彻彻儿运都"之名的前半部分,但后者的原形是Jäjär-Ündür,这后一处山冈位于一个完全不同的地区。还有一个地名也具有同样的转写,这就是见于《元史》,29,6b,1324年纪事的"彻彻儿火儿火思"（*?Čäkčär-Qorqos）,我不知道其位于何处。目前所研究的这一转写,也传到了《元史》卷1中与我们此处第21节对应的片段中。它就是《秘史》（第61、67、94、142节）中的扎克扎儿山,这个名称从《秘史》又传到了《黄金史》（1）,9,124中,但由于遵循了一种错误的文本传承,它变成了一个人名"Tongqur-Čäkičär"的后半部分。拉施都丁书中本段的内容提到,成吉思汗在"契丹国边境上（där ḥudūd-i vilāyät-i Ḥitāi）,一个叫作 جاكاجر 的地方越冬"（文本,II,197）。贝勒津将这个地名转写为"Čagačar"（译文,II,122）,虽然在一个词中间的-k-是不可

---

① 译者注:伯希和、韩百诗此处未译出"等"字。
② 译者注:伯希和、韩百诗此处未译出"野"字。

能发生浊化的，但这样一种转写多少误导了中国学者。总之，这一形式阻碍了贝勒津认出它与下文不远出现的"地名" جاكجر 就是同一个名称（文本，II, 204；译文，II, 126；与我们本书第24节相对应），而后一处他确实读作 Čākčär（"Čekčer"）。根据所有的可能性，第一个 جاكاجر Čäkäčär 应是 جاكجار Čäkčär[①] 之讹误。Čākčär 的词源还不清楚；蒙古语中的 Čäkčä'är "灵敏的"、"敏捷的"与之语意不合。可能这指的是某一个以 -čar、-čär 结尾的派生词，这种词尾常见于专有人名或地名之中，而其中的大部分都从语言里消失了。而像屠寄，1, 18a 那样，认为这个名称是来自 čačäk "花"，这种可能性是微乎其微的。

尽管学者对于扯克扯儿山的地理位置，同经常与它一起被提到、并且显然与其相邻的赤忽儿黑（Čiqurgu 或 Čiqurqu）一样，都提出了很多的猜想。正是在这两座山"之间"，也速该前去斡勒忽讷惕部为年轻的铁木真求亲，并遇见了德薛禅（《秘史》第61、94节）。在返回途中，他在扯克扯儿山附近的失剌客额儿（"黄色草原"）上遇见了塔塔儿人，并被他们下了毒。再往后，当提到再去见作为未婚妻的孛儿帖时，铁木真和别勒古台沿克鲁伦河而下，前去找居于扯克扯儿、赤忽儿古两山之间的德薛禅。德薛禅则护送他们，直到克鲁伦河的兀剌黑啜勒（*Uraq-jöl, ?*Uraq-čöl），而德薛禅的妻子一直陪着孛儿帖，到了铁木真在桑沽儿河上游的驻营地（克鲁伦河左岸的支流，同上引书，第96节）。总之，拉施都丁确定扯克扯儿之地（＝我们的扯克扯儿山）是在汉地的边缘，也就是金国的边境上。

张穆（《蒙古游牧记》，9, 24a—b；波波夫《蒙古游牧记》，400—401［但波波夫此处做了大量删节］）主张扯克扯儿山就是克鲁伦河北岸的拖诺（Tono）山，就在桑沽儿河汇入克鲁伦河之地的东边（参见唐维尔《东部内亚地图》第 VII 页；卡恩《西伯利亚地图集》，142）；而赤忽儿古（Čiqurqu）山（波波夫错误地重构为"Čigulḥu"）就是拖拉哈山，

424

即达尔罕（Darḫan）山之名的旧正字法形式，位于克鲁伦河的南岸边上，拖诺山往西南一点的地方（波波夫将拖拉哈重构为"Turga"是错误的）。施世杰（《元秘史山川地名考》，6a）赞成这样的比定，并认为语音上是相合的。但我们知道得很清楚，弘吉剌部和塔塔儿部并非居于克鲁伦河的中游，而最多仅及于其下游，更可能是在贝尔湖和呼伦湖之处，并居于诸湖东北方。张穆和施世杰的理论，无论从地理角度看，还是从语音角度看，都不是最有说服力的。

其他所有假说，考虑到弘吉剌部和塔塔儿部的居地——其中有些作者不乏武断——都不能得出合适的结论，而这些假说中的大部分都是基于无法核验或虚构的对音而得出的。

何秋涛（《亲征录》，袁昶刊本，27b）找出了一个辽国的属国叫作"察察里"，并且考虑这个属国的名称实际上是由于"靠近"彻彻儿山而得名。但我们并不知道这个察察里国在哪儿，而我目前也没能在《辽史》中找到这个名称。

王国维，22a根据《秘史》，仅提到扯克扯儿山应该是在克鲁伦河地区，并且很可能是在这条河的下游。在他之前，那珂（2），37，39表示其地临近捕鱼儿湖；但同样是这位作者，在那珂（1），39中又指出，在俄文地图上，呼伦湖西南60里左右、位于克鲁伦河北之处，有一个地方叫作剌科提拉科（这就是施蒂勒地图中的"Tschiktschiraki"），他认为这个名称"在语音上与两条河的名称相近"。一个与"两处"别的河名相近的名称，并不能得出任何结论。

丁谦（《亲征录》，18b；《秘史》，1，14b—15b）从德薛禅和召烈部人抄兀儿传记中所提到的弘吉剌部的地理位置出发，也就是额尔古纳河及其右岸的支流根河（刊河）地区。在额尔古纳河的东边，距根河以南非常遥远的地方，有一座在《水道提纲》中叫作"达哈得儿"的山，也就是现代地图上的Daḫander，据丁谦的意见，这就是扯克扯儿山。黑龙江"新图"在达哈得儿的西边，标出了一座室韦格特山（在这部"新图"中使用的仍然是一种过时的正字法），在西部地图上作"石威公特"，而这就是赤忽儿古山。并且丁谦竟然认为这样的比定在语音上而言是合适的！

在《朔方备乘》卷10中，何秋涛列举了清王朝在其北部边疆设立的各卡伦的名称（满语作karun，蒙古语作saba，sab>卡尔梅克语的saw[a]）。高宝铨（1，19b—20b）发现其中（10，3b）提到有两个卡伦，一个叫作哈萨图卡伦（*Ḥasatu-karun；或穆敦哈萨图（*Modun-Ḥašatu 或 *Modon-Ḥaišatu）；另一个叫作扎穆呼都克（*J̌am-ḫuduq-karun；或扎穆霍都克（*J̌am-ḫoduq），或扎穆（*J̌am））。前一处位于贝尔湖的西北角，后一处则位于前者的东南方，并靠近乌尔逊河（这条河连接了呼伦湖和贝尔湖）。高宝铨认为扯克扯儿山和赤忽儿古山是位于这一地区，因此据他所见，哈萨图和扎穆霍都克就是扯克扯儿和赤忽儿古另外的转写形式。对于这一理论仅进行如上简单的叙述便足以证明其错误（高宝铨还犯了另外一个错误，他把斡勒忽讷惕当成了一个塔塔儿部落，但它其实是弘吉剌部的一支）。

426

屠寄，1，18a和2，18b从这座山不可能离"塞"很远这一正确的认识出发。提到在阿鲁科尔沁旗（Aru-Qorčin）以北230里处有一处古代金人的"边堡"，其旁边有一座苏克苏鲁山，根据屠寄的观点，其名乃是扯克扯儿山之名"疾读"后产生的另外一种转写形式。而在桂勒尔（Güilär）河边，图尔塔河之北和乌兰海河之南的地方，有一座魁勒库山；另外，在乌兰海河之北，还有茶蒲乞拉库哈达，魁勒库和茶蒲乞拉库都与赤忽儿古的发音相近，并可以比定为是这座山。苏克苏鲁就是唐维尔《东部内亚地图》第5页图中的"Soucsourou alin"（alin=满语中的"山"），施蒂勒地图的"Suksulu"，属于兴安岭的一部分。屠寄提出的对音显然是没有价值的，但在我们地图上这座山以东，确实有一座古代堡寨的遗迹，其时代可以追溯到金代。桂勒尔河之名，自蒙元时代以来就已得到印证，正是唐维尔同一部地图中的"Koueiler-Pira"河（bira=满语的"河"），施蒂勒地图的Guileli。魁勒库亦以此名见于武昌地图中（北4东1b），也就是唐维尔地图中的"Coulecou alin"。"茶蒲乞拉库哈达"即武昌地图中的"察帕西拉库哈达",*Čabčirḫu-ḫada,这里的对音同样也是异想天开的;但是在桂勒尔河这部分的东南方,我们的地图上也标出了一处古代堡寨的残迹。总之,屠寄所提到的两山之间的距离过于遥远;此外,就与德薛禅故事中提到的扯克扯儿山和赤忽儿古山进行比对而言,屠寄找出的这些山的位置,都太靠东南了。

我将在有关"阿兰塞"(下文第24节)和汪古部(下文第36节)的部分,从另一种视角出发,对有关"塞"的问题重新予以讨论。在我们现在讨论的本例中,其最根本的一点在于,塔塔儿和弘吉剌部的居地,以及扯克扯儿山实际上都是在"塞"的附近。我们首先注意到,前往斡勒忽讷惕部的也速该,在扯克扯儿和赤忽儿古两山之间遇见了德薛禅,并且在回程途中,经过了扯克扯儿山附近失剌客额儿的塔塔儿人居地。因此,一方面根据其行踪,德薛禅所居是在扯克扯儿山的那一边,斡勒忽讷惕部的位置还在更远的地方,可能是在也速该未能抵达的赤忽儿古山那边。王国维猜想扯克扯儿山是在克鲁伦河下游,因为当铁木真在别勒古台的陪同下,再次前往德薛禅那里,是沿克鲁伦河而下。但这一理由所考虑到的仅是问题的一部分。当铁木真与别勒古台从德薛禅那里返回后,是驻扎于古连勒古地区,古连勒古在桑沽儿河的上游,而这条河是克鲁伦河的一条支流,并且必然流入克鲁伦河;尽管扯克扯儿山是在克鲁伦河流入呼伦湖的河口的那边。相反,在也速该的时代,未来的成吉思汗的家人们是生活在鄂嫩河上游,因此也速该很可能要沿鄂嫩河而下,并从那里折回到额尔古纳河上游,去与斡勒忽讷惕部人会面。同样,那珂(2),38—40猜测——据我所见是很有道理的——当成吉思汗和王汗背倚着"塞",与包括蔑儿乞和乃蛮这样西边的部落在内的人多势众的联盟作战时,联盟的部队是从群山之北,沿着色楞格河和鄂嫩河而来,再沿着额尔古纳河溯流而上。而这就我看来便排除了扯克扯儿山是在克鲁伦河流域的可能性,应向额尔古纳河之东以及呼伦湖和贝尔湖之地求之。

但我们可以像丁谦那样,认为其地是在根河地区或根河更往南之地吗？关于这一地望，我们可以援引《元史》中将弘吉剌部的地理位置置于根河地区这点。在我们的地图上，就在根河之南，与这条河的流向平行之地，有一处古代堡寨，但这处堡寨实际上要更往西一直到满洲里（Manchuriya），并且通常被称为"金代堡寨"。很遗憾的是，我现在未能参考对这一问题已有研究的日本学者的著作，特别是箭内的，但吉贝尔神父（《东北史地词典》，437）已经提到，这处堡寨不能归为是金人的，而要么是蒙古人所建，要么是契丹人所建。实际上，12世纪末金人的势力范围很显然并没有达到额尔古纳地区，而仅到达兴安岭与哈拉哈（Ḥalha）河的诸源附近的地区。成吉思汗赐予弘吉剌部的分地，应该是比这个部落以前的居地更往北；另一方面，我们知道弘吉剌本部的驻营地，至少是其冬营地，是在贝尔湖附近，哈拉哈河的河口之处。此外，有塔塔儿人居于扯克扯儿山，并且诸湖之地也是他们的居地，看起来大概不会延伸到额尔古纳河流域。出于所有这些原因，并且我们目前无从提出有关扯克扯儿和赤忽儿古两山的准确地望，我拟将这两山的位置置于哈拉哈河地区。

可能还有一种方法得以在最大程度上确定其地理位置，并且我很惊讶人们经常都没有注意到《秘史》的第一个注释者李文田所指出的一点。李文田（袁昶刊本，1，50b）援引了岷峨山人《译语》中的一段，其中提到当成吉思汗王朝的脱古思帖木儿被也速迭儿暗杀时（1388年），洪武帝派遣军队追击蒙古人直至彻彻儿山（Čä[k]čär山；"撒撒儿山"是一种错误的异文）；在洪武麾卜还有一位将领周兴，对蒙古人展开军事行动，从兀者河追击蒙古人直至此山。李文田补充说，这就是《秘史》中的扯克扯儿山。

李文田可能是对的，而且有必要循着这一线索继续查考。我知道有岷峨山人《译语》这本书，但目前无从参阅。但我可以补充李文田所未曾提到的另外两种文献。在《明史》，3，6b中提到，洪武二十九年三月"甲子日（1396年4月14日），燕王（＝未来的永乐帝）败敌于彻彻儿山，又追败之于兀良哈秃（*Uryangqatu）城而还"。璞科第（Pokotilov）

书(《明代东蒙古史》,圣彼得堡,1893,in-8,17)可能是根据我所没有的《五边典则》,提到了1396年的这次战争,但他用"土"取代了"秃",而写作"兀良哈土城[堡]"。兀良哈(Uryangqa)在明代指的是奉天(Moukden)省从张家口(Kalgan)到开原的地区,洪武帝于1389年在其地设立了三卫,但我不知道任何有关兀良哈秃(*Uryangqatu)城或兀良哈(Uryangqa)土城的情况。另一方面,在《殊域周咨录》(16,22b—23a)中,提到了在1392年:"遣都督周兴,总兵讨故元逆臣也速迭儿。先是蓝玉北征①,元(也就是蒙古人的)主脱古思帖木儿遁至也速迭儿部,为其弑。其众悉奔散来附。是岁(1392年)兴等进讨[也速迭儿],追至彻彻儿山,大败之……"因此,有两次追击都到了彻彻儿山,一次是在1392年,另一次则在1396年,并且这两处提到的应该都是我们本书中的彻彻儿山。岷峨山人《译语》中提到的兀者河,我不知道在哪里。"兀者"两字,是用来译写明人于1403—1404年建立的一个卫所名称的正字法形式之一,这个卫所建立于领地位于乌苏里和大海之间的兀者部(参见吉贝尔《东北史地词典》,第710页),它显然不能等同于这里提到的地方。克鲁伦河以北的浯渤札河,就我而言其地理位置太过遥远,因此也不能置入考虑。可能我目前未能参考的《明实录》,其中会有准确的信息。

[3]这一转写也传到了《元史》卷1之中。《秘史》没有提到此人。拉施都丁书(文本,II,197)正确地将其称为 آلاق اودر Ālāq-Ūdūr,而贝勒津(译文,II,122,123)则错误地转写为"Olan-Udur",因为他采用的是见于卷I中的错误的异文;但就算是在卷I中(第56、177页),好几种抄本所给出的,也是正确的形式。在目前这段中,拉施都丁把阿剌兀都儿(Alaq-Udur)当成是个蔑儿乞人,这是错误的;而《部族志》则与我们所研究的这部文本一致,在两处明确都说到他是个塔塔儿人,并且在塔塔儿人的简述中,也把他当作是塔塔儿人蔑兀真笑里徒(参见上文第

---

① 译者注:伯希和、韩百诗此处断句有误,将"北征"与"元主"以下相连,此据通行本径改。

9节）之子，而这点是完全可信的。根据拉施都丁书，译文，I，177和II，123，阿剌兀都儿是一个非常重要的人物，曾经一度与成吉思汗为敌。

我转写其名为Alaq-Udur，但也可以假设为是Alaq-Üdür。Alaq在蒙古语中的意思是"色彩斑驳的"。我未曾见过udur作为古老词汇的用法［卡尔梅克语的udṛ<*uduri或*udur（好的或者坏的）"结果"、"报酬"这个词，在我印象中并未见于东部蒙古语中］；相反üdür则是"古典"蒙古语ädür，"日子"的中世形态。但我也不能够举出üdür用作人名的例子。

［4］《秘史》中没有提到此人。拉施都丁（文本，II，197；译文，II，122）称之为قیرقان تایشی Qīrqān-Tāīšī，并且错误地把他当成了泰亦赤兀部的首领。在蒙古语中，kirγa-（<qïrγa-）的意思是"剪（毛）"、"剃"，但一个人名不可能仅用一个动词词干来充当。如果这确实是其词源的话，我认为应该转写为Kirqā<*Kirqa'a[n]=*Kirγa'a[n]。

在《部族志》（文本，I，70；译文，II，56）中，提到了阿剌兀都儿有一个弟弟，与他一同和成吉思汗作战（在贝勒津的译文中所说的则完全弄反了），贝勒津对其名进行了修正，读成تایشی قوتوقتو Qutuqtu-Taiši，但其使用的两个抄本，都把قرق作为这个名称的前半部分；他的名字显然应该读作قرقن تایشی Qïrqan-Tāīšī。因此我们本书中的乞儿哈太石也同样，是蔑兀真笑里徒的儿子。

［5］贝勒津（文本，II，197；译文，II，122）所使用的拉施都丁书的所有抄本给出的都是چاڧور Cāqūr，哀德蛮（《铁木真》，279）的"Dschaukur"所根据的是多桑，I，62的"Tchaoucour"，并且假设为是چاوقور，但汉文转写表明，这个名字的开头显然是ča-而不是čau-。但所有的抄本中这个名字的末尾都有一个-r，尽管拉施都丁书中以一个ﺮ结尾的地方，有好几处因为抄写者的错误而发生了重复，变成了و。根据我的意见，也有可能是因为在我们所见的《亲征录》各本中，有一个"儿"字脱落了，而本来是应该读作察忽儿（Čaqur）的。尽管如此，在蒙古语中是有čaqu这个词的，其含义是"支撑物"，而却没有čaqur相关的

词例。那珂(2),31和屠寄,2,18b都错误地点断人名,并把此人的名字和后面接着的人名的第一个字联到了一起。

[6]对于拉施都丁书的平行文本中,多桑,I,62读作"Kélenker",哀德蛮(《铁木真》,297)作"Gelbeger"。贝勒津(文本,II,197;译文,II,122)采用的是 كلبك Kälbäk。但他使用的其中一个抄本作 كلبكر,并且显然应该读作 كلتكر Giltägür。在我们本书中,尽管我保留了见于诸本中的异文,但我稍微有些怀疑"木"可能是"兀"字之误。讹误可能是由于以 -tämür 结尾的词频繁出现所导致的,因此我们应将其名读作为"斤帖兀儿(*Giltä'ür)"。在蒙古语中,giltä-(<*γïlta-)的意思是"成为杰出的",而在卡尔梅克语中有 giltegr<giltägir, *γïltaγïr(参见兰司铁《卡尔梅克语词典》,136)。

(7)《秘史》第153、173、175和205写作答阑捏木儿格思(Dalan-Nämürgäs)。拉施都丁书写作(II,199²) طلان ناموركيس,贝勒津转写为(II,123)Dalan-Nemurgis,应该修正为 طلان ناموركس 并读作 Ṭālān-Nāmūrgäs。

法文本参考文献

BIBLIOGRAPHIE

A. SOURCES ET OUVRAGES CHINOIS

1) 朔方備乘 *Cho-fang pei-cheng*, par 何秋濤 Ho Ts'ieou-t'ao; édition du 上海鴻文書局 Chang-hai hong wen chou-kiu, époque *kouang-siu* (1875-1909).

2) 殊域周咨錄 *Chou-yu tcheou-tseu lou*, par 嚴從簡 Yen Ts'ong-kien; ed. de la 兆平故宮博物院文獻館 Pei-p'ing kou-kong po wou yuan hien kouan, 1930, reproduisant l'édition Ming avec préface de l'auteur en date de 1574 et préface de 嚴清 Yen Ts'ing de 1583.

3) 水道提綱 *Chouei-tao t'i-kang*, par 齊召南 Ts'i Tchao-nan; ed. du 津門徐士變霞城精舍重 Tsin-men siu che louan hia tch'eng tsing che tchong, 3ème-4ème *kouang-siu* (1877-79).

4) 黑龍江志稿 *Hei-long-kiang tche-kao*; ed. de Pékin, 1932-34.

5) 黑龍江輿地圖說 *Hei-long-kiang yu-ti t'ou-chouo*, par 屠寄 T'ou Ki (遼海叢書 *Leao-hai ts'ong-chou*, 3ème *tsi*).

6) 黑韃事略 Hei-Ta che lio (ed. des oeuvres complètes de Wang Kouo-wei).

7) 合璧文鑑 *Ho-pi wen-kien* en cinq langues; cf. 五體清文鑑 *Wou-t'i Ts'ing wen-kien*.

8) 華夷譯語 *Houa-yi yi-yu*, ed. dans le 涵芬樓祕笈 *Han fen leou pi-ki*.

9) 皇明九邊考 *Houang-Ming k'ieou-pien kao*, par 魏煥 Wei Houan; ed. dans 國立北平圖書館善本叢書 *Kouo-li Pei-p'ing t'ou-chou-kouan chan-pen ts'ong-chou*.

10) 建炎以來朝野雜記 *Kien-yen yi-lai tch'ao-ye tsa-ki*, par 李心傳 Li Sin-tchouan; ed. dans 適園叢書 *Che-yuan tsong-chou*.

11) 金史 Kin che, ed. de Changhai.

12) 金史語解 *Kin che yu kiai*; cf. *Yuan che yu kiai*.

13) 金華黃先生文集 *Kin-houa Houang sien-cheng wen-tsi*, par 黃溍 Houang Tsin (ed. *Sseu-pou ts'ong-k'an*).

14) 欽定熱河志 *K'in-ting Jo-ho tche*; réédition de 1934 par la 大連遼海叢書社 Ta-lien Leao-hai ts'ong-chou che.

15) 觀堂集林 *Kouan t'ang tsi-lin*, par Wang Kouo-wei, dans 海寧王忠慤公遺書 *Hai-ning Wang Tchong-k'o-kong yi-chou*.

16) 遼史 *Leao che*; édition de Changhai.

17) 遼史語解 *Leao-che yu kiai*; cf. *Yuan che yu kiai*.

18) 馬政記 *Ma tcheng ki* (ed. dans 廣倉學宭叢書 *Kouang Ts'ang-hiue kiun ts'ong-chou*).

19) 岷峨山人譯語 *Min-ngo chan-jen yi-yu* (ed. dans 紀錄彙編 *Ki-lou houei-pien*, ch. 171).

20) 明史 *Ming che*, ed. de Chang-hai.

21) 明實錄 *Ming che-lou*, Nanking, 1940.

22) 蒙古世系譜 *Mong-kou che-hi pou*, sndl., 1939.

23) 蒙古游牧記 *Mong-kou yeou-mou ki*, par 張穆 Tchang Mou; ed. du 壽陽祁氏 Cheou-yang k'i tche de la 6ème *t'ong-tche* (1867-68).

24) 蒙古源流攷證 *Mong-kou yuan-lieou k'ao-tcheng*.

25) 蒙古源流箋證 *Mong-kou yuan-lieou ts'ien-tcheng*, par 沈曾植 Chen Tseng-tche; ed. du 海日樓遺書 Hai je leou yi-chou, de 1932-33.

26) 蒙韃備錄 *Mong-Ta pei-lou* (ed. des oeuvres complètes de Wang Kouo-wei).

27) 蒙兀兒史記 *Mong-wou-eul che-ki*, par T'ou Ki; ed. de 1934-35.

28) 牧庵集 *Mou-ngan tsi*, par 姚燧 Yao Souei (ed. du *Sseu-pou ts'ong-k'an*).

29) 八旗通志 *Pa-k'i t'ong-tche*; ed. de l'époque *kia-k'ing* (1796-1821).

30) (全陝)邊政考 (*Ts'iuan Chàn*) *Pien-tcheng k'ao*, par 張雨 Tchang Yu; ed. du *Kouo-li Pei-p'ing t'ou-chou-kouan chan-pen ts'ong-chou*.

31) 三史同名錄 *San-che t'ong-ming lou*, par 汪輝祖 Wang Houei-tsou; ed. du 廣雅書局 *Kouang-ya chou-kiu*.

32) 西使記 *Si che ki*, par 劉郁 Lieou Yu (ed. des oeuvres complètes de Wang Kouo-wei).

33) 西遊記 *Si yeou ki*, par 李志常 Li Tche-tch'ang (ed. des oeuvres complètes de Wang-Kouo-wei).

34) 西域水道記 *Si-yu chouei-tao ki*, par 徐松 Siu Song (ed. dans *Siao fang hou tchai . . .*).

35) 新疆識畧 *Sin-kiang tche-lio*, par 松筠 Song Yun; ed. *t'ao-kouang*.

36) 新元史 *Sin Yuan che*, par 柯劭忞 K'o Chao-min; ed. du 天津徐氏退耕堂 T'ien-tsin Siu che t'ouei-keng-t'ang.

37) 續文獻通考 *Siu Wen-hien t'ong-k'ao*.

38) 四體合璧文鑑 *Sseu-t'i ho-pi wen-kien*.

39) 大清一統志 *Ta-Ts'ing yi-t'ong-che*; ed. du 上海寶善齋 Chang-hai pao-chan-tchai, de la 27ème *kouang-siu* (1901-02).

40) 道園學古錄 *Tao-yuan hiue-kou lou*, par 虞集 Yu Tsi (ed. du *Sseu-pou ts'ong-k'an*).

41) 輟耕錄 *Tcho keng lou*, par 陶宗儀 T'ao Tsong-yi; ed. de 1885 de la librairie 福瀛書局 Fou-ying chou-kiu.

42) 通鑑續編 *T'ong-kien siu-pien*; ed. Yuan de la B.N. de Pékin.

43) 五邊典則 *Wou-pien tien-tsŏ*, par 徐日久 Siu Je-kieou, avec la collaboration de 施邦曜 Che Pang-yao et de 張變 Tchang Sie; période *wan-li*.

44) 五體清文鑑 *Wou-t'i Ts'ing wen-kien* (reproduction de l'exemplaire du 文溯閣 Wen-cho-ko de Mukden, faite par le Toyo Bunko, Série C des mémoires, n°. 9: 影印五體清文鑑 *Eiin Gotai Shinbunkan*, 36 v., 1943.

45) 元史 *Yuan che*; ed. de Changhai.

46) 元史類編 *Yuan-che lei-pien*, par 邵遠平 Chao Yuan-p'ing; ed. 宗遼金元四史 *Song Leao Kin Yuan sseu che*.

47) 元史本證 *Yuan-che pen-tcheng*, par Wang Houei tsou; ed. de la 15ème *kouaug-siu*.

48) 元史新編 *Yuan-che sin-pien*, par 魏源 Wei Yuan; ed. du 邵陽魏氏慎微堂 Chao-yang Wei che chen-wei-t'ang, de la 31ème *kouang-siu* (1905-06).

49) 元史譯文正補 *Yuan-che yi-wen tcheng-pou*, par 洪鈞 Hong Kiun, ed. de la 23ème *kouang-siu*.

50) 元史語解 *Yuan che yu-kiai*; reproduction de l'éd. *k'ien-long* publiée sous la 46ème année (1781), par la librairie 江蘇書局 Kiang-sou chou-kiu, la 4ème *kouang-siu* (1878).

51) 元聖武親征錄地理攷證 *Yuan cheng-wou ts'in-tcheng lou ti-li k'ao-tcheng*, par 丁謙 Ting K'ien (éd. dans le 浙江圖書館叢書 *Tchö-kiang t'ou-chou-kouan ts'ong-chou*, 2ème *tsi*).

52) 元祕史山川地名攷 *Yuan pi-che chan tch'ouan ti-ming k'ao*, par 施世杰 Che Che-kie.

53) 元祕史李注補正 *Yuan pi-che li tchou pou-tcheng*, par 高寶銓 K'ao Pao-tsiuan; ed. de la 28ème *kouang-siu* (1902-03).

54) 元祕史地理攷證 *Yuan pi-che ti-li k'ao-tcheng*, par T'ing Kien (ed. dans le *Tchö-kiang t'ou-chou-kouan ts'ong-chou*).

55) 元朝祕史 *Yuan tch'ao pi-che*, ed. par 葉德輝 Ye Tö-houei, 34ème *kouang-siu* (1908-09).

56) 元文類 *Yuan wen lei*, par 蘇天爵 Sou T'ien-tsiue; ed. de la librairie Kiang-sou chou-kiu de la 19ème *kouang-siu* (1889-90).

B. AUTRES OUVRAGES

1) Abû-'l-Ghāzī, *Histoire des Mongols et des Tartares, publiée, traduite et annotée par le Baron Desmaisons*. St. Pbg., 1874.

2) Aristov, *Zamétki ob etničeskom sostavé tjurkskikh plemen i narodnostei*, in *Živaya Starina*, 1896, Fsc. III et IV.

3) Barthold, *Turkestan down to the Mongol Invasion* (Gibb Memorial Series, new Series, V), Londres, 1928.

4) Barthold, *Zwölf Vorlesungen über die Geschichte der Türken Mittelasiens*, Berlin, 1935.

5) Berezin, a) *Sbornik létopisseï. Istoriya Mongolov, sočinenié Rašid-Eddina, Vvedenié o Turetskikh i Mongol'skikh plemenakh*, Trudy V.O.I.R.A.O., V, 1858, et VII, 1861.
b) *Rašid-Eddin, Istoriya Čingis khana do vozšestviya ego na prestol*, Trudy V.O.I.R.A.O., XIII, 1868.
c) *Rašid-Eddin, Istoriya Čingis khana ot vozšestviya ego na prestol do končiny*, Trudy V.O.I.R.A.O., XV, 1888.

6) Bičurin (H.), *Istoriya pervykh chetyrekh khanov iz doma Chingizova*, St. Pbg., 1829.

7) Blochet (E.), *Djami el-Tévarikh*, t. II (Gibb Memorial Series, XVIII, 2), Londres, 1911.

8) Bretschneider (E.), *Mediaeval Researches from Eastern Asiatic Sources*, Londres, 1888.

9) Brockelmann, *Mittÿltürkischen Wortschatz nach Maḥmūd al-Kāšγarīs Divān Lūγāī* *at-Turk*, Budapest-Leipzig, 1928.

10) Cahen, *Les Cartes de Sibérie au XVIIIème siècle* (Nouvelles archives des missions scientifiques et littéraires, Nelle série, Fasc. I), Paris, 1911.

11) Chavannes (E.), *Documents sur les T'ou-kiue (Turcs) Occidentaux*, St. Pbg., 1903.

12) Courant (Maurice), *L'Asie Centrale aux XVIIème et XVIIIème siècles: Empire kalmouk on Empire mandchou?*, Paris-Lyon, 1912.

13) Curtin, *The Mongols. A History*, Boston, 1908.

14) Elias et Ross, *The Tarikh-i Rashidi of Mirza Muhammad Haidar, Dughlát*, Londres, 1895.

15) Erdmann (F. von), *Temudschin der Unerschütterliche*, Leipzig, 1829.

16) ——, *Vollstaendige Uebersicht der aeltesten turkischen, tatarischen und mongolischen Vœlkerschaften nach Rashid-ud-Din's Vorgange*, Kazan, 1841.

17) Erdmann (Fr. von), Article dans *Žurnal' Ministerstva Narodnago Prosvešěeniya*, 1844, XXXIV, 2e partie.

18) Gabain (A. von), *Alttürkische Grammatik*, Berlin, 1941.

19) Gaubil, *Histoire de Gentchiscan et de toute la dynastie des Mongous ses successeurs, conquérants de la Chine*, Paris, 1739.

20) Gibert, *Dictionnaire historique et géographique de la Mandchourie*, Hongkong, 1934.

21) Gomboiev (Galsang), *Altan Tobči (Trudy V.O.I.R.A.O, VI)*, St.Pbg., 1858.

22) Grousset (R.), *L'Empire des Steppes*, Paris, 1939.

23) ——, *L'Empire Mongol*, Paris, 1941.

24) Grumm-Gržimaïlo, *Zapadnaya Mongoliya i Urïankhaïskiï kraï*, t. I, St. Pbg., 1914; t. II, Leningrad, 1926; t. III, Leningrad, 1926-30.

25) Haenisch (E.), *Wörterbuch zu Manghol-un niuca tobca'an*, Leipzig, 1939.

26) ——, *Die letzten Feldzüge Cinggis Han's und sein Tod (Asia Major, IX, pp. 503-551)*, 1933.

27) Hammer, *Geschichte der Ilchane*, Darmstadt, 1842-43.

28) ——, *Geschichte Wassaf's*, Bd. I, Wien, 1856.

29) Hirth, *Nachworte zur Inschrift des Tonjukuk (in Radloff, Die alt. türk. Inschr. der Mongolei*, 2ème suite), St.Pbg., 1895-99.

30) Houdas (O.), *Histoire du Sultan Djelal ed-Din Mankobirti ... par Mohammed en-Nesawi*, Paris, 1891.

31) Howorth, *History of the Mongols from the 9th to the 19th Century*, Londres, 1876-1928.

32) Huth (G.), *Geschichte des Buddhismus in der Mongolei*, Strassburg, 1893-94.

33) Klaproth, *Description de la Chine dans le règne de la dynastie mongole, trad. du persan de Raohid-eddīn accompagné de notes (J.A.*, XI, pp. 335-388 et 447-470), Paris, 1833.

34) Lane-Poole (St.), *The Mohammedan Dynasties*, Westminster, 1894.

35) Laufer (B.), *Loan-words in Tibetan (T.P.*, XVII [1916], pp. 403-552).

36) ——, *Sino-Iranica*, Chicago, 1919.

37) Mailla, *Histoire Générale de la Chine ou Annales de cet Empire*, Paris, 1777-1785.

38) Marquart, *Ueber das Volkstum der Komanen*, ap. Bang-Marquart, *Osttürkische Dialektstudien*, Berlin, 1914.

39) Mélanges Naitō, *Naitō hakushi kwarenki shukuga Shinagaku ronsō*, Kyoto, 1926.

40) Minorsky, *Ḥudūd al-ʿĀlam*, Londres, 1937.

41) Mostaert, *Ordosica (Bull. n°. 9 of the Catholic University of Peking, pp. 1-96)*, Pékin, 1934.

42) Müller (F. W. K.), *Der Hofstaat eines Uiguren-Königs*, in *Festschrift für Vilh. Thomsen*, Leipzig, 1912.

43) Müller (F. W. K.), *Ein Doppelblatt aus einem manichäischen Hymnenbuch (Maḥr nâmag)* [*A.B.A.W.*, 1912], Berlin, 1913.

44) ——, *Uigurica*: I [*A.B.A.W.*, 1908], Berlin, 1908; II [*A.B.A.W.*, 1910], Berlin, 1911; III [*A.B.A.W.*, 1922], Berlin, 1922; IV [*S.B.A.W.*, 1931], Berlin, 1931.

45) Naka Michiyo, *Jingis Kan jitsuroku*, Tokyo, 1907.

46) Naka Michiyo, 校正增注元親征錄 *Kyōsei Zōkū Gen Shinsei roku*, dans *Naka Michiyo isho*, Tokyo, 1915.

47) d'Ohsson, *Histoire des Mongols depuis Tchingiskhan jusqu'à Timour Beg ou Tamerlan*, La Haye-Amsterdam, 1834-35.

48) Pallas, *Sammlung historischer Nachrichten über die Mongolvölkerschaften*, St.Pbg., 1776-1801.

49) Pavet de Courteille, *Dictionnaire turk-oriental*, Paris, 1870.

50) Pelliot (P.), *Les Mongols et la Papauté* (*Revue de l'Orient-chrétien*, XXIII, 1-2 et XXIV, 3-4), Paris, 1922-24.

51) Pelliot (P.) et A. C. Moule, *Marco Polo, The Description of the World*, Londres, 1938.

51a) Pelliot (P.), *Sur un passage du Cheng-wou ts'in-tcheng lou* (*The Ts'ai Yüan P'ei Anniversary Volume*), Pekin, 1934.

52) Pokotilov, *Istoriya vostočnykh Mongolov v period dinastiĭ Ming*, 1368-1634 (*po kitaiskim istošnikam*), St.Pbg., 1893.

53) Popov (P. S.), *Mên-gu-yu-mu-czi. Zapiski o mongol'skikh kočev'yakh* (*Zap. Imp. R. Geogr. Obš.*, t. XXIV), St.Pbg., 1895.

54) Poppe (N. N.), *Mongol'skiĭ slovar'*, *Mukaddimat al-Adab*, Moscou-Leningrad, 1938.

55) Potanin, *Očerki Sévero-Zapadnoĭ Mongoliĭ*, St. Pbg., 1881-83.

56) Qazwīnī, *Alaʾuʾd-Din ʾAta Malik-i Juwaini, the Tarikh-i Jahan Gushá by Mirza Muhammad Ibn ʾAbduʾl wahhʾabi Qazwini* (Gibb Mem. Series, XVI), Leyde-Londres, 1912, 1916 et 1937.

57) Quatremère (E.), *Histoire des Mongols de la Perse par Rachid-Eddin*. (Collection Orientale, t. I), Paris, 1836.

58) Radloff, *Die Alttürkischen Inschriften der Mongolei*, St.Pbg., 1895-99.

59) ——, *Versuch eines Wörterbuch der Türk. Dialekte*, St.Pbg., 1893-1911.

60) Ramstedt, *Kalmükisches Wörterbuch*, Helsinki, 1935.

61) Schmidt (I. J.), *Geschichte der Ost-Mongolen und ihren Fürstenhauses, verfasst von Ssanang Ssetsen, Chungtaidschi der Ordus*, St.Pbg., 1829.

62) Taranzano, *Vocubulaire des Sciences*, Sien-hsien, 1914.

63) Tiesenhausen (V. G.), *Sbornik Materialov otnosyaščikhsya k historiĭ Zolotoĭ Ordy*, t. I, St.Pbg., 1884.

64) Vladimircov, *Obščestv. Stroĭ Mongolov*, Leningrad, 1934.

65) ——, *Poézdka k Kobdoskim Derbetam* (*Izvéstiya Rus. geogr. obš.*, XLVI, fsc. 8-10). St.Pbg., 1910.

66) ——, *Sravnitel'naya grammatika mongol'skago pissmenago yazyka i khalkhaskago narééiya*, Leningrad, 1929.

67) Waley (A.), *Travels of an Alchemist, the journey of the Taoist Ch'ang-ch'un from China to the Hindukush at the Summons of the Chingiz Khan*, Londres, 1931.

68) Wolff (O.), *Geschichte der Mongolen oder Tataren*, Breslau, 1872.

69) Wyngaert (Van den), *Sinica-Franciscana, Itinera et relationes fratrum minorum saeculi XIII et XIV*, Quaratchi, 1929.

70) Yule, *Cathay and the Way Thither, being a Collection of Mediaeval Notices of China*, Londres, 1913-16.

译　后　记

　　伯希和（Paul Pelliot, 1878—1945年）可谓为20世纪最杰出的东方学家，他不仅以敦煌莫高窟和新疆多个遗址所藏文书卷子、经幡绘画的发现者和转运法国的经手人而著称，更以其渊博可畏的学识为世所重。伯希和的治学范围，可谓包罗万象，但有两点是尤为可异之处：一是他的学生们均长期追随他，并都在各自的研究领域有所建树，如韩百诗（Louis Hambis, 1906—1978年）的高地亚洲史、石泰安（Ralf Alfred Stein, 1911—1999年）的藏学、李盖提（Louis Ligeti, 1902—1987年）的突厥学、柯立夫（Francis Woodman Cleaves, 1919—1995年）的蒙元史以及丹尼斯·塞诺（Denis Sinor, 1916—2011年）的内亚史，但却并没有形成一个所谓的"伯希和学派"；二是伯希和在身前撰写了大量大部头的论文，但却没有发表任何一部著作，他死后留下了大量未出版的手稿，其中还有一些时至今日都尚未经整理。

一、《圣武亲征录——成吉思汗战纪》的成书过程

　　《圣武亲征录——成吉思汗战纪（*HISTOIRE DES CAMPAGNES DE GENGIS KHAN*）》的情况则略有不同。根据韩百诗所撰写的前言，这部书的底本实际上是由韩百诗从汉文的《圣武亲征录》译成法文并加以简单注释的一个稿本。韩百诗的这项工作，是应伯希和的要求，于1931年也就是他25岁的时候开始进行的，直到1935年29岁时完成

了译注本的初稿。我在此还有一个推测，就是韩百诗的这项工作，不能视为他本人闭门造车的产物，而应该视为是在伯希和讲授的研讨课（séminaire）上，经过师生共同讨论的结果。这个推测的证据之一，是《圣武亲征录——成吉思汗战纪》（原书第232页）中提到"ḫūn-i zär 即'黄金之血'，解释不通，有位同仁建议我读作 ḫūn-i räz'葡萄之血'"，这应该就是在研讨课上由学生提出的意见，并为伯希和所采纳了。直至如今，还有很多法国的研究生研讨课是以这样师生共同阅读原文并进行译注的形式进行。有可能中国蒙元史研究的代表人物韩儒林先生1934—1935年在巴黎时，就参加了伯希和有关《圣武亲征录》的研讨课，所以在回国后才写出了《成吉思汗十三翼考》（1940年）这篇著名的论文，而其论文的主题，也正是《圣武亲征录——成吉思汗战纪》一书中以大量篇幅进行讨论的部分之一。

在接受了伯希和对初稿的指点之后，韩百诗又对自己的翻译进行了进一步的完善，但等到1941年他同伯希和再谈到此事的时候，才发现伯希和不仅对他的翻译进行了订正，而且大量补充和改造了注释的内容，正像伯希和的弟子丹尼斯·塞诺对乃师治学所采用"水蛭学问"（leech-scholarship）的评价所说，"当他分派韩百诗翻译……《圣武亲征录》时，他是为了搭设一个蓬架，好在上面铺上他自己评注的葡萄藤"（参见丹尼斯·塞诺《怀念伯希和》，罗新译）。当然，这可能是作为"葡萄种植者"的伯希和在生命结束前种植的最后一株葡萄藤了。由于二战爆发后，法国遭到德国的全面占领，从一开始就是纳粹政权抵抗者（résistant）的伯希和，陷入了艰难的境遇之中。据塞诺回忆，在德国人占领期间，伯希和还曾经被短期逮捕过。从《圣武亲征录——成吉思汗战纪》一书也能看出当时局势的痕迹，在书中他多次提到，"目前的状况不允许我们在新出准确的高比例地图上确定这些名称"（原文第45页）；"很可惜我既未能参考箭内亘的著作，也未能参考《热河省全图》，幸运的是《钦定热河志》中汇集了很多我所未见的文本，在当前我所处的不利的环境中，这就是我所能搜集到的了（原文第98页）"；并且由于战争的影响，他坦言没有办法参考包括《通鉴续编》、岷峨山人《译语》、《明实录》等在内的多种汉文著作。当时，伯希和的《马可·波罗注》已经完成，据伯希和自己所述"正在印刷之中"（原文第9页）。因此，《圣武亲征录》的译注，可以说是伯希和学术生涯最后的一项大工程，很可惜的是，根据韩百诗所说，当伯希和于1945年去世时，他仅完成了全书约三分之一篇幅的注释。但是，从本书中经常出现的"将在下文××节中讨论这一问题"、"将在××节中进行详细讨论"等可以看出，对于《圣武亲征录》余下的三分之二，伯希和还是作了一些注释的，至少我们可以认为他进行了一些准备，并还将这些准备以笔记的形式保存了下来。从韩百诗的前言来看，在他的"大师"去世之后，本来他是想用几年的时间，让《亲征录》译注的剩余部分也都能出版，但出于某种我们所不知道的原因，这部书的剩余部分终究未能闻世。

即便如此，正如有学者所指出的，《圣武亲征录》原书的21段文字，却被伯希和和他的弟子"加上了400页以上的详细注文，可以说在迄今为止欧美汉学界所产生的大量汉学及内亚史笺注类著作中，尚无一本书的正文与注文在篇幅数量上反差如此之大。换言之，在目前如林的汉学或内亚史学术著作中，要找出一部对正文笺注最赅密之作，恐怕非《圣武亲征录》莫属。纵然暂不考虑该书的考据原创性如何，仅从这一点上观察，它在相关学术史中也理应占有一席之地"。

伯希和之所以能够对《圣武亲征录》进行详尽的注释并提出创见，从当时的情况看，除了他精熟相关的汉、蒙、波斯文文献之外，还有几个需要强调的有利条件：一是1934年屠寄《蒙兀儿史记》的成书。正如我们在本书中所读到的，对于屠寄书里有关蒙古史事、地名等的诠释，伯希和使用频率最高的一个词是"任意而为"（arbitrairement），他针对屠寄的很多解释都提出了尖锐的批评，但在某些地方又对屠寄的重构和解释表示赞同，甚至加以赞许。虽然对于刘迎胜老师提出的，伯希和在撰写《亲征录》的注释时，"凡是屠寄用过的书他就用过，凡是屠寄没有用的书他也没有用"这个观点，笔者不敢苟同，但我至少部分同意刘老师的意见，也就是伯希和是以中国学者(当然也包括日本学者、西方学者)的研究为基础来进行研究的。二是蒙古学者送给伯希和的罗卜藏丹津所著之《蒙古黄金史》的抄本。这部书发现于1926年,伯希和使用的抄本,是该书的发现者札木养公复制并送给他的,我们在《圣武亲征录——成吉思汗战纪》中可以看到,伯希和在复原蒙古人名和地名上,对这一抄本的依赖程度之深。三是格鲁塞《蒙古帝国史》的出版。格鲁塞此书出版于1941年,现在看来这本书利用的多是二手文献,没有什么太大的学术价值,但如置身于伯希和的时代,则会发现《蒙古帝国史》为法语读者提供了一个有关成吉思汗早期历史的叙事框架,而这个框架正是伯希和所需要的。

二、《圣武亲征录——成吉思汗战纪》所使用的版本

关于伯希和、韩百诗所使用的《圣武亲征录》底本,据韩百诗在前言中提到,是羽田亨在对袁昶刊行的版本进行校对后,于1920年11月借给伯希和的。这就是世所谓袁昶刊行的何秋涛校注本,但这里指的到底是光绪三十四年(1908年)的莲池书院刻本,还是光绪三十五年(1909年)的小沤巢刻本,则不得而知。羽田亨对这个版本进行了修正和补充,并用红笔记在书上。而他所使用来进行订正的,是王国维所未曾见过而被傅增湘收藏的一个本子,这就是经常在《校注》中出现的说郛本(3)。它可能就是贾敬颜先生在《圣武亲征录(新校本)》缀言中提到的"傅增湘旧藏明钞说郛本",这个钞本目前收藏于上海图书馆。根据贾敬颜的校勘记,《亲征录》开篇提到的"烈祖神元皇帝"即成吉思汗之父也速该,在傅本中误作"神尧",从《圣武亲征录——成吉思汗战纪》原书最后所附的对照表可见确实如此。

上海图书馆藏本的重要性自不待言,但令人非常惊讶的是,不但伯希和、韩百诗都没真正见过这个本子,甚至连身在国内的贾敬颜,也没有亲眼见过这个本子,而是使用了顾廷龙先生安排照相之后寄给他的写真版。韩百诗虽然在1947—1950年间,担任巴黎大学北平汉学研究

所所长，但当时他对这个问题也没搞清楚，并且随着傅增湘的去世，而与这个版本的真容永远失之交臂。

另外，韩百诗还提到了一个本子，就是出于曾任国立北平图书馆馆长王重民先生的关心，而使他能够得以检视的当时（1950年左右）新从天津购得的一个古本。据韩百诗说"它发现于内阁（此承荣新江先生教示，即内阁大库之省称），并被国立北平图书馆收藏，因为该馆当时还没有这部书"。笔者推测这部书应该就是贾敬颜所记的建德周暹（即周叔弢）所收藏的徐松手钞本。从目前所知的各本看，这个本子应该是最符合韩百诗的描述的，而周叔弢当时也确实在天津。该本据说是钞自钱大昕所藏本，书眉、行格之间还有徐松根据《元史》所作的校语。韩百诗说"它发现于内阁"，恐系传闻之辞，未可尽信。

三、伯希和的辛辣与幽默

《圣武亲征录——成吉思汗战纪》的学术价值，自不俟译者肯定。但这里想略谈一下伯希和辛辣幽默的语言风格，而这是一般读伯希和书之人较少注意的。在本书中，有个非常经典的例子，就是他批评勒·斯特兰奇（Le Strange）所著《心之喜悦》（Nuzhat al-Qulūb）地理部分的译注中提到的一句话："鄂嫩河乃克鲁伦河之支流，靠近库伦。"伯希和并没有简单地指出勒·斯特兰奇的错误，而是相当辛辣地加了这么一句话，"这就好像我们说，'塞纳河乃卢瓦尔河之支流，靠近里昂'一样"（原文第182页），比起连篇累牍的考证，这种短小精悍的一笔无疑要有力得多。

在辛辣之外的，还有幽默，这种幽默是纯然法国式的。比如在提到《史集》中乃蛮部一位传说中的君王时，他援引拉施都丁的记载，称这位乃蛮君主不仅具有统御人类的权力，还可以指挥精怪（jinn），以至于他竟然能挤精怪的奶。按理说这就该结束了，可是伯希和却不忘在这段话的末尾加一个括号，其中注出"显然是女妖精"。

又如，他在提到塔儿忽台希邻秃这个人的时候，引用了《史集》的记载，说此人"高大肥壮"，接着又提到《史集》的校勘者和俄文译者贝勒津认为，"塔儿忽台"是一个源自 *tarqun*（*tarγun*）"肥胖的"的一个形容词。接着马上就对贝勒津的推测表示怀疑，评论道"在塔儿忽台诞生被命以此名的时候，人们也不能预料到他将来是个胖子"。像这样类似的笔法还有很多，这里恕不一一指出。

四、《圣武亲征录——成吉思汗战纪》对中国学界的影响

虽然韩儒林先生曾从伯希和学习，但他后来也并没有利用1951年出版的《圣武亲征录——成吉思汗战纪》，对有关成吉思汗十三翼的论文进行修订，在1982年出版的《穹庐集》中，这篇文章保留了初版时的原貌（仅删去了有关的平行文本）。1979年出版的《圣武亲征录》蒙译本中，也没能参考法文的译注本，从而在专有名词的转写复原中，出现了大量的错误，其中有部分已经被亦邻真先生所指出（《评蒙译〈圣武亲征录〉》）。1983年《蒙古史研究参考资料》（新编第26、27辑）中刊载了本书前言和导论部分的汉译文，1985年《蒙古史研究参考资料》（新编第39辑）又刊载了黄振华译的《圣武亲征录注释》（一），但仅译出了原书的一部分，且错误不少。

陈得芝先生在跟随韩儒林先生做研究生时，就曾经研读《圣武亲征录——成吉思汗战纪》，写出了《十三世纪前的克烈王国》等论文；刘迎胜老师在他1994年出版的《西北民族史与察合台汗国史研究》中，就注意到屠寄《蒙兀儿史记》的成书，与激发伯希和在蒙元史研究领域的研究热情，并最终对《圣武亲征录》进行译注之间的内在联系。他先发表在《欧亚学刊》（第一辑），后来又收入所著《海路与陆路：中古时代东西交流研究》一书中的《蒙古征服前操蒙古语部落的西迁运动》一文，更反映出他对伯希和、韩百诗的研究成果中，与巴牙兀惕部有关内容的全面吸收。

2020年，中华书局出版了贾敬颜校注、陈晓伟整理的《圣武亲征录（新校本）》，这个本子被认为是目前比较好的一个本子。但通过将其

与伯希和、韩百诗的译注本进行比较可以发现，新校本并没有很好地吸收前人成果，甚至因为校注者不通法文的缘故，对伯希和的注释每多误解。比如在贾书第17页提到，伯希和书中说，"盖录之作者，每以蒙古文之-'-译-q-，而'兰'与-rqa-之区别，错在两书所本之原文，增减一钩之差而已"。且不说这段话本身就有文义不通的地方，且让我们来看看，正确的译文是怎么说的："《亲征录》的译者用-q-来译写-'-（蒙文书写中的-γ-和-q-）。至于拉施都丁书中结尾的-rqa，在我们的文本中作兰(-ran)，其分歧既不能归因为汉文，也不可归因为是波斯文，而是蒙古文原文添了或缺了一小勾所造成的"（参见原文58页）。又比如贾书第28页注释4中解释"马兀牙答纳"这个人名时提到，"史集部族志照烈作Yadagana"，而实际上yadagana只能对应这个人名中"牙答纳"的部分；而且显然他未能参考伯希和的研究，伯希和在此正确地指出，《史集》里的这个名字，应该和前面的一个词Māqūī-连起来，读作Māqūī-Yādānā（参见原文145页）。还有贾书第56页引用伯希和的话来解释"也的脱不鲁"这个名称的时候，称其含义是"言有'七首级'也，非突厥语词"。而实际上伯希和的原话是"Yädi-Tubluq的意思是'有七个球的人'……无论如何，这个名字是突厥语而非蒙古语"（参见原文第317页）。可见，这里由于错误地引用了他所依赖的汉译者不准确的翻译，而造成了严重的谬误。

　　除此之外，《圣武亲征录（新校本）》里还存在着标点错误，比如第36页中注释8："原校：别吉，母也。"应该是整理者错误地点断了"别吉母也"一句所造成的，原意是指忽儿真哈敦是薛彻别吉的母亲。同页注释10："别吉，次母也。"也是犯了同样的错误。还有如应出校记而未出校记的地方。比如第34页中，"我专为他人所辱至此"，此处的"专"沈曾植作"等"；第45页中，"适灭里乞部与我会战"，"会"，王国维本作"众"，这两处都没有写在校勘记中，从文献校勘的体例而言，也是很不合适的。新校本中像这样的例子还有很多，笔者将另撰专文讨论。总之，以一本出版于1951年的书，来框正近70年后出版的另一部书，无疑有些令人惊奇，按理说应该是"后出转精"才对。而且，正像我们前面举出的

"史集部族志照烈作Yadagana"这个例子所代表的那样,《史集》俄译本由于对汉文平行史料缺乏掌握,把马兀牙答纳这一个人给当成了gāgūī和yādāgānā两个人,据此翻出的汉译本没有认真核对汉文史料,还把他们装扮成了两个很"蒙元味道"的人名——"合忽亦"和"牙答合纳"(参见《史集》汉译本,第一卷第一分册),但实际上在任何蒙元时代的史料中,都不可能找到这两个虚构的人名。可见,通过吸收伯希和、韩百诗这部书中的研究成果,《史集》俄译本,以及在它基础上译出的汉译本中大量的错误,特别是人名、地名等专有名词前后不统一,或是被胡乱译成一个史所不载的汉译名的现象,也能够因此而部分地得以纠正。

五、翻译经过

译者2007年进入南京大学从事博士研究的时候,就注意到了当时由特木勒老师从韩国复印并带回国内的《圣武亲征录——成吉思汗战纪》一书,初步的印象只觉得书中夹杂的汉字不少,应该很容易读,后来才发现这真是一部不易读的书。2008年公派法国,入高等实践研究学院(EPHE)后,国内的元史室学友也常发来邮件,就《亲征录》中的某些片段询问其意,特别是魏曙光兄,多次鼓励笔者着手翻译,并代为联系上海古籍出版社落实出版等事。到今年(2020年)新冠疫情突发,工余之暇,就利用5个月的时间将全书译出。笔者并非法语专业出身,学力亦有未逮,在某些词汇方面反复琢磨,庶几避免坠入误解的陷阱之中;对于语法上若干疑难问题,还请教了留法时的好友,现就职于南京师范大学的姜天靓教授,同她反复讨论。至于《圣武新征录——成吉思汗战纪》中引用的大多数汉文文献,基本都查对了原文;其所引用的《秘史》片段,也基本上逐条、逐字进行了核对。坦率地讲,前人未能完成的翻译工作,笔者能将之完成,主要有赖于现在《秘史》、《亲征录》和《史集》都有了比较好的本子,如果没有《亲征录》的校本和《史集》的汉译本,要想比较精确地译好这部书,是不可想象的。初稿完成后,由魏曙光兄校阅一过，他不但负责完成了全书所有波斯文、阿拉伯文等的录入工作，还利用《史集》的不同版本对原书引用的波斯文进行了校勘，并做了大量补注。此外，特别感谢蒙古族学者、书法家包学文教授慨然为本书题写了蒙古文和汉文的书名。

最后，就有学者对伯希和学术转向的评价，即所谓"在他学术生涯的后期，毅然放弃了原本持续多年的对《蒙古秘史》的注释，转入对史料性质更显著的《圣武亲征录》的深密笺证，这尤其彰显出彼时的他对历史研究的兴趣已远在语言学之上"（《法国内亚史家伯希和：一个知识理想主义者》，澎湃新闻，2017-04-10），笔者还想稍稍予以澄清。从本书中可以很清晰地看到，伯希和始终是把对具体事实的考证，特别是语文学（philology）的考证作为一切工作的基础，他的历史研究和对philology的重视，可能不宜割裂两分。我想，这对于当下我们怎样做研究，是颇具启示意义的。

崇尚实学，白首穷经的时代，可能永远回不去了。但且让我们再来重温一下有关伯希和的那个经典轶事吧：

"有一次——这可真是我最喜爱的一件有关伯希和的个人趣事——我鼓动起全部的勇气向他提出这个问题：'大师（Maître，这是我们那少数几个被选定的子民对他的称呼），为什么您要浪费您的时间，为什么您把您那令人难以置信的知识，用于澄清那些无关紧要的事情呢？'我正担心天空会裂开，闪电会将我霹倒，我会被抛进永恒的黑暗之中，可是这种种情况都没发生。伯希和看着我，愉快地回答说：'那让我觉得好玩啊，塞诺，那让我觉得好玩（ça m'amuse, Sinor, ça m'amuse）！'这是解答他多方面活动的钥匙：他做他喜欢做的事情。"（塞诺《回忆伯希和》，罗新译）

是的，翻译伯希和、韩百诗的这本书，译者甚觉有趣，也乐意为之。

尹　磊
2020年12月